परिकल्पित हिन्दू धर्म

परिकल्पित हिन्दू धर्म

1793 से 1900 तक ब्रिटिश प्रोटेस्टेंट मिशनरियों द्वारा हिन्दू धर्म की निर्मितियां

जेफ्फ्री ए. ऑडी

SAGE | bhasha

Los Angeles | London | New Delhi
Singapore | Washington DC | Melbourne

Originally Published in 2006 in English by
SAGE Publications India Pvt Ltd as *Imagined Hinduism: British Protestant Missionary Constructions of Hinduism, 1793–1900*

This edition published in 2019 by

SAGE | bhasha

SAGE Publications India Pvt Ltd
B1/I-1 Mohan Cooperative Industrial Area
Mathura Road, New Delhi 110 044, India
www.sagepub.in

SAGE Publications Inc
2455 Teller Road
Thousand Oaks, California 91320, USA

SAGE Publications Ltd
1 Oliver's Yard, 55 City Road
London EC1Y 1SP, United Kingdom

SAGE Publications Asia-Pacific Pte Ltd
18 Cross Street #10-10/11/12
China Square Central
Singapore 048423

Published by Vivek Mehra for SAGE Publications India Pvt Ltd, typeset in 13/15 pt Kokila by AG Infographics, Delhi, and printed at Repro India Ltd., Mumbai.

ISBN: 978-93-532-8253-0 (PB)

Translator: Rashmi Choudhary
SAGE Team: Syed Husain Naqvi, Vinayak Dubey

केन बॉलहेटचेट, मित्र एवं मार्गदर्शक, को समर्पित जिन्होंने हिंदू–ईसाई संबंधों को रुचिपूर्वक गहराई से अनुभूत किया और जिनके कार्यों ने इस विषय पर मेरी कृति को प्रेरणा प्रदान की।

विषय सूची

चित्र सूची

आभार

यह एक दीर्घकालिक परियोजना थी और मेरे इस शोध-कार्य के दौरान एवं इस पुस्तक को अंतिम स्वरुप देने में मुझे बहुत से लोगों से काफी सहायता मिली। मैं खासतौर पर एस.ओ.ए.एस. के अभिलेख प्रभारी रोज़मेरी सेटन, बर्मिंघम में सी.एम.एस. तथा सी.ई.जेड. एम.एस. संग्रह के प्रभारी क्रिस्टीन पेनी और ऑक्सफ़ोर्ड के रीजेन्ट्स पार्क कॉलेज के स्यू मिल्स को अपना धन्यवाद देना चाहूंगा। इनके अतिरिक्त जिन्होंने मुझे प्रोत्साहित किया और अपना समय तथा सलाह देने में उदार रहे या अन्य किसी भी प्रकार से मुझे हर संभव सहायता की उनमें ब्रायन स्टैनले, डेर्मोट किलिंग्ले, एवरिल पॉवेल, बैरी स्मिथ, स्टुअर्ट पिगिन, इयान मैक्सवेल, एंड्रिया मेजर, जेनिफर मोराविकी, डेविड सेटन, एरिक लॉट, रिचर्ड फॉक्स यंग, विल स्वीटमैन और बारबरा किन्र्स (जे.एफ. किन्र्स की वंशज) का नाम उल्लेखनीय है। निक्की व्हिप्स को भी मेरा विशेष धन्यवाद; और इस पुस्तक के प्रकाशन के अंतिम चरणों में सेज की अनामिका मुखर्जी तथा ऋषि रावत द्वारा दिए गए सुझावों एवं तकनीकी सहायता के लिए मैं उन्हें भी धन्यवाद देता हूँ। यूनाइटेड किंग्डम और भारत दोनों स्थानों के अभिलेखागारों में उपलब्ध स्रोतों का उपयोग करने और यात्राओं के लिए मेरे शोध-कार्य के आरंभिक चरणों के दौरान मुझे उदारतापूर्वक वित्तीय सहायता देने के लिए मैं ऑस्ट्रेलियन रिसर्च कौंसिल और यूनिवर्सिटी ऑफ़ सिडनी के प्रति अपनी कृतज्ञता प्रकट करना चाहता हूँ। और अंत में सर्वाधिक महत्त्वपूर्ण, मैं अपने परिवार को विशेष रूप से धन्यवाद देना चाहता हूँ जिन्होंने पूरे धैर्य के साथ मेरा साथ दिया और मुझे प्रोत्साहित किया। मैं अपनी पत्नी नोला का अत्यंत आभारी हूँ जिन्होंने हमेशा की तरह मेरा साथ दिया और मेरे लिए शक्ति का स्रोत बनी रहीं। उन्होंने न केवल प्रूफरीडिंग करके मेरी मदद की, बल्कि समय-समय पर सलाह देने के अतिरिक्त और भी कई प्रकार से मेरी मदद की जिसके प्रति आभार व्यक्त करने के लिए मेरे पास पर्याप्त शब्द नहीं हैं।

संक्षिप्ताक्षरों की सूची

AR	*Annual Report*
BMS	Baptist Missionary Society
CCO	*Calcutta Christian Observer*
CEZMS	Church of England Zenana Missionary Society
CLS	Christian Literature Society
CMG	*Church Missionary Gleaner*
CMI	*Church Missionary Intelligencer*
CMR	*Church Missionary Record*
CMS	Church Missionary Society
CMSJI	*Church Missionary Society Juvenile Instructor*
CMSMP	*Church Missionary Society Missionary Papers*
CMSQP	*Church Missionary Society Quarterly Papers*
CP	*Candidates' Papers* of the Council for World Mission
CS	Church of Scotland
CWM	Council for World Mission
FCS	Free Church of Scotland
FCSQMP	*Free Church of Scotland Missionary Papers*
HF	*Harvest Field*
HFRFCS	*Home and Foreign Record of the Free Church of Scotland*
IA	*Indian Antiquary: A Journal of Oriental Research*
ICHR	*Indian Church History Review*
IER	*Indian Evangelical Review*
IFE	*Indian Female Evangelist*
IOAOR	India Office and Oriental Records
IW	*India's Women and China's Daughters*
JMM	*Juvenile Missionary Magazine*
JO	*Juvenile Offering*
LMS	London Missionary Society
MCCM	*Madras Christian College Magazine*
MF	*Mission Field*
MMC	*Missionary Magazine and Chronicle*

MP	*Missionary Papers*
MR	*Missionary Register*
MS	*Missionary Sketches*
NLS	National Library of Scotland
PA	*Periodical Accounts*
PRWM	*Papers Relating to Wesleyan Missions*
RPC	Regents Park College
SA	Serampore Archives
SOAS	School of Oriental and African Studies
SPCK	Society for the Promotion of Christian Knowledge
SPG	Society for the Propagation of the Gospel
UPCS	United Presbyterian Church of Scotland
UPMR	*United Presbyterian Missionary Record*
WCC	William Carey Collection, Regents Park College
WMMS	Wesleyan Methodist Missionary Society
WMSMN	*Wesleyan Missionary Society Missionary Notices*

भूमिका

इस पुस्तक की विषयवस्तु मुख्यतः भारतीय धर्म-संसार की परिकल्पना निर्माण पर केन्द्रित है। विशेष रूप से यह हिंदू धर्म की परिकल्पना के उदय एवं परिष्करण की उस प्रक्रिया का अन्वेषण करता है, जो 1789 ई. से 1900 ई. के बीच ब्रिटिश प्रोटेस्टेंट मिशनरियों के बीच पल्लवित हो रहा था। जैसा कि हम देखेंगे, कुछ यूरोपीय अध्येताओं के बीच प्रचलित इस भावना को सत्रहवीं और अठारहवीं सदी में व्यापक स्वीकृति मिलने लगी थी कि भारत का प्रधान धर्म अन्य पेगन (मूर्तिपूजक) धर्म समुदायों से भिन्न है। हिंदू परंपरा के कुछ विशिष्ट होने के प्रति बढ़ते हुए इस आग्रह ने "हिंदू धर्म" या "हिंदू मत" की अवधारणा के प्रतिपादन को प्रोत्साहित किया। गैर-ईसाई धर्म "प्रणालियों" की पड़ताल एवं समझदारी विकसित करने के प्रयास के रूप में इसके बाद, हिंदू-धर्म की शब्दावली का उपयोग एक अवधारणा और श्रेणी के रूप में अधिकाधिक होने लगा। यह एक ऐसा प्रतीक-पट बन गया, जो न केवल पश्चिमी विद्वानों बल्कि भारतीय लोगों के भी भारतीय धर्म-संबंधी विचारों पर हावी हो गया।

धर्म और धर्म समूह

विल्फ्रेड कैंटवेल स्मिथ ने 1962 में अपनी प्रसिद्ध पुस्तक *The Meaning and End of Religion* में यह विचार विकसित किया कि "रिलिजन" ("धर्म") अपने आप में यूरोपीय और पश्चिमी देशों द्वारा निर्मित अवधारणा है। उन्होंने लिखा कि यह अवधारणा रोमन लोगों के बीच पहले उत्पन्न हुई और फिर ईसाई मत एवं यूरोपीय पुनर्जागरण के विचारों द्वारा संपोषित और प्रभावित हुई। यह प्रसंग बाद में पीटर हैरिसन, रिचर्ड किंग, और अन्य विद्वानों द्वारा और विस्तार से चर्चित हुआ कि सत्रहवीं और अठारहवीं सदियों में "धर्म" और "धर्म समूहों" के विषय में यूरोपीय विचारों को प्रभावित करने वाली परिस्थितियां और उनका इतिहास क्या था।[1]

रोमन लोग धर्म को समारोह, रीति-रिवाज, परंपरा या संपन्न किए जाने वाले अनुष्ठानों के रूप में देखते थे, परन्तु उनसे भिन्न आरंभिक ईसाई लोगों ने विश्वास और मनोवृति के महत्त्व पर जोर डाला। हालांकि, आतंरिक निष्ठा के महत्त्व पर दिया गया आरंभिक बल, बाद में विषयीकरण की एक दीर्घ प्रक्रिया के सदृश्य हो गया, बल्कि कह सकते हैं कि उससे आच्छादित हो गया। धर्म की अवधारणा को महज लिखित सिद्धांतों, मतों और आस्थाओं के रूप में वस्तुगत तौर पर अभिव्यक्त संस्था की तरह देखने की परंपरा (जो मध्ययुगीन यूरोप में एक संपोषित विचार और विधर्मिता के आरोपों एवं धर्मसुधार आंदोलन [Reformation] से संबंधित बहसों में प्रतिबिंबित होता है) ईसाई चिंतनधारा

[1] Harrison 1999; King 1999; Sweetman 2003.

में पूरे औपनिवेशिक काल में मौजूद रही। इसके अतिरिक्त इन विचारों से जुड़े मूलभूत स्रोत, आधारभूत पवित्र ग्रंथ, लिखित साहित्य आदि की अवधारणा भी महत्त्वपूर्ण रही है और यह माना जाता था कि इन्हें विवेचित करने का अधिकार उचित प्रशिक्षण और दृष्टिकोण रखने वाले व्यक्तियों जैसे पुरोहितों या विद्वानों को ही प्राप्त होना चाहिए। प्रबोधन (Enlightenment) के दौर में धर्म को एक वस्तुनिष्ठ यथार्थ, यहां तक कि एक प्राकृतिक वस्तु के रूप में देखने की प्रवृति और भी ज्यादा बढ़ गई, जिसकी जांच पड़ताल वैज्ञानिक तरीके से की जा सकती थी। इसे धर्मशास्त्रियों, पुरोहितों, दार्शनिकों, विभिन्न प्रकार की संस्थाओं और लोगों से युक्त एक "प्रणाली" के रूप में देखा जाने लगा। यह एक ऐसी वस्तु बन गई थी जिसका एक विशिष्ट आकार और सीमाएं थीं, और जिसे अन्य वस्तुओं की तरह ही एक दूसरे के साथ तुलना एवं अध्ययन द्वारा सही से गलत या सबसे अधिक फायदेमंद से सबसे कम फायदेमंद आदि के श्रेणीक्रम में सजाया जा सकता था।

सत्रहवीं और अठारहवीं सदी के टीकाकारों की सामान्य धारणा यह थी कि दुनिया में मूलतः चार तरह के धर्म हैं, जैसे यहूदी, ईसाई, इस्लाम और पेगन या हीथेन धर्म (Heathen-मूर्तिपूजक)।[2] यही धारणा जिजेनवॉग के पत्राचारों में भी दिखाई देती है, जो ट्रांक्यूबार प्रोटेस्टेंट मिशन का एक संस्थापक था। अठारहवीं सदी के आरंभिक वर्षों में तमिल धर्मगुरुओं को पत्र लिखते हुए वह पूछता है कि बताइए: 'दुनिया के चार विभिन्न धर्मों में कौन सा धर्म हमें परलोक में सुखी बनाने के लिए सबसे उपयुक्त है?[3] चार प्रमुख धर्मों वाली प्रणाली का यही विचार विलियम कैरी के 1792 में प्रकाशित *Inquiry* में भी प्रतिबिंबित होता है। 'पेगन' या 'हीथेन' शब्दों का इसमें एवं अन्य पुस्तकों में किया गया उपयोग बहुत व्यापक स्वरुप में और ढीले ढाले तरीके से किया गया है, जिसका उद्देश्य यहूदी और इस्लाम को छोड़ कर सभी गैर-ईसाई धर्मों को इसकी परिभाषा में शामिल करना था। उदाहरण के लिए, कैरी के अनुसार यह अफ्रीका, अमेरिका, एशिया और ऑस्ट्रेलिया महादेशों में निवास करने वाले विशाल जन समुदाय का धर्म था।

वैसे तो ये शब्दावली खास तौर पर प्रोटोस्टेंट मिशनरी संस्थाओं में सेवा प्रदान करने के लिए आवेदन देने वाले स्त्रियों और पुरुषों के बीच पहले की तरह ही लोकप्रिय बनी रही, लेकिन यूरोपीय विमर्श के व्यापक दायरों में एक विवरणात्मक श्रेणी के रूप में इसकी उपयोगिता घटने लगी थी। यदि अपमानजनक नहीं भी था तो भी पेगन या हीथेन शब्द अब उत्तरोत्तर अनुपयुक्त और अपर्याप्त माना जाने लगा था। जैसा कि ऊपर कहा जा चुका है, यह मूल रूप से सत्रहवीं और अठारहवीं सदी के दौरान यूरोपियनों द्वारा अमेरिका और पूर्व के 'पेगन' देशों में मिशनरी गतिविधियों, व्यापार, यात्रा और खोजों के माध्यम से प्राप्त नई

[2] J. Z. Smith 1998, 271–72.

[3] Philips (tr.) 1791; Letter IV.

जानकारी और अंतर्दृष्टि के कारण संभव हो पाया था। इससे अनिवार्यतः एक प्रश्न यह उठा कि क्या पेगन धर्म हर जगह एक समान है। उदाहरण के लिए भारत और अफ्रीका या अन्य देशों में इसने जो स्वरुप लिया, क्या इनमें कोई आपसी फर्क नहीं है? क्या टीकाकारों को चार धर्मों के विचार में संशोधन कर और बहुत सारे धर्मों के बारे में विचार नहीं करना चाहिए? इस प्रकार यूरोपीय अध्येता और विद्वान समुद्रपार देशों के विभिन्न जन समुदायों के विषय में अपनी समझ और व्यवहार विकसित करने की शुरुआत करने लगे।

इस पुस्तक के भाग एक में भारत की विशिष्ट धार्मिक परंपराओं के विषय में उन ब्रिटिश और यूरोपीय विचारों के क्रमशः विकास की चर्चा की गई है, जिन्होंने ब्रिटिश प्रोटेस्टेंट मिशनरियों के हिंदू धर्म संबंधित विचारों एवं उसकी समझ के गठन को गहरे रूप से प्रभावित किया। अठारहवीं सदी के दूसरे भाग में हिंदू धर्म की उभरती हुई रूपरेखा के विषय में भी विस्तृत टिप्पणियों को इसमें शामिल किया गया है, जिसका परिणाम अंततः इस सदी के उत्तरार्द्ध में प्रोटोस्टेंट मंडलियों के बीच एक शब्द के रूप में "हिंदुइज्म" या हिंदू धर्म के उपयोग के रूप में सामने आया। हालांकि इसके बावजूद मिशनरियों और अन्य लोगों के बीच इस अवधारणा के सूत्रीकरण, इसके अर्थ और विकास को लेकर सतत मतभेद प्रगट होते ही रहे।

इस पुस्तक का एक उद्देश्य उन प्रक्रियाओं की खोज करना है जिनके माध्यम से प्रोटेस्टेंट मिशनरियों द्वारा हिंदू धर्म की परिकल्पना का निर्माण आमतौर पर यूरोपियनों और भारतीय प्रजाओं के अंदर हिंदू धर्म के चरित्र के विषय में चलने वाली व्यापक बहसों से जुड़ी हुई थी। हम उन आयामों को भी उजागर करने की कोशिश करेंगे जो विशिष्ट विचारों अथवा मिशनरियों के विचारों और अधिप्रचार पर हावी थे। इसके अतिरिक्त हम मिशनरियों द्वारा प्रतिपादित व्याख्याओं को प्रभावित करने वाले सामान्य कारकों और व्यापक संदर्भ की परीक्षा भी करेंगे। मिशनरियों को हिंदू धर्म के विषय में किस प्रकार के विचार विरासत में मिले थे? और किस हद तक भारतीय धर्मों का उनके द्वारा किया गया चित्रण तत्कालीन यात्रियों, अन्य मिशनरियों और ओरिएंटलिस्ट विद्वानों के विचारों की प्रतिध्वनि थी? यह सवाल इस पुस्तक के विशिष्ट केंद्र-बिंदु और मुख्य विषयवस्तु से भी जुड़ा हुआ है जो मिशनरियों के पास उपलब्ध ज्ञान और सूचनाओं से संबंधित है। दरअसल प्रोटोस्टेंट मिशनरी लोग हिंदू धर्म के बारे में वास्तव में क्या जानते थे? उनके पूर्वाग्रहों एवं सूचनाओं और ज्ञान के प्रमुख स्रोत क्या थे? वे हिंदू धर्म का परिदर्शन कैसे करते थे और उसे क्या समझते थे?

इन मुद्दों पर किया गया विचार-विमर्श अन्य कई सवालों को जन्म देता है, जिनकी चर्चा अगले अध्यायों में भी की गई है। मिशनरियों ने अपने ज्ञान का क्या उपयोग किया और क्यों किया? उन्होंने अपने और एक-दूसरे के समक्ष, एवं अपने समर्थकों और सामान्य जनता के समक्ष हिंदू धर्म की क्या तस्वीर रखी? उन्होंने जिस प्रकार से हिंदू धर्म का चित्रण किया उसका उद्देश्य और विशेष एजेंडा क्या था? उदाहरण के लिए, मिशनरियों द्वारा की

गई टिप्पणियां उनके अपने फायदे और व्याख्याओं के लिए की गई थी या हिंदू धर्म के चित्रण का उद्देश्य जानबूझ कर ऐसी निर्मिति प्रस्तुत करना था जिससे सरकार और अन्य अधिकारियों को प्रभावित किया जा सके या फिर यह हिंदू अथवा ईसाई में से किसी खास समूह के लोगों को अपनी तरफ झुकाने के लिए उपयोग किया गया था? और अंततः इन मिशनरी मूल्यांकनों का एक-दूसरों के लिए, ब्रिटेन और खुद भारत में क्या परिणाम निकला?

इन टिप्पणियों से स्पष्ट है कि हिंदू धर्म के विषय में मिशनरियों के ज्ञान और समझ एवं उसकी प्रस्तुति के तरीके दरअसल मूल्यांकन के प्रश्न से जुड़े हुए हैं। उनके सामने हिंदू धर्म के जो भी आयाम जानकारी में आए, उनका ये मिशनरी लोग तुलनात्मक अध्ययन और मूल्यांकन किया करते थे। वे अपने मूल्यों के विस्तृत वर्णपट पर उन विभिन्न धारणाओं और आचरणों को संयोजित किया करते थे जिसे वे विचारणीय से लेकर "शैतानी" या बिलकुल "अन्य" ("other") की श्रेणी में रखते थे। जहाँ तक उनके द्वारा संपूर्ण रूप से हिंदू धर्म के मूल्यांकन का प्रश्न है, केनेथ बॉलहैचेट, एरिक जे.शार्प, और केनेथ क्रैकनेल आदि के अध्ययनों में यह संक्षिप्त रूप से विद्यमान है।[4] बॉलहैचेट अपने विश्लेषण को परिवर्तन के एक व्यापक संदर्भ में रखते हुए उन्नीसवीं और बीसवीं सदी में हिंदू धर्म के प्रति मूल रूप से दो प्रकार की प्रवृत्ति को रेखांकित करते हैं- पहली, शत्रुता भाव और दूसरी, सहानुभूति भाव। 'पहला भाव उन्नीसवीं सदी के ज्यादातर हिस्से में प्रचलित था जबकि दूसरा भाव उसके बाद के समय में'।[5] वैसे तो मिशनरियों द्वारा हिंदू धर्म के मूल्यांकन के विषय में कुछ अध्ययन पहले भी किया जा चुका है, लेकिन लंबे समय से इस पर कोई वृहत अनुसंधान प्रस्तुत नहीं किया गया है। ज्यादातर अध्ययन उन्नीसवीं सदी के उत्तरार्द्ध में हुए परिवर्तनों पर केंद्रित है, जिसमें इस बात की खोज पर पर्याप्त ध्यान नहीं दिया गया है कि आखिर अठारहवीं सदी के उत्तरार्द्ध और उन्नीसवीं सदी के पूर्वार्द्ध में वे कौन से मूलभूत कारक थे, जिन्होंने मिशनरियों की हिंदू धर्म संबंधी प्रतिक्रियाओं को स्वरुप दिया। खास तौर पर प्रोटेस्टेंट मिशनरियों के उन पूर्वाग्रहों और अवधारणाओं की विस्तृत चर्चा बिलकुल नदारद है, जिन्होंने इन मिशनरियों की उन आरंभिक प्रतिक्रियाओं को आकार प्रदान किया, जो वे अपने साथ लेकर आए थे और भारत के सामाजिक और धार्मिक जीवन के विषय में उनका प्रारंभिक दृष्टिकोण निर्धारित करने में निर्णायक भूमिका निभाई थी। लेकिन उनमें से कुछ प्रमुख पूर्वाग्रहों की चर्चा करने से पहले साम्राज्य के व्यापक संदर्भ और भारत में ब्रिटिश प्रशासन की सामान्य उपस्थिति के बारे में कुछ कहना जरूरी है, जिसने मिशनरियों के हिंदू धर्म संबंधी चित्रण को प्रभावित किया।

[4] Ballhatchet 1961: 344; Cracknell 1995: Ch 1; Sharpe 1965: Chs 1 and 2.

[5] Ibid.: 344.

ब्रिटेन में प्रोटेस्टेंट मिशनरी संस्थाओं का प्रादुर्भाव

ब्रिटिश प्रोटेस्टेंट मिशनरी संस्थाओं की स्थापना की कहानी पहले से ही काफी सर्वविदित है इसलिए यहां संक्षेप में बताना ही उचित होगा। इन संस्थाओं में से महिलाओं के मिशनरी संगठनों (अध्याय 8 में इन पर चर्चा की गई है) को छोड़कर ज्यादातर संस्थाओं की स्थापना सन् 1699 ई. से सन् 1843 ई. के बीच हुई. सन् 1699 ई. में चर्च ऑफ़ इंग्लैंड सोसाइटी फॉर द प्रोमोशन ऑफ़ क्रिश्चन नॉलेज (एस.पी.सी.के.) की स्थापना के दो साल बाद सोसाइटी फॉर द प्रोपगेशन ऑफ़ द गॉस्पेल (एस.पी.जी.) की स्थापना हुई. यानी बाद में, अठारहवीं सदी के ब्रिटेन में मेथोडिस्ट एवं इंजीली पुनरुत्थानों के प्रसार से पहले ही इन संगठनों की स्थापना हो चुकी थी। हालांकि इन्हीं पुनरुत्थानों से मिशनरी गतिविधियों को भारी प्रोत्साहन मिला और इससे उत्साह से भरे मिशनरियों की उस उत्तेजना का पता चलता है जिसकी बदौलत विदेशों में मिशनरी कार्यों के प्रति समर्पित इंजीली मिशनरी सोसाइटियों का जन्म हुआ। भारत में कार्यरत इनमें से सबसे महत्त्वपूर्ण संगठनों में सन् 1792 ई. में स्थापित पर्टिकुलर बैप्टिस्ट मिशनरी सोसाइटी (बी.एम.एस.), सन् 1795 ई. में स्थापित लंदन मिशनरी सोसाइटी (एल.एम.एस.) और सन् 1799 ई. में स्थापित चर्च मिशनरी सोसाइटी (सी.एम.एस.) हैं। उस शताब्दी के अंत में होनेवाली इन गतिविधियों के बाद सन् 1814 ई. और सन् 1818 ई. के बीच वेस्लेयन मेथोडिस्ट मिशनरी सोसाइटी (डबल्यू.एम.एम.एस.), सन् 1824 ई. में फॉरेन मिशन कमिटी ऑफ़ द चर्च ऑफ़ स्कॉटलैंड (सी.एस.) तथा 1843 ई. में चर्च ऑफ़ स्कॉटलैंड के विघटन के बाद फॉरेन मिशन कमिटी ऑफ़ द फ्री चर्च ऑफ़ स्कॉटलैंड (एफ.सी.एस.) की स्थापना हुई।

इंजीली (Evangelical) एवं अन्य प्रोटेस्टेंट मत

हालांकि आरंभ में 'इंजीली' शब्द का अर्थ कुछ अस्पष्ट सा था और समय बीतने के साथ-साथ इसका अभिप्राय और महत्त्व और भी मंद होता चला गया, फिर भी सन् 1793 ई. से लेकर सन् 1900 ई. के दौरान भारत में कार्य करने वाली ज्यादातर ब्रिटिश प्रोटेस्टेंट मिशनरियां इंजीली सोसाइटियों के अधीन कार्यरत थीं एवं स्वयं को इंजीली बताती थीं।

सन् 1935 ई. में हेनरी वेंन (जो बाद में सी.एम.एस. के लिपिकीय सचिव (क्लेरिकल सेक्रेटरी) बने) ने घोषणा की कि इंजीली पादरी 'धर्मसिद्धांतों को सुनियोजित तरीके से प्रस्तुत करने की अपनी शैली की वजह से अन्य धार्मिक संगठनों से उतने भिन्न नहीं हैं, जितने कि ईसाई व्यवस्था के कुछ हिस्सों को अपेक्षाकृत अधिक महत्त्व दिए जाने और जनमानस के दिलोदिमाग एवं आचार विचार को ईसाई सिद्धांतों द्वारा प्रभावित करने की वजह से'। अठारहवीं एवं उन्नीसवीं सदी में चल रहे इस इंजीली आंदोलन पर टिप्पणी करते हुए एवं वेंन को उद्धृत करते हुए बेबिंगटन ऐसी चार विशेषताएं या गुण बताते हैं जो 'इंजीली धर्म

के विशेष लक्षण हैं': वो हैं 'कंवर्जनिज्म' (धर्म परिवर्तनवाद) यानी जीवन में परिवर्तन लाने की आवश्यकता में विश्वास; 'बाइबलिज्म' (बाइबिलीय सिद्धांत) यानी बाइबिल के प्रति 'भक्ति'; 'क्रूसिसेंटरीसिज्म' (क्रूसारोपण द्वारा मुक्ति का सिद्धांत) यानी ईसा के प्रायश्चित्त द्वारा मोक्ष प्राप्ति पर बल; एवं 'एक्टिविज्म' (सक्रियतावाद) जिसमें गॉस्पेल (ईसा चरित) का प्रवचन शामिल है।[6] ऐसा लगता है कि लेखक यह स्वीकार करते हैं कि ईसाई धर्म की ये विशिष्टताएं इंजीलियों तक ही सीमित नहीं थीं। उदाहरण के लिए, चर्च ऑफ़ इंग्लैंड में गैर इंजीली मार्गदर्शक भी 'प्रायश्चित्त और जीवन में परिवर्तन' की प्रेरणा देते थे। वे भी कुछ विशिष्ट ज्ञान की शिक्षा एवं अवधारणाओं के आधार के रूप में धर्मग्रंथ का सहारा लेते थे, प्रायश्चित्त के उस सिद्धांत का समर्थन करते थे जिसके मुताबिक ईसा की मृत्यु मनुष्य के अपराधों के प्रायश्चित्त स्वरुप थी। वे कुछ विशेष प्रकार के सक्रियतावाद से भी जुड़े रहे, जैसे कि गॉस्पेल के ज्ञान एवं मिशनरी सोसाइटियों की स्थापना जैसी गतिविधियां महत्त्वपूर्ण बनी रहीं। हालांकि हेनरी वेन (और बेबिंगटन) का मानना है कि मोटे तौर पर असली सवाल प्राथमिकता का था- अन्य प्रोटेस्टेंट ईसाईयों की तुलना में इंजीलियों ने विभिन्न विशिष्टताओं के महत्त्व पर बल दिया, जिसे वेंन द्वारा ईसाई प्रणाली के रूप में परिभाषित किया गया।

सन् 1830 के दशक में एंग्लिकनों के बीच ऑक्सफ़ोर्ड या ट्रेकटेरियन आंदोलन छिड़ जाने के फ़लस्वरुप इंजीलियों और अन्य प्रोटेस्टेंटों के बीच दूसरे भेद भी और अधिक स्पष्ट रूप में प्रकट हो गए। राजकीय संरक्षण एवं अनुदानों से वंचित हो जाने के भय से कुछ अंग्रेज पादरियों ने इस बात पर बल देना चाहा कि चर्च ऑफ़ इंग्लैंड राजसत्ता पर निर्भर नहीं है तथा यह चर्च ईसाई सत्य एवं आदि धर्मप्रचारक सत्ता से अपना प्राधिकार प्राप्त करता है। (इस सिद्धांत के मुताबिक बिशप अपनी सत्ता और पद को ईसा के पट्ट शिष्यों से अटूट श्रृंखला के रूप में प्राप्त उत्तराधिकार से जोड़कर स्थापित कर सकते हैं)। ऐसे दावे जॉन हेनरी न्यूमैन, एडवर्ड पुसी तथा ऑक्सफ़ोर्ड निवासी अन्य पादरियों द्वारा लिखित पुस्तिकाओं की श्रृंखला में प्रस्तुत किये गए हैं। ये ऐसे सिद्धांतों से जुड़े थे जो रोमन कैथोलिक चर्च के मतों से मिलते जुलते थे। अपनी पुरोहिताई एवं संस्कारों के साथ चर्च ऑफ़ इंग्लैंड प्राथमिक अधिकार और अनुग्रह रखता था। इंजीलियों के लिए धर्मग्रंथ आस्था का आधार था, उद्घाटित सत्य का मूर्त रूप था एवं ईश्वर और इंसान के बीच संपर्क का प्रमुख साधन था। जबकि उन उच्च पदस्थ पादरियों के लिए यह ईसाई परंपरा को समझने का एक महत्त्वपूर्ण स्रोत था। यद्यपि इसे एक ऐसे ग्रंथ के रूप में देखा जाता था जिसकी सटीक विवेचना कोई भी व्यक्ति अपनी त्रुटिपूर्ण अंतर्दृष्टि या व्याख्या द्वारा नहीं कर सकता था बल्कि केवल चर्च एवं इसका परिषद् ही उसकी व्याख्या कर सकता था।

[6] Bebbington 1989: Ch. 1.

इसलिए कुछ इंजीलियों की दृष्टि में, ऑक्सफ़ोर्ड अथवा टेक्टेरियन आंदोलन का जन्म उन सिद्धांतों की ओर वापसी का संकेत है जिनसे प्रायः पुनर्जागरण के मौलिक आधार को ही आघात पहुंचा था। और इस आंदोलन के प्रारंभ होने तथा अत्यधिक क़ानूनी विवादों के बढ़ने से उत्पन्न मतभेद का माहौल पूरे मिशन के क्षेत्र में व्याप्त हो गया। ऐसा मुख्यतः इसलिए हुआ क्योंकि मिशनरियों को लगातार भारत भेजते रहने की प्रक्रिया में एस.पी.जी. ने 'हाई चर्च' के सिद्धांतों से अनुप्राणित' लोगों को भी इनमें शामिल कर लिया था। भारत में इस तनाव का प्रतिबिंब इस तथ्य में दिखाई देता है कि अधिक महत्त्वपूर्ण स्थानीय प्रोटेस्टेंट मिशनरी संगठनों, जैसे कि कलकत्ता, बॉम्बे या मद्रास के कांफ्रेंसों में आमतौर पर एस.पी.जी. मिशनरी शामिल नहीं होते थे या सदस्यता नहीं लेते थे। ना ही कुछेक अपवादों को छोड़कर उन्होंने दशवार्षिक सम्मेलनों जैसे उन अधिक प्रचलित सार्वजनिक प्रोटेस्टेंट सभाओं में कभी हिस्सा लिया जो उन्नीसवीं सदी के अंत में प्रोटेस्टेंट मिशनों की एक विशेषता बन गई थी। वास्तव में, भारत के कुछ हिस्सों, जैसे कि बंगाल, में इंजीली और हाई चर्च मिशनरियों के बीच खुलेआम विवाद शुरू हो गया। दोनों पक्ष एक-दूसरे पर ये आरोप लगाने लगे कि दूसरा पक्ष उनके अनुयायियों को भ्रमित कर रहा है और काम करने में बाधा उत्पन्न कर रहा है।[7]

सिद्धांत के तौर पर 'हिंदू धर्म' के प्रति हाई चर्चमेन के थोड़े अलग रवैये की उम्मीद की जा सकती है, शायद इंजीलियों की प्रतिक्रिया की तुलना में अधिक सहानुभूतिपूर्ण भी। ऐसा अनुमान किया जाता है कि हाई चर्चमेन धर्म में पारंपरिक रिवाजों की भूमिका की कहीं बेहतर समझ रखते थे। ज्यादातर इंजीलियों की सोच के विपरीत ये पुरोहिती के विरोधी या सरसरी तौर पर 'पुजारी-प्रपंच' के खिलाफ नहीं थे। इसके अतिरिक्त, जिसे परिहासपूर्ण अंदाज में 'गंध-पुष्प एवं घड़ी–घंटा' कहा जाता है, हिंदू कर्मकांड की ऐसी वस्तुओं पर बल देकर उन्होंने इसके विभिन्न स्वरूपों की कद्र की। लेकिन अगर ऑक्सफ़ोर्ड या हाईचर्च आंदोलन के बुनियादी धर्मतत्व और प्रकृति के कारण ऐसे मतभेद उत्पन्न होते थे, तो 'हिंदू धर्म' के बारे में उनके उन विचारों और रवैय्ये की तुलना में ये नगण्य ही थे, जो वे इंजीली

[7]सन् 1880 के दशक के आरंभ में पश्चिमी भारत की स्थिति थोड़ी बेहतर थी। जुलाई 1882 में पुणे से जॉन मरी मिशेल ने एफ.सी.एस. मिशन के महासचिव जार्ज स्मिथ को हाई चर्च की गतिविधियों के प्रसार प्रचार पर चिंता व्यक्त करते हुए एक गोपनीय पत्र लिखा। उन्होंने लिखा कि अभी तक काउली फादर्स और एस.पी.जी. बॉम्बे के सर्वाधिक सक्रिय मिशन थे और बिशप 'हाई चर्चमेन में सर्वोपरी' थे। उनका मानना था कि हाई चर्च वाले पूना में तूफ़ान मचाने का दृढ़ निश्चय कर चुके थे। उनकी शिकायत थी कि वे इस शहर को लगभग बीस साल पहले से जानते हैं जब यहां इंजीली चैपलिन और एक इंजीली बिशप हुआ करते थे, पर आज इस शहर में 'भयानक रूप से बदलाव' आ गया है। उन्होंने बताया कि विभिन्न इंजीली सोसाइटियों के मिशनरियों के बीच सौहार्द्रपूर्ण संबंध कायम है, पर साथ ही चेतावनी देते हुए कहा कि 'सभी एपिस्कोपालियनों (धर्माध्यक्षीय) को कर्मकांडवाद के जाल में फंसाने और सभी प्रोटेस्टेंट मिशनों को हिथेनों (विधर्मियों) के सामने ध्वस्त कर दिए जाने की जबरदस्त और लगातार कोशिश चल रही है' (NLS, MS.7826, folios 110–11, Murray Mitchell to George Smith, 22/7/1882)।

मिशनरियों के समान रखते प्रतीत होते थे। जैसा कि हम आगे देखेंगे, सभी प्रकार के प्रोटेस्टेंट मिशनरियों की तरह ये भी धर्मों की प्रकृति एवं हिंदू धर्म के बारे में एक समान मौलिक धारणा से बंधे हुए थे और इन्हें एक एकीकृत वस्तुनिष्ठ प्रणाली के रूप में देखते थे; साथ ही हिंदू धर्म प्रणाली में ब्राह्मणों की भूमिका और प्रभुत्व के बारे में भी इसी तरह पूर्वधारणा रखते थे। लेकिन इससे भी महत्त्वपूर्ण बात ये है कि पूरी उन्नीसवीं सदी नहीं तो कम-से-कम उसके पूर्वार्ध के ज्यादातर इंजीलियों की तरह वे भी, तुलनात्मक रूप से कहें तो कहीं सख्त और एकान्तिक स्थिति को बनाए रखते हुए काम कर रहे थे। जहाँ इंजीली यह मानते थे कि धर्मग्रंथ में जैसा वर्णित है, केवल ईसा के रक्त के जरिये ही मुक्ति संभव है। जबकि हाई चर्च मिशनरियों के मुताबिक चर्च की दुनिया से बाहर कोई मुक्ति नहीं है। संस्कृत के जाने-माने विद्वान् एवं संपादक मैक्स मूलर का मानना था कि दोनों पक्षों की अपनी-अपनी धारणाएं थीं और अपने-अपने कार्यक्रम थे। उनके जैसे खुले दिमाग वाले पुरोहितों के विचार से उन ईसाईयों के लिए इसका महत्त्व एवं प्रासंगिकता नगण्य थी जो अभी नवीनतम आविष्कारों से अवगत हो ही रहे थे और गैर-ईसाई धर्मों के बारे में अंतर्दृष्टि तथा ज्ञान प्राप्त कर रहे थे।[8]

हालांकि इंजीली एवं ऑक्सफ़ोर्ड आंदोलनों में भाग लेनेवालों की बहुत सारी धारणाएं एकसमान बनी रहीं, पर ऑक्सफ़ोर्ड आंदोलन के प्रारंभ होने के साथ ही दलीय भावना तथा भेदभाव की भावना से एस.पी.जी. के लिए समस्याएं खड़ी हो गईं। डेनिएल ओ' कोनोर के अनुसार, ऑक्सफ़ोर्ड आंदोलन और उसको लेकर विवादों ने एस.पी.जी. की भूमिका को जटिल बना दिया और 'दो विपरीत मतोंवाले समर्थकों के संवेदनशील अन्तःकरणों से होते हुए असमंजस की स्थिति से गुजरना पड़ा और इस आंदोलन के कई स्तंभों (जैसे केबल, मैनिंग, न्यूमैन और लिड्डोन इत्यादि) ने सी.एम.एस. के साथ दूरियां बढ़ाने का काम किया'।[9] वास्तव में, सी.एम.एस. की वार्षिक बैठकों में कर्मकांड पर बारंबार आक्षेप किया जाता रहा।[10]

जहाँ कुछ इंजीलियों के बीच ट्रेक्टेरियन आंदोलन का भय घर कर गया था, वहीं धर्मज्ञान के नए-नए स्वरूपों के उदय तथा ब्रॉड चर्च आंदोलन, जो चर्च ऑफ़ इंग्लैंड के ही अधीन था, और अधिक चिंता का कारण बन गए थे।[11] इस आंदोलन की कई प्रमुख विशेषताओं में से एक विशेषता यह थी कि इसमें विचारों की विभिन्नताओं को अधिक स्वीकृति प्राप्त थी एवं तत्कालीन समाज में भिन्न विचार रखनेवाले चिंतकों के साथ वाद-विवाद करने

[8] मैक्स मूलर, जिनके साथ उन्होंने अपने जीवन के काफी अंतिम समय बिताए, के मतानुसार, 'किसी पुस्तक की शाब्दिक प्रेरणा के आधार पर, चमत्कारों पर, गिरजाई सत्ता के आधार पर धर्म को आधारित करना, लकड़ी के कुंदों के सहारे खड़ी इमारत पर भरोसा करने या फिर जर्जर हो चुके ढांचे वाली इमारत जिसका ढहना तय हो, पर भरोसा करने जैसा है' (मैक्स मूलर पेपर्स. एम.एस.इंग.सी. 2814)।

[9] O'Connor et al. 2000: 61–2.

[10] Nemer 1981: 23–4.

[11] Ibid.: 20–5.

का आग्रह था। इस प्रक्रिया के फलस्वरूप आस्था एवं अन्य विषयों, जैसे कि ईसाई एवं गैर-ईसाई धर्मों के बीच संबंध के बारे में आगे और भी अभिनव तथा स्वतंत्र विचारों को प्रोत्साहन मिला। जहाँ एक ओर इंजीलियों ने धर्मग्रंथ पर बल दिया, वहीं हाई चर्चमेन ने आस्था का आधार चर्च को माना। पर ब्रॉड चर्चमेन ने युक्ति की भूमिका पर अधिक बल दिया। लेकिन फिर भी यह अंतर उतना सुस्पष्ट नहीं बल्कि कुछ अंशमात्र भर का ही था। उदाहरण के लिए, उन्नीसवीं सदी के उत्तरार्ध में, कुछ मिशनरी जो स्वयं को 'इंजीली' ही बताते रहे उनके विचार एवं ब्रॉड चर्चमेन के विचारों में थोड़े का ही फर्क था।

सन् 1853 ई. में एफ.डी. मॉरिस की पुस्तक 'थिओलॉजिकल एसेज' (*Theological Essays*) के प्रकाशित होने के बाद नरक एवं शाश्वत दंड के विषय पर उत्पन्न हुए विवाद जैसे विभिन्न मत-मतांतरों के फलस्वरूप चर्च ऑफ़ इंग्लैंड के तहत ब्रॉड चर्च की विचारधारा का प्रादुर्भाव धीरे-धीरे स्पष्ट होने लगा।[12] लगभग उसी काल के बाद से, खासकर सन् 1860 के दशक में चर्च के प्रमुख व्यक्ति एवं शिक्षित ईसाई आमतौर पर गरमागरम बहसों में हिस्सा लेने लगे और उन नए-नए विचारों तथा आविष्कारों पर वाद-विवाद करने लगे जिनसे प्रायः ईसाई आस्था की बुनियाद पर ही चोट पड़ने लगी थी। सन् 1859 ई. में डार्विन की *The Origin of Species* के प्रकाशित होने के साथ-साथ भूविज्ञान के क्षेत्र में नए अनुसंधान आदि से बाइबिल की उत्पत्ति संबंधी कहानी की यथातथ्य व्याख्या को चुनौती मिलने लगी। इनके फलस्वरूप लगा कि यह पृथ्वी ओल्ड टेस्टामेंट की अवधारणा से काफी पुरानी है। बाइबिल के जलप्रलय की कहानी, ईसा के कथित चमत्कारिक कार्यों और न्यू टेस्टामेंट के अन्य तथाकथित 'वास्तविक' या ऐतिहासिक घटनाओं की ऐतिहासिकता पर भी संदेह किया जाने लगा। बाइबिल के तथ्यों पर अपनी शंका प्रकट करनेवाले उन भिन्न मतावलंबियों के बीच और अधिक उदारवादी आंदोलनों को उत्प्रेरित करने में ब्रॉड चर्च आंदोलन के प्रभाव का विशिष्ट महत्त्व है। इस प्रकार ईसाई एवं गैर-ईसाई धर्मों के बीच संबंध पर मौरिस, मूलर और अन्य ब्रॉड चर्चमेन के विचारों ने धर्म को लेकर कई सवाल खड़े कर दिए और चर्च ऑफ़ इंग्लैंड के बाहर के समाज में भी वाद-विवाद को प्रोत्साहित किया।

साम्राज्य के संदर्भ में मिशनरी

एडवर्ड सईद की पुस्तक '*Orientalism: Western Conceptions of the Orient*' के कई समीक्षक उपनिवेशवाद और मिशनरी आन्दोलन के बीच पर्याप्त अंतर रखने में लेखक की असमर्थता का उल्लेख पहले ही कर चुके हैं।[13] वर्तमान लेखक का मानना है कि दोनों आंदोलनों के बीच, मुख्य रूप से उनके उद्देश्यों और अभिप्रायों की दृष्टि से

[12] इनका एवं अन्य विवादों पर पुनरावलोकन करने के लिए देखें खासतौर पर Chadwick, 1970.

[13] Oddie 1994; Cox 2000: 9–11.

काफी स्पष्ट अंतर प्रकट होता है; उपनिवेश बनानेवालों का उद्देश्य साम्राज्य पर कब्ज़ा जमाना और अपना शासन कायम रखना था जबकि मिशनरियों का उद्देश्य जीवात्माओं का उद्धार करना और ईसाई समुदायों की स्थापना करना था, जो राजनीतिक प्रभुत्व के किसी भी स्वरुप में ना सिर्फ बना रहेगा बल्कि और आगे भी जीवित रहेगा। हाल में एंड्रयू पोर्टर द्वारा किये गए एक अत्यंत महत्त्वपूर्ण अध्ययन में मिशनरियों और साम्राज्य निर्माताओं के बीच अंतर और साथ-ही-साथ समानताओं पर केंद्रित इन तर्कों तथा अन्य दलीलों का विश्लेषण किया गया है और भारत में 'धर्म बनाम साम्राज्य' पर भी विश्लेषण प्रस्तुत किया गया है।[14]

पोर्टर का मानना है कि प्रस्फुटित हो रहे प्रोटेस्टेंट मिशनरी आंदोलन को, इंजीली धारणा के मुताबिक एक दैवीय मार्गदर्शन मिल रहा था। यह धारणा एक ऐसे दैवीय धर्मविज्ञान पर आधारित था जिसके मुताबिक विश्व में घटने वाली सभी घटनाएं, ब्रिटेन के मिशनरी उद्यमों की सफलता के लिए सहज ही शुभ संकेत समझी जाती थीं। खोजयात्राओं के साथ ही यूरोप का समुद्रपार के देशों में विस्तार, व्यवसाय और यूरोपीय राजनीतिक नियंत्रण का प्रसार, ये सभी साम्राज्य के प्रसंग से बाहर और उसके भीतर मौजूद मिशन के लिए अवसर प्रदान करनेवाली घटनाएं थीं। अतएव इतिहासकारों के लिए महत्त्वपूर्ण बिंदु, प्रोटेस्टेंट मिशनों के मूलतः स्वाधीन चरित्र और विशिष्ट उद्देश्य को पहचानना है। पोर्टर के अनुसार,

> उन्नीसवीं सदी के प्रारंभ में, मिशनरी धर्म और साम्राज्यिक अथवा देशी सत्ता के बीच संबंध के बारे में इंजीलियों का मानना था कि यह किसी लौकिक साधन या गतिवाद पर उनकी सचेतन अथवा वास्तविक निर्भरता की वजह से नहीं, बल्कि दैवी निरीक्षण के अधीन होता है और उनकी यह आत्म-निर्भरता की भावना ही उनकी विशिष्ट पहचान थी। इंजीलियों द्वारा सीमित परिस्थितियों की स्वीकारोक्ति को, जो चाहे सरकार द्वारा आरोपित हो या भौतिक परिस्थितयों के परिणामस्वरूप हो, उनके प्रति आज्ञाकारिता की भावना या भरोसे की भावना, दोनों से अलग करके देखा जाना चाहिए.... क्योंकि मिशनरियों के विचार से, आस्था ही साम्राज्य को परिप्रेक्ष्य प्रदान करता है। 'सभ्यता' की तरह 'साम्राज्य' के लिए भी सर्वोपरि बात यह है कि वह मिशनरियों के लिए लाभप्रद एवं लक्ष्य तक पहुंचने का साधन बने। लेकिन अगर यह मिशनरी के प्रमुख उद्देश्य की प्राप्ति में सहायक सिद्ध न हो तो इसकी अवहेलना या बहिष्कार करने में भी हिचकिचाना नहीं चाहिए।[15]

परंतु जैसा कि स्वयं पोर्टर का कहना है, मिशनरियों और औपनिवेशिक अधिकारियों के बीच गंभीर मतभेदों को उजागर करनेवाली घटनाओं से प्रकट उनके उद्देश्यों और अभिप्रायों में इन मूलभूत भिन्नताओं को पूरी तरह से स्वीकार करने के बावजूद, सच्चाई यही है

[14] A. Porter 2004.

[15] Ibid.: 116.

कि इस विचाराधीन काल के दौरान भारत में मिशनरी कार्यों समेत पूरा का पूरा मिशनरी आंदोलन, ब्रिटिश शासन के विचारों एवं प्रकृति से स्पष्ट रूप से प्रभावित था।[16] यद्यपि दोनों अलग-अलग थे, पर फिर भी साम्राज्यिक सत्ता और मिशनरी आंदोलनों ने एक-दूसरे को प्रभावित किया। मिशनरी अपने काम के बारे में जैसा विचार रखते थे, जिस तरह से अपना जीवन व्यतीत करते थे और अपने विभिन्न कार्यों का निष्पादन करते थे, उसको प्रभावित करनेवाले कारकों में से एक कारक कमोबेश रूप से साम्राज्यिक संदर्भ था। यह प्रश्न अवश्य ही उठ सकता है कि हिंदू धर्म के बारे में मिशनरियों का क्या दृष्टिकोण था या वे हिंदू धर्म को किस तरह से प्रस्तुत करते थे, और इसमें साम्राज्यिक संदर्भ की क्या भूमिका हो सकती थे।

प्रथम, जैसा कि हम अध्याय 2 में देखेंगे, ब्रिटिश शासन के आरंभिक काल में प्रशासन से जुड़े अधिकारियों एवं अन्य व्यक्तियों की लेखनियों का हिंदू धर्म के बारे में मिशनरियों की अवधारणा पर भारी असर पड़ा। जब चार्ल्स ग्रांट, क्लौडीयस बुकानन और बिशप हेबर ब्रिटिश साम्राज्य के अधिकारी बनकर भारत आए, और यहां रहकर उन्होंने हिंदू धर्म के बारे में जैसी धारणा बनाई, वही उनकी लेखनियों में प्रतिबिंबित हुआ। ग्रांट एक व्यावसायिक प्रतिनिधि था जो बाद में ईस्ट इंडिया कंपनी का निदेशक बना। वह उन प्रथम व्यक्तियों में से था जिसने यह निर्धारित किया कि इंजीलियों को हिंदू धर्म के प्रति कैसा रुख अपनाना चाहिए। क्लौडीयस बुकानन कंपनी का धर्मगुरु था जो बाद में वेल्सली कॉलेज ऑफ़ फोर्ट विलियम का उपाध्यक्ष बना। बिशप हेबर कंपनी के गिरजाघर संबंधी प्रतिष्ठान के लिए नियुक्त आरंभिक बिशपों में से एक था। इनके अतिरिक्त कंपनी के कुछ और भी ऐसे कर्मचारी थे, जिनकी हिंदू धर्म के बारे में अवधारणा का मिशनरी विचारधारा पर असर पड़ा। इसके अतिरिक्त, और जैसा कि हम अध्याय 3 में देखेंगे, हिंदू धर्म पर आरंभिक ब्रिटिश प्राच्यवेत्ताओं द्वारा किये गए अनुसंधानों ने प्रोटेस्टेंट आदर्शों और हिंदू धर्म के चित्रण को काफी प्रभावित किया। इनमें से कुछ अनुसंधान बेहतर प्रशासन को लागू करने के प्रयास में किये गए थे। इनके अतिरिक्त इसमें जनगणना और धर्म संबंधी अन्य प्रशासनिक विषय भी शामिल थे। जनगणना में, विभिन्न धार्मिक समुदायों के आकार और विस्तार से संबंधित आंकड़ों एवं तालिकाओं के साथ-साथ धर्म पर लिखित टिप्पणी का अक्सर मिशनरी रिपोर्टों में उल्लेख किया जाता था और उसपर गौर किया जाता था।[17]

द्वितीय, कम-से-कम कुछ हद तक साम्राज्य की नीतियां यह तय करती थीं कि हिंदू धर्म का कौन सा पक्ष उभर कर सामने आयेगा और वाद-विवाद का विषय बनेगा। उन्नीसवीं सदी के पूर्वार्ध में मिशनरी की चिंता, कंपनी की तथाकथित 'धार्मिक तटस्थता' तथा कंपनी द्वारा 'ईसाई' प्रशासन का आदर्श उपस्थित करने को लेकर थी। उनका ध्यान 'हिंदू धर्म प्रणाली'

[16] Ibid.: 316.

[17] उदाहरण के लिए देखें *CMI*, Vol. XI, 1875: 257–71.

के साथ कंपनी के सहयोग और बालिका-शिशुहत्या, सती और चरक पूजा जैसी प्रथाओं पर रोक लगाने में उनके सुस्त रवैये पर था। इसलिए मिशनरी की टिप्पणियों में इन प्रथाओं एवं अन्य हिंदू रीति-रिवाजों पर प्रमुख रूप से चर्चा की गई थी तथा ये उनके लिए ज्वलंत विषय बन गए थे। इसके साथ ही हिंदू मंदिरों के प्रबंधन एवं रख-रखाव में कंपनी का शामिल होना तथा हिंदू धार्मिक उत्सवों के संचालन में ब्रिटिश अधिकारियों की भूमिका भी उनकी बढ़ती चिंता का विषय थी। इस प्रकार, मिशनरियों तथा उनके समर्थकों ने कंपनी के अधिकारियों, संसद एवं ब्रिटिश जनता के माध्यम से दबाव डालकर कंपनी की नीतियों में परिवर्तन लाने का प्रयास किया एवं इसके जरिये हिंदू धार्मिक जीवन और उसके इन पहलुओं तथा क्रियाकलापों पर बारंबार सबका ध्यान आकर्षित किया।

तृतीय, काफी संभव है कि साम्राज्य के साथ मिशनरियों का संबंध रहने से, उनके द्वारा किये गए हिंदू धर्म का समग्र रूप से मूल्यांकन करने में कुछ अधिक नकारात्मक विशिष्टताएं और अधिक प्रबल हो गईं। जहाँ हिंदुओं तथा हिंदू धर्म के प्रति अधिकारियों एवं गैर-अधिकारी यूरोपियों के रवैयों में भिन्नता थी, वहीं खासतौर पर शहरों तथा नगरों में अन्य यूरोपियों की उपस्थिति, तथा उनके साथ मेल-मिलाप के बढ़ते अवसरों के फलस्वरूप, यहां के मूल बाशिंदों से मिशनरियों का पार्थक्य भाव और दृढ़ हुआ होगा। सईद के प्राच्यवाद की अवधारणा में इतने स्पष्ट रूप से चित्रित 'हम और वे' की मानसिकता से उबर पाना अक्सर उतना आसान नहीं होता था। और इसलिए हिंदू धर्म को रूढ़िवादी मिशनरी हमेशा एक विवेकहीन, अनैतिक और अमानवीय धर्म के रूप में देखते थे।

इस पार्थक्य के भाव के साथ-साथ श्रेष्ठता का सामान्य भाव भी मिला हुआ था जो अभिजात शासक वर्ग के साथ मिशनरियों के संबंध तथा बढ़ते हुए साम्राज्य के साथ और बढ़ता ही चला गया। रोमन काल के बाद, ब्रिटेन का सबसे बड़ा साम्राज्य कायम होने तथा अपनी औद्योगिक, वैज्ञानिक तथा तकनीकी सफलताओं से अति उत्साहित होने के कारण श्रेष्ठता की भावना को और बढ़ावा मिला जिसको अक्सर ब्रिटिश प्रोटेस्टेंट ईसाई धर्म के तहत आशीर्वाद के रूप में देखा जाता था। प्रत्यक्ष रूप से भारत में भौतिक तथा वैज्ञानिक विकास के अभाव के कारण इस भावना को और प्रश्रय मिला कि हिंदू निकृष्ट होते हैं और धार्मिक रूप से उनके पास देने के लिए कुछ भी नहीं है।[18] वास्तव में, कुछ मिशनरी उम्मीदवारों की दृष्टि में पेगन लोगों की व्यापक रूप से ख़राब स्थिति को देखते हुए यहां

[18] 1864 में एस.पी.जी. का एक मिशनरी जॉन स्टीफेंसन इंग्लैंड की निस्संदेह सफलताओं के प्रति उसके हिंदू पंडित के रवैये से 'थोड़ा खीझा' हुआ था। 'जब भी मैं इंग्लैंड की रेलवे, और जहाज, और व्यवसाय इत्यादि का दृष्टांत देते हुए इंग्लैंड की महानता के बारे में बताता हूँ' स्टीफेंसन ने लिखा है, 'वो हमेशा किसी विस्मयकारी मदुरा के राजा की कथा सुना देता है जो "इसके बारे में सबकुछ जानता था"।' *Augustine's College, Occasional Papers*, no. 82, 4/10/1864: 11.

मिशनरी गतिविधियों की और अधिक जरुरत थी। उदाहरण के लिए एल.एम.एस. में काम करने के लिए आवेदन देते समय जे.जे. डेनिस ने घोषित किया कि यह मिशनरियों का कर्त्तव्य है कि 'वे प्रवचन दें... रूचि को परिष्कृत करें—नैतिकता का उत्थान करें—और स्थानीय निवासियों की अपनी सभ्यता और उद्योग को बढ़ावा दें।'[19] सन् 1888 ई. में ई.एस. ओकले भी उतने ही चिंतित थे पर साथ-ही-साथ वे कृपालु भी थे। उनका मानना था कि मिशनरियों को 'आत्माओं के प्रति प्रेम की भावना से अनुप्राणित होना चाहिए जिससे प्रेरित होकर ईसाई पूरे उत्साह से भरकर गॉस्पेल का प्रसार करें। साथ ही हमें मानवीय सहानुभूति की भावना से भी अनुप्राणित होना चाहिए जो हमें हम से निम्नतर नस्ल के लोगों के नैतिक और सामाजिक कल्याण करने को उद्दत करे'।[20]

कुछ मूलभूत मिशनरी पूर्वधारणाएं, 1739–1850

प्रोटेस्टेंट धर्मज्ञानियों की तरह ही प्रोटेस्टेंट मिशनरी भी बहुत सारे विषयों पर आपसी मतभेद रखते थे, परंतु फिर भी सभी लगभग समान विचारधारा और अवधारणा की परिधि में रहकर ही काम कर रहे थे। वास्तव में, उनमें से बहुत से मिशनरी संभवतः इस बात के प्रति अचेतन थे कि उनकी ये सामान्य पूर्वधारणाएं, अन्य धार्मिक आंदोलनों के उनके मूल्यांकन तथा समझदारी को किस तरह से प्रभावित करती हैं।

उनमें से उनकी एक पूर्वधारणा मूर्तिपूजा की प्रकृति, केंद्रीयता और दुश्चरित्रता के बारे में थी।[21] इस विषय पर मिशनरी के रवैये को प्रभावित करनेवाले कारक ओल्ड टेस्टामेंट कालीन पैगंबरों, कम-से-कम सातवीं सदी ई.पू. के पैगंबर जेरेमिया के समय से ही मौजूद थे। जैसा कि एक मिशनरी ने घोषणा की, 'बाइबिल हर जगह नीति एवं उदाहरण द्वारा, निषेधों एवं धमकियों द्वारा इस प्रथा की भर्त्सना करता है' (डबल्यू. आर. जेम्स 1888)।[22] पैगंबर जेरेमिया ने लिखा कि मूर्तियां 'बुद्धिहीन और मूर्खतापूर्ण दोनों होती हैं; मूर्तियों का अंतर्तत्व और कुछ नहीं बस लकड़ी है.... वे बस कारीगरों और सोनारों के हाथ की बनाई कृतियां भर हैं... लेकिन प्रभु असली ईश्वर है; वह जीवित देवता भी है सनातन राजा भी।[23] इसी तरह न्यू टेस्टामेंट में पॉल, एथेन वासियों से बातें करते हुए कहता है कि 'हमें यह नहीं सोचना चाहिए कि देवता सोने जैसे हैं, या चांदी जैसे, या पत्थर के, जो

[19] SOAS, LMS CP, Dennis to Committee, 23/12/1853.

[20] SOAS LMS CP, Oakley to Committee, 6/9/1888.

[21] देखें विशेषकर Stanley 1990: 63–5.

[22] W.R. James, 'Idolatry: What Is It Why Is It Condemned?', IER, Vol. 15, 1888: 220–34.

[23] Bible (RSV): Jeremiah 10: 8–10.

किसी व्यक्ति की कल्पना और कला का प्रतिरूप होते हैं'।[24] इन उद्धरणों में तथा धर्मग्रंथ के अन्य परिच्छेदों में मूर्तिपूजा पर प्रमुख आपत्ति यह जताई गई है कि यह 'अतार्किक' या विवेकहीन होता है; यह 'एकमात्र सच्चे देवता' की आराधना की अवहेलना करता है और बहुदेववाद की ओर पथ प्रशस्त करता है। तीसरे, इसमें रचना की पूजा होती है रचयिता की नहीं, जिसके फलस्वरूप धर्म और नैतिकताओं से संबंधित हर प्रकार के भ्रष्टाचार को बढ़ावा मिलता है। प्राचीन मिस्र, बेबिलोनिया, और इसराइल में मूर्तिपूजा से जुड़े सबसे कुख्यात 'भ्रष्टाचारों' में से एक जिस भ्रष्ट रिवाज की पैगंबरों ने भर्त्सना की है, वो था प्रजनन संबंधी अनुष्ठान और देवता से जुड़े मंदिर में वेश्यावृत्ति का अस्तित्व।[25] मिशनरियों ने न केवल दक्षिणी भारत के मंदिरों में वैसी ही वेश्यावृत्ति की झलक देखी, बल्कि कम-से-कम शुरुआत में, अपने इस संदेह को और भी प्रबल करने को उन्मुख हुए कि भारत में मूर्तिपूजा की सभी प्रमुख पीठ 'अनैतिकता के कुंड' हैं।[26] राजाओं के बारे में एक पुस्तक *Kings* से मिली जानकारी के अनुसार कुछ मूर्तिपूजक समुदाय मोलेक देवता को अपने पुत्र एवं पुत्री की बलि चढ़ा देते थे।[27] इन तथ्यों ने मूर्तिपूजा के प्रति उनकी नफरत को और बढ़ा दिया। बलि चढ़ाने की यह प्रथा यहूदी समुदायों में प्रचलित थी। मूर्तिपूजा के इस पहलू पर गौर करते हुए उनके इस विचार को और बल मिला कि मूर्तिपूजा से क्रूरता एवं बर्बरता भरे रिवाजों को प्रश्रय मिलता है।

यद्यपि मूर्तिपूजा के प्रति वैर-भाव पर केवल प्रोटेस्टेंटों का ही परमाधिकार नहीं था। जैसा कि ब्रायन स्टैनले का कहना है, सोलहवीं सदी में केंद्रीय और दक्षिणी अमेरिका पर स्पेन की विजय का एक प्रमुख अभिप्राय 'पेगन मूर्तिपूजा' का उन्मूलन था और उनका यह संकल्प, मूर्तिपूजा पर 'बाद के प्रोटेस्टेंट मिशनरी विचार से कहीं ज्यादा व्यापक था'।[28] जेसुइट समाज (अज्ञानियों में ईसाई धर्म का प्रचार करने के उद्देश्य से संगठित 'सोसाइटी ऑफ़ जीसस' के सदस्य) की जांच-पड़ताल करने पर पता चलता है कि भारत में भी मूर्तिपूजा के उन्मूलन के लिए ऐसे ही प्रयास किये गए थे। इस प्रकार, फादर डे ला लेन के मुताबिक भारतीय लोग सच्चे 'मूर्तिपूजक' होते थे क्योंकि वे अनोखे देवताओं की पूजा करते थे,[29] और फादर बोशेट के विचार से वे पहले ईसाई थे जो बाद में 'मूर्तिपूजा की भ्रांतियों' में फंस गए।[30] उसी विषय पर टिप्पणी करते हुए डे ला लेन बताते हैं कि तिरुचिरापल्ली के ब्राह्मण किसी पूर्वकालिक

[24] Ibid.: Acts 17: 29.

[25] Richardson 1950.

[26] W.R. James 1888: 232.

[27] Bible: 2 Kings 23: 10.

[28] Stanley 2001: 9–10.

[29] Lockman 1743, Vol. 2: 377.

[30] Ibid.: 277.

राजा को देवरूप देकर मूर्ति स्थापित करने की प्रक्रिया में हैं।[31] उनका ये भी कहना था कि श्री रंगम के 'मूर्तिपूजक-पुरोहित' एक वार्षिक कर्मकांड के तहत अपने देवताओं के लिए एक पत्नी की व्यवस्था करते थे और बाद में उसके साथ दुर्व्यवहार करते थे।[32] वास्तव में, रोबर्टो नोबिली और उनकी अनुकूलन की नीति के आलोचकों के बीच हुए प्रसिद्ध विवाद में दोनों पक्ष मूर्तिपूजा की बुराइयों के बारे में एकमत थे एवं समान धारणाएं रखते थे। विवाद इस मुद्दे पर नहीं था कि मूर्तिपूजा को स्वीकार करना चाहिए या नहीं, यह तो स्पष्ट ही था, बल्कि इस बात को लेकर था कि क्या ब्राह्मणों का परिवर्तित यज्ञोपवीत धारण करने जैसी कुछ प्रथाएं मूर्तिपूजक प्रणाली का ही एक अंग हैं। पर कैथोलिक अनुयायी मूर्तिपूजा के चाहे जितने भी विरोधी रहे हों, प्रोटेस्टेंट उनको भी मूर्ति पूजक ही मानते थे।[33] वास्तव में यह काफी संभव है कि हिंदू धर्म में पूजा के लिए मूर्ति का प्रयोग तथा अन्य रीति-रिवाज, धर्मसुधार आंदोलन के दौरान ऐसी ही प्रथाओं के खिलाफ उनके द्वारा किये गए प्रबल विरोध तथा उनके उन्मूलन के लिए किये गए प्रयासों की याद दिलाते थे। इसलिए हिंदू धर्म में पूजा के लिए मूर्ति का प्रयोग होते देखकर इसके खिलाफ उनका विरोध और भी सशक्त हो गया। हालांकि पूजा में प्रयुक्त वस्तुओं को लेकर विवाद उनकी भिन्न-भिन्न व्याख्याओं पर निर्भर करता था; यानी, पूजा के लिए मूर्ति एवं अन्य विभिन्न वस्तुओं के प्रयोग की व्याख्या रोमन कैथोलिक, हाई एंग्लिकन या हिंदू परंपरा में किस तरह की जाती है। जैसा कि नोबिली एवं अन्य ऐसी असहमति रखनेवाले लोगों का मानना था, किसी भक्त के मन में जो भावना होती है, वही असल मायने रखता है।[34] सन् 1841 ई. में पश्चिमी भारत में जे. मुरे मिशेल द्वारा किये गए हिंदुओं के साथ साक्षात्कार एवं शोध-कार्य का यही केंद्रीय विचार था। मिशेल चर्च ऑफ़ स्कॉटलैंड का एक मिशनरी था। उसने इस शोध-कार्य तथा उसके बाद और भी अन्य शोधों के परिणामस्वरूप इस विषय की जटिलता का अनुभव किया और इस तथ्य पर गौर किया कि बहुत सारे हिंदू भक्त भिन्न-भिन्न मत रखते हैं। उसने यह भी गौर किया कि हिंदुओं के पूजास्थल में एक विशिष्ट अनुष्ठान द्वारा मूर्ति में प्राण फूंका जाता है या फिर उतार लिया जाता है। इस प्रकार से आत्मा एवं मूर्ति में फर्क अपने आप स्थापित हो जाता है।[35]

हिंदू धर्म के बारे में प्रोटेस्टेंट मिशनरी के मूल्यांकन तथा दृष्टिकोण को प्रभावित करनेवाले पहले कारक से ही जुड़ा एक दूसरा कारक है मनुष्य की लैंगिकता के प्रति हिंदू रवैया। लिंग

[31] Ibid.: 379.

[32] Ibid.: 383.

[33] उदाहरण के लिए देखें, प्रोटेस्टेंट मिशनरी पत्रिका CCO, Vol. VI, May 1837: 433. में 'हिंदू धर्म और पोप व्यवस्था के एक समान चरित्र' प्रकट करनेवाली मूर्तियों, संस्थाओं तथा रीति-रिवाजों का संदर्भ।

[34] Zupanov 1999: 97–8.

[35] Mitchell 1899; 84–5, 273.

और लैंगिकता पर धर्मसुधार से भी पहले उनके जो दृष्टिकोण थे, उसके कारण एक बार फिर इसके प्रति हिंदुओं के रवैये की प्रतिक्रिया में प्रोटेस्टेंट और कैथोलिक विचारों में समानता आ गई।[36] अठारहवीं सदी में ब्रिटिश रीति-रिवाजों एवं व्यवहारों पर एक सिंहावलोकन करते हुए रॉय पोर्टर बताते हैं कि जॉर्जियाई लैंगिकता की 'सबसे प्रमुख विशेषता' इसकी 'सार्वजनिक प्रकृति, इसका खुलापन और इसकी प्रत्यक्षता' थी।[37] इन विशेषताओं के साथ-साथ सहनशीलता का भाव, लैंगिक सुख की सहर्ष स्वीकृति और 'लैंगिक स्वाधीनता का खुला आनंद' इंजीलियों के उस दृष्टिकोण और विरोधी रवैये के बिलकुल विपरीत था जिसका प्रभाव उस सदी के अंतिम काल में लगातार बढ़ता ही जा रहा था। लेकिन इंजीली आंदोलन के आरंभ होने से भी पहले कुछ एंग्लिकन, खासकर जो यूरोप के भक्तिवादी आंदोलन (पिएटिस्ट मूवमेंट) से प्रभावित थे, लैंगिक नैतिकता के गिरते मानदंड को लेकर काफी चिंतित थे। थॉमस ब्रे और एस.पी.सी.के. (1699) और एस.पी.जी (1701) के दूसरे संस्थापकों की दृष्टि में शिक्षा और ईसाई जीवन स्तर बनाए रखने के लिए 'आचार-व्यवहार का परिमार्जन' भी जरुरी है।[38] इसके तहत दरबार तथा उच्च एवं मध्य वर्गों में लैंगिक आचरण संबंधी अधिक सख्त कानून चुस्ती से लागू करना चाहिए।

इसलिए केवल इंजीली ही नहीं थे, जो लैंगिकता पर तथाकथित पारंपरिक और समुचित ईसाई विचारों की ओर वापसी की वकालत करते थे। लेकिन एरिक ट्रूडगिल के अनुसार, जहाँ इंजिलवाद ने ही, उनके शब्दों में कहें तो 'आनंद विरोधी सिद्धांत' को यथासंभव स्थापित किया, परंतु 'विक्टोरियाई धर्म का पूरा का पूरा वर्णक्रम, नॉन-कनफर्मिस्ट संप्रदायों और मेथोडीज्म के अतिसंयमी प्यूरिटनवाद से लेकर इस्टैब्लिशमेंट चर्च होते हुए ऑक्सफ़ोर्ड मूवमेंट की नैतिक गंभीरता तक, सब जगह ऐसा ही वैराग्यवाद दिखाई देता है'।[39] वे यह भी बताते हैं कि उन दिनों यह धारणा थी कि शैतान और उसकी 'धीरे-धीरे' छल करके फंसाने की धूर्ततापूर्ण चाल से बचने का बस एक ही तरीका था कि हमेशा चौकन्ना रहें और खासकर लैंगिक विषयों पर आत्म परीक्षण करते रहें। 'कठोरतम संयम भरे पथ से जरा सा भटके कि घोर विपत्ति का खतरा मंडराने लगता है; जरा सा द्विअर्थी मजाक सुन लेना, हलके से कोई उद्दीपक तस्वीर देख लेना आध्यात्मिक आत्महत्या के बराबर होता था।'[40]

[36] जहाँ तक कैथोलिक रवैयों का प्रश्न है, कैथोलिक चर्च के 'पातिव्रत के लिए विकृत सनक और कामुकता से आनंदप्राप्ति की भावना को नष्ट कर देनेवाले' कैथोलिक चर्च के रवैये पर गौर करनेवाला संभवतः फ्रांसिसी दार्शनिक दिदेरो (1713–84) ही अकेला नहीं था (Porter 1990: 62).

[37] R. Porter 1982.

[38] Thompson 1951: 12–15; Brunner 1988: 24.

[39] Trudgill 1976: 13.

[40] Ibid.: 15.

इन्हीं मूल्यों से ओत-प्रोत भारत में कार्यरत प्रोटेस्टेंट मिशनरी, खुलेआम कामुकता और लैंगिकता को प्रदर्शित करने का घोर विरोध करनेवालों में से थे। सार्वजनिक स्थानों पर प्रतिमा या चित्र के जरिए प्रदर्शन के साथ ही, नग्नता का प्रदर्शन और लैंगिक क्रियाकलापों का साक्ष्य अथवा वेश्यावृत्ति उनके लिए घोर आपत्तिजनक थी। हालांकि ये सभी मिशनरी संभवतः विवाहितों की कामभावना पर एकमत नहीं थे,[41] और लैंगिक मसलों पर कभी-कभी जरुरत से ज्यादा बल देने से भी इनमें मतभेद होता था। आगे लैंगिक पवित्रता और संयम के विचार से जुड़ी संन्यास की अवधारणा भी थी। यह ऐसी प्रथा थी जिसकी सार्वभौमिक रूप से तो नहीं पर काफी हद तक इंजीली प्रशंसा करते थे। वास्तव में, संन्यास भाव के लिए विशेष श्रद्धा की भावना के कारण ही संभवतः डेविड ब्रेनेर्ड (1718–47) और हेनरी मार्टिन (1781–1812) जैसे मिशनरियों के जीवनवृत्त, मिशनरी के सदस्यों द्वारा पढ़े जाते थे। मिशनरी उद्देश्यों के प्रति उनका अत्यंत एकनिष्ठ एवं समर्पित भाव शायद मिशनरियों के मन में श्रद्धा की भावना जगाता था।

हिंदू धर्म के बारे में मिशनरियों की समझदारी को प्रभावित करनेवाला एक तीसरा कारक था तार्किकता और विज्ञान पर तथाकथित प्रबोधन (एनलाइटेनमेंट) के विचारों का बढ़ता दबाव। सत्रहवीं और अठारहवीं सदी में धर्म को एक ऐसी प्रणाली के रूप में देखने की प्रवृत्ति बढ़ी जिसकी एक वैज्ञानिक वस्तु के रूप में जांच-पड़ताल की जा सकती थी। जिन विचारों ने इस प्रवृत्ति को बढ़ावा दिया उन्हीं विचारों ने इस अवधारणा को भी मजबूती दी कि हठधर्म और अंधविश्वास पर आधारित धर्म से बेहतर युक्तिसंगत विचारों पर आधारित धर्म होता है। जैसा कि बेबिंगटन और पिगिन का मानना है, इंजीलियों ने तार्किक जांच-पड़ताल की आवश्यकता पर काफी बल दिया। गोस्पोर्ट स्थित एल.एम.एस. कॉलेज जैसे मिशनरी प्रशिक्षण कॉलेजों तथा स्कॉटिश धर्मविज्ञानी कॉलेजों जैसे कि एंड्रूज एवं अन्य स्थानों कॉलेजों में इस दृष्टिकोण को समर्थन मिला। अग्रणी इंजीली शिक्षक, फ्रांसिस बेकन, लॉक तथा अन्य विचारकों जैसे नए प्रयोगात्मक और प्रेरक विचारों के प्रणेताओं के कार्यों से भलीभांति परिचित थे एवं उनके कार्यों के प्रति उन शिक्षकों की असीम श्रद्धा थी। कुछ दृष्टांतों में, जिन कॉलेजों में मिशनरी प्रशिक्षण दिया जाता था, वहां के पाठ्यक्रम के हिस्से के रूप में शारीरिक संरचना विज्ञान, वनस्पति विज्ञान, रसायनशास्त्र, खगोलशास्त्र और भूगोल जैसे वैज्ञानिक विषयों का अध्यापन किया जाता था।[42] जबकि भारत में रहकर लिखनेवाले

[41] पीटर गारडेला ने उन्नीसवीं सदी में अमेरिका में लैंगिक प्रवृत्तियों के विकास का अद्ध्ययन किया है। मिसाल के तौर पर उन्होंने इंजीलियों के रवैयों की भिन्नता पर गौर किया। उनमें उनका रवैया भी शामिल था जो धर्म-परिवर्तन में लैंगिक सुख जैसा आनंद का अनुभव करते थे और उनका भी जो ईसाई विवाह में काम-क्रिया को सकारात्मक क्रिया समझते थे। (Gardella, 1985).

[42] Piggin 1984: 174, 176, 212, 220–221.

मिशनरी भी अक्सर वैज्ञानिक विषयों तथा वैज्ञानिक प्रगति, प्रयोग और अन्वेषणों के महत्त्व को जानने में अपनी रूचि प्रकट करने लगे थे। जैसा कि हम देखेंगे, इस तर्कपरायणता और तार्किक अन्वेषण के प्रति उनकी अभिरुचि ने हिंदू धर्म के प्रति मिशनरियों के रवैये को कम-से-कम तीन तरह से प्रभावित किया। इसने इस बात को रेखांकित किया कि गूंगी प्रतिमाओं की पूजा करना तर्कहीन है। सृष्टि एवं प्रकृति संबंधी तथ्यों के बारे में हिंदू पौराणिक कथाएं मिशनरियों की दृष्टि में बेतुकी थीं और इस बात को उन्होंने स्पष्ट रूप से प्रकट किया। और तीसरी बात, कि निचली जातियों में प्रचलित 'शैतान की पूजा' या झाड़-फूंक के प्रति अपना विरोध प्रकट किया जो उनके अनुसार खतरनाक रूप से विवेकहीन प्रथा थी।

जैसा कि पिगिन ने स्पष्ट किया है, विभिन्न वर्गों के मिशनरियों ने स्वयं को कथित 'उत्साह' से दूर रखा क्योंकि उनके मुताबिक इसका मतलब 'झूठी प्रेरणा' और 'मतांधता' से था। इसके लक्षण थे—किसी विशेष निजी श्रुति में विश्वास, देवी-देवता से प्रेरित या अभिभूत होने से संबद्ध दृढ़ धारणा, देवी-देवता की कृपा पर पूरी तरह निर्भर होते हुए निजी जिम्मेवारी और उत्तरदायित्व का स्थगन और अन्तःप्रेरणा, दर्शन एवं स्वप्नों के माध्यम से अभिव्यक्त आत्मा के दिशा-निर्देशों पर भरोसा करना।[43] ईसाई परंपरा में ये सभी लक्षण जो साक्ष्य के रूप में लिए गए और भारत में ज्यादातर मिशनरी इनको संदिग्ध मानते थे, हिंदू धार्मिकता के विभिन्न स्वरूपों में भी प्रकट होते थे। इनमें तिन्नेवेली जिले और भारत के अन्य विभिन्न भागों की निचली जातियों में झाड़-फूंक जैसी प्रथाएं प्रचलित थीं जिनको मिशनरी 'शैतान की पूजा' के रूप में देखते थे। प्रोटेस्टेंट परंपरा के कुछ समुदायों में 'उत्साह' के प्रति मिशन के सदस्यों ने जो आलोचनात्मक रवैया प्रकट किया, उससे 'शैतान की पूजा' के प्रति उनके घृणा भाव को और बल मिला। ऐसा समझा जाता था कि इससे प्रेतात्माओं की अतार्किक, अव्यवस्थित व अनियंत्रित शक्ति उन्मुक्त हो जाती है।[44]

[43] Piggin 1984: 65–72; Bebbington: 1989: 52–3.

[44] किसी के शरीर में प्रेतात्मा के प्रविष्ट होने से संबंधित धारणा पर प्रोटेस्टेंट मिशनरी कई प्रकार की व्याख्याएं प्रस्तुत करते हैं। सन् 1820 के दशक में सी.एम.एस. तिन्नेवेली में कार्यरत जर्मन मिशनरी रेनस का जहाँ मानना था कि 'इंसान के बड़े शत्रु' ने 'शैतान के पुजारियों' को अपने वश में कर लिया है, वहीं उनका जर्मन सहायक इस पर पक्के यकीन के साथ कुछ नहीं कह सकता था। ऐसे ही एक कथित 'वशीकरण' की घटना का वर्णन करते हुए उसने बताया कि इसमें संलग्न सिपाही (भारतीय सैनिक) ने शैतान का 'नाटक' किया और ऐसे भागता फिरा जैसे 'उसमें शैतान की आत्मा प्रवेश कर गई हो' (MR, 1823, 447–48)। बाद में, उन्नीसवीं सदी के मध्य में उसी जिले में जिन ब्रिटिश मिशनरियों ने 'शैतान की पूजा' होते हुए देखी, उनका रवैया भी आमतौर पर संदेहमुक्त नहीं था। पेटिट के मुताबिक, ना तो सार्जेंट और ना ही विद्वान रोबर्ट काडवेल ने 'ऐसे मामलों को असली वशीकरण की घटना बताई (बाद में रोबर्ट काडवेल को तिन्नेवेली के बिशप पद पर प्रतिष्ठित किया गया था।) फिर भी वे दोनों और मैं भी पूरे विश्वास के साथ इस बात से भी इनकार नहीं कर सकते कि इन वंचित पीड़ित लोगों के समाज में ऐसी घटनाएं होती थीं'। (Pettit 1851: 492)। 'वशीकरण' पर समुअल मतीर का विवरण और इसी विषय पर उनकी टिप्पणियां भी देखें (Mateer 1871: 215–19).

तिन्नेवेली निवासी एक सी.एम.एस. मिशनरी जॉर्ज पेटिट के अनुसार, निचली जातियों को ब्राह्मणों के देवताओं की पूजा से अलग रखा जाता था,

> उनकी अवधारणा के मुताबिक़, बहुत सारे नारी और पुरुष रूप में काल्पनिक पिशाच, जो भयानक और रक्तपिपासु प्रकृति के होते हैं, जिनमें लोगों को शारीरिक रूप से क्षतिग्रस्त करने, यहां तक कि हत्या कर डालने की क्षमता होती है, उनकी पूजा और उनसे संबंधित अनुष्ठान करके उनको संतुष्ट करने में ही ये जातियां अपना संतोष प्राप्त करती हैं।[45]

उसी जिले में कार्यरत एक मिशनरी एडवर्ड सार्जेंट ने वहां पर पूजे जानेवाले 'शैतान या पेए' का वर्णन करते हुए परिचित विभेदकारी शब्दों 'हम' और 'वे' का प्रयोग किया है। उन्होंने इंग्लैंड में अपने मित्रों को संबोधित करते हुए उनसे आग्रह किया कि अपनी कल्पना में 'पे (पेए) के एक जंगली, उग्र पुजारी से, हमारे धन्य उद्धारक और सच्चे श्रद्धालु पुजारियों की तुलना करो', और दिल से आभार व्यक्त करते हुए कहते हैं, 'ईश्वर को धन्यवाद कि एक भी व्यक्ति के चरित्र में ऐसा सुखद परिवर्तन लाने में किसी भी तरह से उन्होंने योगदान दिया'।[46] पेटिट कुछ हद तक अपने अनुभवों के आधार पर टिप्पणी करते हुए स्पष्ट करते हैं कि जब 'शैतान का नृत्य' होता था, तब लोग 'इस शोर शराबे से भरी वीभत्स पूजा के लिए पागल हो जाते थे, गांव के गांव मशालों से प्रज्ज्वलित किए जाते थे, पूरी रात ढम ढम ढोल की आवाज से गूंज उठती थी, चढ़ाई गयीं अनगिनत नरबलियों का खून वेदियों से बह निकलने लगता था, उधर उन्मत्त नर्तक और सम्मोहित दर्शक जोर-जोर से चिल्लाते रहते थे।'[47]

इंजीलियों के बीच एक दूसरा विश्वास जो बहुत व्यापक और गहरा था और यूरोप के भक्तिवादियों (Pietism) एवं पुराने गैर-इंजीली समाजों से जुड़े प्रोटेस्टेंटों में भी मौजूद था, वह था प्रमुख रूप से निजी और आतंरिक धर्म को प्रदत्त महत्त्व। जैसा कि एंड्रयू वॉल्स ने स्पष्ट किया है, ईसाई धर्म की 'वास्तविक' या 'आतंरिक' अभिव्यक्ति और 'प्रतीकात्मक' या 'औपचारिक' प्रथा के बीच एक अंतर था, जो अठारहवीं सदी में चर्च जानेवालों की इतनी बड़ी विशेषता थी।[48] जैसा कि आगे और स्पष्ट होगा, उन्नीसवीं शताब्दी के प्रथमार्ध में हिंदू धर्म के बारे में प्रोटेस्टेंटों द्वारा दिए गए विवरणों में खास तौर पर गौर करनेवाली बात यह है कि उन्होंने इसकी औपचारिकताओं, इसके नियम और इसके कर्मकांडों तथा अनुष्ठानों के बाहरी स्वरुप को अत्यधिक महत्त्व दिया। उन्होंने स्वयं के लिए आतंरिक धर्म के महत्त्व पर काफी बल दिया जबकि दूसरों के धर्म को इंद्रियगोचर बनाने का प्रयास

[45] Pettitt 1851: 483–84.

[46] *CMI*, Vol. 1, No. 2, June 1849: 34.

[47] Pettitt 1851: 294.

[48] Walls 1996.

किया और हिंदुओं के आतंरिक जीवन में झांक कर देखने की कोशिश नहीं की। निश्चित रूप से इनको अलग, प्रतियोगी धर्म प्रणालियों के तौर पर देखने और किसी बाह्य वस्तु की तरह आंकने की प्रवृत्ति थी। फिर भी एक दृष्टि से, इंजीली अपने धर्म के साथ ऐसा नहीं कर रहे थे, और खासकर रहस्यमय बात यह लगती है कि कैरी एवं अन्य अपने आतंरिक धर्म के महत्त्व पर बल देनेवालों ने क्यों हिंदू धर्म को इतनी आसानी से यह बताकर खारिज कर दिया कि इसमें केवल बाहरी कर्मकांड ही है जबकि उन्होंने हिंदुओं के आतंरिक जीवन को जानने समझने की शायद ही कभी कोशिश की हो। यह शायद प्रारंभिक संपर्क के सतही होने का द्योतक है।

मिशनरियों के एक छोटे से हिस्से को प्रभावित करनेवाला एक और महत्त्वपूर्ण कारक, जिसका यहां उल्लेख करना जरुरी है, वह है लोकतांत्रिक और प्रजातांत्रिक भावना। सत्रहवीं और अठारहवीं सदी में ब्रिटेन में स्वतंत्र और बैप्टिस्ट आंदोलन के इतिहास में स्वाधीनता और सामाजिक समानता की अवधारणाएं परिलक्षित होती हैं। उसके बाद संसदीय सुधार के लिए आंदोलन में, अमरीकी और फ्रांसीसी क्रांतियों के फलस्वरूप यह और भी लोकप्रिय होता चला गया। इंग्लिश चर्च और राज्य संस्था के प्रति अवज्ञा भाव रखने के कारण उनके द्वारा बहिष्कृत आरंभिक बैप्टिस्ट नेतागण, धार्मिक सहिष्णुता एवं प्रत्येक व्यक्ति के अपने विवेक का अनुसरण करने के अधिकार के लिए संघर्ष में अग्रणी थे। वास्तव में, सन् 1775 ई. में स्वाधीनता के लिए अमेरिका में जब युद्ध छिड़ गया था, तब ज्यादातर बैप्टिस्ट नेताओं और अन्य सामान्य विरोधियों ने अटलांटिक महासागर के उस पार अपने समान धार्मिक विचारवालों का साथ दिया था।[49] प्रबोधनकालीन बहुत से विचारक नेताओं की तरह बैप्टिस्टों में भी आमतौर पर पारंपरिक धार्मिक और राजनीतिक संस्थाओं के प्रति घोर नफरत और संदेह की भावना विकसित हो गई थी। इन संस्थाओं में 'निरंकुशवाद' और 'पुरोहिती' के दमनशील धर्माधिकारी थे और यही दोनों विशेषताएं बैप्टिस्ट विलियम वार्ड के मुताबिक हिंदू धर्म के केंद्र में मौजूद थीं।

अठारहवीं सदी के अंत और उन्नीसवीं सदी के आरंभ में कई बैप्टिस्ट जो बाद में भारत में मिशनरी बने, उनके आरंभिक जीवन पर अतिवादी, समतावादी और प्रजातांत्रिक विचारों का जो प्रभाव पड़ा, वह कई स्रोतों से प्रकट होता है। जिनपर प्रजातांत्रिक एवं अन्य विचारों का प्रभाव पड़ा उनमें कैरी और वार्ड थे। दोनों हिंदू धर्म के समीक्षक थे। और उन्नीसवीं सदी में भारतीय धर्मों के प्रति ब्रिटिश प्रोटेस्टेंट विचारों और रवैयों के विकास में इनकी अहम भूमिका थी। इंजीलियों की तरह ये दोनों भी आमतौर पर दास व्यापार को समाप्त करने की वकालत करते थे। उनकी जीवनी लिखनेवाले कई लेखकों में से एक का कहना है कि कैरी 'अपनी पूरी आत्मा से उद्धारवादी' हैं; उनकी बहनों ने उनको 'इतने अमानवीय और

[49] Watts 1978, Vol. 1: 480; Brown 1986: 132.

जघन्य' व्यापार का प्रसंग दोहराए बिना प्रार्थना करते कभी नहीं देखा। वार्ड 21 साल की उम्र में *Derby Mercury* के संपादक बन गए थे। उन्होंने भी दास के व्यापार के खिलाफ आंदोलन किया था।[50]

कैरी और वार्ड अन्य तत्कालीन सार्वजनिक मामलों में भी सम्मिलित रहते थे जो कुछ कम 'सुरक्षित' था पर फिर भी अतिवादी बैप्टिस्ट राजनीतिक और सामाजिक परंपरा के अनुकूल था। वार्ड 'लंदन्स सोसाइटी फॉर पोलिटिकल इनफार्मेशन' की एक शाखा का सदस्य था जो लोकतांत्रिक सुधार के मुद्दे को आगे बढ़ाने के लिए कार्यरत कई संगठनों में से एक था। इस हैसियत से उसने एक दस्तावेज जारी किया जो 'डर्बी एड्रेस' के नाम से जाना जाता है। इसमें उसने स्पष्ट किया कि 'सभी सच्ची सरकार सामान्य कल्याण के लिए होती है; उसको सामान्य समर्थन से मान्यता मिलती है; और इसके सभी क्रियाकलाप, सभी ईमानदार नागरिकों की सामान्य खुशहाली और संवृद्धि की दिशा में निर्देशित होते हैं या होने चाहिएं'। उसके काफी बाद सन् 1822 ई. में, जब वह बंगाल में तेईस वर्षों से मिशनरी के रूप में कार्यरत था, तब भी उसका अतिवादी परिप्रेक्ष्य उसकी टिप्पणियों में झलक जाता था जैसे कि एकबार उसने कहा था, 'न तो महानता और न ही अच्छाई किसी को वंश से खून में आता है'।

प्रतिनिधित्व एवं संसदीय सुधार के लिए संघर्ष, अमेरिकी उपनिवेशवादियों की दुर्दशा और फ्रांसीसी क्रांति के आरंभ ने भी युवा कैरी के अतिवादी चिंतन को प्रोत्साहित किया। उसने 'जनता द्वारा उन दिनों की गई संयुक्त प्रार्थना पर ईश्वर का जवाब' के रूप में फ्रांसीसी क्रांति का संबोधन किया और घोषणा की कि 'एक गौरवशाली द्वार खुल गया है, और जल्द ही और वृहत रूप से खुलनेवाला है, गॉस्पेल (ईसाई धर्म सिद्धांत) के लिए, नागरिक एवं धार्मिक स्वाधीनता के प्रसार द्वारा, तथा पोप की शक्ति के ह्रास द्वारा'। कैरी के पोते एस. पेअर्स कैरी के मुताबिक वे 'प्रचंड लोकतांत्रिक' ख़याल के थे और किंग के अच्छे स्वास्थ्य की कामना करते हुए ड्रिंक (शराब) नहीं लेने पर अपने मित्र तथा परामर्शदाता एंड्रू फुलर (1754–1815) द्वारा उनकी काफी भर्त्सना की गई थी।[51] रूसो की तरह कैरी भी 'सभी व्यक्तियों के लिए सामान्य रूप से सामान अधिकार' के हिमायती था। भारत के लिए रवाना होने से कुछ साल पहले ही उसने लिसेस्टर स्थित फिलिसोफिकल इंस्टिट्यूट की सदस्यता ली थी। यह राजनीतिक एवं अन्य समकालीन विषयों पर वाद-विवाद के लिए एक खुला मंच है। इसकी स्थापना रिचर्ड फिलिप्स तथा स्पष्टवादी क्वैकर ने की थी जो क्रांति के प्रति

[50] Potts 1993: 28.

[51] S.P. Carey 1926: 7. *The Gospel Worthy of All Acceptance* (1785) के लेखक फुलर थे। यह ग्रंथ कैरी के सबसे पसंदीदा ग्रंथों में से था और यह अठारहवीं सदी के इंजीली कैल्विनवाद का उत्कृष्ट वक्तव्य था। (Bebbington 1989: 64–5).

भी अपनी सहानुभूति रखते थे और टॉम पाइन के विचारों से प्रोत्साहित होकर उसकी पुस्तक 'द राइट्स ऑफ़ मैन' की प्रतियां भी बेचने को तैयार थे।[52]

लेकिन जिन विचारों को वार्ड और कैरी प्रोत्साहन दे रहे थे, ब्रिटिश अधिकारीगण उनको खतरनाक और विनाशकारी समझते थे। इसलिए उन्होंने यह महसूस किया कि मिशन के महान उद्देश्यों की प्राप्ति के लिए इन विचारों को खुलेआम प्रकट नहीं करना चाहिए। एक बार भारत पहुंचते ही कैरी ने 'बेहतर परिणाम पाने के लिए' लोकतांत्रिक भावनाओं का त्याग कर दिया। वह इसलिए भी क्योंकि वह ऐसा मानता था कि 'बाइबिल यही सिखाता है कि जो स्थापित सरकार है, उसके मातहत रहकर हमें शांतिपूर्ण व्यवहार करना चाहिए। बशर्ते 'वह धार्मिक मामलों में दखलंदाजी न करे, या फिर मेरे विवेक को बाध्य करने की कोशिश न करे।'[53] पॉट्स के अनुसार, 'वार्ड को प्रिंटिंग और गॉस्पेल के प्रवचन करने का विशेष गुण रहते हुए भी जब तक फुलर, जॉन रेलैंड एवं अन्य लोगों ने यह पूरा यकीन नहीं कर लिया कि उसने वास्तव में राजनीति का परित्याग कर दिया है, तब तक उसे भेजने पर वे सहमत नहीं हुए।'[54] लेकिन जहाँ इन दोनों ने औपचारिक रूप से अपने पुराने विचारों का परित्याग किया और ब्रिटिश राज के कट्टर हिमायती बन गए, वहीं उनका समर्थन, जैसा कि पहले ही कहा गया है, अस्थायी और इस विचार पर आधारित था कि मिशनरियों के लिए ब्रिटिश शासन सर्वश्रेष्ठ है। लेकिन गहरे बैठे हुए वैचारिक मूल्य, जो राजनीतिक टिप्पणियों में तो अब स्पष्ट रूप से प्रकट नहीं किया जाता था, अब भी विद्यमान थे। व्यक्तिगत स्वाधीनता और अधिकारों के लिए जारी मिशनरियों की प्रतिबद्धता में ये बातें स्पष्ट होती हैं। यही वे मूल्य थे जो दमनकारी शासनों, पद सोपानों और अनुवांशिक ताकत के ठीक उलट थे। उन दोनों व्यक्तियों, खासकर वार्ड की समझ से ये विशेषताएं 'हिंदू प्रणाली' की महत्त्वपूर्ण पहचान थीं।

इस प्रकार मिशनरियों के समुद्र पार की यात्रा पर निकलने से पहले ब्रिटेन में हो रहे सामाजिक, राजनीतिक और तथाकथित धर्मनिरपेक्ष विचारों के विकास ने हिंदू धार्मिक विश्वासों एवं प्रथाओं के प्रति उनके बर्ताव को प्रभावित किया। इसके अतिरिक्त हिंदू धर्म, उसकी मीमांसाओं, दृष्टांत आदि के बारे में आरंभिक ब्रिटिश एवं यूरोपीयों द्वारा किया गया चित्रण भी उनके लिए प्रभावपूर्ण था। हिंदू जगत के बारे में मिशनरियों के विचारों और अपेक्षाओं को इन सबने प्रभावित किया। इन सबके फलस्वरूप उनके मन में पूरा का पूरा एक ऐसे काल्पनिक जगत की रूपरेखा तैयार हो गई थी जिसको मिशनरियों ने उत्तराधिकार में पाया और इसीको अपने साथ लेकर समुद्र यात्रा पर निकले थे। वे यहां आकर उन

[52] S. P. Carey 1926: 63–4.

[53] Potts 1967: 171.

[54] Potts 1993: 33.

हिंदुओं से प्रथम साक्षात्कार के लिए तैयार थे जिनकी आत्माओं का उद्धार करने यहां आये थे। उत्तराधिकार में प्राप्त हिंदू धर्म के बारे में यही विचार ब्रिटेन में सर्वविदित थे, जो आरंभिक साहित्यों और इतिवृत्तों में व्याप्त थे और इन्हीं के बारे में हम प्रथम तीन अध्यायों में विचार करेंगे।

ज्ञान के बारे में मिशनरियों का रवैया और भारतीय धर्म का अध्ययन

मिशनरियों को मूलतः अपने जिज्ञासा के स्तर, हिंदू धर्म के बारे में और अधिक जानकारी प्राप्त करने की उनकी आकांक्षा या उत्कंठा से मदद मिली। यद्यपि मिशनरी पहले से ही यह मान कर चले थे कि ईसाई धर्म अन्य सभी धर्म प्रणालियों से श्रेष्ठ है। इसलिए आमतौर पर हिंदू धर्म या गैर-ईसाई धर्मों का अध्ययन करने के लिए कुछ खास कारण का होना आवश्यक था। वास्तव में, कुछ मामलों में, हिंदू धर्म का विस्तृत अध्ययन करने के प्रति एक सकारात्मक अरुचि थी। उदाहरण के लिए, व्यापक रूप से पढ़े जानेवाले *CMS Missionary Papers* में ऐसी टिप्पणियां मिलती थीं जो इस रवैये को प्रोत्साहित करती थीं। शिव और पार्वती की पूजा से संबंधित कथाओं और प्रतीकों के बारे में ब्राह्मणों द्वारा दिए गए विवरणों के संदर्भ में लेखक कहता है कि 'उनके द्वारा कही गई बातों को पढ़ना समय की बर्बादी होगी'।[55]

रेव.जे.सी.टी. विंकलर ने सन् 1832 में *Church Missionary Record* में दक्षिण भारत से एक पत्र लिखकर प्रकाशित किया, जिसमें कहा गया था कि:

> मुझे लगता है कि एक मिशनरी को हिंदुओं के साहित्य और पौराणिक कथाओं से, और जहाँ तक संभव हो, उनके रहस्यमय धर्मविज्ञान से अच्छी तरह से वाकिफ रहना चाहिए। मैं यह स्वीकार करता हूँ कि भारत में मेरे निवास और काम की शुरुआत के दिनों में मुझे लगता था कि इन चीजों को हासिल करने में समय लगाना समय की बर्बादी है; मैं सोचता था कि गॉस्पेल की सच्चाइयों का सामान्य प्रदर्शन करना ही स्थानीय निवासियों के दिमाग को प्रभावित करने के लिए काफी है; इसलिए स्थानीय निवासियों के साथ बातचीत के दौरान अगर कहीं हिंदू पुराण या सिद्धांत की बात आती थी तो मैं अपने अप्रत्यक्ष धार्मिक भावावेश में आकर बिना कुछ भेद किए पहले ही सबकी आलोचना कर देता था। इसी वजह से मैं यह अनुमान करता हूँ कि यहां आनेवाले नए मिशनरी भी यही गलती दोहरानेवाले हैं।[56]

[55] *Missionary Papers (MP)* No. XXIII, 1821. एम.ए. शेरिंग की टिप्पणियां भी देखें। वह एक मिशनरी था जिसने उत्तरी भारत में L.M.S. के साथ काम करते हुए पूरे पच्चीस साल बिताये। रेव.विलियम स्मिथ की जीवनी लिखते हुए उसने मिशनरियों के एक वर्ग के संदर्भ में लिखा है कि यद्यपि यह संभव है कि उनको स्थानीय भाषा का बहुत बढ़िया ज्ञान हो, परंतु उनमें सकारात्मक प्रतिकूल भावना हो सकती है जिसके कारण हिंदुओं के क्लासिकी साहित्य के अध्ययन के प्रति अरुचि हो।' (शेरिंग 1879: 11)।

[56] CMR, September 1832: 397.

हालांकि जैसा कि विंकलर ने स्पष्ट किया है, मिशनरी अपने लक्ष्य की ओर कहीं नहीं पहुंचे और अब भी हिंदू विश्वास और प्रथाओं की अवहेलना कर अनुयायी बनाने के अपने प्रयास में असफल ही बने रहे। इसलिए तथाकथित 'हिंदू सोच' के बारे में अधिक जानकारी हासिल करना, हिंदुओं के विश्व दृष्टिकोण का अध्ययन करना और ईसाई गॉस्पेल को हिंदू किस तरह से समझेंगे तथा उसकी किस तरह से व्याख्या करेंगे, यह सब बातें आवश्यक समझा जाने लगा।

उन्नीसवीं सदी के आरंभ में यह विचार आमतौर सभी मिशनरियों के बीच मौजूद था कि उन्हें हिंदू धर्म और अन्य गैर-ईसाई धर्मों का अध्ययन करना चाहिए ताकि वह दुश्मन की ताकत और कमजोरियों को समझ सके और इस तरह से उसकी सुरक्षा को तोड़कर बर्बाद कर सके। अतः एलेग्जेंडर डफ के मुताबिक मिशनरी को सुलतान बाबर जैसा होना चाहिए जिसने अपने अथक परिश्रम से पूरी जांच-पड़ताल करने के बाद भारत पर विजय हासिल की। दुश्मन खेमे में सालों जासूसी करने के बाद उसने उनकी पूरी व्यवस्था की जानकारी इकट्ठा की और तब डफ पूछते हैं कि उसका नतीजा क्या हुआ?

> इतनी बारीक से बारीक और सटीक जानकारियां इकट्ठी हो गई थीं कि उनके प्रकाश में उसने आक्रमण के लिए अंत तक इतने सटीक, युक्तिपूर्ण और कुशलता से भरे कदम उठाए कि तातारी रेगिस्तान की परिसीमाओं में खदेड़ दिए गए उस निर्वासित इंसान ने बड़ी तेजी से दिल्ली के राजसिंहासन पर अपना कब्ज़ा जमा लिया और प्रभुसत्तासंपन्न विजेता बन गया।[57]

उसी प्रकार से ईसाई मिशनरी भी हिंदू धर्म पर तभी विजय पा सकेंगे जब वे हिंदू प्रणाली की सभी बारीकियों के बारे में पूरे विस्तार से जानकारी प्राप्त करेंगे।

बिलकुल इसी विचार की दूसरी व्याख्या, मिशनरी प्रशिक्षण पर रेव. विलियम बायर की टिप्पणी में देखने को मिलती है। सन् 1836 में उसने लिखते हुए तर्क दिया कि जब तक मिशनरी हिंदू प्रणाली का अध्ययन नहीं करेंगे, वो अपने स्थानीय विपक्षियों की युक्तियों का जवाब नहीं दे पाएंगे।[58] और ना ही 'यूरोप के नास्तिक दार्शनिकों द्वारा ईसाई धर्म के खिलाफ उत्पन्न की गई सभी गूढ़ कठिनाइयों' का सामना नए ढंग से कर पायेंगे। जब तक मिशनरी अपना काम शुरु करने से पहले 'जानकारियों से पूरी तरह वाकिफ' नहीं हो जाता, उसे 'अपने देश में उस अयोग्य पादरी की परिस्थिति से कहीं अधिक प्रतिकूल परिस्थितियों में काम करना पड़ेगा, जो सुधार के और बहुत सारे रास्ते अपना सकता है, पर मिशनरी के लिए वह उपलब्ध नहीं है।'[59]

[57] Duff, September, 1832: 397.

[58] इसी बिंदु पर दूसरी व्याख्या के लिए देखें *Proceedings of the South India missionary Conference, 1858: 230–31.*

[59] Chronicle, No. VI, November, 1836: 88.

हिंदू धर्म को नष्ट करने के लिए उस धर्म के बारे में जानकारी हासिल करने के महत्त्व को लेकर दी गई इन दलीलों की पुष्टि, उन मिशनरियों के अनुभवों से भी हुई जो अपना उपदेश सुनाने के लिए प्रयासरत थे। सन् 1806 में *Serampore Baptists* लिखते हुए बताते हैं कि हिंदू चिंतनधारा, धार्मिक उपदेश और प्रथा के बारे में जानकारी प्राप्त करने का परिणाम अत्यंत लाभकारी होगा, अगर हम अपने धार्मिक उपदेश की ओर उन (हिंदुओं) का ध्यान अपनी ओर आकर्षित कर पाए और हम उनके प्रति बर्बर होने से भी बच जायेंगे'।[60] विंकलर के मुताबिक मिशनरियों को ये अनुभव होने लगा था कि अगर वे हिंदू साहित्य और धर्मविज्ञान की अवहेलना करते और हिंदू विचारों की बिना सोचे समझे आलोचना करते तो लोग उनकी बातें सुनने को तैयार नहीं होते। कुछ ऐसा ही अभिप्राय टी.इ. स्लाटर का भी था जब 1861 में एल.एम.एस. के साथ काम करने के लिए आवेदन करते समय उसने यह तर्क दिया था कि विधर्मी (heathen) धार्मिक प्रणाली से संबंधित एक सामान्य ज्ञान और उसके साथ-साथ चिंतन की विभिन्न धाराओं से भलीभांति परिचय 'अधिक पढ़े लिखे स्थानीय लोगों को यह दिखाने के लिए जरुरी है कि ईसाई शिक्षकों में केवल धार्मिक उत्साह ही नहीं है'।[61]

एक तीसरी युक्ति जो कथित रूप से हिंदू आवश्यकताओं से कहीं अधिक करीब थी, वह सन् 1875 में *Church Missionary Intelligencer* में छपे मोनियर विलियम के लेख Indian Wisdom की समीक्षा में अभिव्यक्त हुई थी।[62] उस लेखक के अनुसार, 'यह अत्यंत महत्त्वपूर्ण है कि जो ईसाई, मुक्ति का शुभ संवाद उन तक पहुंचाना चाहते हैं, जो अभी तक इससे अनभिज्ञ रहे हैं, तो उन प्रजातियों की मानसिक और आध्यात्मिक स्थिति से अच्छी तरह से परिचित होना जरुरी है, जिनको वे प्रभावित करने की इच्छा रखते हैं'। ऐसा इसलिए कि 'विकार की वो विशिष्ट अवस्था जो उनके सम्मुख प्रस्तुत की जाती है', उस विशिष्ट विकार या खराबी को पहचानते हुए उसी आधार पर मिशनरी उसका सबसे उपयुक्त उपचार कर सकें।

हिंदू धर्म के अध्ययन के लिए एक और तर्क दिया गया, जो अध्याय 10 में स्पष्ट रूप से सामने आएगा, वह तर्क आगे बेहतर संपर्क स्थापित करने की आवश्यकता पर आधारित है। यद्यपि मिशनरियों को हिंदुओं का काफी आदर और सम्मान प्राप्त हुआ, तथा उन्होंने स्थानीय लोगों की आध्यात्मिक स्थिति के बारे में भी कुछ जानकारियां हासिल कीं, परंतु फिर भी ईसाई संदेश को हिंदू चिंतन एवं संवेदना से स्पष्ट रूप से जोड़ने की आवश्यकता थी। अगर मिशनरियों को ज्ञात से अज्ञात की ओर अग्रसर होना था, तो उसे ही यह भी

[60] PA, Vol. 3, 1806: 200.

[61] SOAS, LMS. CP, Slater to Committee, 27/8/1861.

[62] June 1875: 193–94.

मालूम होना अनिवार्य था कि शुरुआत कब और कहां से की जाए। इस प्रकार, जैसा कि हम देखेंगे, हिंदुओं के साथ संपर्क बढ़ाने और उन्हें धर्मोपदेश देने के प्रयास के लिए जिस बल और विश्वास की आवश्यकता थी, उसने निश्चित तौर पर हिंदू धर्म के विभिन्न पहलुओं के अध्ययन के लिए कहीं अधिक गंभीर और काफी संकल्पित प्रयास को प्रोत्साहित किया।

लेकिन मिशनरियों में भी कुछ लोग ऐसे थे जो ज्ञान की खोज में अन्य मिशनरियों से भी आगे तक जाना चाहते थे। उदाहरण के लिए, नए-नए भारत आए कुछ मिशनरियों के मन में हिंदू धर्म को जानने-समझने के प्रति अनिच्छा और बाध्यता का भाव होता था, लेकिन कुछ ऐसे भी थे जिनके द्वारा की गई मेहनत, उत्प्रेरणा और दृढ़ निश्चयता की कोई तुलना नहीं हो सकती, जो ज्ञान की खोज और अपनी समझदारी को बेहतर करने के प्रति उत्कंठित होते थे. ऐसी ही उत्प्रेरणा और दृढ़ निश्चयता का दृष्टांत लोकप्रिय प्रथाओं के बारे में मरी मिशेल द्वारा किये गए विस्तृत अनुसंधान और तिन्नेवेली जिले के लोगों के विश्वासों और रिवाजों के बारे में जानकारी इकठ्ठा करने तथा तमिल का अध्ययन करने पर एक साल व्यतीत करने के काडवेल के फैसले में मिलता है। इसके अतिरिक्त इनके तथा कुछ अन्य मिशनरियों, जैसे कि जॉन रॉबसन और जे. मेकेंजी कोबान के मामले में एक तथ्य तो स्पष्ट उभरकर आती है कि व्यावहारिक कारणों और मिशनरी उद्देश्यों के लिए तो ज्ञान महत्त्वपूर्ण है ही, साथ ही यह स्वयं अपने आप में भी सार्थक होता है। इस दृष्टिं से देखें, तो शायद ऊपर जिस तरह के मिशनरी विद्वानों का उल्लेख किया गया है, वैसे विद्वानों से, अठारहवीं सदी के अंतिम समय में स्वतंत्र रूप से कार्यरत प्राच्यविद थोड़े भिन्न थे, जिनको भारत के धर्म और संस्कृति के अज्ञात संसार के बारे में और अधिक खोज करने की धुन और सनक सवार थी।

भाग एक:
प्रभावों का दौर: ब्रिटिश कल्पना में हिंदू धर्म, 1600–1800

1 यात्रा एवं मिशनरी विवरणों में हिंदू धर्म, 1600–1800

अठारहवीं सदी के अंत और उन्नीसवीं सदी के प्रारंभ में ब्रिटिश प्रोटेस्टेंट मिशनरी और उनके समर्थक न केवल उन विचारों और अवधारणाओं से प्रभावित थे जिनकी चर्चा पिछले अध्याय में की गई है, बल्कि भारतीय धर्म के बारे में आरंभिक यूरोपीय धारणा और व्याख्या का भी उन पर प्रभाव था। अन्य धर्मों, प्रतिमानों और पूर्वानुमानित लोगों के बारे में जानकारी और विचार उनकी पीढ़ी के अन्य लोगों की तरह उन्होंने भी उत्तराधिकार में पाया था। इसलिए उसका प्रभाव उस धर्म-प्रणाली के बारे में उनकी प्रतिक्रिया और व्याख्या पर पड़ना अनिवार्य ही था जिसे आगे चलकर 'हिंदू धर्म' के नाम से जाना गया।

अपने विचारों को आगे बढाने के प्रयास में या तो जानबूझकर या फिर थोड़े अनजाने में ही उन्होंने भारत के धार्मिक जीवन के बारे में बहुत सारी आरंभिक धारणाएं और विचारधाराएं विकसित कीं जो सत्रहवीं और अठारहवीं सदी में धीरे-धीरे पल्लवित होकर प्रभावपूर्ण साबित हुईं। दरअसल किताबों, परिपत्रों (circulars), पत्रिकाओं और बाद की तारीख में की गई सार्वजनिक सभाओं में अभिव्यक्त मिशनरी एवं अन्य प्रोटेस्टेंट विचार और भी अधिक प्रभावशाली थे, क्योंकि जनता के दिमाग में कहीं गहरी बैठी यादों का फायदा उठा पाने में वे सक्षम थे। यह 'जानकारी', या फिर स्पष्ट शब्दों में कहें तो पौराणिक मिथक, मौखिक परंपरा और पिछली कई पीढ़ियों से ब्रिटिश और यूरोपीय लेखकों, यात्रियों, मिशनरियों तथा प्राच्यविदों द्वारा रचित लगातार बढ़ते हुए साहित्य भण्डार में सन्निहित है।

हिंदू धर्म के बारे में प्रोटेस्टेंट मिशनरी दृष्टिकोण, अन्य विचारों से प्रभावित हुए बिना बिलकुल स्वतंत्र रूप से विकसित नहीं हुआ, जैसे कि अन्य यूरोपियों ने इस विषय पर पहले कभी कुछ बोला या लिखा ही नहीं हो। लेकिन तब उनकी दृष्टि में वे कौन सा नया

अनुसंधान करने जा रहे थे एवं उनके विचार और व्याख्या कितने नए थे? क्या लगातार जारी इस वाद-विवाद में प्रोटेस्टेंट मिशनरियों की कुछ खास अंतर्दृष्टि या योगदान मिलते हैं? उदाहरण के लिए, कैरी के समय से लेकर 1850 ई. तक जिन विचारों और जानकारियों पर अन्य यूरोपीय व्याख्याता पहले ही चर्चा कर चुके थे, उनको प्रोटेस्टेंट मिशनरियों ने क्या केवल उठा कर दोबारा इस्तेमाल कर लिया था? और मिसाल के तौर पर, अगर जेसुइटों एवं प्रोटेस्टेंटों द्वारा दी गई व्याख्याओं में समानताएं थीं, तो क्या वे समानताएं मोटे तौर पर महज संयोगवश ही थीं? क्या वे इसलिए थीं कि जेसुइटों के विवरणों से प्रोटेस्टेंट बहुत ज्यादा प्रभावित थे या फिर इसलिए कि उनको भी समान परिस्थितियों का सामना करना पड़ा। और शायद, वास्तविक रूप से और अपने समस्त अंतरों के बावजूद सभी एक समान ईसाई और यूरोपीय दृष्टिकोण साझा करते थे।

यात्रियों के विवरण

यह मान कर नहीं चला जा सकता कि अठारहवीं सदी के अंत से पहले भारतीय धर्म की चर्चा करने वाले सभी यूरोपीय यात्रा विवरण या तो ब्रिटेन में उपलब्ध थे या अगर उपलब्ध हों भी, तो वे ऐसी भाषा में थे जिन्हें अंग्रेजी भाषी पाठक द्वारा समझा जा सके। इसी वजह से, और थोड़ा समय की बचत करते हुए, निम्नलिखित विचार-विमर्श को अंग्रेजी में लिखी गई व्याख्याओं तथा अनुवाद के रूप में उपलब्ध प्रमुख विवरणों तक ही सीमित रखा गया है। आरंभिक पुर्तगाली, इतालवी और अन्य यूरोपीय व्याख्याओं के के परिणामस्वरूप, विशेषतः सन् 1600 में इंग्लिश ईस्ट इंडिया कंपनी के बन जाने के बाद, अंग्रेजी में लिखे विवरण 'जानकारी' का एक अतिरिक्त स्रोत बन गए।

ब्रिटेन में सबसे अधिक जाने जानेवाले यूरोपीय विवरणों में से एक विवरण इतालवी साहसिक यात्री लूडोविको डी वर्थेमा का था, जो सन् 1503 ई. में कैम्बे (आधुनिक गुजरात में) और गोवा पहुंचा तथा पश्चिमी समुद्र-तट के किनारे-किनारे जलयात्रा करते हुए आतंरिक स्थलों के कई महत्त्वपूर्ण शहरों तक की यात्रा की। एक व्याख्याकार ने उनकी लिखी पुस्तक *Itinerario* को 'अंग्रेजों के लिए अबतक उपलब्ध (भारत के) सबसे सटीक और मूल्यवान विवरणों में से एक बताया है। सन् 1577 में इसका लातिन भाषा से अंग्रेजी में अनुवाद हुआ।[1] एलिजाबेथ के शासनकाल के अंतिम वर्षों के दौरान उपलब्ध हुए इस विवरण के बाद एक दूसरे लोकप्रिय और प्रभावशाली यात्रा-वृत्तांत का अनुवाद एवं प्रकाशन हुआ। इसका लेखक जॉन ह्यूगेन एक डच प्रोटेस्टेंट साहसिक यात्री था। इसका अंग्रेजी में अनुवाद सन् 1598 में हुआ। इसमें भारत के गैर-ईसाई (Gentile) धर्मों के बारे में वर्थेमा के विवरण से कहीं ज्यादा विस्तृत

[1] Sencourt 1923: 69–70.

वर्णन मिलता है। *The travels of Pietro Della Valle in India* (1586–1652) भारतीय धार्मिक विश्वास और रीति-रिवाज पर टिप्पणी करनेवाला एक अन्य प्रभावशाली इतालवी यात्रा-वृतांत था। सन् 1664 में जी. हैवर्स ने इसका अंग्रेजी में अनुवाद किया। अंततः, ज्यादातर समुद्र-तटीय क्षेत्रों में प्रचलित धर्म का विवरण प्रस्तुत करनेवाली इन कृतियों के अनुवाद और प्रकाशन से, भारत के अंदरूनी हिस्सों तथा मुग़ल साम्राज्य में धर्म का कहीं अधिक विस्तृत विवरण प्राप्त हुआ। हाल के एक टीकाकार के मुताबिक़, बर्नियर द्वारा *History* की रचना का बाद के लेखकों पर स्थायी असर पड़ा।[2] सन् 1670 से लेकर सन् 1725 की अवधि में फ्रांसीसी मूल की इस रचना के आठ संस्करण और सन् 1671 से लेकर सन् 1684 की अवधि में इसके अंग्रेजी अनुवाद के तीन संस्करण छापे गए। टवेर्नियर की कृति भी अंग्रेजी पाठकों के बीच काफी लोकप्रिय थी। सन् 1677 से लेकर 1688 के बीच उनके भारत-भ्रमण पर लिखी रचना के पांच अंग्रेजी संस्करण छप चुके थे।[3]

इन विदेशी विवरणों ने भारतीय धार्मिक उपदेशों और प्रथाओं से संबंधित ब्रिटिश विचारों एवं अवधारणाओं के विकास में भारी योगदान दिया। इनके अतिरिक्त खासकर हिंदुस्तान (नर्मदा नदी के उत्तर का भारत) के पश्चिमी समुद्र-तटीय क्षेत्रों के बारे में बहुत सारे अंग्रेजी या ब्रिटिश विवरण प्राप्त हुए।[4] धर्म पर टिप्पणी करनेवाले सोलहवीं और सत्रहवीं सदी के सबसे जाने-माने यात्रियों में रैल्फ फिच, निकोलस विथिंगटन, एडवर्ड टेरी, हेनरी लार्ड, जॉन फ्रेयर और जॉन ओविंगटन आदि का नाम लिया जा सकता है। रैल्फ फिच सन् 1583 से लेकर 1591 के बीच उत्तरी भारत और बंगाल की विस्तृत और साहसिक यात्राएं करनेवाले एक अग्रणी व्यापारी था। निकोलस विथिंगटन सन् 1612 से लेकर 1616 तक नवनिर्मित ईस्ट इंडिया कंपनी का एक व्यावसायिक प्रतिनिधि था। एडवर्ड टेरी महान मुग़ल दरबार में अंग्रेज राजदूत सर थॉमस रो का चैपलिन (पुरोहित) था। हेनरी लार्ड सन् 1624 से 1629 तक सूरत में कंपनी का चैपलिन था और वह *A Displaye of Two Forraigne Sects in the East Indies* का लेखक भी था। जॉन फ्रेयर सन् 1672 से लेकर 1681 तक भारत में कंपनी के सर्जन के रूप में कार्यरत था और जॉन ओविंगटन सूरत निवासी (1689–92) और कंपनी का चैपलिन था।

ब्रिटिश प्रोटेस्टेंट मिशनरियों के विपरीत ऊपर उल्लिखित सभी ब्रिटिश और यूरोपियन यात्री अलग-अलग पेशों से संलग्न थे। इसके अलावा, उनके धार्मिक विश्वास और विश्व दृष्टिकोण भी कुछ अलग थे। उनमें से एक वर्थेमा ने इस्लाम धर्म को स्वीकार कर लिया था

[2] Teltscher 1995: 14, Bernier की रचना की लोकप्रियता और दीर्घकालिक महत्त्व की पुष्टि इस बात से भी होती है कि उनकी रचना के अंग्रेजी में संस्करण आगे भी सन् 1745, 1808 और 1811 में निकलते रहे।

[3] Teltscher 1995: 4.

[4] 'हिन्दुस्तान' शब्द के अर्थ में परिवर्तन पर चर्चा के लिए देखें Barrow 2003.

और भारत की यात्रा से पहले मक्का और अन्य इस्लामी तीर्थस्थानों की यात्राएं की थीं।[5] बाकी सभी जैसे पित्रो डेला वेला और बर्नियर ईसाई एवं कैथोलिक थे।[6] बर्नियर 'संदेहवादी' नामक एक फ्रांसीसी बुद्धिजीवी समूह के सदस्य था और दार्शनिक पियरे गसेंदी का सचिव था, जिसकी ईसाई धर्म और नए विज्ञान के बीच सामंजस्य स्थापित करनेवाली कृति को उसने लोकप्रिय बनाया।[7] बर्नियर के साथ कुछ हफ्ते यात्रा करनवाले टवेर्नियर एक फ्रांसीसी प्रोटेस्टेंट था।[8] बाकी सभी लेखक भी जहाँ तक ज्ञात है, प्रोटेस्टेंट ही थे पर सबके विचार भिन्न थे। जैसा कि पहले ही बताया जा चुका है, इनमे से तीन यात्री चर्च ऑफ़ इंग्लैंड कंपनी के चैपलिन (पुरोहित) थे। जॉन फ्रेयर भी चर्च ऑफ़ इंग्लैंड के सदस्य था, लेकिन वह प्यूरिटन (पवित्रतावादी) और 'फैनेटिक्स' (धर्मांधों) का कट्टर विरोधी था।[9] अंत में, फ़ॉन लिंसहोटेन नामक एक डच प्रोटेस्टेंट था, जो प्रोटेस्टेंट मत का आत्मचेतन हिमायती था। उसने गैर-ईसाई विधर्मियों के धर्म परिवर्तन की आवश्यकता को उन्हीं शब्दों में व्यक्त किया है, जैसा कि दो सदी बाद ब्रिटिश प्रोटेस्टेंट मिशनरियों ने किया। वह भारत में 'गैर-ईसाई' धर्म का विवरण देने के बाद ईश्वर को धन्यवाद देते हुए कहता है

> कि पवित्र गॉस्पेल द्वारा सत्य के प्रकाश से हमें ज्योतिर्मय कर उन्हें आनंद की प्राप्ति होती है, और हम इन विधर्मियों और शैतान जैसे मूर्तिपूजकों के बीच न पैदा हुए न पले-बढ़े, और ईश्वर से यही कामना है कि वे अपनी असीम कृपादृष्टि से उनकी आंखें खोलें और उनके बीच अपने शब्दों के परम सत्य का प्रसार करें... क्योंकि वे हर दृष्टि से हमारे जैसे ही हैं, स्वयं ईश्वर का प्रतिरूप।[10]

तब भारतीय धर्म के बारे में ये यात्री क्या सोचते थे? कैसी छवि संप्रेषित करना चाहते थे? पहली बात ये कि स्पष्ट रूप से वे भारतीय धर्म को एक बृहत्तर और कहीं अधिक विश्वव्यापी घटना-क्रिया का एक हिस्सा समझते थे। गैर-मुस्लिमों को वे एक अलग वर्ग में रखते थे जिसे पगान, मूर्तिपूजक, हीथेन या जेंटाइल कहते थे। दूसरे शब्दों में, वे उन्हें एक ऐसे बृहत अंतर्राष्ट्रीय धार्मिक प्रणाली के अनुयायी मानते थे जो भारत तक ही सीमित नहीं था। इस प्रकार, वर्थेमा के यात्रा विवरण के मुताबिक़, दक्षिण भारत के विभिन्न देशों के राजा 'पगान' थे। इनमें शामिल विसिनेगर (विजयनगर) का राजा 'अपने पूरे राज्य समेत पगान था, कहने

[5] Verthema 1863: xxvi–xxviii.

[6] Della Valle 1892, vol. 1: i–ix; Bernier 1916, Vol. 1: xix.

[7] Teltscher 1995: 29.

[8] Tavernier 11977, Vol. 1: x.

[9] Fryer 1909: xxxii–xxxiii। वास्तव में 'for the Execrable Death of the Martyr Charles the First' के लिए 30 जनवरी को व्रत रखकर संभवतः यात्रा में अपने साथियों को चौंका दिया।

[10] Linschoten 1863: 126.

का मतलब कि मूर्तिपूजक था।'[11] अन्य यात्रियों ने 'जेंटाइल' या 'हीथेन' शब्द का अधिक प्रयोग किया। डेला वले के अनुसार, भारत के लोग ज्यादातर 'जेंटाइल' थे।[12] फिच, टेरी, ऑविंगटन आदि ने भी अक्सर इसी शब्द का प्रयोग किया है। जेंटाइल शब्द पुर्तगाली 'जेंटू' से निकला है, जो आगे और भी लोकप्रिय होता गया और अठारहवीं सदी के यात्रा वृतांतों में काफी प्रयुक्त हुआ। ग्रोज ने अपने *Voyage to the East Indies* लिखा है कि 'जेंटू इस सामान्य नाम से यूरोपियों के बीच जाने और पह्चाने जाते हैं।' उनके मुताबिक़ इस शब्द 'की व्युत्पत्ति अशुद्ध पुर्तगाली लिंगुआ फ्रांका (कई भूमध्यसागरीय भाषा-भाषियों के बीच बोली जानेवाली एक सामान्य भाषा) से हुई, जो सामान्य तौर पर भारत के समुद्रतटीय क्षेत्रों में प्रचलित हुआ, जिसका अभिप्राय जेंटाइल या हीथेन से है'।[13]

यद्यपि भारत के धर्म को विश्व के अन्य धर्मों से जोड़कर देखा गया, परंतु विशेष रूप से इस प्रायद्वीप पर धर्म का संदर्भ देने के लिए कभी-कभी उपयुक्त विशेषण के रूप में 'भारतीय' या 'हिंदू' शब्द का प्रयोग भी होता था। इसी प्रक्रिया में यह धारणा मजबूत होती चली गई कि जो भी हो, भारतीय आस्था और रीति-रिवाज अपने आप में अनूठा है।

क्या भारत में धर्म का स्वरुप बिल्कुल अलग था? इस सवाल के आगे दूसरा सवाल खड़ा होता है; क्या पूरे भारत में एकीकृत धर्म प्रणाली थी या विभिन्न एकल धर्मों का किसी प्रकार का सम्मिश्रण था? क्या भारत में 'हीथेनवाद' की ऐसी संरचना थी जिससे एक अखिल भारतीय धर्म प्रणाली का स्वरुप प्रकट होता है? या फिर पाठकों की कुल मिलाकर यही राय बनती है कि भारतीय धर्म इस प्रायद्वीप के राजनीतिक नक़्शे की तरह था जो सत्रहवीं और अठारहवीं सदी में बिलकुल बिखरा हुआ और विभिन्न प्रतिस्पर्धी समूहों के नियंत्रण में था?

भारत में धर्म की एकीकृत प्रणाली के प्रश्न पर अलग-अलग यात्री अलग-अलग और यहां तक कि एक-दूसरे के विपरीत विवरण देते हैं। कई बार एक ही समयकाल के दौरान विवरण देते हुए भी एक-दूसरे से असहमत होते हैं या फिर पाठकों के सामने ऐसा पाठ प्रस्तुत करते हैं जो किसी भी निश्चित निर्णय तक नहीं ले जाता या उसे कई दृष्टियों से देखा जा सकता है। कुछ लेखक जैसे कि टेरी, लॉर्ड टवेर्निएर, लिंसहोटेन और हैमिल्टन यहां की विभिन्नताओं पर बल देते प्रतीत होते हैं और क्षेत्रीयता, सिद्धांत एवं अन्य विभिन्नताओं की ओर पाठक का ध्यान आकर्षित करते हैं। इनके विपरीत डेला वले, फ्रायर और बर्नियर इनके बीच समानताओं पर प्रकाश डालना चाहते हैं। जबकि ग्रोज के विचार इन दोनों धाराओं के कहीं बीच में आते हैं। सन् 1757 में प्रकाशित उसकी *Voyage to the East Indies* में

[11] Varthema 1863: 126.

[12] Della Valle 1892: 67.

[13] Grose 1772: 231.

Gentoo Mythology का संदर्भ देते हुए कहता है कि 'उस धर्म का मूल हर जगह लगभग एक जैसा है।' 'फिर भी', वो आगे कहता है, 'इंदोस्तान कहलानेवाले उस विशाल देश के विभिन्न भागों में उसी पर आधारित होकर इतने तरह के विचार और रीति-रिवाज बन गए हैं कि सब के भेद बताने में किताबों की लंबी श्रृंखला बन जाएगी।'[14]

भारत में आस्था और पूजा सब एकीकृत अखिल भारतीय प्रणाली के तहत आते हैं इस बारे में यात्रियों के बीच चाहे जो भी धारणा मौजूद रही हो, उसको इस भावना से और बल मिला कि संन्यासियों और साधुओं की उपस्थिति के बावजूद, ब्राह्मणों के हाथों में ही अंततः पूरा नियंत्रण था।

यूरोप में ब्राह्मणों के ज्ञान और बुद्धि से संबंधित जानकारी की परंपरा लंबे समय से चली आई थी। यह परंपरा संभवतः यूनानियों के उत्तरी भारत के राज्यों से संपर्क के समय से चली आ रही थी। ऐसी स्थिति में 'हीथेन' रीति-रिवाज और आस्था के बारे में जानने के लिए ब्राह्मणों से संपर्क साधने से बेहतर और क्या हो सकता था? जॉन फ्रायर के शब्दों में, ब्राह्मण धर्मशास्त्र के आचार्य होते थे,[15] जबकि टवेर्नियर के मुताबिक, वे क़ानून के शिक्षक और मंत्री होते थे।[16] पित्रो डेला वले ने ब्राह्मणों के साथ संपर्क साधने की क्षमता के महत्त्व पर बल दिया। और उसके बाद उसने एक बुजुर्ग ब्राह्मण का पता करके उससे बात की। उस ब्राह्मण ने उसे देवनागरी लिपि में लिखी कुछ पुस्तकें दिखाईं।[17] सूरत में इंग्लिश चैपलिन के रूप में कार्यरत एडवर्ड टेरी ने यह स्पष्ट तौर पर बताया कि बहुत सारे दार्शनिक और धार्मिक विषयों पर उसने ब्राह्मणों से विचार-विमर्श किया है।[18] बर्नियर ने भी अपने विवरणों में अक्सर पंडितों के साथ अपने विचार-विमर्श करने की चर्चा की है, जिनमें से एक पंडित तीन सालों तक उनका 'स्थायी साथी' बनकर भी रहा।[19] ग्रोज ने गायों के बारे में भारतीय दृष्टिकोण पर ब्राह्मणों के साथ अपनी बातचीत का भी संदर्भ दिया है और इस बात पर बल दिया है कि 'उनके पास एक प्रबुद्ध भाषा का ज्ञान है जो सिर्फ वही जानते हैं और जिसे हंस्कृत कहते हैं, जिसमे वेदम, शास्तर और उनके क़ानून संबंधी अन्य ग्रंथ लिखे गए हैं।'[20]

ऐसे ही और भी यात्रियों के विवरणों में, ब्राह्मणों के प्रभुत्व एवं पुरोहित के रूप में नियंत्रण की चर्चा है, जो भारत के विभिन्न भागों में स्पष्ट रूप से विदित होता था एवं जातिगत श्रेणी-सोपान तथा और भी अन्य विधियों द्वारा लागू किया जाता था।

[14] Ibid., Vol. 1: 182.

[15] Fryer 1909: 94.

[16] Tavernier 1977, Vol. 2: 142–43.

[17] Della Valle 1892, Vol. 1: 72, 75.

[18] Foster 1968: 321.

[19] Bernier 1916: 325, 329, 342–43.

[20] Grose 1772: 184, 202.

वर्थेमा, डेला वले, लिंसहोटेन, टवेर्निएर, हैमिल्टन और ग्रोज, आदि सभी ब्राह्मणों को वर्ण-व्यवस्था के शीर्ष पर स्थित बताते हैं। उदाहरण के लिए, लिंसहोटेन ने राजाओं पर इनके राजनीतिक प्रभाव और महत्त्व पर बल दिया और दृढ़ता के साथ यह रेखांकित किया कि 'राजा उनकी सलाह और समर्थन के बिना कोई भी काम नहीं करता।'[21] डेला वले उनका न केवल पुरोहित, ज्योतिष और चिकित्सक के रूप में वर्णन करता है, बल्कि उन्हें 'राजकुमारों का सचिव' भी बताता है।[22] हैमिल्टन के अनुसार, कालीकट के नंबूदरी ('Nambouries') 'चर्च और राज्य' दोनों की ही क्षमताओं में 'प्रथम' थे।'[23]

इस प्रकार, ऐसे बहुत से साक्ष्य मौजूद हैं जो यह बताते हैं कि अलग-अलग स्तरों पर यूरोपीय टीकाकार यह मानते थे कि ब्राह्मणों का पवित्र ज्ञान पर तो एकमात्र नियंत्रण होता ही था, बल्कि सरकारों पर भी काफी दीर्घकालिक शक्ति और नियंत्रण हासिल होता था। और तीसरी बात, कि उन्होंने न केवल जाति-प्रथा का सृजन किया बल्कि उसपर अपना नियंत्रण भी बनाए रखा। यह शायद उन सभी विवरणों में मौजूद है जिनमें लोकप्रिय यूरोपीय और बाद के मिशनरी विचारों के बीज दिखाई देते हैं। इसके अनुसार, निचली जातियां आत्म-केंद्रित और प्रपंची पुरोहितों के लिए अधम दास थे और ये अत्यधिक अवहेलना के शिकार थे। अगर धार्मिक एकता के प्रति झुकाव होता तो उसको बड़ी 'चालाकी' से (इस विचार के मुताबिक) और धार्मिक, राजनीतिक, और सामाजिक नियंत्रण के जरिए लागू किया जाता था।

डेला वले ने गौर किया कि ब्राह्मणों के लिए नीच लोगों के मन में काफी सम्मान था और वे उनको यथासंभव दूषित नहीं करना चाहते थे।[24] लिंसहोटेन के अनुसार, ब्राह्मण 'लिखने-पढ़ने और विवरण प्रस्तुत करने में बहुत निपुण होते थे और इस तरह अन्य सरल भारतीयों को वही बात समझा देते थे जो वे समझाना चाहते थे।' उनके अनुसार, सामान्य इंसान उनको मसीहा समझता था[25] जबकि सन् 1612 से 1616 तक भारत में व्यापारी रह चुके निकोलस विथिंगटन के मुताबिक, वे अपने लोगों से भिक्षा या धर्मशुल्क लेते थे, '*beeinge esteemed marvaylous holye*'।[26] बर्नियर का कहना था कि उनको 'बहुत आदर-सम्मान मिलता था' और साथ ही ये भी बताया कि 'लोगों द्वारा दी गई भिक्षा से वे समृद्ध होते थे।'[27] बर्नियर के मतानुसार, ब्राह्मण अपनी 'दुष्टतापूर्ण और घृणित चाल तथा छल–कपट' से लोगों को भ्रमित करते थे। हैमिल्टन और ओविंगटन की तरह ही बर्नियर ने

[21] Linschoten 1885, Vol. 1: 247.

[22] Della Valle 1892: 81.

[23] Hamilton 1727: 375.

[24] Della Valle 1892: 81.

[25] Linschoten 1885: 248.

[26] Foster 1968: 221–22.

[27] Bernier 1916: 305.

भी उनकी कार्य शैली पर सबका ध्यान आकर्षित करते हुए दिखाया है कि किस तरह से वे भोले-भाले और अनभिज्ञ लोगों को अपने विचारों और अंधविश्वास के जाल में फंसाते थे।[28]

कुछ यात्रा वृत्तांत और अन्य विवरण भी सार्वजनिक रूप से कई उत्तेजक कर्मकांडों में ब्राह्मणों की भूमिका को रेखांकित किया है। टवेर्नियर और बर्नियर का विश्वास था कि विधवाओं को जिंदा दफ़न कर दिए जाने और सती से संबंधित अनुष्ठानों में ब्राह्मणों की प्रमुख भूमिका होती थी और इस तथ्य की ओर उन्होंने सबका ध्यान आकर्षित किया।[29]

इस प्रकार, बहुत सारे यात्रियों द्वारा ब्राह्मणों की भूमिका और उनकी गतिविधियों पर ध्यान देने के कारण यह धारणा पुष्ट हुई कि भारतीय धर्म एक एकीकृत और पुरोहित-नियंत्रित प्रणाली है। जैसा कि हम आगे देखेंगे, भारतीय धर्म के बारे में ऐसी धारणा कि यह ब्राह्मणों द्वारा गढ़ी गई और एकीकृत प्रणाली है, जेसुइटों तथा प्राच्यविदों की लेखनियों में और भी अधिक विकसित रूप में उभरकर आया है। साथ ही, अठारहवीं सदी के अंत और उन्नीसवीं सदी के आरंभ में 'हिंदू धर्म' के बारे में प्रोटेस्टेंटों ने जो प्रतिमान बनाया था, उसमें भी ये मौलिक तथ्य की तरह बन गए थे।

भारतीय धर्म की विशेषता, इसमें केवल ब्राह्मणों का होना ही नहीं था, बल्कि और भी अन्य समुदायों और विशिष्टताओं से सम्बंधित भी था, जिनके बारे में ये यात्री बहुत कुछ कहना चाहते थे। वैसे तो ब्राह्मणों की चर्चा राजनीतिक शक्ति, नियंत्रण और प्रभुत्व के संदर्भ में की जाती थी, जिनसे यूरोप के पाठक काफी परिचित थे, परंतु यूरोपीय और भारतीय समाजों में जो भिन्नता थी, वह भी लोगों को बहुत आकर्षित करता था। ब्राह्मणों की स्थिति महत्त्वपूर्ण और शिक्षाप्रद थी, परंतु भारतीय धर्म में वास्तव में जिसे रोचक, या अनोखा भी कहा जा सकता है, वह साधु-सन्यासी तथा स्तब्ध कर देने वाले अनोखे विश्वास और रीति-रिवाज थे। यात्रा विवरणों का उद्देश्य मनोरंजन के साथ-साथ शिक्षाप्रद होना भी था। पाठकों को ध्यान में रख कर ऐसे विश्वासों और रीति-रिवाजों की याद को दोहराते रहने से, यह उन लोगों के लिए और भी दिलचस्प बन जाता था जो यह सीधे तौर पर मान कर चलते थे कि यह संसार कुछ विशिष्ट ईश्वरकल्पित संरचना है। जैसा कि हम देखेंगे, मिशनरियों एवं उनके समर्थकों द्वारा उन्नीसवीं सदी के मिशनरी साहित्यों में, भारतीय धर्म की इन सभी 'विचित्रताओं' की चर्चा की गई है और ज्यादातर मामलों में उन्होंने पुराने और स्थापित दलीलों को ही दोहराया है।

इस समग्र सामाजिक संरचना में (अगर कोई थी भी) हिंदू साधु या योगी का क्या स्थान था या ब्राह्मणों के साथ उनके कैसे संबंध थे, इन सब बातों पर शायद ही चर्चा होती थी। योगिनियों के बारे में और भी कम चर्चा होती थी, पुरुष योगी ही प्रमुख स्थान रखते

[28] Hamilton 1727: 317; Ovington 1929: 195.

[29] Bernier 1916: 313; Tavernier 1977, Vol. 2 163, 165–66.

थे। ज्यादातर यात्रियों को किसी योगी में सबसे अद्भुत विशेषता उसका रूप-रंग, साधना शक्ति (तथाकथित या किसी भी प्रकार की), आम लोगों से उसके संबंध और लैंगिक अभ्यास लगती थी।

सत्रहवीं सदी के आरंभ में अहमदाबाद में एक नदी के तट पर पित्रो डेला वेल ने पहली बार इन योगियों को देखा था। उनके भयंकर रूप और शैतान जैसे लक्षणों का वर्णन करते हुए उसने शायद अचेतन रूप से उनके संबंध को उन देवताओं से जोड़ दिया जिन्हें पार्थ मित्तर 'दानव परंपरा' से सम्बंधित बताते हैं।[30]

साधुओं में आत्म-पीड़न द्वारा अद्भुत साधना शक्ति सबको मोहित करती थी। सभी विवरणों में आत्म-संयम के एक ही जैसे तरीकों का वर्णन नहीं है। पर ज्यादातर उल्लेखों में बताया गया है कि साधु अपना एक हाथ या दोनों हाथ हवा में ऊपर उठाए रहते हैं 'ताकि हाथों के जोड़ इतने सख्त हो जाएं कि उनको वे कभी नीचे नहीं उतार पाएं,'[31] या फिर कभी ना बैठने या लेटने का अभ्यास की चर्चा आती है। फ्रायर एक मेडिकल अफसर था, जिनका कहना था कि इस प्रथा के कारण उनके पैर फूल कर 'उनके शरीर जितने मोटे हो जाते थे।'[32] इनके अलावा, बेड़ियों में जकड़ी हुई अवस्था में तीर्थयात्रा करना, बिना अन्न-जल ग्रहण किए कई-कई दिन दफ़न होकर पड़े रहना, सूरज की ओर आंख गड़ाकर देखते रहना या चालीस दिनों तक पंचाग्नि को साधना जैसी और भी अन्य प्रथाओं का वर्णन कुछ अन्य विवरणों में मिलता है। फ्रायर द्वारा दिए गए विवरणों की तरह कुछ और भी विवरण हैं, जिनसे यह विदित होता है कि कुछ प्रथाएं 'अप्राकृतिक' या 'विवेकहीन' थीं क्योंकि उनकी वजह से शरीर के साथ दुर्व्यवहार होता था। कुछ अन्य यात्रियों का मानना था कि ऐसे अनोखे अभ्यास करनेवाले साधु, आध्यात्मिक दर्प और अभिमान से भरे प्रतीत होते थे और आम लोगों को प्रभावित कर उससे लाभ उठाना चाहते थे। साधुओं के श्राप के भय से लोग उन्हें भिक्षा देते थे और उनकी दैनिक आवश्यकताओं की पूर्ति करते थे। इसके अतिरिक्त चमत्कारिक साधनाओं के जरिए जादुई शक्ति का प्रयोग करनेवाले कुछ फकीरों के बारे में भी अफवाहें और कहानियां थीं। ऐसी कथित अलौकिक घटनाओं के बारे में कहानियों से पाठकों का मनोरंजन करनेवाले कुछ लेखकों ने इन साधुओं को धोखेबाज और कपटी कहकर खारिज कर दिया। लेकिन बर्नियर और ग्रोज ने यह स्वीकार किया है कि जो कहानियां उन्होंने सुनीं, उनकी विश्वसनीयता कितनी है और उनकी व्याख्या किस तरह से की जाए, इस बारे में कुछ भी कहना मुश्किल है।[33]

[30] Della Valle 1892: 100–101; Mitter 1992.

[31] Tavernier 1977, Vol. 2: 157.

[32] Fryer 1909: 260.

[33] Bernier 1916: 316–23; Grose 1772: 196–99.

अंत में, योगियों की लैंगिकता को लेकर भी चर्चा थी, जिसमें औरतों के साथ उनके संबंध पर टिप्पणी गई थी। उनकी नग्नता पर कटाक्ष किये जाने के साथ-साथ आम लोगों के बीच उनके प्रत्यक्ष आत्म-नियंत्रण (हिंदू औरतों का ध्यान उनकी ओर होने के बावजूद) की प्रशंसा भी की गई थी। औरतों के साथ उनके सार्वजनिक रूप से संबंध और एकांतिक रूप से संबंध को लेकर भी काफी आलोचना की गई थी। वास्तव में, इन विवरणों के लेखक हिंदू साधकों की कामुकता और असंयत व्यवहार की जितनी आलोचना करते थे उतना ही हिंदू औरतों के ढीलेपन को भी नापसंद करते थे।

ब्राह्मणों के विपरीत, योगियों ने यूरोपीय पाठकों के लिए 'पूर्वी' रीति-रिवाज में जो कुछ भी अलग, रहस्यमय, विचित्र और अतार्किक था, उसको स्पष्ट किया। रोमन कैथोलिक संन्यास धर्म की अवधारणा से कहीं अधिक परिचय रखते थे, परंतु यहां पर तो प्रोटेस्टेंटों के साथ-साथ रोमन कैथोलिक की दृष्टि में भी, निश्चित तौर पर एक हिंदू फ़क़ीर के नग्न या अर्ध-नग्न रूप में लगभग पूरी तरह से 'अन्य' व्यक्ति दिखाई देता था। उसकी छवि, शारीरिक 'करतब' और लैंगिक व्यवहार सबकी समझ से परे था, परंतु उन लेखकों (और पाठकों) के लिए कल्पना को छूट मिल गई। इसलिए, उन्नीसवीं सदी के आरंभ में दिए गए अपने विवरणों में प्रोटेस्टेंट मिशनरियों ने इन साधुओं की ओर सबका ध्यान आकर्षित करते हुए, खासकर फ़क़ीर संबंधी तथ्यों को और अधिक नकारात्मक दृष्टि में रखते हुए यूरोपीय समीक्षा की चली आ रही लंबी परंपरा को ही निभा रहे थे।

बहरहाल, अब भारतीय देवताओं और भारतीय धर्म के अन्य प्रतिरूपों पर विचार करते हैं। पार्थ मित्तर ने यूरोपीय कला और यात्रा साहित्य में भारतीय देवताओं की 'दानव' (monster) परंपरा का स्पष्ट उल्लेख किया है।[34] उनके मुताबिक दानव या राक्षस के रूप में भारतीय देवताओं की अवधारणा आरंभिक यात्रा साहित्य में स्पष्ट उभरकर आती है। हालांकि उनका कहना है कि उन्नीसवीं सदी के मध्य तक भारतीय पौराणिक कथाओं के बारे में वैज्ञानिक रूचि एवं जानकारी के बढ़ने से, बहुत पहले से चली आ रही दानव परंपरा जैसी बातें समाप्त होने लगी, परंतु इसके बाद वाले अध्याय में यह स्पष्ट किया जायेगा कि भारतीय देवताओं के कुरूप और अतार्किक होने की धारणा आगे और भी बाद तक, खासकर मिशनरी समाज के साहित्य के अन्य लोकप्रिय स्वरूपों में बनी रही।

कुछ यूरोपीय यात्रियों के लिए देवताओं के ये दानवीय और वीभत्स रूप, उनके अतार्किक और विभ्रमित भक्ति के लिए सांकेतिक प्रेरणा स्रोत हैं। उदाहरण के लिए, यात्रा विवरणों में एक प्रथा का अक्सर उल्लेख किया जाता है जिसमें देवताओं के प्रभाव का एक शक्तिशाली प्रदर्शन देखा जा सकता है। इसमें यात्री वर्णन करते हैं कि किस तरह 'समर्पित' भक्तजन मंदिर के एक विशाल रथ के पहिये के नीचे स्वेच्छा से गिर जाते हैं। इस परिपाटी को

[34] Mitter 1977

चित्र 1.1: पूर्ण स्वतंत्र, बनारस का एक हिंदू फकीर

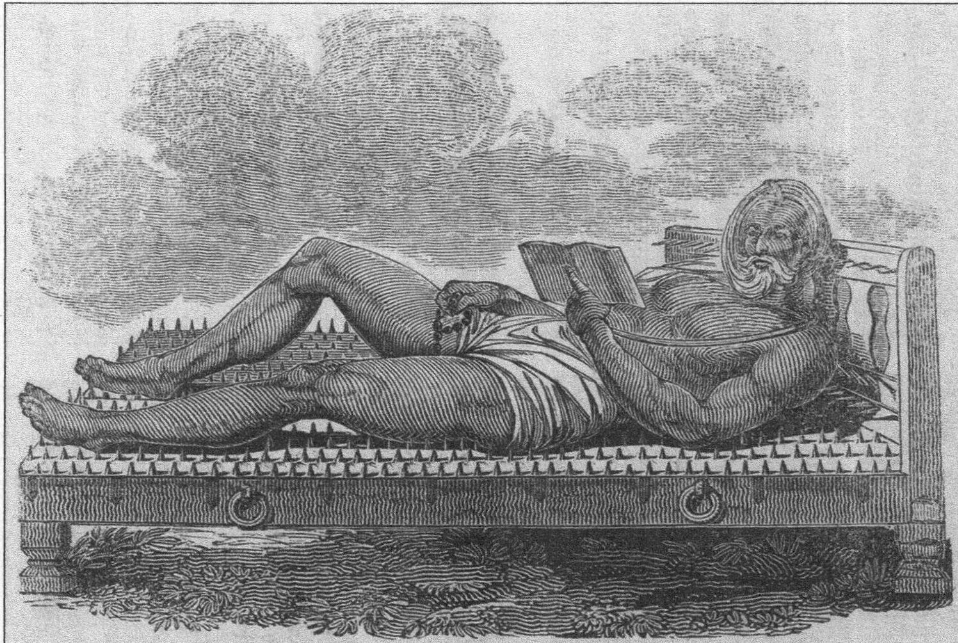

PURRUM SOATUNTRE, A HINDOO FAKEER, OF BENARES.

छोटी-मोटी सरकारी पेंशन पर रहने वाले एक 'भक्त' का रेखा चित्र। 'लोहे की कीलों वाले बिस्तर पर लेटी हुई अवस्था में' उसकी सामान्य स्थिति का यह चित्रण सन् 1788 से 1794 के दौरान बनारस के अधीक्षक और प्राच्यविद जॉनाथन डंकन द्वारा बनवाया गया था। 'एशियाटिक रिसर्चेज' (बंगाल एशियाटिक सोसाइटी की पत्रिका) में पहली बार इसका प्रकाशन हुआ और उसके बाद सन् 1819 में सी.एम.एस. के 'मिशनरी पेपर्स' और 'मिशनरी रजिस्टर' में इसको दोबारा छापा गया।

अक्सर यात्रा साहित्य में संदर्भित किया जाता है। इस प्रथा का सबसे अधिक विख्यात और जाना-माना उदाहरण, ओडिशा के पुरी में भगवान् जगन्नाथ (विष्णु के एक रूप) के सम्मान में आयोजित वार्षिक उत्सव का आयोजन था। हालांकि यूरोपियन यात्री केवल उस रथ की विशालता से ही नहीं, बल्कि भक्तों की असीम 'भक्ति' और 'धर्मोन्माद' की ताकत से भी आकर्षित हुए थे। इस संदर्भ में बर्नियर के विवरण का अनुवाद अंग्रेजी पाठकों के लिए सन् 1686 ई. में उपलब्ध हुआ[35] और सन् 1727 ई. में प्रकाशित हैमिल्टन द्वारा विस्तृत सचित्र वर्णन से इसकी पुष्टि हुई।

मंदिर के रथ द्वारा 'समर्पित' भक्तों को दबा दिए जाने के उदाहरण सामान्य रूप से देखे जा सकते थे, लेकिन विधवा स्त्रियों को जलाने या सती की प्रथा और भी अधिक सामान्य थी। वास्तव में, इन स्त्रियों के जलाने या दफ़नाने के बारे में आवश्यक संदर्भ दिए बिना भारतीय धर्म की अधिकांश कहानियां अधूरी थीं। हाल के वर्षों में केट टेल्चर, लती मणि तथा अन्य इतिहासकारों ने इस विषय पर उपलब्ध साहित्य पर विचार प्रस्तुत किए हैं। इनसे न केवल उस विषय पर बाद में हुए वाद-विवादों के लिए समुचित संदर्भ और पृष्ठभूमि प्राप्त होती है बल्कि कैरी के समय से लेकर सन् 1829 ई. में इस प्रथा पर प्रतिबंध लग जाने के बाद तक, परवर्ती प्रोटेस्टेंट मिशनरी द्वारा हिंदू धर्म के चित्रण में भी इससे मदद मिलती है।[36]

बाद में यह विवाद का विषय बन गया कि सती के बारे में कोई उल्लेख हिंदू धर्मग्रंथों में मिलता है या नहीं। हालांकि सत्रहवीं और अठारहवीं सदियों में इस विषय पर कोई खास चिंता व्यक्त नहीं की गई। परंतु विवरण देनेवाले अधिकांश यात्रियों को निश्चित तौर पर यही महसूस हुआ कि ब्राह्मण ही हिंदू धर्म के अभिभावक हैं और वे ही इस प्रथा को प्रोत्साहित करने में सक्रिय भूमिका निभाते हैं। इस प्रकार, उनके लिए सती की प्रथा धार्मिक होने के साथ-साथ सामाजिक भी थी।

यूरोपीय यात्रियों के बीच जो दूसरी प्रतिक्रिया थी, वह इस प्रथा से जुड़ी औरतों के प्रति उनके रवैये में दिखाई देता है। यही रवैया कभी-कभी उन्हें बाद के प्रोटेस्टेंट मिशनरियों से भिन्न कर देता है। विवरण देनेवाले उन यूरोपीय यात्रियों में से एक अंग्रेज व्यापारी निकोलस विथिंगटन था, जिसके मुताबिक सती स्वतंत्र मिजाज की उदात्त स्त्रियां थीं, जो अपने पति की याद में निष्ठावान होते हुए उसकी मृत्यु के बाद परलोक में फिर से मिलने को दृढ़ प्रतिज्ञ थीं। लेकिन आगे चल कर उन स्त्रियों के बारे में यात्रियों का दृष्टिकोण भी धीरे-धीरे उन मिशनरियों से ज्यादा करीब होने लगा जिन्होंने उसे एक निर्मम और दर्दनाक व्यवस्था की बेगुनाह शिकार के रूप में देखा। इसे हिंदू नारी के साहस और समर्पण भाव को अभिव्यक्ति देनेवाली प्रथा न मानकर जबरदस्ती आरोपित की जानेवाली ऐसी प्रथा के रूप में देखा गया

[35] Bernier 1916: 304.

[36] Mani 1998; Major 2004; Teltscher 1995.

चित्र 1.2: चरक पूजा, बंगाल

'चरक पूजा' (बंगाल) नामक हिंदू त्योहार में खूंटी से बांध कर लटकाने (हुक स्विंगिंग) की प्रथा का चित्रण। 'हाऊएवर रूड' शीर्षक वाला यह रेखा चित्र सन् 1828 (भाग 1: 99) में बिशप हेबर के 'नेरेटिव' से लिया गया है।

जिसमें शामिल पुरोहितों, परिवार तथा अन्य सदस्यों की तुष्टि के लिए एक निर्दोष की जघन्य हत्या को भी उचित ठहराया जाता था।

अंत में, भारतीय 'बर्बरता' 'अंधविश्वास' या विवेकहीनता और 'निर्ममता' की याद दिलानेवाली अन्य महत्त्वपूर्ण प्रथाओं में 'चरक पूजा' थी। उन्नीसवीं सदी में हिंदू सुधारकों के साथ-साथ मिशनरियों ने भी इस प्रथा की घोर निंदा की और इसके खिलाफ आंदोलन किया।[37] आम तौर पर हिंदू समाज के निचले वर्ग के सदस्यों द्वारा आयोजित इस कर्मकांड को पारंपरिक या नए संभ्रांत लोगों का भी थोड़ा-बहुत प्रोत्साहन एवं समर्थन प्राप्त था। इसमें एक अंकुश के सहारे व्यक्ति को 'लटका' दिया जाता था। अक्सर शिव, काली या किसी स्थानीय मातृदेवी की प्रतिष्ठा में वार्षिक उत्सव के रूप में इसका आयोजन किया जाता था। ऐसा लगता है कि पुर्तगाली पर्यवेक्षकों ने पहली बार इस प्रथा को दर्ज किया। अंग्रेजी पाठकों के लिए हैमिल्टन[38] तथा ओविंगटन जैसे यात्रियों ने अपने यात्रा विवरणों में इसका उल्लेख किया।

यूरोपियनों ने एक बार फिर किसी अन्य विषय से इसमें 'अंतर' को देखा और अनुभव किया जो पाठ को दिलचस्प बना देता था। इसके अतिरिक्त इसे धार्मिक प्रणाली में निहित 'क्रूरता' के प्रमाण के रूप में भी देखा गया।

संक्षेप में हम यह कह सकते हैं कि कुछ यात्रियों के विवरणों ने संभवतः मिशनरियों के इस मत की पुष्टि की कि, भारतीय विधर्मितावाद (हिथनिज्म) एक संपूर्ण रूप से एकीकृत सुसंबद्ध व्यवस्था थी। इन विवरणों ने धार्मिक प्रणाली में ब्राह्मणों के महत्त्व एवं उनकी निर्णायक भूमिका की ओर भी सबका ध्यान आकर्षित किया तथा मिशनरियों समेत सभी अंग्रेजी पाठकों को इसकी छवि और कहानी की पृष्ठभूमि प्रदान की। इसमें कुछ ख़ास तरह के रीति-रिवाजों के अजीब से प्रतीत होनेवाले और कभी-कभी अत्यंत भयानक विवरण शामिल थे। भारतीय धर्म के इस बाह्य स्वरुप को बाद के समय में मिशनरी प्रचार में प्रमुख स्थान दिया गया।

कम-से-कम सन् 1850 के दशक तक आते-आते मिशनरी और उनके समर्थक भारतीय धर्म से जुड़े उन मुद्दों पर ख़ास तौर पर मौलिक नहीं रह गए जिनके बारे में वे बातें करना चाहते थे। और ना ही हिंदू प्रणाली की आलोचना करनेवाले वे अकेले थे।[39] इन यात्रियों को कभी-कभी कुछ प्रशंसनीय बातें भी दिख जाती थीं, जबकि मिशनरी भारतीय धर्म और समाज के बारे में नकारात्मक तथ्यों को चुन-चुनकर अपनी ओर से उनपर प्रत्यक्ष आरोप की तरह पेश करते थे।

[37] Oddie 1995.

[38] Hamilton 1727: 360–61। आरंभिक संदर्भों के लिए देखें Della Valle 1892 (Vol. 2: 259) और Tavernier 1977 (Vol. 2: 198–99).

[39] Grose 1772: 203; Ives 1773: 26.

कैथोलिक और जेसुइट व्याख्या, 1550–1800

लगभग सोलहवीं सदी के मध्य से लेकर अठारहवीं सदी के मध्य तक हिंदू धर्म के बारे में सबसे महत्त्वपूर्ण और प्रभावशाली विवरण प्रस्तुत करनेवाले कैथोलिक व्याख्याकार जेसुइट थे जो इस अवधि के दौरान ज्यादातर दक्षिणी भारत में सक्रिय थे।

जैसा कि सबको ज्ञात है, सोसाइटी ऑफ़ जीसस ने एक नीति अपनाई जिसको बाद के प्रोटेस्टेंट मिशनरी सोसाइटियों ने भी अपनाया। इसके तहत सभी मिशनरियों से अपेक्षा की जाती थी कि वे अपने देश पत्र लिखकर अपनी सभी गतिविधियों का विवरण देते हुए रिपोर्ट भेजें। इनमें से बहुत से पत्रों को आगे चलकर *Lettres Edifiantes et Curieuse* कहा जाने लगा। इनका वितरण बढ़ाने के लिए इनको छापा और प्रकाशित किया गया। ताकि स्वयं मिशनरियों को भी पता चलता रहे कि मिशन के क्षेत्र में उनके अन्य सहयोगी क्या-क्या कर रहे हैं और साथ-ही-साथ आम जनता को भी मिशन की गतिविधियों के बारे में जानकारियां मिलती रहें तथा मिशन की ओर झुकाव बढ़े।

यह सत्य है कि यूरोपियों को सोलहवीं सदी से भारतीय धर्म के बारे में जानकारियां उपलब्ध कराने में इन जेसुइटों द्वारा भारत से भेजे गए पत्रों की भूमिका रही थी, परंतु उनसे प्राप्त सबसे पहली जानकारी सतही ही थी। जैसा कि डोनाल्ड लैक ने दिखाया, आरंभिक जेसुइट पत्र धार्मिक प्रश्नों से संबंधित होते हुए भी 'मुख्य रूप से बाहरी प्रपंचों' पर ही अपना अधिक ध्यान लगाते थे। बहुत से आरंभिक यूरोपीय यात्रियों की तरह जेसुइट भी नए-नए आए थे और उनको भी यही जानने की उत्सुकता रहती थी कि हिंदू प्रथा और कर्मकांडों में अलग क्या है या यहां तक कि इनमें सनसनीखेज बात क्या हो सकती है। अतः ओर्मुज़ में रहनेवाले 'गैर-ईसाईयों (हिंदुओं) के अंधविश्वासों' के बारे में वहीँ से लिखते हुए फादर बर्ज़यस ने गाय की पूजा पर टिप्पणी की है और बताया कि किस तरह शहर की सड़कों पर ये बिना किसी छेड़छाड़ के बिलकुल आजाद घूमने के लिए छोड़ दिए जाते थे। उन्होंने बताया कि ये हिंदू जीवहत्या और मांसाहार से दूर रहते थे, पर साथ ही उन्होंने यह भी बताया कि बिना किसी को कोई क्षति पहुंचाए शुद्ध शाकाहारी जीवन व्यतीत करते हुए भी एक-दूसरे को उस्तुरे से काटकर, रथ के पहियों के नीचे आकर और विधवाओं को जिंदा जलाकर अपने देवताओं के लिए अपना उत्सर्ग कर देते हैं।[40] इसके अतिरिक्त अन्य स्थान पर शुद्धिकरण संबंधी कर्मकांड, हिंदू मंदिर, प्रतिमाओं की पूजा, समारोह, शोभायात्राओं और अन्य घटनाओं का भी वर्णन किया गया है।

हालांकि जैसा कि विल स्वीटमैन के कार्यों से प्रकट होता है, भारतीय धर्मों के बारे में जेसुइटों का ज्ञान और समझदारी शुरू में सतही था, पर जैसे-जैसे वे ब्राह्मणों और अन्य ऊंची

[40] Lach 1968: 439–40.

जातियों के संपर्क में आते गए, उनकी समझदारी गहरी होती चली गई. स्वीटमैन का कहना है कि जेसुइट भारत में और अपने पदों पर लंबे समय तक के लिए रहना चाहते थे। इसके अतिरिक्त उनकी अन्य यूरोपियनों से दूर रहते हुए जमीन पर रहकर काम करने की नीति, स्थानीय समुदायों के साथ नजदीक-से-नजदीक रहते हुए उनकी जीवनशैली को आत्मसात कर लेने की नीति, संस्कृत, तमिल तथा अन्य भाषाएं सीखने में उनकी लगन और उत्कृष्ट कुशलता के अलावा धर्मांतरण से पहले और बाद ब्राह्मणों तथा ऊंची जाति के हिंदुओं के साथ संपर्क में आने के बढ़ते अवसर, ये सभी उनके लिए हिंदू विचारों तथा रिवाजों की समझदारी को बेहतर बनाने के लिए उत्प्रेरक बने। इतना ही नहीं, जैसे-जैसे उनको अपने स्थानीय हिंदू धार्मिक साहित्य और रीति-रिवाज एवं उपदेशों का ज्ञान बढ़ता गया, स्थानीय धार्मिक स्थिति की तुलना भारत के अन्य स्थानों की स्थिति से करने के अवसर भी बढ़ते चले गए। वे न केवल अन्य स्थानों के जेसुइट मिशनों की रिपोर्ट पढ़ते थे, बल्कि भारत के एक भाग से दूसरे भाग, जैसे कि तमिलनाडु से बंगाल या फिर बंगाल से तमिलनाडु तक चले भी जाते थे।[41]

स्वीटमैन के मुताबिक कमोबेश इन्हीं कारणों से जेसुइटों ने न केवल स्थानीय लोगों की आस्थाओं और रीति-रिवाजों के बारे में कहीं अधिक जानकारी और ज्ञान हासिल किए बल्कि एक 'अखिल भारतीय धर्म की अवधारणा' भी विकसित की।[42]

रोबेर्टो नोबिली (1557–1656) जेसुइट मदुरई मिशन का जाना-माना संस्थापक था। स्वीटमैन के मतानुसार, पहली बात तो ये कि रोबेर्टो नोबिली को किसी संगठित अखिल भारतीय धर्म के रूप में 'हिंदू धर्म' की अवधारणा का न केवल कोई बोध ही नहीं था, बल्कि वह 'स्पष्ट रूप से यह कहता है कि भारत में गैर-मुस्लिम निवासियों के कई धर्म हैं'।[43] स्वीटमैन का कहना है कि नोबिली का यह दृष्टिकोण उसके *Narrative Fundamentorum* में स्पष्ट झलकता है। उसमें नोबिली कहता है कि इन 'गैर-ईसाईयों' (जेंटाइल) में कई संप्रदाय होते थे जो 'धर्म के प्रश्न पर एक-दूसरे से पूरी तरह से असहमत होते थे'।[44] वास्तव में नोबिली यह स्पष्ट बताता है कि इनके बीच ये जो मतभेद हैं, वे कैथोलिक और अन्य ईसाईयों के बीच होनेवाले मतभेदों से भी अधिक गहरे हैं, इतने कि ये एक समान प्रतीक भी नहीं रखना चाहते।

स्वीटमैन का तर्क है कि बाद के जेसुइटों ने हिंदू आस्था और रीति-रिवाजों से संबंधित अपने विवरणों में इन मतभेदों को स्वीकार करना जारी रखा। जैसे कि हिंदू दर्शन की छः प्रणालियों के संदर्भ में, आत्मा के संदर्भ में और शैव तथा वैष्णव मतों में भेद के संदर्भ में देखा

[41] Sweetman 2003: 130–34.

[42] Ibid.: 128.

[43] Ibid.: 59.

[44] Ibid.: 61.

जा सकता है। लेकिन लेखक के कहने का तात्पर्य यह था कि इन मतभेदों को संपूर्ण प्रणाली के अंदर बढ़ते विवाद के रूप में देखा जाने लगा। दरअसल, विस्तृत साक्ष्यों के संदर्भ में वह ये स्थापित करने की कोशिश करता है कि सत्रहवीं और अठारहवीं सदी के कम-से-कम कुछ फ्रांसीसी जेसुइटों ने 'भारतीयों के बीच स्वीकृत धर्म की प्रणाली' को एक सुसंगत धार्मिक सत्ता के रूप में स्वीकार किया था। हालांकि स्वीटमैन के मुताबिक, जेसुइटों को 'हिंदू धर्म शब्द के समतुल्य कोई भी शब्द नहीं मालूम था', परंतु फिर भी उन्होंने 'उसी अवधारणा' को अलग-अलग तरीकों से अभिव्यक्त किया।[45] जेसुइट लेखकों में पियरे डे ला लेन (सन् 1704 से भारत में) और ले कैरोन का नाम उल्लेखनीय है। इन दोनों ने 'भारतीयों के धर्म' पर संक्षिप्त विवरण प्रस्तुत किए। एक और उल्लेखनीय नाम जीन वेनो बुशे का आता है। उसका कहना था कि 'भारतीय धर्मसिद्धांत' का एक प्रमुख बिंदु यह है कि देवता मनुष्यों के रूप में और मनुष्य देवताओं के रूप में परिवर्तित हो सकते हैं। ऐसे ही 'द रिलिजन ऑफ़ द इंडस' (भारत का धर्म) की मौलिक पुस्तकों का संदर्भ देनेवाले जीन कैलमेट (भारत में सन् 1725 से 1726 तक) का नाम भी उल्लेखनीय है। इसके विचारों की दिशा में आगे और साक्ष्य प्रस्तुत करते हुए स्वीटमैन ने 'क्रिश्चनिज्म' की तुलना में 'जेंटाइलिज्म' शब्द के प्रयोग का संदर्भ दिया है।

जहाँ एक तरफ स्वीटमैन ने यह साबित करने की कोशिश की है कि 'हिंदू धर्म' शब्द का प्रयोग शुरू होने से पहले से ही जेसुइट एक अखिल भारतीय धर्म की अवधारणा रखते थे, वहीं इनेस जी. ज़ुपानोव ने अपनी पुस्तक *Disputed Mission* (1999) में यह बताने की कोशिश की है कि किस तरह से जेसुइटों ने ब्राह्मणवादी प्रतिमानों के आधार पर अपनी अवधारणा का विकास किया है। उसका तात्पर्य एक-दूसरे से जुड़ी कम-से-कम पांच विशिष्टताओं से है। पहली, कि उन्होंने भारतीय धर्म और समाज को समझने के लिए 'मूल समूह' के रूप में ब्राह्मणों का चयन किया; और इस तरह उन्होंने भारतीय धर्म और संस्कृति को 'ऊपर से नीचे की ओर' देखने का दृष्टिकोण विकसित किया। दूसरा, उन्होंने लिखित ग्रंथों को सबसे महत्त्वपूर्ण माना। यहां उनको ब्राह्मणवादी संस्कृत ग्रंथों का अवलंबन मिलने के अतिरिक्त यह दृढ़ विश्वास भी था कि 'मूल पाठ का ज्ञान' ही 'सच्चा ज्ञान' होता है। तीसरी बात, कि भारतीय धार्मिक तथ्यों की व्याख्या करते समय वे संस्कृतनिष्ठ और ब्राह्मणवादी धार्मिक शब्दों तथा पारिभाषिक शब्दावली का प्रयोग मानक के रूप में करने लगे। चौथी बात, कि वे लोकप्रिय धर्म का अवमूल्यन करते थे और जिसे कुछ मामलों में तो 'कोई धर्म ही नहीं' समझा जाता था। और अंत में, उनकी ऐसी धारणा थी कि ब्राह्मणवादी अवधारणा 'सामान्य जनता के आचार-विचार के लिए एक मानक प्रतिरूप' प्रस्तुत करता था।[46] ज़ुपानोव का कहना है कि ये विचार और अवधारणाएं न केवल नोबिली की लेखनियों

[45] Ibid.: 129.

[46] Ibid.: 129.

में प्रकट हुए बल्कि पूरे मदुरई मिशन में इसे व्यापक स्वीकृति मिली। इन सबके अतिरिक्त तथा जेसुइट लेखनियों के प्रभाव के कारण,

> मदुरई में मिशनरियों द्वारा समर्थन पाकर भारतीय सभ्यता के सामान्य सामाजिक मानक के रूप में ब्राह्मणवाद की सर्वोच्चता, आनेवाली सदियों में स्वयंसिद्ध हो गई। 17वीं और 18वीं सदी में जेसुइटों के 'वर्णनात्मक' दस्तावेजों से ब्राह्मण-केंद्रित परिप्रेक्ष्य की रूपरेखा बनी।[47]

यद्यपि ज़ुपानोव प्रोटेस्टेंटों का उल्लेख करता है, पर सच्चाई यही है कि इस बात का कोई प्रमाण नहीं मिलता कि ब्राह्मणवादी प्रारूप की ब्रिटिश प्रोटेस्टेंट मिशनरी द्वारा रचना कैथोलिक या जेसुइट प्रभाव का सीधा परिणाम था। आगे हम यह तर्क प्रस्तुत करेंगे कि हिंदू धर्म के अखिल भारतीय और ब्राह्मणवादी, दोनों तरह के मानकों का पहली बार पूरी तरह से विकसित ब्रिटिश प्रोटेस्टेंट मिशनरी प्रतिपादन, विलियम वार्ड की पुस्तक *Writings, Religion, and Manners of the Hindoos* में होता दिखाई देता है। यह पुस्तक सन् 1811 में प्रकाशित हुई थी। कम-से-कम उस समय तक ऐसा कोई प्रमाण नहीं मिलता जिससे यह साबित हो कि वार्ड जेसुइट विवरणों को पढ़कर सीधे-सीधे प्रभावित हुआ हो। इसके अतिरिक्त उन्नीसवीं सदी के आरंभ में प्रशिक्षण के लिए चुने गए एल.एम.एस. और सी.एम.एस. के उम्मीदवारों द्वारा लिखित पत्रों की जांच करने से पता चलता है कि वे कैथोलिक विचारों के विरोधी ही हों यह आवश्यक नहीं, परंतु मोटे तौर पर वे प्रोटेस्टेंट विचारों और उसके अपूर्व अनुभवों की दुनिया से संबंधित पुस्तकों तक ही सीमित होते थे। कैथोलिक मिशनों में उनकी रूचि थी यह स्पष्ट होता है। उदाहरण के लिए, गोस्पोर्ट में एल.एम.एस. के शिक्षा संस्थान में उम्मीदवारों को भाषण देते हुए बॉग रोमन कैथोलिक मिशनरियों के परिश्रम और उत्साह का संदर्भ प्रस्तुत करता है।[48] हालांकि इसका मतलब यह नहीं कि वे विद्यार्थी भारतीय धर्म के जेसुइट विचारों से परिचित हो गए थे। इससे वास्तव में यह भी स्पष्ट नहीं होता कि बॉग खासतौर पर गैर-ईसाई धर्मों में दिलचस्पी रखता था। दूसरी बात, मिशनरी प्रशासकों द्वारा रूपांतरित जेसुइट विवरण मूल रूप से फ्रांसीसी में लिखा हुआ था। सन् 1743 में जॉन लॉकमैन ने इन पत्रों का अनुवाद करके दो खंडों वाली अपनी पुस्तक *Travels of the Jesuits, into Various Parts of the World* प्रकाशित की, परंतु इसमें भी भारतीय धर्म पर कुछ खास तथ्य उपलब्ध नहीं हैं। ब्राह्मणों और ब्राह्मणवादी आस्था पर कुछ टिप्पणियां अवश्य हैं पर एक सुव्यवस्थित विवरण के रूप में मौजूद नहीं हैं।

ऐसा लगता नहीं है कि सन् 1811 में प्रकाशित वार्ड के विवरण में, हिंदू धर्म का प्रधान प्रोटेस्टेंट मानक जेसुइटों के लेखनों से सीधे-सीधे प्रभावित हुआ था। जबकि अबे डुबुआ

[47] Ibid.: 27.

[48] Piggin 1984: 176.

ने भारतीय धर्म का जो चित्रण किया है, और जिससे प्रोटेस्टेंट विवरणों की पुष्टि होती है, उनके बारे में रिपोर्ट और विचार-विमर्श प्रोटेस्टेंट समाज के अंदर बहुत बाद में हुए। भारतीय संन्यासियों पर अबे की टिप्पणियों को सन् 1819 में *Missionary Register* में फिर से प्रकाशित किया गया,[49] जबकि 'ब्राह्मणवाद' के रूप में उसके द्वारा दी गई हिंदू धर्म की व्याख्या प्रमुख ब्रिटिश प्रोटेस्टेंट दृष्टिकोण पर बल देते हुए उसे स्थापित करती है और सन् 1839 में प्रकाशित जेम्स हॉग की प्रभावशाली कृति *History of Christianity in India* में इसकी सविस्तार व्याख्या भी की गई है।

हॉग मद्रास (आधुनिक चेन्नई) में ईस्ट इंडिया कंपनी का पुरोहित था। उसने मदुरई मिशन के अपने विवरण में हिंदू लोगों के दिमाग पर ब्राह्मणों के प्रभाव और नियंत्रण की ओर सबका ध्यान आकर्षित किया। 'हिंदुओं की सभी जातियों में सबसे ऊपर जिस सर्वोत्तम स्थान पर इन्होंने अपना अधिकार कायम रखा है', उसका संदर्भ देते हुए वह कहता है कि 'वह इंसान को दास बनाने की अब तक की सबसे संपूर्ण और नायाब योजनाओं में से एक है'। सन् 1823 में प्रकाशित डुबुआ की *Letters on the State of Christianity in India* में से एक विवरण का संदर्भ देते हुए वह कहता है कि हिंदू दो वर्गों में विभाजित हैं, "एक वर्ग ढोंगियों का और दूसरा वर्ग भोले-भाले प्रताड़ितों का। दूसरेवाले वर्ग में अधिकांश भारतीय जनता शामिल है; और पहले वर्ग में ब्राह्मणों का पूरा कबीला शामिल है।" वार्ड की *History* में लिखित विचार को रेखांकित करते हुए हॉग ने अपने तर्क की पुष्टि के लिए आगे अबे डुबुआ की कृति से एक उद्धरण प्रस्तुत किया है जो इतना महत्त्वपूर्ण है कि उसे यहां ज्यों-का-त्यों रखना उचित लगता है।

> नकली धर्मों के ढोंगी और पाखंडी नेताओं में से आज तक कोई भी पाखंड का इतना सुसंगठित ढांचा तैयार नहीं कर पाया था जैसा ब्राह्मणों ने तैयार किया, ताकि अन्य जातियों पर उनका धार्मिक नियंत्रण अक्षुण्ण बना रहे और वे मूर्खता और अज्ञान के अंधकार में डूबे पड़े रहें। जिस हिंदू का ब्राह्मण जाति में जन्म नहीं हुआ है, उसके लिए उस अज्ञानता के अंधकार से निकलने और न्यूनतम ज्ञान प्राप्त करने के लिए किसी भी तरह का प्रयास करना भी पाप है, अपराध है: उससे ये उम्मीद करना कि किस तिथि को पूर्णिमा होगी इसका आकलन करना उसके लिए धर्म विरोधी माना गया है। निचली जाति का एक-एक व्यक्ति इस बात का तथा ऐसी अन्य बातों का ध्यान रखने और अपने जीवन की छोटी-से-छोटी बातों के लिए भी अपने धर्म गुरुओं के निर्देशों का पालन करने को बाध्य है। अपनी संस्थागत पाबंदियों के तहत वह पवित्र या अपवित्र किसी भी तरह के विज्ञान पर अधिकार प्रकट नहीं कर सकता या इनमें से किसी एक के भी मामले में हस्तक्षेप नहीं कर सकता। उसके धर्मगुरुओं ने *विज्ञान* शब्द में निहित सभी प्रकार के अर्थों पर अपने सर्वोच्च और

[49] MR July 1819: 324–26.

> विशिष्ट वंशानुगत अधिकार कायम कर लिया है। उन्हें डर था कि अगर अन्य कबीलों को भी अपनी तर्कशक्ति और विवेकबुद्धि से वहां तक, यहां तक कि अपवित्र विज्ञान तक भी, पहुंच मिल जाएगी तो उन्हें उनके भोलेपन पर निर्भर स्वार्थी पुरोहितों के धार्मिक पाखंड और बेतुकेपन की पोल खुल जाएगी।[50]

सन् 1823 में डुबुआ की *Letters on the State of Christianity in India* में पहली बार प्रकट हुए ब्राह्मणों की 'अक्षुण्ण प्रणाली' के बारे में इन विचारों तथा अन्य टिप्पणियों[51] को प्रमुख प्रोटेस्टेंट दृष्टिकोण के सृजन या विकास पर कैथोलिक प्रभाव के एक उदाहरण के रूप में नहीं लिया जा सकता। ये टिप्पणियां जेसुइट स्रोतों से प्राप्त जानकारियों के आधार पर न होकर पहले से प्रचलित प्रोटेस्टेंट विचारों और हिंदू धर्म के उन मानकों पर आधारित थीं जो विभिन्न यात्रा विवरणों और बंगाल के प्राच्यविदों के साथ करीबी संबंधों के फलस्वरूप बने थे।

जिजेनबॉग और आरंभिक प्रोटेस्टेंट मिशनरी विवरण

लोग आज जिसे हिंदू धर्म के नाम से जानते हैं, उसके बारे में उपलब्ध विचारों का तीसरा स्रोत जो अन्य प्रोटेस्टेंटों की तुलना में चर्च ऑफ़ इंग्लैंड के सदस्यों के लिए अधिक महत्त्वपूर्ण था, वह था ट्रांक्यूबार मिशन और सोसाइटी फॉर द प्रोमोशन ऑफ़ क्रिस्चियन नॉलेज (एस.पी.सी.के.)। बर्थोलोमियस जिजेनबॉग (1682–1719) और हेनरिख प्लुच (1677–1747) भारत आनेवाले पहले प्रोटेस्टेंट मिशनरी थे जो सन् 1706 में ट्रांक्यूबार की डैनिश बस्ती में आकर बस गए। उन्होंने जर्मनी के बर्लिन में यूनिवर्सिटी ऑफ़ हेल के मशहूर ए.एच. फ्रैंकी के मातहत शिक्षा प्राप्त की थी। ए.एच. फ्रैंकी अपनी गहरी लगन, विद्वता और प्रशासनिक कुशलता के लिए प्रसिद्ध थे। ये लोग पाएटिज्म (Pietism, भक्तिवाद) के नाम से पहचाने जानेवाले नए प्रोटेस्टेंट, अध्यात्मिक और पुनर्जागरणवादी आंदोलन के प्रतिनिधि थे। सत्रहवीं सदी के अंत और अठारहवीं सदी के आरंभिक काल के दौरान पूरे उत्तरी यूरोप में पाएटिज्म की लहर फैली हुई थी।

स्थानीय भाषाएं सीखना इन मिशनरियों की सबसे पहली और तात्कालिक प्राथमिकताओं में था। उन दोनों में से एक जिजेनबॉग भाषा की दृष्टि से अधिक प्रवीण था और बृजराज सिंह[52] के अनुसार, स्थानीय लोगों के धर्म तथा रीति-रिवाजों पर सारी रिपोर्ट और अन्य साहित्य इसी ने लिखे थे। जिजेनबॉग ने न केवल मदुरई में जेसुइट मिशन का बहुत करीब से अध्ययन किया, बल्कि वह ये भी जानने के लिए कटिबद्ध था कि तमिल

[50] Hough 1839, Vol. 2: 226–27.

[51] Dubois 1977: 48–9.

[52] Singh 1999: 12.

(या 'मालाबारियन')[53] लोग अपने धर्म और रीति-रिवाजों के साथ-साथ ईसाई धर्म के बारे में क्या सोचते थे। इसी मकसद से उल्लेखनीय 'सम्मेलनों' और विचारों के आदान-प्रदान की शुरुआत हुई जिसका आरंभ ट्रांक्यूबार मिशनरियों ने 'शिक्षित स्थानीय लोगों' के साथ उनके विचारों, धर्मज्ञान और जीवन शैली के बारे में जानकारी प्राप्त करने के लिए किया। वास्तव में मालाबार 'हिथनिज्म' के बारे में अपनी धारणा बनाने की प्रक्रिया के शुरूआती दिनों में जिजेनबॉग ने स्थानीय धर्म की जो छवि बनाई, वह ऊंची जाति के गैर-ब्राह्मण और साथ-ही-साथ ब्राह्मण स्रोतों पर बहुत अधिक आधारित थी।

उसके विचारों में विकास विभिन्न स्रोतों से झलकता है। इसमें हैली के साथ विचारों के आदान-प्रदान, 'हिथनों' (विधर्मियों) के साथ बातचीत और सम्मेलनों पर अलग-अलग रिपोर्ट शामिल हैं। इनमें से कुछ दस्तावेजों का जर्मन भाषा में प्रकाशन होते ही अंग्रेजी में उनका अनुवाद हो गया। परंतु स्थानीय धर्म पर उसके ज्यादातर दस्तावेजों का उन्नीसवीं सदी के उत्तरार्ध तक्र या तो अंग्रेजी में अनुवाद हुआ ही नहीं या वे विलुप्त हो गए और 1920 के दशक में फिर से इनका पता चला। सन् 1713 में जिजेनबॉग लिखित *Genealogy of the Malabar Gods* का अंग्रेजी अनुवाद डब्लू. जर्मन द्वारा सन् 1867 में पहली बार प्रस्तुत किये जाने के बाद ही उपलब्ध हो पाया; उसकी दूसरी प्रमुख कृति *Malabarisches Heidenthum* के बारे में सामान्यतया लोगों को पता ही नहीं था। परंतु हैली के अभिलेखागार में यह बरामद हुआ और सन् 1926 में हॉलैंड में इसका पहली बार प्रकाशन हुआ।

इसलिए अठारहवीं सदी के आरंभिक दिनों में ब्रिटेन में भारतीय 'विधर्मवाद' पर उपलब्ध जिजेनबॉग के लेख उनके द्वारा तैयार दस्तावेजों का एक हिस्सा भर है। हालांकि यह अधूरा था और संभवतः इसका अधिकतर हिस्सा अनुवाद में ही पढ़ा गया, परंतु फिर भी यह जानकारी का एक नया और दिलचस्प स्रोत उपलब्ध कराने के कारण महत्त्वपूर्ण बन गया था। इसके अतिरिक्त इसमें भारतीय धर्म पर पहली प्रोटेस्टेंट टिप्पणी तो नहीं, परंतु पहली मिशनरी टिप्पणी और उसका आकलन सम्मिलित था।

आरंभ में ट्रांक्यूबार मिशन के बारे में जानकारी मुख्यतः ब्रिटिश राजसत्ता और दरबारी मंडलियों तक ही सीमित थी। वास्तव में, ट्रांक्यूबार में बढ़ती गतिविधियों के बारे में जानकारी फैलाने के शुरूआती दौर में डेनिश शाही परिवार के साथ ब्रिटिश राजसत्ता के संबंध निर्णायक थे। हेनरिख डबल्यू. लुडॉल्फ (1655–1712) 'पैन-कांफेशनल क्रिश्चियनिटी' (ईसाई धर्म में पाप स्वीकार पद्धति का सार्वभौमिक स्वरुप) का प्रणेता था और हैली में फ्रैंकी के कार्यों तथा विचारों को पूरे उत्साह और दृढ़ विश्वास के साथ प्रचारित किये जाने का समर्थन करता था। कुछ दिनों बाद ही वह क्वीन ऐन का पति बन गया।

[53] मालाबार शब्द या 'पेप्पर कोस्ट' मूल रूप से केरल के लिए प्रयुक्त होता था, जिसे पुर्तगालियों ने बढ़ाकर तमिलनाडु तक कर दिया। जिजेनबॉग की समझ से मालाबारी लोग तमिल भाषा बोलते थे (Crooke 1968).

एंथोनी विलियम बोम (1673–1722) ने हैली में धर्मविज्ञान का अध्ययन किया था और लंदन में उसकी नियुक्ति कंसोर्ट के चैपलिन (पुरोहित) के पद पर हुई थी। वह मिशन के लिए ब्रिटिश अनुदान और भागीदारी का हिमायती था।[54] जहाँ एक तरफ लुडॉल्फ एवं अन्य लूथर अनुयायी मिशन के लिए ब्रिटिश मदद हासिल कराने के समर्थन में प्रभावशाली भूमिका निभा रहे थे, वहीं बोम अपने अनुवाद और संपादकीय परियोजनाओं के जरिए दक्षिण भारत में ट्रांक्यूबार मिशन के लिए ब्रिटेन में सबसे पहला, सुप्रसिद्ध और सर्वाधिक प्रभावशाली अंतर्राष्ट्रीय विधिवेत्ता बन गया।

सन् 1709 में बोम ने मिशनरियों के पत्रों के अनुवाद का प्रकाशन किया। उन पत्रों में मिशनरियों ने मिशन के आरंभिक दिनों के कार्यों और उनसे जुड़ी समस्याओं का वर्णन किया था। हालांकि उनमें से कुछ विषयों, जैसे कि उनकी समुद्री यात्रा संबंधी विवरण तथा ट्रांक्यूबार में आकर बस जाने के वृतांत का 'हिंदू धर्म' से कोई सरोकार नहीं था, परंतु कुछ पत्र, जैसे कि जिजेनबॉग द्वारा 'मालाबारियों के देवत्व और दर्शन' ('द डिविनिटी एंड फिलोसोफी ऑफ़ द मलाबारियंस') का वर्णन प्रासंगिक है तथा पाठकों को मिशनरी के प्रथम अनुभवों के बारे में कुछ अनुमान देता है। '*Propagation of the Gospel in the East*' शीर्षक से प्रकाशित यह पत्र संग्रह एस.पी.जी. को इस उम्मीद से समर्पित किया गया था कि यह सोसाइटी ट्रांक्यूबार परियोजना को प्रोत्साहन और अनुदान दिलाने में सहायक होगा। हालांकि एस.पी.जी. अपने प्राधिकार क्षेत्र की सीमाओं से बंधा महसूस करता था और इंग्लिश बागानों तथा बस्तियों से बाहर नहीं जाना चाहता था इसलिए उसकी जगह पर एस.पी.सी.के. के सामने यह प्रस्ताव रखा गया। इस सोसाइटी के सदस्य इसकी तरफ आकृष्ट हुए। इसमें सितंबर 1710 में जिजेनबॉग और प्लुच को पत्रव्यवहारी सदस्य के रूप में दाखिल किया गया।[55] लुडॉल्फ को भी पत्रव्यवहारी सदस्य के रूप में दाखिल किया गया। इनके अतिरिक्त बोम समेत अन्य लूथर अनुयायी भी इस सोसाइटी से जुड़ गए। ट्रांक्यूबार मिशन के लिए अंशदान प्रपत्र जारी किया गया और उसी वर्ष नवंबर में एस.पी.सी.के. की मालाबार या ईस्ट इंडिया मिशन कमिटी का कार्यरत हुई।

यद्यपि शुरुआत में इस सोसाइटी का मकसद सार्वजनिक समर्थन से वित्तीय सहायता प्राप्त कर ट्रांक्यूबार मिशन को मदद करना था, परंतु जल्द ही यह कमिटी अन्य प्रकार के सहायता कार्यों को भी संगठित करने में संलग्न हो गई. इसमें और भी तरह की भौतिक सहायताएं जैसे कि तमिल अक्षर छापनेवाली प्रिंटिंग प्रेस, किताबें, भोजन और वस्त्र तो शामिल थे ही, इसके अतिरिक्त भारत में मिशनरी के रूप में काम करने के लिए सुयोग्य अंग्रेजों को ढूंढने में भी मदद करना था। जब यह कमिटी इस काम को करने के लिए सुयोग्य व्यक्तियों को ढूंढने

[54] इन तथ्यों तथा अन्य विवरणों के लिए देखें Brunner 1988.

[55] Ibid.: 104.

में असफल रही तो इसने अपना अधिक ध्यान निरीक्षण कार्य के अलावा इस क्षेत्र में पहले से कार्यरत लूथर अनुयायी जर्मनों को भौतिक सहायता देने में लगाया। इस प्रयोग को प्रोत्साहन देनेवाला केवल एस.पी.सी.के. ही नहीं था बल्कि चर्च ऑफ़ इंग्लैंड (आर्कबिशप ऑफ़ कैंटरबरी के प्रतिनिधित्व में) का आधिकारिक निकाय भी था। आर्कबिशप वेक ने ट्रांक्यूबार मिशनरियों को धर्माधिकारियों, प्राधिधर्माध्यक्षों (Patriarchs) और पोपों से ऊपर तथा उनके प्रतिदान को 'अधिक भव्य' बताया।[56]

ब्रूनर के मुताबिक़, 'अकेला बोम ही था' जिसने सन् 1709 से 1721 के दौरान ईस्ट इंडिया मिशन को संरक्षकों और अंग्रेज जनता के पहले रखा।[57] सन् 1718 तक उसकी *Propagation of the Gospel in the East* के तीन संस्करण छप चुके थे। उसका आधुनिकीकरण करके उसमें सैंतीस नए 'पत्रों' को जोड़ दिया गया जो ट्रांक्यूबार मिशनरियों और मालाबार 'विधर्मियों' (हीथन) के बीच हुए पत्राचारों का विवरण थे।[58] जानकारी का एक और स्रोत एक वेल्स निवासी लोकोपकारी जॉन थॉमस फिलिप्स द्वारा 'हाई डच से' (जर्मन) किये गए अनुवाद थे। वह भी बोम की तरह एस.पी.सी.के. का एक सक्रिय सदस्य था। *An Account of the Religion, Manners, and Learning of the People of Malabar in the East Indies in Several Letters Written by Some of the Most Learned Men of That Country to the Danish Missionaries* शीर्षक पुस्तिका सन् 1717 में प्रकाशित हुई. इसके दो साल बाद फिलिप्स द्वारा अनूदित ट्रांक्यूबार से दस्तावेजों और पत्रों का दूसरा तथा कहीं अधिक महत्त्वपूर्ण संग्रह प्रकाशित हुआ। किंग जॉर्ज प्रथम को समर्पित इस पुस्तिका शीर्षक था *Thirty Four Conferences between the Danish Missionaries and the Malabarian Brahmans (or Heathen Priests) in the East Indies, Concerning the Truth of the Christian Religion: Together with Some Letters Written by the Heathens to the Said Missionaries*।[59]

बोम और फिलिप्स द्वारा अनूदित और प्रकाशित इन पत्रों और दस्तावेजों को धीरे-धीरे स्वयं एस.पी.सी.के. द्वारा संवर्धित एवं समय के साथ-साथ परिवर्तित कर प्रकाशित किया गया। सन् 1734 में सालों तक लोकोपकारी एवं धार्मिक गतिविधियों में लगातार संलग्न रहने के बाद भी उन्हें महसूस हुआ कि 'उनकी योजनाएं आमतौर पर उतनी प्रचलित नहीं हो पाई जितनी की उम्मीद थी'। तब उन्होंने वार्षिक बैठकों में सोसाइटी की कार्यवाहियों के

[56] Ibid.: 54.

[57] Ibid.: 112.

[58] Ibid.: 103.

[59] इस स्रोत पर टिप्पणी के लिए देखें Grafe 1972.

वार्षिक विवरण के समय दिए जानेवाले धर्मोपदेश से संलग्न हो जाने का फैसला लिया।[60] इनमें इसके ईस्ट इंडिया मिशन के दस्तावेज भी सम्मिलित थे। उस समय के बाद से पूरी अठारहवीं सदी के दौरान एस.पी.सी.के. संरक्षक, अंशदाता एवं सोसाइटी की कार्यवाहियों में रूचि रखनेवाले अन्य मिशनरियों और दक्षिण भारत के विभिन्न भागों जैसे कि मद्रास, कुड्डालूर, और कुछ दिनों बाद त्रिचिनापल्ली स्थित सोसाइटी द्वारा समर्थित मिशनों से काफी नियमित रिपोर्ट मिलती रही। इस दस्तावेज में हिंदू धार्मिक विश्वास और रीति-रिवाज पर भी कुछ जानकारियां और टिप्पणियां शामिल थीं।

अतएव, ऊपर उल्लिखित पैम्फलेटों, पुस्तिकाओं और वार्षिक रिपोर्टों तथा अनुवादों के जरिये बनी दक्षिण भारतीय धर्म की छवि कैसी थी? ब्रिटिश पाठकों के दिमाग पर इनका कैसा प्रभाव पड़ा? अन्य स्रोतों, जैसे कि लगभग उसी समयकाल के दौरान भारत भ्रमण करनेवाले यात्रियों के विवरणों से अगर ये जानकारियां भिन्न थीं तो किस हद तक भिन्न थीं?

सभी रिपोर्टों और अन्य दस्तावेजों से यही स्पष्ट होता है कि मिशनरियां और मालाबारी अपने सारे विचार-विमर्शों का दायरा 'मालाबार' या तमिल क्षेत्र तक ही सीमित रखते थे। हालांकि सबका केंद्र-बिंदु क्षेत्रीय घटनाओं पर आधारित था, फिर भी ट्रांक्यूबार मिशनरियों का खयाल था कि 'मालाबार क्षेत्र' किसी बहुत बड़ी चीज का हिस्सा है। वास्तव में, 'धर्म' के बारे में उनके यूरोपीय दृष्टिकोण, वैचारिक रूप और धारणाएं ज्यादातर मालाबारी धार्मिक अभिजातों तथा लोगों के साथ हुए उनके विचार-विमर्शों को ही स्पष्ट करती हैं और उनकी रूपरेखा बनाती हैं। अन्य यूरोपियनों की तरह ही मिशनरी भी यही धारणा रखते थे कि दुनिया में चार धर्म थे, लेकिन इसके बावजूद पाठकों को यह संकेत मिलता था कि उन चारों के अतिरिक्त मालाबार क्षेत्र का हिथनिज्म (विधर्मवाद) के अन्य क्षेत्रों से भिन्न स्वरूप का था। अपनी *Propagation of the Gospel* के उपशीर्षक में बोम मालाबारियों के 'धर्म' का संदर्भ देता है (1714) और सन् 1765 में पंदरम (गैर ब्राह्मण साधु या पुरोहित) के धर्म परिवर्तन संबंधी विवरण में कथित रूप से उसने यह कहा कि 'मालाबार क्षेत्र' की तुलना ईसाई धर्म से की जा सकती है।[61] इन टिप्पणियों से ऐसा लगता है कि मालाबार क्षेत्र एक बहुत ही विशिष्ट क्षेत्र था, लेकिन साथ ही यह भी प्रतीत होता है कि एकीकृत या सुसंगत प्रणाली का अंग होने के बावजूद अन्य बिंदुओं पर स्पष्ट अंतर्विरोधी भी है। अन्य कई अनुवादों और टिप्पणियों में मालाबारियों में एकता की छवि या तो कम आंकी गई है या फिर संशोधित की गई हैं।

[60] An Account of the Origins and Designs of the Society for Promoting Christian Knowledge (1734).

[61] SPCK, AR 1765: 88–93.

इनमें मालाबारियों के बारे में कहा गया है कि उनके मतों में काफी विभिन्नताएं थीं[62] और वे विभिन्न 'संप्रदायों' में विभाजित थे। हालांकि एक विशिष्ट मामले में इन भिन्नताओं की तुलना ईसाईयों के बीच मौजूद विभिन्न संप्रदायों से की गई है और इसलिए इसका अर्थ यह निकाला गया कि मालाबारियों के बीच एक समग्र प्रणाली मौजूद थी, जिसके अंतर्गत विभिन्न प्रकार के 'संप्रदाय' थे।[63]

पाठकों को यह स्पष्ट नहीं था कि मालाबारियों का धर्म एक था या वे बहुधर्मी थे। उनके समक्ष प्रस्तुत साक्ष्य भी ऐसे थे जिनकी व्याख्या दोनों तरह से की जा सकती थी। परंतु धार्मिक नेतृत्व की प्रकृति का चित्रण कहीं अधिक स्पष्ट और सुसंगत था। इस मामले में ट्रांक्यूबार मिशनरियों ने मालाबारियों के धर्म को पूरी तरह से ब्राह्मणवादी परिप्रेक्ष्य से न देखकर एक ऊंची जाति की दृष्टि से देखा। जेसुइट प्रवचनों में भारतीय धर्म और समाज का ऊपर से नीचे की ओर ढांचे का स्वरुप स्पष्ट नजर आता है। परंतु इसमें निचली जातियों की भूमिका और महत्त्व को अधिक मान्यता देकर संतुलित किया गया था। पैम्फलेटों, वार्षिक रिपोर्टों और अन्य साहित्यों का आशय था कि लोगों का धार्मिक नेतृत्व ऊंची जाति के गैर-ब्राह्मणों और ब्राह्मणों के बीच बंटा हुआ था।

फिलिप्स 'ब्राह्मणवादी शिक्षण' का संदर्भ देता है। इसके बारे में पाठकों से कहता है कि यह 'प्राचीनों के बीच प्रसिद्ध' था। वह एक मालाबारी व्याख्या का भी उद्धरण देते हुए कहता है कि 'मोक्ष प्राप्ति के उद्देश्य से' मालाबारी लोग जिन नियमों को अपनाते हैं वे सब निर्भर करते हैं

> ब्राह्मणों के निर्देश पर, विधि के चार ग्रंथों, और छः प्रणालियों पर, जो हमें दिखाते हैं कि हमें किन पापों तथा बुराइयों से बचना चाहिए, और किन सद्गुणों का पूरी निष्ठा से अभ्यास करना चाहिए।[64]

लेकिन इसमें तथा अन्य दस्तावेजों में ऊंची जाति के गैर-ब्राह्मणों की भूमिका और धार्मिक प्रतिष्ठा भी स्पष्ट हो जाती है। चौंतीस सम्मेलनों (कांफ्रेंसों) को पढ़कर यह स्पष्ट हो जाता है कि जिजेनबॉग और उसके सहकर्मी ब्राह्मणों के साथ-साथ गैर-ब्राह्मणों (कवियों, दार्शनिकों, चिकित्सकों तथा अन्यों[65]) के संग भी परामर्श किया करते थे क्योंकि तमिल धार्मिक प्रणाली में गैर-ब्राह्मणों के महत्त्व और व्यापक प्रभाव को वे अच्छी तरह से जानते थे। अपने पुस्तक *Account* में फिलिप्स एक मालाबारी पत्रव्यवहारी के एक पत्र का उद्धरण देता है जिसके

[62] Philipps 1719: 342.

[63] Philipps 1717: 11.

[64] Philipps 1717: 11.

[65] Philipps 1719. Conferences 12, 13 and 15। देखें Hudson 2000: 12–16 भी।

मुताबिक अगर मालाबारी सिद्धांतों और प्रथाओं के बारे में मिशनरी अधिक जानकारी प्राप्त करना चाहते हैं तो उन्हें ब्राह्मणों 'और शूद्रों' से संपर्क करना चाहिए क्योंकि उनकी जिज्ञासाओं को वही पूरा कर सकते हैं।[66] एस.पी.सी.के. की वार्षिक रिपोर्ट में (गैर-ब्राह्मण) पंदरमों की भूमिका और महत्त्व भी स्पष्ट हो जाता है। सन् 1764 में कुड्डालूर में एक पंदरम के धर्म परिवर्तन को काफी महत्त्व दिया गया था। इसमें उसके जीवनवृत्त के साथ-साथ उसके पूर्व वरिष्ठ (तंजावुर के धर्मापुरम में गैर-ब्राह्मण मठ के मुखिया) के पत्र का अनुवाद शामिल है जिसमें उसके धर्मांतरण पर विरोध प्रकट किया गया है। इसके अतिरिक्त इसमें धर्मांतरित व्यक्ति की ओर से दिए गए जवाब का भी वर्णन है।[67]

मालाबार क्षेत्र के इन विवरणों से 'विधर्मवाद' (हीथनिज्म) की जो छवि उभरकर आती है वह ऊपर उल्लिखित, खासतौर पर यात्रा साहित्य में प्रतिबिंबित छवि से भिन्न है। ऊपर उल्लिखित यात्रा विवरणों में अधिकांशतया 'विधर्मवाद' के वर्चस्व का जो वर्णन मिलता है उसके विपरीत, ट्रांक्यूबार के दस्तावेज से प्रतीत होता है कि तमिल या मालाबार क्षेत्र ऊंची जाति के गैर-ब्राह्मणों (ब्राह्मणों के साथ नेतृत्व में हिस्सेदारी निभाते हुए) के कहीं अधिक प्रभावशाली नियंत्रण और निर्देशन के दायरे में आता था। वास्तव में भारतीय धर्म की यह छवि उन्नीसवीं सदी के आरंभ में प्रोटेस्टेंट मिशनरी टीकाकारों के बीच बनी हिंदू धर्म की उस प्रमुख अवधारणा के साथ सहज नहीं बैठती जिसके मुताबिक भारतीय धर्म एक ब्राह्मण-निर्मित प्रणाली है जिसपर उनका संपूर्ण नियंत्रण कायम है। यद्यपि ट्रांक्यूबार दस्तावेजों से यह प्रकट होता है कि नेतृत्व में ब्राह्मणों/ऊंची जाति के गैर-ब्राह्मणों दोनों की हिस्सेदारी थी, परंतु मालाबार प्रणाली के बदतरीन पहलुओं के लिए लगभग निरपवाद रूप से ब्राह्मणों को ही दोषी ठहराया जाता था। उस दृष्टि से ब्रिटेन में उपलब्ध ट्रांक्यूबार रिपोर्ट और पत्र ब्राह्मणवाद के विरोध पर ठीक वैसे ही बल देता था जैसे यात्रा विवरण और जेसुइट साहित्य।

ब्रिटेन में प्रकाशित लगभग सभी रिपोर्टों में मिशनरियों ने बिलकुल खुलेआम ब्राह्मण विरोधी दृष्टिकोण प्रकट किया है तथा स्वयं को गरीब और दलित जनता के हिमायती के रूप में चित्रित किया है। साधारण जनता में और मिशनरियों के बीच ब्राह्मण विरोधी भावना फिलिप के *Account* में, उसके *Thirty Four Conferences* में और एस.पी.सी.के. की वार्षिक रिपोर्टों में सशक्त रूप से प्रकट होता है। उदाहरण के लिए, कुछ ब्राह्मणों तथा अन्य लोगों के एक सम्मेलन में मिशनरियों ने ब्राह्मणों का उन 'धूर्त, भोगी और लालची पुरोहितों' के रूप में वर्णन किया जो लोगों की सारी विपदाओं के लिए जिम्मेदार थे एवं जिन्होंने अच्छे और बुरे के बीच के फर्क को 'लोगों के दिमाग से मिटा दिया था'।

[66] Hudson 2000: 16.

[67] S.P.C.K., AR 1765: 88–93। AR 1776 में 'Pandarams and other Priests' की गतिविधियों का संदर्भ भी देखें।

ब्राह्मणों पर इस तीखे प्रहार के कई कारणों में से एक कारण था: ज्ञान पर ब्राह्मणों का नियंत्रण और एकाधिकार। उन मिशनरियों में से एक मिशनरी ने अपनी यात्रा के दौरान कई ब्राह्मणों से मुलाक़ात की और उनसे पूछा, 'महाशय, आखिर कब तक आप अज्ञानी जनता को बेवकूफ बनाते रहेंगे?' कथित रूप से एक मालाबारी चिकित्सक ने कहा कि शायद ही कभी किसी ब्राह्मण ने किसी सामान्य जन को अपने पवित्र ग्रंथ पढ़ने का कष्ट दिया हो। फिलिप्स के *Account* के अनुसार एक दूसरे टीकाकार ने टिप्पणी की,

> जब हम अपने ब्राह्मणों के पास आते हैं, और पूछते हैं: श्रीमान, हमें अपनी आत्माओं की रक्षा किस प्रकार करनी चाहिए? वे हमें और कोई नहीं बस एक ही जवाब देंगे 'कि हमें उनको बड़े-से-बड़ा दान देना चाहिए, और अपनी संपत्ति में से कुछ हिस्सा उन्हें देना चाहिए; और तब निश्चित तौर पर हमारी रक्षा होगी'।[68]

ब्राह्मणों द्वारा उत्पीड़न की शिकायत और भी विभिन्न विवरणों में मिलती है। एक रिपोर्ट में अत्यंत नाटकीय स्थितियों में से एक के बारे में बताते हुए कहा गया है कि आपसी मनमुटाव और कलह का माहौल एक तरफ ब्राह्मणों के बीच और दूसरी तरफ गैर-ब्राह्मणों और अछूतों के बीच था।[69] दुश्चरित्र लोगों के दुष्टतापूर्ण कार्यों की भर्त्सना करते हुए एक मिशनरी को सुनकर 'लोग' चिल्ला उठे:

> श्रीमान, आप जो भी कह रहे हैं वह सच है; और हमने अपने पूरे जीवन में ब्राह्मणों के बारे में जितना जाना है उससे कहीं ज्यादा आपके बारे में जाना है; क्योंकि शादी-ब्याह, मृत्यु आदि के समय खाने-पीने, उन मौकों पर उनके बीच आबंटित किए जानेवाले दान स्वरुप उबले चावल और कपड़े प्राप्त करने के अतिरिक्त और कभी वे हमारे करीब नहीं आते, और गरीब दुखिया परिवार उनके आसपास फटकने की हिम्मत नहीं करते, क्योंकि वे स्वयं को 'पवित्र' बताते हैं; और अन्य गरीब परिवारों को साधारण और गंदे बताते हैं।

फिर उसी विवरण के मुताबिक, कुछ ब्राह्मणों ने 'लोगों को धिक्कारा' और तब मिशनरी ने बीच में पड़ते हुए कहा, कि ब्राह्मणों के विपरीत गरीब लोग (खासकर अछूत) बहुत मेहनती होते हैं और उन 'नीच से नीच' काम को करने में भी 'शर्मिंदा महसूस नहीं करते', जो 'हालांकि बहुत अधम और दासतापूर्ण है, पर किसी-न-किसी को तो करना ही होगा।' ब्राह्मणों की ओर मुखातिब होकर फिर उसने कहा कि 'अगर उन लोगों के मन में आपके लिए जरा भी श्रद्धा होगी तो यह अजीब बात होगी'।

> आप बिलकुल सही अनुमान लगाते हैं, एक ब्राह्मण ने कहा: हमारे और अछूतों (Bareyers) के बीच अनंत घृणा है: क्योंकि हम भगवान ब्रह्मा (Biruma) के वंशज हैं और स्वर्गिक

[68] Philipps 1717: 41.

[69] Philipps 1719: Conference 21.

सुख भोगने के अधिकारी हैं; पर वे तो इहलौकिक मनुष्य के वंशज हैं, और वे नरक का कष्ट और अनंत दुःख भोगने को बाध्य हैं; और इसलिए इस घृणा भाव का पालन करते हुए वे हमारा खुलेआम अपमान करते हैं, और जब हम उनकी बस्तियों से होकर गुजरते हैं तो ये अक्सर इतने ढीठ होते हैं कि हम पर पत्थर फेंकते हैं।

काफी वर्षों बाद सन् 1776 में एस.पी.सी.के. ने कुड्डालूर के नजदीक ब्राह्मणों के 'अविश्वसनीय अत्याचार' का वर्णन प्रस्तुत करनेवाला एक दूसरा विवरण प्रकाशित किया। प्रशासन में ब्राह्मणों की भूमिका और आम जनता पर 'पक्षपातपूर्ण' कर लगाने के बारे में बताते हुए कुड्डालूर में एस.पी.सी.के. का प्रतिनिधि रेव. गेरिक बताता है कि लोग कर के 'बोझ से थक गए' थे और पूरे देश में ब्राह्मणों के लिए 'नफरत और घृणा' की भावना फैल गई थी।[70]

सन् 1793 (इसी साल कैरी ने भारत में पहली बार कदम रखा) से पहले ब्रिटेन में एस.पी.सी.के./ट्रांक्यूबार प्रकाशन के प्रभावों का आकलन करना कठिन है। हिंदू धर्म के चित्रण और उस पर टिप्पणी समेत ज्यादातर रिपोर्ट और पैम्फलेट, संभवतः तुलनात्मक रूप से छोटे लेकिन उच्च स्तरीय पाठकों की दृष्टि में आए। सन् 1712 में इस सोसाइटी के 450 सदस्य थे। इनमें से 80 सदस्य 'स्थानिक सदस्य' थे, जैसे कि लंदन में या उसके आसपास रहनेवाले, जिनसे कमिटी की मीटिंगों में शरीक होने की उम्मीद की जा सकती थी।[71] सन् 1763 में 'ग्रेट ब्रिटेन और विदेशी हिस्सों में' अब भी सोसाइटी के केवल छः सौ ग्राहक और पत्रव्यवहारी सदस्य थे।[72] हालांकि यह संख्या अगले तीस सालों में बढ़कर दोगुने से भी ज्यादा हो गई. सन् 1793 में वार्षिक रिपोर्ट का जब आकलन किया गया तो ग्राहक सदस्यों में 1,345 पुरुष और 240 'महिलाओं' की संख्या थी।[73] लेकिन इसके आधिकारिक समर्थकों की संख्या अपेक्षाकृत कम होते हुए भी इस सोसाइटी को पूरी अठारहवीं सदी के दौरान वहां की सरकार तक पहुंच बनी रही। कुछ हद तक इसका श्रेय सोसाइटी के राजसी संबंधों को भी जाता है। इसके संरक्षकों और ग्राहकों में लॉर्ड, बिशप और कुलीन वर्ग के साथ-साथ सुस्थापित पादरी थे।[74] कुछ 'उच्च' वर्गीय एवं 'गैर-दलीय' चर्च के पुरुष एवं महिलाओं[75] को सम्मिलित कर बनी इस सोसाइटी का एस.पी.जी. से काफी मजबूत संबंध

[70] SPCK, AR 1776: 83.

[71] Brunner 1988: 27.

[72] SPCK, AR 1763.

[73] SPCK, AR 1773.

[74] देखें, उदाहरण के लिए, एस.पी.सी.के. की सन् 1733, 1739 और 1742 की वार्षिक रिपोर्ट में दर्ज संरक्षकों की सूची, और एस.पी.सी.के. के संस्थापकों की प्रतिष्ठा और प्रधानता पर ब्रूनर का विवरण भी देखें (पृष्ठ 23–5).

[75] Brunner 1988: 27.

थे। एस.पी.जी. स्पष्टतः चर्च ऑफ़ इंग्लैंड की आधिकारिक मिशनरी शाखा थी। इसके पहले इतिहासकार एच.पी. थॉम्पसन के अनुसार, कुछ हद तक एस.पी.सी.के. के कार्यों के आधार पर एस.पी.जी. को 'अस्तित्व में लाया गया'। एस.पी.सी.के. के 'सदस्यों ने ही मोटे तौर पर इसकी बुनियादी सूची तैयार की'।[76] वास्तव में पूरी अठारहवीं सदी के दौरान (और उसके बाद) बिशप और चर्च के प्रमुख अधिकारीगण इन दोनों सोसाइटियों के सदस्य थे।[77] इस दोहरी सदस्यता, आपसी सामंजस्य और व्याख्या का महत्त्व यह है कि उन्नीसवीं सदी में भारत के लिए एस.पी.जी. मिशनरियों की नियुक्ति के समय सोसाइटी और संभवतः इसके सदस्यों को भी भारत और 'हिंदू धर्म' के बारे में, उदाहरण के लिए, उन मिशनरियों से कहीं बेहतर ज्ञान होने का अनुमान था, जो बैप्टिस्ट या अन्य इंजीली सोसाइटियों से संबद्ध थे और जिन्हें भारत में प्रोटेस्टेंट गतिविधियों से उनके जैसा दीर्घकालिक संबंध नहीं था।

अंत में, ट्रांक्यूबार/एस.पी.सी.के. द्वारा मालाबार क्षेत्र का चित्रण केवल इसलिए महत्त्वपूर्ण नहीं था कि अठारहवीं सदी में वह यात्रा विवरण और भारतीय धर्म से संबंधित अन्य विवरण प्रस्तुत करता था एवं मिशन में रूचि रखनेवालों को और अधिक ज्ञान तथा जानकारी प्रदान करता था। बल्कि इसलिए भी महत्त्वपूर्ण था क्योंकि वह प्रोटेस्टेंट विवरण था जो उन विभिन्न तरीकों का सृजन करता था जिनकी सहायता से प्रोटेस्टेंट मिशनरी भारतीय विधर्मवाद से किसी समझौते पर पहुँच सकते थे और उसपर अपनी प्रतिक्रिया व्यक्त कर सकते थे। पाठकों के लिए मूलभूत महत्त्व केवल मालाबारियों के धार्मिक चिंतन और रीति-रिवाजों के विवरणों का नहीं था बल्कि मिशनरियों की प्रतिक्रिया, टिप्पणी और निर्णय अथवा दूसरे शब्दों में, कहानी के मूलबिंदु या नैतिक ज्ञान का था। जिजेनबॉग से लेकर सभी मिशनरियों ने स्पष्ट शब्दों में अपने विचार रखते हुए कहा था कि मालाबार का 'विधर्मवाद' या तो प्रशंसनीय था या फिर उसमें समस्याएं थीं। जहाँ तक समस्याओं की बात है, उनका ब्राह्मणवाद के प्रति घोर विरोध भाव विलियम वार्ड और एलेग्जेंडर डफ़ की ब्राह्मण विरोधी भावना से भी अधिक गहरा हो गया था। प्रोटेस्टेंट यात्रियों में से ज्यादातर धर्मविज्ञान में कुछ खास रूचि नहीं रखते थे। वास्तव में उन्नीसवीं सदी में मिशनरियों की टिप्पणियां इन प्रोटेस्टेंट यात्रियों के विवरणों से कहीं ज्यादा हिंदू धर्म के मूल्यांकनों और प्रोटेस्टेंट विचारों को आगे और प्रशस्त करने में सहायक रहीं।

इस अध्याय में हमने यह बताने की कोशिश की है कि सत्रहवीं और अठारहवीं सदियों में ब्रिटेन में आम तौर पर भारतीय विधर्मवाद (हिथनिज्म) की अवधारणा और विचारों के व्यापक संदर्भ में जैसी समझदारी बन रही थी, उसको जाने-समझे बिना ब्रिटिश प्रोटेस्टेंट मिशनरी द्वारा की जानेवाली हिंदू धर्म की व्याख्या और आकलन को अच्छी तरह से नहीं

[76] Thompson 1951: 16–17.

[77] Clarke 1959: 75.

समझ सकते। जैसा कि हम आगे देखेंगे, उन्नीसवीं सदी के आरंभ में मिशनरियों के मौलिक सारतत्व तथा प्रतिनिधित्व की शैलियों में कुछ भी खास नया या अभिनव नहीं था। भारत की एक एकीकृत धार्मिक प्रणाली है, यह धारणा यात्रा विवरणों, जेसुइट तथा ट्रांक्यूबार विवरणों में झलकती है। इसके अतिरिक्त इस प्रणाली की रचना उन ब्राह्मणों ने की है जो साधारण जनता के बीच भी धार्मिक विश्वास तथा रीति-रिवाजों पर अभी तक छलपूर्वक अपना नियंत्रण बनाए हुए हैं, यह विचार यात्रा वृतांतों के साथ-ही-साथ जेसुइटों के साहित्य में भी अभिव्यक्त होता है। हालांकि एकमात्र ब्राह्मणों द्वारा नियंत्रण के इस विचार का ट्रांक्यूबार मिशन से जुड़े मुखबिरों ने खुलकर समर्थन नहीं किया। बल्कि उन्होंने मालाबार क्षेत्र में ऊंची जाति के गैर-ब्राह्मणों के साथ-ही-साथ ब्राह्मणों की महत्त्वपूर्ण भूमिका की ओर सबका ध्यान आकर्षित किया। बहरहाल इनमें से सभी टीकाकार भारतीय धर्म के ऊपर से नीचे की ओर वाले दृष्टिकोण से प्रभावित थे। उनके बहुत सारे अन्य विचारों की तरह ही यह विचार भी ईसाई मानकों और नेतृत्व संबंधी धारणाओं पर आधारित था। अंतिम बात, कि लगभग इस पूरे साहित्य में इसके कुछ रीति-रिवाजों के प्रति दिलचस्पी झलकती है और भारतीय विधर्मवाद के कुछ पहलुओं की कभी-कभी तारीफ़ भी हुई है लेकिन ज्यादातर निंदा ही की गई है। हिंदू धार्मिक जीवन की इन बाह्य अभिव्यक्तियों को बाद के मिशनरी प्रचार के लिए चुनकर उनपर प्रकाश डाला गया।

लगभग 1500 से लेकर 1770 ई.के दौरान भारतीय धर्म के प्रति विकसित रवैये और व्यवहार, बाद के उन प्रमुख व्यक्तियों के विवरणों में स्पष्ट होते हैं, जिन्होंने मिशनरी न होते हुए भी हिंदू धर्म के खिलाफ और भारत में प्रोटेस्टेंट मिशनों के पक्ष में वक्तव्य दिए और लेख लिखे। अठारहवीं सदी के अंत और उन्नीसवीं सदी के आरंभ का समय भारत में ब्रिटिश प्रोटेस्टेंट मिशनों का शैशव काल कहा जा सकता है। उस दौरान सक्रिय भूमिका निभानेवाले उन अत्यंत प्रभावशाली या महत्त्वपूर्ण लेखकों में उच्च स्तरीय सरकारी हस्तियां भी थीं जो चर्च ऑफ़ इंग्लैंड के भी सदस्य थे। इन व्यक्तियों में चार्ल्स ग्रांट, क्लॉडियस बुकानन और बिशप हेबर का नाम आता है। अब हमें यह देखना है कि इनके विवरणों में हिंदू धर्म की कैसी व्याख्या की गई है।

2 अठारहवीं सदी के अंतिम और उन्नीसवीं सदी के आरंभिक काल के दौरान प्रोटेस्टेंट फ्रेंड्स ऑफ मिशन की दृष्टि में हिंदू धर्म

इस अध्याय में हम हिंदू धर्म पर टिप्पणी करनेवाले तीन प्रमुख व्यक्तियों, चार्ल्स ग्रांट (1746–1823), क्लौडियस बुकानन (1766–1815) और बिशप रेजिनॉल्ड हेबर (1783–1826), के कार्यों का अध्ययन करेंगे। इन तीनों में से हेबर ही अकेला ऐसा व्यक्ति था जो कलकत्ता में बिशप पद पर रहते हुए भी स्वयं को एक मिशनरी के रूप में देखना पसंद करता था। हालांकि हेबर की तरह ही 'मिशनरियों के प्रमुख' ग्रांट और बुकानन भी भारत में प्रोटेस्टेंट मिशनों को अपना सहयोग देने में अपने-अपने ढंग से सक्रिय भूमिका निभा रहे थे। इन्होंने हिंदू धर्म और साथ-ही-साथ ईसाई धर्म पर जो कुछ भी लिखा, वे कमोबेश रूप से प्रभावशाली जरुर थे, परंतु इन सभी के लेखन कार्यों के परिप्रेक्ष्य और भारतीय धर्म पर टिप्पणी करने के उनके अभिप्रायों में काफी भिन्नता थी। ग्रांट ईस्ट इंडिया कंपनी का निदेशक था। अपनी पुस्तक *Observations on the State of Society among the Asiatic Subjects of Great Britain* लिखते हुए ग्रांट का उद्देश्य अपने मित्र हेनरी डंड्स को प्रभावित करना था। डंड्स कैबिनेट का सदस्य और 'बोर्ड ऑफ कंट्रोल' का अध्यक्ष था।[1] *Christian Researches in Asia* में बुकानन ने भगवान जगन्नाथ से जुड़ी भयावह प्रथाओं का वर्णन किया है। सामान्य पाठकों के लिए लिखी गई इस पुस्तक के अतिरिक्त अन्य लेख भी, जिसे वह भारतीय धर्म की वास्तविक प्रकृति कहता था, के बारे में अधिक से अधिक लोगों को आगाह करने के लिए वृहत पैमाने पर प्रचार-प्रसार के उद्देश्य से लिखे थे।[2] इनके विपरीत हेबर के आलेख न तो जनता को और न ही मिशनरी नीतियों को प्रभावित करने के लिए लिखे गए थे। बल्कि यह विशुद्ध रूप से उसके एक निजी अभ्यास के परिणामस्वरूप तैयार हुए जिसमें वह अपने व्यक्तिगत अनुभवों को अभिव्यक्त करता था। उसने यह अपनी पत्नी अमेलिया को ध्यान में रखकर लिखे थे, जो अपनी प्रथम गर्भावस्था के कारण अपने पति के

[1] Embree 1962: 141–42; Morris 1904: 324–25; Grant to David Scott, 11/12/1793 in Philips 1951: 11. *Observations* के सबसे आरंभिक पाठ के लिए देखें IOAOR. MSS. EUR. E. 93. *Parliamentary Papers* 1813 में पुनर्मुद्रित प्रतिलिपि के लिए देखें *PP* 1812–13, Vol. X, Paper No. 282.

[2] भारत से संबंधित बुकानन की गतिविधियों के लिए देखें खासकर Davidson 1990.

साथ उत्तरी भारत के भ्रमण पर नहीं जा सकी।[3] उसके काफी बाद सन् 1826 में त्रिचिनापल्ली में बिशप की दुखद मृत्यु के पश्चात उसकी पत्नी ने इस मूलतः निजी दस्तावेज़ को प्रकाशित करने का फैसला लिया।

चार्ल्स ग्रांट और हिंदू धर्म का नामकरण

पांच संतानों वाले परिवार के सबसे बड़े पुत्र चार्ल्स ग्रांट का जन्म सन् 1746 में स्कॉटलैंड में हुआ था। प्राथमिक शिक्षा प्राप्त करने के कुछ ही दिनों बाद उसके पिता की मृत्यु हो गई। इसलिए कम उम्र में ही वह विलियम फॉरसायथ के कारोबार में शिक्षार्थी के रूप में कार्यरत हो गया। फॉरसायथ एक 'धार्मिक और ईश्वर से डरनेवाला इंसान' था। वह क्रोमर्टी(स्कॉटलैंड का एक कस्बा) में जहाज का मालिक और व्यापारी था। पांच साल बाद सन् 1763 में लंदन स्थित अपने रिश्ते के भाई की व्यापारिक कंपनी में उसकी क्लर्क के रूप में नियुक्ति हो गई। वरिष्ठ क्लर्क के पद पर पदोन्नति होते ही उसने अपने पद से त्यागपत्र दे दिया और सन् 1765 में भारत की ओर समुद्र यात्रा पर निकल पड़ा। बंगाल में रहकर उसने उस पूरे क्षेत्र में कंपनी के कार्यों को काफी करीब से देखा और विस्तार से उसके बारे में ज्ञान प्राप्त किया। वहां रहकर उसने तीस वर्षों से अधिक समय तक काम किया। यहां उसकी पहली नियुक्ति रिचर्ड बेकर के सहायक के रूप में हुई थी। रिचर्ड बेकर ईस्ट इंडिया कंपनी के सबसे प्रमुख कर्मचारियों में से एक था। सन् 1768 से 1771 के दौरान वह बेकर के इस निजी व्यापारिक उद्यम में कार्यरत रहा। उसके बाद सन् 1774 से लेकर 1790 में वापस इंग्लैंड जाने तक के लंबे समय काल तक वह ईस्ट इंडिया कंपनी के एक कर्मचारी के रूप में कार्यरत रहा।

जैसा कि उसके *Observations* से प्रतीत होता है भ्रष्टाचार, लोगों की दुर्दशा और शोषण को देखकर ग्रांट बहुत आहत हुआ था, जो कि ब्रिटिश प्रशासन के आरंभिक वर्षों की विशेषता थी। खासतौर पर सन् 1767 का अकाल तथा सन् 1780 से 1787 के बीच बंगाल के सुदूर उत्तर के मालदा जिले में कमर्शियल रेजिडेंट (वाणिज्यिक निवासी) के रूप में अपने कार्यकाल के दौरान उसने लोगों के साथ अन्याय और अत्याचार की घटनाओं को स्वयं अपनी आंखों से होते हुए देखा। उसके आध्यात्मिक संकटकाल और सन् 1776 में इंजीली ईसाई धर्म में अपने मत परिवर्तन से पहले ही उसकी अत्याचार के प्रति क्षोभ और सामाजिक सरोकार की भावना स्पष्ट हो चुकी थी।[4] बाद में इस भावना के साथ-साथ

[3] जून सन् 1824 में Upper Provinces की यात्रा के लिए बिशप को अपनी पत्नी को कलकत्ता में ही छोड़कर निकलना पड़ा (देखें वेबर 1828, Vol. 1: 107). अपने पति के *Narrative* के आमुख में विधवा पत्नी ने यह बताया है. यद्यपि यह कृति एक डायरी के रूप में लिखी गई है, 'इसका अधिकतर भाग उसकी पत्नी के साथ संवाद' के रूप में मौजूद है. (Ibid., Vol. 1, Preface: v).

[4] ग्रांट के धर्मांतरण संबंधी अनुभव के स्वरुप और संदर्भ पर विचार-विमर्श के लिए देखें खासतौर पर Morris 1904: 57–65; और Embree 1962: 49–54.

सामाजिक-आर्थिक सुधार के लिए निजी जिम्मेवारी के महत्त्व और व्यक्तिगत नैतिक आचार-विचार पर सख्त निगरानी की आवश्यकता पर उसका बल और अधिक बढ़ गया।

संभव है ग्रांट ने तथाकथित बंगाल-ब्रिटिश समस्या पर ही अपनी प्रतिक्रिया व्यक्त की हो, पर इंग्लैंड में मित्रों को अपने विचार लिखते हुए वह ये कहता है कि ऐसा लगता है कि कंपनी के भारतीय कर्मचारियों के नैतिक आचार-विचार और कंपनी के प्रशासन की गुणवत्ता—दोनों में अविभाज्य संबंध है। अपनी इस धारणा के पक्ष में उसने काफी विस्तार से तर्क प्रस्तुत किए जो बाद में उसकी *Observations* के लिए किए गए शोध-कार्य का आधार बने। पिट के भारत विधेयक (Pitt's India Bill) के पारित होकर कानून बन जाने के कुछ ही दिनों बाद अक्टूबर 1784 में थॉमस रेक्स को उसने पत्र लिखकर कहा कि:

> यद्यपि लोगों को पीड़ित करनेवाली बुराइयों पर नजर रखना और उनमें सुधार लाने का प्रयास करना अब उचित रूप से सरकार की जिम्मेदारी बन गई है, पर मुझे आशंका है कि जब तक स्थानीय निवासियों की नैतिक और बौद्धिक अवस्था के प्रति सम्मान भाव नहीं होगा तब तक सुधार के सारे प्रयास व्यर्थ होंगे।[5]

दरअसल वह उनके बीच फैले 'भ्रष्टाचार' और 'चरित्रहीनता' की सीमा को समझते हुए 'ईमानदारी, सच्चाई और निष्ठा' के प्रति उनको उत्प्रेरित करने की आवश्यकता को लेकर चिंतित था। यह ऐसा सुधारवादी कदम था जिसे वह 'प्रकाशना (Revelation) की श्रेष्ठता और सत्य से साक्षात्कार' तथा 'इंसान में सुधार लाने और उसे उसके अधिकारों' से अवगत कराने के महत्त्व से जोड़ता था। सन् 1787 में विलियम विल्बरफोर्स को पत्र लिखते समय भी यही तर्क दोहराए गए, जिसमें उसने इस बात पर बल दिया कि जब तक 'लोगों की नैतिकताओं में सुधार' नहीं होगा तब तक बंगाल में प्रशासन की उन्नत प्रणाली की कोई संभावना नहीं थी।[6]

इस प्रकार ग्रांट का मूल सरोकार नैतिकता से था। जब उसने अपनी *Observations* का लेखन प्रारंभ किया था, तब उसने अपना पूरा बल डंडूस तथा उसके साथ-साथ अन्य प्रभावशाली व्यक्तियों को यह समझाने में लगाया कि नैतिकता का प्रश्न एक मूल प्रश्न है और ईसाई धर्म और पश्चिमी शिक्षा का आरंभ ही भारत के सभी दुःख-कष्टों का एकमात्र और सर्वाधिक प्रभावशाली रामबाण है। उसके मुताबिक यह एक ऐसी योजना थी जो न केवल धर्मांतरण को सुसाध्य बना देगा बल्कि एक मूलभूत नैतिक और सामाजिक क्रांति ला देगा। इसके परिणामस्वरूप कंपनी के प्रशासन में सुधार होगा और इसे अपने हितों की रक्षा करने में मदद तो मिलेगी ही, साथ-ही-साथ समस्त जनता का भी कल्याण होगा और उनके बीच

[5] Morris 1904: 96–7.

[6] Ibid.: 111–12.

संतोष बढ़ेगा।[7] पूर्वकालिक टीकाकारों की लेखनियों को पढ़कर और बंगाल में अपने जीवन तथा अनुभवों के आधार पर प्रमाण देते हुए उसने कहा कि हमें ऐसे सतही विचारों को सिरे से खारिज कर देना चाहिए कि हिंदुओं में 'सौम्य और भद्र स्वभाव प्रबल' होता है।[8] हिंदुओं की इस 'सर्वव्यापक चरित्रहीनता' को पहचानते हुए इस पर बल देने के बाद उसके विचार से दूसरा कदम था कि उनकी परिस्थिति के मूल कारण की व्याख्या की जाए। क्या ऐसा भी कहा जा सकता है कि यह चरित्रहीनता यहां की जलवायु के कारण है? क्या यह राजनीतिक प्रणाली के पतन का नतीजा है या फिर यह हिंदू धार्मिक प्रणाली का परिणाम है? उसके विचार से अन्य किसी भी कारण की तुलना में सबसे महत्त्वपूर्ण कारण है इसका 'मिथ्या धर्म' होना। इसे बदलते ही पूरे समाज का मौलिक रूप और चरित्र बदल जाता है।

जैसा कि स्टॉक्स का कहना है, भारतीय समाज की बुराइयों के निदान और प्रस्तावित प्रतिकारों समेत ग्रांट की *Observations* 'इंजीली मानसिकता का स्पष्ट प्रदर्शन प्रस्तुत' करता है।[9] हालांकि विशेष रूप से हिंदू धर्म पर उसके विचार, उन्नीसवीं सदी के पूर्वार्ध में भारत में इंजीली मिशनरियों द्वारा अभिव्यक्त बहुत सारे विचारों और दलीलों का पूर्वाभास देते हैं, परंतु *Observations* का तात्कालिक प्रभाव संभवतः सीमित ही था और मोटे तौर पर केवल क्लैफेम संप्रदाय के कुछ चुनिंदा सदस्यों तक ही प्रभावी था। हेनरी डंड्स के लिए जल्दबाजी में लिखे गए ग्रांट के लेख को बाद में उसके कुछ सर्वाधिक विश्वस्त इंजीली मित्रों जैसे, विल्बरफोर्स, हेनरी थोर्नटन और हाना मूर को दिखाया गया। उसने यह लेख सन् 1796 में भारत के लिए रवाना हो रहे क्लौडियस बुकानन को भी दिखाया जिसे उसने ईस्ट इंडिया कंपनी में चैपलिन के पद पर नियुक्ति दिलाई थी।[10] आगामी वर्ष ग्रांट जब बोर्ड ऑफ डायरेक्टर्स का सदस्य बना तब साथी डायरेक्टरों की जानकारी और उपयोग के लिए इसकी प्रतिलिपियां छापी और सबको बांटी गईं। परंतु पैम्फलेट को सबके बीच छानबीन के लिए अभी तक प्रकाशित नहीं किया गया था। इसलिए यह कम-से-कम 1813 ई. तक मिशनरियों के लिए और साथ-ही-साथ आम पाठकों के लिए अनुपलब्ध बना रहा। सन् 1792 में इसके पूरा होने के इक्कीस साल बाद सन् 1813 में विल्बरफोर्स के अनुमोदन पर

[7] ग्रांट ने यह लेख 'मुख्यतः' सन् 1792 में लिखा था. यह वो समय था जब अंग्रेजों को फ्रांसीसी क्रांति के खतरों से लगातार भय बढ़ता जा रहा था. ऐसे में *Observations* में व्यक्त किए गए विचार महज धर्मांतरण पर केंद्रित नहीं होकर सुधारवादी थे और इसलिए वृहत रूप से नैतिक, सामाजिक क्रांति पर आधारित थे. निश्चित तौर पर ये विचार राजनितिक रूप से संतुलित थे. वास्तव में ग्रांट ने यह प्रकट करने का यथासंभव प्रयास किया कि ईसाई धर्म के आने से ब्रिटिश व्यापारिक और राजनीतिक हितों पर न केवल कोई खतरा उत्पन्न नहीं होगा बल्कि इसके विपरीत नैतिकताओं में सुधार से प्रशासन में सुधार होगा और साथ ही शासक और शासित के बीच के संबंध भी गहरे होंगे.

[8] Grant 1792: 31.

[9] Stokes 1992: 29.

[10] Davidson 1990: 146; Pearson 1819, Vol. 2.

सन् 1813 के ईस्ट इंडिया कंपनी चार्टर पर विचार-विमर्श के अवसर पर एक संसदीय प्रपत्र के रूप में इसे प्रकाशित किया गया। उसके बाद सन् 1833 में भी इसको संसदीय प्रपत्र के रूप में फिर से छापा गया।

वैसे तो कम-से-कम सन् 1813 तक *Observations* के बारे में लोगों को बहुत जानकारी नहीं थी और बुकानन की *Asiatic Researches* की तरह उपलब्ध भी नहीं थी पर इसके बावजूद ये महत्त्वपूर्ण थे, क्योंकि ये दो प्रमुख गतिविधियों का संकेत देते थे। पहला, जिसके बारे में अन्य लोगों ने भी संकेत दिए हैं, कि ये उन विशेषताओं को प्रकाशित करता है जिन्हें मिशनरियों समेत अन्य इंजीली भी कम-से-कम उन्नीसवीं सदी के पूर्वार्ध में हिंदू धर्म में देखे जाने का विचार रखते थे। और दूसरा कि अठारहवीं सदी के अंतिम दशकों में 'हिंदुइज्म' (Hindooism) शब्द के प्रयोग के बारे में महत्त्वपूर्ण साक्ष्य प्रस्तुत करते हैं, एक तरह से अभी तक जिसकी कोई पहचान नहीं थी।

यह 'लेख' इस बात की पुष्टि करता है कि ग्रांट पहला नहीं तो उन प्रथम यूरोपियों में से एक था जिसने अपने निजी और अर्ध-सरकारी, दोनों तरह के पत्राचारों में 'हिंदुइज्म' (हिंदू धर्म) का प्रयोग किया। सितंबर 1787 में थॉमस रेक्स के साथ पत्राचार में इस शब्द का प्रयोग करते हुए उसने कहा कि बंगाल और बिहार में एक प्रोटेस्टेंट मिशन की स्थापना के उसके मौलिक प्रस्ताव का कुछ लोगों ने इस दलील के आधार पर विरोध किया है कि 'हिंदू धर्म एक बहुत अच्छी प्रणाली है, और इस धर्म की अनंत विसंगतियों और महापातकों के बीच जो कुछेक नैतिक नीतिवचन चमकते हुए प्रतीत होते हैं वही भविष्य की खुशियों के लिए यथेष्ट नियमावली हैं।'[11] लगभग उसी वर्ष उसने मिशन चलाने के लिए नियुक्त जॉन थॉमस को पत्र लिखते समय भी इस शब्द का प्रयोग किया जब उसने कहा कि 'अगर स्थानीय लोगों में से किसी का धर्मांतरण किया जाता है, तो उसके द्वारा हिंदू धर्म का परित्याग करते ही अगर अंग्रेजी प्रशासन तुरंत सुरक्षा प्रदान न करे तो उसे भयानक सामाजिक बहिष्कार का सामना करना पड़ता है'।[12] कुछ वर्षों बाद अपने *Observations* में भी ग्रांट ने इस शब्द का प्रयोग किया है। उसने आइन-ए-अकबरी में उल्लिखित अट्ठाइस नदियों का संदर्भ दिया है, जिसमें गंगा से शुरू होकर पूरे महादेश को पार करते हुए सिंधु नदी तक का वर्णन है, कि कैसे 'हिंदू धर्म के अनुयायी पाप से बचने के लिए पाप विनाशक के रूप में नदियों की पहुंच के अंदर मौजूद रहते हैं'।[13] उसने यह भी कहा कि 'इस प्रायद्वीप के बहुत बड़े भूभाग पर प्राचीन काल से *हिंदुइज्म* का प्रसार है',[14] और यह भी कि 'रोमिश' (रोमन कैथोलिक) मिशनों के

[11] Morris 1904: 110.

[12] Ibid.: 105.

[13] Grant 1792: 60.

[14] Ibid.: 74.

इतिहास से यह सिद्ध होता है कि 'हिंदू धर्म के बहुत सारे अनुयायियों को नई आस्था से जुड़ने के लिए प्रेरित करना संभव है'।[15]

अभी हाल की बात है, सन् 1999 में कैंटवेल स्मिथ और स्टीटेनक्रोन आदि के विचारों को दोहराते हुए रिचर्ड किंग ने रेखांकित किया: 'ऐसा प्रतीत होता है कि हिंदू धर्म (Hinduism) शब्द का प्रयोग पहली बार उन्नीसवीं सदी के आरंभ में हुआ और धीरे-धीरे बाद के दशकों में इसको प्रामाणिकता मिल गई.'[16] लेकिन जैसा कि हमने देखा, बंगाल में यह शब्द यूरोपियनों के बीच पहले से ही, यानी कम-से-कम 1780 के दशक से ही प्रयोग में आने लगा था। उसके बाद से ही 'हिंदू मत' या 'हिंदू पंथ' जैसे भारी भरकम और लंबी अभिव्यक्ति वाले शब्दों की जगह इस शब्द ने ले लिया या लेने लगा। यह तथ्य भी महत्त्वपूर्ण है कि ग्रांट ने जब सितंबर 1787 में इंग्लैंड में रेक्स को पत्र लिखते हुए इस शब्द का प्रयोग किया तो उस समय लगता है कि वह ये मान कर चल रहा था कि इंग्लैंड में उसका पत्र प्राप्तकर्ता इस शब्द का अर्थ पहले से ही जानता था।[17] पर कारण चाहे जो भी रहा हो, इस शब्द को इंजीली, मिशनरी और अधिकारीवर्गों में प्रचलित करने वालों में ग्रांट की भी भूमिका रही थी। यह बहुत ही महत्त्वपूर्ण है क्योंकि इसका बढ़ता प्रयोग किसी खास प्रकार के विचार या प्रतिरूप के समेकन को प्रकट करता है। इसने मिशनरी आंदोलन को बल प्रदान कर उस प्रणाली को नष्ट करने के प्रयास में उसकी मदद की जिसको वह अपना विरोधी मानता था। हिंदू धर्म को एक विशिष्ट नाम मिल जाने के बाद अब उसको और भी स्पष्ट रूप से ईसाई धर्म के विरोधी के रूप में देखा जाने लगा। अब इसको एक ऐसे विशिष्ट और एकीकृत धार्मिक 'प्रणाली' के रूप में देखा जाने लगा जिसकी सीमाएं इसको ईसाई धर्म और अन्य धर्मों से अलग करती थीं। जैसा कि पिछले अध्यायों में बताया गया है, इस शब्द का उद्भव बढ़ते यूरोपीय ज्ञान और अनुभवों का प्रतिफल था। साथ ही, सीमित अर्थ में प्रचलित 'धर्म' का यूरोपीय वर्गीकरण एक विवरण के रूप में, असामान्य या कम सामान्य विशेषताओं वाले भारतीय धर्म के लिए उपयुक्त नहीं रहा। इसके अतिरिक्त समय के साथ-साथ इसको अधिकाधिक मिलनेवाली स्वीकृति और इसके बढ़ते प्रयोग ने इसके अर्थ पर आगे और भी प्रश्न खड़े किए, जिसके उदाहरणस्वरुप सन् 1800 में वार्ड की डायरी से एक उद्धरण को लिया जा सकता है।[18] हिंदू धर्म के अस्तित्व को एक बार स्वीकृति मिलते ही निश्चित रूप से यूरोपीय और भारतीय दोनों ही के सामने यह प्रश्न उठ खड़ा हुआ कि इसकी मौलिक विशेषताएं क्या थीं तथा इसके विकास और अन्य धर्मों के प्रति इसका रवैया क्या था?

[15] Ibid.: 87.

[16] King 1999: 100.

[17] Morris 1904: 110.

[18] Serampore College Archives, Diary, 29/12/1800.

अंत में, इस शब्द का प्रयोग एक साधन तथा एक वर्गनाम के रूप में, छोटे से और संदर्भ देने के लिए सुलभ शब्द के रूप में बढ़ता ही चला गया जिसका दोस्त और दुश्मन दोनों ही धार्मिक वाद-विवाद के दौरान बखूबी इस्तेमाल कर सकते थे।

ग्रांट द्वारा परिकल्पित हिंदू प्रणाली की प्रमुख विशेषताएं

आम लोगों के बीच हिंदू धर्म शब्द को प्रचलित करने के अलावा ग्रांट के 'लेख' ने खास तौर पर ब्रिटिश प्रोटेस्टेंट आंदोलन के आरंभिक काल में हिंदू धर्म का जो मुख्य मिशनरी प्रतिमान था, उसके बहुत सारे प्रमुख विचारों पर भी प्रकाश डाला।

ग्रांट की दृष्टि में, जैसा कि उस काल के बहुत सारे ब्रिटिश और यूरोपीय टीकाकारों का आकलन था, हिंदू धर्म ब्राह्मणवाद था और ब्राह्मणवाद ही हिंदू धर्म था। जाति व्यवस्था के संदर्भ में उसने लिखते हुए कहा, 'इससे सरल कुछ नहीं हो सकता कि ये पूरा ताना-बाना एक धूर्त और उद्धत पुरोहित वर्ग का ही बनाया हुआ है।'[19] लोकप्रिय रीति-रिवाजों और समारोहों का संदर्भ देते हुए वह कहता है कि:

> इन सभी अनुष्ठानों में, चाहे वह सार्वजनिक हो या व्यक्तिगत, या फिर हिंदुओं का कोई धार्मिक प्रसंग, सब के लिए ब्राह्मणों ने अपनी भूमिका को निहायत ही अनिवार्य बना लिया है। उन्होंने धर्म को बनाया, वे ही इसकी धार्मिक नीतियों के एकमात्र विशिष्ट जानकार हैं, वे ही इसके प्रतिपादक हैं, वे हिंदू प्रभुसत्ता के अधीन हैं, उनको सार्वजनिक विषयों पर सरकार को सहायता करने का अधिकार प्राप्त है, जिसके फलस्वरूप प्रभावी तौर पर उनका सरकार पर नियंत्रण होता है; वे कानून के प्रबंधक होते हैं ... सभी प्रकार के समारोहों, रिवाजों, प्रक्षालनों, दूषणों, शुद्धिकरणों, प्रायश्चित्तों और अतिरिक्त कर्त्तव्यपालन में, जिनपर उनके धर्म का अस्तित्व है, सिर्फ वही पुरोहित बन सकते हैं चाहे स्थानापन्न रूप से या अनुष्ठान के संचालक के रूप में: जाति के बारे में उठनेवाले असंख्य सवाल भी उन्हीं के द्वारा निर्धारित किए जाते हैं।[20]

जिस समय *Observations* का प्रकाशन हो रहा था उसी समय संसद में दास व्यापार पर बहस भी चल रही थी और उसके उन्मूलन के लिए आंदोलन भी चल रहा था। इसलिए इस संदर्भ में और हिंदू धर्म में ब्राह्मणों की अहम भूमिका के बारे में ग्रांट की समझ को देखते हुए इस बात पर कोई आश्चर्य नहीं कि वह इसे दास प्रथा का ही एक रुप मानता था। ब्राह्मणों के नियंत्रण की व्यापकता का विस्तृत विवरण देते हुए वह कहता है:

> एक हिंदू जन्म के समय से लेकर अपने अस्तित्व की हरेक अवस्था में, शैशव काल में, युवावस्था में, वयस्क अवस्था में, वृद्धावस्था में, और मृत्यु के समय, सभी प्रकार के

[19] Grant 1792: 45.

[20] Ibid.: 74.

संबंधों में, और जीवन की सभी प्रकार की दुर्घटनाओं में, भारी-भरकम अनुष्ठानों को संपन्न करने को बाध्य रहता है, जिसके साथ उसकी जाति, उसकी साख, और समाज में उसका स्थान सब एक-दूसरे से सख्ती से जुड़े होते हैं। इतना ही नहीं, इस जन्म के अस्तित्व से पूर्व, यानी पिछले जन्म में उसकी आस्था, विवेक और कर्मों के आधार पर (ब्राह्मण) उनका लेखा-जोखा तो करते ही हैं, उसकी मृत्यु के बाद भी उसपर अपना प्रभुत्व का त्याग नहीं करते। इस असीम समर्पण के बदले में उसे पथ विचलन की स्थिति में अनंत कृपा प्राप्त होती है, यहां तक कि उसके धर्म की नीति अनुसार जो थोड़े बहुत नैतिक बंधन हैं, उनसे भी। इसलिए यह घृणित दासता का ही रूप है, और इसकी असीम चरित्रहीनता हिंदुओं की खास विशिष्टताएं बन गई हैं।[21]

ग्रांट के विवरणों में दिए गए इन तथ्यों तथा अन्य भावनाओं का स्पष्ट रूप से तात्पर्य यह था कि लोग वस्तुतः उसके कथनानुसार 'प्रताड़ना की इस विस्तृत प्रणाली' द्वारा 'अधीनता' के शिकार होते थे। लेखक की दृष्टि में लोगों को अपनी बुद्धि या चिंतन शक्ति नहीं होती थी या फिर स्वतंत्र रूप से स्वयं निर्मित धार्मिक परंपरा को पालन करने की क्षमता नहीं होती थी। इस दृष्टिकोण के मुताबिक भय और अज्ञान के हथकंडे से लोगों को दास की तरह दबाकर रखा जाता था जो केवल मुक्तिदाताओं द्वारा मुक्ति दिलाने की उल्लासपूर्ण घड़ी का इंतजार कर रहे थे।

ग्रांट की इस व्याख्या में जो सर्वव्यापी ब्राह्मणवादी नियंत्रण की प्रणाली का वर्णन मिलता है, उससे संबंधित कम-से-कम तीन आलोचनाएं बाद के मिशनरी साहित्यों में मिलती रही हैं।

हिंदू अवधारणाएं एवं पूजा पद्धति अज्ञानता और विवेकहीनता पर आधारित थीं। इस प्रकार ग्रांट की दृष्टि में हिंदू धर्म देवता के यथार्थ रूप और ईश्वर के लिए सच्ची पूजा तथा सेवा से अनभिज्ञ रहते हुए 'अंधविश्वास' पर आधारित था। उसने निश्चयपूर्वक कहा कि लोकप्रिय हिंदू धर्म में ईश्वर के प्रति कोई भी ऐसी सेवा समर्पित नहीं की जाती थी जो 'विवेकपूर्ण मानसिकता' से की गई हो।[22] हिंदू देवी-देवताओं के अनगिनत क्रियाकलापों की गाथाएं और इतिहास 'अत्यधिक निरर्थक, हास्यास्पद तथा बेतुकेपन और अविश्वसनीयता की पराकाष्ठा' थे। और लोग अपनी ही प्रणाली द्वारा बेवकूफ बनाए जाते थे तथा जानबूझकर अज्ञानता के गहरे अंधकार में रखे जाते थे।[23] इन टिप्पणियों में अंतर्निहित हिंदू धर्मग्रंथ पर ग्रांट के विचार केवल शाब्दिक नहीं हैं बल्कि 'तार्किकता' के विचार के प्रति उसकी निष्ठा भी थी। जबकि उसके द्वारा ईसाई धर्मग्रंथ की व्याख्या में यथातथ्यवादी विचार प्रकट होते हैं। जैसा कि हमने देखा है, यह आमतौर पर यूरोपीय प्रबोधन से संबंधित एक स्वीकृत पूर्वधारणा थी जिसमें यह विचार भी शामिल था कि धर्म जैसा भी हो, उसे कुछ हद तक प्रबुद्ध तार्किक

[21] Ibid.

[22] Ibid.: 65.

[23] Ibid.

अन्वेषण के नियमों के अनुरूप भी होना चाहिए। ऊपर उल्लिखित ग्रांट की टिप्पणियों के प्रमाणस्वरूप उसका विशिष्ट प्रोटेस्टेंट ईसाई आग्रह था कि धर्मग्रंथ के पाठ और शिक्षा सभी के लिए सहज उपलब्ध होने चाहिए और इनको महज विशिष्ट शोषणकारी पुरोहित वर्ग के अभिजातों की धरोहर के रूप में नहीं रखना चाहिए।

हिंदू धर्म ऐसे रीति-रिवाजों से बंधा हुआ था जो नृशंस और अमानवीय थे। ये देवता 'अत्यंत घृणित क्रूरताओं और अन्याय' के लिए जिम्मेदार थे, ऐसा मानते हुए ग्रांट ने बहुत सारी मिशनरी मान्यताओं का पूर्वाभास दे दिया था।[24] उसने हिंदू देवताओं की पूजा और प्रसाद या प्रायश्चित्त से संबंधित क्रूर प्रथाओं का भी वर्णन किया है। इनमें एक नरबलि की प्रथा थी और एक चरक पूजा की 'अब तक प्रचलित प्रथा जिसके तहत व्यक्ति की पीठ की मांसपेशियों में हुक फंसाकर उसको रस्सी से बांधते हुए ऊंचे डंडे के सहारे काफी ऊपर से झूले की तरह लटका दिया जाता था'।[25] हिंदू पूजा पद्धति से जुड़ी इन नृशंस प्रथाओं के अतिरिक्त ग्रांट की दृष्टि से इस धर्म के तहत स्त्रियों के साथ भी दुर्व्यवहार किया जाता था।[26]

हिंदू धार्मिक शिक्षण और आचार-व्यवहार में भारी लैंगिक अनैतिकताएं सन्निहित थीं। ऐसा प्रतीत होता है कि बाद के बहुत से मिशनरी आलोचकों की तरह ग्रांट भी ऐसी किसी भी बात से विचलित हो जाता था जिसमें लैंगिक क्रियाकलापों को देवत्व से जोड़ दिया जाता था या फिर ऐसी गतिविधियां मान्य होती थीं जिन्हें बहुत से अंग्रेज लोग 'विपथगामी' लैंगिकता की श्रेणी में रखते थे। 'हिंदू देवताओं के मिथक और इतिहास में सर्वाधिक और विचित्र प्रकार की अपवित्रताएं...[और] घिनौने तथा निकृष्ट मिथ्याभिमान' के दृष्टांत मिलते हैं।[27] मंदिरों से जुड़ी और 'देव प्रतिमा' की सेविकाओं के रूप में पली-बढ़ी वेश्याओं की टोलियां जुलूस में नृत्य करते हुए जाती थीं और उन्हें मंदिर प्रतिष्ठान का एक हिस्सा माना जाता था।[28] इसके साथ ही, इस लेखक की तरह ही जिन लोगों को देश के अंदरूनी भागों में स्थानीय लोगों के बीच रहने का अवसर मिला उनकी यह शंका बेवजह नहीं थी कि 'स्त्री चरित्र की पवित्रता' हमेशा 'यथार्थ में उतनी संरक्षित नहीं रहती थी जितनी कि प्रतीत होती थी'।[29]

परंतु इस लंबे और कभी-कभी अत्यंत कटु आलोचना के दौरान भी एक नगण्य सी लगनेवाली अंतिम लेकिन महत्त्वपूर्ण विषय पर उसका अनुमोदन दिखाई पड़ता है। ग्रांट

[24] Ibid.: 64.

[25] Ibid.: 66.

[26] उसने लिखा कि 'स्त्रियां हिंदू प्रजाति की सर्वाधिक अहानिकर और बर्दाश्त करनेवाली इंसान थीं.' (Ibid.: 30).

[27] Ibid.: 64.

[28] Ibid.: 66.

[29] Ibid.: 30. जहाँ ग्रांट ने अपनी पत्नी, बच्चों और सभी संबंधों का त्याग कर देने और 'व्यर्थ' बन जाने के लिए 'जोगी' की भर्त्सना की (Ibid.: 73), वहीं हैमिलटन और अन्य मिशनरी टीकाकारों की तरह उसके लैंगिक व्यवहारों के बारे में वर्णन करना या यहां तक कि उसके बारे में अनुमान करने से भी वह दूर रहा.

का यह विश्वास था कि उनकी धार्मिक और सामाजिक व्यवस्था में मौजूद महापातकों के बावजूद हिंदुओं ने अपनी अवशिष्ट तर्कबुद्धि और विवेक को बनाए रखा। यह तथ्य उसकी मौलिक प्रकाशना में बहुत बारीक नजर आता है। उसके लिए और उसके बाद की पीढ़ियों में आनेवाले मिशनरियों के लिए हिंदू चाहे कितने ही दुश्चरित्र और स्वार्थी नजर आते हों, पर वे पूरी तरह से 'भिन्न' नहीं थे। वे लोग नूह (noah) के वंशज थे और इस तरह गार्डन ऑफ ईडन में ईश्वर द्वारा रचित और अभिमंत्रित एक ही मानव प्रजाति की शाखाओं में से एक थे। ग्रांट के अनुसार, 'विवेक का गला घोंट' दिया गया था लेकिन वो 'मरा नहीं' था।[30] जबकि उनके पक्ष से यह अब भी संभव था कि ब्राह्मणों ने प्राचीन ग्रंथों में एक सर्वोच्च सत्ता में अधिक तर्कपूर्ण आस्था के प्रमाण को बनाए रखा हो। वास्तव में उसके विवरण के अनुसार अब भी 'इस पूरी व्यवस्था में मूल सत्य की किरणें बिखरी हुई' थीं।[31] अपने समय के बंगाल में बसे धर्मनिरपेक्ष प्राच्यविदों की तरह ऐसा लगता है की ग्रांट ने भी इस विचार को मान लिया था कि अतीत में हिंदू बेहतर युग में रहते थे। लेकिन अगर उनके लिए वह स्वर्ण युग था तो ऐसा प्रतीत होता है कि ग्रांट के लिए वह कुछ रजत युग जैसा था। बहरहाल स्थिति जो भी रही हो, गहरे पतन के लंबे वर्षों के अंतराल के बाद अंततः आधुनिक काल आया जब 'नैसर्गिक चेतना के मंद आलोड़न उदाहरण और अभ्यास के नीचे दब कर रह गए' और मूल यथार्थ 'मूर्तिपूजा और बहुदेववाद की भीड़ के अंदर दब गया'।[32]

क्लौडियस बुकानन और जगन्नाथ

क्लौडियस बुकानन सेना में पुरोहित और बाद में व्याख्याता और कलकत्ता में वेलेस्लेज कॉलेज का उपाध्यक्ष (1800–1806) बना। हिंदू धर्म के बारे में प्रोटेस्टेंट मिशनरी अवधारणा को बुकानन ने चार्ल्स ग्रांट से कहीं अधिक प्रत्यक्ष और बड़े पैमाने पर प्रभावित किया। वास्तव में ग्रांट के साथ बुकानन के संबंध काफी करीबी थे। ईस्ट इंडिया कंपनी के निदेशक की हैसियत से कंपनी की चैपलिन सेवाओं के लिए अपनी संरक्षण क्षमता का सदुपयोग करते हुए सभी रिक्त स्थानों पर इंजीली मिशनरियों को भरती किया था। और उसी ने कैंब्रिज के चार्ल्स सिमियन की मदद से बुकानन को सबसे पहले नियुक्त किया था।[33]

जैसा कि पहले उल्लेख किया गया है, बुकानन ने *Observations* की एक प्रति पढ़ी थी और ऐसा लगता है कि बुकानन और ग्रांट दोनों हिंदू धर्म के बहुत सारे आयामों पर एक समान विचार रखते थे। उदाहरण के लिए, दोनों का यही दावा था कि उनके द्वारा हिंदू धर्म

[30] Ibid.: 62.
[31] Ibid.: 65, 72.
[32] Ibid.: 28, 65.
[33] Davidson 1990: 56.

की जांच-परख किए जाने के बाद हिंदुओं में नैतिक चरित्रहीनता और आध्यात्मिक अंधकार के बहुत से प्रमाण मौजूद थे और ये परिस्थितियां उनके द्वारा ईसाई शिक्षा को प्रोत्साहित करने के लिए अगर एकमात्र नहीं तो भी पर्याप्त कारण थीं। इसके अतिरिक्त हिंदू चरित्र के संबंध में बुकानन का मत और लोकप्रिय धार्मिक प्रथाओं के कुछ पहलुओं की आलोचना करते समय उसके द्वारा दिए गए तर्क ग्रांट के लेख में प्रस्तुत टिप्पणियों से आश्चर्यजनक रूप से मेल खाते हैं। हालांकि *Memoir of the Expediency of an Ecclesiastical Establishment for British India (1805)* तथा अन्य बाद के प्रकाशनों में उसके द्वारा दिए गए हिंदू धार्मिक गतिविधियों के संदर्भ, ग्रांट के *Observations* में दी गई दलीलों से कम व्यापक और सुव्यवस्थित थीं। इसके अलावा राज्य के मामलों में अपना प्रभाव डालने के प्रयास में ग्रांट निजी तौर पर काफी सतर्कता के साथ काम करता था जबकि बुकानन की शैली काफी भड़कीली थी। जैसा कि डेविडसन का कहना था, वह मुख्य रूप से एक प्रचारक था। वह जनता के विचारों को प्रभावित करना चाहता था तथा उसका उद्देश्य विस्तृत जनभावना के जरिये ईस्ट इंडिया कंपनी से संबद्ध होने के लिए दबाव डालना था। ग्रांट नहीं बल्कि बुकानन ही वह व्यक्ति था, जो जगन्नाथ की छवि को आधार बना कर हिंदू धर्म की बुराइयों और वीभत्सताओं पर केंद्रित सभी विषयों पर अनवरत अपना विचार व्यक्त करते हुए जनता को प्रभावित करता रहा।

Memoir of the Expediency of an Ecclesiastical Establishment for British India लिखने के पीछे बुकानन का प्रमुख उद्देश्य अधिकारियों पर दबाव डालना था, ताकि अधिक नियंत्रित और समुचित ढंग से संगठित चर्चों की स्थापना की जा सके। उसका कहना था कि इसकी स्थापना केवल यूरोपियनों के स्पष्ट रूप से धार्मिक आवश्यकताओं को ही पूरा करने के लिए नहीं बल्कि स्थानीय लोगों के बीच 'सभ्यता' के विकास को प्रोत्साहित करने एवं अधिक सक्रिय सरकारी नीतियां लागू करने के लिए होनी चाहिए। उसका यह भी मानना था कि कुछ विशेष प्रकार की हिंदू प्रथाओं पर रोक लगाकर एवं ईसाई मिशनरी गतिविधियों को और अधिक विस्तृत करके भी यह काम किया जा सकता था। वह जिन समस्याओं को सुलझाने का लक्ष्य रखता था उस सूची में सबसे ऊपर 'रक्तपातपूर्ण अंधविश्वास' था। उसका मानना था कि ये सुदूर अतीत से 'अब तक चले आ रहे थे' और उनकी वजह से बहुत से लोगों की या तो तुरंत मौत ही हो जाती थी या फिर कुछ समय में मृत्यु निश्चित हो जाती थी।[34] इन प्रथाओं में गंगा नदी की धार में अपने शिशु को अर्पित कर देना, शिशु की हत्या कर देना, बीमार व्यक्ति को बहती नदी की धार में छोड़ देना, विधवाओं को जिंदा जला देना या उन्हें दफन कर देना, स्वेच्छा से मृत्यु स्वीकार

[34] देखें उसकी *Memoir of the Expediency of an Ecclesiastical Establishment for British India* का Appendix जो Davidson 1990 (p. 91) में पुनर्मुद्रित हुआ.

करने की विभिन्न प्रकार की प्रथाओं को प्रोत्साहित करना, हुक से बिंधे जिंदा आदमी को लटकाकर झुलाना तथा बंगाल में चरक पूजा जैसी और भी विभिन्न प्रकार की आत्मघाती प्रथाएं शामिल थीं।[35] फोर्ट विलियम के विद्वानों के विचारों को अपने ज्ञान का स्रोत मानते हुए उसका विश्वास था कि इनमें से बहुत सारी प्रथाओं का हिंदू धर्मग्रंथों से कोई लेना-देना नहीं था और केवल व्रतों या स्थानीय रिवाजों के अनुरूप इनको निभाया जाता था; उसका आग्रह था कि इन रिवाजों पर प्रतिबंध लगना चाहिए।

बुकानन के प्रोपेगंडा में जगन्नाथ

हिंदू लोकप्रिय प्रथाओं, खासकर उन प्रथाओं पर बुकानन का ध्यान केंद्रित रहा जिनको वह प्रतिबंधित करना चाहता था। इसी विषय पर केंद्रित उसकी पुस्तक *Christian Researches in India* और भी अधिक लोकप्रिय हुई। इसमें सन् 1806 से 1807 के बीच बंगाल से बाहर भारत के विभिन्न भागों की यात्रा के दौरान उसने अपने अनुभवों और अनुसंधानों का विस्तृत वर्णन किया है। इस यात्रा के कई उद्देश्यों में से एक 'हिंदुओं के सर्वाधिक प्रख्यात मंदिरों में प्रचलित अंधविश्वास की स्थिति की जांच करने' का संकल्प था।[36] इसमें उसके बहु-प्रचारित पुरी के जगन्नाथ के दर्शन भी शामिल थे। वास्तव में उसके द्वारा इस प्रसंग के वर्णन ने पाठकों के मन को किसी भी अन्य प्रसंग से अधिक प्रभावित किया। उसी स्थान पर आनेवाले उससे पहले के यात्रियों के अनुभवों से भी उसके अनुभव बिलकुल मेल खाते थे। जैसा कि पिछले एक अध्याय में हमने गौर किया है, सन् 1727 में प्रकाशित हैमिल्टन का विवरण सन् 1686 से उपलब्ध बर्नियर के विवरण के अंग्रेजी अनुवाद का अनुपूरक बन गया। इसलिए जहाँ उसके कुछ पाठक पुरी के जगन्नाथ के रथ के भारी-भरकम पहियों के नीचे भक्तों के गिर जाने या लेट जाने की कहानियों से लगभग अच्छी तरह से परिचित थे, वहीं बुकानन द्वारा अपनी आंखों देखा पूरे दृश्य का वर्णन और साथ में उसकी डायरी के पन्नों से ली गई टिप्पणियां हिंदुओं की लोकप्रिय प्रथाओं के अमानवीय, नृशंस और कामोत्तेजक प्रतीत होनेवाली प्रथाओं को प्रतीक के रूप में प्रस्तुत करती थीं।

बुकानन ने अपने वर्णन में पुरी की तीर्थयात्रा और उपासनाओं की चार प्रमुख आलोचनाओं पर बल दिया जिनको आगे चलकर सार्वजनिक वाद-विवादों में काफी महत्त्व दिया गया।

उसका पहला दावा यह था कि बड़ी संख्या में तीर्थयात्री या तो पुरी जाते हुए या फिर पुरी से लौटते हुए रास्ते में ही बीमारी या भूख से मर जाते थे। 30 मई सन् 1806 में पुरी के

[35] Davidson 1990, Appendix: 91–100.

[36] Buchanan 1811: 7.

चित्र 2.1: जगन्नाथ की रथयात्रा

PROCESSION OF JUGGERNAUT, AT THE GRAND HINDOO FESTIVAL OF THE RUTT JATTRA.

इस अम्ल लेखन (एचिंग) में पहिये के नीचे पड़े व्यक्ति के ऊपर से रथ को गुजरते हुए दिखाया गया है। यह चित्र सन् 1817 में Missionary Register तथा CMS Missionary Papers में प्रकाशित हुआ था। हिंदू प्रथा के इस पहलू के प्रति इतना आकर्षण था कि ('juggernaut' शब्द अंग्रेजी भाषा में शामिल हो गया) पचास साल से भी अधिक समय बाद Free Church of Scotland's Quarterly Papers (No. XLV, December 1870) में इस चित्र को दोबारा प्रकाशित किया गया।

जगन्नाथ मंदिर की यात्रा करते हुए उसने अपनी पत्रिका में तीर्थयात्रियों की दुर्दशा और मौत का पहली बार इस प्रकार उल्लेख किया था:

> कुछ दिनों से रास्ते में बिखरे पड़े इंसान की हड्डियों को देखकर हम समझ गए कि हम जगन्नाथ के करीब आ गए हैं (और तब भी वहां से पचास मील से अधिक दूर ही हैं)। इस जत्थे में उत्तरी भारत के विभिन्न भागों से आए हुए लगभग 2000 लोग हैं जो हमारे साथ हो गए हैं। इनमें से कुछ लोग जिनसे मैंने बातचीत की, बताते हैं कि वे इस यात्रा पर दो महीने से निकले हुए हैं, साल के सबसे गर्म मौसम में अपनी पत्नियों और बच्चों के साथ धीरे-धीरे चल रहे हैं। उनके साथ कुछ वृद्ध लोग भी हैं जो जगन्नाथ में जाकर मरना चाहते हैं। कितने ही तीर्थयात्री तो रास्ते में ही मर जाते हैं; और उनके शव आमतौर पर दफन किए बिना पड़े रहते हैं। नदी के किनारे के एक मैदान में इस स्थान पर तीर्थयात्रियों के कारवां सराय के करीब लगभग सौ से भी ज्यादा खोपड़ियां पड़ी हुई हैं। ऐसा लगता है कि कुत्ते, सियार, और गिद्ध यहां पर मनुष्य के शिकार पर जिंदा रहते हैं। गिद्ध आश्चर्यजनक रूप से शांत दिखते हैं। कभी-कभी ये वीभत्स जानवर तबतक लाश पर से नहीं हटते जबतक हम उनके बिलकुल करीब नहीं आ जाते। यह भद्रक (Buddruck, in Orissa) बड़ी भयानक जगह है। जहाँ भी मेरी नजरें जाती हैं मुझे किसी-न-किसी रूप में मौत दिखाई पड़ती है। निश्चित रूप से जगन्नाथ भद्रक से अधिक बदतर नहीं हो सकता।[37]

दूसरे, इन परिस्थितियों से बिलकुल अलग जिनमें युवा तीर्थयात्री भी थकान, भूख या बीमारी से अक्सर मर जाते थे, दुर्घटनाओं में भी बड़ी संख्या में मौतें हो जाती थीं। इनमें से सबसे गौर करने वाली घटना यह थी कि मंदिर में प्रवेश के लिए कभी-कभी इतनी भगदड़ हो जाती थी कि लोग उसमें कुचलकर मर जाते थे, या देवता के दर्शन के लिए ठेलमठेल के दौरान कितने ही श्रद्धालु दबकर मर जाते थे। बुकानन द्वारा दिए गए अपने विवरण के अनुसार, 12 जून को जब वह मंदिर के बाहरी द्वार के पास था, तब वह अपने दल के साथियों से बिछड़ गया था और भीड़ में sलगभग कुचल गया था। मिस्टर हंटर ने फिर उसे वहां से निकाला। मिस्टर हंटर यूरोपीय सुपरिंटेंडेंट और उसका पुराना विद्यार्थी था। उसने बताया कि ऐसी दुर्घटनाएं होती रहती थीं और ऐसे में बहुत से लोग 'भीड़ में दब जाने' से 'कुचलकर मर' जाते थे।[38]

तीसरे, रथयात्रा या रथ समारोह के दौरान ऐसी बहुत सी प्रसिद्ध घटनाएं हुई थीं जब श्रद्धालुओं ने धीरे-धीरे चल रहे रथ के पहिये के नीचे आकर अपनी आहूति दे दी। त्योहार के पहले दिन बुकानन ने रथ की यात्रा देखी। श्रद्धालुओं के विशाल उत्तेजित जनसमूह

[37] Ibid.: 17–18. इन टिप्पणियों की पुष्टि पंद्रह दिन बाद उसके मंदिर के दर्शन के बाद हुई जब उसने कहा कि वह समुद्र के किनारे बालू वाले क्षेत्र में गया, 'कुछ स्थान तीर्थयात्रियों की हड्डियों से सफ़ेद हो गए थे; और एक दूसरी जगह शहर से थोड़ा सा बाहर जिसे अंग्रेज Golgotha कहते थे, आमतौर पर लाशों को डाल दिया जाता था; और जहाँ कुत्ते और गिद्ध हमेशा देखे जाते हैं'. (पृष्ठ 21–2).

[38] Ibid.: 19–20.

के कोलाहल और जयजयकार के बीच इस रथ को 'हजारों स्त्री, पुरुष और बच्चों' द्वारा 'जहाज के रस्से जितने बड़े और लंबे' छह रस्सों के सहारे खींचा जा रहा था।

जब यह विशाल रथ कुछ दूर आगे बढ़ा [उसने लिखा], एक तीर्थयात्री ने घोषणा की कि वह उस देवता के लिए अपनी बलि चढ़ाने को तैयार है। वह रथ के सामने रास्ते पर लेट गया। उसका चेहरा नीचे की ओर था और दोनों हाथ सामने रथ की ओर फैले हुए थे। पूरी भीड़ उसके चारों ओर से हट गई और स्थान को खाली कर दिया गया। और उसके बाद वह रथ उसके ऊपर से उसे कुचलकर आगे बढ़ गया। पूरी भीड़ ने ईश्वर के प्रति उल्लासपूर्वक जयघोष किया। ऐसा कहा जाता है कि जब रक्त से उनका तर्पण किया जाता है तो वे मुस्कुराते हैं। लोगों ने उस बलिदान का अनुमोदन करते हुए उस मृत व्यक्ति के ऊपर कौड़ियां या छोटे सिक्के फेंके। काफी देर तक उसके दर्शन करने के लिए उसे यूं ही पड़ा रहने दिया गया और उसके बाद हरियों (hurries) [हिंदुओं की सबसे निचली जाति] ने उसे मंदिर की दीवार के पास रख दिया, जहाँ पर अभी-अभी मैंने उसके अवशेष देखे हैं।[39]

और आखिरी बात कि, 120 साल पहले बर्नियर ने जगन्नाथ महोत्सव का जो विवरण दिया था, उसमें उसका दावा था कि उस स्थान के ब्राह्मण वहां की परिस्थितियों का फायदा उठाते हुए नवयुवतियों को आकर्षित कर उन्हें गर्भवती बना देते थे। बुकानन ने इस विवरण को पढ़ा या नहीं ये तो पता नहीं, पर उसका भी कहना था कि इस अवसर का लैंगिक पक्ष और अधिक हानिकारक था। उसके लिए जगन्नाथ का संबंध केवल रक्त और मृत्यु की काली शक्तियों से ही नहीं था, बल्कि निर्लज्ज और स्वच्छंद संभोग तथा चरित्रहीनता की सारी बुराइयों से भी था। यूरोपीय होने के नाते मंदिर के अंदर उसका प्रवेश वर्जित था। लेकिन मंदिर के आधिकारिक रूप से प्रकाशित एक बही-खाते से उद्धृत एक विवरण में उसने गौर किया कि मंदिर के वार्षिक खर्चे में 'गणिकाओं का वेतन' भी शामिल था।[40] उसने मंदिर की बाहरी दीवार पर टिप्पणी करते हुए कहा कि 'इतने सारे और विभिन्न प्रकार के' अश्लील चित्र जगन्नाथ की पूजा के सारतत्व को प्रदर्शित करते हैं। केवल दीवारें और द्वार ही ऐसे 'निर्लज्ज प्रतीकों, विशाल तथा स्थाई मूर्तिकलाओं' से भरे हुए नहीं हैं,[41] बल्कि उसे लगता था कि मंदिर के परिसर में होनेवाली गतिविधियों को देखते हुए उसे और भी तरह के अनैतिक क्रियाकलापों के प्रमाण मिले। इसमें 'अपने देवताओं के गुप्त प्रेम-संबंधों का वर्णन करते हुए अश्लील गीत' गाना भी शामिल था। मूर्ति के सामने रखे रथ पर मुख्य पुरोहित बैठता था और लोगों के कानों में 'अपने अश्लील गीतों के बोल' सुनाता था और लोग 'उसी शैली में थोड़ी-थोड़ी देर में प्रतिक्रिया दिखाते थे।' उसके बाद लगभग बारह साल के एक लड़के को देवता को उत्तेजित

[39] Ibid.: 27.

[40] Ibid.: 31.

[41] Ibid.: 21.

करने के लिए अपने हाव-भाव तथा अभिव्यक्तियों के जरिये 'कुछ और अधिक कामोत्तेजक' कार्य करने के लिए प्रेरित किया गया।[42] जब इन तथ्यों पर उसे चुनौती दी गई और पूछा गया कि उसे कैसे पता चला कि क्या कहा गया क्योंकि वह तो उस भाषा से अनभिज्ञ था तो बुकानन ने जवाब दिया कि उस भाषा के उसे दो अनुवाद प्राप्त हुए। एक तो उस 'पुरोहित के अभद्र हाव-भाव से' जिसका रवैया उसके शब्दों को सहज ही बयान कर रहा था, और दूसरे उसको घेरे हुए उसके सेवकों से 'जो उसके द्वारा कहे गए एक-एक शब्द का अनुवाद कर सकते थे'।[43]

इस प्रकार, कुछ हिंदुओं के लिए जगन्नाथ कृष्ण का ही दूसरा रूप थे। हितकारी और प्रसन्नचित्त, लेकिन बुकानन के लिए वे 'रक्त और अश्लीलता' के प्रतीक थे।[44] अपने यूरोपीय पाठकों के सामने इसे स्पष्ट रूप से रखने के लिए उसने जगन्नाथ की पूजा की तुलना ओल्ड टेस्टामेंट के देवता मोलोक तथा बैकस के प्राचीन त्योहार से की जिनमें उसके मुताबिक 'वैसी ही अश्लीलताएं, वैसी ही रक्तपाती प्रथाएं और प्रजनन संबंधी वैसे ही प्रतीकों' का प्रयोग होता था।[45]

यद्यपि बुकानन ने अपने *Memoirs* में एक ही बार 'हिंदुइज्म' शब्द का प्रयोग किया है, और पुरी जाने से पहले वह ज्यादातर इस बात से सहमत होता हुआ प्रतीत नहीं होता है कि हिंदू धर्म के रीति-रिवाजों में कोई संरचनात्मक एकता या समरूपता थी। ग्रांट और उन्नीसवीं सदी के पूर्वार्ध के ज्यादातर प्रोटेस्टेंट मिशनरियों की तरह वह भी इसके एकीकृत स्वरुप को अस्वीकार करने में बिलकुल स्पष्ट था। उदाहरण के लिए, ओपनर *Memoirs* में हिंदुओं के बीच विभिन्न प्रकार की आस्थाओं के बारे में बताते हुए वह कहता है कि हिंदुस्तान में ब्राह्मणवादी विश्वास का ऐसा कोई धर्मतंत्र नहीं था जो किसी सिद्धांत पर आधारित हो और भ्रांतियों से मुक्त किसी प्रमुख द्वारा निर्देशित हो।[46] उसने लिखा 'उनका कोई चर्च राजनीति, चर्च सरकार, धर्मसभा या सम्मलेन नहीं है'। हिंदू स्कूलों की शिक्षा बिलकुल भिन्न है। 'बनारस शिक्षा के लिए अन्य स्कूलों से अधिक प्रसिद्ध है। लेकिन बनारस का एक ब्राह्मण या कलकत्ता का ब्राह्मण, हिंदुस्तान के किसी भी दूसरे क्षेत्र के ब्राह्मण का कोई क्षेत्राधिकार स्वीकार नहीं करता'। उसने पूरी दृढ़ता के साथ कहा कि ब्राह्मणवादी प्रणाली केप कोमोरिन से लेकर तिब्बत तक 'गणतंत्रवादी थी या बेहतर कहें तो अराजकतावादी थी'। एक क्षेत्र का ब्राह्मण अपने सिद्धांतों और रिवाजों में अक्सर दूसरे क्षेत्रों के ब्राह्मण से भिन्न था।[47]

[42] Ibid.: 36.

[43] Buchanan 1814 (p. 20) में Charles Buller M.P. के वक्तव्य का जवाब देते हुए पत्र 1.

[44] Buchanan 1811: 27.

[45] Buchanan 1814: 35.

[46] Davidson 1990, Appendix: 25–6.

[47] देखें सन् 1806 में अपने एक मित्र को पत्र लिखते हुए बुकानन की टिप्पणियां जिसमें उसने कहा कि 'केवल हिंदुस्तान में ही बहुत विभिन्न प्रकार के धर्म हैं; और कुछ कबीले हैं जिनमें कोई जाति नहीं या कोई धर्म है ही नहीं.' (Pearson 1819, Vol. 1: 394).

पहले की गई इन टिप्पणियों को देखते हुए थोड़ा आश्चर्य होता है कि पुरी की यात्रा के बाद बुकानन ने इस बात पर बल देना शुरू कर दिया कि उसने वहां जो कुछ देखा वह वस्तुतः पूरे 'हिंदुस्तान' में सामान्य रूप से प्रचलित व्यवहारों और रवैयों का सांकेतिक स्वरुप और एक महत्त्वपूर्ण सूचक है। उसने अपनी डायरी में लिखा, जिस तरह वह 'वीभत्स समारोह' जारी रहा, मैंने सोचा 'यही है हिंदुस्तान के ब्राह्मणों की पूजा! और उनकी पूजा का अपना चरम उत्कर्ष...तब क्या!' उसने पूछा, 'क्या हम उनके निजी व्यवहारों के बारे में और उनके नैतिक सिद्धांतों के बारे में सोचेंगे? क्योंकि यह भारत के लिए जितना सच है उतना ही यूरोप के लिए भी है; अगर आप लोगों का हाल जानना चाहते तो मंदिर का हाल भी देखिए'।[48] संभवतः वह अपनी यात्रा से बहुत प्रभावित था और 'रक्तपात तथा असभ्यता' पर चोट करने का दृढ़ निश्चय करने के कारण उसने मामले को थोड़ा बढ़ाकर कहा। और ऐसा करते हुए वह भारतीय धार्मिकता में एक प्रकार की एकता और एक ही सार तत्व होने के विचार को प्रतिपादित करनेवालों में से एक बन गया। उसके विवरण का मूल संदेश और प्रमुख तथ्य यह था कि जगन्नाथ का महोत्सव अपने आप में कोई अलग धार्मिक रिवाज़ का हिस्सा नहीं था, बल्कि सामान्य रूप से ब्राह्मणवादी धर्म में बड़े पैमाने पर क्या कुछ चल रहा है उसका यह एक स्पष्ट संकेत देता था। और इसलिए उसके वर्णन का प्रभाव और अधिक पड़ा। धीरे-धीरे जगन्नाथ पूरे भारत भर में हिंदू प्रणाली के भयावह और बदतरीन पहलुओं का प्रतीक बन गया। इसके अतिरिक्त इसे एक विभ्रमित नीति के स्पष्ट उदाहरण के रूप में भी देखा गया। ऐसी नीति जिसके तहत ईस्ट इंडिया कंपनी हिंदू तीर्थयात्रा और पूजा पद्धति में निहित बुराइयों को और अधिक बढ़ावा देता था। इसलिए जो लोग सरकार के 'मूर्ति पूजा से संबंध' पर चोट करना चाहते थे, उनके लिए बुकानन का विवरण और अधिक विस्तृत रूप से फैली बीमारी का एक उपयोगी दृष्टांत था।

बुकानन का जीवनवृत्त लिखनेवाले के अनुसार, *Researches* की प्रसार-संख्या बहुत अधिक थी। 1,700 प्रतियों का पहला संस्करण तुरंत खत्म हो गया और उस साल के अंत तक तीन और संस्करण छापे गए।[49] एक साल बाद सन् 1812 में इस पुस्तक का ग्यारहवां संस्करण छप चुका था। इसके अतिरिक्त उसमें बुकानन के मंदिर जाने के बारे में जो विवरण था, उसमें से उद्धरण निकालकर मिशनरी की पत्रिकाओं में प्रकाशित किया जाता था। सी.एम. एस. की ओर से प्रकाशित *Missionary Register* के संपादक ने अपनी टिप्पणी में लिखा, 'डॉक्टर बुकानन ने अपने क्रिश्चन रिसर्चेज में इस मूर्ति (जगन्नाथ) की पूजा में उपस्थित होकर जिस घृणा भाव का अनुभव किया और उसका प्रभावशाली दृष्टांत प्रस्तुत किया है, इसका

[48] उसकी Apology भी देखें, जिसमें उसका कहना है कि हिंदू पूजा पद्धति में लिंग पूजा का काफी प्रचलन है. उसने Sonnerat में एक उद्धरण के बारे में लिखा, 'लिंग पूजा में हिंदू त्रिदेव ब्रह्मा, विष्णु और शिव आते हैं. आधार ब्रह्मा का है, विष्णु का योनि और शिव का लिंगम है' (Buchanan 1814: 37).

[49] Pearson 1819, Vol. 2: 247.

काफी विस्तृत तथा गहरा असर पड़ा है।'[50] सन् 1811 में *Baptist Magazine* और सन् 1814, 1816 तथा 1817 में सी.एम.एस. के *Missionary Papers* में भी बुकानन के विवरण से कुछ उद्धरण छापे गए। इनमें से ज्यादातर प्रकाशनों में मंदिर के रथ के भी चित्रण संलग्न थे और उनको इस तरह से प्रदर्शित किया गया जिससे उसका तात्पर्य यही निकलता था कि पुरी में जो कुछ हो रहा था, वह बाकी जगहों पर भी वैसी ही घटनाओं के होने का सूचक था।[51] मिशन के क्षेत्र में नियुक्ति पाने के इच्छुक युवाओं के पत्रों तथा आवेदनों में भी बुकानन के कार्यों का प्रभाव झलकता था। लगभग 1820 से लेकर 1840 के बीच के काल में सी.एम.एस. तथा लंदन मिशनरी सोसाइटी (एल.एम.एस.) में सेवाओं के लिए प्राप्त आवेदनों से प्रकट होता है कि उन दिनों आवेदनकर्ताओं द्वारा सबसे अधिक पढ़ी जानेवाली पुस्तकों में बुकानन के जीवनवृत्त और उसकी *Researches in Asia* थी।[52] हिंदू धर्म के बारे में प्रमुख धारणा बनाने में बुकानन के विचारों की भूमिका और उसका प्रभाव अधिकतर सामान्य मिशनरी विवरणों में भी देखने को मिलता है। उदाहरण के लिए, सन् 1839 में प्रकाशित एलेग्जेंडर डफ़ की प्रभावशाली पुस्तक *India and India Missions* में बुकानन के विवरणों का प्रभाव स्पष्ट झलकता है। जब कलकत्ता की ओर उसका जहाज बढ़ रहा था, उस समय दूर क्षितिज पर पहली बार पुरी का मंदिर जैसा नजर आया था उसको याद करते हुए तथा बुकानन एवं अन्य लेखकों के विवरणों पर अपने विचार व्यक्त करते हुए डफ़ का कहना था कि अगर यात्री यह सोचता है कि उसने न केवल 'सबसे बुरा देख लिया बल्कि सब कुछ देख लिया' तो अफसोस कि वह गलत सोचता है: क्योंकि महत्त्वपूर्ण तो इस सच्चाई को समझना था कि जगन्नाथ की पूजा जो 'नृशंसता और व्यभिचार' का प्रतीक थी, वह केवल पुरी तक ही सीमित नहीं थी बल्कि पूरे बंगाल के मंदिरों में उसी विधि से पूजा की जाती थी। 'इसलिए महज सैकड़ों या हजारों में नहीं, बल्कि शब्दशः लाखों की संख्या में लोग रंगरेलियां मनाते थे, ये इतने व्यभिचारों में लिप्त और रक्तरंजित होते थे कि इनकी तुलना में हम रोम तथा यूनान के सुरादेवोत्सव को भी प्रायः निष्पाप और निर्मल कह सकते हैं !'[53]

[50] MR July 1817: 74.

[51] उदाहरण के लिए देखें MP, No. 7, Michaelmas 1817, जिसमें बुकानन की लिखी बातों को उद्धृत किया गया है, 'और तब मैंने यह सोचा कि यही है हिंदुस्तान के ब्राह्मणों की पूजा !' और यहां पर वह अपने 'हीथेन वर्ल्ड में मोलोख के फैले हुए विस्तृत साम्राज्य में लंबे काल तक चिंतन' का भी संदर्भ देता है.

[52] CMS Archives. CMS Committee Minutes, G/C1, Vol. 2, Seagar, 1/1/1830; W. Hawkins, 1/3/1831; R. Morewood, 8/6/1830; G/Ac3, Answers to Prited Questions, B.La Roche, 11/10/1820; J.Marsh, 18/5/1825. CWM Archives, LMS Candidates Papers, Answers to Printed Questions, Box 26.S. Martin, 22/4/1836, Fol. 2: 424; R. Thompson 30/11/1836, Fol.2. 272; H. Dickson, 3/3/1837, Fol. 3, 410; G.M. Jackson, 21/7/1840, Fol. 6, 452; R. Logan, 2/9/1840, Fol. 6, 430.

[53] Duff 1840: 221–24.

बिशप हेबर और हिंदू धर्म

हिंदू धर्म के समक्ष प्रोटेस्टेंट मिशन की वकालत करनेवाला और एक महत्त्वपूर्ण विचार प्रस्तुत करनेवाला तीसरा व्यक्ति रेजिनॉल्ड हेबर था जो सन् 1822 से 1826 के बीच कलकत्ता का बिशप रह चुका था। हालांकि हिंदू धर्म पर लिखने और टिप्पणी करने के कारण इस विषय पर उसके विचार खासतौर पर महत्त्वपूर्ण थे, परंतु उसका महत्त्व केवल इसी बात के लिए नहीं बल्कि कुछ और भी वजह थी। उसकी लेखनियों को पढ़कर हमें मालूम होता है कि भारत में प्रोटेस्टेंट मिशनों के विस्तार की वकालत करनेवाले और हिंदू धर्म पर लिखनेवाले सभी लोग अनिवार्य रूप से इंजीली नहीं थे। दूसरे शब्दों में, हिंदू धर्म पर उसकी टिप्पणियों को पढ़कर गैर-इंजीली समेत सभी प्रोटेस्टेंटों की अवधारणाओं की सीमाओं तथा मानदंडों के बारे में हमें बेहतर अंतर्दृष्टि मिलती है और हम उन्हें बेहतर ढंग से समझ पाते हैं। पाठकों की दृष्टि में हेबर के प्रकाशन अन्य प्रोटेस्टेंट दृष्टिकोणों से कितना अलग विवरण प्रस्तुत करते हैं? जैसा कि उसके आरंभिक पत्र-व्यवहारों से स्पष्ट होता है, हेबर 'उस घृणित दलगत भावना'[54] के प्रति आलोचनात्मक दृष्टि रखता था जो उसे खासतौर पर इंजीलियों में नजर आती थी। इसी भावना से प्रभावित होकर कभी-कभी वह उन ईसाईयों का मूल्यांकन करते हुए संकीर्ण दृष्टि रखता था जो उनके दृष्टिकोणों से सहमत नहीं होते थे।[55] हेबर का अपने आरंभिक वर्षों से ही मिशन के प्रति लगाव रहा था। उसने इस दलीय भावनाओं के पक्षपातपूर्ण रवैये को दूर करने की आवश्यकता को बड़ी दृढ़ता से महसूस किया। इसलिए वह चाहता था कि इंजीलियों के साथ-साथ गैर-इंजीली मिशनरी सोसाइटियों को भी प्रोत्साहन मिले। उसने सोसाइटी फॉर द प्रोपगेशन ऑफ द गॉस्पेल (एस.पी.जी.), सी.एम.एस. और बाइबिल सोसाइटी की बैठकों में वक्तव्य दिए और कलकत्ता के बिशप पद पर नियुक्ति के बाद अपने सबसे करीबी मित्रों में से एक होर्टन विल्मोट को बिशप के रूप में तथा सभी मिशनरियों के साथ मिलकर काम करने की उदार मनोवृत्ति रखनेवाले 'प्रथम मिशनरी' के रूप में अपनी भूमिका के बारे में बड़े उत्साह के साथ पत्र लिखा।[56] इसलिए अपनी दृष्टि में वह इंजीली समूह प्रोटेस्टेंट परंपरा से कहीं अधिक विस्तृत दायरा रखता था। अतः हिंदू धर्म पर उसके विचारों को उसी दृष्टि से देखना चाहिए। उसके विचार एक ऐसे व्यक्ति के विचार थे जो उन लोगों से खुद को ज्यादा करीब महसूस करता था जिन्होंने बाद में 'ब्रॉड चर्च' दृष्टिकोण का विकास किया।

सन् 1823 में कलकत्ता के द्वितीय बिशप पद पर प्रतिष्ठित होने के बाद नए-नए संगठित धर्म प्रदेश के पूरे क्षेत्र में इंजीली गिरजाघर संबंधी प्रतिष्ठान का निरीक्षण करना हेबर की

[54] A. Heber 1830, Vol. 1: 492.

[55] Ibid.: 359, 526.

[56] Ibid., Vol. 2: 116. उसके द्वारा Wynn को लिखे पत्र भी देखें, Vol. 2: 106.

एक अत्यंत महत्त्वपूर्ण जिम्मेदारी थी। इस धर्म-प्रदेश में भारत तो शामिल था ही, इसका विस्तार सुदूर दक्षिण में न्यू साउथ वेल्स के ब्रिटिश उपनिवेश तक फैला था। हेबर यूरोपीय सभाओं के धार्मिक कल्याण के लिए जिम्मेदार पादरियों और पुरोहितों के निरीक्षण और प्रबंधन के अतिरिक्त भारत की तीन प्रेसिडेंसियों में इंजीली मिशनों का 'संचालक' भी था।[57] इतना ही नहीं, सोसाइटी फॉर द प्रोमोशन ऑफ क्रिश्चन नॉलेज (एस.पी.सी.के.), एस.पी.जी. और सी.एम.एस. से संबंधित मिशनरियों और अधिकारियों के आचार-विचार, नियम और नैतिकताओं को प्रभावित करनेवाले निर्णयों के लिए भी वह उतना ही जिम्मेदार था। ये संगठन, जैसा कि हमने पहले भी देखा है, पूरे इंजीली धर्मवैज्ञानिक वर्णपट पर फैले हुए हैं। इस तरह से हेबर की काफी शक्तिशाली और प्रभावपूर्ण स्थिति थी। सन् 1826 में असमय मृत्यु हो जाने से पहले एक छोटी सी अवधि में ही हिंदू धर्म और ईसाई धर्म से संबंधित विभिन्न प्रकार के विषयों पर उसके विचार लिए जाते रहे। इन सबके अतिरिक्त जाति की समस्या भी कुछ कम नहीं थी। साथ ही सवाल यह भी था कि अन्य हिंदू रीति-रिवाजों को कहां तक ईसाई गतिविधियों और पूजा प्रणाली में आत्मसात करने की प्रक्रिया को जारी रखा जाए।

परंतु हिंदू धर्म के बारे में हेबर की समझदारी और मूल्यांकन का महत्त्व केवल इसलिए नहीं था कि बिशप के पथप्रदर्शक पद पर रहते हुए मिशनरियों और पादरियों के फायदे के लिए हिंदू धर्म से संबंधित विषयों के बारे में उनको दिशा निर्देश देने की उससे उम्मीद की जाती थी, बल्कि इसलिए भी था कि अपनी काफी पढ़ी जाने वाली विवरणिका *Narrative of a Journey through the Upper Provinces of India from Calcutta to Bombay, 1824–1825* में उसने इस विषय के काफी संदर्भ दिए हैं। इस विवरण की पुष्टि सन् 1825–26 में उसकी सीलोन और दक्षिण भारत की यात्रा के छोटे से विवरण से हुई थी। सन् 1971 में प्रकाशित इस डायरी से कुछ चुने हुए उद्धरणों के परिचय में लेयर्ड ने लिखा है कि यह डायरी समकालीनों द्वारा 'काफी पसंद की गई' थी।[58] सन् 1828 में ही इसके तीन संस्करण छापे गए। फिर सन् 1829 में चौथा और 1844 में पांचवां संस्करण छपा। *Edinburgh Review* ने इसे 'हमारे भारतीय साम्राज्य की वास्तविक स्थिति और परिस्थिति पर अभी तक पूरे विश्व में उपलब्ध प्रकाशनों में सर्वाधिक शिक्षाप्रद और महत्त्वपूर्ण प्रकाशन' बताया। और *Quarterly Review* ने इसे 'इस भाषा की सबसे दिलचस्प पुस्तकों में से एक' माना। पूर्व गवर्नर जनरल और बोर्ड ऑफ कंट्रोल के सदस्य सर जॉन शोर ने हेबर द्वारा भारतीय मामलों के बारे में 'बारीक पर्यवेक्षण, विस्तृत जानकारी और सतह से बिलकुल नीचे तक' जाकर जांच-पड़ताल करने के लिए उसकी प्रशंसा की।

[57] R. Heber 1828, Vol. 3: 391.

[58] Laird 1971: 35.

हेबर के लिए यह डायरी केवल अनुसंधान और पूर्व की ओर यात्रा से संबंधित विवरणों का परिणाम नहीं थी, बल्कि एक धर्माध्यक्ष की हैसियत से निरीक्षण और देश भ्रमण का परिणाम थी जिसके तहत उसने देश के विभिन्न भागों में बिखरे नए-नए इंजीली समुदायों तक पहुंचकर उनकी सहायता करने का प्रयास किया था। इस उद्देश्य से उसने जहाँ तक संभव हुआ ऐसी जगहों पर जाकर इंजीली मिशनरियों में प्रवचन देने का प्रयास किया जहाँ पर रविवार को भक्त मंडलियों की संगत होती थी। प्रवचन, चर्चों और कब्रिस्तानों का पवित्रीकरण तथा नामकरण संस्कार (baptism) और दृढ़ीकरण संस्कार (confirmation) जैसे नियमित कर्तव्यों के अतिरिक्त वह अक्सर ईसाई स्कूलों का निरीक्षण करने जाया करता था और वहां पर लोगों को सलाह-मशविरा दिया करता था।

इस अध्याय के आरंभ में ही हमने देखा था कि उसकी इस डायरी का अधिकांश भाग उसकी पत्नी अमेलिया के लिए लिखा गया था जो अपने खराब स्वास्थ्य के चलते अंतिम समय में अपने पति के साथ यात्रा पर नहीं जा पाई थी। इसलिए यह कृति बुकानन की *Researches* और ग्रांट की *Observations* से इस दृष्टि से बिलकुल भिन्न है कि यह सार्वजनिक उद्देश्य से नहीं बल्कि निजी उद्देश्य से लिखी गई थी। इसका मकसद भारत में ईसाई धर्म को प्रोत्साहित करने की आवश्यकता के मद्देनजर और महत्त्वपूर्ण लोगों को इसे पढ़ने के लिए प्रेरित करने की दृष्टि से एक प्रचार साहित्य लिखना नहीं था। इंग्लैंड में कुछ प्रभावशाली नेताओं के साथ पत्राचार में उसके द्वारा लिखे गए कुछ उद्धरणों के विपरीत उसकी *Narrative* में प्रकाशित हिंदुओं और हिंदू धर्म पर उसकी टिप्पणियां एक ऐसे व्यक्ति को प्रतिबिंबित करता है जो अब भी सब कुछ समझने की कोशिश कर रहा है और सिर्फ तात्कालिक प्रतिक्रियाएं अभिव्यक्त कर रहा है। जबकि उन पत्रों में, प्रायः अपने स्थान की अहमियत को समझते हुए एक भावप्रवण वकील की टिप्पणियां थीं। उसके द्वारा की गई टिप्पणियां मुख्य रूप से एक ऐसे लेखक की टिप्पणियां थीं जो स्वयं हिंदू धर्म को समझना चाहता था, उसकी व्याख्या करना चाहता था। ऐसा वह सामान्य पाठकों के उद्देश्य से या उनके लाभ के लिए नहीं, बल्कि स्वयं और अपनी पत्नी के संतोष के लिए करने की कोशिश कर रहा था।

हिंदू धर्म के साथ-साथ भारत और यहां के लोगों के बारे में जानने की इच्छा से अपने ज्ञान को और अधिक विस्तृत और गहरा करने के लिए बिशप को न तो दीर्घकालिक आवास की सुविधा प्राप्त थी, न किसी स्थानीय भाषा की अच्छी जानकारी थी और न ही विभिन्न हिंदू ग्रंथों की कोई जानकारी थी। अन्य यूरोपीय यात्रियों की तरह वह भी जब पहली बार भारत आया तो अपने साथ अपने विचार और पूर्वधारणाएं लेकर आया और ज्यादातर यहां पर दुभाषियों और अपने आस-पास के लोगों के विचारों तथा सलाहों पर ही निर्भर रहा। उसको जानकारी देनेवालों में ब्रिटिश अधिकारी जैसे गवर्नर, रेजिडेंट, कलेक्टर, मजिस्ट्रेट और

उसका चिकित्सकीय परिचारक डॉक्टर स्मिथ तो थे ही, इनके अलावा मिशनरी और पादरी भी थे जैसे, उसका मित्र आर्चडीकिन कोरी, जो बंगाल और उत्तरी भारत में पचास सालों से अधिक समय तक मिशनरी और चैपलिन के रूप में कार्यरत रहा।[59] लेकिन इनके साथ ही बिशप की जानकारी के लिए उपलब्ध भारतीय स्रोत भी काफी विश्वसनीय थे। अपनी यात्रा के अंतिम दौर तक वह थोड़ी-बहुत हिंदुस्तानी बोलने भी लगा था, परंतु सामान्य जानकारियों तथा सलाह के लिए वह अपने साथ आए संगी-साथियों पर ही निर्भर करता था। खासतौर पर अब्दुल्ला नाम का उसका गाइड लगभग पूरी यात्रा के दौरान उसके साथ रहा। अब्दुल्ला आर्चडीकिन द्वारा इस्लाम से धर्मांतरित व्यक्तियों में से था। बिशप की दृष्टि से वह काफी बुद्धिमान और 'अत्यधिक जानकार' व्यक्ति था। वह अक्सर बिशप के लिए दुभाषिये का काम करता था। लोगों की धार्मिक और सामाजिक परिस्थितियों से संबंधित विषयों पर सामान्य ज्ञान और जानकारी प्राप्त करने के एक स्रोत के रूप में वह हेबर का सबसे अधिक अनुकूल और लंबे समय तक साथी रहा। इस प्रकार बुकानन तथा अन्य मिशनरियों की तरह हिंदू धर्म पर हेबर का ज्ञान भी अपने कुछ प्रत्यक्ष अवलोकनों को छोड़कर, कम-से-कम कुछ हद तक भारतीय और साथ-ही-साथ यूरोपीय स्रोतों पर ही आधारित था।[60]

हेबर की 'नैरेटिव' में हिंदू धर्म

हेबर की *Narrative* और ग्रांट की *Observations* के बीच सबसे प्रमुख अंतर लोगों के चरित्र के बारे में उनके विचारों से संबंधित है। लेयर्ड ने हेबर के आरंभिक विवरणों में यह गौर किया है कि रूस की यात्रा के दौरान हेबर 'जिन लोगों से मिला उनके बारे में अच्छा नजरिया रखने में उसने यथासंभव तत्परता दिखाई'।[61] गर्मजोशी और उदारता का वही जज़्बा उसके पूरे उत्तरी और दक्षिणी भारत की यात्रा के दौरान दिए गए विवरणों में दिखाई पड़ता है। जहाँ ग्रांट ने हिंदुओं की 'नैतिक मूल्यहीनता' और 'निर्लज्ज स्वार्थ' पर बल दिया, वहीं हेबर ने उनलोगों के चरित्र और व्यवहार में वो खूबियां पाईं जिनको वह पसंद करता था। वास्तव में

[59] गंगा के मैदानों में एंग्लिकन मिशन के एक प्रभावशाली संस्थापक के रूप में कोरी ने बहुत सारे धर्मांतरित लोगों का नामकरण संस्कार किया और उस क्षेत्र के राजनीतिक, सामाजिक और धार्मिक गतिविधियों के बारे में वह बहुत अच्छी जानकारी रखता था. हेबर के अपने शब्दों में, Corrie 'अपनी मनोहारी शैली में, उनके साथ धार्मिक विषयों पर सरल अंदाज में बातचीत करते हुए, हिंदुस्तानियों के बारे में उसका सटीक ज्ञान और उनके अपने प्रबुद्ध लोगों के बीच सर्वाधिक विवादित विषयों के बारे में उसका ज्ञान' 'बनारस के पंडितों तथा syud (सैय्यद) और अन्य आगरा के शिक्षित मुसलमानों के बीच बहुत पसंद किया जाता था जो उससे अधिकांशतः विचारों में भिन्नता रखते हुए भी प्रायः उसके साथ बातचीत करना पसंद करते थे'. (R. Heber 1828, Vol. 3: 339).

[60] अब्दुल्ला की टिप्पणियों और सलाह के संदर्भ के लिए देखें R. Heber 1828, Vol. 1 (pp. 125, 161, 164, 174–75, 205, 230, 248, 305, 310, 421) or Vol. 2 (pp. 126, 208, 341).

[61] Laird 1971: 17.

उसका मानना था कि भारतीय लोगों को अक्सर गलत समझा जाता रहा है। दिसंबर 1823 को होर्टन को एक पत्र में उसने लिखा, 'कुछ लोगों ने हिंदुओं के बारे में ऐसी छवि प्रस्तुत की है जैसे वे आमतौर पर निकम्मे और चरित्रहीन होते हैं, पर मैं किसी भी हाल में इससे सहमत नहीं हूँ। बेशक वे लोग स्वभाव से सौम्य, प्रसन्नचित्त और बुद्धिमान नस्ल के हैं; मितव्ययी हैं; और अगर उनको कुछ करने को कहा जाए तो वे पूरी लगन और मेहनत से उसे पूरा करते हैं।'[62] जिन सिपाहियों के बीच वह घूमा उनकी भलमनसाहत और उदार भाव, रिश्तेदारों के प्रति उनका चिंता भाव और भिखारियों को भीख देते समय आम लोगों की उदारता और तत्परता- इन सबका उल्लेख हेबर ने अपनी पत्रिका में किया है।[63] मार्च सन् 1825 में उसने अपने पुराने मित्र विलियम वेन, जो बोर्ड ऑफ कंट्रोल का प्रेसिडेंट था, को पत्र लिखा,

> अब तक जितने लोगों से मैं मिला हूँ, जहाँ तक उनके स्वाभाविक चरित्र का संबंध है, कुल मिलाकर मेरे विचार काफी सकारात्मक हैं। दुःख की बात है कि उनमें दुश्चरित्रता अपनी दासता, समाज की अव्यवस्थित स्थिति और धर्म की अनैतिक तथा भ्रांतिपूर्ण प्रणालियों के फलस्वरूप उत्पन्न होती है।[64]

इस तरह से जहाँ ग्रांट और कुछ इंजीली मिशनरी, लोगों के व्यवहार और रवैये में गलतियों का कारण ढूंढते हुए उनकी एक ही तरह से व्याख्या करते थे, वहीं हेबर उनकी व्याख्या करते समय उनकी जटिलताओं और भिन्नताओं को समझते हुए उनपर बल देता था। अपने पत्र में और अन्य स्थानों में भी उसने इस बात पर बल दिया कि उनकी असफलताओं के कई कारण थे और हिंदू धर्म उनमें से केवल एक कारण था। उनके आचार-व्यवहार तथा रवैयों पर उनकी राजनीतिक, आर्थिक और अन्य परिस्थितियों का भी प्रभाव था।[65]

लेकिन यहां के लोगों के प्रति अच्छी भावना रखते हुए भी धीरे-धीरे हेबर के मन में उनके धर्म को लेकर विक्षोभ बढ़ता चला गया। वास्तव में, हिंदू चरित्र के प्रति उसकी सराहनापूर्ण दृष्टि के साथ उसकी वो टिप्पणियां मेल नहीं खातीं जो उसीके शब्दों में, असली 'भयानक' धार्मिक प्रणाली के लिए उसने की थीं। दूसरे शब्दों में, हिंदू लोग अपने धार्मिक विश्वास और रीति-रिवाजों के कारण नहीं बल्कि इनके बावजूद प्रशंसनीय थे।

आमतौर पर देखा जाए तो हिंदू धर्म के बारे में हेबर की समझदारी उसके समकालीन इंजीलियों से बहुत भिन्न नहीं थी। सन् 1823 में भारत आने से पहले उसने हिंदू धर्म पर सर विलियम जोंस के विचार पढ़े थे। और बंगाल के प्राच्यविदों, जेसुइटों तथा अन्य बहुत

[62] A. Heber 1830, Vol. 3: 254.

[63] R. Heber 1828, Vol. 1: 225; Vol. 2: 98, 115.

[64] Ibid., Vol. 3: 333.

[65] Ibid., Vol. 1: 294, 311.

सारे आरंभिक ब्रिटिश प्रोटेस्टेंट मिशनरियों की तरह उसने भी इसी विचार को स्वीकार किया कि हिंदू धर्म एक अलग प्रणाली है। इस धर्म की अपनी सीमाएं हैं और अलग प्रकार के रीति-रिवाज और विश्वास हैं। उसने 'हिंदुइज्म' शब्द का प्रयोग किया।[66] उसने इसे एक 'पंथ' भी बताया। 'हिंदू आस्था', एक 'प्रणाली' या यहां तक कि 'भारत के अंधविश्वास' ये सभी संदर्भ और अवधारणाएं किसी-न-किसी प्रकार से हिंदू धर्म की एकता के विचार को रेखांकित करती हैं। हिंदू धर्म या फिर जिसे वह कभी-कभी 'ब्रह्मा का धर्म' भी कहता था, निश्चित रूप से कबिलाइयों के धर्म से बिलकुल अलग था। जैसे बर्धवान में वह 'पहाड़ियों' (Puharrees) से मिला था[67] और पश्चिमी भारत में भीलों से।[68] वह कहता है कि 'बौद्ध धर्म' 'ब्राह्मणवादी' पूजा पद्धति से भिन्न था।[69] जैन 'संप्रदायवादियों का एक दल' था जिन्हें 'हिंदू' घृणा से देखते थे। यहां 'हिंदू' शब्द का प्रयोग हेबर ने धार्मिक अर्थ से किया था।[70] इसके अतिरिक्त जैसे प्राच्यविदों और अन्य प्रोटेस्टेंट अनुयायियों के साथ हुआ था, वैसे ही हिंदू धर्म और ब्राह्मणवाद का सम्मिश्रण हो गया था। इस प्रकार हिंदू 'ब्रह्मा के उत्साही धर्मानुयायी',[71] 'ब्रह्मा के उपासक'[72] या 'ब्राह्मणवादी आस्था' में विश्वास प्रकट करनेवाले[73] हो सकते थे। हेबर की लंबे समय से यह दृढ़ धारणा थी कि 'हिंदू परमेश्वर और परमपिता का संबोधन कृष्ण (या किसी अन्य देवता) के लिए नहीं बल्कि ब्रह्म (Brihm) के लिए करते थे'।[74] प्रायः इसी विचार पर आधारित होने के कारण हेबर हिंदू धर्म की ब्राह्मणवादी प्रकृति पर बल देता था। यह बात उसने स्वामी नारायण के साथ अपनी बातचीत में भी स्वीकार की थी। दूसरे शब्दों में, सर विलियम जोंस की तरह उसका भी यही विश्वास था कि सभी हिंदू एकेश्वरवादी होते थे और चाहे जितने भी प्रकार की मौलिक आस्थाएं और रीति-रिवाज हों, सबके अंदर अंतर्निहित एक विश्वास था कि इन सबके ऊपर एक ही परम ब्रह्म (Brihm) था। इसी विचार पर आधारित बिशप की यह धारणा थी कि पूजा की जो भी लोकप्रिय पद्धति थी वह उसी ब्राह्मणवादी प्रणाली का एक हिस्सा थी। लेकिन जब वह रामगढ़ (Ramghur) के

[66] उसके द्वारा 'हिंदुइज्म' शब्द के प्रयोग को देखने के लिए देखें R. Heber 1828, Vil. 1: 351, 410; Vol. 2: 327; और Vol. 3: 17, 36; उसके द्वारा हिंदू धर्म को एक 'पंथ' कहे जाने के संदर्भ के लिए देखें, Vol. 1: 379, 433–34; 'एक आस्था' के रूप में, Vol. 1: 380; एक 'प्रणाली' के रूप में, Vol. 3: 36; और 'ब्रह्मा के धर्म' के रूप में, Vol. 2: 495.

[67] Ibid., Vol. 1: 279.

[68] Ibid., Vol. 2: 495.

[69] Ibid., Vol. 1: 184.

[70] Ibid.: 385.

[71] Ibid.: 379.

[72] Ibid., Vol. 2: 425.

[73] Ibid., Vol. 1: 279.

[74] Ibid., Vol. 3: 38–9.

आस-पास भ्रमण कर रहा था तो उसने गौर किया, कि वहां पत्थर पर भद्दे ढंग से उकेरे हुए 'ब्राह्मणवादी देवताओं के चित्र' मौजूद थे जो उसके मुताबिक 'मूर्ति पूजा' से बिलकुल स्पष्ट रूप से संबंधित थे और उसी एक ब्राह्मणवादी प्रणाली का हिस्सा थे।[75]

हिंदू धर्म के बुनियादी ढांचे से संबंधित कुछ प्रश्नों पर हेबर अपने बहुत से समकालीनों के साथ सहमति की प्रवृत्ति रखता था, जिनमें प्रोटेस्टेंट मिशनरी भी आते थे और इनकी संख्या लगातार बढ़ती ही जा रही थी। इनका यही मानना था कि पूरे भारत में जड़ें फैलाए हिंदू धर्म की समान रूप से एकीकृत और ब्राह्मणवादी प्रणाली थी। हालांकि इसकी मूलभूत कमियों के बारे में वेबर का आकलन बुकानन और ग्रांट की धारणा से भिन्न था। यह सत्य है कि ये सब यही समझते थे कि हिंदू धर्म या ब्राह्मणवाद को नैतिक समर्थन देना असंभव था। परंतु वास्तव में इसका क्या मतलब था? इसकी आलोचना करते हुए जो तर्क प्रस्तुत किए जा रहे थे क्या वे वस्तुतः उन्हीं मूल्य प्रणालियों को अभिव्यक्त करते थे? या फिर हिंदू धर्म में मूलभूत कमियों के बारे में ये सभी भिन्न मत रखते थे?

भारत आने के छः महीने बाद मार्च सन् 1824 में वेबर ने अपने एक पुराने विश्वासी मित्र विल्मोट को एक पत्र लिखा जिसमें उसने हिंदू धर्म पर व्यापक अभियोग प्रस्तुत किए।

> अब तक मूर्ति पूजा प्रणालियों के बारे में जितना भी पढ़ा या सुना है, हिंदुओं के धर्म के बारे में जानकारी हासिल करने के लिए मैंने जो थोड़ी-बहुत मेहनत की है, उससे लगता है कि वास्तव में देवता के प्रति इनका अमानवीय विचार सबसे बुरा है; अंतहीन भारी-भरकम त्योहारों के सिलसिले में, जो पूरा समय ले लेते हैं और चिंतन को बाधित करते हैं, अपने अनुयायियों में कोई रूचि विकसित नहीं करते या कोई दिशा-निर्देश नहीं देते; उन समारोहों के साथ उनकी अस्वच्छता और नृशंसता भरी गंदी हरकतों को न केवल अनुमति प्राप्त है बल्कि ये उनके अभिन्न अंग हैं; जाति व्यवस्था एक ऐसी व्यवस्था है जैसी किसी शैतान ने भी नहीं सोची होगी, ताकि सामान्य परोपकारिता की भावना ही नष्ट हो जाए, और मानव जाति का नौ-दसवां हिस्सा बाकि बचे इंसानों के दीनहीन दास बनकर रह जाएं; और नैतिकता की किसी लोकप्रिय प्रणाली का, या आम लोगों के लिए एक भी ऐसा शिक्षाप्रद प्रवचन जिससे वे सदाचारी जीवन व्यतीत कर सकें और एक-दूसरे का भला कर सकें, संपूर्ण अभाव है। मैं वास्तव में ये नहीं कहता कि उनके प्राचीन ग्रंथों में इस तरह के कुछ छिट-पुट ज्ञान उपलब्ध नहीं हैं; लेकिन इन ग्रंथों तक आम लोगों की न तो पहुंच है और न ही इनको पढ़ने का अधिकार सबको मिला हुआ है; और सामान्य रूप से किसी शूद्र को जिन पापों से बचना सिखाया गया है, उनमें आते हैं गो हत्या, किसी ब्राह्मण को अपमानित करना, या उन बहुत सारी विवेकहीन प्रथाओं में से एक की भी अवहेलना करना जिनसे कथित तौर पर उनके देवतागण प्रसन्न होते हैं।[76]

[75] Ibid., Vol. 2: 197.

[76] Ibid., Vol. 3: 354–55.

जाति के प्रश्न से अलग बिशप के प्रहार के मुद्दे का कुछ और आधार था, जिसे उसने बाद के विचार-विमर्शों में सामाजिक भेद-भाव कहा और इसलिए उसे हिंदू धर्म का हिस्सा नहीं माना। अगर जाति के प्रश्न को अलग कर दिया जाए तो 'हिंदू प्रणाली' की आलोचना उसने किस आधार पर की? उसकी दृष्टि में मूल्यों की क्या कसौटी या प्रणाली थी और सबसे ऊपर ये कि खास समस्याओं को वह कितना महत्त्व देता था? उदाहरण के लिए, देवताओं के लिए 'अमानवीय विचार', 'भारी-भरकम त्योहार', 'अस्वच्छता' और 'नृशंसता' जैसी सभी विशेषताएं क्या हिंदू धर्म की ही थीं? क्या ये सभी समान रूप से निंदनीय थीं या इनमें से कुछ पहलू बाकियों से अधिक दुखद थीं? एकबार फिर पाठक दर्पण के समक्ष खड़ा था—इस बार हेबर की आलोचनाओं की सूची उसकी अंग्रेजी ईसाईयत के संदर्भ में विकसित और परिमार्जित बुनियादी मूल्यों तथा प्राथमिकताओं को प्रतिबिंबित करती थी और अपनी समझ से उसने हिंदू धर्म के बारे में जो कुछ जानकारियां हासिल कीं, उनके अनुरूप थी।

यह उल्लेखनीय है कि आलोचनाओं की इस सूची में हिंदू धर्म की 'विवेकहीनता' या 'निरर्थकता' की कोई चर्चा नहीं है। जबकि यह 'हिंदू प्रणाली' की बौद्धिक व्यवहार्यता से संबंधित है और जिसने अन्य प्रोटेस्टेंट आलोचकों का ध्यान अपनी ओर आकर्षित किया था। इसके अतिरिक्त हेबर के अभियोग पत्र में लिखा गया 'अस्वच्छता की गंदी हरकतों' की चर्चा उसके *Narrative* में कभी प्रमुख मुद्दे की तरह नहीं आई। वास्तव में, वार्ड और बुकानन की तुलना में हिंदू मिथकों और मूर्तिकलाओं में लैंगिक अनैतिकता पर हेबर का कथन काफी संयमित था। जबकि खासतौर पर बुकानन ने जगन्नाथ की 'अश्लीलता' पर सरकारी अधिकारियों से काफी बहस की थी। अपनी यात्रा के बाद के विवरणों में जिन हिंदू औरतों को देखा, उनको 'विनम्र' बताया।[77] और एकबार उसने कहा कि उसकी सुरक्षा में तैनात सिपाही कभी-कभी 'असभ्य' होते थे।[78] आरंभ में कुछ आशंकित होते हुए भी उसे नाच करनेवाली औरतों में कुछ आपत्तिजनक नहीं लगा।[79] अंत में, हिंदू देवताओं से संबंधित 'गंदी अस्वच्छता' का संदर्भ देने के बावजूद हिंदू मूर्तिकला को देखते ही आक्रोश में आ जाने जैसी भावना उसके *Narrative* में देखने को नहीं मिलती जबकि कुछ अन्य प्रोटेस्टेंट विवरणों में यह प्रकट हो जाता है।

संभवतः हिंदू धर्म की 'विवेकहीनता' या अभद्रता या फिर सभी जीवात्माओं को अनंत नारकीय जीवन से मुक्ति दिलाने की उसकी क्षमता से कहीं अधिक जो चीज हेबर को विचलित करती थी वो यह कि अभी इस वर्तमान जीवन में उनमें संवेदना का संपूर्ण अभाव था। ईश्वर की रचना की संपूर्णता में उसका आनंद, सभी जीव-जंतुओं तथा प्रकृति के प्रति

[77] Ibid., Vol. 1: 225, 306.

[78] Ibid., Vol. 2: 487.

[79] Ibid.: 320.

उसका आदर भाव, जानवरों के साथ उसके लगाव में झलकता है। एक अभागा लावारिस कुत्ता जो हेबर के परिजन दल का हिस्सा बन गया था, बिशप उसे खाना देता था और वह कुत्ता कई दिनों तक उसके पीछे-पीछे शिविर में जाता रहा लेकिन देश की भयानक प्रपाती प्रकृति ने उसे रोक दिया। इस अभागे लावारिस कुत्ते की कहानी भी बिशप के जीव-जंतुओं से लगाव को प्रकट करती है। उसके संरक्षित जीवों में उसका मनपसंद घोड़ा काबुल, वह लावारिस कुत्ता और बाघ समेत सभी जानवर आते थे। वास्तव में, उसके मुताबिक, हिंदुओं का जीव-जंतुओं के प्रति दुर्व्यवहार उसे हिंदुओं के सबसे निराशाजनक पहलुओं में से एक लगा। मुंगेर से बक्सर की ओर जाते हुए उसका कहना था कि 'मुझे ऐसा लगता है कि जानवरों के प्रति हिंदुओं का कोमल दया भाव केवल गायों पर ही खतम हो जाता है; बैलों के लिए उनके मन में कोई दया भाव नहीं है- उनके साथ बड़ी कठोरता से व्यवहार करते हैं, लेकिन कलकत्ता के आस-पास मैंने जैसी नृशंसता देखी, वैसी यहां पर नहीं देखी।'[80] सन् 1823 में हॉर्टन को पत्र लिखते हुए इस बात पर आश्चर्य व्यक्त किया है कि हिंदू गाय या बैल को खाने के उद्देश्य से मारने को गंभीर अपराध मानते हैं, 'फिर भी वे अपने बैलों के साथ वैसा ही व्यवहार करते हैं जैसे उनके घोड़े हों, और उनके साथ बर्बरतापूर्ण व्यवहार देखकर लगता है कि अंग्रेज भाड़े की घोड़ागाड़ी चलानेवाला भी गश खा जायेगा।'[81] कुछ खास वर्ग के लोगों, जिनमें निचली जातियां और कुष्ठ रोगी आते हैं, के प्रति उनका रवैया भी हेबर को क्रोधित करता था। मथुरा (Muttra) के निकट मिले एक कुष्ठ रोगी का एक संदर्भ देते हुए उसने लिखा,

> मुझे लगता है कि मैंने हिंदुस्तान में इनको बंगाल से कम देखा है, जिनको मैंने देखा, सबकी हालत बहुत ही दयनीय थी। इस रोग का कष्ट तो था ही, हिंदुओं का घृणित धर्म भी उनको अभिशप्त बताकर दूर भगा देते हैं, और, उनके पापों का प्रायश्चित्त उन्हें जिंदा दफनाकर करते हैं। इसके कारण उन्हें जाति बाहर कर दिया जाता है, वे कोई संपत्ति नहीं रख सकते, और उनको बाकी भिखारियों की तुलना में बहुत कम भीख मिलती थी जिन्हें हिंदू बड़े खुले दिल से दान देते थे।[82]

ग्रांट और अन्य लोगों की तरह वह भी हिंदू समाज में स्त्रियों के प्रति व्यवहार की आलोचना करता था। हालांकि यहां पर भी यह गौर करना जरुरी है कि वह इस बात से सहमत नहीं था कि सभी प्रकार के नैतिक आचार-विचार 'हिंदू धर्म' पर ही आधारित हैं। लखनऊ में रहते हुए वहां के रेजिडेंट की सलाह पर उसने सामान्य प्रथा को निभाते हुए

[80] Ibid., Vol. 1: 311.

[81] Ibid., Vol. 3: 252. हालांकि बाद की तारीख में उसने हिंदू पशु अस्पतालों में किए जाने वाले उपचारों के बारे में प्रशंसात्मक टिप्पणियां की हैं (Ibid.: Vol. 3, 67).

[82] Ibid., Vol. 2: 330.

राजमहल के द्वार पर खड़े भिखारियों को भीख बांटी। 'एक गरीब बूढ़ी औरत' को उसने 'उसकी अधिक उम्र और अवस्था' को देखते हुए आधा रूपया दिया। अपने भारतीय रक्षक सिपाहियों के भाव को देखकर उसने अनुमान किया था कि वे सोच रहे होंगे कि 'पुरुषों की जगह एक स्त्री को अधिक पैसा देना कितना विचित्र था', उसका कहना था कि ऐसा भाव उसने बहुत अवसरों पर देखा है।

> पूरे भारत में स्त्रियों के लिए थोड़ा कुछ भी काफी समझा जाता है, और कड़वे से कड़वे शब्द, तुच्छतम कपड़े, अल्पतम भीख, निकृष्टतम मेहनत और कठोरतम पिटाई, आमतौर पर उनके हिस्से में आते हैं। वही चपरासी [पुलिस ऑफिसर] जो किसी बड़े आदमी के लिए रास्ता देते समय पुरुषों के साथ काफी शराफत से बातें करते थे पर अगर कोई अभागी स्त्री बिना बताए रास्ते में आ गई या दूर नहीं हटती तो उसके लिए लात और थप्पड़ से काम लेते हैं।[83]

अपनी यात्रा के अंतिम दौर में दक्षिण भारत में जब वह मंदिर की स्त्रियों या देवदासी के दैनिक जीवन का संदर्भ देता है तब स्त्रियों के प्रति व्यवहार के बारे में बिशप के विचार की दूसरी बार झलक मिलती है। हालांकि आमतौर पर यही माना जाता था कि उनका नृत्य उत्तरी भारत की नाचनेवाली लड़कियों के प्रदर्शन से 'अधिक अशोभनीय' होता था, पर हेबर को 'उनका सामान्य हाव-भाव और तौर-तरीका' 'बिलकुल धृष्टतापूर्ण नहीं लगा' और उनका रूप-रंग 'भारत के निचले वर्गों के सामान्य रूप-रंग से और अधिक सम्माननीय' लगा। लेकिन उसने लिखना जारी रखा,

> अपने पेशे से जो रकम उन्हें मिलती है वह उनके भ्रष्ट देवताओं को अर्पित कर दी जाती है, और उनकी उम्र अधिक हो जाने या बीमार हो जाने की स्थिति में अपने पेशे के लिए अनुपयुक्त हो जाने पर उनके पुरोहित उन्हें बिना किसी पश्चाताप के बाहर कर देते थे या नाम मात्र के लिए कुछ देकर विदा कर देते थे। पर ज्यादातर वे कम उम्र में ही मर जाती हैं। निश्चित रूप से, इस मूर्तिपूजा से जुड़ी प्रथाओं को जितना देखा जाए, उतना ही उससे नफरत पैदा होती है, और ईश्वर का हम पर आशीर्वाद है कि उन्होंने हमें अधिक शिक्षित बनाया।[84]

इन टिप्पणियों से स्पष्ट हो जायेगा कि जहाँ इंजीली मिशनरी मंदिर में नृत्य के साथ-साथ होने वाले अनैतिक कार्यों का आरोप लगाते थे, वहीं हेबर को अनैतिकता को लेकर उतनी परेशानी नहीं थी बल्कि उसे वहां स्त्रियों के प्रति व्यवहार अपमानजनक लगती थी।

इस बात में कोई दो राय नहीं कि हिंदू धर्म के प्रति हेबर का प्रतिकूल रवैया लगातार और अधिक सख्त होता जा रहा था। कैरी की तरह ही वह भी इसको जितना करीब से देखता था उतना ही उसके प्रति उसकी नफरत बढ़ती गई। 'इस प्रणाली' में अंतर्निहित खास बुराइयों

[83] Ibid.: 71.

[84] Ibid., Vol. 3: 219–20.

पर उसका बल उसके समकालीनों से थोड़ा भिन्न था। वह 'हिंदू धर्म' की बौद्धिक चिंतन प्रणाली की कमजोरियों या लैंगिक अनैतिकताओं से भरी उनकी गतिविधियों को लेकर दुखी नहीं था बल्कि इससे जुड़ी अमानवियताओं को देखकर बहुत दुखी था।

लेयर्ड का मानना है कि 'हेबर की डायरी की शायद सबसे आकर्षक विशेषता समस्त मानव जाति की बुनियादी एकता का सशक्त भाव है जो वह प्रकट करता है; उसकी बातों से कभी ये अनुभव नहीं होता कि इंग्लैंड से भारत आकर उसे एक बिलकुल भिन्न मानव जाति का सामना करना पड़ा'।[85] आम ईसाईयों की तरह आमतौर पर बिशप ने भी सामान्य और साथ-ही-साथ विशिष्ट 'प्रकाशना' की अवधारणा को अपनाया था। वे मानते थे कि ईश्वर अपनी रचना के माध्यम से और प्रकृति के नियम के जरिये जगत के कार्यों का प्रचालन कर रहे हैं और इसलिए सभी संस्कृतियों और देशों के लोग ईश्वर के बारे में, तथा बिशप के शब्दों में 'नैसर्गिक युक्ति और विवेक के प्रकाश' के माध्यम से मानव जाति के लिए उसके उद्देश्य को कुछ महसूस करते हैं'।[86] हालांकि चार्ल्स ग्रांट भी इसी सिद्धांत में विश्वास करता था पर दोनों में अंतर यह था कि वे दोनों, लोगों की प्रतिक्रियाओं और बाद के इतिहास के प्रति भिन्न दृष्टिकोण रखते थे। ग्रांट के अनुसार ईश्वर की प्रकृति की बेहतर अवधारणा में 'मौलिक सत्य की किरणें उनकी व्यवस्था में बिखरी हुई हैं' जो बहुदेववाद और मूर्तिपूजा से आच्छन्न हो गई हैं।[87] जबकि हेबर के विचार से नैतिक अच्छाइयां और संवेदनशीलता अब भी मौजूद थी और लोगों के व्यवहार तथा रवैयों में स्पष्ट झलकती थी। इसलिए उसकी भारत यात्रा ग्रांट के निवास से छोटी थी और 'एक दूसरे देश' की यात्रा थी जहाँ सब कुछ भिन्न था। अगर भारत के लोगों और संस्कृति के बारे में ग्रांट का 'अन्यत्व' का भाव मानव जाति की मौलिक समानता में उसके विश्वास द्वारा परिवर्तित हुआ तो यह समानता और साझी मानवता का भाव हेबर की *Narrative* में और भी सशक्त रूप से प्रकट होता है।

हेबर का उदार और सबको मिलाकर चलनेवाला दृष्टिकोण उसके धर्मज्ञान को पुष्ट करता है या धर्मज्ञान द्वारा पुष्ट होता है। उसका यह दृष्टिकोण मरणोपरांत विधर्मी (heathen) के भाग्य के बारे में उसके रवैये से भी प्रकट होता है। 'विधर्मी' आवश्यक रूप से हमेशा ही ईश्वर की कृपा से अकिंचन नहीं होते थे यह विचार प्रस्तुत करने में वह अन्य बहुत से प्रोटेस्टेंटों और निश्चित रूप से ज्यादातर इंजीलियों से भी आगे तक गया। 1820 में इंग्लैंड में एक धर्मोपदेश देते समय तथा छठे बैम्पटन प्रवचन के समय अभिव्यक्त उसके विचारों के अनुसार अगर विधर्मी ईश्वर को नहीं समझ पाए हैं और 'अध्यवसाय' से उन्हें ढूंढें तो कौन कह सकता है कि वे ईश्वर को प्रसन्न नहीं कर सकते और 'हमारे परम पिता के घर में मौजूद

[85] Laird 1971: 32.

[86] R. Heber 1829: 201.

[87] Grant 1792: 65.

बहुत सारे प्रासादों में एक स्थान वह भी हासिल कर सकते हैं'?[88] कलकत्ता धर्मप्रदेश के पादरी पर बिशप द्वारा इस विषय के बारे में आरोप लगाने से इस संबंध में बिशप की भावना की दृढ़ता स्पष्ट होती है। उसने अपने आरोप में उन मिशनरियों की निंदा की है जो यह शिक्षा देते थे कि गैर-ईसाई 'ईश्वर द्वारा परित्यक्त होकर दंड भोग रहे हैं'।[89] मिशन की आवश्यकता हमेशा से रही थी और ज्यादातर लोग 'प्रकृति के नियम के निष्पाप और ईमानदार अनुगामी' नहीं थे; लेकिन कुछ स्थानों पर, उदाहरण के लिए यहां तक कि बनारस के भयानक अचेत कर देने वाले अंधकार में 'इस शहर में ईश्वर के बहुत लोग मिल सकते हैं।[90]

अंत में, अक्सर 'हिंदू धर्म' पर हमले करने के बावजूद कम-से-कम दो अवसरों पर ऐसे संकेत मिले हैं कि अनुभवों ने उसके विचारों में नरमी लाना शुरू कर दिया था। कलकत्ता आते ही विल्मोट को लिखे पत्र में हिंदू धर्म के बारे में उसके द्वारा खुलकर की गई आलोचना और बाद में उसकी यह स्वीकारोक्ति कि हिंदू धर्म को जितने करीब से देखा उतनी ही उसके प्रति अरुचि पैदा हुई, इन प्रतिक्रियाओं को कुछ दुर्लभ क्षणों से संतुलित करने की आवश्यकता है, जिनमें हेबर ने महसूस किया कि उसकी अंतर्दृष्टियों और हिंदू आध्यात्मिकता में कुछ संबंध है। उदाहरण के लिए, वह चुनार के किले में एक मंदिर देखने पहुंचा तो उसे कहा गया कि विष्णु देवता वहां पर दिन के कुछ विशिष्ट समयों में विराजमान होते थे। इसपर उसका कहना था कि:

> मैं स्वीकार करता हूँ कि मुझे इस नकली 'कैलाश पर्वत' पर खड़ा होकर कुछ भावनाओं की अनुभूति हुई। मूर्तियों की अनुपस्थिति और औचित्य की उस भावना से मैं हैरान था जिसके तहत एक हिंदू भी देवता के कथित रूप से वास्तविक उपस्थिति के बाह्य स्वरूपों को अस्वीकार करने को तैयार था, और मैंने यह प्रार्थना की कि ईश्वर अपने शुभ क्षण में इन गरीबों को निर्दिष्ट करें कि किस तरह से और कितनी वास्तविकता में यथार्थ रूप से वह यहां और हर जगह उपस्थित हैं।[91]

एक दूसरे अवसर पर उत्तरी भारत में दुर्गा पूजा तथा अन्य त्योहारों के अंत में देव प्रतिमाओं को जल में विसर्जित किए जाने के बहुप्रचलित रिवाज पर उसने अपनी प्रतिक्रिया व्यक्त की। इस प्रथा का आरंभ जीवित बलि को जल में विसर्जित करने की प्रथा के बाद हुआ होगा ऐसे सिद्धांत पर विचार करते हुए उसने और अधिक उदार व्याख्या प्रस्तुत की और कहा कि ऐसा लगता है कि अमानवीयता की किसी प्राचीन प्रथा का स्मरण करने के

[88] Laird 1971: 33.

[89] Ibid.

[90] R. Heber 1828, Vol. 1: 375.

[91] Ibid.: 409.

लिए नहीं वरन् प्रकृति देवता के अपने सभी प्रतीकों की हीनता, जिसे स्वयं हिंदुओं ने भी स्वीकार किया है, को प्रदर्शित करने के लिए ऐसा किया जाता होगा'।[92]

इस प्रकार हेबर के विचारों और इन कर्मकांडों के बीच संपर्क के कुछ बिंदु और कड़ियां मौजूद थीं। कम-से-कम कहीं पर भी उसका यह अनुभव करना कि हिंदू प्रणाली के कुछ पहलुओं के साथ कुछ समानताएं हो सकती थीं, बाद के ब्रॉड चर्च धर्मविज्ञान के विश्वास के साथ मिलता है। यह ऐसा अनुभव था जो आगे मिशनरी आंदोलन के साथ बढ़ता गया और इस विचार को बल प्रदान किया कि भारत में कम-से-कम कुछ हद तक हिंदू धर्म प्रशिक्षणों और प्रथाओं के आधार पर ईसाई धर्म का निर्माण किया जा सकता था।

[92] Ibid., Vol. 2: 391–92.

3 प्राच्यवादी प्रारूप और मिशनरी विद्वान

हिंदू धर्म के बारे में ब्रिटिश प्रोटेस्टेंट मिशनरियों की जो धारणा बनी, उसे बनाने में केवल आरंभिक यात्रा विवरण और मिशनरी विवरणों या पिछले अध्याय में उल्लिखित व्यक्तियों की टिप्पणियों जैसे व्यक्तिगत विचार ही एकमात्र स्रोत नहीं थे। बल्कि एक और स्रोत जो उनके लिए तत्काल उपयोग में आनेवाला एवं अधिक महत्त्वपूर्ण स्रोत था, वह था ब्रिटिश प्राच्यविदों द्वारा किए गए कार्य। यहां पर 'प्राच्यविद' (ओरिएंटलिस्ट) शब्द का प्रयोग सर विलियम जोंस, नथानियल हॉलहेड, एच.एच. विल्सन और अन्य यूरोपीय विद्वानों के लिए हुआ है जो अठारहवीं सदी के उत्तरार्ध और उन्नीसवीं सदी में सक्रिय थे। वे भारतीय भाषाओं और साहित्य के विद्वान थे।

प्लासी युद्ध के बाद ब्रिटिश शासन की स्थापना के परिणामस्वरूप बंगाल में पहली बार कुछ जागरूक लोगों का एक समूह बना जिन्हें बाद में प्राच्यविद कहा जाने लगा। उनमें से बहुत से लोग उस नए-नए स्थापित प्रशासन के तहत आनेवाले प्रांत में अधिकारी के रूप में कार्यरत थे। अठारहवीं सदी के अंतिम दशकों में वे अध्ययन और अनुवाद कार्यों, खासकर संस्कृत से अनुवाद कार्य में लगे रहे। आरंभिक यूरोपीय विवरणों के जरिये हिंदू धर्म के तथाकथित प्रोटेस्टेंट मिशनरी प्रारूप की बुनियाद पड़ी जो एक सार्वभौमिक ब्राह्मणवादी प्रणाली थी। यह बंगाल में आधारित प्राच्यविदों की संरचना थी जिसने इस तरह की व्याख्याओं को संघटित करने में महत्त्वपूर्ण भूमिका निभाई। हालांकि हिंदू धर्म के बारे में मिशनरियों के विचारों में कभी एकता नहीं रही, परंतु भारतीय धर्म के ब्राह्मणवादी अखिल भारतीय स्वरूप ने सबको एकसूत्र में बांधा। यही स्वरूप खासकर उन्नीसवीं सदी के पूर्वार्ध में प्रमुख मिशनरी प्रतिमान बन गया। भारत के मौलिक और 'वास्तविक' धर्म के बारे में प्रमुख प्राच्यवादी विचारों के विकास में इसी स्वरुप की भूमिका रही थी।

बियर्स और मार्शल[1] समेत ज्यादातर पूर्ववर्ती लेखकों ने प्राच्यविदों के रवैयों की तुलना इंजिली धर्म प्रचारकों से की है। इनके विचारों में कुछ भिन्नताएं तो थीं पर धर्म के बारे में इनकी पूर्वधारणाओं और दृष्टिकोणों के अतिरिक्त कुछ ऐसे महत्त्वपूर्ण विचार भी थे जो मिशनरी तथा साथ-ही-साथ कुछ यात्रियों और अन्य यूरोपीयों के समान थे। वास्तव में पूर्वी भाषाओं और साहित्य का अध्ययन करनेवाले विद्वान के रूप में विलियम कैरी, रॉबर्ट कॉडवेल और अन्य प्रोटेस्टेंट मिशनरी भी प्रशासकों तथा धर्मनिरपेक्ष यूरोपीय विद्वानों की

[1] Bearce 1961: 20–26, 78–88; Marshall 1970: 197.

तरह उपर्युक्त अर्थों में 'प्राच्यविद' ही थे। यहां पर क्रमिकता खासतौर पर प्रासंगिक है। भारत में ब्रिटिश प्रोटेस्टेंट मिशनरियों के आगमन के पहले से ही बंगाल के प्रशासनिक तथा धर्मनिरपेक्ष प्राच्यविद कार्यरत थे और उन्होंने ऐसा प्रभावशाली माहौल तैयार किया जिसमें मिशनरी विचारों तथा मिशनरी प्राच्यवाद को विकसित होने का अवसर प्राप्त हुआ।

बंगाल में ब्रिटिश धर्मनिरपेक्ष प्राच्यविदों के कार्य और उपलब्धियां बहुत सारे महत्त्वपूर्ण अध्ययनों का विषय रह चुके हैं। उदाहरण के लिए मुखर्जी, केनन, कॉप्फ़, श्वाब, केजरीवाल, रोशे, ट्रॉटमैन[2] और हमारी दृष्टि से सबसे महत्त्वपूर्ण पी. जे. मार्शल की *British Discovery of Hinduism in the Eighteenth Century* (1970) को ले सकते हैं। इनसे तथा अन्य स्रोतों से यह स्पष्ट हो जाता है कि इस काल के दौरान ब्रिटिश प्राच्यवाद की संकल्पना कुछ हद तक महसूस किए जा रहे अंग्रेजों के कुशासन और वित्तीय तथा प्रशासनिक सुधार की आवश्यकता का परिणाम थी। इसके बारे में खासतौर पर वारेन हेस्टिंग्स का मानना था कि यह तभी सफल होगा जब ब्रिटिश क्षेत्रों पर अधिकांशतः पारंपरिक तरीके से और भारतीयों के साथ मेल-मिलाप करते हुए प्रशासन चलाया जाएगा। लेकिन भारतीय सभ्यता के प्रति उत्सुकता और प्रशंसा का भाव भी पूर्वदेशी अध्ययनों में यूरोपीय अभिरूचि को प्रोत्साहित करते थे।[3]

हिंदू धर्म पर बंगाल निवासी दो सबसे आरंभिक और सबसे अधिक प्रभावशाली ब्रिटिश लेखकों में जॉन ज़ेफानियाह हॉलवेल और एलेग्जेंडर डाउ था। ये दोनों हेस्टिंग्स के प्रशासन से पहले कंपनी की सेवा में थे। जॉन ज़ेफानियाह हॉलवेल 'ब्लैक होल ऑफ कलकत्ता' घटना पर अपने विवरण के कारण पहचाना जाता था और सन् 1767 में थोड़े समय के लिए बंगाल का गवर्नर नियुक्त हुआ था। एलेग्जेंडर डाउ कंपनी की बंगाल आर्मी में अपनी पहचान रखता था। भारत में सन् 1779 में अपनी मृत्युपर्यंत तरक्की करते हुए वह कर्नल के पद तक पहुंचा था। भारतीय धर्म पर हॉलवेल का विवरण सन् 1767 में प्रकाशित उसकी *Interesting Historical Events relative to the Provinces of Bengal and the Empire of Indostan* में *'The Religious Tenets of the Gentoos'* शीर्षक एक अध्याय में मिलता है। और एलेग्जेंडर डाउ का इसी विषय पर 'शोध-निबंध' सन् 1768 में प्रकाशित उसकी *History of Hindustan* के पहले भाग में छपा था। दरअसल जैसा कि कॉप्फ़ का कहना है, दोनों 'भिन्न-भिन्न व्यक्तित्व' थे जिन्होंने कंपनी के लिए काम करते हुए 'भारतीय सभ्यता का बौद्धिक अभिमूल्यन' भी किया।[4]

[2] Cannon 1970; Kejariwal 1988; Kopf 1969; Mukherjee 1987; Rocher 1994; Schwab 1984; Trautmann 1997.

[3] प्राच्यविदों की विभिन्न अभिप्रेरणाओं पर विस्तृत व्याख्या के लिए देखें खासकर Rocher 1994.

[4] Kopf 1969: 15.

ऐसे स्वतंत्र रूप से अध्ययनों में लगे ये विद्वान हेस्टिंग्स की, पहले गवर्नर (1774–85) के रूप में और फिर गवर्नर-जनरल के रूप में, नियुक्ति के बाद और पूर्वी देशों पर अध्ययन के विकास की नीति पर समान विचार रखने के कारण एक-दूसरे के काफी करीब आ गए और उनको काफी प्रोत्साहन भी मिला। हेस्टिंग्स भी इंग्लिश कंपनी के अन्य कर्मचारियों की तरह महज 17 साल की कच्ची उम्र में भारत आया था। यहां आते ही वह भारत की सांस्कृतिक उपलब्धियों का भारी प्रशंसक बन गया। उसने फारसी और बंगाल की सामान्य बोलचाल वाली देशी बोलियां सीखीं, भारतीय चित्रकलाओं तथा पांडुलिपियों का संग्रह किया और अपनी पत्नी को पत्र लिखते समय गीता के उद्धरण लिखे।[5] भारत की प्राचीन संस्कृति का अध्ययन करने की उसकी लालसा और उत्कंठा तथा साथ-ही-साथ प्रशासनिक राजकाज की व्यावहारिकता उसकी नीतियों को प्रभावित करती थीं और इसी आधार पर यह विचार उत्पन्न हुआ कि पूर्वी देशों पर अध्ययन होना चाहिए। वह भारतीयों को ब्रिटिश शासन के अनुरूप ढालने की आवश्यकता से सहमत था। पर वह इस बात से सहमत नहीं था कि उनपर अंग्रेजी कानून ही लागू होना चाहिए। कंपनी के कर्मचारियों के उपयोग के लिए उसने अंग्रेजी में हिंदू और मुस्लिम कानूनों का अनुवाद तथा आम जनता की भाषाओं में कंपनी के नियमों का अनुवाद करने की क्षमता रखनेवालों के लिए आर्थिक प्रलोभन देने की शुरुआत की।

अक्खड़ और अक्षम प्रशासनिक अधिकारियों से घिरे होने के कारण हेस्टिंग्स अपनी नीतियों के विकास के लिए युवा पीढ़ी से उम्मीद करता था। जल्दी ही वह चारों ओर से ऐसे लोगों से घिर गया जो उसके पूर्वी साहित्य के प्रति प्रेम से प्रेरित थे। ऐसे सबसे आरंभिक लोगों में चार्ल्स विल्किंस भी था जो सन् 1770 में भारत आया। नथानियल हॉलहेड इसके दो साल बाद आया और इनमें से सबसे प्रसिद्ध विलियम जोंस सन् 1783 में कलकत्ता आया। इनसे पहले आए हॉलवेल और डाउ की तरह इन्होंने भी हिंदू धर्म के बारे में यूरोपियों की समझदारी और सामान्य ज्ञान बढ़ाने में नहीं भी तो कम-से-कम ब्रिटिश हित में काफी योगदान दिया। इससे ज्ञान के विस्तार की प्रक्रिया में मदद मिली और कुछ ऐसे मुद्दे उठाए गए जिनपर प्रोटेस्टेंट मिशनरी तथा अन्य लोग भी विचार करने को मजबूर हुए। हॉलहेड कंपनी की सेवा में लेखक था। साथ ही फारसी, बंगाली और संस्कृत का उत्कृष्ट और प्रवीण भाषाविद था। एक स्पष्ट और निर्विवाद कानूनों का संग्रह तैयार करने के लिए हेस्टिंग्स ने इनको नियुक्त किया। उसने अपने पंडितों के साथ मिलकर प्रतिद्वंद्वी स्रोतों और व्याख्याओं को समाप्त कर एक विधि-संग्रह *The Code of Gentoo Laws* तैयार किया जो सन् 1776 में प्रकाशित हुआ। इसके आमुख में हॉलहेड ने बहुत से हिंदू धार्मिक विचारों और लेखनियों का संदर्भ दिया। उसके बाद के सालों में उसने कई प्राचीन संस्कृत ग्रंथ जैसे कि भागवत

[5] Mukherjee 1987: 73.

पुराण, शिव पुराण, ब्रह्मवैवर्त पुराण और शायद सबसे महत्त्वपूर्ण महाभारत का अंग्रेजी में अनुवाद किया।[6] विल्किंस भी एक लेखक था और हॉलहेड का मित्र था। उसने संस्कृत का अध्ययन किया और गीता का अंग्रेजी में अनुवाद किया जिसके बारे में मार्शल का कहना है कि यह 'किसी प्रमुख संस्कृत कृति का यूरोपीय भाषा में पहला अनुवाद है'।[7] इनमें से सबसे आखिरी में भारत आनेवाला विद्वान सर विलियम जोंस था जिसका पूर्वी देशों के अध्ययन में सबसे बड़ा योगदान था। यह योगदान केवल उसके अपने शोध कार्य, अनुवाद और लेखनों की वजह से नहीं बल्कि एशियाटिक सोसाइटी के प्रभावशाली संस्थापक होने के नाते था। पूर्व में विद्वान लोगों की यह ऐसी पहली सोसाइटी थी।

उनके लेखनों के अध्ययन से पता चलता है कि 'जेंटू धर्म' के बारे में उनके दृष्टिकोण और व्याख्या से प्राच्यविद कम-से-कम कुछ हद तक मतभेद रखते थे। उनकी टिप्पणियों तथा दृष्टिकोण में सहमति के बिंदुओं तथा साझा पूर्वानुमानों को पहचाना जा सकता है।

ऐसा लगता है कि सबसे महत्त्वपूर्ण और निर्विवाद पूर्वानुमान यह था कि हिंदुओं की एक एकीकृत धार्मिक प्रणाली थी। यह विचार भाषा और सामान्य टिप्पणियों से प्रकट होता है। उदाहरण के लिए, हॉलवेल 'जेंटू आस्था और पूजा' तथा 'जेंटू पंथ'[8] का संदर्भ देता है और यद्यपि वह दो भिन्न धर्म ग्रंथों का संदर्भ देता है, परंतु यही तर्क देता है कि ये सभी 'मूल रूप से एक' थे। हिंदू धर्म के सामान्य रूप से एकीकृत होने की भावना को आश्चर्यजनक रूप से मिली मान्यता को हॉलवेल द्वारा आगे हिंदुओं के मृत्यु के प्रति तिरस्कार भाव पर की गई टिपण्णी से और अधिक पुष्टि मिली। उसका कहना था कि 'हरेक जेंटू' [मेरा इटैलिक्स] का मृत्यु से साक्षात्कार 'उनकी आस्था के स्थापित सिद्धांतों से प्रस्फुटित होनेवाले धीरे-धीरे, भव्य और दार्शनिक समर्पण के जरिये होता है'।[9] हॉलहेड ने अपने विचारों को एक एकीकृत प्रणाली पर आधारित करते हुए अलग-अलग तरीके से कभी 'हिंदू धर्म', कभी 'हिंदू विधान' और कभी 'जेंटू धर्म'[10] कहा। जबकि डाउ ने इसे 'हिंदू आस्था' और 'हिंदू धर्म' कहा।[11]

हिंदू धर्म एक अलग और एकीकृत ब्राह्मणवादी प्रणाली है इस विचार से सर विलियम जोंस की सहमति थी। लेकिन अठारहवीं सदी के अंतिम समय में ब्रिटिश प्राच्यविदों के लिए यह विचार कुछ नया नहीं था। आरंभिक यूरोपीय चिंतन में यह तथ्य स्पष्ट नजर आता है।

[6] Kejariwal 1988: 20.

[7] Marshall 1970: 5.

[8] Ibid.: 59, 77.

[9] Ibid.: 96.

[10] Ibid.: 145, 181, 183.

[11] Ibid.: 111, 115, 139.

इस सिद्धांत को आगे उस समय विकसित किया गया जब पश्चिमी विद्वान भारतीय धर्मों के उद्भव की विभिन्नताओं से अनभिज्ञ थे।

प्रथम, एक एकीकृत प्रणाली के रूप में भारतीय धर्म का विचार ट्रॉटमैन द्वारा 'भारत की भाषाई एकता के सिद्धांत'[12] के प्रतिपादन से और अधिक पुष्ट हुआ। उसके मुताबिक यह ब्रिटिश संस्कृतविदों और औपनिवेशिक परिस्थितियों में उनके पंडितों की कल्पनाओं की उपज है। बंगाल के प्राच्यविदों में जोंस, एच. टी. कोलब्रुक और एलेग्जेंडर हेमिल्टन का नाम प्रमुख रूप से आता है। कोलब्रुक ने संस्कृत और देशी बोलियों के बीच संबंधों पर एक महत्त्वपूर्ण लेख लिखा था। हेमिल्टन ब्रिटेन में प्रथम संस्कृत व्याख्याता था। इन सबों का विश्वास था कि भारत की सभी आधुनिक भाषाएं संस्कृत से निकली हैं।[13] लेकिन मद्रास में कार्यरत एक सरकारी अधिकारी एफ. डबल्यू. एलिस उनके इस विचार से सहमत नहीं था। उसने यह साबित किया कि दक्षिण भारत की द्रविड़ भाषाएं, खासतौर पर तमिल, तेलुगु, कन्नड़ और मलयालम संस्कृत से नहीं निकली हैं अपितु एक भिन्न भाषाई परिवार का हिस्सा हैं। यद्यपि इन अनुसंधानों का उल्लेख सन् 1816 में प्रकाशित तेलुगु व्याकरण पर एलेग्जेंडर कैम्पबेल की टिप्पणियों में किया गया था परंतु ऐसा प्रतीत होता है कि सन् 1856 में कॉडवेल की *Comparative Grammar* प्रकाशित होने से पहले तक इस तथ्य को पूरी तरह से स्वीकार नहीं किया गया था। इस प्रकार सन् 1816 तक और यहां तक कि बहुत से बाद के टिप्पणीकारों के बीच भी भारत की मौलिक भाषाई एकता के विचार में विश्वास निर्विवाद ही रहा।

दक्षिण भारतीय भाषाओं समेत सभी भारतीय भाषाएं संस्कृत भाषा से ही व्युत्पन्न हैं इसी धारणा से संबंधित धारणा यह भी है कि प्राचीन भारतीय रीति-रिवाजों और धर्म के बारे में सभी प्रकार की जानकारियां संस्कृत ग्रंथों में मौजूद हैं। जैसा कि सन् 1768 में एलेग्जेंडर डाउ का कहना था, संस्कृत भाषा 'हिंदुओं के धर्म, दर्शन और इतिहास का विशाल भण्डार है'।[14] और इस धारणा के आधार पर विचार हुआ कि अगर डाउ, हॉलहेड, जोंस, विल्किंस तथा अन्य यूरोपीय विद्वान इन पवित्र संस्कृत ग्रंथों को हासिल कर पाएं और इस भाषा में महारथ हासिल कर लें तो वे संपूर्ण हिंदू धार्मिक शिक्षण को अच्छी तरह से समझ सकते हैं। इस विचार के पीछे यह धारणा थी कि धर्म का मूल तत्व पुतोहित या धार्मिक श्रेष्ठजन द्वारा दी गई शिक्षा में प्रतिबिंबित होता है। और जैसा यूरोप में होता है, उसी तरह यहां भी इनके द्वारा दी गई सिद्धांतों की शिक्षा उन लिखित ग्रंथों में सुरक्षित हैं। इन विचारों का यह भी मतलब था कि मौखिक परंपरा और निचली जाति के धार्मिक आंदोलनों समेत 'जनसाधारण' या

[12] Trautmann 1997: 136.

[13] Ibid.: 141–48.

[14] Marshall 1970: 108.

सामान्य लोगों का तथाकथित 'धर्म' कुछ अर्थों में निम्न कोटि का, कृत्रिम, कम रुचिकर या बहुत कम महत्त्व वाला और निश्चित रूप से 'असल तत्व' नहीं था।

भारत की मौलिक भाषाई एकता में विश्वास, आम लोगों पर पुरोहितों की शक्ति और प्रभाव द्वारा नियंत्रण, ग्रंथों की जानकारी का लाभ उठाने की प्रवृत्ति और धर्म के वास्तविक अर्थ के बारे में पूर्वधारणा—इन सभी पूर्वप्रवृत्तियों की उन ब्राह्मण पंडितों तथा 'सलाहकारों' ने लगभग पुष्टि कर दी तथा इस विचार को प्रोत्साहित भी किया जिन्हें अंग्रेजों ने अपने प्रशासन को व्यवस्थित करने के लिए नियुक्त किया था। सर विलियम जोंस जैसे प्राच्यविदों के लिए व्यक्तिगत रूप से काम करनेवाले या फिर सन् 1800 में स्थापित वेलेस्लेज कॉलेज ऑफ फोर्ट विलियम में सलाहकार और अनुवादक के रूप में नियुक्त इन पंडितों की भूमिका के बारे में पहले ही उल्लिखित कुछ साहित्य में विचार किया जा चुका है।[15]

अंत में, एकमात्र एकीकृत हिंदू प्रणाली की अवधारणा को पुष्ट करनेवाला उतना ही महत्त्वपूर्ण तथ्य यह था कि अठारहवीं और उन्नीसवीं सदी के विद्वानों ने सिंधु घाटी सभ्यता और संस्कृति की अवहेलना की। दक्षिणी भाषाएं संस्कृत से व्युत्पन्न नहीं थीं और इसलिए वे एक अलग तरह की दक्षिणी शैली की संस्कृति को प्रतिबिंबित करती थीं इस तथ्य की बंगाल के विद्वानों ने न केवल अवहेलना की बल्कि उस काल के बाकी लोगों की तरह ही वे भी प्राचीन सिंधु घाटी की बस्तियों के अस्तित्व से बिलकुल अनभिज्ञ थे। जबकि तथाकथित 'हिंदू धर्म' के मूलतत्व तथा प्रकृति को समझने के लिए यह भी एक महत्त्वपूर्ण तथ्य था। वह तो प्रथम विश्व युद्ध के ठीक पहले के समयकाल में मोहनजोदड़ो के आस-पास से मिले शिल्प उपकरणों को देखकर यूरोपीय पुरातत्वविद तथा अन्य विद्वानों ने यह अनुमान किया कि ये उपकरण प्रायः इस प्रायद्वीप में उत्तर पूर्व की ओर से प्रवेश करनेवाले आर्य प्रवासियों से पहले ही मौजूद एक प्राचीन संस्कृति को प्रतिबिंबित करते थे। प्रमुख विद्वानों के बीच इस बात पर सहमति थी और शायद अब भी हो कि तमिल परंपरा में प्रतिबिंबित द्रविड़ रीति-रिवाज और प्रथाओं की तरह ही हिंदू धर्म कहलाने वाली प्रणाली के अंतर्गत आनेवाली कुछ सबसे महत्त्वपूर्ण परंपराएं आर्यों द्वारा प्रस्तुत परंपराओं से भिन्न थीं और ब्राह्मणों द्वारा जिसे सख्ती से नियंत्रित मौखिक परंपरा में तथा संस्कृत ग्रंथों में संरक्षित और विकसित किया गया जो इन स्थलों पर प्राचीन मूर्तिकलाओं, विभिन्न प्रकार के देवी-देवताओं की प्रतिमाओं तथा अन्य वस्तुओं के मिलने से स्पष्ट होता है।

अब के विद्वत जन जो जानकारियां रखते हैं उनसे बिलकुल अनभिज्ञ तथा ऊपर उल्लिखित परिस्थितियों में प्राच्यविद समझते थे कि हिंदू धर्म एक अखिल भारतीय एकीकृत प्रणाली है जो संस्कृत पर आधारित तथा अब तक ब्राह्मणों द्वारा नियंत्रित, आरक्षित और प्रवर्तित है। उनकी दृष्टि में, अगर संस्कृत हिंदू धर्म के विचारों और शिक्षणों की कुंजी थी तो ब्राह्मण

[15] Ibid.: 141–48.

'हिंदू प्रणाली' के संपूर्ण क्रियाकलापों तथा उसको सतत रूप से प्रासंगिक बनाए रखने वाले कारक थे। दूसरे शब्दों में, प्राच्यविदों के लिए हिंदू धर्म का मतलब 'ब्राह्मणवाद' था। यही विचार कम-से-कम उन्नीसवीं सदी के मध्य तक ब्रिटिश प्रोटेस्टेंट मिशनरियों के बीच प्रचलित रहा। हिंदू धर्म के प्रति सहानुभूति रखनेवाले हॉलवेल ने स्वीकार किया है कि लोग 'अपने ब्राह्मणों पर दास की तरह निर्भर' रहने को मजबूर थे।[16] जबकि हॉलहेड ने उतनी ही सहानुभूति रखते हुए भी 'ब्राह्मणवादी कबीले की पवित्र श्रेष्ठता' का संदर्भ दिया।[17] हालांकि इसके पीछे उसका तर्क यह था कि लोगों ने अपने ऊपर उनकी शक्ति का अनुमोदन किया तथा पूरे 'हिंदोस्तान' में उन्हें तरह-तरह के दान-दक्षिणाएं देने के अतिरिक्त उनको 'मूर्तिपूजा में प्रयुक्त देवी-देवताओं से थोड़ा ही कम व्यक्तिगत सम्मान' प्रदान किया।[18] हिंदू कानून के अधिनियमों का संदर्भ देते हुए डाउ ने टिपण्णी की है कि 'ब्राह्मणों का प्रभाव इतना विशाल और पुरोहितों के रूप में उनके चरित्र इतने पवित्र हैं कि जिन मामलों में अन्य कबीलों पर कोई रहम नहीं बरती जाती उन मामलों में भी वे बच जाते हैं'।[19] इसी तरह जोंस भी ब्राह्मणों की शक्ति और प्रभुत्व को देखकर स्तंभित था। साथ ही, उसने मनु की धर्म-विधियों के महत्त्व को समझते हुए उनको 'निरंकुशतावाद और पुरोहित-प्रपंच' बताया।[20]

ब्राह्मणों की शक्ति और प्रभाव की अवधारणा से जुड़ा एक और विश्वास यह था कि अगर लोकप्रिय धर्म ब्राह्मणों के धर्म से भिन्न था तो वो इसलिए कि स्वयं ब्राह्मणों ने ही आम जनता के लिए उपयुक्त और सार्थक मिथक और प्रथा की रचना की है।[21] आरंभिक इतिहास के बारे में उनके विचारों का संदर्भ देते हुए डाउ का कहना था कि 'पुराने समय के ब्राह्मणों ने तथाकथित राजाओं, उनके आचार-विचारों, पौराणिक कथाओं द्वारा नैतिकताओं का अनुकरण करते हुए उनके जीवन और गतिविधियों पर आधारित प्रेमाख्यानों पर बहुत सारे ग्रंथ लिख डाले। यही मुख्य धारा थी जिससे भारत के जनसाधारण का धर्म भ्रष्ट हुआ।'[22]

भारतीय धर्म के 'ब्राह्मणवादी' होने की प्राच्यविदों की अवधारणा के अतिरिक्त खासकर बाद के धर्मनिरपेक्ष विद्वानों में यह विश्वास घर कर रहा था कि 'हिंदू प्रणाली' के कभी अच्छे दिन हुआ करते थे। इस विचार ने भी उन्नीसवीं सदी के रॉब्सन, वॉन इत्यादि जैसे प्रोटेस्टेंट मिशनरी लेखकों को काफी प्रभावित किया। हॉलवेल, हॉलहेड, डाउ, जोंस तथा बाद में कोलब्रुक इन सभी ने यही कहा कि 'हिंदू धर्म' किसी समय विशुद्ध रूप से एकेश्वरवादी धर्म

[16] Marshall 1970: 65.

[17] Ibid.: 180.

[18] Ibid.: 142.

[19] Ibid.: 117.

[20] Quoted in Davidson 1990: 24.

[21] Marshall 1970: 127, 156.

[22] Ibid.: 126.

रहा था। उदाहरण के लिए, अपने इतिहास के प्रथम खंड में डाउ ने लिखा कि 'अधिक ज्ञानी ब्राह्मणों की विशुद्ध आस्था का बुनियादी सिद्धांत हमेशा से एकेश्वरवादी रहा है।'[23] एशियाटिक सोसाइटी के लिए व्याख्यान देते हुए जोंस ने कहा, यह हमेशा याद रहना चाहिए कि 'ज्ञानी भारतीय अपने ही ग्रंथों द्वारा निर्देशित होकर केवल एक सर्वोच्च सत्ता में सच्ची निष्ठा रखते हैं।'[24] कोलब्रुक चारों वेद हासिल करके उनका अध्ययन करनेवाला पहला यूरोपीय था। उसका कहना था कि 'अगर वैदिक सिद्धांतों यहां तक कि पौराणिक सिद्धांतों का भी बहुत ध्यान से अध्ययन किया जाए, तो पता चलता है कि हिंदू धर्मविज्ञान मूलतः एकेश्वरवाद पर ही सतत रूप से आधारित है, यद्यपि इसमें बहुदेववाद और मूर्तिपूजा के बीज मौजूद हैं।'[25] लेकिन अगर एकेश्वरवाद को सच्चे हिंदू धर्म का सारतत्व समझा जाए या कम-से-कम इसे 'अधिक ज्ञानी ब्राह्मणों' का धर्म माना जाए, तो आम लोगों की आस्थाएं क्या थीं? और प्राचीन मानदंडों को देखते हुए अगर इसके स्तर में कुछ पतन हुआ है तो कितना हुआ है?

जोंस प्रथम ऐसे व्यक्तियों में से था जिसने हिंदू स्वर्ण युग के अस्तित्व में अपना विश्वास प्रकट किया। अपने *'On the Hindus'* नामक लेख में उसने अपना विश्वास व्यक्त किया है कि हिंदू 'अब चाहे कितना भी पतित और दीन-हीन प्रतीत होते हों, लेकिन किसी जमाने में वे अस्त्र-शस्त्र और कलाओं में बहुत निपुण थे, सरकार में प्रसन्न थे; विधि-निर्माण में तीक्ष्ण बुद्धि रखते थे तथा विभिन्न प्रकार के ज्ञान में अग्रणी थे।'[26] वैसे इन वक्तव्यों से किसी धार्मिक समाज का नहीं, बल्कि नागरिक समाज का वर्णन प्रतीत होता है लेकिन आध्यात्मिक या धार्मिक स्वर्ण युग का विचार भी कुछ अन्य टिप्पणियों से प्रकट होता है। उदाहरण के लिए, यूनान, इटली और भारत के देवताओं पर प्रवचन देते हुए उसने कहा कि 'अपने विचलन से पूर्व, और वस्तुतः एकमात्र सच्चे ईश्वर की विवेकपूर्ण आराधना से वे बहुत पहले ही विचलित हो गए थे' आदिम जगत के सर्वाधिक प्रतिष्ठित निवासियों के बीच एक सामान्य एकता या घनिष्ठता रही थी।[27] इसके अतिरिक्त हिंदुओं पर अपने अन्य लेखन में जोंस ने 'मूर्तिपूजा' के आरंभ का संदर्भ देते हुए कहा कि यह हिंदुओं का द्वितीय युग अथवा रजत युग था।'[28]

सर विलियम जोंस की लेखनियों में हिंदू स्वर्ण युग के विचार पर की गई चर्चा को एच. टी. कोलब्रुक ने आगे और विकसित किया। कोलब्रुक ने न केवल संस्कृत सीखी बल्कि उसका वेदों का ज्ञान किसी भी अन्य यूरोपीय विद्वान से कहीं अधिक गहरा था। उसने

[23] Marshall 1970: 127, 156.

[24] Ibid.: 214.

[25] Kejariwal 1988: 92, 99–101.

[26] Marshall 1970: 251.

[27] Ibid.: 196.

[28] Ibid.: 256.

निश्चयपूर्वक कहा कि अठारहवीं सदी और उन्नीसवीं सदी के आरंभ में हिंदू धर्म से जुड़े बहुत से देवताओं और 'भ्रष्ट' प्रथाओं का वैदिक ग्रंथों में कोई उल्लेख नहीं था। सन् 1805 में प्रकाशित उसके प्रभावशाली लेख '*On the Vedas or the Sacred Writings of the Hindus*' में उसने बल देकर कहा कि

> जो कुछ भी [वेदों में] सिखाया गया है उसमें से ज्यादातर अब लुप्त हो चुका है; और उसकी जगह धार्मिक उपासकों की नई श्रेणी स्थापित हो चुकी है; और नए-नए धार्मिक समारोहों की स्थापना हो चुकी है; पुराण तथा अन्य प्रथाएं निकृष्टतम स्रोत 'तंत्रों' पर आधारित हैं जिसने काफी हद तक...वेदों को [विस्थापित] कर दिया है।[29]

उसे वेदों में ऐसे लोगों का चित्रण नजर आया जो ज्यादा उन्मुक्त और संभवतः बाद के काल के लोगों से कम रहस्यवादी थे। यह एक तगड़ा, गोमांसभक्षी और तुलनात्मक रूप से समानतावादी समुदाय था जो उन बहुत सी बुराइयों से मुक्त था जिनसे उन्नीसवीं सदी के यूरोपिय खासकर मिशनरी परेशान थे। सामाजिक प्रणाली बाद के समय से प्रायः कम कठोर थी। 'लगभग सभी व्यवसायों के मार्ग (किसी खास वर्ग से जुड़ा होने के बावजूद) अधिकांशतः समुदाय के अन्य वर्गों के लिए भी खुले थे।[30] कहीं कोई मंदिर नहीं था; मूर्तिपूजा का कोई प्रमाण मौजूद नहीं था और पति की चिता पर उसकी विधवा को जबरन जलाने जैसा कोई कानून मौजूद नहीं था।[31]

जैसा कि हम देखेंगे, खासकर ईसाईयों और इंजीली मिशनरियों के लिए हिंदुओं के अतीत से जुड़े साक्ष्यों के इस पूरे समूह को अपने पहले से मौजूद बाइबिल पर आधारित इतिहास की अवधारणाओं में सम्मिलित करना बहुत मुश्किल नहीं था। मूलभूत मुद्दों में से एक मुद्दा यह था कि हिंदू इतिहास के आरंभिक कालों में एकेश्वरवाद जैसे समान लाभदायक विचारों के अस्तित्व की व्याख्या कैसे की जाए। इस तथ्य की व्याख्या कैसे की जाए कि प्राचीन भारतीय सभ्यता में बहुत बातें प्रशंसनीय थीं?

खासतौर पर हॉलवेल ने यह तर्क प्रस्तुत किया कि उसके द्वारा हिंदू उपदेशों की निर्धारित तिथि विश्व के बारे में बाइबिल के विवरण और सामान्य ईसाई तिथि पर सवाल खड़ा करती है। सन् 1793 में एशियाटिक सोसाइटी में अपने वार्षिक प्रवचन के दौरान सर विलियम जोंस ने एक अलग मत प्रस्तुत किया और कहा कि भारत में दस साल के अध्ययन से उसकी समझदारी में केवल 'आदिम जगत के बारे में मूसा के विवरणों' की ही पुष्टि हुई है।[32]

[29] Quoted in Kopf 1969: 41.

[30] Quoted in Kejariwal 1988: 83.

[31] Kopf 1969: 40–41.

[32] Marshall 1970: 35.

मार्शल के अनुसार, इन धर्मों के बीच समानताओं के पीछे उसका मूल आधार यह है कि 'जेनेसिस' के मुताबिक इस पृथ्वी पर समस्त लोगों की उत्पत्ति एक ही स्थान पर हुई थी जहाँ पूरी पृथ्वी पर फैलने से पहले उन्होंने 'एकमात्र सच्चे ईश्वर की विवेकपूर्ण आराधना' करने का अभ्यास किया था। भारतीयों ने अपने इतिहास के इस काल की स्मृति प्रथम और द्वितीय मनुओं की गाथाओं में संरक्षित रखा जिन्हें आदम और नूह के रूप में पहचाना जा सकता है।[33] इस प्रकार जब तक ईसाई बाइबिल के विवरण के अनुसार सृजन के सिद्धांत को मानते रहे और जब तक आरंभिक तिथिकरण की रूढ़िवादी ईसाई प्रणाली अक्षुण्ण रही तब तक मिशनरियों के लिए यह कहना तुलनात्मक रूप से आसान था कि हिंदू और ओल्ड टेस्टामेंट के मिथकों के बीच समानताएं इसलिए थीं कि सभी लोग नूह के वंशज थे और बबेल के मीनार से जुड़ी धारणा के अनुरूप पूरी पृथ्वी पर फैल जाने से पहले ये सब एक साथ रहते थे।

एक दूसरी व्याख्या की गहरी जड़ें कैथोलिक और प्रोटेस्टेंट दोनों परंपराओं से जुड़ी हुई हैं। इसका तर्क प्राकृतिक धर्म के विचार के आधार से जुड़ा है। इस मत के अनुसार लोग चाहे जो भी धर्म प्रणाली बनाएं और उसका अनुसरण करें ईश्वर हमेशा इंसान के चेतन और विवेक में सक्रिय रहते हैं और 'प्रकृति के प्रकाश' के जरिये प्रकट होते हैं। इस मत पर अध्याय 10 में विस्तृत रूप से विचार किया गया है और यह मत ट्रांक्यूबार मिशनरियों के बीच स्पष्ट रूप से दिखाई पड़ता है। *Indian Antiquities* के लेखक और प्रभावशाली अंग्लिकन पादरी थॉमस मौरिस की लेखनियों में भी यह नजर आता है। इतना ही नहीं, बैप्टिस्ट मिशनरी टिप्पणी और पूरी उन्नीसवीं सदी के दौरान प्रोटेस्टेंट मिशनरी विचार-विमर्श में भी इसकी प्रतिध्वनि सुनाई देती है। *Acts of the Apostles* के अनुसार, ईश्वर ने 'स्वयं को साक्षी विहीन नहीं रखा।' और इसलिए यही उम्मीद करनी चाहिए कि ईश्वर के बारे में थोड़ा ज्ञान (हालांकि इसमें संभवतः उनके नैतिक गुण नहीं आते) 'विभिन्न देशों के इतिहास में देखा जा सकता है'।[34]

ईसाई मिशन को ध्यान में रखते हुए हिंदू धर्म के बारे में ऐसा दृष्टिकोण बिलकुल संकटपूर्ण या नुकसानदेह नहीं था। यद्यपि कुछ मिशनरी इतिहास और प्राचीन काल में रूचि रखते थे, परंतु मुख्य रूप से वे वर्तमान काल पर अपना ध्यान केंद्रित रखते थे। अगर उनकी दृष्टि में कोई स्वर्ण युग था, तो उसकी परिणति निश्चित रूप से पतनोन्मुख थी। कलियुग जिसे स्वयं हिंदू भी पतन के काल के रूप में स्वीकार करते हैं, उसी बाद के काल में मिशनरियों ने अपने पेशे को अपनाया और लोगों को तत्कालीन पतनशील परिस्थितियों से बचाने के अत्यावश्यक कर्तव्य में लग गए।

[33] Ibid.: 37.

[34] Sutton 1833: 18.

समानताएं और भिन्नताएं

इस प्रकार ऊपर उल्लिखित हिंदू धर्म के मौलिक प्राच्यवादी विचार उन्नीसवीं सदी के प्रथमार्ध में हिंदू धर्म पर मिशनरियों की लेखनियों में फिर से उभरकर आया। उनके विचार में हिंदू धर्म ब्राह्मणवादी धर्म था, जो ब्राह्मणों द्वारा निर्मित और नियंत्रित एक अखिल भारतीय एकीकृत धर्म प्रणाली थी, तथा यह मूलतः एकेश्वरवादी धर्म था जिसका कभी स्वर्ण युग रहा था लेकिन बाद में वह पतनोन्मुख हो गया।

लेकिन अगर धर्मनिरपेक्ष प्राच्यविदों और ब्रिटिश मिशनरियों के बीच कुछ बहुत ही मूलभूत और महत्त्वपूर्ण मुद्दों पर सहमति थी और जो संयोगवश ही थी जिसे वर्तमान टीकाकार स्वीकार नहीं करते, तो हिंदू धर्म को वे जिस नजरिये से देखते थे और जैसा उसका चित्रण करते थे, उसमे भी फर्क था।

मिशनरियों का मानना था कि केवल एक ही सार्वभौम और रामबाण धर्म है जो पूरे विश्व के लिए सर्वथा उपयुक्त है। पर अठारहवीं सदी के अन्य चिंतकों की तरह हॉलहेड का मानना था कि विभिन्न 'देशों' ने जो विभिन्न धार्मिक प्रणालियां विकसित कीं, वे न केवल भिन्न थीं बल्कि वे खासतौर पर वहां के लोगों की जरूरतों के अनुरूप थीं। धर्म में सहिष्णुता के महत्त्व पर बल देते हुए उसका कहना था कि ईश्वर ने

> हरेक कबीले को उनकी अपनी आस्था सौंपी, और हरेक पंथ को उसका अपना धर्म; और विभिन्न प्रकार की जातियां बनाईं, बहुत सारे रीति-रिवाज बनाए, वह हरेक स्थान पर निर्धारित पूजा की विधियों को क्रमानुसार देखते हैं; कभी-कभी वे मस्जिद में परिचरों के साथ उपस्थित होते हैं, कभी पवित्र माला के जपने से; कभी वे मंदिर में होते हैं, मूर्ति की आराधना में; मुसलामानों के बहुत करीब, और हिंदुओं के मित्र के रूप में; ईसाइयों के साथी और यहूदियों के विश्वस्त के रूप में। इस कारण से उदात्त विचारों वाले लोग, घृणा या विरोध भाव नहीं रखते हुए, बल्कि सभी जीव-जंतुओं के संपूर्ण समष्टि को सर्वोच्च सत्ता की शक्ति का विषय मानते हैं, विभिन्न पंथों के बीच विरोधाभासों और धर्म के विभिन्न रीति-रिवाजों की जांच-पड़ताल द्वारा उन्होंने पूरे विश्व-जगत में अपनी कीर्ति से अमिट छाप छोड़ी है।[35]

मिशनरियों के विपरीत बहुत से धर्मनिरपेक्ष प्राच्यवादी लेखक 'हिंदू धर्म' पर यूरोपीयों द्वारा नकारात्मक टिप्पणियों की सीमा को देखकर निराश थे। अपनी '*Religious Tenets of the Gentoos*' में हॉलवेल ने हिंदुओं को 'मूर्ख और भारी मूर्तिपूजक प्रजाति' के रूप में प्रस्तुत करने के लिए 'सभी आधुनिक लेखकों' पर आक्रोश व्यक्त किया है।[36] उसने उन लोगों पर व्यंग्य किया जो 'आजकल प्रचलित धार्मिक मिथ्याभिमान के नशे में

[35] Marshall 1970: 182–83. देखें Holwell की टिप्पणियां Marshall 1970 (p. 48) में।

[36] Ibid.: 48.

अतिउत्साहित होकर दूसरे लोगों के धार्मिक सिद्धांतों की निंदा, अवज्ञा करते हैं या उनपर हमले करते हैं'।[37] उसके अपने योगदान के बारे में उसने कहा कि 'जहाँ तक उनके अत्यधिक असंगत विचारों को हमने समझा है', उससे 'उनको कुछ हद तक मुक्त कराने' की वह उम्मीद करता था।[38] डाउ हिंदू धर्म के बारे में अविवेकी नहीं था, परंतु उसकी शिकायत थी कि आधुनिक यात्रियों ने ब्राह्मणों की तुलना में यूरोप के प्रति अपना झुकाव बनाकर रखा 'और बहुत ही पक्षपातपूर्ण तरीके से धर्म और दर्शन की एक प्रणाली को बदनाम किया जिसको उन्होंने ठीक से समझा भी नहीं था'।[39] हॉलहेड को उम्मीद थी कि उसकी टिप्पणियों और उसकी 'the Gentoo Code' के अनुवाद से पाठकों को उन लोगों के रीति-रिवाज और तौर-तरीकों के बारे में बिलकुल सटीक जानकारी मिल सकेगी जिनके बारे में पश्चिमी जगत में 'गलत छवि' बनाकर लंबे समय से 'उनको गंभीर नुकसान' पहुंचाया जाता रहा। वह ब्राह्मणों को 'स्वार्थी और पक्षपाती' होने के लांछन से मुक्त करने के लिए अपनी हद से आगे बढ़ते हुए यहां तक कहा कि वे 'आत्म-संयम और त्याग की भावना' रखते थे और मृत पति की चिता पर आत्म-दाह पर निषेधाज्ञा 'सरल, नियंत्रित और प्रतिबंधित' था।[40] सर विलियम जोंस ने भी हिंदू परंपरा के प्रति ऐसा ही सहानुभूतिपूर्ण भाव अभिव्यक्त किया। उसने हिंदू विश्वास और रीति-रिवाज के बहुत से आयामों की प्रशंसा की। हालांकि वह कट्टर ईसाई था, पर आत्मा के देहांतरण और वेदांत पर टिपण्णी करते हुए शंकर द्वारा ईश्वर तथा मनुष्य की आत्मा के अद्वैत होने की अवधारणा ने खासतौर पर उसे आकर्षित किया।[41]

हालांकि बहुत सारे प्राच्यविद लेखक, और खासकर जोंस 'हिंदू धर्म' की कमियों से पूरी तरह से बेखबर नहीं थे, पर यूरोपियों की दृष्टि में हिंदू धर्म को फिर से प्रतिष्ठित करने के उनके प्रयास तथा उनके प्रति सर्वथा सहानुभूतिपूर्ण रवैये से इंजीलियों की परेशानी बढ़ गई क्योंकि वे जनता और संबद्ध ब्रिटिश अधिकारियों को यह समझाना चाहते थे कि भारत को मिशनरियों तथा ईसाई गॉस्पेल की सख्त जरुरत है। हिंदू धर्म के प्रति प्राच्यविदों के इस सहानुभूतिपूर्ण रवैये तथा कुल मिलाकर तत्कालीन जो परिस्थिति थी, उसमें मिशनरियों और उनके समर्थकों की क्या प्रतिक्रिया थी इसपर विचार करना हमारे विवरण का एक हिस्सा है।

हिंदू धर्म पर मिशनरी दृष्टिकोण तथा धर्मनिरपेक्ष प्राच्यविदों के बीच तीसरा महत्त्वपूर्ण अंतर कम-से-कम कुछ हद तक हित, लक्ष्य और अनुभव में अंतर से जुड़ा हुआ है। जोंस, हॉलहेड और अन्य धर्मनिरपेक्ष विद्वान् मुख्य रूप से उन चीजों में रूचि रखते थे जिसे

[37] Ibid.: 49.

[38] Ibid.: 50.

[39] Ibid.: 107–8.

[40] Ibid.: 170, 176, 179.

[41] Mukherjee 1987: 107.

कभी-कभी 'महान परंपरा' (ग्रेट ट्रेडिशन) कहा जाता है।[42] जबकि मिशनरी लोकप्रिय धर्म और मध्य वर्ग तथा निचले वर्गों के विचार एवं प्रथाओं के साथ-साथ जन समाज में जातियों की भूमिका के बारे में अधिक दिलचस्पी रखते थे।

जैसा कि हमने ऊपर देखा, प्राच्यविदों ने अपना ध्यान ब्राह्मणवादी ग्रंथों के संग्रह, अनुवाद और व्याख्या में केंद्रित किया। यह उनमें से बहुतों के लिए काफी आनंददायक काम और उनका मूल अभिप्राय था। उनमें से ज्यादातर कलकत्ता में रहते थे जहाँ उनके पंडितों और ब्राह्मणों से काफी अच्छे संपर्क थे। सर विलियम जोंस को ही लें, उसने कृषनगर में भी कुछ समय बिताया और सन् 1787 में नाव पर पूरे बंगाल का विस्तृत रूप से भ्रमण किया।[43] इसलिए वह हिंदू धर्म के लोकप्रिय स्वरूपों से अच्छी तरह से परिचित था, लेकिन एशियाटिक सोसाइटी के बहुत सारे अन्य सदस्यों की तरह वह भी खासतौर पर इसमें रूचि नहीं रखता था। वास्तव में, (सन् 1970 में प्रकाशित और केनन द्वारा संपादित दो खंडों वाली पुस्तक समेत) उसके पत्रों में जो सबसे ध्यान देने योग्य बात है वो ये कि जोंस लोकप्रिय प्रथाओं का संदर्भ बिरले ही देता है। और सन् 1790 में जब एकबार जोनाथन डंकन को पत्र लिखते हुए उसने पूजा के लोकप्रिय स्वरूपों का उल्लेख किया भी तो सिर्फ यह बताने के लिए कि उसने जो देखा उसे देखकर उसे कितनी घृणा हुई थी। 'सच्चे ज्ञानी ब्राह्मणों के प्रति मेरी पूरी श्रद्धा रहते हुए भी' उसने आगे लिखा, 'मैं दुर्गा के पुरोहितों की घिनौनी पुरोहिती से घृणा करता हूँ, लेकिन हमारी अपनी विवेकपूर्ण आस्था पर 'लेडी ऑफ लोरेटो' और रोमिश प्रताड़ना की तुलना में हिंदुओं के पक्के धर्म पर ऐसी धोखाधड़ी का असर कोई अधिक नहीं रहा है।'[44] मिशनरियों के विपरीत वह निचली जातियों या कम-से-कम ऐसी प्रथाओं में हिस्सा लेनेवालों का धर्मांतरण करने की कोशिश नहीं करता था। इसलिए जोंस की दृष्टि से इस प्रकार की गतिविधियों में किसी प्रकार की दिलचस्पी रखने का कोई कारण ही नहीं था।

दूसरी तरफ मिशनरियों का कुछ और ही ध्येय था। अठारहवीं सदी के उत्तरार्ध और उन्नीसवीं सदी के प्रथमार्ध में जब वे अधिक से अधिक संख्या में भारत आने लगे तो देश के विभिन्न शहरों, कस्बों और गावों में जाकर बस गए। उन्होंने अधिक से अधिक लोगों से संपर्क स्थापित करने की भी कोशिश की। इनमें अछूत और निचली जाति के हिंदू शामिल थे जिनका जीवन के प्रति एक अलग ही रवैया था और वे अलग तरह की जिंदगी जीते थे। ऐसी परिस्थिति में हिंदू धर्म के बारे में मिशनरियों द्वारा किया गया चित्रण लाजिमी तौर पर

[42] इस विचार से परिचय के लिए जो प्रायः यह मान कर चलता है कि केवल एक ही 'महान परंपरा' थी, देखें खासकर Cohn 1970, Vol. 2: 754.

[43] Cannon 1970, Vol. 2: 754.

[44] Ibid.: 856.

अधिक विविधतापूर्ण, अधिक विस्तृत और समसामयिक था। जबकि प्राच्यविदों द्वारा दिए गए विवरणों और टीकाओं पर आधारित 'हिंदू धर्म' का चित्रण मुख्य रूप से, या कह सकते हैं खास तौर पर, प्राचीन ब्राह्मणवादी ग्रंथों में रूचि रखते हुए किया गया है। कुछ मामलों में प्राच्यविदों की दलीलों के विपरीत मिशनरी विवरण संस्कृत ग्रंथों और साथ-ही-साथ आम लोगों के दृष्टिकोणों तथा रवैयों दोनों ही की विस्तृत जानकारी पर आधारित थे। विलियम कैरी, जॉन विल्सन, जॉन मरी मिशेल, रॉबर्ट कॉडवेल, रॉबर्ट नोबल,[45] होवार्ड कैंपबेल इत्यादि जैसे मिशनरियों ने संस्कृत का अध्ययन किया था और वे संस्कृत जानते थे। लेकिन इसके साथ ही वे कम-से-कम एक स्थानीय भाषा के विद्यार्थी और वक्ता के अतिरिक्त लोकप्रिय धार्मिक आंदोलनों पर टिप्पणीकारों के रूप में भी काफी जाने जाते थे। इस प्रकार हिंदू धर्म के अध्ययन के प्रति मिशनरियों का दृष्टिकोण कहीं अधिक सर्वव्यापी और विस्तृत था जबकि आमतौर पर धर्मनिरपेक्ष प्राच्यविदों के मामले में देखें तो मोनियर विलियम्स और जॉन म्यूर ने अपने अध्ययन को प्राचीन ग्रंथों से प्राप्त सामग्रियों तक ही दृढ़तापूर्वक केंद्रित रखा।

हिंदू धर्म पर सरकारी, प्राच्यवादी और मिशनरी अध्ययन

अठारहवीं सदी के अंत और उन्नीसवीं सदी के शुरुआत में बंगाल के प्राच्यविदों का विकास मिशनरी गतिविधियों और हिंदू धर्म के मिशनरी छवि निर्माण के लिए महत्त्वपूर्ण था। सिर्फ इसलिए नहीं कि प्राच्यवादी वातावरण में पनपे प्रमुख मिशनरी प्रतिमानों को इनसे पुष्टि और प्रोत्साहन मिला, बल्कि इसलिए भी कि इसके व्यावहारिक और दूरगामी परिणाम हुए। जैसा कि सर्वविदित है, इंजीलियों और अन्य ईसाइयों के मन में सर विलियम जोंस की विद्वतापूर्ण उपलब्धियों और सर्वोपरि उसके द्वारा ओल्ड टेस्टामेंट के कालक्रम तथा इतिहास की प्रतिरक्षा करने एवं अन्य कार्यों के लिए उसके प्रति गहरी श्रद्धा थी।[46] जैसा कि ट्रॉटमैन का मानना था, जोंस ने ही 'दिखाया कि संस्कृत साहित्य शत्रु नहीं बल्कि बाइबिल का समवर्गी है जो जल प्रलय के बाद इतिहास की बाइबिल के अनुरूप व्याख्या का स्वतंत्र रूप से पुष्टिकरण करता है।[47] जोंस के कार्यों को न केवल ईसाइयों की मान्यता और स्वीकृति प्राप्त थी बल्कि प्राच्यविदों की सरकारी परियोजनाओं में मिशनरियों की अधिक संरचनाबद्ध भागीदारी के लिए जल्दी ही अवसर उत्पन्न हो गए।

सन् 1800 में वेलेस्ले ने बड़ी तेजी से फैल रहे नए-नए साम्राज्यवादी प्रशासन में नियुक्त नागरिक अधिकारियों के प्रशिक्षण के लिए फोर्ट विलियम में अपने कॉलेज की स्थापना की। बंगाल, बॉम्बे और मद्रास जाने से पहले भारतीय भाषाओं और कानून में प्रशिक्षित लेखकों

[45] Noble 1867: 166.

[46] देखें खासकर Morris 1904: 82–3; Wilkinson 1844: 43–4; Trautmann 1997: 74–80.

[47] Trautmann 1997: 74.

को तीन साल का कोर्स करना पड़ता था। नए कॉलेज में कर्मचारियों की भर्ती के लिए उसके प्रबंध परिषद् ने एशियाटिक सोसाइटी से मदद मांगी और फिर सेरमपोर (श्रीरामपुर) कॉलेज के बैप्टिस्ट मिशनरियों से सहायता ली। फोर्ट विलियम कॉलेज के संस्कृत विभाग में प्रोफेसर के पद पर एच. टी. कोलब्रुक को नियुक्त किया गया। उसके बाद कॉलेज कौंसिल को अरबी, फारसी तथा अन्य छह आधुनिक भारतीय भाषाओं में नियुक्ति करना बाकी था। वाईस प्रोवोस्ट एवं प्रोफेसर क्लौडीयस बुकानन तथा कॉलेज अनुशासन एवं सामान्य प्रशासनिक जिम्मेदारी सम्हालनेवाले दो एंग्लिकन पादरियों में से एक ने एक प्रोफेसर पद के लिए विलियम कैरी की सिफारिश की। अप्रैल सन् 1801 में 'बंगाली और संस्कृत भाषाओं के प्रोफेसर' के रूप में कैरी को इस कॉलेज में नियुक्त किया गया।[48] बंगाली विभाग के प्रमुख के रूप में काम करते हुए संस्कृत विभाग के कोलब्रुक से उसके काफी नजदीकी संबंध बन गए। सन् 1804 में दोनों ने मिलकर हितोपदेश (प्रसिद्ध पंचतंत्र का एक रूपांतर) का अनुवाद किया। जब दो साल बाद कोलब्रुक ने अपना पद त्याग दिया तब उसकी जगह कैरी ने पूरी तरह से प्रोफेसर का पदभार अपने पुराने वेतन से दोगुने वेतन पर संभाला।[49] आरंभ में कैरी की नियुक्ति और फिर कॉलेज में तेजी से उसकी पदोन्नति से उसका सरकारी महकमों में तेजी से नाम फैल गया[50] और धीरे-धीरे एक बृहत स्तर पर सेरमपोर मिशन और सरकारी सहभागिता द्वारा संस्कृत, बंगाली तथा अन्य भाषाओं का अनुवाद आरंभ हुआ। न केवल कैरी को, और उसके जरिये सेरमपोर कॉलेज को इस सहायता के लिए भुगतान मिलता रहा, बल्कि मिशनरी भी फोर्ट विलियम के पंडितों की सेवाओं का लाभ उठाने में कामयाब रहे। इस बीच प्राच्यविद के रूप में अपने कार्यों के लिए कैरी का सम्मान बढ़ता ही गया और सन् 1806 में उसको एशियाटिक सोसाइटी की सदस्यता मिल गई।

फोर्ट विलियम में वेलेस्ले की 'यूनिवर्सिटी ऑफ द ईस्ट' के जरिये प्राच्यवादी अध्ययन का मिशनरी से संपर्क तब तक बना रहा जब तक सेरमपोर कॉलेज चलता रहा और अंत में सन् 1807 में यह आधिकारिक रूप से बंद हो गया। हालांकि इसी बीच मद्रास और बॉम्बे में ईस्ट इंडिया कंपनी के निदेशकों ने ऐसे और भी प्रशिक्षण कॉलेजों की स्थापना की।[51] बंगाल में प्राच्यवादी अध्ययनों के त्रिपक्षीय संस्थागत आधार (सरकार, कॉलेज और एशियाटिक सोसाइटी) को लिटरेरी सोसाइटी ऑफ मद्रास तथा नव स्थापित कॉलेज ऑफ फोर्ट सेंट जॉर्ज, प्रांतीय सरकारी निरीक्षक परिषद् के जरिये मद्रास में दोबारा स्थापित किया गया। और यहां पर एक बार फिर प्राच्यवादी अध्ययन के साथ मिशनरी संपर्क की संभावना थी।

[48] RPC, Archives, WCC/7, Cary to father, 23/11/1801.

[49] Kopf 1969: 88–91.

[50] RPC, Archives, IN. 13, Carey to Morris, 25/2/1802.

[51] Trautmann 1997: 114.

मद्रास की गतिविधियों पर बहुत कम अध्ययन हुआ है, ट्रॉटमैन के अग्रणी कार्यों के अतिरिक्त मद्रास के प्राच्यवादी विद्वानों के साथ मिशनरी हित और अंतर्संबंध के महज कुछ संकेत मिलते हैं। मद्रास प्रयोग में शामिल कुछ प्रमुख अधिकारियों में से एक फ्रांसिस व्हाइट एलिस था जिसने भारत आकर सन् 1796 में नागरिक सेवा में पद ग्रहण किया। उसने स्वयं को संस्कृत और तमिल के विद्वान् के रूप में स्थापित किया और मद्रास कॉलेज कौंसिल में चेयरमैन, कॉलेज में शिक्षक तथा मद्रास लिटरेरी सोसाइटी का सदस्य बन गया।[52] एलिस के असमय और अत्यंत दुखद मृत्यु के चार साल बाद सन् 1814 में मेथोडिस्ट मिशनरी एलिजा हूले मद्रास पहुंचा। वह एलिस की उपलब्धियों का बहुत बड़ा प्रशंसक था। उसका कहना था कि कुरल पर एलिस का अधूरा कार्य 'हरेक तमिल विद्वान् के लिए अमूल्य पुस्तिका है'।[53] अपनी पुस्तक *Madras, Mysore and the South of India* में उसने एलिस द्वारा तमिल साहित्य के अनुवाद से लंबे-लंबे उद्धरण प्रस्तुत किए हैं। इनमें तिरुवाचगम और तिरुवैमोली से लिए गए उद्धरण शामिल हैं। तिरुवाचगम तमिल शैव संत मनिक्कावसागर के पवित्र वचनों का संकलन है। तिरुवैमोली के बारे में हूले का कहना है कि यह 'तमिल में एक प्रमुख कार्य है जिसमें वैष्णवों का सिद्धांत परिलक्षित होता है'।[54] मद्रास में रहते हुए उसने सरकारी कॉलेज में नियुक्त बहुत सारे पंडितों से भी काफी सेवाएं लीं। उसने लिखा, 'कॉलेज के कुछ प्रमुख मुंशियों के साथ मैत्रीपूर्ण संबंध मेरे लिए बहुत ही मूल्यवान थे। इससे मिलनेवाले अन्य लाभों में से एक लाभ यह था कि दुर्लभ और मूल्यवान पुस्तकों की प्रतिलिपियां मुझे हासिल हुईं जो अन्यथा शायद कभी मेरे हाथ नहीं लग पातीं।'[55]

कॉलेज ऑफ फोर्ट विलियम के साथ कैरी के महत्त्वपूर्ण संबंधों समेत सरकारी प्राच्यवादी कॉलेजों के साथ कुछ संबंध के कारण पूर्वी देशों के अध्ययन में रूचि रखनेवाले मिशनरियों को पंडितों तथा अन्य यूरोपीय विद्वानों के साथ संपर्क स्थापित करने में मदद मिली ही, साथ ही कुछ ऐसी भी सुविधाएं प्राप्त हुईं जो अन्यथा नहीं मिलतीं। उनकी विद्वतापूर्ण गतिविधियों को बंगाल एशियाटिक सोसाइटी तथा बंगाल, बॉम्बे और मद्रास में विद्वानों के अन्य संगठनों जैसे ज्ञानी समाजों के साथ संबंधित होने से उनकी सदस्यता और गतिविधियों द्वारा उनको मान्यता और प्रोत्साहन भी मिला।[56] इस प्रकार से

[52] Buckland 1971: 149–50.

[53] Hoole 1844: 400.

[54] Hoole 1844: 380–85, 390–404. रामानुज के गुरुओं में से एक तिरुवरंग पेरूमल अरैय़र को समर्पित तिरुवैमोली के लिए देखें जगदीसन 1977.

[55] Hoole 1844: 189.

[56] इन सोसाइटियों की कार्यवाहियों को रूचि के साथ अनुसरण किया जाता था। इसका संकेत इस बात से मिलता है कि उनकी कार्यवाहियों की रिपोर्ट Calcutta Christian Observer जैसे मिशनरी जर्नलों में विस्तार से छापी जाती थी।

प्रस्तुत, विद्वतापूर्ण लेखनों और समीक्षाओं के रूप में हिंदू धर्म पर मिशनरी अध्ययनों के विभिन्न पहलुओं को विलियम कैरी के कार्यकाल से लेकर सन् 1900 और उसके बाद तक हिंदू धर्म पर मिशनरी संरचनाओं पर किसी भी प्रकार के विचार-विमर्श में शामिल करना जरूरी है। इन परिस्थितियों में मिशनरियों का ध्यान हिंदू धर्म के स्वरुप की संरचना स्वयं के लिए, एक-दूसरे के लिए तथा साथ-ही-साथ गैर-मिशनरी विद्वानों और विश्व के अन्य विद्वतजनों के लिए प्रस्तुत करने में लगा था। इसके फलस्वरूप खासतौर पर इस दृष्टि से उनके प्रकाशनों को, जनता को उसके प्रति जागरूक और प्रोत्साहित करने तथा मिशनरी गतिविधियों को उचित बताने के लिए प्रचार सामग्री समेत किसी अन्य प्रकार के मिशनरी साहित्य के साथ वर्गीकृत नहीं किया जा सकता। इस मामले में प्रमुख विषय ज्ञान की दुनिया पर केंद्रित था न कि मिशन की दुनिया पर। और उस दृष्टि से धर्म के बारे में विद्वतापूर्ण अध्ययनों में मिशनरियों का योगदान मुख्यधारा में मिशनरियों के सम्मिलित होने का संकेत था।

प्रमुख विद्वत समाजों से संबंध में और पूरी उन्नीसवीं सदी के दौरान बहुत सारे प्रसिद्ध और भारत की अत्यंत सम्माननीय एवं विद्वतापूर्ण लेखनों में ब्रिटिश प्रोटेस्टेंट मिशनरियों ने अपना योगदान दिया। इन योगदानों में भाषाओं और साहित्य, कविताएं, लोककथाएं, मानवजाति विज्ञान और नृविज्ञान, पुरातत्वविज्ञान, इतिहास और धर्म पर टिप्पणियां, जिज्ञासाएं, लेख और समीक्षाएं शामिल हैं। इनमें से बहुत से विषय एक-दूसरे में सम्मिलित भी हैं, लेकिन खासतौर पर हिंदू धर्म के अध्ययन के सबसे महत्त्वपूर्ण लेख वो थे जो न केवल संस्कृत साहित्य में बल्कि इस प्रायद्वीप के विभिन्न भागों में लोकप्रिय धर्म के विभिन्न पहलुओं पर शोध के परिणामों को प्रतिबिंबित करते थे। वास्तव में, जैसा कि हमने पहले ही गौर किया था, मध्यम और निचली जातियों के साथ-साथ ब्राह्मणों समेत भारतीय धार्मिक परंपरा की पूरी श्रृंखला के बारे में ज्ञान के प्रति उन्नीसवीं सदी के अंतिम समय के मिशनरियों का योगदान संस्कृतनिष्ठ ब्राह्मणवादी प्रारूप में अब तक उलझे धर्मनिरपेक्ष प्राच्यवादी विद्वानों से इस विषय पर कहीं अधिक संतुलित दर्शन प्रस्तुत करता है।

हालांकि मिशनरियों ने पूरी उन्नीसवीं सदी के दौरान संस्कृत धार्मिक साहित्य को बहुत सारे प्रकाशनों के जरिये लोकप्रिय बनाने के लिए काफी प्रयास किया,[57] परंतु उसी विषय पर धर्म निरपेक्ष विद्वतजनों के जर्नलों में विशिष्ट योगदान प्रायः बहुत ही कम था। उन दुर्लभ योगदानों में एक रेव. मौरिस फिलिप्स का लेख '*Cosmogony of the Vedas*'

[57] संस्कृत धार्मिक साहित्य पर उन्नीसवीं सदी के सबसे प्रभावशाली प्रोटेस्टेंट मिशनरी कार्यों में से एक W.J. Wilkins की पुस्तक Hindu Mythology थी जो पहली बार सन् 1882 में प्रकाशित हुई और उसके कई संस्करण छपे। हालांकि इस पुस्तक ने हिंदू धर्मग्रंथों के नए अनुवाद करने का अनुमोदन नहीं किया, 'न ही ऐसी जानकारियां ज्यादा देनी चाही जो पहले से ही बहुत सारी अन्य पुस्तकों में बिखरी हुई थीं।'

था जो सन् 1887 में *Madras Journal of Literature and Science* में प्रकाशित हुआ था।[58] इस प्रकार के लेख जो ब्राह्मणवादी विषयों से ही मूलतः संबंधित होते हैं, वे आमतौर पर धर्मनिरपेक्ष प्राच्यवादी विद्वानों द्वारा पढ़े जाते हैं। लेकिन इनसे अधिक सामान्य रूप से छपनेवाले ब्रिटिश मिशनरी लेख क्षेत्रीय और स्थानीय धर्म के भक्तिपूर्ण तथा अन्य स्वरूपों के अध्ययन पर आधारित थे। पश्चिमी भारत में लोकप्रिय आंदोलनों के अध्ययन पर आधारित जॉन मरे मिशेल के दो लेख सन् 1882 में *Indian Antiquary* में प्रकाशित हुए। इनमें से एक लेख में मराठी भक्ति कवि तुकाराम की कृति के अनुवाद के साथ-साथ उसके चरित्र और प्रभाव का अध्ययन किया गया है। दूसरे लेख में पंढरपुर में वार्षिक उत्सव और तीर्थ का मिशेल द्वारा आंखों देखा विवरण प्रस्तुत किया गया है।[59] मिशनरियों द्वारा 'शैव सिद्धांत' का अध्ययन भी उल्लेखनीय है। सन् 1873 में *Indian Antiquary* में प्रकाशित '*Notes on the Shaiva Siddhanta*' शीर्षक आलेख मद्रास, एस.पी. जी के रेव. एग्बर्ट केन्नेट (1826–84) द्वारा लिखे गए प्राथमिक गंभीर लेखों में से एक था।[60] यह उस समय छपा था जब यूरोपीय विद्वान इस विषय के बारे में तुलनात्मक रूप से बहुत कम जानकारी रखते थे। '*Shaiva Siddhanta*' के जी. यू. पोप द्वारा किए गए अनुवाद और टिप्पणियों के विभिन्न संस्करणों के बारे में सब जानते ही हैं। सन् 1895 में *Contemporary Review* में इसी विषय पर जी. मेकेंजी कोब्बन की टिप्पणी छपने के बाद उसके लेख का महत्त्व और बढ़ गया।[61] अंत में बिशप कॉडवेल (एस.पी.जी.) का प्रभावशाली लेख प्रकाशित हुआ। यह लेख 'Demonolatry in South India' विषय पर *Journal of the Anthropological Society of Bombay* में प्रकाशित हुआ था। यह मद्रास सेंसस (जनगणना) में निचली जाति के धर्म और शरीर में प्रेतात्मा-प्रवेश के बारे में दिए गए संदर्भों पर आधारित विवरण था।[62]

गंभीर अध्ययन वाले जर्नलों में हिंदू धर्म पर छपनेवाले इन लेखों तथा अन्य अध्ययनों से कहीं अधिक मात्रा में मिशनरियों के अपने धारावाहिक प्रकाशनों में इन विषयों पर लेख प्रकाशित होते थे। भारत में आधारित इन जर्नलों में से कुछ अत्यंत महत्त्वपूर्ण जर्नल जो स्वयं उनके अभिप्राय से छापे जाते थे, उनमें *Calcutta Christian Observer, the Indian*

[58] Third Series, 1886–87: 69–88.

[59] IA March and June 1882. 'The story of Tukarama. From the Marathi-Prakrit. With an introduction by the Rev. J. Murray Mitchell', The Journal of the Bombay Branch of the Royal Asiatic Society, III (XII), January 1849 भी देखें।

[60] 'Notes on the Shaiva Siddhanta', Vol. 2, December 1873: 343–44.

[61] The Contemporary Review, Vol. LXVII, 1895: 853–63.

[62] IER, Vol. XIV, 1887–88: 192–203 में भी यह लेख छपा था।

Evangelical Review,[63] *the Harvest Field*[64] और *the Madras Christian College Magazine*[65] का नाम प्रमुख रूप से आता है। ब्रिटेन में प्रकाशित अधिकांश मिशनरी सोसाइटी जर्नलों के विपरीत, जिनपर मिशनरी अपना संपादकीय नियंत्रण बना कर रखते थे, ये जर्नल प्रोटेस्टेंटों की दुनिया के दायरे में रहते हुए भी अपनी अंतरात्मा से सार्वभौमिक दृष्टिकोण रखते थे। छोटे या बड़े पैमाने पर इसने एक ऐसा स्थान बनाया जहाँ मिशनरी अपने मुद्दों पर चर्चा कर सकते थे और हिंदू धर्म पर आपस में विचार कर सकते थे। ऊपर उल्लिखित पेशेवर 'धर्मनिरपेक्ष' जर्नलों के विपरीत ये बड़े पैमाने पर विद्वत जगत के संदर्भों से कम सरोकार रखते थे और ईसाई धर्मविज्ञान तथा ईसाई मिशन से ज्यादा ताल्लुक रखते थे। पर इसके बावजूद उन्नीसवीं सदी के दौरान हिंदू धर्म के विभिन्न पहलुओं का विस्तृत रूप से गंभीर विद्वतापूर्ण अध्ययन भी करते थे। इनमें तथा अन्य जर्नलों में छपे लेखों में विभिन्न प्रकार के स्थानीय और समकालीन आंदोलनों पर भी विचार-विमर्श प्रकाशित किए जाते थे। उदाहरण के लिए, बनारस के हिंदू मठों और संप्रदायों पर जे. ह्यूलेट (लंदन मिशनरी सोसाइटी, एल.एम.एस.) द्वारा कुछ अध्ययनों[66] के अतिरिक्त मैसूर में श्रृंगेरी मठ के शंकराचार्य की भूमिका और गतिविधियों[67] पर टिप्पणियां उनमें से एक थीं। जेम्स कैनेडी (एल.एम.एस.) ने उत्तर भारत में 'गीता' की लोकप्रिय प्रस्तुतियों पर विवरण दिया, डब्लू. शूलब्रेड (United Presbyterian Church of Scotland, UPCS) ने राजपूताना में 'राम स्नेह धर्म' पर एक लेख लिखा और गुजरात में Irish Presbyterian Mission के जे. शिले ने भारत के तांत्रिक साहित्य पर सार-संक्षेप में अपने विचार लिखे।[68] जे. नोएल्स

[63] Calcutta Christian Observer के समाप्त हो जाने के बाद Indian Evangelical Review के उद्देश्यों पर टिप्पणी करते हुए Review के संपादक ने लिखा कि 'एक ऐसे सामान्य धार्मिक पत्रिका की जरुरत को आमतौर पर महसूस किया जा रहा था जो भारत में सभी इंजीली ईसाईयों की सामान्य आस्था को प्रकट करने का ध्येय रखे, उनके विचारों और धारणाओं का प्रतिपादन करे, ईसाईयों द्वारा किए जानेवाले सभी प्रयासों के परिणाम और उनमें होनेवाली प्रगतियों का लेखा-जोखा रखे, हमारे भारतीय अखबारों द्वारा दी जानेवाली सुविधाओं से अधिक सुविधाएं प्रदान करे, ऐसे प्रयासों से संबंधित अनसुलझे सवालों पर खुलकर विचार-विमर्श करे और इस भूमि पर बसनेवाले सभी धर्मानुयायियों को आपस में जोड़नेवाली एकता का बंधनसूत्र बने'। (IER, Vol. 1, 1873: 96).

[64] The Harvest Field वेस्लेवादी भारतीय मिशनों का एक स्थापित जर्नल था। सन् 1880 के दशक में इसे एक 'रूढ़ीवादी विचारधारा के सख्त हिमायती' जर्नल के रूप में जाना जाता था। इसमें मिशनरियों के उदारवादी या आधुनिक से लेकर और भी अधिक संकीर्ण धर्मज्ञान संबंधित दृष्टिकोणों तक सभी प्रकार के विचारों को सम्मिलित किया जाता था (IER, Vol. X, 1884: 286)।

[65] भारत में प्रकाशित प्रोटेस्टेंट मिशनरी जर्नलों पर आगे और विचार-विमर्श के लिए देखें खासकर Oddie 1976: 41–3.

[66] Chronicle, September 1886: 361–66; IER, Vol. XVI: 288–99.

[67] Free Church of Scotland Quarterly Missionary Paper, No. XLI, December 1869. सन् 1869 में।

[68] IER, Vol. II: 336–43, 398–412; Vol. X, 1883: 508–11.

(एल.एम.एस.) ने *World Wide Magazine*[69] में त्रावणकोर में चरक पूजा का आंखों देखा विवरण प्रस्तुत किया था। इन अध्ययनों के अतिरिक्त कुदुमी या हिंदू समूह (एस. मतीर, एल.एम.एस.) तथा जे. ई. पैडफील्ड (सी.एम.एस.) द्वारा हिंदुओं के घरेलू एवं स्त्रियों से संबंधित कर्मकांडों पर भी लेख लिखे गए थे।[70] कोब्बन ने Madras Christian College Magazine में तमिल भक्ति गीतों के उसके द्वारा किए गए अनुवादों की चर्चा की है (Vol. 2, 3 और 8) जबकि स्लेटर ने केशब चंद्र सेन पर एक लेख लिखा है (भाग 1) जिसे बाद में सन् 1885 में और अधिक विस्तृत रूप से लिखकर पुस्तक के रूप में प्रकाशित किया गया। लोकप्रिय और समकालीन गतिविधियों पर किए गए इन अध्ययनों में ग्रंथों और साहित्यों के भी कुछ विश्लेषण शामिल हैं, पर ज्यादातर उन्नीसवीं सदी के आरंभ में बंगाल में पल्लवित हो रहे धर्मनिरपेक्ष प्राच्यवादी अध्ययन के प्रतिमान के रूप में प्राचीन ग्रंथों और टिप्पणियों के अध्ययन से अधिक वे वर्तमान मानवजातीय वैज्ञानिक अनुसंधानों के प्रति अपना झुकाव रखते थे। पुनःश्च, ऐसा लगता है कि मिशनरियों ने दोनों प्रकार के अध्ययनों के बीच संबंध बनाए, यही मानवजाति वर्णन में लगे रहे और बाद की पीढ़ियों के नृजाति वैज्ञानिकों के कार्यों का पूर्वानुमान किया।[71]

[69] The World Wide Magazine, Vol. 3, April–September 1899.

[70] IER, Vol. VIII, 1882: 95–106; MCCM, Vols. 3, 4 and 12.

[71] मिशनरी और मानवजातिविज्ञान के बीच संबंधों के लिए देखें खासकर Woodberry 2004: 12–14.

भाग दो:
मिशनरी प्रारूपों की रचना

4 मिशनरी शिक्षण और प्रशिक्षण में हिंदू धर्म

कॉलेज

उन्नीसवीं सदी के उत्तरार्ध में समुद्रपार देशों में मिशनरी कार्यों के लिए भेजे जाने से पहले चुने गए प्रोटेस्टेंट उम्मीदवारों को मिशन के क्षेत्र में किए जाने वाले विशिष्ट कार्यों के बारे में सभी जानकारियों से अवगत कराने के लिए शायद ही कभी कॉलेज के पाठ्यक्रमों द्वारा प्रशिक्षण दिया जाता था।[1] उनको आमतौर पर सामान्य धर्मविज्ञान की शिक्षा देनेवाले कॉलेजों में ही प्रशिक्षित किया जाता था। या फिर तथाकथित 'मिशनरी' संस्थाओं में ऐसी ही शिक्षा दिलाई जाती थी। दूसरे शब्दों में, मिशन के क्षेत्र में काम करने के लिए दी जानेवाली शिक्षा का मूल आधार वही था जो अपने देश में ही रहते हुए काम करनेवाले पादरियों और पुरोहितों को दी जाती थी।

भारत आनेवाले चर्च ऑफ स्कॉटलैंड के ज्यादातर उम्मीदवारों को स्कॉटलैंड में पुरोहिती के लिए तैयारी करनेवाले उनके सहपाठियों की तरह ही कलाओं के साथ-साथ अक्सर दर्शन और विज्ञान की भी शिक्षा दी जाती थी। उसके बाद किसी प्राचीन विश्वविद्यालय और उससे संलग्न धर्म-संस्थान में धर्मविज्ञान की शिक्षा दी जाती थी। बैप्टिस्ट उम्मीदवारों को उनके अपने सामान्य धर्मविज्ञान की शिक्षा देनेवाली अकादमियों जैसे कि ब्रिस्टल, हॉर्टन और स्टेपनी में प्रशिक्षण दिया जाता था। सोसाइटी फॉर द प्रोपगेशन ऑफ गोस्पेल (एस.पी.जी.) के लिए मिशनरी का काम करनेवाले चर्च ऑफ इंग्लैंड के उम्मीदवारों को भी किसी प्रकार का प्रशिक्षण नहीं दिया जाता था। अन्य सोसाइटियों की वित्तीय रूप से सुविधाजनक प्रथा

[1] Piggin 1984: Chs 6–9.

का अनुसरण करते हुए एस.पी.जी. भी अपने उम्मीदवारों की शिक्षा पर कोई खर्च नहीं करती थी और पहले से ही धार्मिक संस्थानों के लिए प्रशिक्षित उम्मीदवारों में से ही कुछ उपयुक्त उम्मीदवारों का आवेदन स्वीकार करती थी।[2]

चर्च ऑफ मिशनरी सोसाइटी (सी.एम.एस.) ने सन् 1825 में इज्लिंगटन में अपने मिशनरी प्रशिक्षण कॉलेज की स्थापना की। लेकिन उसके पाठ्यक्रम में विशेष रूप से समुद्र पार देशों में किए जानेवाले मिशनरी कार्यों की दृष्टि से कुछ खास उपयोगी सामग्री नहीं होती थी। उस पाठ्यक्रम को दो उद्देश्यों को ध्यान में रखते हुए बनाया गया था। पहला उद्देश्य था कि बिशप ऑफ लंदन की परीक्षाओं में मिशनरी उत्तीर्ण होने में सक्षम हो जाएं। इसके लिए ग्रीक और लैटिन जैसी यूरोपीय भाषाओं का गहन अध्ययन जरुरी था। दूसरा उद्देश्य सी.एम. एस. की कानूनी अनिवार्यता थी जिसके मुताबिक उम्मीदवार सभी ग्रंथों को उनकी अपनी मौलिक भाषाओं में पढ़ पाने में सक्षम हो सकें और साथ ही 'चर्च राजनय तथा रीति-रिवाजों एवं साक्ष्यों तथा सिद्धांतों' को सम्मिलित करते हुए सामान्य और अंग्रेजी दोनों तरह के चर्च इतिहास की संपूर्ण रूपरेखा से अच्छी तरह से परिचित हो सकें यही सुनिश्चित करना था।' सन् 1830 के दशक में पढ़ाए जानेवाले विषयों में रसायनशास्त्र और तर्कशास्त्र भी शामिल थे जो ऊपर उल्लिखित पाठ्यक्रम में अपेक्षित नहीं होते थे। लेकिन तब भी इनके अतिरिक्त और कोई ऐसा पाठ्यक्रम नहीं होता था जिससे मिशनरियों को भारत के लिए विशेष रूप से तैयारी करने में मदद मिलती। पूर्वी देशों की भाषाओं, भारतीय इतिहास या भारतीय दर्शन या धर्मों के अध्ययन के लिए कोई कक्षा नहीं लगती थी।[3]

इन नीतियों के विपरीत वेस्लेयन मेथोडिस्ट मिशनरी सोसाइटी (डबल्यू.एम.एम.एस.) ने भारत आने की तैयारी करनेवाले अपने उम्मीदवारों के लिए कुछ प्रयास जरूर किए। मद्रास प्रेसीडेंसी में इंजीली कार्यों में आठ साल बिताने के बाद इंग्लैंड वापस आने पर एलिजा हूले ने दक्षिण भारत में काम करने के लिए मेथोडिस्ट उम्मीदवारों को प्रशिक्षित किया।[4] हालांकि इसमें से ज्यादातर समय छात्रों को शायद तमिल सिखाने में लग गया हो, लेकिन फिर भी यह कहा जा सकता है कि कुछ समय हिंदू आस्था और रीति-रिवाजों से संबंधित विचार-विमर्श पर भी व्यतीत हुआ। पिगिन के अनुसार, उसके बाद सन् 1883 में रिचमंड में स्थापित मेथोडिस्ट प्रशिक्षण संस्थान में 'अन्य धर्मविज्ञान संस्थानों से अधिक मिशनरी पहलू पर बल दिया जाता था।' यद्यपि यह विशिष्ट रूप से मिशनरी प्रशिक्षण के लिए ही नहीं बना था।[5] मिशनरियों के जीवनवृत्त और अन्य वेस्लेयन मिशनरियों द्वारा भारतीय भाषाओं में लिखित उनके अनुकूल अन्य प्रकाशनों को पुस्तकालय हेतु खरीदने के लिए अनुदान

[2] Ibid.: 198–200.

[3] Oddie 1999: 14–16; Piggin 1984: 189–97.

[4] WMS Missionary Notices, Vol. VIII, 1835–38: 583.

[5] Piggin 1984: 208.

दिए गए। लेकिन मिशनरी उम्मीदवारों की आवश्यकताओं के प्रति जागरूकता बढ़ने तथा हूले की अप्रतिम प्रयासों के बावजूद खासतौर पर मिशनरियों के लिए दिशा निर्देश देनेवाला ऐसा कोई भी पाठ्यक्रम यहां नहीं लागू किया गया, जिससे स्थानीय लोगों की भाषाओं और रीति-रिवाज तथा धार्मिक विश्वास आदि के बारे में कुछ ज्ञान प्राप्त हो सके।[6]

लंदन मिशनरी सोसाइटी (एल.एम.एस.) की नीति भी कम-से-कम इसके मिशनरी उम्मीदवारों की विशिष्ट आवश्यकताओं को देखते हुए कोई दूरगामी तथा सार्थक उपाय ढूंढने में अधिक प्रभावशाली नहीं थी। इस सोसाइटी के निर्देशकों ने अपने मिशनरियों के प्रशिक्षण के उद्देश्य से गोस्पोर्ट में एक विशिष्ट अकादमी की स्थापना की। इसने 1789 में अपनी स्थापना के समय से लेकर सन् 1826 में बंद हो जाने के समय तक भारत के लिए पचास मिशनरियों को प्रशिक्षित किया। यह 'भारत या अन्य किसी भी सभ्य देश' में काम करने की मंशा रखनेवालों के लिए शिक्षा देने के उद्देश्य से स्थापित किया गया था।[7] हालांकि इस संस्थान का प्रिंसिपल और दिशानिर्देशक डेविड बॉग भारत में मिशनों के संगठन और विकास के प्रति कटिबद्ध था, परंतु वह भी अपने छात्रों में सार्थक और आवश्यक कार्यकुशलताओं तथा योग्यताओं के विकास में असमर्थ ही रहा। उसके द्वारा दिए गए व्याख्यानों की जो प्रतिलिपियां मिलती हैं, उनसे यही स्पष्ट होता है कि भारत जाने के लिए तैयार होनेवाले छात्रों को वह जो जानकारियां और सलाह देता था वे बहुत ही सामान्य किस्म के होते थे। वह छात्रों को उस देश के बारे में 'बिलकुल सटीक जानकारी' हासिल करने और उनकी भाषा का अध्ययन करने के लिए उत्प्रेरित करता था, परंतु 'मूर्तिपूजक' (हिदेन) धर्मों की विशिष्टताओं या तथाकथित हिंदू धर्म के बारे में कुछ भी नहीं बतलाता था।[8] अगर गोस्पोर्ट में दी जानेवाली शिक्षा एल.एम.एस. द्वारा भारतीय मिशन क्षेत्र के लिए मिशनरी उम्मीदवारों को दिया जानेवाला यथासाध्य उचित प्रशिक्षण था तो ब्रिटेन स्थित कुछ अन्य सामुदायिक (Congregational) अकादमियों में दिए जानेवाले इससे भी अधिक साधारण प्रशिक्षण के बारे में कुछ कहना ही नहीं। कभी-कभी शैक्षणिक दृष्टि से ऊंचा मानदंड रखते हुए भी मिशन क्षेत्र में भविष्य की योजना रखनेवालों के लिए इनके पास कुछ खास देने लायक नहीं था।

इन साक्ष्यों के आधार पर यही पता चलता है कि उन्नीसवीं सदी के प्रथमार्ध में भारत आने के लिए तैयारी कर रहे उम्मीदवारों को हिंदू धर्म तथा अन्य विषयों के ज्ञान उपलब्ध कराने की कोई समुचित व्यवस्था नहीं थी। पर उस सदी में आगे समय बीतने के साथ क्या स्थिति में कोई सुधार हुआ?

[6] Ibid.: 210.

[7] Ibid.: 157.

[8] Ibid.: 175–81.

अधिकांश मिशनरी सोसाइटियों ने अपने पाठ्यक्रम को मिशन क्षेत्र के लिए अधिक प्रासंगिक बनाने हेतु कुछ खास प्रयास नहीं किया, परंतु कुछ उदाहरण ऐसे भी मिलते हैं जिनमें 'अन्य' धर्मों के अध्ययन पर अधिक ध्यान दिए जाने के प्रमाण मौजूद हैं।

सी.एम.एस. और डबल्यू.एम.एम.एस. दो ऐसी सोसाइटियों के उदाहरण हैं जिन्होंने उस सदी के उत्तरार्ध में भारत के लिए प्रशिक्षण के क्षेत्र में व्यावहारिक रूप से शायद कुछ प्रयास किया हो। सच में अगर देखा जाए तो उस दौरान भारत के लिए तैयारी करनेवाले वेस्लेयन मिशनरियों के प्रयास संभवतः पहले से, खासकर हूले के शिक्षण और निर्देशन से भी कम असरदार और प्रासंगिक थे। जबकि दूसरी तरफ एल.एम.एस., एस.पी.जी. और महिलाओं की कुछ नई मिशनरी संगठनों की अनुकूलन क्षमता अधिक प्रतीत होती है, जिन्होंने हिंदू धर्म के अध्ययन के लिए अधिक अवसर उपलब्ध कराए।

'पंजाब स्कूल' के प्रशासकों में से एक सर रॉबर्ट मोंटगोमरी सी.एम.एस. का एक प्रभावशाली और मुखर समर्थक था। उसके मुताबिक इस्लिंगटन की परिस्थिति को शर्मनाक कहा जा सकता था। उसने भारत के लिए उम्मीदवारों को सी.एम.एस. द्वारा दिए जा रहे प्रशिक्षण की शैली की इंडियन सिविल सर्विस (भारतीय नागरिक सेवा) की तैयारी कर रहे उम्मीदवारों की शैली से पक्षपातपूर्ण तरीके से तुलना की। एक रिपोर्ट के अनुसार, उसने सन् 1868 में यह तर्क दिया कि:

> जहाँ तक मेरी जानकारी है, इस्लिंगटन कॉलेज में हमारे मिशनरियों को दिया जा रहा प्रशिक्षण इस प्रकार है: जो दो साल वे यहां व्यतीत करते हैं, उसके दौरान वे किसी तरह से स्वयं को डिग्री प्राप्त करने के लायक बना लेते हैं। उसके बाद भारत के लिए निकल पड़ते हैं जबकि न तो उनको इस देश के इतिहास के बारे में कोई विशेष ज्ञान होता है, न भाषा का ज्ञान होता है, न ही जिस धर्म प्रणाली के खिलाफ स्वयं को साबित करना है उसका ज्ञान है और न ही उस प्रजाति के आचार-व्यवहारों तथा रीति-रिवाजों का कोई ज्ञान होता है जिसका इंजीलीकरण करने का वे अभिप्राय रखते हैं।
>
> वर्तमान में हमारे मिशनरियों को मुसलमानों, मौलवियों और हिंदू पंडितों से वाद-विवाद करना पड़ता है, जो अपने-अपने धर्मग्रंथों का गहन अध्ययन करते हैं और उनमें से तो बहुतों को ईसाई धर्म के बारे में तथा उससे संबंधित भ्रांतिपूर्ण धारणाओं की भी अच्छी खासी जानकारी होती है। हमारे मिशनरियों को उन धार्मिक प्रणालियों के बारे में अच्छी जानकारी रखना निहायत जरुरी है जिनका उन्हें सामना करना है, और जब तक वे उनकी भाषा में पारंगत नहीं हो जाते, तथा हिंदू एवं मोहम्मदी धर्म प्रणालियों के बारे में गहन और संपूर्ण ज्ञान प्राप्त नहीं कर लेते, और स्थानीय लोगों की चिंतन शैली से अच्छी तरह से परिचित नहीं हो जाते, उनको सार्वजनिक रूप से धर्मप्रचार की अनुमति नहीं मिलनी चाहिए।[9]

[9] CMS, G/CI, Committee Minutes, Vol. 37 (14/5/18–31/3/1868). Minute by Sir Robert Montgomery. K.C.B.: 718–21 (C.M. House, 18/2/1868 भी मुद्रित और प्रकाशित).

यद्यपि मोंटगोमरी की रिपोर्ट का टी.वी. फ्रेंच तथा कुछ अन्य लोगों ने समर्थन किया, परंतु फिर भी ऐसा लगता है कि कम-से-कम हिंदू धर्म पर ध्यान देने के लिए प्रोत्साहित करने के मामले में इसका असर नगण्य ही रहा। टी.वी. फ्रेंच बाद में लाहौर का बिशप नियुक्त हुआ था। ऐसा लगता है कि सी.एम.एस.की कार्यकारिणी के सदस्यों ने 'लंबे और विस्तृत' विचार-विमर्श के बाद यह स्वीकार किया कि इस्लिंगटन में 'पढ़ाए जाने वाले पाठ्यक्रम को और व्यापक' करना जरूरी है। साथ ही यह भी कि उनके उपयाजक और पुरोहित बनने के बीच के कुछ महीनों के दौरान मिशन क्षेत्र के लिए प्रत्याशित उम्मीदवारों को अध्ययन के लिए ऐसा पाठ्यक्रम चुनना चाहिए जो एक भाषा के अतिरिक्त 'इतिहास, पौराणिकी इत्यादि की शिक्षा देकर भविष्य में उनके द्वारा की जानेवाली मेहनत को सफल करने में उन्हें सक्षम बनाए।' अतएव पाठ्यक्रम पर पुनर्विचार हुआ और उसमें अन्य बदलावों के अतिरिक्त यह भी जोड़ा गया कि 'मुहम्मदी और गैर-ईसाई (हिदेन) मत के बीच विवादों की दृष्टि से महत्त्वपूर्ण साक्ष्यों का अध्ययन' और 'पूर्वी तौर-तरीकों तथा रीति-रिवाजों का ज्ञान अर्जित करके धर्मग्रंथों पर प्रकाश डालना चाहिए'। सन् 1869 के चर्च मिशनरी इंस्टिट्यूशन पर अपने रिपोर्ट में उसके प्रधान ने इन बदलावों को आधिकारिक नीति के अंतर्गत बताया।[10] हालांकि गौरतलब था कि इस्लिंगटन में छात्रों की संख्या लगातार कम हो रही थी, विश्वविद्यालयों से निकले छात्रों पर अधिक ध्यान दिया जा रहा था और साथ ही स्टॉक के आधिकारिक इतिहास में इन सुधारों का कहीं कोई उल्लेख नहीं है। इन तथ्यों के मद्देनजर ऐसा लगता है कि इनका कोई खास असर नहीं पड़ा या हिंदू धर्म के बारे में सी.एम.एस. मिशनरियों के ज्ञान में कोई अंतर नहीं आया।

इस्लिंगटन में सी.एम.एस. की प्रशिक्षण प्रणाली की अक्षमता के बारे में मोंटगोमरी ने जो कुछ कहा, वही बातें उन्नीसवीं सदी के उत्तरार्ध में भारत जाने को तैयार उम्मीदवारों के बारे में वेस्लेयन मेथोडिस्ट नीति के लिए भी कही जा सकती है। जहाँ तक इस्लिंगटन का सवाल है, भारत जाने के लिए चुने गए उम्मीदवारों को हिंदू धर्म या अन्य किसी भी प्रकार की धर्म प्रणाली पर कोई शिक्षा नहीं दी गई या किसी भी प्रकार का परिचय व्याख्यान नहीं दिया गया। भारत में कार्यरत मेथोडिस्ट मिशनरियों के लिए मेथोडिस्ट प्रशिक्षण की ये कमियां बहुत चिंता का विषय थीं और सन् 1890 के आरंभ में प्रकाशित लेखों और सम्मेलनों में इनका खुलकर उद्घाटन किया गया। सन् 1893 में मुंबई में हुए वेस्लेयन मिशनरियों के एक सम्मलेन में यह घोषणा की गई कि भारत जाने के लिए प्रत्याशी वेस्लेयन मिशनरियों को केवल 'अपने चर्च के सामान्य पुरोहिती परिवेक्षण' के तहत नहीं बल्कि 'एक विशिष्ट पुरोहिती परिवेक्षण' के तहत कार्य करना चाहिए। यह वक्तव्य किसी भी प्रकार के विशिष्ट प्रशिक्षण के अभाव को परिलक्षित करता है। अगले साल *Harvest Field* में प्रकाशित

[10] CMS, G/CI Committee Minutes, Vol. 38 (11/4/1868–1/3/1870). Report of the Institution for 1869: 358.

एक लेख में रेव. हेनरी हेग ने लिखा कि विशिष्ट मिशनरी प्रशिक्षण का 'बिलकुल अभाव' था और लोगों को 'उनकी आवश्यकता के अनुरूप' चुनने के बाद समुद्री यात्रा को ही प्रशिक्षण के लिए उपलब्ध एकमात्र अवसर के रूप में उपयोग कर उन्हें 'भेजा जाता था'।[11] 'मेरे समय में, किसी व्यक्ति को नियुक्ति मिलते ही आमतौर पर उसका पहला काम होता था कि मानचित्र खोलकर यह पता लगाए कि दुनिया के किस कोने में उसकी किस्मत ले जा रही है।' एक दूसरे लेख में डबल्यू.एम.एम.एस. के रेव.जे. हडसन ने स्वीकार करते हुए लिखा कि मिशन के क्षेत्र में काम करने के लिए पहले भी लोगों को तैयार करने के उद्देश्य से 'समुचित प्रयास' किए गए, लेकिन फिर यह भी कहा कि 'कोई यथोचित योजना न बनाई गई और न किसी योजना का अनुसरण किया गया'। इस प्रशिक्षण के अभाव के कारण तथाकथित हिंदू-ईसाई मतभेद से जुड़े मूलभूत मुद्दों और समस्याओं को समझने और उनपर बहस करने में मिशनरियों को अक्षम पाकर हेग और हडसन दोनों ही विशेष रूप से चिंतित थे। वास्तव में हडसन का तो कहना था कि समुचित प्रशिक्षण के अभाव के कारण ही हिंदू धर्म को गहराई से समझने में वेस्लेयन मिशनरी असफल रहे।

> उनपर हिंदू धर्म का प्रभाव उस तरह नहीं पड़ा जिस तरह से एक ऐसे महान प्रणाली का पड़ना चाहिए। उन्होंने इसके आकर्षण को नहीं समझा, इन्होंने उसकी युक्तियों को नहीं परखा, उसपर चिंतन नहीं किया, स्वयं भी उसमें निहित बुनियादी कमियों को महसूस नहीं किया, उन्होंने अपने अंतःकरण से और सत्यनिष्ठा से यह समझने की कोशिश नहीं की कि उसके अनुयायी ईसाई धर्म के खिलाफ और अपनी श्रेष्ठता के बारे में क्या दलील देते हैं।[12]

हालांकि उन्नीसवीं सदी के उत्तरार्ध में मिशनरियों की अपर्याप्त तैयारी के बारे में उनकी सोसाइटियों की ओर से की जानेवाली आलोचना और बढ़ता असंतोष पूरी तरह से ढंका नहीं रह पाया।

एल.एम.एस. द्वारा हाईगेट में अपना विशिष्ट कॉलेज स्थापित करने के प्रयोग के मूल में एक बेहतर और प्रभावी नीति अपनाने को लेकर चिंता थी। यह योजना अन्य बहुत सारे 'समुचित प्रयासों' की तुलना में लंबे समय तक चली और मिशनरियों को एक साल का अतिरिक्त प्रशिक्षण देकर निश्चित रूप से अपने गंतव्य देश से संबंधित उपयोगी और प्रासंगिक जानकारियों से अवगत कराया। सन् 1863 में यह कॉलेज हाईगेट में खुला, सन् 1870 में सेंट जोंस वुड में स्थानांतरित हुआ अंततः सन् 1872 में बंद हो गया। इसका उद्देश्य उन मिशनरी छात्रों को 'पूर्व की भाषाओं' तथा अन्य विषयों खासकर उनके द्वारा भविष्य में किए जानेवाले कार्यों से संबंधित विषयों में विशिष्ट प्रशिक्षण प्रदान करना था,

[11] HF, Vol. 5, March 1894: 321–26.

[12] HF September 1894: 328.

जिन्होंने अपना नियमित कॉलेज का पाठ्यक्रम पूरा कर लिया था।[13] सन् 1863 से लेकर सन् 1872 में बंद होने तक इस कॉलेज का प्रिंसिपल जॉन स्मिथ वार्डलॉ था। एम.ए. की डिग्री पानेवाले इस अवकाशप्राप्त मिशनरी ने दक्षिण भारत में बीस सालों तक काम किया था। अधिकतर छात्रों का गंतव्य या तो भारत होता था या फिर चीन। अठारह स्नातक छात्रों को भारत भेजा गया। इनमें से ज्यादातर छात्र दस सालों के लिए दक्षिण भारत गए जिस दौरान यह कॉलेज कार्यरत था। वार्डलॉ द्वारा हस्ताक्षरित मेमो से प्रतीत होता है कि संभवतः सभी विषय स्वयं वही पढ़ाता था और भारत जानेवाले छात्रों को पढ़ाए जानेवाले विषयों में 'हिंदू दर्शन' और साथ-ही-साथ भाषाएं और इतिहास शामिल थे।[14] भारत आनेवाले छात्रों में से दो छात्र आगे चलकर हिंदू धर्म पर अपने अध्ययन के लिए मशहूर हुए। इनमें से विलियम जोसेफ विल्किंस एक मुद्रक था और बाद में वोल्वरहेम्पटन में टीन-प्लेट मजदूर बन गया।[15] और दूसरा थॉमस एबेनेजर स्लाटर था जिसे पहले वास्तुकार के रूप में प्रशिक्षित किया गया था।[16] ये दोनों उसी कॉलेज से प्रशिक्षित थे और बाद में हिंदू धर्म के प्रमुख विद्वानों के रूप में स्थापित हुए। स्लाटर शायद अपनी *Higher Hinduism in Relation to Christianity* के लिए इतिहासकारों और विद्वतजनों के बीच बेहतर पहचान रखता था, जबकि विल्किंस के अधिकतर कार्य पुराणों और लोकप्रिय देवी-देवताओं पर आधारित थे जो सन् 1998 में भी मुंबई की सड़कों के किनारेवाली छोटी दुकानों में बिकने के लिए रखी हुई थीं।[17]

सन् 1840 के दशक के अंत की ओर एस.पी.जी. ने भी भारत के लिए प्रशिक्षित किए जानेवाले छात्रों की जरूरतों के प्रति संवेदनशीलता प्रकट करनी शुरू कर दी। उसने सन् 1848 में तमिल के काफी प्रशंसित विद्वान और अंग्लिकन के रूप में अभिषिक्त पूर्ववर्ती मेथोडिस्ट मिशनरी रेव. पीटर पर्सिवल से कैंटरबरी स्थित सेंट ऑगस्टीन्स मिशनरी इंस्टीट्यूशन में हिंदू धर्म पर व्याख्यान देने का आग्रह किया। यही व्याख्यान बाद में सन् 1854 में लंदन से प्रकाशित पर्सिवल की पुस्तक *The Land of the Veda* का आधार बने। सी.एम. एस.की तरह ही एस.पी.जी. के स्नातक भी अधिक-से-अधिक संख्या में विश्वविद्यालयों से आने लगे। एस.पी.जी. ने ऑक्सफोर्ड और कैंब्रिज यूनिवर्सिटियों में छात्रवृत्तियों की भी

[13] CWM, Home Personal, Box 2, R. Wardlaw Thompson, 'Memoir of Dr. John Wardlaw', p.6; Piggin 1984: 159. इस पुस्तकालय में संभवतः भारत पर मोनिएर-विलियम्स के कार्यों को सम्मिलित किया गया है।

[14] CWM, Home Personal, Box 2, R.Wardlaw Thompson, 'Memoir of Dr. John Wardlaw', memo dated 30/10/1869.

[15] CWM, CP. Wilkins to Directors, 21/10/1861.

[16] CWM, CP. Slater to Directors, 27/8/1861.

[17] उसकी पहली पुस्तक Hindu Mythology, Vedic and Puranic (London, 1882), तुरंत लोकप्रिय हो गई और उसके बाद से लोकप्रिय बनी रही। उसका सत्रहवां संस्करण Rupa and Co. (कलकत्ता, इलाहबाद, बॉम्बे और दिल्ली) द्वारा सन् 1998 में पेपरबैक में प्रकाशित हुआ।

शुरुआत की। इसके लिए शर्त रखी गई कि आवेदक को हिंदू धर्म और अन्य भारतीय धर्मों की थोड़ी-बहुत जानकारी अनिवार्य रूप से होनी चाहिए। उदाहरण के लिए, सन् 1861 में इस सोसाइटी की प्रमुख पत्रिका *Mission Field* में ऑक्सफोर्ड और कैंब्रिज के लिए 'मिशनरी एग्जीबिशंस' शीर्षक एक विज्ञापन प्रकाशित हुआ जिसके मुताबिक 'भारत की धार्मिक और दार्शनिक प्रणालियों' पर आधारित एक परीक्षा होगी जिसमें उत्तीर्ण होने पर ये विश्वविद्यालय उन्हें छात्रवृत्तियां प्रदान करेंगे।[18]

अंत में, उस सदी के उत्तरार्ध में महिलाओं के मिशनरी आंदोलन की शुरुआत के परिणामस्वरूप धर्मविज्ञान संबंधी प्रशिक्षण में भी कुछ महत्त्वपूर्ण गतिविधियां हुईं। इस्लिंगटन के पाठ्यक्रम में सी.एम.एस. ने शायद ही कोई परिवर्तन किया हो, परंतु सन् 1875 में स्थापित नए और स्वतंत्र रूप से कार्यरत चर्च ऑफ इंग्लैंड जनाना मिशनरी सोसाइटी (CEZMS) ने भारत के लिए रवाना होनेवाले अपने उम्मीदवारों के लिए कुछ सार्थक प्रयास करने की योजना बनाई। सन् 1880 में स्थापित CEZMS के प्रशिक्षण संस्थान 'The Willows' से प्रशिक्षित महिलाओं के लिए हिंदू धर्म और साथ-ही-साथ इस्लाम धर्म पर कक्षाएं आरंभ कीं। न केवल इस साक्ष्य के आधार पर, बल्कि कॉलेज में उनके दाखिल होने से पहले उनके द्वारा प्रस्तुत आवेदन पत्रों से ऐसा प्रतीत होता है कि भारत के लिए विदा होने के समय हिंदू धर्म के बारे में वे ऊपर उल्लिखित मेथोडिस्ट मिशनरियों जैसे अपने पुरुष सहकर्मियों से कहीं अधिक जानकारी रखती थीं।

ब्रिटेन में भारतीय भाषाओं का अध्ययन

उन्नीसवीं सदी के प्रथमार्ध में विशेष रूप से हिंदू धर्म के अध्ययन के लिए सुविधाएं उपलब्ध कराने पर उतना ध्यान नहीं दिया गया, पर भाषाओं के प्रशिक्षण की आवश्यकता को निश्चित रूप से महसूस किया गया। आरंभ से ही ब्रिटेन में ज्यादातर प्रोटेस्टेंट सोसाइटियों की प्रबंध परिषदों ने भारत जानेवाले मिशनरियों के लिए यथोचित भाषा के अध्ययन की जरुरत को समझा जो स्थानीय धर्म को समझने और इंजीलीकरण की दृष्टि से अनिवार्य था। मूल प्रश्न यह नहीं था कि मिशन क्षेत्र के लिए तैयारी करनेवालों को भाषा सीखनी चाहिए या नहीं, बल्कि प्रश्न यह था कब, कहां और कैसे सीखा जाए। जैसा कि हम देखेंगे, कुछ उम्मीदवारों (संभवतः मुट्ठी भर) ने ब्रिटेन में रहते हुए ही भाषा का अध्ययन आरंभ कर दिया, कुछ ने भारत के लिए लंबी यात्रा पर निकलने के बाद आरंभ किया और लगभग सभी ने भारत में रहते हुए मुंशी या शिक्षक के साथ काम करते हुए अपने अध्ययन की या तो शुरुआत की या फिर उसे जारी रखा।

उन्नीसवीं सदी के प्रथमार्ध में ब्रिटेन में रहते हुए भारतीय भाषाओं का अध्ययन करनेवाले मिशनरी उम्मीदवारों के लिए सबसे बड़ी परेशानियों में से एक परेशानी, वहां पर भारतीय

[18] MF, Vol. VI, January 1861: 21.

भाषाओं के लिए योग्य शिक्षकों का अभाव था। ऐसी परिस्थिति में ब्रिटेन में रहते हुए भारतीय भाषाओं के अध्ययन की सुविधा मुहैय्या कराने के लिए प्रयासरत सोसाइटियां और कुछ उम्मीदवार भूतपूर्व मिशनरियों को ढूंढ निकालते थे और उनकी सेवाओं का सहारा लेते थे। सन् 1824 से सन् 1831 के दौरान सी.एम.एस., एल.एम.एस., डबल्यू.एम.एम.एस. तथा बैप्टिस्ट मिशनरी सोसाइटी (बी.एम.एस.) इन सबने अपने-अपने उम्मीदवारों को बांग्ला और संस्कृत जैसी 'पूर्वी भाषाओं' के अध्ययन के लिए हेनरी टाउनले की अल्पकालिक संस्था में भेजा।[19] सन् 1830 में बेल्लारी में एल.एम.एस. मिशन स्टेशन के लिए नियुक्त जॉन रीड ने उसी स्टेशन में पांच साल व्यतीत करनेवाले एक भूतपूर्व मिशनरी रेव. जॉन हैंड्स द्वारा कन्नड़ भाषा का शिक्षण प्राप्त करते हुए एक महीना व्यतीत किया।[20] वहीं जैसा कि ऊपर उल्लेख किया गया है, कुछ आरंभिक मेथोडिस्ट उम्मीदवारों ने इंग्लैंड में रहते हुए ही एलिजा हूले के निर्देशन में दक्षिण भारतीय भाषाओं का अध्ययन आरंभ कर दिया था।

मिशनरी उम्मीदवारों को गैर-मिशनरी संस्थाओं में पढ़ाई जानेवाली संस्कृत भाषा भी सीखने के लिए प्रेरित किया जाता था। एल.एम.एस. के जे.एस. वार्डलॉ और डबल्यू.एच.ड्रियू ने हैलीबरी कॉलेज में संस्कृत के व्याख्याता फ्रांसिस जॉनसन से संस्कृत की शिक्षा प्राप्त की।[21] सन् 1832 में ऑक्सफोर्ड में संस्कृत के प्रथम चेयर के पद के लिए एच.एच. विल्सन को चुने जाने के बाद इस भाषा के अध्ययन के अवसर और अधिक बढ़ा दिए गए। ए.डबल्यू. वालिस और डबल्यू.के.कोल्स दोनों ही एस.पी.जी. की तरफ से उम्मीदवार थे और रॉबर्ट फॉक्स सी.एम.एस.के तेलुगु मिशन की तैयारी कर रहा था। इन तीनों ने विल्सन की निगरानी में संस्कृत का अध्ययन किया था।[22] ऑक्सफोर्ड में संस्कृत के अध्ययन के लिए इस संस्थान के बाद किंग्स कॉलेज लंदन और ग्लासगो तथा एडिनबर्ग के विश्वविद्यालयों में भी संस्कृत के अध्ययन की शुरुआत की गई। एल.एम.एस. तेलुगु मिशन का होवार्ड कैम्पबेल 1880 के दशक में एडिनबर्ग में संस्कृत के अध्ययन का लाभ उठानेवालों में से एक था।[23]

उन्नीसवीं सदी के उत्तरार्ध में ब्रिटेन में रहते हुए ही उम्मीदवारों को भारतीय भाषा से परिचय कराने के विचार को भुलाया नहीं गया और न ही इसको नजरअंदाज किया गया। उदाहरण के लिए, CEZMS के साथ प्रशिक्षण में लगी महिला उम्मीदवारों से उम्मीद की जाती थी कि घर में रहते हुए ही भाषा का अध्ययन प्रारंभ कर दें।[24] हालांकि पूरी उन्नीसवीं

[19] Piggin 1984: 241.

[20] R. Wardlaw 1845: 92–4.

[21] Piggin 1984: 241–42; J.S. Wardlaw 1856: 29.

[22] Noble 1867: 120; Piggin 1984: 242.

[23] CWM, South India, Tamil, Correspondence, W.H. Campbell to Thompson, 18/4/1885 (Folder 4, Box 8).

[24] Morawiecki 1998: 191–202.

सदी के दौरान सभी प्रोटेस्टेंट मिशनरी सोसाइटियों का ध्यान भारत में रहकर ही भाषा के प्रशिक्षण पर केंद्रित था। सामान्यतः इसी जगह सर्वश्रेष्ठ शिक्षक उपलब्ध होते थे और मिशनरी खासतौर पर अपने कार्य क्षेत्र से जुड़ी गतिविधियों के संदर्भ में भाषा सीख सकते थे।

वैसे तो कुछ मिशनरी भारत पहुंचने से पहले ही एक या एकाधिक भाषाओं की थोड़ी-बहुत जानकारी रखते थे, पर आमतौर पर वे लोग भारत के लिए लंबी समुद्री-यात्रा पर निकलने के बाद ही अपना अध्ययन आरंभ करते थे। इसके लिए वे शब्दकोष, व्याकरण या और भी विभिन्न प्रकार की अध्ययन सामग्रियों का सहारा लेते थे। इनके साथ ही कभी-कभी वे भाषाविदों की भी मदद लेते थे जिन्हें या तो वे स्वयं अपने शिक्षक के रूप में नियुक्त करते थे या फिर यात्रा के दौरान जहाज में ही उनसे मुलाकात हो जाती थी।[25]

हालांकि भारत आने से पहले भाषा का अध्ययन करने के ये सारे प्रयास भाषा से मात्र परिचय या सिर्फ अध्ययन आरंभ करने के योग्य होते थे। और ज्यादातर महिलाओं और पुरुषों ने भारत पहुंचकर किसी मुंशी या पंडित की सेवाएं हासिल करने के बाद ही भाषा का गहन और गंभीर अध्ययन आरंभ किया।

पंडित और भारत में भाषा का अध्ययन

समय के साथ-साथ स्थानीय भाषा में काम करने की क्षमता का महत्त्व बढ़ता ही चला गया और पेशेवर मिशनरियों के लिए यह एक अनिवार्य शर्त बन गई। भाषा ज्ञान में औपचारिक तौर पर योग्यता हासिल करना और मिशनरी प्रणाली में मुंशियों का स्थान भी धीरे-धीरे निश्चित और अनिवार्य हो गया। उस सदी के बीतने के साथ ही मिशनरी सोसाइटियों और उनकी स्थानीय समितियों द्वारा मुंशी या पंडित का प्रबंध करना सामान्य बात हो गई। इस प्रकार एल.एम.एस. और एस.पी.जी. जैसी कुछ सोसाइटियां मिशनरी को मुंशी भत्ता भी देने

[25] अगस्त सन् 1837 को भारत और सीलोन की यात्रा पर निकले मेथोडिस्ट मिशनरियों के दल ने 'भारत निवासी' इजराइल को अपने साथ ले लिया जिसकी मदद से उन्हें यात्रा के दौरान अगले कई हफ्तों में स्थानीय बोलचाल तथा सही उच्चारण समेत शुद्ध तमिल भाषा के अध्ययन में 'काफी तरक्की' होने की उम्मीद थी (MN, Vol. VIII, 1835–38: 551). युवा रॉबर्ट कॉडवेल, जो बाद में A Comparative Grammar of the Dravidian or South Indian Family of Languages (1856) का लेखक बना, की मुलाकात सौभाग्यवश उसी जहाज में भाषाविद और तेलुगु में प्रवीण सी.पी. ब्राउन से हो गई जिसमें वो सफर कर रहा था (Wyatt 1894: 12). नोबल और फॉक्स (सी.एम.एस.), एडमंड क्रिस्प, आर्थर और जॉन होर्नेर (डबल्यू.एम.एम.एस.), जॉन एब्स और जेम्स कैनेडी (एल. एम.एस.) जैसे अन्य मिशनरियों को शायद समुद्री यात्रा के दौरान गुजारे लंबे हफ्तों में ऐसी सहायता और प्रोत्साहन नहीं मिल पाया। इसके बावजूद वे जितना भी सीख पाए उससे वे प्रसन्न थे (Abbs 1870: 26; CWM, South India, Canarese, 1836–40, incoming corr., Box 4, F. 2, Rice to Ellis, 29/4/1837; and Tamil 1817–24, incoming corr., Box 1, F. 3, Crisp to Burder, 3/4/1837). जबकि जेम्स कैनेडी और विलियम ड्रियू अपनी यात्रा के दौरान अपने अध्ययन की प्रगति से संतुष्ट नहीं थे. बनारस के लिए यात्रा पर निकलनेवाले कैनेडी ने स्वीकार किया कि हिंदुस्तानी व्याकरण उसे ठीक तरह से समझ में नहीं आई (Kennedy 1884: 13; CWM, South India, Tamil, 1817–24, incoming corr., Box 5, F. 1, J. Drew to Sec.).

लगीं और इस बात पर बल देने लगीं कि भाषा की परीक्षा पास करना जरुरी है। उदाहरण के लिए, कलकत्ता डायोसीसन कमिटी (Calcutta Diocesan Committee, एस.पी. जी. का प्रतिनिधित्व करनेवाला एक स्थानीय संगठन) ने सन् 1880 में घोषित अपने नियमों के बारे में बताते हुए कहा कि 'हरेक मिशनरी, चाहे वह अभिषिक्त हो या सामान्य, तथा हरेक धर्म प्रचारक और सोसाइटी के स्कूल मास्टर को इस देश में पहुंचने की तारीख या इस सोसाइटी की सेवा में प्रवेश की तारिख से लेकर एक वर्ष के अंदर मिशन की स्थानीय भाषा में लिखने, पढ़ने और बोलने की क्षमता की जांच करने के लिए एक परीक्षा पास करनी होगी।'[26]

मिशनरी सोसाइटियों ने इन भाषा परीक्षाओं से अपेक्षित कुछ विशिष्ट योग्यताओं का भी विवरण प्रस्तुत करने का प्रयास किया। इस प्रकार, मद्रास स्थित सी.एम.एस. कमिटी के मुताबिक सन् 1890 के दशक में CEZMS और सी.एम.एस.के मिशनरियों से यह प्रदर्शित करने की अपेक्षा की जाती थी कि उन्होंने निम्नलिखित कुशलताएं विकसित कर ली हैं:

> किसी अनुमोदित पाठ्यपुस्तक से निर्धारित समय के अंदर एक अठपेजी को अंग्रेजी में अनुवाद करना, निर्धारित समय के अंदर त्रुटिहीन व्याकरण और सटीक मुहावरों के साथ अंग्रेजी में एक अठपेजी विवरण और दस अंग्रेजी वाक्य लिखना। व्युत्पत्ति और वाक्य-विन्यास। निर्धारित समय में किसी नीति-कथा पर संक्षिप्त विवरण लिखना। निपुणता के साथ बोलकर पढ़ना और पहले कभी नहीं पढ़ी गई किसी पुस्तक से तथा बाइबिल के किसी चुने हुए भाग का अनुवाद करना। परीक्षक द्वारा पढ़े गए कुछ बातचीत शैली वाले छोटे वाक्यों के पत्र का सहजता के साथ अनुवाद करना। एक सामान्य स्थानीय भाषा में लिखे गए पत्र को पढ़ना और अनुवाद करना। जो मिशन से संबंधित नहीं हो, ऐसे स्थानीय निवासियों के साथ सामान्य तथा धार्मिक विषयों पर इतनी सहजता और विशुद्धता के साथ बातचीत करना जो आसानी से समझ में आ जाए।[27]

आमतौर पर यह महसूस किया गया कि मिशनरियों का बहुत समय और ध्यान भाषा के अध्ययन में जाएगा—एक या दो साल या फिर उससे भी अधिक समय। भाषा संबंधी अपेक्षाएं समय के साथ-साथ निर्धारित हो गईं और मिशन सोसाइटी के उपनियम तथा नीति वाक्यों में इन्हें रेखांकित किया गया, और जैसा कि जेफरी कॉक्स ने गौर किया है, कई मामलों में भावी मिशनरी जो परीक्षा में पास होने में असफल होते थे उन्हें 'अलग' कर दिया जाता था और वापस घर भेज दिया जाता था। वास्तव में मिशन क्षेत्र में सफल जीवन, भाषा परीक्षाओं के नतीजों पर अधिक-से-अधिक निर्भर होने लगा और इसके परिणामस्वरूप पंडितों तथा शिक्षकों की सहायता पर निर्भरता बढ़ने लगी जो अधिकांशतः हिंदू होते थे।

[26] SPG, AR 1880: xxii.

[27] IW April 1899: 71.

'मुंशी' शब्द मूलतः एक अरबी शब्द था। इसका सटीक अर्थ खासतौर पर अरबी, फारसी या उर्दू के शिक्षकों से था। फिर भी मिशन के दायरे में इसका प्रयोग मोटे तौर पर इस प्रायद्वीप के विभिन्न भागों में बोली जानेवाली भाषाओं के 'स्थानीय' शिक्षक के लिए किया जाता था। सही मायनों में मुंशी आमतौर पर मुस्लिम ही होते थे। लेकिन पूरी उन्नीसवीं सदी के दौरान ब्रिटिश मिशनरियों को पढ़ानेवाले ज्यादातर मुंशी वास्तव में हिंदू थे। इसलिए इस शब्द का तात्पर्य इसके सही अर्थ से भी है और संस्कृत पंडित यानी ज्ञानी पुरुष से भी है।[28] दरअसल कई बार एक ही गद्यांश में 'मुंशी' और 'पंडित' अदल-बदल कर लिख दिया जाता था जिसका तात्पर्य सिर्फ किसी भारतीय भाषा या भाषाओं के स्थानीय शिक्षक से होता था।[29]

व्यक्ति की पहचान: 'विद्वान हिंदू' के रूप में पंडित का उदाहरण

वेतन पर मुंशी या पंडित को रखना एक महत्त्वपूर्ण बात थी क्योंकि इस आधार पर आगे दीर्घकालिक व्यक्तिगत संबंधों के विकास की बुनियाद पड़ने की संभावना थी। इसके अतिरिक्त यह एक ऐसा अनुभव था जो कुछ मामलों में हिंदू धर्म के बारे में मिशनरी के विचारों और अवधारणाओं को परिवर्तित कर सकता था। अगर मिशनरी और पंडित के बीच कोई संबंध न भी विकसित हुआ हो, अगर मिशनरी की मुंशी के साथ नियमित बैठकें व्यावसायिक जैसे प्रबंध से अधिक आगे नहीं भी गई हों, फिर भी अपने प्रथम प्रभावों को संप्रेषित करने और हिंदू धर्म तथा जीवन शैली के भीतर झांककर कुछ अंतर्दृष्टि पाने के लिए एक अवसर के रूप में अक्सर यह महत्त्वपूर्ण होता था। नए-नए भारत आए मिशनरी जल्दी ही अपने स्थानीय सेवकों से परिचित हो गए; लेकिन पंडित अलग होता था। ज्यादातर मिशनरियों का यही अनुभव था कि यहां मिलनेवाले स्थानीय लोगों में पंडित ही पहला ज्ञानी या शिक्षित व्यक्ति होता था जो 'वास्तविक' हिंदू धर्म का पहला प्रतिनिधि होता था और जिसके साथ वे हिंदू धर्म के विश्वासों तथा रीति-रिवाजों के बारे में गहन विचार-विमर्श और वाद-विवाद कर सकते थे। और मौखिक रूप से वह जो भी जानकारी देता था उससे अधिक उसका व्यक्तित्व, आचार-विचार और व्यवहार हिंदू धर्म और हिंदू जीवन शैली का प्रतीक और उदाहरण प्रस्तुत करता था। मिशनरियों के शिक्षित लोगों तथा सलाहकारों की दुनिया का हिस्सा होने के साथ ही वह मिशनरी के 'अन्य' का महत्त्वपूर्ण प्रतिनिधित्व भी करता था।

[28] Hobson-Jobson (Crooke 1968); CWM, Incoming Correspondence, South India, Tamil, Box 3, F. 3. Report of the first general meeting of the Madras District C'tee, 2/9/1827 and 4/10/1827.

[29] उदाहरण के लिए देखें, सन् 1827 में मिशनरी वेतन और प्रतिबंध के संदर्भ में एल.एम.एस. मद्रास डिस्ट्रिक्ट कमिटी के नियम (CWM, Incoming Correspondence, South India, Tamil, Box 2, F. 3, Jacket B, J. Crisp to Sec., 15/10/1827).

इसमें कोई आश्चर्य नहीं कि मिशनरी यथासंभव जल्द-से-जल्द सीख लेने की चाह में न केवल उस भाषा पर अपना ध्यान केंद्रित करते थे बल्कि उस मुंशी का भी गौर से अवलोकन यह सोचकर करते थे कि उसके व्यक्तित्व और व्यवहार से हिंदू धर्म की मूल आत्मा किसी न किसी तरह प्रकट हो जाएगा। सन् 1839 में बनारस में रहकर अपने हिंदी भाषा के अध्ययन के अनुभव को याद करते हुए जेम्स कैनेडी (एल.एम.एस.) ने लिखा कि 'मुझे लगता था कि मैं स्थानीय चरित्रों का भी अध्ययन कर रहा हूँ।' उसका मानना था कि अपने पंडित के साथ काम करते हुए उसने 'लोगों में धैर्य और शिष्टाचार के साथ ही चाटुकार तथा छलपूर्ण चरित्र'[30] की भी झलक देखी। थॉमस हॉडसन (डबल्यू.एम.एम.एस.) और विलियम ड्रियू (एल.एम.एस.) ने भी अपने शिक्षक से साक्षात्कार के अनुभवों के आधार पर सामान्य निष्कर्ष निकाले। ईसाई धर्म और हिंदू धर्म के गुणों के बीच तुलना करने के प्रति अपने पंडितों की अनिच्छा को उन्होंने उनके 'यथार्थ' के प्रति उदासीनता के रूप में व्याख्या की—यह उदासीनता आमतौर पर हिंदुओं का प्रतिरूप था।

अपने पंडित के रवैये का संदर्भ देते हुए ड्रियू ने यही निष्कर्ष निकाला कि हिंदुओं ने धर्म को 'लगभग निरर्थक' बना दिया है। उस मिशनरी के मुताबिक वे अपनी 'प्रणाली' को अपने निकृष्टतम मनोविकारों की तुष्टिकरण के मार्ग के रूप में देखते हैं या निहायत तुच्छ किस्म के अंधविश्वास या फिर अनबूझ रहस्य के रूप में देखते हैं। देखा जाए तो यह हरेक नजरिये से हास्यास्पद था।

> 'बताइए चिनिया', मैंने एक दिन दृढ़तापूर्वक अपने मुंशी से कहा, 'मुक्ति के बारे में आपको क्या उम्मीद है? आपकी रक्षा किस तरह से हो पाएगी? एक बेमतलब सी हंसी के साथ 'मुझे नहीं मालूम', यही उदासीन लेकिन असरदार जवाब था उसका। और चूंकि वो नहीं जानते हैं इसलिए इसकी परवाह भी नहीं करते। वे भारी-से-भारी दलीलों को मुस्कुराकर या बेवकूफों की तरह मजाक करके अनदेखा कर देते हैं।[31]

पंडितों की सामाजिक पृष्ठभूमि और धार्मिक परंपरा: हिंदू धर्म पर मिशनरी दृष्टिकोण का तात्पर्य

मिशनरियों ने विभिन्न हिंदू समुदायों से हिंदू पंडितों को नियुक्त किया जो विभिन्न प्रकार की धार्मिक परंपराओं का प्रतिनिधित्व करते थे। जैसा कि अध्याय 2 में बताया गया है, फोर्ट विलियम कॉलेज में उनके साथ कार्यरत क्लौडीयस बुकानन ने जल्दी ही यह पता लगा लिया कि उत्तरी भारत के ब्राह्मण पंडितों के बीच हिंदू धर्म के 'वास्तविक स्वरुप' के

[30] Kennedy 1884: 31–2.

[31] J.S. Wardlaw 1856: 56. SOAS, WMMS Special Series (biographical), India Fiche, Box No. 625 (2), Journal of T. Hodson, 1/8/1831 भी देखें।

बारे में भारी मतभेद था और सभी अलग-अलग दृष्टिकोण रखते थे। यहां तक कि बनारस में भी, उसका कहना था, ब्राह्मण पंडित अलग-अलग ग्रंथों का उपयोग करते थे और उनमें कोई एकता नहीं थी। एक मत के अनुयायी दूसरे मत को अस्वीकार या अमान्य कर देते थे।

कुछ सालों बाद पंडितों की इन अलग-अलग परंपराओं के बारे में लगभग यही बातें जेम्स कैनेडी ने कहीं। एल.एम.एस. मिशनरी कैनेडी को बनारस क्षेत्र में बीस सालों से अधिक समय तक काम करने का अनुभव था। उसने बल देते हुए कहा, 'एक वर्ग के रूप में पंडित स्वयं को एक ग्रंथ या समान कोटि के अन्य ग्रंथों के अनुरूप रखते हैं और अपने पसंद की दुनिया से बाहर के ग्रंथों की उनकी जानकारी बहुत कम है।'[32] इस प्रकार हम जानते हैं कि मिशनरियों द्वारा नियुक्त कुछ ब्राह्मण पंडित, उदाहरण के लिए कैरी के सबसे प्रिय पंडितों में से एक मृत्युंजय विद्यालंकार, हिंदू धर्म में अद्वैतवाद का प्रतिपादक था,[33] वहीं त्रावणकोर के कोट्टयम में बेंजामिन बेली के पंडित और वैद्यनाथ अय्यर जैसे कुछ अन्य पंडित लगभग निश्चित तौर पर आस्तिक थे और या तो शिव भक्त थे या फिर विष्णु भक्त।[34] इसकी भी कोई गारंटी नहीं थी कि दर्शन की समान प्रणाली या मुक्ति के मार्ग के कथित प्रतिपादक उसकी व्याख्या भी समान रूप से ही करेंगे।

दूसरे, कुछ मिशनरी पंडित गैर-ब्राह्मण वर्ग में ऊंचा स्थान रखनेवालों में से नियुक्त किए गए थे। रिचर्ड यंग ने पीटर पर्सिवल के तमिल भाषी पंडित अरुमुका पिल्लै (आमतौर पर नवलर नाम से जाना जाता था) के दर्शन का भी अध्ययन किया।[35] यही उन्नीसवीं सदी के उत्तरार्ध में शैव सिद्धांत के सबसे प्रसिद्ध प्रतिपादकों में से एक और प्रखरतम प्रतिपादक बना। उसकी दृष्टि में सर्वोच्च सत्ता के रूप में शिव से प्रेम ही मुक्ति का मार्ग प्रशस्त करता है। वहीं एलिजा हूले का दीर्घकालिक मित्र और पंडित गोविंद मूडले 'वैष्णव संप्रदाय' का था। वह विष्णु की सर्वोच्च सत्ता के पक्ष में दलील देता था और हूले के मुताबिक, 'कभी-कभी वह मुझे समझाता था कि चाहे किसी की भी पूजा करो, वास्तव में सारी उपासनाएं सर्वोच्च होने के नाते विष्णु द्वारा ही स्वीकार की जाती हैं और ईसाईयों द्वारा की गई पूजा भी उनके द्वारा स्वीकृत की जाएगी।'[36]

अरुमुका पिल्लै और गोविंद मूडले दोनों तमिल गैर-ब्राह्मण थे। इन दोनों के अलावा कैनेडी का शिक्षक और कैरी का प्रथम एवं संभवतः सबसे प्रभावशाली पंडित कायस्थ जाति या लेखक जाति के पंडित थे। इस प्रकार सन् 1793–1900 के दौरान पूरे समय में

[32] Kennedy 1884: 163.

[33] Killingley 1993: 100.

[34] अय्यरों के धार्मिक दृष्टिकोण के लिए देखें, खासकर थर्स्टन 1909: 269.

[35] Young and Jebanesan 1995.

[36] Hoole 1844: 383.

ब्रिटिश मिशनरी भाषाई सलाहकारों के रूप में ब्राह्मण शिक्षकों पर पूरी तरह से निर्भर नहीं थे। स्पष्टतः स्थानीय जानकारियों के लिए दूसरा महत्त्वपूर्ण स्रोत गैर-ब्राह्मण पंडित थे। और कम-से-कम कैरी के प्रथम शिक्षक रामराम बसु (1759–1813) के मामले में मालूम है कि वह कट्टर ब्राह्मण-विरोधी था।[37] उसका दृष्टिकोण ब्राह्मणों के भारी विरुद्ध था। उसके ये विचार खासतौर पर एक पैम्फलेट में प्रकाशित हुए। कोप्फ के विवरण के अनुसार बसु ने यह पैम्फलेट लिखकर ब्राह्मणों पर आक्रमण किया और 'उनको मध्यकालीन रोमन कैथोलिक पादरी की तरह षड्यंत्रकारी बताया जो विश्व को अवहेलना और अंधकार में धकेलना चाहते थे।'[38] इसमें कोई संदेह नहीं कि अधिकतर हिंदू 'मिशनरी पंडित' ब्राह्मण होते थे, परंतु गैर-ब्राह्मण पंडितों की नियुक्ति और उपयोग से मिशनरी विचारों पर उनके प्रभावों के बारे में सवाल उठते हैं। उदाहरण के लिए, मिशनरी जो 'ब्राह्मणवादी प्रणाली' की आलोचना करते थे, उनको किस हद तक गैर-ब्राह्मण हिंदुओं और साथ-ही-साथ समय-समय पर मिशनरियों द्वारा नियुक्त ईसाई पंडितों का प्रोत्साहन मिला यह एक प्रश्न है।

तीसरे, सामान्य हिंदू पंडितों की तरह मिशनरियों द्वारा नियुक्त हिंदू पंडित भी अगर पूरे के पूरे नहीं तो भी लगभग विशेष रूप से ऊंची जातियों से चुने गए होते थे और यह तथ्य हिंदू धर्म पर मिशनरी दृष्टिकोण के लिए विशेष महत्त्व रखता था। इसका मतलब यह हुआ कि वे पंडित उन मिशनरियों के विश्वास को और दृढ़ बनाने में मदद करते थे जो हिदू धर्म और समाज को ऊपर से नीचे की ओर बढ़ता हुआ देखते थे। जहाँ मिशनरियों के प्रवचन और मिशनरियों का निचली जातियों तथा जाति-बहिष्कृत हिंदुओं के साथ संपर्क उन्हें ऊंची जाति की संस्कृति से दूर ले जाता था वहीं उन हिंदू पंडितों का आरंभ में महत्त्वपूर्ण तथा बराबर प्रभाव पड़ा, जो बहुत से अनुभवहीन मिशनरियों के लिए 'असली हिंदू धर्म' या हिंदू परंपरा के प्रतीक के समान प्रतीत होते थे। भारत की निचली और ऊंची जाति के हिंदुओं के बीच इक्कीस साल काम करने का अनुभव रखनेवाले एक मिशनरी जेम्स वॉन (सी.एम.एस.) को उनके धर्मविज्ञान और दृष्टिकोण के बारे में काफी अच्छी जानकारी थी। उसने अपनी प्रभावशाली पुस्तक *The Trident, the Crescent and the Cross* में बहुदेववादी (Polytheism) और सर्वेश्वरवादी (Pantheism) विश्वासों में विभेद किया और कहा कि 'निस्संदेह पंडित और ज्ञानी वर्ग आम लोगों की अपेक्षा सर्वेश्वरवाद की ओर अधिक आकृष्ट होते हैं।'[39] अगर सचमुच ऐसी बात है, तो इससे यह स्पष्ट हो जाएगा कि अन्य बहुत सारे यूरोपीय टीकाकारों के समान ही पंडितों के प्रभाव में आकर क्यों मिशनरी हिंदू धर्म के मूल तत्व या सारतत्व के रूप में सर्वेश्वरवाद का समर्थन करते थे। शुरू से ही

[37] कुछ जीवनवृत्त से जुड़े विवरण के लिए देखें दास 1978: 21, 74–5.

[38] Kopf 1969: 125. Young 1987: 276–93 में प्रकट रिचर्ड यंग की व्याख्या।

[39] Vaughan 1876: 65.

ऊंची जाति के पंडितों के प्रभाव में रहकर और धर्म के बारे में अभिजातवर्गीय अवधारणाओं से अभिभूत युवा मिशनरियों द्वारा ऊंची जाति के विश्व दृष्टिकोण और विचारों को अंगीकृत करने की ही संभावना बनती थी।[40]

इस संदर्भ में स्थानीय भाषा सीखने का महत्त्वपूर्ण परिणाम यह हुआ कि मिशनारियों द्वारा निचली जातियों और जाति-बहिष्कृत हिंदुओं के साथ संपर्क अधिक असरदार साबित हुआ और साथ ही उनके धार्मिक विचारों को समझने में अधिक आसानी हुई। विलियम आर्थर (डबल्यू.एम.एम.एस.) ने मैसूर में एक मिशनरी के रूप में अपने जीवन और अनुभवों का वर्णन करते हुए बताया कि कैसे अपने पंडित की कन्नड़ भाषा के कारण उसकी परेशानी बढ़ती चली गई क्योंकि उसका मानना था कि वह निचले तबकों के बीच काम करने के लिए उपयुक्त नहीं थी।

> यह महसूस करते हुए कि रैय्यतों (खेतिहर वर्ग) के साथ अंतरंग होकर बातचीत करने के लिए उनकी बोली में अभ्यस्त होना आवश्यक था क्योंकि यह विश्वास पैदा करने का सबसे निश्चित तरीका था, मैंने इसमें दक्षता हासिल करने की ठान ली; और इसके लिए और भी अन्य तरीके अपनाने के साथ-साथ अपने मुंशी से आग्रह किया कि मेरे साथ वो इसी भाषा में हरेक दिन एक घंटे बातचीत करे। इसपर उसने घोर आपत्ति जाहिर की और कहा कि एक ज्ञानी ब्राह्मण से रैय्यतों की भद्दी और टूटी-फूटी कन्नड़ी बोली में बात करने का आग्रह करना अपमानजनक था; लेकिन जब उसे इसका खतरा लगा कि उसके साथ एक रैय्यत मुंशी को भी रख लिया जा सकता था तो पहले वह रैय्यत मुंशी के विचार पर खूब हंसा और तब कहा कि उसने अब तक यही समझा था कि शिक्षा का मकसद भाषा को परिमार्जित करना होता है उसे भद्दा बनाना नहीं; लेकिन अगर मैं एक रैय्यत को भी शिक्षा के लिए जोड़े बिना केवल ब्राहमण की शिक्षा से संतुष्ट नहीं था तो वह रैय्यत भी बनने के लिए तैयार था या फिर मैं जो चाहूं वही।[41]

इस प्रकार इन साक्ष्यों के आधार पर यह स्पष्ट दिखता है कि स्थानीय विषयों की जानकारी तथा ज्ञान और यहां तक कि जिस तरीके से मिशनरियों को भाषा की शिक्षा दी जाती थी, ये सब पंडित के सामाजिक संदर्भ और सीमित दायरे के साथ किस तरह से बंधा हुआ था। हिंदू धर्म के बारे में यूरोपियों के ज्ञान की तरह स्थानीय ज्ञान का भी अपना एक सीमित दायरा था। जैसा कि कैनेडी ने बल देते हुए कहा कि ब्राह्मणों को कभी-कभी अन्य ऊंची जातियों की हिंदू परंपरा का बहुत कम ज्ञान होता था। न ही ब्राह्मण पंडित से यह उम्मीद की जाती थी (और अक्सर वे जानना चाहते भी नहीं थे) कि आम लोगों के बीच प्रचलित विश्वास और प्रथाओं की प्रकृति के बारे में उसे कोई जानकारी होनी चाहिए। वास्तव में, नए-नए आए

[40] देखें अध्याय 9.

[41] Arthur 1902: 207–8.

किसी मिशनरी द्वारा उसके मुंशी को हिंदू धर्म तथा हिंदू आस्था के बारे में पूछे जानेपर जवाब इन सीमाओं के अंदर रहते हुए ही मिलने की संभावना होती थी।

कुछ जटिल मुद्दे

इसमें कोई संदेह नहीं कि हिंदू टिप्पणी और पंडितों के विचारों पर मिशनरियों की निर्भरता को रेखांकित करते हुए आगे और भी शोध-कार्य जारी रहेंगे। लेकिन एक महत्त्वपूर्ण बात हमेशा याद रखने की जरुरत है कि यह पहले से ही ज्ञातव्य था कि ब्रिटिश मिशनरी स्वयं अपनी पूर्वधारणाओं और उद्देश्यों को लेकर चल रहे थे और इसलिए उनके द्वारा पूछे गए सवालों के जवाब भी उसी से पूर्व निर्धारित हो जाते थे। वाद-विवादों का पैमाना मोटे तौर पर मिशनरी की आवश्यकताओं तथा उनकी जिज्ञासा के विषय के अनुरूप निर्धारित होता था। उनकी दृष्टि में धर्म से संबंधित जिन विचारों और चिंतन तथा व्यवहार के जिन पहलुओं की जानकारी रखना आवश्यक था, उन पर हिंदू भी आवश्यक रूप से विचार-विमर्श करना चाहते हों या हिंदू धार्मिक और सामाजिक जीवन को समझने के लिए अनिवार्य समझते हों ऐसा जरुरी नहीं था।

दूसरे, कहीं-कहीं पर काफी घनिष्ठ और विश्वास पर आधारित संबंध विकसित होने के कारण हिंदू धर्म के बारे में मिशनरियों का ज्ञान और समझदारी काफी समृद्ध हो गई। परंतु इसका मतलब हरेक जगह का ऐसा ही अनुभव रहा हो ऐसा भी नहीं था क्योंकि कई जगह पर मिशनरियों को उतनी ईमानदारी और निष्कपट भाव से सहजता के साथ स्वीकार भी नहीं किया गया। स्पष्टतः कुछ मिशनरियों और पंडितों के बीच संबंध बहुत जटिल थे। कुछ मामलों में संभव है कि पंडितों पर इस बात का दबाव हो कि वह जानबूझकर गलत जानकारी दें या कुछ जानकारी छुपा जाएं या फिर अपने 'छात्रों' को वही बताएं जो वे प्रायः सुनना चाहते हों।

इनमें से एक जटिल मुद्दा निश्चित रूप से ईसाई धर्मांतरण का मुद्दा था। मिशनरियों के दस्तावेज ऐसे विवरणों से भरे पड़े हैं जिनमें यह बताया गया है कि कैसे मिशनरियों ने अपने शिक्षकों के साथ बहस की और उनका धर्म परिवर्तित कर दिया।[42] उनमें इस बात के भी प्रमाण मिलते हैं कि किस तरह से पंडितों ने अक्सर पूरी विनम्रता के साथ और कम-से-कम विरोध करते हुए मामलों को ठंढा करने की कोशिश की। लेकिन पहली बार में मामला शांत होता प्रतीत होते हुए भी मुद्दा अंदर-ही-अंदर जिंदा रहता था और जिस संदर्भ में मिशनरी और पंडित के बीच बहस चल रही होती थी वह जारी रहती थी। रेव.वार्थ (सी.एम.एस.) ने पंडितों की एक चतुराई पर गौर किया। उसने कहा कि वह जब भी अपने पंडित के साथ

[42] MR October 1837: 464; HF, Vol. VI, No. 4, October 1885: 105–6; Allnutt 1911: 52; Kennedy 1884: 32; J.S. Wardlaw 1856: 56.

धार्मिक विषयों पर बातचीत करता या दूसरे शब्दों में, गोस्पेल प्रणाली की 'उत्कृष्टता' के बारे में पंडित को सहमत करने की कोशिश करता था, उसका शिक्षक ऊंघने लगता था 'जो मैंने और भी लोगों में देखा है।'[43] दूसरी चतुराई थी—कुछ भी न कहना या भान करना कि वह सहमत है। इस प्रकार रेव.रिचार्ड ऑलनट (सी.एम.एस.) के मुताबिक सी.एम.एस. द्वारा नियुक्त हिंदू मुंशी तिन्नेवेली जिले में ईसाई धर्म परिवर्तन की घटनाओं से भयभीत होकर 'अपने ईश्वर के सामने शपथ' से स्वयं को बांध लेते थे कि मिशनरी उन्हें कितना भी समझाए पर वे ईसाई धर्म स्वीकार करने पर सहमत नहीं होंगे। ऑलनट ने लिखा, 'उनका दृढ़ निश्चय था कि सहमति हर चीज में दिखानी है पर विश्वास किसी पर भी नहीं करना है।'[44] दूसरी चतुराई थी हंसने की, और फिर धर्म को गंभीरता से नहीं लेने के कारण दोषी बनने की, बाधाओं की तरफ इशारा करने की या फिर यहां तक कह देना कि ईसाई धर्म मेरे लिए तो नहीं है पर मेरे परिवार की बाद की पीढ़ियों को शायद धर्म परिवर्तन में रूचि हो।[45] उन पर धर्म परिवर्तन के लिए पड़नेवाले दबाव से बचने के लिए शायद एक और स्पष्ट प्रतिक्रिया थी कि न केवल ईसाई धर्म का विरोध करें बल्कि मिशनरियों का ध्यान इसपर ले जाएं कि हिंदू धर्म और रिवाज के अधिक प्रशंसनीय पहलू कौन से हैं; या किसी हिंदू रिवाज की व्याख्या बनाकर इस तरह से प्रस्तुत करें कि वह ईसाई धर्म में भी कोई स्वीकारने योग्य पहलू हो।[46] इसलिए कुछ परिस्थितियों में संभवतः गलत छवि प्रस्तुत करने का दबाव रहता था। वास्तव में किसी मिशनरी साहब, खासकर मालिक के सामने खुलकर स्पष्ट शब्दों में यह स्वीकार करना कि सचमुच में उसकी क्या आस्था है या अपनी आस्था के बारे में वह क्या सोचता है, मुश्किल था। इसलिए मरी मिशेल के मुताबिक मिशन द्वारा 'बहुत बार नियुक्त' कुशल पंडित कृष्ण शास्त्री ने हिंदू धर्म और ईसाई धर्म के दावों की तुलना करते हुए व्याख्यानों की

[43] MR October 1837: 464.

[44] Allnutt 1911: 52.

[45] HF, Vol. VI, No. 4, October 1885: 105–6.

[46] यह एक ध्यान देने योग्य बात हो सकती है कि क्यों रॉबर्ट नोबल के पंडित ने हिंदू रिवाज के अपने चित्रण का 'ईसाईकरण' करने का प्रयास किया। उसने कहा कि समुद्र के किनारे महान 'वार्षिक प्रक्षालन' के दौरान लोग अपने पाप नहाकर नहीं बल्कि मंदिर में प्रवेश कर 'क्षमा याचना' करके धोते थे, और दूसरे, कुछ विशिष्ट निर्धारित तरीके से प्रार्थना करते थे जो *उनके अतिरिक्त और बहुत से लोग समझते थे*। लेकिन नोबल ने स्वयं तेलुगु का अध्ययन पहले ही किया हुआ था, उसने स्वतंत्र रूप से अपनी जांच-पड़ताल की जिसके फलस्वरूप उसको बिलकुल अलग व्याख्या प्रस्तुत की गई। ब्राह्मणों तथा जिन 'अन्य सम्मानित स्थानीय लोगों' से वह मिला, सबने 'बिना किसी अपवाद के' यही कहा कि लोगों ने प्रक्षालन मंदिर में प्रवेश के लिए नहीं बल्कि अपने पाप धोने के लिए किया था। इसके अतिरिक्त ब्राह्मण भी मिशनरी को यह नहीं समझा पाया कि इससे संबंधित प्रार्थना का अर्थ क्या है। नोबल की समझ से इस घटना से अंग्रेजी बोलनेवाले पंडितों की अविश्वसनीयता प्रदर्शित होती है, लेकिन यह निष्कर्ष इस विचार के साथ मेल नहीं खाता कि पंडित ने हिंदू रिवाज की आलोचना से ध्यान हटाने के लिए इसे प्रोटेस्टेंट ईसाई धर्म के समरूप दिखाने का प्रयास किया था (Noble 1867: 138).

एक श्रृंखला प्रस्तुत की; लेकिन बाद में जब मिशनरी उसका व्याख्यान सुनने पहुंचे तो उसने ईसाई धर्म पर आक्षेप करना बंद कर दिया।[47]

लेकिन सभी प्रतिक्रियाएं भ्रामक या बिलकुल नकारात्मक नहीं थीं। समय के साथ-साथ कुछ पंडित ईसाई धर्म की तरफ आकर्षित होने लगे, धर्म परिवर्तन की बात पर विचार करने लगे और कुछ बिरले दृष्टांतों में उन्होंने अपना बपतिस्मा भी कराया।[48] ईसाई धर्म के साथ इस प्रकार धीरे-धीरे पुनर्मेल की प्रक्रिया से न केवल ईसाई धर्म के बारे में, बल्कि हिंदू आस्थाओं और प्रथाओं की प्रकृति के बारे में भी अनिवार्य रूप से कुछ गंभीर प्रश्न उठ खड़े हुए।[49] जो पंडित अपनी स्वयं की आस्था पर सवाल कर रहे थे या धर्म परिवर्तन पर विचार कर रहे थे उनके साथ बातचीत करते हुए स्वयं मिशनरी भी लगभग निरपवाद रूप से पंडितों की धार्मिक पृष्ठभूमि के बारे में अपने ज्ञान और जानकारी भी बढ़ा रहे थे। कालांतर में उन्होंने ईसाई चर्च में दाखिल होनेवाले इन चंद लोगों के जीवनवृत्त और संघर्षों के जरिये बहुत कुछ सीखा।

हिंदू धर्म के बारे में मिशनरियों की जानकारी पर पंडितों का प्रभाव

हिंदू धर्म के बारे में मिशनरियों के दृष्टिकोण और प्रारूप पर पंडितों के साथ संपर्क का असर निश्चित रूप से बहुत जटिल था। इनपर हम आगे आनेवाले अध्यायों में मिशनरियों के व्यक्तिगत विचारों और टिप्पणियों की जांच करते हुए उनपर विस्तार से विचार करेंगे। जैसा कि हम देखेंगे, हिंदू ग्रंथों के अनुवाद में, विभिन्न प्रकार के हिंदू रीति-रिवाजों और प्रथाओं पर उनकी व्याख्या और टिप्पणियों में और शायद और भी महत्त्वपूर्ण रूप से हिंदू आस्था और विश्वास के सारतत्व के बारे में उनके जो विचार प्रतीत होते थे उनमें पंडितों की भूमिका का प्रभाव दृष्टिगोचर होता था। यहां पर यह कहने का तात्पर्य यह नहीं है कि सभी मिशनरी पंडितों के दृष्टिकोणों से प्रभावित हुए थे, बल्कि यह कि 'कुछ मामलों में' हिंदू धर्म के बारे में मिशनरियों की अवधारणा के निर्माण को प्रभावित करनेवाले जटिल कारकों में से एक कारक पंडितों द्वारा की गई टिप्पणियां थीं।

[47] Mitchell 1899: 113.

[48] एक सर्वज्ञात उदाहरण कैरी के प्रथम पंडित रामराम बसु का है, जिसका ईसाई धर्म के प्रति आकर्षण रहते हुए भी उसका बपतिस्मा कभी नहीं हुआ। पंडितों के बपतिस्मा के लिए देखें Ashcroft 1909: 31; Barnes 1897: 74; Cheriyan 1935: 179; IW May 1899: 108; MN, Vol. XI, 1845–47: 80.

[49] सन् 1860 के दशक में बनारस में रेव डबल्यू. स्मिथ और उसके मुंशी (एक प्रमुख पंडित) के बीच हुए वाद-विवाद का विस्तृत विवरण देखने के लिए देखें CMR 1868: 369–70.

5 एक प्रभुत्वशाली प्रतिमान का उद्भव

'सेरामपोर' (श्रीरामपुर, प. बंगाल में हूगली नदी के किनारे स्थित क्षेत्र) त्रिगुट के कैरी और वार्ड के पास उन तथ्यों के बारे में कहने को बहुत कुछ था जिसे अंततः हिंदू धर्म की संज्ञा दी गई। (इस त्रिगुट का तीसरा व्यक्ति जोशुआ मार्शमैन एक स्कूल का शिक्षक था।) सेरामपोर के प्रथम टीकाकार के रूप में कैरी और *History, Literature and Mythology of the Hindoos* के कई संस्करणों के लेखक के रूप में वार्ड प्रसिद्ध हो चुके थे। इन दोनों के बारे में पहले भी बताया जा चुका है कि इनमें काफी समानताएं थीं। इन समानताओं में से एक तो यह थी कि दोनों की पृष्ठभूमि बैप्टिस्ट थी। इसके अलावा व्यक्तियों के अधिकार और स्वाधीनता, दास-विरोध तथा प्रजातांत्रिक आंदोलनों के प्रति दोनों में उत्साह था। उन्हें जहाँ कहीं भी 'निरंकुशतावाद और पुरोहितगिरी' के चिह्न दिखाई पड़ते थे वे दोनों इसके प्रति घोर घृणा भाव प्रकट करते थे। यह इन दोनों के बीच सबसे बड़ी समानता थी। लेकिन उनमें कुछ असमानताएं भी थीं। जैसे कि भारत में अपने आरंभिक वर्षों में कैरी को हिंदू धर्म के रहस्यों को समझने में काफी कठिनाई हुई थी और मुख्य रूप से उसे अपने अनुभवों तथा हिंदू पंडितों की टिप्पणियों पर ही निर्भर रहना पड़ा था। जबकि वार्ड इस मायने में ज्यादा भाग्यशाली था कि उसे काफी हद तक अन्य प्रोटेस्टेंट टीकाकारों की अवधारणाओं के आधार पर छवि बनाने में मदद मिली थी। न केवल दोनों के भारत आने की परिस्थितियां अलग-अलग थीं, बल्कि भारतीय धर्म के विषय पर उनके दृष्टिकोण भी अलग-अलग थे। कैरी को किसी यूरोपीय की टिप्पणियों से मदद नहीं मिली और मूलतः उसकी अवधारणाएं अनुभवजन्य ही थीं। इसलिए अपने अनुभव के आधार पर व्यापक रूप से अनुमान लगाना उसके लिए कठिन था। दूसरी तरफ वार्ड प्रत्यक्ष अवलोकन में ज्यादा विश्वास करता था। वह अपनी टिप्पणियों पर कम नियंत्रण रखता था और अक्सर व्यापक परिणाम पर पहुंचने की इच्छा रखता था। अन्य कारकों के अतिरिक्त यह उसके पत्रकार के रूप में प्रशिक्षण पाने और काम करने का नतीजा था। इसीलिए कैरी की अपेक्षा वार्ड ने हिंदू धर्म के बारे में एक व्यापक तस्वीर बनाई और एक सिद्धांतकार और व्यवस्थापक के रूप में उसके बारे में लिखा तथा उसके चित्रण को स्पष्ट किया।

क) विलियम कैरी: एक पथ-प्रदर्शक की खोज यात्रा

विलियम कैरी भारत आनेवाला पहला ब्रिटिश प्रोटेस्टेंट नहीं था[1] लेकिन वह शायद सभी पथ-प्रदर्शकों में सबसे महान था। वह विदेशी मिशनों के लिए भावप्रवण वकालत करनेवाला और अथक परिश्रमी कार्यकर्ता था। सन् 1800 में सेरामपोर मिशन की स्थापना

[1] Potts 1967: 5–6.

से काफी पहले इंग्लैंड के ईसाई समाज में वह अपना प्रभाव रखता था। निस्संदेह भारत के लिए विदा होने से पहले सन् 1792 में उसकी *Enquiry into the Obligations of Christians to Use Means for the Conversion of the Heathens* का प्रकाशन उसकी महानतम उपलब्धि थी। आधुनिक काल के आरंभ में प्रोटेस्टेंट मिशनों के उद्भव का यह सबसे महत्त्वपूर्ण स्पष्टीकरण था। कुछ महीनों बाद बैप्टिस्ट मिशनरी सोसाइटी (बी. एम.एस.) के निर्माण के पीछे भी यह एक महत्त्वपूर्ण कारक था।[2] बी.एम.एस. की स्थापना अपने आप में महत्त्वपूर्ण थी क्योंकि लगभग ऐसे ही उद्देश्यों को लेकर विभिन्न प्रकार के अन्य प्रोटेस्टेंट, खासकर ब्रिटिश सांप्रदायिक संस्थाओं की स्थापनाएं हुईं।

भारत के लिए निकलने से एक वर्ष पहले *Enquiry* का प्रकाशन भी कैरी के चिंतन का एक महत्त्वपूर्ण सूचक था। जैसा उन दिनों का सामान्य प्रचलन था, उसने भी विश्व के निवासियों को ईसाई, यहूदी, 'महोमेतन' (मुस्लिम), और पगान में विभाजित कर दिया था।[3] विश्व के सभी देशों और उपमहाद्वीपों के लिए धर्म और जनसंख्याओं का विस्तृत विवरण देनेवाली अपनी तालिकाओं के आधार पर उसने दलील दी कि विश्व के लगभग पांच-तिहाई निवासी 'पगान अंधकार' में जी रहे थे। पिछले 1,700 सालों में मिशनों के उत्थान और विकास का सर्वेक्षण करने के बाद उसका कहना था कि

> किसी भी विचारशील व्यक्ति को यह निश्चित रूप से दिखाई पड़ सकता है कि आदम के कितने सारे पुत्र हैं, जो अब भी विधर्मी (हिदेन) अंधकार में अत्यंत शोचनीय स्थिति में रहते हैं, जिन्हें सच्चे ईश्वर को जानने का कोई तरीका नहीं मालूम, सिवाय प्रकृति प्रदत्त वस्तुओं के; और वे ईसा के गोस्पेल के ज्ञान से, या उसको प्राप्त करने के किसी भी माध्यम से बिलकुल ही वंचित हैं।[4]

कुक की समुद्री यात्राओं को पढ़कर 'पहली बार' कैरी ने मिशन के बारे में सोचना आरंभ किया।[5] पहले उसने भारत नहीं बल्कि ताहिती या पश्चिमी अफ्रीका जाने का मन बनाया, क्योंकि उसकी योजनाओं या कल्पनाओं में भारत उतना प्रमुख स्थान नहीं ले पाया था। उसकी '*Enquiry*' में 'India beyond the Ganges' और 'Indostan' का संदर्भ आता है, पर इनको उसने विश्व के अन्य देशों की सूची के साथ रखा था और उस कृति में ऐसा कुछ भी नहीं दीखता जिससे लगता हो कि उस समय भी भारत में उसकी कोई खास रूचि रही हो। वास्तव में काफी दिनों बाद सन् 1792 में *Enquiry* के प्रकाशन तथा बी.एम.एस. के गठन के बाद जब वह डॉ. जॉन थॉमस से मिला, तब विश्व के उस कोने में काम करने की विशेष

[2] Carey 1792: 380.

[3] Carey 1792: 380.

[4] Ibid.: 62–3.

[5] Carey 1836: 18.

आवश्यकताओं और अवसरों की ओर कैरी का ध्यान गया। उन दिनों डॉ. जॉन थॉमस उत्तरी बंगाल में मालदा के निकट बैप्टिस्ट मिशनरी के रूप में काम करके लौटा था। बात अक्टूबर की है जब नव-स्थापित बैप्टिस्ट मिशनरी सोसाइटी की एक बैठक में थॉमस उपस्थित था और उसने मदद की अपील की थी। उसी के बाद कैरी ने अपनी सेवा अर्पित करने का निश्चय किया और भारत के लिए विदा हुआ।[6] बिना किसी खास तैयारी के उसके नक़्शे कदम पर चलनेवाले कुछ मिशनरियों की तरह कैरी को पांच महीने बाद इंग्लैंड से विदा होने से पहले कुछ जानकारी हासिल करने या कुछ अध्ययन करने या फिर बंगाल के धर्म और जीवन पर अपना कोई विचार बनाने के लिए पर्याप्त समय नहीं मिल पाया।

सन् 1793 में भारत आने से लेकर वार्ड तथा मार्शमैन से जुड़ने और सात साल बाद कलकत्ता के निकट सेरामपोर जाने तक के बीच का पूरा समय उसके ज्ञान के विकास तथा हिंदू धर्म के बारे में उसकी जानकारी के लिए काफी महत्त्वपूर्ण था। सन् 1801 में ईस्ट इंडिया कंपनी के फोर्ट विलियम कॉलेज में बांग्ला और संस्कृत के प्रोफेसर के रूप में नियुक्ति के बाद वह भाषा और साहित्य के अध्ययन में और गहरे उतरता चला गया जिससे हिंदू शिक्षण और पौराणिक ज्ञान के बारे में उसको अतिरिक्त अंतर्दृष्टि मिली। यद्यपि शिक्षण के कार्य-भार, अनुवाद कार्य, लगातार वृहत को रहे ईसाई समुदाय के बीच धर्मवैज्ञानिक व्यवहार संबंधी बढ़ती आवश्यकताओं एवं अन्य जरूरतों को पूरा करने में लगे रहने के कारण सामान्य हिंदुओं से सीधे संपर्क में रहने के लिए समय नहीं बचता था। उसे हिंदू धार्मिक गतिविधियों पर टिप्पणी या रिपोर्ट लिखने के लिए तो और भी समय नहीं मिलता था। वास्तव में जैसा कि उसने अपने पिता को पत्र लिखते हुए स्वीकार किया कि 'मिशन का व्यवसाय' उसे कोई पत्र लिखने का भी समय नहीं देता।[7] उसका ज्ञान, खासकर हिंदू धर्मशास्त्र के बारे में उसकी जानकारी लगभग सन् 1800 से लेकर सन् 1834 में मृत्यु तक के पूरे समय के दौरान बढ़ता ही चला गया। भारत आने के बाद दक्षिणी कलकत्ता के सुंदरबन में देबहट्टा और खासकर सन् 1794 से 1800 के बीच उत्तरी बंगाल के मदनाबटी में लंबे निवास काल के दौरान हिंदू धार्मिक विचारों और प्रथाओं पर निर्मित उसकी भावनाओं, अवलोकनों तथा टिप्पणियों से उसके आरंभिक विकास काल तथा हिंदू धर्म के बारे में उसकी समझदारी और अवधारणाओं के बारे में इतिहासकारों को सबसे अच्छी अंतर्दृष्टि मिलती है।

इस काल के दौरान लिखे गए उसके पत्रों और डायरी से कुछ विस्तारपूर्वक उसके उद्देश्यों, उसके ज्ञान प्राप्ति के तरीकों तथा नए विचारों एवं अनुभवों को प्रतिपादित करने के लिए उसके द्वारा किए जाने वाले सतत प्रयासों पर प्रकाश पड़ता है। इन सभी दस्तावेजों

[6] इस बैठक तथा जिन परिस्थितियों में कैरी ने बंगाल के लिए अपनी सेवा अर्पित करने का निश्चय किया उनके बारे में विवरण के लिए देखें कैरी 1926, अध्याय 9; स्मिथ 1885: 40–1.

[7] [RPC] WCC/7 Carey to Father, 23/11/1801.

को कालानुक्रम में रखकर देखने से इस पूरे काल के दौरान उसके इतिहास का पता चलता है। उसके चिंतन पर नई-नई जानकारियों का प्रभाव और उसकी तात्कालिक तथा बदलती व्याख्याओं की आश्चर्यजनक कमजोरी भी इसी कहानी का हिस्सा है।

तब सवाल यह उठता है कि सन् 1793 में भारत आने से पहले कैरी को 'पगानवाद' (उसके शब्दों में) के बारे में क्या जानकारी थी? सन् 1793 से लेकर लगभग 1800 ई. के दौरान बंगाल में रहते हुए उसने अपना ज्ञान कैसे अर्जित किया? उसके अनुभव कैसे थे? उसको जानकारी देने वाले लोग कौन थे और जानकारी के क्या-क्या स्रोत थे? कुल मिलाकर सवाल यह है कि हिंदू धर्म के बारे में उसके मन में कैसी छवि बनी और उसके बारे में उसने लोगों को क्या समझाने का प्रयास किया?

ज्ञान के प्रति चाह और उसे प्राप्त करने की प्रेरणा

कैरी को अक्सर विज्ञान पुरुष के रूप में जाना जाता था। यहां तक कि अपने बचपन में भी वह पेड़-पौधों एवं कीड़े-मकोड़ों के बारे में काफी उत्सुकता रखता था और अपने चारों ओर के विश्व-जगत के बारे में बहुत कुछ जानने की आकांक्षा रखता था।[8] भूविज्ञान और जीवविज्ञान के साथ-साथ वनस्पति विज्ञान के बारे में उसकी जिज्ञासा और उत्कंठा भूगोल तथा दुनिया के सुदूरवर्ती भागों के विभिन्न लोगों, संस्कृतियों और भाषाओं को लेकर भी बढ़ने लगी।[9] कैप्टन कुक की डायरियों को वह बड़ी उत्सुकता से पढ़ता था और उसकी समुद्री यात्राओं ने ताहिती में उसकी दिलचस्पी को जाग्रत कर दिया था। कुक की तरह ही वह भी खोजी मनोवृत्ति का व्यक्ति था और भारत आने के बाद जिन लोगों के उद्धार के लिए वह यहां आया था उनके धर्मों, रिवाजों और व्यवहारों के बारे में जानने तथा पता लगाने के लिए कटिबद्ध हो गया।

हालांकि हिंदू धर्म के अध्ययन के पीछे कैरी का उद्देश्य महज अपनी जिज्ञासाओं को शांत करना और केवल अपनी संतुष्टि के लिए उसके बारे में जानकारी प्राप्त करना नहीं था। उसके अपने देश में उसके कुछ समर्थक भी हिंदू धर्म के बारे में जानना चाहते थे और हिंदू आत्माओं की भलाई के लिए निकले अपने सुस्थापित मित्र से उम्मीद करते थे कि वह उनकी जिज्ञासाओं का उत्तर देगा। उदाहरण के लिए, अक्सर पत्र लिखकर सवाल पूछने वालों में से एक *Baptist Annual Register* का संपादक जॉन रिप्पन भी था। 'आपके

[8] Carey 1926, अध्याय 31; devidson 1990: 71–2; Smith 1885: 4.

[9] देखें खासकर डेनियल और Headlund 1993: 259–96. कैरी के भाई थॉमस ने बाद में याद करते हुए कहा कि 'मुझे जहाँ तक याद आता है, वह बचपन से ही भारी अध्ययनशील था, जो कुछ वह जानना चाहता था उसके लिए पूरी तल्लीनता से लग जाता था, और जब तक किसी विषय के बारे में बिलकुल स्पष्ट ज्ञान और जानकारी प्राप्त नहीं कर लेता था तब तक मन में बैठी उसकी जिज्ञासा का एक बिंदु या अंशमात्र भी नहीं छोड़ने की अपनी जिद पर वह हमेशा दृढ़ प्रतिज्ञ रहता था' (Carey 1836: 39).

पत्र सवालों से भरे होते हैं; इनमें से बहुत सवालों का मैं जवाब नहीं दे सकता,' कैरी ने कहा। 'हिंदुओं की पौराणिक कथाओं की जांच-पड़ताल करने के लिए पूरा एक जीवन भी शायद काफी नहीं।'[10] भारतीय धर्मों के बारे में उसकी जिज्ञासाओं का एक कारण यह भी था कि इस ज्ञान से वह और उसके सहकर्मी, हिंदुओं के साथ बेहतर वाद-विवाद कर ईसाई संदेश आसानी से मनवा पाएंगे। उदाहरण के लिए, सन् 1796 में हिंदू धर्मग्रंथों के अध्ययन के संदर्भ में उसने लिखा, 'उनके साथ मेरी जान-पहचान बहुत उपयोगी है क्योंकि आज तक मैं ऐसे हिंदू से नहीं मिला हूँ जो अपने शास्त्रों की विसंगतियों के खिलाफ गवाही दे।'[11] इसके अतिरिक्त कैरी एक व्यावहारिक प्रकृति का सुधारक था जिसे सुधार की प्रक्रिया को प्रोत्साहित करने और 'कुछ दर्दनाक रिवाजों' के उन्मूलन के लिए उन रिवाजों से जुड़ी विस्तृत जानकारियां हासिल करने की आवश्यकता थी। वह चाहता था कि धर्मप्रचार और प्रभावपूर्ण सरकारी हस्तक्षेप के लिए अधिक-से-अधिक जानकारी हासिल किया जा सके।

हिंदू धार्मिक परंपराओं के अध्ययन की आकांक्षा के पीछे इन उल्लिखित तथा स्पष्ट कारणों के साथ-साथ उसकी डायरियों तथा पत्राचारों द्वारा पाठक को यह एहसास हो जाता है कि सामान्य रूप से ज्ञान के प्रति उसका यह अत्यधिक उत्साह और प्यास न केवल धर्म या भाषाओं के बारे में जानकारी हासिल करने के लिए था, बल्कि बहुत सारे विषय उसकी जिज्ञासाओं के दायरे में आते थे। अन्वेषणों से उसके आनंद की अनुभूति तथा विज्ञान और मानविकी के क्षेत्र में उसकी विस्तृत रूचि तो स्पष्ट झलकती ही है, साथ ही बारीक-से-बारीक अवलोकन तथा ध्यान केंद्रित करने की उसकी अप्रतिम क्षमताएं, उसकी विनम्रता के अतिरिक्त अनुसंधान कार्य में उसकी अपनी सीमाओं की अनुभूति, अपने विचारों में परिवर्तन लाने की उसकी कामना, और हरेक चीज की तह तक जाकर उसके बारे में विचार करने का उसका दृढ़ निश्चय भी प्रकट होता है। उसकी डायरी पढ़नेवाले को यह स्पष्ट हो जाता है कि कैरी के लिए यह सब उसकी आतंरिक आध्यात्मिक यात्रा का भी हिस्सा था, ईश्वर की रचना प्रणाली के बारे में जानने का उसका प्रयास, अच्छा या बुरा, अपनी जानकारियों पर उसकी प्रतिक्रिया तथा अपनी शाश्वत नियति के बारे में जिज्ञासाओं की तुष्टि के लिए जो कुछ भी वह कर सकता था। हिंदू धर्म समेत बाहरी और दृष्टिगोचर दुनिया कैरी तथा शायद उस काल के बहुत से अन्य मिशनरियों के लिए अंदरूनी और बहुत ही निजी अर्थ रखता था। वह आतंरिक जीवन का एक हिस्सा था जिसे कैरी ने प्रार्थनाओं, बाइबिल के अध्ययन और कुछ भक्तिपूर्ण कृतियों के जरिए जिंदा रखा जैसे कि भारत के लिए लंबी समुद्री यात्रा पर निकलते समय उसने जोनाथन एडवर्ड्स की कृति साथ रख ली थी और यहां पहुंचकर भी उसको पढ़ना उसने जारी रखा।

[10] Baptist Annual Register, Vol. II, Carey to Rippon, 7/10/1795: 411; Vol. III, 10/12/1796.

[11] Carey to Fuller, 23/4/1796 in Periodical Accounts (PA), Vol. 1: 299. हिंदुओं के साथ उसके वार्तालाप की रिपोर्ट भी देखें, Carey to P., 2/1/1797, PA, Vol. 1: 357.

आरंभिक प्रभाव, अवलोकन और नए ज्ञान

इस बात का कोई सबूत नहीं है कि सन् 1800 में वार्ड द्वारा प्रयोग किए जाने से पहले कैरी ने 'हिंदू धर्म' शब्द का प्रयोग किया हो। अपनी *Enquiry* में भारत के संदर्भ में बात करते हुए उसने 'पगान' शब्द का उल्लेख अपने बाद के पत्रों और डायरियों में आमतौर पर 'विधर्मी' (हीदेन) के रूप में किया है। जब वह सन् 1793 में पहली बार हुगली नदी के तट पर पहुंचा तब हिंदू पगानों और विधर्मियों के बारे में उसे क्या मालूम था?

पॉट्स के मुताबिक, 'कैरी के हाथ से लिखे भजनों (साम) पर बिना हस्ताक्षरित और बिना तिथि (सन् 1789) के एक लेख' से ऐसा लगता है कि उसका सन् 1793 से पहले से ही सर विलियम जोंस की कृतियों से परिचय था।[12] परंतु हाल में एक विद्वान ने इस विचार पर कुछ संदेह व्यक्त किया है। उसके मुताबिक इस लेख में केवल एक बार जोंस का उल्लेख एक ऐसी कृति के लिए किया गया है जो कैरी के बंगाल के लिए निकलने के छः साल बाद यानी सन् 1799 में प्रकाशित हुई थी![13] इसलिए अगर वह पत्र मूलतः कैरी ने ही लिखा था तो जोंस की चर्चा क्षेपक के रूप में कर दी गई होगी और कम-से-कम आज की तारीख तक ऐसा कोई साक्ष्य उपलब्ध नहीं हो पाया है जिससे लगे कि भारत के लिए यात्रा पर निकलने से पहले कैरी ने जोंस की कोई कृति पढ़ी होगी।

परंतु इतना हमें निश्चित तौर पर मालूम है कि कैरी ने भारत तथा इसके धर्म के बारे में अपने सहकर्मी डॉ. जॉन थॉमस से कुछ-कुछ सुन रखा था (हालांकि विश्वसनीयता जो भी रही हो)। डॉ. थॉमस भूतपूर्व सर्जन था जिसने मालदा के गुमल्टी (1787–89) में ग्रांट के मिशन में तीन साल तक काम किया था। जैसा कि हमने देखा है, यह स्थान बंगाल के सुदूर उत्तर पश्चिम में स्थित था। सन् 1792 में थॉमस इंग्लैंड लौट आया। बी.एम.एस. ने बंगाल में प्रस्तावित बैप्टिस्ट मिशन के लिए एक मिशनरी के रूप में थॉमस को चुन लिया।[14] एस. पियर्स कैरी के मुताबिक विलियम कैरी ने जनवरी सन् 1793 में बी.एम. एस. की एक बैठक के दौरान पहली बार थॉमस को हिंदू प्रथाओं और रीति-रिवाजों के बारे में विवरण देते हुए सुना था। उस समय थॉमस ने भारत की आध्यात्मिक और भौतिक आवश्यकताओं के बारे में बताते हुए सबका ध्यान 'इसके तीर्थस्थानों और प्रायश्चित्तों, इसके झूलों और सती' के साथ-साथ इसकी वैदिक ऋचाओं की ओर भी आकर्षित किया।[15] बाद में *Baptist Annual Rigister* और *Periodical Accounts* दोनों में प्रकाशित अपने लेख में थॉमस ने न केवल बंगाल में एक मिशनरी के रूप में अपनी

[12] Potts 1967: 251.

[13] Davidson 1990: 66.

[14] बैप्टिस्ट मिशनरी सोसाइटी के आरंभ तथा बंगाल में इसके मिशन के लिए देखें, Stanley 1993: 1–20.

[15] Carey 1926: 103.

योग्यताओं तथा अनुभवों का संदर्भ दिया बल्कि हिंदू जनता के धार्मिक जीवन और परिस्थिति के बारे में विस्तृत रूप से वर्णन किया।[16]

उसने हिंदू धर्मग्रंथों के बारे में काफी स्पष्ट रूप से परंतु कुछ भ्रामक वर्णन प्रस्तुत किए। इसमें चार वेदों का भी वर्णन शामिल था जिनको उसने 'कानून' कहा और दावा किया कि 'धर्मविज्ञान पर उनकी *सभी* पुस्तकों के यही स्रोत' थे (ये इटैलिक उसी के थे)। उसने अठारह पुराणों की भी चर्चा की जिनको वह 'वेदों पर की गई टिप्पणियां' समझता था। हालांकि उसका मूल उद्देश्य प्रायः न केवल बंगाल मिशन में रूचि जाग्रत करना था बल्कि उसके औचित्य और उसकी सफलता की संभावना को भी प्रदर्शित करना था। इसी वजह से उसने एक तरफ हिंदू धार्मिक परंपराओं और दूसरी तरफ ईसाई धर्म के बीच समानताओं और भिन्नताओं दोनों पर बल देने की कोशिश की। उसके अनुसार हिंदुओं के पवित्र साहित्य के कम आकर्षक पहलुओं में से एक पहलू वो पुस्तकें थीं जो पूजनीय होती थीं पर उसके पात्र 'बहुत चरित्रहीन' होते थे तथा उसके सिद्धांत विचित्र होते थे, 'जाहिरी तौर पर उनका उद्भव नारकीय था जिनका उनके (हिंदुओं के) दिमाग और व्यवहार पर काफी बुरा असर पड़ा।'[17] दूसरी तरफ उसने यह भी निश्चित तौर पर प्रकट किया कि हिंदुओं और ईसाइयों के बीच कुछ मुद्दों पर संपर्क स्थापित किया जा सकता था और जिनके आधार पर मिशनरी हिंदू सिद्धांत और आस्था का निर्माण कर सकते थे। 'वो यह कि 'परमेश्वर एक है, सर्वशक्तिमान, सर्वव्यापी और सर्वज्ञ है; कि वे पूज्य हैं और उनकी सेवा करनी चाहिए; कि आत्मा अमर है; कि सबने पाप किया है; कि कोई प्रायश्चित्त होना जरुरी है', थॉमस ने लिखा, 'ये वो यथार्थ हैं जिनपर वे आमतौर पर विश्वास रखते हैं।' 'पाप के लिए प्रायश्चित्त' को प्रकट करने के उद्देश्य से की जानेवाली नरबलि का संदर्भ देते हुए थॉमस ने कहा कि यह 'विरले' ही होता है पर प्रायश्चित्त के लिए 'सालों तक एक ही स्थिति में बैठे रहकर' या कांटों पर चलकर स्वयं को स्वेच्छा से कष्ट देना, चरक पूजा में प्रदर्शन करना और खासकर हुक पर झूलना जिसका उसने पूरे विस्तार से वर्णन किया है, इन सबके बारे में कहा कि ऐसे अनुष्ठान 'लगभग हरेक शहर में साल में एक बार होते हुए देखे जा सकते थे।'[18]

यह स्पष्ट नहीं है कि इन विचारों ने कैरी को कहां तक प्रभावित किया परंतु अपने आरंभिक पत्राचारों में उसने थॉमस की तरह ही लोगों के मृदु और मैत्रीपूर्ण चरित्र के बारे टिप्पणी की थी और वह स्वयं देखना चाहता था कि लोग 'पाप के लिए प्रायश्चित्त' करने को कहां तक इच्छुक थे। हालांकि बाद में प्रायश्चित्त के लिए हुक से लटकाने जैसे विचार को उसने बिलकुल ही अस्वीकृत कर दिया। बहरहाल जो भी मामला हो और जो भी विचार

[16] PA, Vol. 1: 13–32.

[17] PA, Vol. 1: 19.

[18] PA, Vol. 1: 17–9.

उसके मन में रहा हो, कलकत्ता पहुंचते ही हिंदू धार्मिक जीवन के बारे में सक्रियता के साथ उसने अपनी ओर से खोजबीन शुरू कर दी और जब तक वह बंगाल में रहकर कार्यरत रहा तब तक उसने यह जारी रखा।

भारत आने से पहले उसने जो कुछ इसके बारे में सुन रखा था उसके अलावे तथाकथित हिंदू धर्म के बारे में उसकी जानकारी के स्रोत उसके नौकर, कुछ दुभाषिये और इनके अतिरिक्त उसका स्वयं का प्रत्यक्ष अवलोकन था।

उसके ज्ञान में हो रहे विकास और हिंदू धर्म की आस्था और प्रथाओं के बारे में उसकी बढ़ती अंतर्दृष्टि को कम-से-कम कुछ हद तक उसके द्वारा कुछ खास कर्मकांडों और पूजा-पाठ के तरीकों के बारे में किये गए वर्णन के साथ-साथ हिंदू धर्म की अवधारणा और प्रवचनों पर उसकी टिपण्णी से मापा जा सकता है। वास्तव में उसकी यह अनुसंधान यात्रा बाद की पीढ़ियों के बहुत सारे प्रोटेस्टेंट मिशनरियों के अनुभवों का पूर्वाभास थी जिन्होंने अक्सर जमीनी स्तर पर रहते हुए बाह्य गतिविधियों द्वारा स्वयं देख-सुनकर अपना काम जारी रखा। बाद में जाकर जब उन्होंने यहां की भाषा पर महारत हासिल की और मौखिक परंपरा या हिंदू धार्मिक लेखनों से परिचित हुए तब जाकर धीरे-धीरे हिंदू चिंतनधारा और भक्ति के अंदरूनी पक्षों को पहचानना शुरू किया।

कैरी का ध्यान सबसे पहले हुक से लटकानेवाली प्रथा और सती प्रथा जैसे 'आश्चर्यजनक' और 'अनोखे' रिवाजों की ओर आकर्षित हुआ। ये दोनों ऐसी सनसनीखेज प्रथाएं थीं जो उसे अपने समाज में अब तक मालूम किसी भी प्रथा से अत्यंत भिन्न प्रतीत हुई। इसके अलावा ये कोई निजी प्रथा न होकर सामाजिक प्रथाएं थीं। इसलिए ये यूरोपियों की दृष्टि में पड़ गईं वरना आमतौर पर प्रदूषण और पवित्रता संबंधी नियमों को देखते हुए उनका ऊंची जातिवाले हिंदू घरों में प्रवेश वर्जित था।

खासतौर पर हुक पर लटकाने वाली प्रथा के बारे में कैरी द्वारा दिए गए अनवरत विवरणों का ध्यानपूर्वक अध्ययन करने से उसकी अवलोकन क्षमता और विशिष्ट हिंदू कर्मकांडों के बारे में उसके ज्ञान और समझदारी का पता चलता है।

यहां पहुंचने के कुछ हफ्तों बाद उसने लिखा कि 'पीठ से लटकाकर झुलाना बहुत सामान्य है, मैंने बहुत से लोगों की पीठ पर इसके घाव के निशान देखे हैं और अपने शरीर में इसे लेकर ऐसा एक व्यक्ति मेरे घर में ही साथ रह रहा है।'[19] सुंदरबन के देवहट्टा में रहते हुए लगभग चार महीने बाद अप्रैल सन् 1794 में चरक पूजा के उत्सव के दौरान उसने संभवतः पहली बार हुक से लटकानेवाली प्रथा का आंखों देखा विवरण लिखा।[20] 10 अप्रैल को

[19] Carey to church at Leicester, 25/12/1793, PA, Vol. 1: 58–9. RPC, WCL, Vol. 10, Carey to Sisters, 4/12/1793.

[20] RPC, कैरी की डायरी, 10/4/1794.

उसने अपनी डायरी में लिखा, 'आज आत्म-पीड़न का अभिशप्त रूप देखा, एक ऊंचा खंभा गाड़कर एक बांस उसके ऊपर बांध दिया गया और हुक को व्यक्ति की पीठ में फंसाकर लटका दिया गया। मैं यह देखने बाहर गया था।' कैरी के अनुमान के अनुसार लगभग आधे घंटे तक उसे ऐसे ही लटकाए हुए घुमाया गया और उसके बाद एक लटकानेवाला खासतौर पर लटकाने की तकनीक के बारे में बताने को उत्सुक प्रतीत हुआ। उसने कैरी को दिखाया की किस तरह से हुक को कसा जाता था और एक दूसरे कर्ता को भाग लेने के लिए कहकर दिखलाया कि किस तरह से फिर उसके कंधे में से हुक को निकालकर घाव को एक पत्ते से ठीक किया जाता था।

अगले साल मदनाबटी में इस प्रथा को देखते हुए कैरी ने गौर किया कि वहां पर हुक पर लटकानेवाली प्रथा केवल 'हरी या हिंदुओं की सबसे निचली जाति' में प्रचलित थी। उसी जगह पर एक साल बाद फिर उसी प्रथा का अवलोकन करते हुए उसको पता चला कि इंसान की चमड़ी में आश्चर्यजनक रूप से इतनी ताकत होती है कि वह उसे जमीन पर धड़ाम से गिरने नहीं देती। इंग्लैंड से पूछे गए एक सवाल के उत्तर में उसने लिखा कि:

> झूले से लटकानेवाली इस प्रथा में कोई सावधानी नहीं बरती जाती, केवल दक्षिणी भागों में कर्ता की कमर से एक कपड़ा बांध दिया जाता है; और हुक को उस कपड़े तथा चमड़े दोनों में फंसाया जाता है: लेकिन यहां तो इतना भी नहीं किया जाता। मैंने पिछले साल (1795) एक भारी-भरकम व्यक्ति को लटकते हुए देखा। मैंने हुक को फंसाते हुए देखा। उसे पहले तो आराम से घुमाया गया; लेकिन बाद में उसे बड़ी तेजी से घुमाने लगे; और अंत में लगभग पचास पाउंड की लकड़ी का एक कुंदा लेकर उसके मुंह में लगी एक रस्सी से लटका दिया गया और उस हालत में फिर उसको लगभग पंद्रह मिनट तक नचाया गया। इतना भार सहन करते हुए चमड़ी अपनी स्वाभाविक जगह से कम-से-कम छः इंच बाहर निकल गई थी... पर मैंने ऐसी कोई घटना नहीं सुनी जिसमें धोखेबाजी की गई हो।[21]

इन सब विवरणों में कहीं भी कैरी ने यह नहीं लिखा कि लोगों को इस तरह क्यों लटकाया जाता है। सिर्फ इतना पता था कि यह किसी प्रकार की भक्तिपूर्ण क्रिया है। वह इस प्रथा के आरंभ होने से संबंधित सवालों के प्रति अधिक उत्सुक था। उसने अपने पंडितों से भी इस बारे में विचार किया और पंडितों ने बताया कि इस प्रथा का शास्त्रों में कोई जिक्र नहीं है पर 'यह पूरी तरह से इनका अपना आविष्कार है'। सन् 1798 में मदनाबटी में इस लटकाने वाली प्रथा का उसने और अधिक विस्तृत रूप से आंखों देखा विवरण प्रस्तुत किया।[22] उसमें उसने पूरे विस्तार से लिखा कि कैसे इस प्रदर्शन की तैयारी की जाती थी, खंभे की जड़ में

[21] Mr. Carey को पूछे गए विभिन्न सवालों के जवाब, PA, Vol. 1: 413.

[22] RPC, Carey to Sutcliff, 5/4/1798; and PA, Vol. 1: 495–97.

बड़ी सावधानीपूर्वक पूजा करके प्रसाद चढ़ाया जाता था, हुक को बिलकुल सटीक ढंग से किस तरह फंसाया जाता था, व्यक्ति को उस झूले पर किस तरह लटकाया जाता था और पूरा अनुष्ठान समाप्त होने के बाद उसके घाव का किस तरह इलाज किया जाता था। इस विवरण में उसने न केवल हरेक गतिविधि का विस्तारपूर्वक वर्णन किया बल्कि उसके द्वारा उठाए गए सवाल और उसपर टिप्पणियां कहीं अधिक विचारशील और खोजबीन पर आधारित थीं। इस प्रथा के 'आरंभ और अभिप्राय' के बारे में खोजबीन करते हुए उसने अपनी बेहतर होती भाषा का बखूबी इस्तेमाल किया, ब्राह्मणों तथा संभवतः कुछ अन्य लोगों के साथ विचार-विमर्श किया और कुल मिलाकर एक तात्कालिक निष्कर्ष पर पहुंचा कि हुक पर लटकाने की प्रथा को 'प्रायश्चित्त की दृष्टि से नहीं देखा जाता था (जैसा कि थॉमस का मानना था); बल्कि इसे एक रिवाज या प्रदर्शन के रूप में देखा जाता था: हालांकि आमतौर पर इसे विपत्ति के समय किए गए मन्नत के तौर पर पूरा किया जाता था'।

हिंदू प्रथाओं के बारे में कैरी के बढ़ते ज्ञान में निजी अनुभवों के महत्त्व को सती पर की गई उसकी टिप्पणियों से समझा जा सकता है। इस प्रथा के बारे में उसे जो कुछ बताया गया और इसपर धर्मग्रंथों से जो जानकारियां उसे प्राप्त हुईं उन पर उसकी आरंभिक टिप्पणियों में चर्चा की गई है। सन् 1793 में लीसेस्टर स्थित अपने चर्च को पत्र लिखते हुए उसने लिखा कि 'अपने पतियों के साथ *औरतों को जलाने* की प्रथा यहां काफी प्रचलित है। पिछले रविवार को हमलोग नदिया (शिक्षा का एक प्रमुख स्थान) में थे और हमें बताया गया कि लगभग एक महीना पहले दो औरतों ने इसी तरीके से अपनी आहूति दे दी।'[23] सन् 1795 में कोलब्रुक ने *Asiatic Researches* में प्रकाशित अपने 'On the Duties of a Faithful Hindu Widow' शीर्षक लेख में सती का समर्थन करते हुए संस्कृत रचनाओं को उद्धृत किया है।[24] तीन साल बाद शायद कैरी ने कोलब्रुक की कृति पढ़ी थी और इंग्लैंड में जॉन सटक्लिफ को पत्र लिखते हुए सती प्रथा का समर्थन करनेवाले संस्कृत ग्रंथों का संदर्भ देते हुए उसी विषय पर चर्चा की।[25] उस समय तक कैरी ने संस्कृत का अध्ययन कर लिया था[26] और कुछ हिंदू धर्मग्रंथों को स्वयं पढ़ सकता था। वह कहता है 'मैंने अभी अभी "सूर्धि-संग्रह" नामक एक संस्कृत पुस्तक पढ़ी है जो शास्त्रों से लिए गए विधि-विधानों का संकलन है और मैं आपको उसका कुछ सार-तत्व निकालकर दूंगा'। इसमें लेखक ने अलग-अलग संस्कृत स्रोतों से गद्यांश उद्धृत किए हैं जिनमें से अधिकांश भाग में यही बताया गया है कि सती के लिए कौन सी परिस्थितियां उपयुक्त हो सकती थीं।

[23] Carey to Church in Leicester, 25/12/1793 in PA, Vol. 1: 56–8.

[24] *Asiatic Researches*, Vol. IV, 1795: 209–19.

[25] Carey to S (Olney) 10/10/1798 in PA, Vol. 1: 473–76.

[26] Carey to BMS, 28/12/1796 IN pa, Vol. 1: 348.

इस समय तक भी कैरी ने स्वयं अपनी आंखों से सती होते हुए किसी को देखा या महसूस नहीं किया था, जैसा कि बाद में उसने इसे 'भयानक' बताते हुए वर्णन किया। लेकिन चार साल बाद वह अपने एक मित्र के साथ जब कलकत्ता से लौट रहा था तब अचानक ऐसी एक घटना को अपनी आंखों से देखने का अवसर मिल गया। वह मित्र संभवतः एल.एम. एस. का पहला मिशनरी रेव. नथानिएल फोरसिथ था। उस घटना के बाद हिंदू प्रथा पर कैरी ने जो लेख लिखा वह सबसे प्रसिद्ध मिशनरी वर्णनों में से एक था। उसमें कैरी ने बड़ी बारीकी से पूरे दृश्य का वर्णन करते हुए लिखा है कि सबसे पहले उसने क्या देखा, उसके अंदर कैसा विक्षोभ उत्पन्न हुआ और कैसा महसूस हुआ, और विधवा की जान बचाने के प्रयास में वह स्वयं किस तरह संलग्न हो गया।[27] बर्नियर और कलकत्ता के जाने-माने संस्थापक जॉब चार्नोक की तरह उसने भी अपने सामने घटनेवाली घटनाओं का अवलोकन करते हुए उनको प्रभावित करने के प्रयास में स्वयं सक्रिय भूमिका भी निभाई थी।

जब उसने देखा कि विधवा को जलाने की तैयारी चल रही थी तब उसने सवाल किया था कि यह वो अपनी स्वेच्छा से कर रही थी या उसपर दबाव डाला गया था। यह ऐसा प्रश्न था जो बहुत से ईसाइयों के मन में उठता था कि यह आत्महत्या थी या हत्या। जब उसे बताया गया कि यह 'बिलकुल ही स्वेच्छा से' किया जाता था तो उसने संकेत से समझाया कि उसे इस बात पर यकीन नहीं होता और लोगों से कहा कि इस 'हत्या को होते हुए देखने' का उसने निश्चय कर लिया है। उसके बाद ऐसा लगता है कि उसने इस तरह अपना भाव बदला जैसे कि वह सचमुच समझता था कि उस औरत ने अपनी इच्छा से ही ऐसा कदम उठाया था। उसने उस औरत से मिनती की कि अपना जीवन यूं उत्सर्ग न करे और बिलकुल डरे नहीं क्योंकि जलकर मरने से मना करने पर भी उसका कुछ भी बुरा नहीं होगा।

उसके बाद उस औरत की मृत्यु का उसने बहुत ही सजीव वर्णन प्रस्तुत किया है। ऐसा वर्णन जो पाठक को करुण नायिका के रूप में सती का चित्रण करनेवाले यात्रियों के विवरणों की याद दिलाता है। अपने भय और विक्षोभ से भरी भावनाओं के बावजूद कैरी उस औरत के शांत मन, उसकी शालीनता, सभी कर्मकांडों पर उसका पूरा ध्यान और सब कुछ ठीक से हो जाने के प्रति उसके दृढ़ निश्चय पर भी गौर किए बिना नहीं रह पाया। हालांकि उसके विचार से अब भी कुछ उम्मीद बाकी थी कि जैसे ही आग की लपटों में आकर उसका शरीर यंत्रणा से छटपटाने लगेगा, वो सती अपना मन बदल लेगी और खुद को बचाने के लिए भागेगी या आग से निकलकर कूद पड़ेगी। परंतु यह देखकर वह भयंकर आतंकित हो गया कि बांस के डंडों से उसे कोंच-कोंचकर दबा दिया जा रहा था जैसे 'किसी प्रेस का लीवर' करता है और इस तरह से भाग निकलना बिलकुल ही नामुमकिन हो जाता था।

[27] Carey to Ryland, 1/4/1799, PA, Vol. 2: 26–7. इस विवरण को बाद में Dodwell 1958: 134 में उद्धृत किया गया. Carey 1926: 176–77 भी देखें; Walker 1926: 45–6.

उसने बलप्रयोग के खिलाफ यथाशक्ति विरोध प्रकट किया तथा आगे और देख पाने में असमर्थ होकर दोनों मिशनरी उस घटनास्थल से चले गए। निस्संदेह कैरी के लिए यह कभी न भूलनेवाली घटना थी और उसके बाद इस प्रथा पर प्रतिबंध लगाने के लिए वह और भी अधिक दृढ़ प्रतिज्ञ हो गया।

हालांकि हिंदू धर्म की प्रकृति और सीमाओं में कैरी की उत्सुकताएं केवल हुक पर लटकानेवाली प्रथा या सती या फिर सागर में शिशुओं को प्रवाहित करने जैसी अधिक नाटकीय या 'अनोखी' प्रथाओं तक ही सीमित नहीं थीं, जिनमें केवल व्यक्तियों की मृत्यु और प्रत्यक्ष यंत्रणा ही निहित हो। वह हिंदू उत्सवों और पूजा-पाठ संबंधी विभिन्न अनुष्ठानों का भी बहुत बारीकी से अवलोकन करता था और उसको डायरी में दर्ज करता था। उसके पत्राचारों और डायरियों में बहुत सारे त्योहारों और अन्य अवसरों का उल्लेख मिलता है जिनका उसने स्वयं अवलोकन किया था। चरक पूजा में उसने जो कुछ देखा उसका वर्णन तो है ही उसके अतिरिक्त विद्या की देवी सरस्वती की उपासना से जुड़े त्योहार, कृष्ण की पूजा का त्योहार, प्रवचन यात्रा के दौरान एक मंदिर के दर्शन और सूर्य पूजा संबंधी कर्मकांडों का आंखों-देखा, लंबा और विस्तृत वर्णन भी उनमें शामिल है।[28]

कैरी पंडितों और अन्य लोगों के साथ हिंदुओं की अमूर्त शिक्षाओं तथा दार्शनिक विचारों के बारे में काफी विचार-विमर्श करता था। इनमें मृत्यु के बाद के जीवन के बारे में हिंदू अवधारणा, उपासक के आतंरिक चिंतन में मूर्तियों की भूमिका तथा विश्व जगत और प्राकृतिक विधान के सृजन के बारे में हिंदू अवधारणाएं शामिल हैं।

कलकत्ता पहुंचने के तुरंत बाद ही जब वह बांग्ला भाषा सीख रहा था, उस समय ओल्ड टेस्टामेंट के बांग्ला अनुवाद के संदर्भ में अपने मुंशी के साथ उसने कुछ समय व्यतीत किया। 27 जनवरी 1794 को उसने और उसके सहायक ने मिलकर जेनेसिस के पहले अध्याय का सुधार किया और उसी दिन उसके पास एक पंडित और संस्कृत शिक्षा के प्रसिद्ध केंद्र नदिया से एक व्यक्ति पहुंचा। कैरी ने उन आगंतुकों को अपना अनुवाद दिखाया और गौर किया कि संसार की रचना संबंधी विवरण से पंडित प्रसन्न प्रतीत हुआ, 'केवल उन्हीं [हिंदुओं] के चिंतन में पृथ्वी के अंदर एक काल्पनिक स्थान है और उसका विचार था कि उसका भी इसमें उल्लेख होना चाहिए।' हमेशा से प्रबोधन और आधुनिक विज्ञान का व्यक्ति होते हुए भी कैरी ने वर्णन किया कि कैसे 'पृथ्वी एक ग्रह है, और स्वर्ग एवं पृथ्वी में ही संपूर्ण भौतिक रचना सन्निहित है'। उसके बाद वह अपनी डायरी में हिंदू विचारों का वर्णन करता है- जो ब्रह्माण्ड विज्ञान और सृष्टिवर्णन के बारे में विष्णु पुराण में दी गई शिक्षा से मिलता जुलता है।[29] इनमें

[28]देखें PA, Vol. 1, Journal entries, 3/2/1794: 167; 16/3/1794: 170; 26 May 1794: 178; Carey to S., 5/4/1799: 404–6.

[29]इन विचारों का संक्षिप्त विवरण जानने के लिए देखें Eliade 1987, Vol. 4: 109–10.

यह विचार सन्निहित था कि 'विश्व सात द्वीपों से बना है'। इस सिद्धांत को कैरी ने रेखांकन द्वारा स्पष्ट किया। इस चित्र में बीच में भूमि है, उसके चारों ओर पानी है, फिर उसके चारों तरफ द्वीप हैं जिनके चारों ओर पानी और फिर उसके चारों ओर द्वीप। कैरी ने बल दे कर कहा कि हिंदू कालक्रम के अनुसार विश्व में चार युग होते हैं, और हरेक युग एक जल-प्रलय यानी किसी सार्वभौमिक आपदा के साथ समाप्त होता है, बिलकुल हास्यास्पद है। उसने आगे लिखा कि 'ये उनके धार्मिक विचारों से इतने जुड़े हुए हैं कि मूसा द्वारा दिया गया सृजन का विवरण और बाइबिल का कालक्रम उनके लिए विचित्र प्रतीत होते हैं।'

उन सवालों के अतिरिक्त मूल पाठ विषयक सामग्रियों में भी उसकी यह रूचि बनी रही। दिसंबर सन् 1796 में मदनाबटी से डॉ. रिप्पन को पत्र में उसने लिखा कि वह 'महाभारत' से 'इस विश्व के आरंभ के बारे में हिंदू व्याख्या' से संबंधित जानकारियां ढूंढने में कई दिनों से लगा हुआ था। उसने बताया कि यह सामग्री 'मनुष्य के प्रथम सृजन और लोगों से पृथ्वी के भर जाने' के बारे में हिंदू विचार प्रकट करती है। लेकिन उसने यह स्वीकार किया कि यह 'अधिक लोकप्रिय व्याख्या' थी तथा उसे अभी और काम करने की आवश्यकता थी।

> मैंने अभी तक इस व्याख्या को देखा नहीं है, लेखकों ने अक्सर इसका उल्लेख किया है, कि हिंदुओं की चार जातियां ब्रह्मा के शरीर के चार अंगों से उत्पन्न हुई हैं; यह तथ्य संभवतः कुछ अन्य शास्त्रों में भी मिल सकता है; लेकिन उन सबको प्राप्त करके सबको पढ़ने में पूरी जिंदगी लग जाएगी; कहने की कोई आवश्यकता नहीं कि एक बड़ी ही मुश्किल भाषा यानी शंसेरित (संस्कृत) को सबसे पहले सीखना पड़ेगा।[30]

यह भारतीय धर्म पर कैरी के अधिक आनुभविक दृष्टिकोण के विपरीत उसके शोध कार्य का मूल पाठ विषयक पहलू था जिसने आगे खासकर सन् 1801 में फोर्ट विलियम कॉलेज में संस्कृत और बांग्ला के प्रोफेसर के पद पर नियुक्ति के बाद धीरे-धीरे प्रमुख स्थान ले लिया। उसके बाद ही कैरी और उसके सहकर्मियों ने हिंदू पंडितों की उपलब्धता का भरपूर लाभ उठाते हुए 'रामायण' तथा अन्य ग्रंथों के अनुवाद पर काम करना शुरू कर दिया। 'रामायण' का प्रथम खंड 1806 में प्रकाशित हुआ।[31]

हालांकि इसी बीच कैरी की देशी बोलियों में बातचीत करने में बढ़ती कुशलता के कारण हिंदू प्रथाओं के पीछे कुछ और भी नजरियों तथा विचारों के बारे में पता चल पाया। उदाहरण के लिए, जनवरी सन् 1795 में मालदा में सरस्वती पूजा उत्सव के दौरान एक ब्राह्मण के साथ उसकी हुई बातचीत उनमें से एक था। हिंदू अपने देवी-देवताओं की प्रतिमाओं के बारे में क्या सोचते हैं इस बारे में उसकी इतनी उत्सुकता थी कि वह उस व्यक्ति के साथ

[30] Carey to Rippon, 10/12/1796, The Baptist Annual Register, Vol. 111: 62–5.

[31] RPC IN 13, Carey to Fuller, 18/11/1806.

बातचीत करने लगा। उस व्यक्ति ने कैरी के इस विचार पर विरोध प्रकट किया कि प्रतिमा किसी देवी-देवता का प्रतीक मात्र है और काफी रुखाई के साथ कहा कि 'यह प्रतिमा ही ईश्वर है'।[32] उस साल के आखिर में जब कैरी मदनाबटी में था, तब उसे एहसास हुआ कि क्यों सामान्य जन लघु देवी-देवताओं की पूजा करते हैं, इस बारे में उसे कुछ और सुराग प्राप्त हुए। उसने लिखा कि लोग

> सर्वत्र यही बताते हैं कि उनके देप्ता [लघु देवी-देवता] जिनकी प्रतिमाओं की वे पूजा करते हैं, उनके परिजनों को क्षति पहुंचाने के शक्ति रखते हैं, उनकी फसलें बर्बाद कर सकते हैं, उनके बच्चों को मार सकते हैं और अगर उनकी पूजा में जरा भी अवहेलना की गई तो निश्चित रूप से वे ऐसा ही करेंगे; इसलिए इन सब से मुझे जो समझ में आया वो यह कि उन सबकी पूजा के पीछे केवल शारीरिक और भौतिक क्षति का भय ही कारण है।[33]

उसके बाद उसने फिर दूसरे अवसर पर अपनी डायरी में लिखा कि 'लोहे की कीलों पर गिरने, उनके शरीर को आर-पार भेदते हुए धागे या बांस के साथ नृत्य करने इत्यादि जैसी पूजा की भयावह आत्म-उत्पीड़न विधियों' के बारे में 'स्थानीय लोगों के साथ बातचीत करने के कई अवसर प्राप्त हुए'।[34]

परामर्शदाताओं के रूप में पंडित

हिंदू धर्म के बारे में कैरी के ज्ञान की वृद्धि में खासतौर पर पंडितों की भूमिका रही थी। वे न केवल उसकी भाषा और ग्रंथों के अनुवाद में उसके शिक्षक थे बल्कि उसकी जानकारी के सबसे महत्त्वपूर्ण स्रोतों में से थे।

उदाहरण के लिए, पूजा के बाद देव-प्रतिमा का क्या किया जाता था इसके बारे में उसकी बदलती धारणाओं से स्पष्ट होता है कि उसके पंडितों की हिंदू रिवाजों संबंधित टिप्पणियों का उसपर कितना प्रभाव था। मार्च सन् 1795 में लिसेस्टर स्थित अपने एक मित्र को सामान्य हिंदुओं के बारे में बताते हुए पत्र में लिखा कि 'उनकी देव-प्रतिमाएं अनगिनत होती हैं' और 'जब मूर्ति पूजा का मौसम समाप्त हो जाता है तब मूर्ति को हमेशा किसी जल में प्रवाहित कर दिया जाता है'। हालांकि लगभग दो साल बाद इंग्लैंड से आए एक संवाददाता ने इस विषय पर चुनौती दी तब कैरी ने अपने पंडित से संपर्क किया।[35] उसने इस पर सवाल करने वाले के विचार की पुष्टि की कि कुछ मूर्तियां 'स्थाई' होती हैं और उनके बारे में जानकारी देते हुए कहा कि ये मूर्तियां पत्थर या अन्य पदार्थों

[32] Carey to Fuller, 30/1/1795, PA, Vol. 1: 130–31.

[33] Carey to BMS, 30/12/1795, PA, Vol. 1: 227.

[34] Journal, 6–10/4/1795, PA, Vol. 1: 197.

[35] Carey to R.B. (Leicester), 12/3/1795, PA, Vol. 1: 138, 416.

से बनी होती हैं, जो खासतौर पर मंदिरों में शिव और काली का प्रतिरूप होती हैं। उसने आगे बताया:

> मेरे पंडित ने मुझे बताया कि इनको किसी राजा या अन्य महान व्यक्ति द्वारा बनाया जाता है और इनके साथ कुछ भूमि दान में दी जाती है ताकि पूजा-पाठ ठीक से चलता रहे और उसके परिवार का कल्याण हो, और यह भी कि इस काल के दौरान उसके लिए नियुक्त ब्राह्मण मिट्टी से छोटी-छोटी प्रतिमाएं बनाकर उसकी नित्य-प्रतिदिन नदी किनारे या किसी भी जलाशय के नजदीक पूजा करता है और उसके बाद पुष्प एवं कुछ अन्य पूजन सामग्रियों के साथ कुछ विधियां संपन्न करते हुए उन्हें जल में प्रवाहित कर देता है।

कैरी के एक पंडित ने उसे विस्तार से बताया था कि चरक पूजा के दौरान किस तरह से संन्यासी काफी ऊंचाई से नीचे नुकीले कांटों पर गिरकर भी गंभीर रूप से घायल नहीं होते;[36] और कैरी के पंडितों ने यह भी बताया कि हुक से लटकाने और सती जैसी प्रथाओं को शास्त्रों में कोई मान्यता प्राप्त नहीं है।[37]

कैरी का सबसे पहला पंडित रामराम बसु था जिसकी संभवतः भारतीय धर्मों के बारे में उसके आरंभिक विचारों तथा अवधारणाओं के विकास में महत्त्वपूर्ण भूमिका रही थी। जॉन थॉमस द्वारा कई 'धर्मांतरित' व्यक्तियों में से एक इस पंडित ने अपना बपतिस्मा नहीं कराया था। बसु जाति से कायस्थ था और इसलिए उससे अपेक्षा की जाती थी कि वह अधिकतर सामान्य ब्राह्मण पंडितों की तुलना में ब्राह्मणों तथा ब्राह्मणवादी संस्कारों के प्रति और अधिक आलोचनात्मक दृष्टिकोण रखेगा।[38] सन् 1793 में जब कैरी ने उसे अपने बंगाली शिक्षक के रूप में नियुक्त किया था तब बसु की उम्र 35 वर्ष थी। थॉमस ने 'सामान्य से बेहतर क्षमता वाले व्यक्ति' के रूप में उसका वर्णन किया और कैरी का उसके प्रति प्रशंसा और सम्मान का भाव समय के साथ-साथ बढ़ता ही चला गया। परंतु अचानक सन् 1796 को 'गोस्पेल के सम्मान की रक्षा के लिए' उसे निष्काषित करने पर मजबूर होना पड़ा क्योंकि बसु ने एक स्त्री के साथ व्यभिचार किया और उस स्त्री का गर्भपात करवाया था।[39]

आरंभ में ऐसा प्रतीत होता है कि बंगाल में कैरी के तीन सालों के दौरान दोनों के बीच संबंध काफी गहरे होते चले गए। अक्टूबर सन् 1793 में बी.एम.एस. को पत्र लिखते हुए कैरी ने कहा कि 'रामराम बसु अब भी हमारा करीबी है; मैंने उसके साथ काफी बातचीत की और उसे बहुत संवेदनशील और काफी जानकार व्यक्ति समझता हूँ।'[40] चार महीने बाद

[36] उठाए गए सवालों के मिस्टर कैरी द्वारा दिए गए जवाब, PA, Vol. 1: 401–11.

[37] Ibid.: 423.

[38] Thomas to BMS, PA, Vol. 1: 19–20.

[39] Carey to Fuller, 17/6/1796, PA, Vol. 1: 303; Potts 1967: 82.

[40] Carey to BMS, 25/11/1793, PA, Vol. 1: 65.

सुंदरबन के देबहट्टा में अपना घर बनाते हुए मिशनरी ने लिखा कि 'अपने यूरोपीय मित्रों के साथ निजी आतंरिक संबंधों से वंचित होते हुए भी मेरे पास कम-से-कम एक धार्मिक मित्र है, और वो है राम राम बोशु; वह वास्तव में है बड़ा संकोची, लेकिन काफी जानकार और अच्छी समझदारी रखनेवाला व्यक्ति है'।[41] सन् 1796 में बसु को निष्कासित कर दिए जाने के बाद कैरी ने फिर से उसके 'स्वाभाविक गुणों' की प्रशंसा की[42] और पांच साल बाद उसने फोर्ट विलियम कॉलेज में अपने पंडितों में से एक के रूप में उसे फिर से नियुक्त करने का निश्चय किया।[43] बांग्ला भाषा के शिक्षक और अनुवादक के रूप में बसु की काबिलियत के अतिरिक्त इस साक्ष्य तथा अन्य साक्ष्यों से प्रतीत होता है कि उसे एक 'अच्छे जानकार' व्यक्ति के रूप में जाना जाने के कारण उसका बहुत सम्मान था और इसलिए बंगाली धर्म और समाज के बारे में कैरी के सवालों का जवाब दे सकता था।[44] बसु को बर्खास्त करने के बाद कैरी ने तुरंत एक दूसरे पंडित को बहाल किया जिसके साथ उसने बहुत से धार्मिक मुद्दों पर सलाह किया।[45] सन् 1801 में कॉलेज ऑफ फोर्ट विलियम में बांग्ला के व्याख्याता के रूप में अपनी नियुक्ति के बाद कैरी द्वारा पंडितों का चुनाव और नियुक्तियां भारतीय धर्म और खासकर हिंदू ग्रंथों के बारे में कैरी की बढ़ती अंतर्दृष्टि के लिए महत्त्वपूर्ण था। इनमें से सबसे विख्यात मृत्युंजय विद्यालंकार था जो तत्कालीन भारत के उत्कृष्टतम संस्कृत विद्वानों में से एक था। संस्कृत ग्रंथों में सती को कितना स्थान दिया गया है या कितना हतोत्साहित किया गया है इस प्रश्न पर उसने काफी महत्त्वपूर्ण रूप से प्रकाश डाला है।[46]

व्याख्याएं और बदलते मूल्यांकन

अगर कैरी के यही अवलोकन थे और जानकारी के यही प्राथमिक स्रोत थे तो हिंदू धर्म या धर्मों के बारे में उसकी क्या धारणा बनी और उसके पत्रों तथा डायरियों में वह तथ्य किस रूप में प्रकट हुआ?

इस विषय पर टिप्पणी करने से पहले इस बात पर गौर करना जरुरी है कि उसके सहकर्मी विलियम वार्ड के विपरीत कैरी ने हिंदू धर्म पर कोई बड़ा और *व्यवस्थित* प्रबंध नहीं लिखा। हालांकि इसके 'महान स्वरुप' ने सबका ध्यान आकर्षित किया और अपनी *Enquiry* में उसने संपूर्ण धार्मिक जगत को सुव्यवस्थित किया। परंतु उसकी डायरियां और पत्राचार कम-से-कम

[41] Carey to BMS, 15/2/1794, PA, Vol. 1: 74–5.

[42] Carey to Fuller, 17/6/1796, PA, Vol. 1: 303.

[43] Carey 1926: 206.

[44] Carey's Journal, 30/1/1794, PA, Vol. 1: 166–67.

[45] Carey to Fuller, 17/6/1796, PA, Vol. 1: 303.

[46] Bose 1960: 128–29; Kopf 1969: 205–6; Potts 1967: 148, 232. कैरी द्वारा नियुक्ति के बाद अनुवाद कार्यों से जुड़ी गतिविधियों के बारे में जानने के लिए देखें Hatcher 1996: 143–50.

सन् 1800 तक बिलकुल अलग थे। कुछ हद तक इसकी वजह यह थी कि उसकी डायरियां जहाँ तक संभव हो खुलेआम सबको पढ़ाने के लिए नहीं बल्कि उसके आतंरिक वार्तालाप की तरह थीं जिसमें वह स्वयं से निजी तौर पर बातचीत करता था। हालांकि कारण चाहे जो भी रहा हो, उस आरंभिक काल के दौरान उसके विचार प्रायः अधिक खोजपूर्ण और प्रयोगात्मक थे। उस समय उसके लेखन स्पष्ट, निर्भीक या यहां तक कि हठधर्मी वक्तव्य देनेवाले किसी टीकाकार की जगह किसी हतप्रभ सैलानी के जैसे होते थे।

जो भी हो, उसकी टिप्पणियां यद्यपि बिखरी हुईं और उपाख्यानमूलक थीं, फिर भी उसने न केवल ज्ञान अर्जित करने के लिए बल्कि उनके तात्पर्यों पर अपने विचार अभिव्यक्त करने और उनकी एक समग्र व्याख्या की सुस्पष्ट रूपरेखा विकसित करने के लिए जिस तरह से शुरुआत की, उसको सिलसिलेवार ढंग से समझा जा सकता है।

पहला, जुलाई सन् 1797 के एक पत्राचार से प्रकट होता है कि उस समय तक उसने हिंदुओं के धर्म और जनजातीय लोगों के धर्म के बीच भेद करना प्रारंभ कर दिया था। बिहार के 'पहाड़ी लोगों' का संदर्भ देते हुए वह कहता है कि 'वे कथित तौर पर छोटे समुदाय के लोग होते हैं जो हिंदुओं और मुसलमानों से उनकी भाषा, तौर-तरीकों तथा सोचने-समझने के तरीकों में तो बिलकुल भिन्न हैं ही, साथ ही वे जाति-विहीन भी होते हैं: फिर भी वे चारों तरफ से हिंदुओं से घिरे हुए हैं'।[47]

दूसरे, अगर कैरी की दृष्टि में जनजातियों जैसे कि बिहार के पहाड़ी लोगों और हिंदुओं में भिन्नताएं थीं, तो स्वयं हिंदुओं के अंदर भी उनके धार्मिक विचारों और प्रथाओं को लेकर तथा यहां तक कि बंगाल के अंदर विभिन्न जिलों के बीच भी भिन्नताएं थीं। सटक्लिफ को उसने लिखते हुए बताया कि

> यह निश्चित रूप से कहा जा सकता है कि हिंदुओं की पूजा पद्धति और उनके अन्य रीति-रिवाज अलग-अलग जिलों में बिलकुल भिन्न हो जाते हैं और इसी विषय पर कई लेखकों द्वारा असंगत तथा परस्पर विरोधी संबंधों के विवरण के पीछे यह वजह हो सकती है कि प्रत्येक ने अपने विवरण अपने आस-पास की प्रथाओं से लिए हैं: इसी वजह से मेरा विवरण उन सबसे बिलकुल अलग हो सकता है।[48]

अन्य अवसरों पर कैरी ने इंगित किया कि हिंदू पूजा पद्धति को बारीकी से देखा जाए तो इनमें इतनी विभिन्नताएं हैं कि शायद ही कोई हिंदू उनके बारे में 'संतोषजनक व्याख्या' कर पाए।[49] उदाहरण के लिए, उसे महसूस हुआ कि सूर्य की पूजा पद्धति 'कुछ मायनों

[47] Carey to Ryland, 6/7/1797, PA, Vol. 1: 377.

[48] Carey to Sutcliff, 5/4/1799, PA, Vol. 1: 493.

[49] Carey to BMS, 3–5/1/1794, PA, Vol. 1: 72.

में अलग-अलग जगहों पर अलग-अलग' थी।[50] वैसे ही हुक से लटकानेवाली प्रथा का दक्षिणी बंगाल और उत्तरी बंगाल में अलग-अलग तरीके से पालन किया जाता था। इसी तरह मृत्यु के बाद के जीवन की प्रकृति या उसकी संभावना के बारे में अलग-अलग हिंदू अलग-अलग तरीके से सोचते थे।[51]

तीसरे, हिंदू धर्म पर अपने विचार व्यक्त करते हुए उसने महसूस किया कि वह अशिक्षित तथा शिक्षित लोगों के धर्म के बीच भी बुनियादी फर्क स्पष्ट कर सकता है। उदाहरण के लिए, सन् 1795 में जब वह लोगों के साथ और अधिक स्वतंत्र होकर बातचीत कर सकता था, तब उसने कहा कि 'अधिकांश ब्राह्मण और सामान्य जनता इन प्रतिमाओं को विभिन्न देवी-देवता मानते हैं: लेकिन सबसे शिक्षित लोग इनको केवल एक ही मानते हैं'।[52] इस दृष्टांत से तथा कैरी के कुछ अन्य पत्राचारों से ऐसा अनुमान लगता है कि उसके अनुसार पवित्र ग्रंथों में जो कुछ लिखा है उसको केवल अत्यधिक शिक्षित लोग ही समझ सकते हैं। इसीलिए ब्राह्मणों तथा सामान्य जनों की आस्था और प्रथाओं में अंतर है जो ग्रंथों में निहित ज्ञान से अनभिज्ञ होते हैं। इस विभेद में निहित विचार से कैरी तथा अन्य लोग परिचित थे, कि अशिक्षित तथा अप्रबुद्ध लोगों के धर्म और कुछ प्रबुद्ध लोगों के धर्म में सुस्पष्ट अंतर है।

शिक्षा, पांडित्य और लिखित ग्रंथों को अशिक्षित लोगों की भक्ति और समझदारी से अधिक महत्त्व देने का विचार, उन्नीसवीं सदी के आरंभ में फिर कैरी के प्रस्ताव में थोड़े अलग तथा सुविधाजनक रूप में उभरकर आया। सती और शिशुहत्या से विचलित होकर उसने सन् 1802 में वेलेस्ले सरकार को 'धर्म के नाम पर' की गई हत्याओं पर एक स्मारिका प्रस्तुत की। ईस्ट इंडिया कंपनी की नीति हिंदू धार्मिक मामलों में हस्तक्षेप नहीं करने की थी। कैरी के साथ-साथ कुछ और लोगों ने यह दावा किया कि सागर में की गई शिशु हत्या और सती 'वास्तविक' रूप से 'धार्मिक प्रथा' न होकर 'मिथ्या' पर आधारित थी। उनकी दलील के साथ ही बैप्टिस्ट मिशनरी जेम्स पेग्स तथा राममोहन रॉय समेत बाद के सुधारवादियों के उद्देश्य को इससे और भी बल मिला। इसका अगला कदम यह था कि ऐसी प्रथाओं को कंपनी द्वारा 'धार्मिक' निरपेक्षता की निवर्तमान नीति का बिना परित्याग किए सुरक्षापूर्वक दबा दिया जा सकता था। जैसा कि हमने देखा, कैरी को पहले से ही धीरे-धीरे यह विश्वास होने लगा था कि इन 'हत्याओं' को शास्त्रों में कोई प्रामाणिक मान्यता नहीं प्राप्त थी। दूसरे शब्दों में अन्य बहुत सारे मिशनरियों की तरह वह भी लंबे समय से चली आ रही इस प्रोटेस्टेंट परंपरा पर ही बल दे रहा था कि 'वास्तविक धर्म' धर्मग्रंथों पर आधारित होता था

[50] Carey to Sutcliff, 16/1/1798, PA, Vol. 1: 404.

[51] Carey to BMS, 18/3/1795, PA, Vol. 1: 146.

[52] Carey to R.B. 12/3/1795, PA, Vol. 1: 138.

और बिना इसकी सम्मति और आधार के, इससे संबंधित प्रथाएं और रिवाज 'वास्तविक' धर्म के सारतत्व को प्रकाशित नहीं करते।

चौथा, कि हिंदुओं में अभिजात वर्ग तथा सामान्य वर्ग के बीच एवं विश्वास तथा प्रथाओं के बीच भिन्नताओं के बावजूद कैरी ने कई साल बिताने के बाद यह महसूस किया कि इन सबमें कुछ-न-कुछ संबद्धता या मौलिक एकता भी थी जिसका उसने आगे 'हिंदू धर्म प्रणाली' के रूप में वर्णन किया।[53] उसका मानना था कि इस पूरी संरचना को बनाए रखने में ब्राह्मणों की महत्त्वपूर्ण भूमिका थी। हिंदू वर्ण व्यवस्था की ब्राह्मणवादी प्रणाली का वर्णन करते हुए उसने जुलाई सन् 1795 में बताया कि 'निचली जाति का कोई भी व्यक्ति अपने देवता को स्वयं किसी भी प्रकार का चढ़ावा नहीं दे सकता, लेकिन सामान्य जन अपने चढ़ावे ब्राह्मणों को देता है और ब्राह्मण उसे देवता को अर्पित करता है'।[54]

दूसरे अवसर पर उसने कहा कि उसने ब्राह्मणों के प्रति लोगों में भारी श्रद्धा भाव और 'उसके सभी निर्देशों के प्रति अप्रत्यक्ष आज्ञाकारिता का भाव'[55] देखा। उसका मानना था कि कुछ हद तक इसका कारण यह था कि ब्रिटिश शासन कायम हो जाने के बावजूद पारंपरिक प्रथाएं अब भी प्रचलित थीं जिनके तहत ब्राह्मण अत्यंत मामूली से अपराध के लिए 'प्रायश्चित्त' के तौर पर 'किसी भी दूसरे कबीले पर' जुर्माना लगाने का अधिकार रखता था। इसके अतिरिक्त आम जनता में ब्राह्मणों के प्रति श्रद्धा और भय का भाव उन कहानियों से और भी अधिक सशक्त हो जाता था जो ब्राह्मणों को कुपित करने से होनेवाली हानियों तथा उनके अभिशाप के भय के साथ-साथ उनकी अलौकिक शक्ति पर आधारित होती थी।

इनके साथ ही कैरी का यह भी मानना था कि उसने जिसे बाद में 'हिंदू प्रणाली' कहा, उसमें निहित एकता महज संरचनात्मक नहीं थी। सन् 1798 में लिखे उसके एक पत्र से ऐसा प्रतीत होता है कि भाग्यवाद से विरक्ति और नैतिक उदासीनता का भाव उत्पन्न होता था और यही सामान्य रूप से एक सूत्र में जोड़नेवाली आस्था थी।

> हिंदू लोग आमतौर पर स्वयं को मशीन जैसा समझते हैं, जिन पर ईश्वर भौतिक रूप से सक्रिय रहते हैं और लोग अपने कृत्यों के लिए स्वयं जिम्मेदार नहीं होते। अगर कोई व्यक्ति चोरी करते हुए पकड़ा जाता है या हत्या का आरोपी है तो वह सामान्यतः यही जवाब देगा कि उसका 'कपाल' या ललाट खराब है। ऐसा कहने से उसका तात्पर्य यह है कि ईश्वर की मर्जी थी कि वह ऐसा अपराध करे: क्योंकि हिंदुओं के बीच यह आम धारणा है कि हरेक व्यक्ति का भाग्य उसके माथे पर लिखा होता है: और उसी धारणा के अनुरूप सभी नैतिक

[53] Kopf 1969: 125.

[54] Carey to Ryland, 6/7/1797, PA, Vol. 1: 378.

[55] Carey to P., 23/11/1798, PA, Vol. 1: 483–85.

क्रियाएं और साथ-ही-साथ दैवकृत परिस्थितियां तथा उनके सभी क्रियाकलाप अंततः ईश्वर की इच्छा से संपन्न होते हैं, उनका अपना कुछ भी नहीं। जब भी हम उनके द्वारा किए गए पापों की बुराइयां तथा उनके कर्मों के दोष उनपर आरोपित करना चाहते हैं तो वे लगभग निश्चित ही खुलेआम यह सिद्धांत प्रस्तुत कर देते हैं।[56]

इस प्रकार हिंदुओं के बीच धार्मिक भिन्नताओं को पहचानते हुए भी ऐसा संकेत मिलता है कि कैरी भी अपने विचारों से वार्ड की अवधारणाओं के अनुरूप हिंदू धर्म के एकल और ब्राह्मणवादी प्रारूप की ओर ही अग्रसर हो रहा था। तब एक तरफ हिंदू धर्म के बारे में कैरी का ज्ञान और समझदारी और दूसरी तरफ इसके बारे में उसके मूल्यांकन के बीच क्या संबंध था? एक अच्छी या बुरी प्रणाली के रूप में उसने हिंदू धर्म के बारे में जो धारणा बनाई उसमें उसकी खोजों से क्या अंतर पड़ा?

बीसवीं सदी के आरंभ में एक मिशनरी टिप्पणीकार जे.एन. फार्क्वर ने व्यापक पैमाने पर सामान्यीकरण करते हुए लिखा कि हिंदू धर्म के बारे में आरंभिक मिशनरियों की जितनी अधिक जानकारी बढ़ती जा रही थी 'उतना ही उसे वे नापसंद करते जा रहे थे'। कम से कम विलियम कैरी के मामले में यह निश्चित रूप से बिलकुल सही था। हिंदू विश्वास, खासकर प्रथाओं के बारे में कैरी की जानकारी जितनी बढ़ती गई उतना ही वह उसको नापसंद करने लगा।

पहली बार ज्यादातर लोगों के नैतिक व्यवहार तथा चरित्र को देखकर कैरी को काफी ठेस पहुंची और निराशा हुई जो उसके विचार से हिंदू धर्मग्रंथों के कुछ उद्धरणों के 'उदात्त परोपकारिता' की भावना के विपरीत था।[57] अपने मित्र मॉरिस को अपने विचारों में परिवर्तन के बारे में बताते हुए वह कहता है कि पहली बार यहां के 'स्थानीय' लोगों से परिचय के बाद 'उनकी नैतिकताओं और रीति-रिवाजों के बारे में मैंने जरुरत से कुछ ज्यादा ही अच्छी धारणा बना ली; और मुझे लगता है कि कुछ अन्य लोगों ने जरुरत से कुछ ज्यादा ही बुरी धारणा बना ली है'। वे 'निश्चित रूप से बहुत ही विश्वासघाती और धोखेबाज लोग थे जो अनंत अंधविश्वासों की बेड़ियों में जकड़े हुए और अपने व्यवहार से चापलूस' होते थे। लेकिन साथ ही उसने यह भी कहा कि 'उनमें से बहुत से लोग अच्छे ज्ञानी भी थे'।[58]

[56] Ibid.: 482.

[57] मदनाबटी में उसके बागान मालिक तथा पादरी के रूप में आकर बसते ही उनके 'व्यवहारों की सरलता' और 'अहानिकर व्यवहार' के प्रति उसका प्रशंसा भाव जल्दी ही उनके बारे में बदलती धारणाओं के कारण गायब हो गया। अपनी डायरी में हिंदुओं के चरित्र पर अपने विचार व्यक्त करते हुए उसने उनमें निष्ठा के अभाव, मिथ्याचार और कृपणता पर खेद प्रकट किया है (RPC, Journal, 1–3/7/1794)। अपने पुराने मित्र रॉबर्ट ब्रेविन को पत्र में उसने यहां तक लिख दिया कि 'हिंदुओं की परोपकारिता, मानवता और विनम्रता की कहानियां' 'सब झूठी' थीं जिनका अस्तित्व 'केवल शास्त्रों के सिद्धांतों में था और जिनको लोगों के हजारवें हिस्से तक ने भी न देखा और न सुना' (RPC, IN 13, Carey to Brewin, 12/3/1795; उसी संग्रह में देखें Carey to Arnold, 13/3/1795 भी)।

[58] Carey to Morris, 14/8/1795, PA, Vol. 1: 213.

कम-से-कम उस समय कैरी ने जैसा देखा उसके मुताबिक समस्या का कुछ हिस्सा यह था कि 'अच्छे ज्ञानी व्यक्तियों' का उन अशिक्षित ब्राह्मणों तथा सामान्य लोगों पर प्रभाव बहुत ही नगण्य था जो ऐसी प्रथाओं का पालन करते थे, जिनको उसने अपनी कल्पना से भी अधिक बदतर और नृशंस पाया। चरक पूजा के आत्म-पीड़न से संबंधित कर्मकांडों पर टिप्पणी करते हुए अप्रैल में ही उसने लिखा कि:

> उनकी वीभत्स प्रथाओं और मूर्तिपूजा संबंधी कार्यसंपादनों का मेरे दिमाग पर ऐसा असर पड़ा है जिसको मिटाना उतना आसान नहीं। जिसने अन्यथा भद्र लोगों को उनके वर्तमान दयनीय अवस्था के दुख और अंधकार से मुक्त करने के लिए अपना जीवन और सर्वस्व दान कर दिया हो उससे किसको शिकायत हो सकती है![59]

उसी साल पहली बार उसे शिशु हत्या का साक्षात प्रमाण देखने को मिला। मालदा में सफर करते हुए उसने एक मृत शिशु के अवशेष को देखकर अनुमान किया कि उसे जान-बूझकर फेंकने के कारण उसकी मृत्यु हो गई थी। यह नृशंस दृश्य निश्चित रूप से उसके लिए अविस्मणनीय घटना रही होगी। कैरी का यह निजी अनुभव मिशनरियों, अधिकारियों और अन्य लोगों के बीच व्यापक विचार-विमर्श का विषय बन गया होगा, जिसमें पहले निःसंतान रह चुके दंपतियों द्वारा अपनी प्रथम संतान को गंगा देवी में विसर्जित कर दिए जाने की प्रथा समेत शिशु हत्या की प्रथा के बारे में चर्चा की गई।[60] इन घटनाओं के साथ-साथ सन् 1799 में कैरी ने एक विधवा को जिंदा जलाए जाने की घटना को भी अपनी आंखों से देखा। इन अनुभवों से प्रभावित कैरी जब अपने प्रवचन देने के लिए भ्रमण पर था, उस समय अचानक ऐसी ही एक और घटना अगस्त सन् 1800 में उसने चत्तेरा के गांव में घटते हुए देखा जिसमें एक 14 साल की लड़की को जिंदा जलाया जा रहा था।[61]

[59] Journal, 11/4/1794, PA, Vol. 1: 174.

[60] Potts 1967: 140.

[61] Carey to Ryland, 15/8/1899, PA, Vol. 2: 78. जैसा कि सर्वविदित है, कैरी दमनात्मक कदमों के प्रमुख वकीलों में से एक था। सन् 1802 में शिशु हत्या की बुराइयों पर एक स्मारिका लिखकर उसने सरकार को समर्पित किया तो उम्मीद जताई कि 'हिंदुओं द्वारा धर्म के नाम पर की गई अन्य हत्याओं' पर भी निषेध लागू होगा। बैप्टिस्टों के एक दीर्घकालिक मित्र और गवर्नर-जनरल की कौंसिल के सदस्य जॉर्ज यूडनी ने कैरी को इस प्रथा के बारे में पूरी जानकारी भेजने के लिए कहा जबकि फोर्ट विलियम कॉलेज के वाईस प्रोवोस्ट बुकानन ने भी 'स्त्रियों के जलाए जाने की प्रथा पर रोक लगाने के लिए उपाय सुझाने हेतु' कैरी से सबसे अच्छी सलाह देने को कहा ताकि गवर्नर-जेनरल वेलेस्ले को इस मामले में वह कुछ ठोस सलाह प्रस्तुत कर सके। उसके कुछ ही दिनों बाद अपने सहकर्मियों, धर्मंतारितों तथा सेरामपोर और फोर्ट विलियम के पंडितों के साथ कैरी ने कलकत्ता के तीस मील की परिधि के अंदर हरेक साल होने वाली सती की संख्या का यथासंभव सटीक रिकॉर्ड प्रस्तुत करने का प्रयास किया (Ward 1817–20, Vol. IV: 144–45)। उसने पंडितों से शास्त्रों में सती का संदर्भ देनेवाले विभिन्न ग्रंथों को संकलित करने के लिए फोर्ट विलियम कॉलेज में व्याख्याता के पद का भी सदुपयोग किया। इन सब साक्ष्यों से उसकी इस आरंभिक धारणा की ही पुष्टि होती प्रतीत हुई कि हिंदू कानून द्वारा अनुमोदित होने के बावजूद विधवाओं द्वारा आत्म-दाह का वह आदेश नहीं देता था (Ingham 1956: 45)।

अंत में, कैरी न केवल आनुभविक तथा भावनात्मक तौर पर 'कुछ भयानक प्रथाओं' से लगातार मुखातिब हो रहा था, बल्कि ऐसा लगता है कि हिंदू धर्मग्रंथों से भी उसका दिनोंदिन मोहभंग हो रहा था। यहां आने के कुछ दिनों के बाद से ही वह इस बात पर विलाप करने लगा कि लाखों की संख्या में हिंदुओं का अस्तित्व होते हुए भी वे अपने ही धर्मग्रंथों से अनभिज्ञ थे। सन् 1795 में उसने मॉरिस को पत्र लिखकर बताया कि हिंदू धर्मविज्ञान, इसकी लोकप्रिय प्रथाओं तथा विचारों से कहीं अधिक परिष्कृत है।[62] कुछ महीनों बाद जब वह प्रवचन के लिए निकला हुआ था, उस समय उसने कहा कि हिंदू शास्त्रों और कुरान दोनों में ऐसे 'बहुत सारे रिवाज और प्रथाएं हैं जिनके प्रति श्रद्धा होनी चाहिए', लेकिन उनसे हिंदुओं को यह पता नहीं चलता कि कैसे ईश्वर अपने न्याय से पापों को निरंतर माफ कर सकते हैं और न्याय एवं दया के मार्ग से पापियों की रक्षा कर सकते हैं।[63] इस संबंध में तथा विष्णु के अवतारों[64] पर टिप्पणी करते हुए वह इस बात की आलोचना करता है कि इंजीली धर्मविज्ञान की प्रमुख चिंताओं में से एक के इस शिक्षण और विचारों की कोई प्रतिध्वनि नहीं है। दूसरे शब्दों में, समस्या यह नहीं थी कि हिंदू धर्मग्रंथों में क्या शामिल था बल्कि उसमें क्या शामिल नहीं था।

बहरहाल जैसे-जैसे वह खासतौर पर हिंदू लोकप्रिय साहित्य से परिचित होता गया उसकी टिप्पणियां उतनी ही तीखी होने लगीं। उदाहरण के लिए, सन् 1796 में फुलर को उसने पत्र में लिखा:

> जैसा इन लोगों की दयनीय स्थिति से प्रकट होता है, मैं उनके मिथकों से कुछ न कुछ अंश लिखता रहूंगा जो मुझे उनके शास्त्रों में मिलेंगे। मैंने उनके शास्त्रों को अब पढ़ना शुरू किया है, और वे मुझे आश्चर्य में डाल दे रहे हैं, जब मैं यह सोचता हूँ कि कैसे कोई भी विवेक-बुद्धि वाला व्यक्ति गंभीरतापूर्वक इनमें विश्वास करता है...उनके शास्त्रों में दर्ज इन देवताओं (लघु देवता) के भय, झगड़े, लालसा इत्यादि भी उनके विरुद्ध तर्क प्रस्तुत करते हैं।[65]

कुछ वर्ष बाद कैरी की दृष्टि में कुछ अत्यधिक कर्णकटु 'गोस्पेल का विरोध करनेवाले काफिरों' द्वारा 'प्रेरणादायक लेखनों' (बाइबिल) की अहितकर, जानबूझकर और अन्यायपूर्ण आलोचना से वह कुपित हो गया था और चिढ़कर उसने हिंदू धर्मग्रंथों के बारे में जो कुछ समझा था, उसपर आगे और भी रूखे शब्दों में वक्तव्य देने के लिए प्रस्तुत हो गया। मिशनरी प्रवचन का विरोध और हिंदूवादी भावना सन् 1801 में सेरामपोर में गोकुल, कृष्णा

[62] Carey to Morris, 14/8/1795, PA, Vol. 1: 213.

[63] Journal, 13–19/4/1795, PA, Vol. 1: 199.

[64] Carey to BMS, 11/1/1796, PA, Vol. 1; 229–30.

[65] Carey to Fuller, 23/4/1796, PA, Vol. 1: 299. Baptist Annual Register, 10/12/1796, Vol. 111: 61–5, उसके द्वारा Rippon को लिखा गया पत्र भी देखें।

पाल और उनके परिवारों के बपतिस्मा के कारण और अधिक तीव्र हो गया था। मार्च सन् 1802 में सटक्लिफ को पत्र लिखते हुए कैरी ने आश्चर्य और क्षोभ व्यक्त करते हुए लिखा है कि 'प्रेरणादायक लेखनों' का चिल्ला-चिल्लाकर निंदा करने वाले हिंदू आलोचकों ने इसमें 'हरेक गलती' ढूंढ निकालने में तत्परता दिखाई और यहां तक कि उनके अर्थ को भी विकृत कर दिया ताकि वे उसको असंगत बना दें। और फिर भी, उसने लिखा,

> हिंदू जिन रचनाओं को पवित्र मानते हैं उनमें भारी अंतर्विरोधों पर मेल-मिलाप करने के लिए यही लोग पूरी मेहनत करेंगे और बहुत सारे सफेद झूठ और लगभग हरेक पंक्ति में सभ्यता और मर्यादा के भारी उल्लंघन के लिए माफी मांगते हुए घटिया से घटिया चालाकी पर उतर आएंगे... लेकिन ऐसा लगता है कि कुछ लोगों को ईश्वर के वचन के सिवाय सब कुछ स्वीकार है। ये लोग धर्मग्रंथों की आलंकारिक भाषा का मजाक उड़ाते हैं लेकिन... अब तक की प्रकाशित सबसे वाहियात पुस्तकों की खूबियों के समर्थन में... रूपक कथाओं का सहारा लेते हैं।

इस प्रकार अगर कैरी को हिंदू धार्मिक साहित्य के विषय-वस्तु, भाव और चरित्र से निरंतर निराशा ही होने लगी थी तो बाद के वर्षों में वह क्यों अपना अधिक-से-अधिक समय 'रामायण' और अन्य हिंदू धार्मिक ग्रंथों का अंग्रेजी में अनुवाद करने में लगाता रहा?

'सेरामपोर त्रिगुट' के अन्य सदस्य और कैरी किस प्रकार हिंदू क्लासिकी साहित्य के अनुवाद में संलग्न रहे इसकी कहानी कहीं और लिखी गई है और इसका उल्लेख पिछले अध्याय में भी किया जा चुका है। हमारे उद्देश्य के लिए यहां महत्त्वपूर्ण थी कैरी की प्रेरणा। निश्चित रूप से, सभी महान संस्कृत क्लासिकी साहित्य के अनुवाद का प्रस्ताव प्रस्तुत करके उसका विश्वास था कि भारतीय परंपरा के बारे में सामान्य ज्ञान और समझदारी बढ़ाने में वह योगदान करेगा। सितंबर सन् 1804 में उसके द्वारा संस्कृत में दिए गए काफी प्रशंसित भाषण से भी यह स्पष्ट होता है। उसके समय के अन्य विद्वानों की तरह दक्षिण भारतीय भाषा परिवार के जनक के रूप में संस्कृत को स्वीकार करने के अतिरिक्त भाषाई एकता संबंधी प्रचलित विचार को उसने भी स्वीकार किया।[66] गवर्नर-जनरल, प्रेसीडेंसी के प्रमुख नागरिक और सैनिक अधिकारियों तथा 'अन्य बहुत से विद्वान स्थानीय लोगों' के सम्मुख बोलते हुए उसने वेलेस्ले के फोर्ट विलियम कॉलेज के कार्यों तथा संस्कृत के अध्यापन का जोरदार समर्थन किया। उसका मानना था कि यह प्राचीन भाषा न केवल आधुनिक क्षेत्रीय भाषाओं की जनक है, बल्कि यह 'अतीत काल के इतिहास, ज्ञान और विज्ञान के बारे में विश्व को जानकारियों से समृद्ध करता है।'[67]

[66] Trautmann 1997: 152.

[67] Smith 1885: 167.

लेकिन स्पष्ट रूप से संस्कृत ग्रंथों के अनुवाद पर अपना इतना समय लगाने के पीछे कैरी का उद्देश्य केवल प्राचीन लोगों के ज्ञान और बुद्धि के बारे में जानकारियों से 'विश्व को समृद्ध बनाना' ही नहीं था बल्कि ईसाई मिशन को प्रोत्साहित करना था। कैरी के मुताबिक संस्कृत साहित्य के जरिए विश्व के प्रति हिंदुओं का सबसे विलक्षण योगदान उनके धार्मिक ग्रंथों द्वारा नहीं बल्कि विज्ञान और अन्य गैर-धार्मिक विषयों द्वारा किया गया है। वास्तव में ऐसा प्रतीत होता है कि ईसाई पाठक 'रामायण' जैसे हिंदू धार्मिक क्लासिकी के माध्यम से उनके चरित्रों और मूल्यों के बारे में जितना अधिक जानकारी हासिल करेंगे उतना ही वे अपनी परंपरा की श्रेष्ठता को पहचानेंगे। सन् 1796 में रिप्पन को पत्र में उसने लिखा कि किस प्रकार 'रामायण' को छंदों में लिखा गया है और साथ ही उसकी साहित्यिक खूबियों का वर्णन किया। उसने लिखा, 'यह कविता उत्कृष्ट है और मुझे लगता है इसकी संरचना और विषयवस्तु किसी और से कहीं अधिक होमर के इलियड से मिलता-जुलता है'।[68] लेकिन कैरी के विचार से इसकी साहित्यिक विशेषताओं के बावजूद 'रामायण' का पाठ और वास्तव में बाकी पूरा 'महाभारत' रिप्पन को बाइबिल के लिए 'ईश्वर का शुक्रिया' अदा करने को प्रवृत्त करेगा। अगर मैं मूर्तिपूजा की इन गहरी जम चुकी जड़ों पर अपने ईश्वर ईसा मसीह के पवित्र सलीब की जीत के विवरण दे पाता, तो मुझे पूरा यकीन है कि यह आपके दिल को उनके धार्मिक पुस्तकों और असभ्य विचारों के लंबे-लंबे आख्यानों को सुनने से कहीं ज्यादा आनंदित कर देता।'

सन् 1802 में सटक्लिफ को पत्र में हिंदू धार्मिक पुस्तकों का संदर्भ देते हुए उसने लिखा:

> मुझे समझना चाहिए कि इनके अनुवाद मेरे समय की बर्बादी ही होगी लेकिन केवल कर्तव्यवश मुझे इनको पढ़ने की इच्छा होती है, हालांकि इसका विचार इस दृष्टि से लाभदायक है कि इतने लंबे समय से ब्राह्मणों द्वारा सभी की नजरों से बचाकर रखी गई रहस्यमय लेखनों की ख्याति को अब जनसाधारण के सामने खोलकर रखा जा सकेगा।[69]

हिंदू धर्मग्रंथों को उद्घाटित करने की इस परियोजना का संबंध वित्तीय तथा कुछ अन्य मामलों से भी था। कैरी और मार्शमैन के अतिरिक्त, साझा सरकार, एशियाटिक सोसाइटी और सेरामपोर उद्यम के संयुक्त प्रयास से हिंदू धर्मग्रंथों के अनुवाद करने की आधिकारिक परियोजना निस्संदेह कई दृष्टियों से मिशन के लिए अच्छी थी। ऊंचे तबकों में मिशन की प्रतिष्ठा और ख्याति बढ़ाने में इससे काफी मदद मिली। इसकी वजह से मिशनरियों को पंडितों की सेवा तथा अन्य सुविधाएं प्राप्त करने की अनुमति मिल गई। साथ ही, इस परियोजना के लिए मिशनरियों के योगदान के बदले में मिशन को 150 रूपए प्रतिमाह का अतिरिक्त

[68] Carey to Rippon, 10/12/1796, The Baptist Annual Register, Vol. 111: 65.

[69] Carey to Sutcliff, 17/3/1802, PA, Vol. 2: 233–34.

भुगतान किया जाता था।[70] इसमें संलग्न कैरी और मार्शमैन दोनों मिशनरी इस परिस्थिति की विडंबना को अच्छी तरह से समझते थे। कैरी के मत से इस कार्य से प्राप्त लाभ 'शैतान द्वारा उत्पन्न' था जो इस मिशन को 'उसके साम्राज्य को ध्वस्त कर देने' के लिए दो या तीन पड़ावों तक सहायता कर देगा।[71] मार्शमैन ने अपनी डायरी में लिखा,

> यह हमें प्रसन्न करता है... जब हम यह सोचते हैं कि शैतान यहां पर शायद अपनी ही कमान से आहत हो जाए। निश्चित रूप से उन भ्रष्ट और विनाशकारी पौराणिक कथाओं को गढ़ते समय उसका यह इरादा नहीं रहा होगा कि प्रबुद्ध विश्व के सम्मुख इन्हें प्रकाशित करते हुए वह परम सत्य की देववाणी का प्रसार करने के लिए कोष की भी आपूर्ति करेगा।[72]

सन् 1811 में विलियम वार्ड की अत्यंत प्रभावशाली और कई खंडोंवाली कृति *Account of the Writings, Religion and Manners of the Hindoos* का पहला संस्करण सेरामपोर में प्रकाशित हुआ था। हिंदू शिक्षण और रिवाजों के प्रति बढ़ती नफरत के कारण कैरी भी उन विचारों के काफी करीब आ गया था जो वार्ड ने इस पुस्तक के जरिए प्रकट किए थे। पुस्तक के इन खंडों को लिखने और फिर प्रकाशन के लिए प्रेस में भेजने की लंबी प्रक्रिया के दौरान वार्ड का कहना था कि कैरी ने 'हरेक प्रूफ शीट' में उसकी मदद की और 'लगभग हरेक खास मुद्दे पर मेरे और उसके विचार एक समान हैं।'[73] जैसा कि हम देखेंगे, हिंदू धर्म के बारे में कैरी की समझदारी और बदलते मूल्यांकन (कम-से-कम सन् 1793 से लेकर सन् 1800 के दौरान) तथा बाद में वार्ड के *Account* के विचारों के बीच निश्चित रूप से कुछ भिन्नताएं थीं। लेकिन इन दोनों ने हिंदू धर्म के तत्वों को एक ही तरीके से प्रस्तुत करना आरंभ कर दिया था और उनकी उस विचारधारा को प्रमुख प्रोटेस्टेंट प्रतिमान में सम्मिलित कर लिया गया जो उन्नीसवीं सदी के प्रथमार्ध में खासतौर पर बंगाल मिशनरियों के कार्यों में प्रतिध्वनित हुआ। जैसा कि कोप्फ़ का मानना था, शिक्षा पर कैरी और डफ़ (देखें अध्याय 6) दोनों बिलकुल भिन्न मत रखते थे लेकिन फिर भी हिंदू नैतिक व्यवहार, हिंदू देवता और धार्मिक शिक्षण के बारे में उन दोनों का रवैया उतना भिन्न नहीं था।

कैरी ने हिंदुओं की विभिन्न धाराओं को एकीकृत करके 'हिंदू धर्म' के रूप में देखना और एक 'प्रणाली' के रूप में उसकी व्याख्या करना आरंभ भी कर दिया था। अन्य बहुत सारे प्राच्यविदों की तरह वह भी विश्वास करने लगा था कि ब्राह्मण अत्यधिक शक्तिशाली होते थे और वे इस पूरी 'प्रणाली' के अनिवार्य व्यक्ति होते थे।

[70] Kejariwal 1988: 106.

[71] Davidson 1990: 206.

[72] Quoted in Potts 1967: 91.

[73] Ward to Fuller, 12/1/1809, PA, Vol. 3: 558–59.

अंत में, हिंदू धर्म और 'मूर्तिपूजा' के बारे में उसके विचार आलोचनात्मक होने लगे जो आगे पूरी उन्नीसवीं सदी के दौरान बहुत सारे मिशनरी साहित्यों में थोड़े-बहुत अंतर के साथ विकसित होता रहा और दोहराया जाता रहा। यह आलोचना केवल इस विचार पर आधारित नहीं था कि हिंदू शिक्षण झूठे या अपर्याप्त थे क्योंकि वे पाप की गंभीरता को समझने में या ईसा मसीह को पापियों के एकमात्र उम्मीद के रूप में स्वीकार करने में असफल रहे। बल्कि यह अन्य सामान्य प्रबोधन और इंजीली सिद्धांतों पर भी आधारित था। इनमें से कुछ विचारों पर इस पुस्तक के परिचय में चर्चा की गई है। इनमें बेकन, लॉक और ह्यूम जैसे पश्चिमी दार्शनिकों द्वारा परिभाषित बुद्धिवादी विचार भी शामिल हैं। इनमें मानवता और न्याय संबंधी विचारों (जैसा कि उदाहरण के लिए दास-प्रथा विरोधी आंदोलन से प्रकट होता है) के साथ ही लैंगिकता और लैंगिक पवित्रता के बारे में मौजूद विश्वास भी थे, जो इंजीली आंदोलन के आरंभ से भी पहले से ब्रिटिश समाज के कुछ तबकों में प्रचलित था।

जैसा कि हमने देखा है, कैरी की बहुत सारी आपत्तियां लोकप्रिय प्रथाओं तथा जिस प्रकार बहुत से हिंदू देवी-देवताओं का चित्रण किया जाता है या ईश्वर के यथार्थ रूप को चित्रित किए जाने की उम्मीद की जाती है, उनको लेकर थीं। इस प्रकार से उसने उनकी नैतिक त्रुटियों की ओर इशारा किया था। उनके 'भय, कलह और लालच इत्यादि' जैसे दोषों को उसने अपनी आपत्ति का कारण बताया।[74] दूसरे, ईश्वर प्रदत्त विवेक और तर्कणाशक्ति के उपहार के महत्त्व और लाभों के बारे में उसकी अवधारणाएं उस पर हावी रहती थीं। उदाहरण के लिए, अप्रैल 1802 में उसने अपनी डायरी में एक चरक पूजा उत्सव के बारे में लिखा है कि जब ऊपर लटकनेवाला एक व्यक्ति अपने 'प्रदर्शन' के बाद नीचे उतरा तो उससे कैरी ने पूछा कि वह 'इतना बड़ा मूर्ख' कैसे है।[75] हिंदू पौराणिक कथाओं और धर्मग्रंथों को वह जितना पढ़ता था उतना ही उनकी 'असंगतियों' और विवेकहीनता पर आश्चर्यचकित होता था।

लेकिन कैरी की दृष्टि में हिंदू धर्म के विभिन्न पहलुओं से प्रकट होनेवाली विवेकहीनता और देवताओं के अनैतिक व्यवहार से कहीं ज्यादा यह नृशंसता और अमानवीयता को प्रोत्साहित करता प्रतीत होता है। शिशु हत्या, विधवाओं को जलाना (उनकी अनिच्छा के बावजूद), आत्म-उत्पीड़न द्वारा स्वयं को दंडित करने की विभिन्न प्रकार की नृशंस विधियां, जैसा उसने चरक पूजा के दौरान बहुत बार देखा था, भूख और बीमारी से तीर्थयात्रियों की मृत्यु और बीमार व्यक्ति का कठोरतापूर्वक परित्याग कर देना और उनका नदी के तट पर प्राण त्याग देना, ये सब हिंदू धर्म के कुछ ऐसे पहलू थे जिनसे वह गंभीर रूप से आहत था। सन् 1812 में अपने एक मित्र को पत्र में लिखा कि 'मूर्तिपूजा तलवार से अधिक

[74] Carey to Fuller, 23/4/1796, PA, Vol. 1: 299.

[75] RPC, Diary, April 1802: 78.

विध्वंसकारी है'। 'जिस तरह से भारी संख्या में लोग लंबी-लंबी तीर्थयात्राएं करते हुए अभावग्रस्त होकर या थकान से या पेचिश या बुखार से पीड़ित होकर भी खुले में पड़े हुए स्थान के अभाव में मर जाते हैं वह अविश्वसनीय है'। उसके द्वारा प्रस्तुत आंकड़े पाठकों को उसकी *Enquiry* की याद दिलाते हैं। उसने कहा कि अकेले जगन्नाथ पूजा में कम-से-कम 1,20,000 प्रति वर्ष की संख्या में लोग मारे जाते हैं।

> इनके अलावा, मेरा आकलन है कि प्रति वर्ष 10,000 औरतें अपने मृत पतियों के साथ आत्मदाह कर लेतीं हैं। संभावित मृत्यु की कगार पर खड़े व्यक्ति को आधा शरीर डुबाकर छोड़ देने की प्रथा से कितने ही लोग निश्चित रूप से अकाल मृत्यु के शिकार होते हैं और अन्य विभिन्न कारणों से मरनेवालों की संख्या से तालिका इतनी भर जाएगी कि उसकी विश्वसनीयता खतम हो जाए... मुक्तिदाता और इंसान के हरेक समर्थक को गोस्पेल के सार्वभौमिक प्रसार की कामना करनी चाहिए, जिससे ईश्वर की महिमा अपने सर्वोच्च शिखर पर हो और पृथ्वी पर अमन कायम हो।[76]

तथाकथित हिंदू धर्म की अवधारणा को लगातार मान्यता मिलती जा रही थी। लेकिन इसके खिलाफ पहले से ही पर्यटकों, जेसुइटों और अन्य यूरोपियों ने जो मौलिक आपत्तियां प्रकट की थीं उनका कैरी के प्रत्यक्ष अनुभवों और अवलोकनों द्वारा पुष्टिकरण हो रहा था और उसके कारण वे और अधिक अकाट्य साबित हो रहे थे। उसके द्वारा दिए गए प्रत्यक्ष विवरणों से संभवतः कुछ पाठकों को नई जानकारियां प्राप्त होती थीं और साथ ही, इंजीली और विस्तृत रूप से ईसाई प्रचार के लिए प्रयुक्त प्रमुख दलीलों को सशक्त आधार मिलता था। नवजात शिशुओं को सागर में शार्क के सामने फेंक देने, सती को अग्नि में जबरन समाहित कर देने, और विभिन्न प्रकार के नृशंस तरीकों से स्वयं को दंडित करने के लिए आत्म-उत्पीड़न की घटनाओं का मिशनरी साहित्य में चित्रण बढ़ने लगा था और जिन्हें विलियम वार्ड के अत्यंत महत्त्वपूर्ण विवरण में भी शामिल किया गया था।

ख) विलियम वार्ड की *हिस्ट्री*

कैरी के विवरण और प्रासंगिक टिप्पणियों से भारतीय धर्मों पर विचारों के विकास में मदद मिली और उसने मिशनरी टिप्पणियों में कुछ प्रमुख मुद्दों का सूत्रपात किया। लेकिन अन्य किसी भी सेरामपोर बैप्टिस्ट से अधिक उसके सहकर्मी विलियम वार्ड ने प्रोटेस्टेंट विचारों को प्रभावित किया और हिंदू धर्म को एक प्रमुख प्रतिमान या प्रभुत्वशाली विचार के रूप में संगठित किया। जोशुआ मार्शमैन ने भी अपनी *Periodical Publications* में लोकप्रिय प्रथाओं पर कई तथ्यों को प्रकट करने का प्रयास किया, पर वार्ड ने एक प्रसिद्ध पुस्तक प्रस्तुत

[76] Carey to Saffery, 20/1/1812, PA, Vol. IV: 447–48.

की जो आज भी कुछ तबकों में, कम-से-कम जैसी यह उन्नीसवीं सदी के आरंभ में थी उस रूप में, हिंदू धर्म पर एक मान्य पुस्तक के रूप में जानी जाती है।

विलियम वार्ड का जन्म डर्बी में सन् 1769 में हुआ था।[77] इसलिए वह कैरी से उम्र में आठ वर्ष छोटा था। वह कैरी का प्रशंसक था और चौबीस वर्षों तक उसका सहकर्मी रहा। उसके पिता एक कुशल बढ़ई थे और अलमारी बनाने का काम करते थे। पर वह अपने पिता के कारोबार में शामिल नहीं हुआ। उसने *Derby Mercury* के मालिक से प्रशिक्षण लिया और सन् 1789 में उस अखबार का संपादक बन गया। उसके बाद वह लंदन चला गया और फिर *Advertiser and the Exchange Gazette* का संपादक बनकर हल (Hull) चला गया। वहां पर पत्रकार के रूप में कार्य करते हुए भारत के लिए विदा होने से पहले कम-से-कम कुछ हद तक वह भारतीय मामलों से वाकिफ हो चुका था। जनवरी सन् 1790 में उसने सर विलियम जोंस द्वारा किए गए अनुवाद का संदर्भ दिया है और संभवतः हिंदुओं पर हॉलवेल की *Religious Tenets of the Gentoos*, एलेग्जेंडर डो या यहां तक कि हॉलहेड द्वारा लिखित अन्य कृतियों को भी उसने पढ़ लिया था। सन् 1793 में वार्ड की मुलाकात कैरी से हुई और कैरी ने उसको सेरामपोर स्थित बैप्टिस्ट मिशनरी से जुड़ने के लिए तैयार कर लिया।

भारत आते ही तुरंत उसकी पुस्तक *Account of the Writings, Religion, and Manners of the Hindoos* का प्रथम संस्करण आरंभ हो गया और सन् 1811 में सेरामपोर में प्रकाशित हुआ। नागरिक सेवा के 250 सदस्यों द्वारा उसका ग्राहक बनने के वादे से प्रोत्साहित होकर उसने सन् 1815 में अपनी पुस्तक का एकल खंड संस्करण प्रकाशित किया।[78] उसके बाद वार्ड ने महसूस किया कि इंग्लैंड में उसकी कृतियों के लिए बाजार था। इसका कुछ आभास तो उसे था जो न केवल सत्य साबित हो गया बल्कि समय के साथ-साथ उन्नीसवीं सदी के आरंभ में भारत पर सबसे अधिक पढ़े जाने वाले यूरोपीय टीकाकारों में से एक जेम्स मिल का वह प्रतिद्वंद्वी बन गया। सन् 1816 से लेकर सन् 1818 के बीच कुछ अलग-अलग शीर्षकोंवाली उसकी कृतियों के दो खंडोंवाले कम-से-कम पांच संस्करण लंदन से प्रकाशित हुए। उसके बाद दो बार चार खंडीय संस्करण प्रकाशित हुए। इनमें से प्रथम को कुछ रहस्यमयरूप से तृतीय संस्करण भी कहा जाता था, जिसका शीर्षक था *A View of the History, Literature Principal Works and Religion of the Hindoos: Including a Minute Description of their Manners and Customs, and Translations from their principal works*। ईस्ट इंडिया कंपनी के पुस्तक विक्रेता, ब्लैक, परबरी और एलन के लिए सन् 1817 से सन् 1820 के दौरान इसे

[77] इन विवरणों तथा उसके आरंभिक जीवन के बारे में अन्य विवरणों के लिए खासतौर पर देखें Potts 1993: 27–34.

[78] Stennett 1825: 253.

प्रकाशित किया गया था। चार खंडीय दूसरा संस्करण सन् 1821 में और लेखक की मृत्यु से पहले तीन खंडीय अंतिम संस्करण सन् 1822 में प्रकाशित हुआ।[79] सन् 1823 में उसकी मृत्यु के बाद संपूर्ण रूप से या भागों में विभाजित करके वार्ड की कृतियों का पुनर्प्रकाशन हुआ जिनमें से एक सन् 1863 में मद्रास से प्रकाशित एक नया और संक्षिप्त संस्करण भी था। वास्तव में उसकी इतने लंबे समय तक ख्याति बनी रही कि सन् 1990 में एक बार फिर उसका तृतीय संस्करण दिल्ली से पुनर्मुद्रित हुआ।

उसकी पुस्तकों में खास तौर पर लोकप्रिय हिंदू धर्म के बारे में प्रस्तुत जानकारियों में लोगों की खास रूचि थी और ब्रिटेन में सक्रिय मिशनरी समाजों द्वारा प्रकाशित विभिन्न प्रकार के जर्नलों और पत्रिकाओं में उसकी पुस्तकों के उद्धरण छापे जाते थे। इसके अतिरिक्त हम आगे यह भी देखेंगे कि वार्ड का प्रभाव केवल इन पुस्तकों के प्रकाशनों और उनके प्रचार-प्रसार तक ही सीमित नहीं था।

वार्ड के चिंतन को प्रभावित करनेवाले तथ्य

वार्ड के दृष्टिकोण को प्रभावित करनेवाले प्रभाव के कम-से-कम चार प्रमुख पहलू थे। हाल के एक लेखक ने महज 'उत्तर उपनिवेशवाद' की पुरानी शैली का आलोचनात्मक दृष्टिकोण रखते हुए वार्ड के कार्यों की भर्त्सना ही की है,[80] जबकि वार्ड के विचारों को समझने के लिए इन पहलुओं की जांच करना आवश्यक है।

पहला और प्रत्यक्ष प्रभाव उसकी धार्मिक आस्था और विचारों का था जो उसने इंजीली आंदोलन में अन्य कई लोगों के साथ साझा किया। हालांकि कैरी की तरह वह भी मूलतः एंग्लिकन था पर उसकी मां वेस्लेयन मेथोडिस्टों के शिक्षण से अधिक प्रभावित थीं। हल में काम करते हुए वार्ड की मुलाकात आगे डिसेंटरों (Dissenters) और मेथोडिस्टों के साथ हुई और 28 अगस्त 1796 को पर्टिकुलर बैप्टिस्ट चर्च में उसका बप्तिस्मा हो गया। उसके एक पत्र से उद्धृत एक अंश से प्रकट होता है कि उन दिनों उसके विचार अपेक्षाकृत सीधे-सादे होते थे।

> अगर मुझसे कोई मेरा धर्म सिद्धांत पूछे तो मैं तुरंत बता सकता हूँ: ईश्वर प्रेम है। यह आस्थापूर्ण वचन है और सभी के लिए स्वीकारणीय है कि ईसा मसीह पापियों के उद्धार के लिए इस दुनिया में आए। जिसको आस्था है, उसकी रक्षा होगी। मैं तुम्हें अपनी आस्था अपने कार्यों द्वारा प्रकट करूंगा। अगर ईश्वर ने हमें इतना प्यार दिया है तो हमें भी एक-दूसरे से प्यार करना चाहिए। जिसको आस्था नहीं है वह बर्बाद हो जाएगा।[81]

[79] वार्ड के Account के विभिन्न संस्करणों और बाद में ब्रिटेन से प्रकाशित History of the Hindoos पर और अधिक टिप्पणियों और जानकारियों के लिए देखें Mani 1998: 123–24, 215 (fn. 2).

[80] Sugirtharajah 2003, Ch. 3.

[81] Quoted in Potts 1993.

ब्रिटेन तथा अन्य स्थानों में प्रचलित यह विचार कि आस्थाहीन व्यक्तियों में आस्था जगाने के लिए गोस्पेल के प्रवचन सुनना चाहिए और तब उसकी रक्षा होगी, कम-से-कम इंजीलियों के बीच स्वयंसिद्ध था और साथ ही यह शर्त कि जिसको आस्था नहीं है वह 'बर्बाद' हो जाएगा।

लेकिन कैरी ने अपनी *Enquiry* में स्पष्ट किया है कि मुक्ति की ओर अग्रसर होने की प्रक्रिया में ईसाई प्रकाशना में आस्था की आवश्यकता पर बल देना और यह कहना कि पगानों या हिंदुओं को ईश्वर का कोई ज्ञान नहीं, दोनों एक ही बात नहीं है। सलीब पर ईसा के प्राणों की आहूति की महिमा को स्वीकार करके मुक्ति प्राप्त करना एक बात है और ईश्वर का ज्ञान दूसरी बात। वास्तव में, कैरी के विचारों में बैप्टिस्ट मिशनरियों के विचारों की झलक मिलती है और उन विचारों की अभिव्यक्ति तथा आरंभिक पीढ़ियों के पगानवाद पर डच प्रोटेस्टेंट टीकाकारों तथा ट्रांक्यूबार मिशनरियों, मध्यकालीन कैथोलिक धर्मज्ञानियों के विचारों की अभिव्यक्ति में कोई अंतर नहीं था। अठारहवीं सदी में जिसे पगान या विधर्मी (हिदेन) समाजों पर 'प्राकृतिक धर्म' की क्रिया और प्रभाव समझा जाता था, उसपर वार्ड के विचार कम-से-कम कुछ हद तक उसके *Hindoos*[82] में तथा सन् 1820 में उसके अपने मित्रों तथा अन्य बैप्टिस्ट मिशनरियों के साथ भारत के लिए समुद्री यात्रा पर निकलने के बाद विभिन्न घटनाओं का विवरण देते समय प्रतिबिंबित होते हैं। जहाज में उन्होंने 'आधुनिक और विधर्मी देशों में मौजूद प्राकृतिक और नैतिक पूर्णता के ज्ञान के स्तर' पर एक सम्मेलन किया।[83] उनमें से एक सदस्य के मुताबिक वे इस निष्कर्ष पर पहुंचे कि 'ईश्वर की प्राकृतिक पूर्णता और अस्तित्व के ज्ञान को प्राप्त करना कठिन नहीं लगता है और इसलिए विभिन्न देशों जैसे कि अफ्रीकी और अमेरिकी इंडियन, हिंदू, यूनानी, रोमन, और प्राचीन ब्रिटेन निवासी इत्यादि' के इतिहास में इसके संकेत दिखाई पड़ते हैं। यद्यपि उसी समूह के अनुसार, 'ईश्वर की नैतिक पूर्णता और अपेक्षित पूजा के बारे में अल्प ज्ञान प्रत्यक्ष या अप्रत्यक्ष रूप से ईश्वरीय प्रकाशना' के माध्यम से प्राप्त हो सकता है। परंतु इस प्रकार, ईसा के ज्ञान के बिना ईश्वर के बारे में थोड़ा ज्ञान रखना मुक्ति के लिए अपर्याप्त है और उसका कोई लाभ नहीं। अपनी अंतर्दृष्टि के बावजूद ये 'मूर्तिपूजक' साम्राज्य के उत्तराधिकारी नहीं बन पाए, वे 'स्वर्ग के लिए अनुपयुक्त' थे और उन्हें 'ईसा के बिना मुक्ति पाने की कोई उम्मीद नहीं' थी।

वार्ड के चिंतन पर दूसरा प्रभाव यूरोपीय प्रबोधन से संबंधित विचारों का पड़ा। अपने और भी बहुत से समकालीनों की तरह वह भी केवल इंजीली और मिशनरी ही नहीं था, बल्कि वह प्रबोधन से भी उत्पन्न हुआ था। प्रबोधन के विचारों के प्रति उसका उत्साह जल्द

[82] उदाहरण के लिए देखें the appendix to Vol. 4 of Ward 1817–20, जिसमें ओल्ड टेस्टामेंट और ईश्वर पर हिंदू विचारों के बीच तुलना की गई है।

[83] Sutton 1833: 3–19.

ही सन् 1820 में ब्रिटेन से प्रकाशित उसकी कृति के आमुख से स्पष्ट हो जाता है। यूरोपीय इतिहास में परिवर्तन के कुछ कारणों पर विचार-विमर्श करने के बाद उसका कहना था कि

> यह स्मरण रखना चाहिए कि यूरोपीय दिमाग की ओजस्विता और विस्तार जो आज देखने को मिलता है, वह इन्हीं कारणों पर कार्रवाई द्वारा और सदियों के प्रदीपन के बाद उसे प्राप्त हुआ है; जबकि हम पाते हैं कि हिंदू अब भी लंबी और गहरी अंधेरी रात में, एक भी तारे, एक भी ज्योतिपुंज की झिलमिलाहट का सहारा पाए बिना चले जा रहे हैं।[84]

जहाँ तक फ्रांसिस बेकन के विचारों और विश्वव्यापी खुशहाली, विवेकशीलता और विज्ञान जैसी धारणाओं के प्रति वार्ड की प्रतिबद्धता का प्रश्न है, इसमें कोई दो राय नहीं। उसका मानना था कि भारत की छह करोड़ की आबादी को 'एक विवेकपूर्ण और प्रसन्न जीवन की ओर अग्रसर करने और उनके जरिए पूरे एशिया को प्रकाशमान करने तथा सभ्यता के निर्माण' में ग्रेट ब्रिटेन की कोई कम जिम्मेदारी नहीं है।[85] उसके विचार में, विज्ञान, शिक्षा और ज्ञान का विस्तार ये सभी एक-दूसरे से जुड़े हुए थे जो अधिक विवेकपूर्ण और इसलिए अधिक सभ्य देश के निर्माण में महत्त्वपूर्ण भूमिका निभाते थे। हिंदुओं की पवित्र संहिता का संदर्भ देते हुए उसने कहा कि किसी भी ऐसी प्रणाली को 'निश्चित रूप से भ्रष्ट' कहा जा सकता है जो समाज के बड़े हिस्से को अज्ञानता के अंधकार में डुबो दे, और 'विवेकपूर्ण प्राणियों' के साथ इस तरह व्यवहार करे जैसे 'पशुवत' शक्तियों के सिवाए और कोई शक्ति उनमें है ही नहीं।[86] उसने न केवल भारत में खासकर महिलाओं के लिए शिक्षा के अवसरों के अभाव पर खेद व्यक्त किया बल्कि वैज्ञानिक अध्ययनों की अवहेलना पर भी बहुत दुख व्यक्त किया। उसने स्पष्ट कहा कि अगर हिंदुओं को 'यूरोपीय विज्ञान के सभी लाभ प्राप्त होते तो उनका स्थान विश्व के सर्वाधिक परिमार्जित देशों में होता'।[87] अंत में एक वक्तव्य में उसने मिशनरी कार्य और प्रबोधन दोनों के प्रति अपनी प्रतिबद्धता अभिव्यक्त की और कहा कि 'इन लोगों के प्रति हमारा वर्तमान कर्तव्य संभवतः पहले ज्ञान, और तब पवित्र सिद्धांत की शिक्षा प्रदान करना; और इस ईश्वर के समान कार्य, स्कूलों और साथ-ही-साथ विज्ञान तथा पवित्र धर्मग्रंथों के प्रथम सिद्धांतों पर मौलिक कार्यों का विस्तृत प्रचार-प्रसार करना है'।[88]

वार्ड के चिंतन पर तीसरा प्रमुख प्रभाव जो प्रबोधन से जुड़ा था, वह था मूलभूत प्रजातांत्रिक/मानवतावादी आंदोलन। अठारहवीं सदी के उत्तरार्ध में प्रस्फुटित इस आंदोलन ने हिंदू धर्म के प्रति उसके रवैये को प्रभावित किया। जैसा कि परिचय अध्याय में उल्लेख किया गया है, भारत

[84] Ward 1817–20, Vol. 1, Preface: xxvii.

[85] Ibid., Vol. 1, Preface: liv.

[86] Ibid., Vol. 1, Preface: xxxiv.

[87] Ibid., Vol. 1, Intro.: xxiii.

[88] Ibid., Vol. 1, Intro.: xii–xiii.

के लिए विदा होने से पहले वार्ड द्वारा संपादित स्थानीय अखबारों से उसके दास व्यापार को समाप्त करने, विधवाओं, अनाथों, तथा उस समुदाय के अन्य विभिन्न लोगों को राहत दिलाने के लिए चिंता और काफी रूचि प्रकट होती है। कानून के समक्ष असमानता के प्रति वह काफी आलोचनात्मक दृष्टिकोण रखता था।[89] इसके अतिरिक्त वार्ड ने ही डर्बी एड्रेस के नाम से मशहूर दस्तावेज तैयार किया जिसमें उसने प्रजातांत्रिक सिद्धांतों का यह बताते हुए समर्थन किया कि 'सभी सच्ची सरकार का गठन सामान्य कल्याण के लिए किया जाता है; सामान्य इच्छा द्वारा वैधानिक मान्यता मिलती है; और इसके सभी कार्य सभी ईमानदार नागरिकों की सामान्य खुशहाली और समृद्धि के प्रति निर्देशित होते हैं या होने चाहिएं'।[90]

ईसाई गोस्पेल के अपने अध्ययनों से वार्ड ने हिंदू धर्म के बारे में जो धारणा बनाई थी, उसे इन प्रबोधन तथा उससे संबंधित विचारों ने और मजबूत किया। कैरी की तरह ही उसे भी हिंदू चिंतन और व्यवहारों में जो कुछ 'विविकेहीन', 'वाहियात', या 'अमानवीय' लगा उसकी निरंतर आलोचना ही की। प्रबोधन के विचारों से प्रभावित होने तथा बैप्टिस्ट एवं राजनीति में सुधारवादी होने के कारण वह खासतौर से सत्ता, विचार एवं व्यवहार के पारंपरिक स्वरूपों के प्रति आलोचनात्मक रुख रखता था। प्रबोधन से संबंधित विचारों से प्रभावित अन्य बहुत सारे इंजीलियों की तरह उसने भी संस्थागत 'निरंकुशतावाद' समेत 'अंधविश्वास और पुरोहिती', मूर्तिपूजा की 'मूढ़ता' और विवेकहीनता तथा हिंदू प्रथाओं से जुड़ी विभिन्न प्रकार की 'नृशंसताओं' की भर्त्सना की।

हिंदू धर्म के बारे में उसकी अवधारणाओं और विचारों को प्रभावित करनेवाले ये तथ्य उसकी अंग्रेजी पृष्ठभूमि से उत्पन्न हुए थे। उसके कार्यों को प्रभावित करनेवाला चौथा महत्त्वपूर्ण स्रोत एशियाटिक सोसाइटी ऑफ बंगाल के सदस्यों के साथ उसका संपर्क था। इतनी रूचि रखने के बावजूद वह बहुत सारे प्राच्यविदों द्वारा एशियाटिक सोसाइटी के जर्नलों में प्रकाशित शोध और अनुवाद कार्यों के परिणामों को नजरअंदाज करने की स्थिति में नहीं था। जैसा कि पहले भी उल्लेख किया जा चुका है, जब कैरी और उसके सहकर्मियों ने एशियाटिक सोसाइटी, फोर्ट विलियम कॉलेज और सेरामपोर के सम्मिलित सहयोग से एक 'सहयोगिता अनुवाद उद्यम' की शुरुआत की तो सेरामपोर मिशनरियों की एशियाटिक सोसाइटी से नजदीकियां और बढ़ने लगीं।[91] जहाँ कैरी और मार्शमैन ने 'रामायण' के अनुवाद पर फोर्ट विलियम पंडितों के साथ काम किया था, वहीं वार्ड ने अपने *Hindoos* के लिए पंडितों की सहायता लेने के साथ-साथ कॉलेज की सुविधाओं का भी सदुपयोग

[89] Potts 1993: 28–30.

[90] Ibid.: 28–9.

[91] SA. Journal, 14/7/1805. Kopf 1969: 70; Kejariwal: 105–7; Daniel and Hedlund 1993: 248.

किया।[92] उसकी डायरी से यह स्पष्ट नहीं होता कि वह 'धर्मनिरपेक्ष' प्राच्यविदों के सीधे संपर्क में कितना आता था, लेकिन काफी सम्मानित *Asiatic Researches* समेत बहुत सारे एशियाटिक सोसाइटी के प्रकाशनों का मुद्रण करनवाले मुद्रण विभाग का वह प्रभारी था।[93] इसके अतिरिक्त *Hindoos* के लिए विवरण तैयार करने की प्रक्रिया में उसने जोंस, कोलब्रुक, विल्किंस तथा अन्य विद्वानों को पढ़ा और उनसे बहुत कुछ सीखा। वास्तव में, उसकी कृति के एक बहुत बड़े हिस्से में, खासकर हिंदू दर्शन पर प्राच्यवादी विद्वानों की कृतियों से भारी मात्रा में सामग्री सीधे-सीधे उद्धृत किया गया है।

इस प्रकार वार्ड की कृति को प्रभावित करनेवाले तथ्यों में से कुछ तथ्य ये हैं। इस पुस्तक को लिखने के पीछे उसका मकसद या उद्देश्य क्या है? हिंदू धर्म के बारे में वह वास्तव में क्या जानता था और उस जानकारी को लेकर उसने क्या किया? उसका विवरण कितना मौलिक था और उसका स्थाई प्रभाव क्या था?

हिंदू धर्म पर वार्ड द्वारा लिखे गए विवरणों के उद्देश्य

जनवरी सन् 1809 में बैप्टिस्ट मिशनरी सोसाइटी के जनरल सेक्रेटरी एंड्रू फुलर को एक पत्र में उसने लिखा कि:

> पिछले पांच-छः सालों से मैं हिंदुओं के धर्म और आचार-व्यवहार के अध्ययन में संलग्न हूँ। मेरी इच्छा थी कि इस विषय पर उपलब्ध जानकारियों का एक अत्यंत प्रामाणिक और संपूर्ण विवरण प्रस्तुत करूं। मुझे भाई कैरी ने हरेक प्रूफ शीट में मदद की; और हरेक विशेष मुद्दे पर मेरे तथा उसके विचार लगभग समान हैं। उसका तथा भाई मार्शमैन का मानना है कि इस पुस्तक को इंग्लैंड में लोग पढ़ेंगे। यहां के सदस्यों ने इसमें दिलचस्पी दिखाई है... आपको मालूम है कि हिंदू प्रणाली पर बहुत सारे लेखकों ने जिस प्रकार का लेखन किया है उसका आम लोगों के दिमाग पर बहुत बुरा प्रभाव पड़ा है। मैं उन प्रभावों को मिटा देना चाहता हूँ, और चाहता हूँ कि तथ्यों को उनके वास्तविक रूप में ही प्रस्तुत करूं।[94]

अपने उद्देश्यों में सीमित प्रतीत होनेवाले इस प्रथम संस्करण के लिए प्रस्तुत ये टिप्पणियां सौम्य थीं जिसने तथाकथित दीर्घकालिक और जनता के उग्र धर्मयुद्ध की शुरुआत पर आवरण डाल दिया। वार्ड के विचार से, 'हिंदू प्रणाली' के प्रति सकारात्मक रुख रखनेवाले यूरोपीय टीकाकारों के भावुक और सरल रवैये के कारण पाठक इसके वास्तविक स्वरुप को समझ नहीं पाए और उनके बहुत सारे दुर्गुणों पर पर्दा पड़ गया। उन्हीं दुर्गुणों पर खासकर बाद के संस्करणों में उन्होंने प्रकाश डालना आवश्यक समझा।

[92] Mani 1998: 124.

[93] Journal, 22/5/1801.

[94] Ward to Fuller, January 1809, quoted in Stennett 1825: 146.

अपनी-अपनी डायरी लिखते हुए कैरी, मार्शमैन और वार्ड का दैनिक जीवन के अनुभवों से निरंतर साक्षात्कार हो रहा था। उनका ध्यान मुख्य रूप से अपने निजी फायदे के लिए और कभी-कभी अपने मित्रों तथा समर्थकों की मंडली के फायदे के लिए भी हिंदू धर्म के विभिन्न पहलुओं के बारे में सोचने और उनकी व्याख्या करने पर था। इस दृष्टि से ये डायरियां प्रचार के लिए किए जानेवाले कार्यों से थोड़ी भिन्न थीं। उदाहरण के लिए, वार्ड की *Hindoos* उसकी अपनी तथा खासतौर पर कैरी की डायरियों से भिन्न थी और यह मुख्य रूप से बृहत पैमाने पर सामान्य जन को ध्यान में रखकर लिखी गई थी। खासकर बाद के संस्करणों में इसका जो स्वरुप बना, वह वार्ड के शब्दों में 'आम जनता के दिमाग' को प्रभावित करने और अपने पक्ष में तर्क प्रस्तुत करने के लिए भावुक प्रोपगंडा के उद्देश्य को कहीं अधिक पूरा करता था। इस मामले में इसका उद्देश्य उतना सवाल खड़े करना नहीं बल्कि जवाब प्रस्तुत करना था; अशिक्षा और भेदभाव को दूर करके हिंदू धर्म के खिलाफ एक सशक्त दलील प्रस्तुत करना और पूरे प्रायद्वीप में प्रोटेस्टेंट मिशन एवं ईसाई सभ्यता के पक्ष में जनमत तैयार करना था। इसलिए वार्ड ने अपने *Hindoos* में हेबर जैसे व्यक्तियों से कहीं अधिक बुकानन और ग्रांट के पदचिह्नों का अनुसरण किया। कैरी एक जूता निर्माता और शिक्षक था एवं हेबर, जो पल्ली-पुरोहित, सलाहकार और पर्यटक था, इन सबके विपरीत वार्ड सार्वजनिक बहस-मुहावसों में संलग्न एक पत्रकार था। वह अपने उद्देश्यों को पूरा करने के लिए न केवल सदैव कार्यरत रहता था बल्कि उनको हासिल करने के उपायों की थोड़ी-बहुत जानकारी भी रखता था।

इस प्रकार उसकी कृतियों में जो कुछ जानकारियां प्रस्तुत की गई थीं, वो स्पष्ट तौर पर सार्वजनिक मुद्दों पर विवादों की श्रृंखला के रूप में एक पक्षीय प्रस्तुति थी। इनमें से एक विवाद निरंतर रूप से चला आ रहा था कि भारत में ईसाई धर्म को प्रोत्साहित किए जाने के पीछे कोई ठोस वजह है या नहीं और इसी विवाद को रेखांकित करते हुए ईस्ट इंडिया कंपनी की 'धार्मिक सहिष्णुता' की नीति और उसके ईसाई धर्म तथा हिंदू धर्म के प्रति रवैये को लेकर उठ रहे सवाल भी शामिल थे। अंत में, बाद के संस्करणों में, ब्रिटिश सरकार की जिम्मेदारियों पर सुस्पष्ट शब्दों में टिप्पणियां की गई थीं तथा भारतीय अधिकारियों से सामाजिक सुधार, खासतौर पर भारतीय महिलाओं के पक्ष में और अधिक सक्रिय भूमिका निभाने की त्वरित आवश्यकता पर बल दिया गया था।

वार्ड के शब्दों में 'पुरोहिती के महानतम नमूना और विश्व में अब तक मौजूद मूर्तिपूजा की मिसालों में से विकटतम प्रणाली' पर प्रकाश डालने में उसकी पुस्तक से उसे काफी उम्मीद थी।[95] वह जिसे 'घृणित प्रणाली' समझता था, उसके बारे में अविवेचित विवरणों के प्रभाव को समाप्त करने के लिए उसकी कटिबद्धता इस पुस्तक के विभिन्न भागों में प्रतिबिंबित होती

[95] Ward 1817–20, Vol. 1: xiv.

है, जहाँ वह इस विषय पर अठारहवीं सदी के लेखकों पर कटाक्ष करता है। इस उद्देश्य में वह ग्रांट और बुकानन दोनों के विचारों से समानता रखता है। अठारहवीं सदी के वॉल्टेयर, गिबन और ह्यूम जैसे उन लेखकों के बारे में उसका मानना था कि उनको 'यूनानी और रोमन मूर्तिपूजा' के प्रति अत्यधिक लगाव था।[96] लेकिन थॉमस मॉरिस के विचारों की उसने विशेष रूप से लंबे वक्तव्य देकर आलोचना की। थॉमस मॉरिस चर्च ऑफ इंग्लैंड का पादरी था जिसकी लिखी पुस्तक उसने जहाज में पढ़ी थी। वार्ड के विचार से उसने हिंदू धर्म के बारे में अत्यधिक चापलूसी भरे शब्दों में वर्णन किया है।

> मिस्टर मॉरिस एक पादरी हैं। उन्होंने हिंदू अनुष्ठानों का वर्णन अत्यंत मनोहारी शब्दों में करने का प्रयास किया है जो उन्होंने कभी देखा भी नहीं, और इन 'घृणित मूर्तिपूजा' के बारे में काफी रंगीन तस्वीर प्रस्तुत की है। उम्मीद यह की जाती थी कि (मूर्तिपूजा अपने आप में इंसान के लिए इतना पतित कार्य है, ईश्वर के लिए असम्मानजनक है) एक ईसाई धर्मतत्वज्ञ इस प्रकार से लिखते हुए विचलित हो जाएगा। अगर मिस्टर मॉरिस यह समझते हैं [एवमेव] कि हिंदू धर्म में अत्यंत उदात्त विचारों को जाग्रत करने योग्य कुछ तत्व मौजूद हैं, तो उन्हें आकर मूर्ती के सामने नृत्य करनेवालों में शामिल हो जाना चाहिए- या ब्राह्मणों को हरी बोल! हरी बोल! कहकर चिल्लाने में मदद करनी चाहिए जब किसी युवा और अभागी हिंदू विधवा के शरीर के अंग आग की लपटों में समा रहे होते हैं- अथवा उन्हें काली या दुर्गा की मूर्ति के सामने पशुओं के बलिप्रदान के समय उपस्थित रहना चाहिए- या उन्हें सार्वजनिक सड़क पर दिनदहाड़े दुर्गा की प्रतिमा के सम्मुख हजारों की संख्या में मौजूद बूढ़ों और बच्चों, स्त्री और पुरुष दर्शकों के सामने बिलकुल नंगधड़ंग होकर नृत्य करनेवालों में शरीक हो जाना चाहिए। उन्हें महसूस होगा कि उस दृश्य से वे पवित्र ब्राह्मण, वे सरल और सीधे-सादे हिंदू एक क्षण के लिए भी लज्जित नहीं होंगे।[97]

हिंदू धर्म के बारे में एक सरल और अनुकूल धर्म की लोगों की अवधारणा को बदलने के प्रयास के अतिरिक्त हिंदुओं की कुछ सामाजिक-धार्मिक प्रथाओं को समाप्त करने के लिए सरकारी कानून बनवाने के प्रयास में वार्ड ने धर्मयुद्ध सा छेड़ दिया था। यह एक दूसरा उद्देश्य था जो उसकी पुस्तक के बाद के संस्करणों में स्पष्ट रूप से प्रकट होता है।

सन् 1811 में जब मिशनरी और उनके समर्थक भारत में ईस्ट इंडिया कंपनी के क्षेत्र में अपने प्रवेश को आसान बनाने के लिए आंदोलन कर रहे थे, उन्हीं दिनों इस पुस्तक का प्रथम संस्करण प्रकाशित हुआ। इसके अतिरिक्त जैसा कि लटि मनि ने बलपूर्वक कहा कि इसे उन दिनों लिखा और प्रकाशित किया गया जब सेरामपोर मिशनरी यह साबित करने का प्रयास कर रहे थे कि वे सत्ता के स्थायित्व के लिए कोई खतरा नहीं बल्कि इसके विपरीत

[96] Ward 1811, Vol. 1: 301–11.

[97] Ibid., Vol. 1: 306.

वे ब्रिटिश सरकार के मित्र और समर्थक हैं। इसलिए सन् 1811 में दबकर रहने और ऐसे वक्तव्यों से बचने में बुद्धिमानी थी, जो अंग्रेजी सत्ता के अधिकारियों को अप्रसन्न न कर दे। लेकिन सन् 1820 में स्थिति बिलकुल भिन्न थी, जब वार्ड का चार खंडों वाला नया संस्करण सुलभता से उपलब्ध था। मिशनरियों की दखलंदाजी से प्रज्ज्वलित वेल्लोर विद्रोह की यादों का भय धीरे-धीरे खतम होने लगा था। ब्रिटेन में मिशनरियों के लिए जनता के बीच बढ़ते समर्थन तथा सन् 1813 में भारत में मिशनरी गतिविधियों पर पाबंदियों को ढीला करने से उन्हें काफी प्रोत्साहन मिला। अब वे प्रशासनिक नीति में परिवर्तन के लिए अपने मुद्दों को प्रस्तुत कर पाने के लिए बेहतर स्थिति में थे।[98] इस प्रकार वार्ड की पुस्तक के नए संस्करण में हिंदू प्रणाली में सुधार के लिए ब्रिटिश अधिकारियों की भूमिका के बारे में बिलकुल स्पष्ट रूप से विचार व्यक्त किया गया।

सेरामपोर में तथा उसके आस-पास किए गए सर्वेक्षण के आधार पर वार्ड ने अपनी पुस्तक के बड़े आकार के मुद्रण में यह दावा किया कि पूरे हिंदुस्तान में हरेक साल हजारों की संख्या में विधवाओं को जिंदा जलाकर उनकी 'हत्या' कर दी जाती है[99] और इसलिए उसने न केवल सती प्रथा को समाप्त करने, बल्कि बृहत रूप से सुधार लाने के लिए सरकार के सामने दलील प्रस्तुत की।

> गंगा के तट पर मृत्यु, तीर्थस्थानों पर स्वेच्छा से आत्मदाह, और विधवाओं को जिंदा जलाने की प्रथा की समाप्ति, जो हिंदू प्रजाति पर इतना बड़ा दुखद बोझ है कि जब भी लोगों के सामने इन भयानक प्रथाओं का पालन किया जाता है, हरेक इंसान का दिल टुकड़े-टुकड़े हो जाता है। कुछ मामलों में सरकार के सद्भावनापूर्ण प्रयासों को मिली अपार सफलता को देखते हुए हमारी उम्मीद काफी बढ़ गई है कि देर-सबेर अंधविश्वासों के विषदंत से लहूलुहान इस देश के घावों पर दया की मरहम अवश्य पड़ेगी।[100]

ज्ञान और सूचना के स्रोत

जब कैरी भारत आया था तब वह उन यूरोपियों से अपेक्षाकृत अलग-थलग था जो शायद हिंदू अवधारणाओं और प्रथाओं पर उसे जानकारी दे पाते। न ही वह उन बहुत सारे धर्मांतरित लोगों से कोई जानकारी और अंतर्दृष्टि हासिल कर पाया जो ईसाई मिशन से संलग्न होने से पहले अपने जीवन और अनुभवों के बारे में उसके साथ विचार कर पाते। इन कारणों से कैरी ने न केवल अपने अवलोकनों पर बल्कि अपने पंडितों की टिप्पणियों और सलाहों पर भी भरपूर भरोसा किया। दूसरी तरफ वार्ड इस मामले में कुछ अधिक भाग्यशाली था।

[98] इनपर तथा अन्य विवरणों के लिए देखें खासकर Potts 1967, Ch. 8.

[99] Ward 1817–20, Vol. 4: 114.

[100] Ibid., Vol. 1: 284.

वह सेरामपोर में बसा हुआ था। वहां पर कैरी के विपरीत सन् 1793 से लेकर सन् 1799 के बीच अधिकांश समय वह न केवल हिंदू धर्म पर कम या अधिक जानकारी रखनेवाले अन्य यूरोपियों के साथ संपर्क में रहा बल्कि लगातार बढ़ती संख्या में धर्मांतरित लोगों के साथ हिंदू धार्मिक और सामाजिक जीवन पर भी विचार करने में सक्षम था। मिशनरी आंकड़ों के अनुसार सेरामपोर में भारतीयों समेत धर्मांतरितों की संख्या सन् 1800 में दो से बढ़कर सन् 1821 में सत्तर तक पहुंच गई।[101]

वार्ड की जानकारी के तीन स्रोत थे। पहला, अन्य यूरोपीय लेखकों की कृतियां तथा कुछ संपर्क में आए परिचित या अपरिचित यूरोपीय जिनसे वह सलाह कर सके। उसकी पुस्तक के लिए अठारहवीं और आरंभिक उन्नीसवीं सदी के प्राच्यविदों की टिप्पणियां तथा अनुवाद अत्यधिक महत्त्वपूर्ण थीं। जैसा कि पहले ही उल्लेख किया गया है, इंगलैंड में रहते हुए ही वह सर विलियम जोंस के कार्य से परिचित हो चुका था। और बंगाल आने के बाद अपने समय के प्रमुख प्राच्यवादी विद्वानों से उसका परिचय हुआ। अपनी पुस्तक में वह बंगाल एशियाटिक सोसाइटी के प्रकाशनों का संदर्भ देता है और जोंस, विल्फोर्ड, बेंटले, विल्किंस तथा खासकर कोलब्रुक के शोध कार्यों के आधार पर काफी निष्कर्ष प्रस्तुत किए हैं। हालांकि कोलब्रुक वार्ड की गलतियों के कारण थोड़ा परेशान भी हुआ था।[102]

थॉमस से जो कुछ भी वह सीख पाया उसके अतिरिक्त अन्य मिशनरी साहित्य तथा जानकारी के स्रोत कैरी के आरंभिक वर्षों में आमतौर पर उपलब्ध नहीं रहे। वार्ड न केवल कैरी तथा सेरामपोर के अन्य सहकर्मियों द्वारा उपलब्ध कराई गई जानकारियों से लाभांवित हुआ बल्कि कई वर्षों तक मिशन के एक्टिंग सेक्रेटरी के तौर पर बंगाल तथा उत्तरी भारत के और भी दूर-दूर के इलाकों में कार्यरत यूरोपियों से भी रिपोर्ट हासिल करता रहा।[103] वह अलग-अलग संप्रदाय के इंजीलियों के भी संपर्क में आया। अपनी डायरी में वह अक्सर क्लौडियस बुकानन का संदर्भ देता है। उसने ग्रांट की *Observations* का अध्ययन किया था और अपनी पुस्तक में उसके बहुत से संदर्भ उसने उद्धृत किए हैं।

जानकारी का दूसरा स्रोत वार्ड के स्वयं अपने अवलोकनों तथा प्रत्यक्ष जांच-पड़ताल पर आधारित था। आनुभविक तथा 'वैज्ञानिक' विधि-तंत्र में रूचि रखनेवाले कैरी ने वार्ड की पीढ़ी के बहुत सारे अन्य यूरोपियों की तरह 'निरंतर अवलोकन के अभ्यास को विकसित किया'।[104] वास्तव में उसने जो कुछ अनुभव किया, देखा और सुना, यह उसीका अपना व्यक्तिगत विवरण था। ये विवरण ताजा और तुरंत प्राप्त अनुभवों पर आधारित थे जिसने

[101] Potts 1967: 36.

[102] Schwab 1984: 339.

[103] Diary, 14/1/1810.

[104] Ward 1864, Biog. Intro.: 3.

उसके पाठकों की कल्पना को अत्यंत प्रभावित किया। खासतौर पर उसकी डायरी विभिन्न प्रकार के हिंदू त्योहारों तथा पूजा की विधियों, जैसे कि जगन्नाथ, राम, काली, और दुर्गा से जुड़े अनुष्ठानों के संदर्भों से भरी हुई है। इनके साथ-साथ उसकी डायरी में सती, हुक पर लटकनेवाली प्रथा और चरक पूजा के दौरान आत्म-उत्पीड़न के विभिन्न तरीकों, मंदिर की रथयात्रा, हिंदू विवाह, साधुओं, तीर्थयात्रियों से संपर्क इत्यादि बहुत सारी आंखों-देखी घटनाओं के विस्तृत वर्णन मिलते हैं। इनमें से बहुत सारी आंखों-देखी घटनाओं के विवरण पहले उसकी डायरी में दर्ज हुए जिनको बाद में उसकी पुस्तक में दर्ज किया गया। वहां से उनको उद्धरण के रूप में लेकर उनकी प्रतिलिपि तैयार की गई, उनपर टिप्पणियां लिखी गईं और बहुत सारी मिशनरी जर्नलों तथा पत्रिकाओं में पुनर्प्रकाशित कर ब्रिटिश जनता को पढ़ने के लिए प्रस्तुत किया गया।

सूचना का तीसरा स्रोत स्थानीय था। इस श्रेणी के अंतर्गत जानकारी का एक महत्त्वपूर्ण जरिया हिंदू पंडितों द्वारा वार्ड को पुराणों के अनुवाद के समय दी गई सलाह, टिप्पणियां और जानकारियां थीं। यह ज्ञान और सूचनाओं का काफी सुस्पष्ट, गहन और प्रासंगिक स्रोत था। जैसा कि पहले भी बताया गया है, इनका सदुपयोग कैरी के अतिरिक्त बुकानन ने भी अपने *Memoir* में किया है। जैसा कि मार्शमैन के बेटे ने संकेत किया है, वार्ड 'संस्कृत का उतना अच्छा जानकार नहीं था'।[105] और अपनी डायरी में वार्ड ने यह स्पष्ट स्वीकार भी किया है कि उसकी पुस्तक के सर्वाधिक अमूर्त और दार्शनिक पक्ष, जो निस्संदेह रूप से सबसे कम रोचक हैं, उसके लिए उसने पंडितों के अनुवाद तथा व्याख्या पर निर्भर किया है। सेरामपोर में अनुवाद के लिए ब्राह्मण पंडितों को नियुक्त किया गया था। सन् 1819 में तीस ब्राह्मण नियुक्त थे[106] और इनके अतिरिक्त फोर्ट विलियम के पंडितों को भी अगर जोड़कर देखा जाए तो ये सारे मिलकर न केवल अनुवाद की बारीकियों पर सलाह देने के लिए, बल्कि सामान्य तौर पर हिंदू धर्म पर टिप्पणियां करने के लिए भी उपलब्ध रहते थे। वार्ड की डायरी में दिए गए संदर्भों से बिलकुल स्पष्ट हो जाता है कि अपने मातहत नियुक्त इन पंडितों का उसने भरपूर इस्तेमाल किया और न केवल अनुवाद से जुड़े विषयों पर बल्कि समकालीन हिंदू प्रथाओं पर भी वह उनसे विचार-विमर्श किया करता था।[107] उदाहरण के लिए, उसने फोर्ट विलियम के प्रमुख पंडित मृत्युंजय के ऐतिहासिक लेखनों से काफी कुछ ग्रहण किया और ईश्वर के बारे में हिंदू अवधारणा पर उसके विचारों का भी वार्ड ने संदर्भ दिया है।[108] रामनाथ विद्यावाचस्पति ने पूरे बंगाल में विस्तृत रूप से की जानेवाली कृष्ण की पूजा पर उसके साथ चर्चा की और उसके मुताबिक नरबलि की

[105] Marshman 1859, Vol. 2: 443.

[106] Diary, 30/3/1800; AR, BMS, 1819: 33.

[107] Diary, 9/2/1806 and 9/3/1806.

[108] Ward 1817–20, Vol. 1: 30; Vol. 3: lxxxvii.

प्रथा के प्रमाण भी उसने वार्ड को उपलब्ध कराए।[109] अन्य पंडितों ने उसे और भी सामग्रियां उपलब्ध कराईं जिनका उपयोग उसने हिंदू धर्म के खिलाफ आंदोलन छेड़ने में किया। इनमें सती, ठगी, आत्म-उत्पीड़न, शिशुहत्या और धार्मिक उत्सवों के मौके पर अनैतिक शैली में नृत्य और संगीत से संबंधित विवरण शामिल थे।[110]

ज्ञान का अन्य स्थानीय स्रोत खोजियों तथा धर्मांतरितों द्वारा उपलब्ध जानकारियां थीं। सेरामपोर में धर्मांतरित लोग तथा यूरोपीय मिशनरी एक-दूसरे के आस-पास रहते हुए अक्सर प्रार्थना या पूजा के लिए, या देहातों में प्रवचन जैसी सामान्य इंजीली गतिविधियों के दौरान सामाजिक रूप से मिलते-जुलते रहते थे। धीरे-धीरे मिशनरियों को धर्मांतरित लोगों की पृष्ठभूमि तथा परिस्थितियों के बारे में, विभिन्न अवसरों जैसे कि उनके धर्मांतरण, बप्तिस्मा के समय उनके द्वारा घोषित साक्ष्यों, और साथ ही तथाकथित 'मुलाकातों के अनुभव' के परिणामस्वरूप उभर कर आए तथ्यों के आधार पर, अधिक-से-अधिक जानकारी हासिल होने लगी।[111] राम बोस, कृष्ण पाल, गोकुल, कंगाली इत्यादि जैसे धर्मांतरित लोगों ने वार्ड तथा उसके सहकर्मियों को सती, जगन्नाथ महोत्सव तथा रथयात्राओं, सागर में शिशुहत्या, ब्राह्मण, हिंदुओं, हिंदू 'संप्रदायों' तथा गुरुओं के नैतिक आधार और यहां तक कि पुरुष द्वारा अपनी पत्नी की पूजा करने जैसी क्रियाकलापों आदि विभिन्न प्रकार के विषयों पर बृहत रूप से जानकारियां उपलब्ध कराईं।[112]

ज्ञान और सूचना के प्रयोग और प्रबंधन

चूंकि वार्ड का मूल उद्देश्य हिंदू धर्म के प्रति यूरोपियों के प्रशंसात्मक भाव का खंडन करना और उसमें सुधार लाने के लिए दबाव डालना था, इसलिए जाहिरी तौर पर उससे यही उम्मीद की जा सकती थी कि उपलब्ध सामग्रियों में से वह हिंदू विचारधारा और प्रथाओं के केवल उन्हीं पक्षों पर प्रकाश डालता जिनको ईसाई गोस्पेल के यथार्थ, नैतिक श्रेष्ठता और लाभ के विपरीत दिखाया जा सके। लेकिन हिंदू धर्म के प्रति प्रशंसात्मक भाव को खंडित करने के प्रयास ने ही एकमात्र उसके समग्र दृष्टिकोण को प्रभावित नहीं किया बल्कि 'हिंदू धर्म' की ब्राह्मणवादी, एकीकृत तथा गहन रूप से संघटित प्रकृति के बारे में खासतौर पर उसकी मौलिक अवधारणाएं अधिक नहीं तो कम-से-कम उतनी ही प्रभावपूर्ण थीं। बुकानन के विचारानुसार इस धर्म में कोई केंद्रीय प्रभुत्व जैसी अवधारणा नहीं थी और यहां तक कि ब्राह्मणों के बीच भी केवल 'अराजकता' और मतभेद ही थे।

[109] Ward 1817–20, Vol. 1: 288; Vol. 4: 50.

[110] Ibid. Vol. 3: xxvii, xlix, lv; Vol. 4: 50, 101–2.

[111] Diary, 22/12/1799; 3/1/1802.

[112] Diary, 4/1/1800; 24/6/1800; 19/3/1801; 24/2/1802; 3,5,6,12, and 15/1/1802; 5/3/1803.

हिंदू धर्म 'एक एकीकृत अखिल भारतीय प्रणाली' है इस अवधारणा पर बल देनेवाला वार्ड शायद ही मौलिक था। वार्ड के मुताबिक हिंदू धर्म 'एक प्रणाली' थी। ठीक उसी तरह उसके घोर शत्रु मॉरिस तथा बंगाल के अन्य प्राच्यविदों के लिए भी यही सत्य था। और मुख्य रूप से यही वजह थी कि उसने चार्ल्स ग्रांट के पदचिह्नों पर चलते हुए 'हिंदू धर्म' (Hinduism) शब्द की रचना की और उसका प्रयोग किया। वास्तव में, वार्ड प्रथम नहीं तो कम-से-कम उन प्रथम प्रोटेस्टेंट मिशनरियों में से एक था जिसने दिसंबर सन् 1800 में अपनी डायरी में तथा अपनी लेखनियों में 'हिंदू धर्म' शब्द का प्रयोग किया। ईसाई धर्मांतरण पर हिंदुओं के विरोध के विषय में कैरी और डच गवर्नर के बीच हुई बातचीत का वर्णन करते हुए उसने कहा कि गवर्नर ने कैरी को आश्वस्त किया कि जब तक बैप्टिस्ट मिशनरी 'हिंदू धर्म से लोगों को लाने' के लिए कोई अनैतिक कार्य नहीं करेगें तब तक वह हिंदुओं की किसी भी शिकायत पर ध्यान नहीं देगा।[113] बेशक यह स्पष्ट नहीं है कि डच गवर्नर ने वास्तव में 'हिंदू धर्म' शब्द का प्रयोग किया या कैरी ने इस बातचीत पर अपनी रिपोर्ट लिखते समय इसका उपयोग किया या फिर वार्ड ने इस वार्तालाप का विवरण लिखते हुए अपनी ओर से इसे जोड़ दिया। वैसे कैरी अपनी लेखनियों में 'हिदेन' (विधर्मी) जैसे वैकल्पिक शब्दों के प्रयोग का अभ्यस्त रहा है जिसे देखते हुए ऐसा लगता है कि अंतिम अनुमान ही सच होगा।

इस शब्द के प्रयोग से पहले वार्ड के चिंतन में परिवर्तन उसी डायरी में दर्ज दो आरंभिक प्रविष्टियों से प्रकट होता है। 'हिंदू धर्म' शब्द के प्रथम परिचय से पहले जून 1800 में उसने लिखा कि सेरामपोर के धर्मांतरित लोगों में से एक व्यक्ति 'संपूर्ण हिंदू प्रणाली' के खिलाफ एक सारगर्भित लेख लिख रहा था, लेकिन जब अपनी डायरी में वह इस शब्द का प्रयोग कर चुका था उसके बाद फरवरी में उसने उस पैम्फलेट को 'हिंदू धर्म' के खिलाफ बताया। यहां पर तथा उसकी डायरी के बाद के हिस्सों में इस शब्द का प्रयोग 'हिंदू प्रणाली' या यहां तक कि 'हिंदू अंधविश्वास' के बदले में किया गया।[114] इसलिए वार्ड के लिए प्रकट रूप से इतनी विविधताओं से भरे होने के बावजूद यह धार्मिक परिघटना वास्तव में एक अतिविशाल संवेष्टन थी, एकीकृत और मौलिक रूप से सुसंगत व्यवस्था थी जिसकी तुलना अन्य 'प्रणालियों' जैसे कि ईसाई धर्म और मिस्र, यूनान तथा रोम की प्रणालियों से की जा सकती थी।

निश्चित रूप से वार्ड का कहना था कि उसके विचार में, 'हिंदू समाज के दार्शनिकों द्वारा अंगीकृत धार्मिक मान्यताएं लोकप्रिय अंधविश्वासों से काफी भिन्न थे'। अपनी पुस्तक के तीसरे भाग में उसने 'केवल निचले तबकों द्वारा' पूजे जानेवाले देवी-देवताओं का संदर्भ दिया है। लेकिन ये 'अंदरूनी' भिन्नताएं समग्र रूप से एकीकृत संरचना की तुलना में प्रायः क्षणिक ही थीं।

[113] Diary, 29/12/1800.

[114] Diary, 29/6/1800; 28/2/1801; 28/2, 14/3, 19/9 and 19/12/1802; 13/11/1804; 28/9/1805.

वार्ड से पहले के आगंतुकों जैसे कि ग्रांट और साथ ही कुछ यूरोपीय पर्यटक, जेसुइट तथा अन्य मिशनरियों की तरह ही वार्ड के मुताबिक भी इस प्रणाली की कुंजी और इसको एक सूत्र में पिरोनेवाले ब्राह्मण थे। ब्राह्मण को भारतीय धर्म और समाज के बारे में समुचित ज्ञान और समझदारी रखनेवाले के रूप में देखा जाता था। अपनी पुस्तक के प्रथम संस्करण में वार्ड ने लिखा कि 'मुझे लगता है कि अंधविश्वास का पूरा जाल ब्राह्मणों द्वारा बुना गया है यह काफी स्पष्ट रूप से प्रकट हो जाएगा।'[115] दूसरे अवसर पर उसने लिखा कि हिंदू 'उस दर्शन तथा अंधविश्वास के बदलते प्रभाव के तहत आते हैं जिसे हिंदू धर्म का संप्रदाय कहा जा सकता है; और... इन अनुभवातीत महत्त्वपूर्ण विषयों के बारे में उनकी अवधारणाओं को भारतीय ब्राह्मणों द्वारा आविष्कृत प्रणालियों द्वारा नियंत्रित किया जाता है'।[116] लेकिन 'लोकप्रिय समारोहों की प्रथा' और साथ-ही-साथ इसके विचार एवं धर्मविज्ञान समेत पूरी प्रणाली ब्राह्मणों द्वारा न केवल 'आविष्कृत' थी बल्कि 'प्रशासित' भी थी।[117] वह एक ऐसा व्यक्ति था जिसने यूरोप में दासप्रथा तथा निरंकुशतावाद का विरोध किया था और चार्ल्स ग्रांट की तरह वह भी इस निष्कर्ष पर पहुंचा था कि यह शक्ति निरंकुशता का एक स्वरुप थी जिसने बहुसंख्यक आबादी को दासता की ओर धकेल दिया। उसने लिखा कि ब्राह्मणों को इतनी शक्ति मिली हुई थी कि 'पुरुष आबादी के 9/10वें हिस्से को मानसिक, नागरिक और शारीरिक दासता' का शिकार बना लिया था।[118] उनकी सारी पुस्तकें ऐसे विवरणों से भरी हुई थीं जिनसे ब्राह्मणवाद की स्थापना हो, और ब्राह्मणों को ईश्वर तुल्य बना दिया गया ताकि 'बहुसंख्यक' जनता यह विश्वास कर ले कि वे छोटे-मोटे देवता ही हैं।[119] 'ब्राह्मणों को वशीकरण की इतनी शक्ति हासिल है' कि वह किसी व्यक्ति को स्वयं को ही भयंकर रूप से चोट पहुंचाने को प्रेरित कर देता है, विधवाओं को अपने पति की चिता पर जल जाने को प्रेरित कर देता है और अन्य लोगों को अकथनीय अपराध करने को विवश कर देता है।[120] वास्तव में, ब्राह्मणों की नियंत्रण शक्ति और प्रभाव के बारे में वार्ड के विचार इतने अतिशयोक्तिपूर्ण थे कि लगता है कि उसे यह एहसास हो गया था कि उन्होंने सभी विरोधों को सफलतापूर्वक दबा दिया है। उनके विरोध में राम बोस के पैम्फलेट का संदर्भ देते हुए वह कहता है कि वह पहला ऐसा लेखन था जिसमें ब्राह्मणों का 'शायद इन 4000 सालों के लिए' विरोध किया गया।[121]

[115] Ward 1817–20, Vol. 1: 69.

[116] Ibid.: xix–xx.

[117] Ibid.: xxvi–xxx.

[118] Ward 1811, Vol. 1: vii.

[119] Diary, 31/8/1801.

[120] Ward 1817–20, Vol. 1: xlii; Vol. 4: 113.

[121] Diary, 31/8/1800.

वार्ड के मुताबिक न केवल पूरी प्रणाली ब्राह्मणों द्वारा निर्मित और *प्रशासित* थी बल्कि इसमें निहित सामान्य रूप से ब्राह्मणवादी विचारों तथा शिक्षणों द्वारा इसे सूत्रबद्ध कर दिया गया था। सन् 1811 में प्रकाशित उसकी पुस्तक के प्रथम संस्करण में हिंदू धर्म के तथाकथित 'सत्व' पर टिप्पणी करते हुए उसने लिखा कि 'संपूर्ण हिंदू धर्म को दिमाग में अमूर्त रूप से तथा कुछ निर्धारित अनुष्ठानों में समाया जा सकता है'। इस दलील के मूल में तीन तथ्य हैं। पहला, 'सामान्य रूप से हिंदू दार्शनिक और खासतौर पर वेदांत संप्रदाय के अनुयायी, मनुष्य को विश्व ब्रह्मांडीय आत्मा का एक भाग मानते हैं और मानते हैं कि मस्तिष्क का शरीर से संबंधित होने के कारण यह दूषित, भ्रमित है तथा इसे परम पिता से भिन्न कर दिया गया है'। दूसरे, हिंदुओं ने कई प्रकार की तकनीकें अपनाई हैं जैसे कि शरीर का वशीकरण, ताकि व्यक्ति अपना पूरा ध्यान 'ब्रह्मा पर स्थिर' कर सके जो 'परम पिता' के पास लौटने का एकमात्र मार्ग है, और तीसरे, ईश्वर के साथ किसी प्रकार के निरंतर अलग संबंध रखने के बजाए *तन्मयता* हासिल करना अंतिम लक्ष्य था। 'मस्तिष्क की अमूर्तता को हासिल करने, और भावावेश को दबाने की इच्छा, अगर भविष्य में पुनर्जन्म न हो तो सामान्य रूप से हिंदुओं को ईश्वर में तन्मय होने के लिए या परमानंद को प्राप्त करने के लिए व्यग्र कर देती है।'[122]

सन् 1820 में अपनी कृति के संस्करण के आमुख में इन विचारों को दोहराते हुए उसने अपनी प्रस्तुति के बारे में लिखा है कि

> (यह पुस्तक) एक महान प्रणाली के रूप में, अपने सभी भागों में नियमित, और एक सुनिश्चित तथा चमत्कारिक वस्तु की प्रस्तावना करते हुए, दैवी प्रकृति में योगी के तन्मय होने से कम नहीं और सामान्य जनों के लिए उसी अवस्था की ओर शनैः शनैः अग्रसर होने के हिंदुओं के पवित्र संकेत पर एक सरसरी निगाह है।[123]

इस प्रकार वार्ड पहला ब्रिटिश प्रोटेस्टेंट मिशनरी था जिसने हिंदू धर्म के तथाकथित मूल को पहचानने और उसकी व्याख्या करने की कोशिश की। यह मुख्य रूप से 'वेदांत सार' में शंकर द्वारा वेदांत की व्याख्या पर आधारित था जो उसके अनुसार हिंदू धर्म की व्याख्या थी। इस ग्रंथ को उसने हिंदू साहित्य के एक उदाहरण के रूप में उद्धृत किया और उसका अनुवाद किया था। उसके मुताबिक इसकी व्याख्या प्राचीन ग्रंथों तथा समकालीन हिंदू धर्म दोनों के लिए प्रासंगिक था। उसका दावा था कि यह सिद्धांत हिंदू लेखनों के बहुत से भागों में पढ़ाया जाता था 'खासकर दर्शनों में'[124] और उसका संदर्भ 'आज के दिन भी स्थानीय लोगों द्वारा बातचीत के दौरान दिया जाता था'।[125]

[122] Ward 1811, Vol. 1: xxiv.

[123] Ward 1817–20, Vol. 1: xxxiv; Vol. 3: lxx.

[124] Ward 1817–20, Vol. 3: ii.

[125] Ward 1811, Vol. 1: xxiv.

हिंदू धर्म के बारे में वार्ड द्वारा ऐसे सर्वेश्वरवादात्मक प्रारूप को स्वीकार करने के पीछे लगभग निश्चित तौर पर उसके पंडितों का प्रभाव रहा होगा। उसने लिखा कि 'दैवी अस्तित्व के सम्मान में वेदांत का यह सिद्धांत मुख्य रूप से सर्वाधिक जानकार हिंदू पंडितों के बीच मान्य है।'[126] उसके सर्वश्रेष्ठ जानकार पंडितों में से एक फोर्ट विलियम कॉलेज के प्रमुख संस्कृत पंडित मृत्युंजय विद्यालंकार और दूसरा उसी संस्थान का एक और संस्कृत पंडित रामनाथ विद्यावाचस्पति था।[127] दोनों ही ब्राह्मण थे।[128] दूसरे का दार्शनिक दृष्टिकोण तो अज्ञात है पर मृत्युंजय एक 'अद्वैत वेदांती' था।[129]

लेकिन उसके पंडितों के विचारों तथा प्रभावों से बिलकुल अलग वार्ड गैर-ब्राह्मणवादी लेखनों तथा मौखिक परंपरा की कीमत पर ग्रंथीय तथा ब्राह्मणवादी साहित्य को अहमियत दे रहा था। दूसरे शब्दों में, अन्य बहुत सारे मिशनरियों की तरह उसके लिए भी पवित्र ब्राह्मणवादी ग्रंथ ही 'असली' हिंदू धर्म था। वार्ड समेत अन्य बैप्टिस्ट मिशनरी भी हालांकि कुछ दृष्टि से सामाजिक रूप से सुधारवादी थे, परंतु धार्मिक नेतृत्व में अपेक्षित गुणों तथा विशिष्टताओं के अपने दृष्टिकोणों में अभिजात ही रह गए। उनकी दृष्टि में सर्वश्रेष्ठ प्रशिक्षक केवल वही नहीं होता जिसके हृदय में ईश्वर बसते हैं बल्कि वह जो बाइबिल का ज्ञानी है— जो ब्राह्मणों की तरह ग्रंथों को जानता था और उसके निहितार्थ को शिक्षित तथा अशिक्षित दोनों प्रकार के लोगों को समझा सकता था। और अन्य बहुत सारे यूरोपीय पर्यटकों, जेसुइटों, प्राच्यवादी विद्वानों इत्यादि की तरह अगर कोई किसी धर्म के सत्व के बारे में जानना चाहता तो वह उसके पुरोहितों और पंडितों से मिलकर बातचीत करता और उस धर्म के प्रामाणिक समझे जानेवाले ग्रंथों का अध्ययन करता।

'अद्वैत' वेदांत को हिंदू धर्म के सत्व के रूप में स्वीकार करके वार्ड ने सामान्य भारतीय धार्मिक साहित्य को तो नजरअंदाज किया ही, ब्राह्मणवादी व्याख्या में भी उसने केवल एक दर्शन को वरीयता दी। दार्शनिक कार्यों पर विचार करते हुए या तो उसने कुछ अन्य वैकल्पिक ब्राह्मणवादी या गैर-ब्राह्मणवादी ग्रंथों एवं वेदांत के विपरीत परंपराओं की अवहेलना की या फिर उनके महत्त्व को जानबूझकर कम समझा। अपने कार्य के दार्शनिक भाग में उसने रामानुज के अनुयायियों पर सरसरी तौर पर टिप्पणी की है। उनको एक 'संप्रदाय' बताते हुए उसने लिखा है कि ये लोग तन्मय होने की अवधारणा को अस्वीकार करते हैं और 'यह तर्क देते हैं कि अनंत सागर में गुम हो जाने से अच्छा है कि मृदुल शीतल जलधार का आनंदपूर्वक पान किया जाए'; और यह कि 'जिस परमानंद को हम प्राप्त करने में सक्षम हैं

[126] Ward 1817–20, Vol. 2: 119.

[127] Ward 1817–20, Vol. 1: 30; Vol. 3: lxxxvii; Vol. 1: 288; Vol. 4: 50. Bose 1960: 195–96.

[128] Das 1978: 20.

[129] Killingley 1993: 100.

वह देवता के समीप रहने में है, जहाँ पर उनके आशीर्वाद से अनुप्राणित वातावरण से हम लाभांवित होते हैं'।[130] जो भी हो, रामानुज के अनुयायियों का एक 'संप्रदाय' के रूप में ही सही पर उल्लेख अनिवार्य था। परंतु लेखक ने उसी क्षेत्र में कुछ अन्य महत्त्वपूर्ण आंदोलनों के सारे संदर्भ मिटा दिए हैं। इनमें दक्षिण भारत के 'शैव सिद्धांत' के अनुयायी शामिल हैं जो ईश्वर और आत्मा में भेद पर बल देते हैं; इनके अतिरिक्त इनमें मध्व के अनुयायी भी शामिल हैं जो द्वैत के सिद्धांत की शिक्षा देते हैं।

इनके अलावा 'सही ग्रंथ' की पहचान रखनेवाले ग्रंथों समेत धर्म का यह ऊपर से नीचे के दृष्टिकोण के कारण बैप्टिस्ट मिशनरियों ने भी लोकप्रिय आंदोलनों के महत्त्व को नहीं समझा और उनका अवमूल्यन किया। ब्राह्मणों की शक्ति और नियंत्रण के विस्तार और प्रभाव पर वार्ड जितना अधिक बल डालता था उतना ही वह सामान्य लोगों की शक्तिहीनता को स्पष्ट रूप से स्वीकार करता था। वास्तव में, इस दृष्टि से देखा जाए तो सामान्य जनता उनका 'शिकार' थी जिनके साथ वे छल करते थे, बहकावे में लाते थे और ऊंचे प्रभुत्व के प्रति आज्ञाकारिता के लिए मजबूर करते थे। डरा-धमकाकर बलपूर्वक उनके अनुकूल बना दिए जाने के कारण ऐसा लगता था कि उनको थोड़ा-बहुत ही ज्ञान है और उनकी अपनी स्वाधीनता का उन्हें कुछ खास एहसास नहीं है।

लेकिन जहाँ पर निचले तबके अधिक प्रखर और अपने उपक्रमों के बारे में अधिक स्पष्ट नजरिया रखते थे तथा उनके संकल्प और ब्राह्मण विरोधी भावनाएं स्पष्ट रूप से प्रकट होती थीं वहां पर वार्ड उनको भी पूरा स्थान देता था। उस स्थिति में उसके सामने यह समस्या खड़ी होती थी कि अपने वेदांतिक/सर्वेश्वरवादी ब्राह्मणवादी प्रारूप में इन आंदोलनों को कहां स्थान दिया जाए। इसमें कोई आश्चर्य नहीं कि इसके लिए वह ईसाई परंपरा की ओर मुखातिब हुआ और ईसाई इतिहास में जानी-पहचानी तकनीकों तथा वर्गों को अंगीकृत किया। उसने महसूस किया कि इस समस्या का समाधान यह है कि इन लोकप्रिय आंदोलनों और साथ-ही-साथ रामानुज जैसे कुछ ब्राह्मणवादी दर्शनों को, वार्ड की मान्यता के अनुरूप जो 'हिंदू धर्म' कहलाता आया था, उसके अधीन ही निचले स्थान पर स्थापित कर दिया जाए। इसलिए वह 'नियमित' और 'अनियमित', 'सनातनी' तथा 'असनातनी', 'संप्रदाय' और 'संबंध विच्छेदक' जैसे शब्दों का प्रयोग करता है। उत्तर मध्यकाल के दौरान 'संप्रदाय' शब्द का प्रयोग कभी-कभी इस्लाम जैसे भिन्न धर्म को निर्दिष्ट करने के लिए किया जाता था।[131] लेकिन वार्ड ने इस शब्द को अधिक आधुनिक अर्थ में एक बृहत धार्मिक प्रणाली के अंतर्गत अलग हो जानेवाले आंदोलन के लिए किया है। वार्ड के अनुसार, 'अनियमित' हिंदू, असनातनी या संप्रदायवादी आंदोलनों में बौद्ध, सिख, रामानुज के अनुयायी और

[130] Ward 1817–20, Vol. 2: 292–93.

[131] Biller 1985: 351–69.

बंगाल के कई लोकप्रिय भक्ति आंदोलन जैसे कि चैतन्य को ईश्वर का अवतार या साक्षात ईश्वर समझने वाले विविध प्रकार के और तेजी से बढ़ते समुदाय सम्मिलित थे। वास्तव में स्वयं वार्ड के आकलन के अनुसार, 'पूरे बंगाल की कुल जनता का पांचवां हिस्सा संभवतः चैतन्य और गोसाइयों तथा उनके उत्तराधिकारियों के अनुयायी हैं'।[132] ये लोग वेदांतियों से दूर ईश्वर और भक्तों के बीच मूल अंतर पर बल देते थे।

कर्ताभज आंदोलन का प्रतिपादन

चैतन्य से संबंधित एक और अधिक महत्त्वपूर्ण धार्मिक गतिविधि कर्ताभज आंदोलन था जो बंगाल में अठारहवीं सदी में विकसित हुआ। जैसा कि नाम से पता चलता है, कर्ता यानी गुरु और भज यानी भक्त। अर्थात गुरु के उपासक, खासतौर पर जिस गुरु को वे चैतन्य के असली उत्तराधिकारी मानते थे और इसलिए स्वयं ईश्वर के अवतार होते थे।[133] आमतौर पर देखा जाए तो कथित रूप से 'ब्राह्मणवाद' या वार्ड के विवरण में इतने विस्तृत रूप से जिस हिंदू धर्म का वर्णन किया गया है, इन सबके लगभग सभी पहलुओं को इस आँदोलन ने अस्वीकार कर दिया था। जब वार्ड लिख रहा था, उस समय उनका कोई लिखित धर्मग्रंथ नहीं था और इस तरह से वो इस सामान्य मान्यता को खारिज करते थे कि किसी 'धर्म' के वजूद के लिए लिखित ग्रंथ का होना अनिवार्य था। स्वयं वार्ड की तरह कर्ताभज भी मूर्तिपूजा के खिलाफ थे और भारी ब्राह्मण विरोधी थे। वे न केवल ब्राह्मणों के या किसी भी ब्राह्मण निर्मित प्रणाली के दास नहीं थे बल्कि इसके विपरीत अपनी स्वाधीनता को सुरक्षित रखते थे। इतना ही नहीं, वे जाति-प्रथा में निहित असमानता की अवधारणा को भी अस्वीकार करते थे। वास्तव में, उनका सबसे महत्त्वपूर्ण नियमित कर्मकांड एक गुप्त बैठक होती थी जिसमें वे ईश्वर और सृष्टा की उपासना करते थे और जाति-प्रथा के नियमों को तोड़ते हुए सभी जातियों के साथ मिलकर रोटी या चावल खाते-पीते थे।

कर्ताभज आंदोलन से बैप्टिस्ट मिशनरी में कृष्ण और गोकुल जैसे लोग धर्मांतरित होकर आए थे और उन्होंने कर्ताभज समुदाय में रहते हुए अपने आरंभिक जीवन से संबंधित 'बहुत सारे दिलचस्प तथ्यों' के बारे में मिशनरियों को अवगत कराया;[134] और वार्ड की

[132] Ward 1817–20, Vol. 3: 222.

[133] इस संप्रदाय पर हाल में हुए कुछ कार्यों के लिए देखें खासकर Chakrabarty 1985, Ch. XX, and Oddie 1997.

[134] सन् 1836 में जोशुआ के पुत्र जे.सी. मार्शमैन ने एक आलेख में मिशन के इतिहास पर अपने विचार व्यक्त किए और लिखा कि 'सेरामपोर नेटिव क्रिस्चियंस का पुराना स्थापित चरित्र है जो ईसाई धर्म को स्वीकार करने से लगभग तीस साल पहले कर्ताभजों से जुड़े हुए थे; कुछ और भी लोग हैं, युवा हैं, जिनके माता-पिता इस संप्रदाय से जुड़े हुए हैं... यह स्थापित तथ्य है कि जेसोर में गोस्पेल को पहली बार सुननेवाले बड़ी संख्या में लोग घोसपारा के धर्मांधों के परिचित व्यक्ति द्वारा ऐसा करने को तैयार किए गए थे' (Friend of India, 14/1/1836).

डायरी कर्ताभजों तथा उससे काफी मिलते-जुलते चरित्र वाले अन्य समानतावादी ब्राह्मण विरोधी आंदोलनों के संदर्भों से भरी हुई है। उदाहरण के लिए, अप्रैल 1802 में उसने लिखा कि दुलोल का एक शिष्य इस मिशन में कई बार आ चुका था।[135] दुलोल घोसपारा स्थित कर्ताभजों का प्रमुख था जिसके 1,00,000 अनुयायी होने का दावा किया जाता था। उसके अगले साल उसने लिखा कि चार लोग जिनमें से तीन मुसलमान थे, 'मार्ग' की जानकारी लेने आए थे। यद्यपि वे लोग पैदाइशी मुसलमान थे फिर भी उसका मानना था कि उनकी गिनती 'भारी संख्या में मौजूद ऐसे हिंदू और मुसलमान लोगों में की जानी चाहिए, जो 'न तो देवताओं की पूजा करते हैं और न ही मुहम्मद से उनको कोई मतलब है'। वार्ड के विचार से वे लोग संदेहपूर्ण स्थिति में थे,

> एक ईश्वर में विश्वास, भारी दुराचारों के आगे झुकने को गलत मानना; लेकिन उनके सभी विश्वासों में हिंदुओं तथा मुसलमानों के बहुत सारे पूर्वाग्रहों का मिश्रण। ऐसा लगता था कि उनको उम्मीद थी कि ईश्वर किसी मसीहा के रूप में अवतरित होकर अपनी इच्छा प्रकट करेंगे।[136]
>
> जेसोर में जिसके नजदीक मैं मिस्टर शॉर्ट के साथ गया, वहां एक वृद्ध इंसान रहता था। वह बहुत प्रसिद्ध था और जो भी उसके पास जाता था, बंगाली देवताओं या पूजा की चिंता किए बिना, अपने मन में ईश्वर की पूजा करते हुए, एवं सबके साथ सत्य रूप में कार्य करते हुए वह सबको पढ़ाता था। उसके शिष्यों की संख्या कथित रूप से लाखों में थी।[137]

वार्ड ने खोर्दा नमक स्थान में 'एक बहुत बड़े संप्रदाय के लोगों के साथ बातचीत को भी दर्ज किया जो घोसपाड़ा वालों की तरह हिंदू और मुसलमान प्रणाली को अस्वीकार करते थे'।[138] कुछ समय बाद उसने गौर किया कि एक दूसरे गांव में बहुत से लोग जिनसे वह मिला, 'ब्राह्मणों के कट्टर दुश्मन' थे और उनका नेतृत्व एक गुरु करता था जो 'उस पूरी प्रणाली के घटियेपन' से नफरत करता था।[139]

इन विवरणों के बारे में खासतौर पर अनोखी बात यह थी कि कर्ताभजों तथा बंगाल के अन्य लोकप्रिय आंदोलनों के संदर्भ में वार्ड की डायरी (जहाँ इन आंदोलनों की चर्चा भरी हुई है) में जितनी जगह दी गई है और हिंदू धर्म पर अपनी कृतियों में इन्हीं आंदोलनों पर जितना ध्यान दिया गया है, उन दोनों में काफी फर्क है। उदाहरण के लिए, अपनी पुस्तक के सन् 1822 के संस्करण में कर्ताभजों की बढ़ती शक्ति और लोकप्रियता के बावजूद उनका

[135] Diary, 12/4/1802.
[136] Diary, 27/5/1802.
[137] Diary, 14/7/1802.
[138] Diary, 10/8/1802.
[139] Diary, 18/10/1803.

संदर्भ उस ग्रंथ के लगभग 1400 पृष्ठों में से केवल एक पृष्ठ में सीमित है। वास्तव में इस प्रकार के अंतर के कारणों पर विचार करने से वार्ड की पुस्तक के उद्देश्यों के बारे में बहुत कुछ स्पष्ट होता है।

स्पष्ट रूप से कर्ताभज तथा अन्य निम्न जाति के धार्मिक आंदोलन वार्ड के उस प्रारूप के अनुरूप नहीं बैठता जो उसके द्वारा कल्पित हिंदू धर्म के लिए बना था। इस समूह पर अत्यधिक ध्यान देने से उस विचार पर संदेह खड़ा होगा कि यह ब्राह्मणों द्वारा नियंत्रित एक एकीकृत धर्मज्ञान तथा धार्मिक प्रणाली थी जिसमें ब्राह्मणों ने 'आबादी के 9/10वें हिस्से' को दासता की अवस्था में बनाए रखा। कर्ताभज तथा उन्नीसवीं सदी के आरंभ में बंगाल में काफी प्रचलित रहे अन्य समानतावादी धार्मिक आंदोलन, लंबे समय से चली आ रही इस यूरोपीय अवधारणा का खंडन करते थे कि कथित रूप से एक सर्वव्यापी अखिल भारतीय धर्म के मूल में ब्राह्मण की भूमिका थी। लेकिन कर्ताभज के बारे में एक दूसरा तथ्य जिसकी चर्चा वार्ड के लिए न करना ही श्रेष्ठ था, वह था उनके इतने सारे अनुयायियों का नैतिक और समानतावादी जीवनशैली के प्रति गहरी प्रतिबद्धता। जैसा कि हमने देखा है, वार्ड का प्रमुख उद्देश्य हिंदू धर्म को ईसाई धर्म के विपरीत रखना था, न कि दोनों में समानताएं ढूंढना या उन्हें समकक्ष रखना। अगर उसने ऐसा अत्यधिक परिमाण में किया तो मिशन का उद्देश्य क्या था? वह 'अन्य' (अदर) को इतना हैवान साबित करने पर उतारू था कि उसके लिए कर्ताभज के सद्गुणों, उनके एकेश्वरवाद, जाति-प्रथा के तिरस्कार तथा एक-दूसरे से प्रेम पर बहुत अधिक ध्यान देना संभव नहीं था! दरअसल बहुत सालों बाद जोशुआ के पुत्र जे.सी. मार्शमैन ने *Friend of India* में लिखा कि कर्ताभज असली धर्म के दो सिद्धांतों को मानते थे—'दैवी पूजा की आध्यात्मिकता तथा आपसी शुभेच्छा और प्रेम की बाध्यता'।[140] इतना ही नहीं, वर्तमान लेखक ने किसी जगह पर कहा है[141] कि कर्ताभज आंदोलन और इंजीली ईसाई धर्म के बीच समानताएं तथा भिन्नताएं उन वजहों में से एक थीं जिनके कारण इतने सारे कर्ताभजों ने सन् 1830 के अंतिम और 1840 के आरंभिक दशकों में ईसाई धर्म को स्वीकार कर लिया।

हिंदू धर्म का मूल्यांकन

धर्म की प्रकृति और आकार-प्रकार के बारे में उठने वाले सवालों से धर्म के मूल्यांकन से संबंधित सवाल बिलकुल भिन्न थे। आरंभ से ही वार्ड ने सजग रूप से अपनी पुस्तक का उद्देश्य बनाए रखा कि हिंदू धर्म के बारे में अधिक प्रशंसात्मक या रोमांटिक दृष्टिकोणों के प्रभाव को कम करने के लिए विपरीत दलील प्रस्तुत किया जाए और हिंदुओं के बजाए

[140] Friend of India, 11/4/1839.

[141] Oddie 1997.

उनकी धार्मिक प्रणाली को दानवीय रूप में प्रस्तुत किया जाए जिसके कारण उनका जीवन नारकीय बन जाता है। सन् 1801 में उसने अपनी डायरी में जिन शब्दों में लिखा, उसके अनुसार 'ब्राह्मण और शैतान' दोनों एक ही कार्य में संलग्न थे, 'मनुष्य की आत्माओं को नष्ट कर देना'।[142] इस प्रकार वह हिंदू धर्म के व्यापक दृष्टिकोण को ध्यान में रखते हुए भी उसकी किसी भी अच्छाई पर गौर करना अपनी जिम्मेदारी नहीं मानता था बल्कि उसकी बुराइयों पर अपना ध्यान केंद्रित करना चाहता था जो ईसाई गोस्पेल के विपरीत अनिवार्य रूप से भारतीय हिंदू जनता को दासता, दुख और अनंत नारकीय जीवन जीने पर मजबूर कर देता था। वास्तव में नाशवान विधर्मियों (हिदेन) के हित में हिंदू धर्म के काले पक्ष पर बल देना आवश्यक था।

अन्य बहुत सारे धर्मप्रचारकों की तरह उसने भी जो तकनीक अपनाई उसके तहत उसने विवरणों के लिए अपने अनुकूल तथ्यों का चुनाव किया। हिंदू धर्म की बेहतर विशिष्टताओं को या तो लिखा ही नहीं या प्रमुखता से नहीं लिखा, जबकि उसे इस धर्म से जुड़ी यथासंभव जितनी बुरी शिक्षाएं और प्रथाएं मिलीं उनको प्रमुखता से प्रस्तुत किया। हिंदू देवी-देवताओं पर उसके विवरणों को देखने से यह तथ्य स्पष्ट होता है। उसके मुताबिक, 'बहुत सी' हिंदू प्रतिमाएं 'दुष्ट राक्षसों का प्रतिरूप थीं'।[143] इस वक्तव्य का यह तात्पर्य हुआ कि स्वयं वार्ड के अपने मानदंड से भी कुछ प्रतिमाएं 'सद्गुणों' से संबंधित थीं। लेकिन प्रतिमाओं से जुड़े सद्गुणों के बारे में पढ़ने और साथ ही दुर्गुणों के बारे में जानने से कहीं अधिक दुर्गुणों के बारे में पाठक को विस्तृत जानकारी दी जाती थी। दूसरा तकनीक यह था कि कोई सबूत न भी हो तो भी इस तरह बताना जैसे सबूत मिले हों और भान करना कि हिंदुओं की बुरी तथा इंद्रियगत मनोवृत्तियों के बारे में सब कुछ उन्हें मालूम है। दूसरे शब्दों में, अभिप्राय पर सवाल करना और उसकी निंदा करना। इस प्रकार वार्ड के अनुसार हिंदू धर्म का पूरा ताना-बाना ब्राह्मणों द्वारा 'अपनी महिमागान' के लिए तैयार किया गया है।[144] इतना ही नहीं, हिंदू केवल भक्तिभाव से ही प्रेरित होकर मंदिर नहीं जाते थे बल्कि उनमें 'व्यभिचार की भूख' भी उधर ले जाती थी।[145] अगर उसके पाठक हिंदू देवी-देवताओं के वास्तविक चरित्र तथा मूर्तिपूजा के प्रभावों के बारे में जानकारी हासिल करने में असफल होते थे तो उसका लेखन आलंकारिक पदावलियों और गुणवाची विशेषणों से भर जाता था। और जो भी हो, हिंदू पूजा 'चमत्कारिक' और 'प्रभावकारी' होती थी और काली की प्रतिमा 'सचमुच भयानक'

[142] Diary, 7/2/1801.

[143] Ward 1817–20, Vol. 3, Intro.: xlvii.

[144] Ward 1811, Vol. 1: 69.

[145] Ward 1817–20, Vol. 3, Intro.: xxvi.

होती थी।[146] शिव के साथ 'हास्यास्पद कहानियां' जुड़ी हैं जबकि लिंगम का प्रदर्शन 'किसी भी प्रकार की मर्यादा की सीमा को आघात' पहुंचाता है।[147] बहुत सारी प्रतिमाएं 'दानवीय', 'अभद्र' या 'अश्लील' होती थीं जबकि देवताओं के सम्मान में आयोजित त्योहार लोगों के दिमाग पर 'अत्यंत घातक प्रभाव' डालते थे, इत्यादि।[148]

जैसा कि हम देखेंगे, न केवल वार्ड की संकीर्ण दृष्टि और उसके हिंदू धर्म के एक अखंड अखिल भारतीय प्रारूप के कारण उसके मिशनरी तथा अन्य आलोचक विचलित थे बल्कि हिंदुओं के बारे में उसके द्वारा प्रस्तुत मूलतः अन्यायपूर्ण छवि से भी दुखी थे। उसके आलोचकों में से एक सी.एम.एस. का रेव. जेम्स लॉन्ग एक इंजीली था, जिसने कुछ साल बंगाल में बिताने के बाद लिखा कि

> हिंदुओं के बीच प्रचलित नृशंसतापूर्ण तथा अनैतिक कार्यों के संबंध में वार्ड की बहुत सारी टिप्पणियां वैसे ही आम जनता पर लागू नहीं होतीं जैसे लंदन में बिलिंगस्गेट और ओल्ड बेली का वर्णन शहर की पूर्वी सीमांत पर बसे लोगों के लिए बेमानी है।[149]

लॉन्ग ने एफ.डी. मॉरिस को भी उद्धृत करते हुए लिखा कि 'मिस्टर वार्ड केवल घृणास्पद और शैतानी रूप को ही देख पाते हैं; उसमें क्या अच्छा हो सकता है... कौन सा दैवी सत्य उसमें छुपा हुआ है इन सबके बारे में जांच करने की उसने हिम्मत नहीं की।[150]

परंपरा और प्रभाव

वार्ड की पुस्तक में बंगाल में धर्म के बारे में बहुत सारी नई और विस्तृत जानकारियां दी गई थीं लेकिन एक एकीकृत संस्कृतवादी प्रणाली के अस्तित्व के बारे में मौलिक अवधारणा तथा ब्राह्मणवाद की बुराइयों के बारे में दी गई दलीलें नई नहीं थीं। महत्त्वपूर्ण यह था कि वार्ड ने हिंदू धर्म को एक अवधारणा के रूप में प्रस्तुत किया और उसको प्रोत्साहित किया। हिंदू 'पगानवाद', 'हिंदू धर्म' या 'हिंदू अंधविश्वास' अब सहज रूप में 'हिंदूवाद' बन गया। इतना ही नहीं, वार्ड के लिए खासकर 'हिंदूवाद' शब्द 'हिंदू अन्य' के लिए, जो ईसाई धर्म से भिन्न और बुरा था उसके लिए प्रयुक्त होता था। वास्तव में इस शब्द को लोकप्रिय बनाते हुए उसने ईसाई प्रचारकों को एक बहुत ही मूल्यवान और प्रभावशाली हथियार विकसित

[146] Ibid., Vol. 1, Intro.: xxix.

[147] Ibid., Vol. 1, Intro.: xxix.

[148] हिंदू धर्म पर वार्ड की अपमानजनक टिप्पणियों पर और अधिक जानकारी के लिए देखें Sugirtharajah 2003, Ch. 3

[149] Long 1848: 92–4.

[150] एफ.डी. मॉरिस (इन्हें थॉमस मॉरिस समझने की भूल न करें) के विचारों तथा प्रभावों के लिए देखें अध्याय 8.

करने में मदद कर दी। इसके निरंतर बढ़ते प्रयोग के कारण अंग्रेजी भाषी टिप्पणीकार और अधिक बलपूर्वक रूढ़िवादी, अतिसरल और भ्रमित शैली में इसका प्रयोग करने लगे। निश्चित रूप से ब्रिटेन में रहनेवाले सामान्य ईसाईयों के लिए, जिनमें से कुछ प्रत्यक्ष रूप से वार्ड के चित्रण से प्रभावित थे, हिंदू धर्मों की जटिल दुनिया एकाएक स्पष्ट और सरल हो गई। 'वहां पर' हिंदू धर्म नामक एक प्रणाली थी जिसकी तुलना ईसाई धर्म जैसी अन्य प्रणालियों से की जा सकती थी। दोनों में मूल अंतर यही था कि ईसाई धर्म की प्रणाली अच्छी थी और हिंदू प्रणाली या हिंदू धर्म बुरा था। और कम-से-कम वार्ड की पुस्तक में यह संदेश प्रेषित था कि ईसाईयों को 'दया' करनी चाहिए तथा इन अभागे हिंदुओं की यथाशक्ति हरसंभव मदद करनी चाहिए।

वार्ड की पुस्तक के व्यापक प्रभाव और परिणाम के पीछे कई कारणों में से एक कारण यह था कि उसके विचारों और लेखनियों का प्रभाव केवल उसकी पुस्तक के वास्तविक पाठकों तक ही सीमित नहीं था। उदाहरण के लिए, उसकी पुस्तक से लिए गए बहुत से उद्धरण ब्रिटेन में प्रकाशित बहुत सी मिशनरी पत्रिकाओं में छपते रहते थे।[151] न केवल *Baptist Magazine, CMS Register* और *LMS Chronicle* जैसे अधिक परिष्कृत मिशनरी जर्नलों में, बल्कि और अधिक लोकप्रिय मिशनरी पत्रिकाओं जैसे कि CMS *Quarterly* या *Missionary Papers, Papers Relative to Wesleyan Missions* और संभवतः *LMS Missionary Sketches* में भी उसकी पुस्तक से लिए गए उद्धरणों को प्रकाशित किया जाता था। अन्य अध्याय में आगे और भी स्पष्ट होगा कि दूसरे वर्ग की पत्रिकाओं में खासतौर पर मजदूर वर्ग समेत गरीब, कम पढ़े-लिखे ग्राहकों को ध्यान में रखते हुए अधिक विस्तार से तथ्यों को प्रकाशित किया गया। इन पत्रिकाओं का वितरण अधिक मोटे तथा बृहत रूप से प्रकाशित उन पत्रिकाओं से कहीं अधिक व्यापक था जो मिशन क्षेत्र की समस्याओं तथा मुद्दों को कम स्थान देती थी और प्रशासनिक तथा प्रबंध संबंधी समस्याओं को अधिक।

वार्ड की पुस्तक से अधिकांशतः लोकप्रिय धर्म पर उसके विवरणों में से ही चुनकर पुनर्प्रकाशित किया जाता था। इनमें हिंदू देवी-देवता और उनके त्योहार, उपासक और लोकप्रिय प्रथाएं, तथा खासतौर पर हिंदू भक्तों की विवेकहीनता तथा आत्म-प्रताड़णा को प्रकाशित करनेवाले उद्धरण, उनके 'कथित' देवताओं की अनैतिकता एवं उनके धार्मिक

[151] Baptist Magazine, 1813, Vol. V: 244–47, 332–33; MR, 1813: 215–18; 1817: 406–7; 1818: 253–55; 1819: 96, 326–27; 1822: 170, 173–75; 1823: 456; 1824: 564. MMC, No. 2, July 1836: 29–30; MP, Nos. 2, 1816: 8; 1817: 11; 1818: 16; 1819: 23; 1821: 26; 1822: 27; 1822: 31; 1823: 32; 1823: 33; 1824: 38; 1825: 39; 1825: 56; 1829; PRWM, No. LXIII, March 1836; No. LXV, September 1836.

रिवाजों की अमानवीयता और नृशंसता से संबंधित उसके विवरण शामिल थे। वार्ड के मुताबिक, हिंदुओं को न केवल पाप से छुटकारा पाने के विषय में बहकाया जाता था, बल्कि दोषपूर्ण पूजा पद्धति भी उनकी समस्याओं को और अधिक बढ़ा देती थी। हिंदू पूजा पद्धति, साधुओं की जीवनशैली और खासकर कृष्ण के पंथ में बहुत से तथ्य आहत करनेवाले और 'अश्लील' होते थे। लेकिन इन उद्धरणों में खासकर नृशंस और अमानवीय रिवाजों पर वार्ड के द्वारा दिए गए विवरण प्रमुखता से छापे जाते थे जिनको पढ़कर कुछ अधिक संवेदनशील पाठकों को शायद मितली भी आ जाती थी। इन विवरणों में विधवाओं को जिंदा दफन करना (इस विवरण को कम-से-कम चार जर्नलों में पुनर्प्रकाशित किया गया), सती का दर्दनाक विवरण, चरक पूजा में आत्म-पीड़न के विभिन्न तरीकों पर उसके विस्तृत वर्णन, बीमार व्यक्ति से छुटकारा पाने या हत्या करने तथा पवित्र नदी के तट पर मृत्यु, नरबलि पर उसके विचार इत्यादि शामिल थे। इनके अलावा अन्य सजीव चित्रण कैरी के उन कथनों को और अधिक पुष्ट करते थे जो वह पहले से ही कहता रहा था। उन लोगों ने हजारों ब्रिटिश पाठकों के मन में हिंदू धर्म के लिए नफरत को या तो पैदा किया या फिर नफरत से भरे विचारों को पुष्ट किया। इसके पीड़ित लोगों के प्रति दया की भावना जाग्रत हुई और वे यह कामना करने लगे कि एक दिन पूरी 'प्रणाली' बदल दी जाएगी और उसके स्थान पर प्रोटेस्टेंट ईसाई आस्था और जीवनशैली की स्थापना होगी।

वार्ड और जेम्स मिल की '*हिस्ट्री ऑफ़ ब्रिटिश इंडिया*'

भारतीय धर्म पर वार्ड की व्याख्या और आक्षेपों को सन् 1813 में प्रकाशित जेम्स मिल की *History of British India* से और बल मिला। इस पुस्तक में 'हिंदुओं के धर्म' पर एक सांगोपांग रूप से लिखा हुआ अध्याय है और उसके अलावा इसके विभिन्न भागों में धर्म पर अन्य टिप्पणियां और उससे संबंधित मुद्दों पर चर्चा की गई है।[152] हालांकि उनके उद्देश्य भिन्न-भिन्न थे। वार्ड एक इंजीली मिशनरी था जो भारत में ईसाई धर्म के प्रचार करने में लगा हुआ था। जबकि मिल एक लेखक था जो भारत के लिए अपनी व्यावहारिक और आधुनिक नीतियों का सुझाव देने की विधि के रूप में अपने इतिहास का उपयोग कर रहा था। परंतु हिंदू धर्म की संरचना और अपनी समझदारी में दोनों ही बहुत सारे मुद्दों पर एकमत थे।

हिंदू धर्म के बारे में ब्रिटिश अवधारणा पर इन दोनों लेखकों का महत्त्वपूर्ण प्रभाव था। यद्यपि दोनों एक-दूसरे से स्वतंत्र होकर अपने-अपने काम में संलग्न थे—एक सेरामपोर में

[152] जेम्स मिल पर हाल की टिप्पणी के लिए खासकर देखें Majeed 1992, and Trautmann 1997 (pp. 117–24).

और दूसरा लंदन में। और प्रकट रूप से एक-दूसरे के शोध कार्यों और लेखन से बेखबर थे। लगभग सन् 1818 में मिल ने *Edinburgh Review* में वार्ड के प्रथम (सेरामपोर) तथा तृतीय (लंदन) संस्करण को पढ़ा और प्रशंसात्मक समीक्षा की।[153]

मिल अपने इतिहास के लिए बंगाल में बसे प्राच्यविदों के कार्यों पर बहुत अंश तक निर्भर करता था और उन्हीं का अनुसरण करते हुए भारतीय धर्म को एक प्रणाली के रूप में देखता था। उसकी दृष्टि में यह एक 'अंधविश्वास की प्रणाली' थी जिसकी रचना का श्रेय संभवतः सबसे अधिक चरित्रहीन पुरोहित वर्ग को जाता था।[154] इसलिए उसकी इतिहास की पुस्तक के मुताबिक 'हिंदू धर्म' निरंकुश अत्याचार की एक अलग ब्राह्मणवादी प्रणाली थी जिसमें ब्राह्मणों द्वारा रस्मों का या तो आविष्कार किया जाता था या उनको प्रोत्साहित किया जाता था जिससे बाकी जनता ईश्वर के कोप या फिर भविष्य में होनेवाले अनिष्ट से बचने के लिए ब्राह्मणों के निर्देशानुसार सबकुछ करने को तैयार होकर उनकी अधीनता स्वीकार कर लेती थी। वार्ड की तरह लोकप्रिय और दार्शनिक हिंदू धर्म सब एक ही कुटिल योजना का हिस्सा थे जिसके तहत अन्य जातियों के लोगों को धार्मिक तथा नागरिक पराधीनता की अवस्था में बनाए रखा जा सके।

> सरकार के हिंदू स्वरुप की समीक्षा करते हुए हमने पहले ही देखा है, कि हिंदुस्तान में अपने सबसे सरलतम और यथासंभव कम कृत्रिम रूप में निरंकुशतावाद की स्थापना हुई थी जिसका अनुमोदन दैवीय सत्ता द्वारा किया गया था। इसी प्रकार से हमने यह भी देखा है कि लोगों को जाति में विभाजित करके और उनके बीच भिन्नता को बनाए रखने के लिए ब्राह्मणों ने अपने घृणित विचारों से प्रेरित होकर द्वेषपूर्ण व्यवहार करते हुए हिंदुओं के लिए पराधीनता की एक अपमानजनक और विनाशकारी प्रणाली की स्थापना की और साथ ही उस प्रणाली के शिकंजे को फैलाते हुए किसी भी समाज से अधिक विनाशकारी स्तर तक पहुंचा दिया। और जैसा कि हमने देखा है, अब तक के मानव इतिहास में सबसे अधिक बृहत तथा यंत्रणात्मक अंधविश्वास पर आधारित पुरोहिती की एक प्रणाली को विकसित करके लोगों के शरीर के बदले मस्तिष्क को असहनीय रूप से जंजीरों में जकड़ कर रख दिया है; संक्षेप में कहें तो निरंकुशतावाद और पुरोहिती को सम्मिलित करते हुए, शरीर और दिमाग से समस्त मानव जाति में सबसे अधिक हिंदू ही दासता के शिकार थे।[155]

संस्कृत ग्रंथों और लोकप्रिय प्रथाओं से प्रकट हिंदू धर्म के बारे में एक सुनियोजित और सफलतापूर्वक प्रबंधित प्रणाली की अवधारणा, ब्राह्मणों का अत्याचार और नियंत्रण जिसकी अंधकार युग के कैथोलिक पुरोहितों से तुलना की जा सकती थी या उससे भी

[153] *Edinburgh Review,* Vol. 29, No. LVIII, February 1818: 377–403.
[154] Mill 1826, Vol. 1, esp. Ch. VI.
[155] Mill 1826, Vol. 2: 166–67.

बदतर, 'नीचता और युक्तिहीनता पर बल, मूर्खतापूर्ण अंतहीन अनुष्ठान जिनमें हिंदू धर्म का व्यवहारिक स्वरुप निहित है',[156] नैतिक कर्तव्यों से ऊपर जिस हद तक 'ऊटपटांग' अनुष्ठानों को रखा जाता है, आत्म-पीड़न की यंत्रणा की निरर्थकता और विकृति, नरबलि और सती जैसे 'बर्बर' रिवाजों की नृशंसता, हिंदू पूजा इत्यादि से जुड़ी लैंगिक अनैतिकता, इन सभी मुद्दों पर मिल और वार्ड दोनों सहमति रखते थे। इसलिए बहुत आश्चर्य की बात नहीं कि मिल ने वार्ड के इंग्लिश प्रकाशन के प्रथम भाग में 'पूरे विषय पर प्रशंसनीय दृष्टिकोण' प्रस्तुत किए जाने की बात की और अपनी *History* के तृतीय संस्करण की पादटिप्पणियों में वार्ड को बारंबार उद्धृत किया।

जैसा कि स्टोक्स ने इंगित किया है, उपयोगितावादी और इंजीलियों के विचारों में अक्सर कुछ समानताएं देखी गई हैं।

> दोनों ही क्लाइव और वारेन हेस्टिंग्स के युग की खासियत रही भारतीय सभ्यता के लिए सहिष्णुता और सम्मान के विरोधी थे। दोनों बहुत सारे सामान्य लक्ष्यों पर सहमत थे। इंजीलवाद और उपयोगितावाद दोनों ही व्यक्तिवादी आंदोलन थे और दोनों ही रिवाजों की दासता तथा पुरोहितों एवं पुजारियों के अत्याचारों से आजादी की मांग करते थे। उनका लक्ष्य था हरेक समाज में व्यक्ति को आजादी, स्वछंदता और अपनी इच्छानुसार अपनी पसंद की जिंदगी जीने के योग्य बनाना।[157]

'हिंदू धर्म' के मुद्दे पर जहाँ तक मिल की *History* के महत्त्व का प्रश्न है, उसने भी उसी बात पर बल देने की कोशिश की है जो अब तक हम भी कहते रहे। अर्थात उन्नीसवीं सदी के आरंभ में हिंदू धर्म के बारे में इंजीली अवधारणा का जो प्रमुख प्रतिमान बन रहा था उसके मुताबिक, इसकी कुछ प्रत्यक्ष भ्रामकता के बावजूद हिंदू धर्म की अवधारणा मूलतः ब्राह्मणवादी प्रणाली पर आधारित थी जो प्रोटेस्टेंट ईसाई धर्म तथा प्रबोधन के विचारों के बिलकुल उलट थी।

निश्चित रूप से ब्रिटिश विचारधारा और उसके प्रतिमान पर मिल का महत्त्वपूर्ण प्रभाव पड़ा। लेकिन कुछ मामलों में खासकर निचले तबकों में वार्ड की तरह प्रभावशाली नहीं था। एक बार प्रकाशित होने के बाद मिल की *History* को किसी ने पच्चीस सालों तक कोई चुनौती नहीं दी और इसका सन् 1820, 1826 और 1840 में पुनर्मुद्रण हुआ।[158] वास्तव में *History* के संस्करणों की संख्या की कुछ हद तक वार्ड की कृति के संस्करणों की संख्या से तुलना की जा सकती थी। दोनों ही भारतीय इतिहास या हिंदू धर्म, रीति-रिवाज,

[156] Ibid., Vol. 1: 341–42.

[157] Stokes 1992: 54.

[158] Philips 1961: 221.

तौर-तरीकों के विषय पर मानक जानकार के रूप में सम्मानित थे। इसके अतिरिक्त मिल की कृति का हेलीबरी कॉलेज में सन् 1809 से लेकर 1855 तक ईस्ट इंडिया कंपनी के सरकारी सेवकों को दिए जानेवाले प्रशिक्षण के दौरान पाठ्यपुस्तक के रूप में उपयोग किया गया था। उन युवा लोगों के दिमाग पर इस पुस्तक का इतना असर पड़ा कि कॉलेज के मौखिक परीक्षक हेमैन विल्सन को डर था की 'सख्त और अशिष्ट मनोवृत्ति' से 'नफरत' की भावना न जागृत हो जाए और 'शासक एवं शासित के बीच सभी सहानुभूति का भाव' नष्ट न हो जाए।[159] फिर भी इसकी लोकप्रियता के बावजूद वार्ड की कृति की तुलना में मिल की पुस्तक संभवतः मध्यम तथा उच्च वर्गीय पाठकों तक ही सीमित थी। जबकि वार्ड की कृति इन वर्गों में तो प्रभाव रखती ही थी इसके अतिरिक्त निम्न वर्गीय लोगों के लिए उपलब्ध साहित्यों में जानकारी के एक स्रोत के रूप में भी इसका उपयोग किया जाता था। हिंदू धर्म पर मिल के विवरणों से ज्यादा वार्ड द्वारा निर्मित अवधारणा निचले तबकों एवं लोकप्रिय स्तर पर विख्यात हुई।

[159] Ibid.: 225–26.

6 डफ, मंडी एवं अन्य संरक्षकों द्वारा प्रतिमान का समेकन

एक समग्र ब्राह्मणवादी 'प्रणाली' के रूप में हिंदू धर्म की अवधारणा से संबंधित प्रभुत्वशाली प्रतिमान (Paradigm) को वैसे तो कई जेसुइटों, बंगाल के प्रशासकों, विद्वानों तथा मिशनरियों ने प्रतिपादित किया था, परंतु इसे दरअसल उन्नीसवीं सदी के पूर्वार्ध में जॉर्ज मंडी, एलेग्जेंडर डफ तथा हिंदू धर्म पर पीढ़ी-दर-पीढ़ी लिखनेवाले कुछ मिशनरी टीकाकारों ने समेकित किया। उनका विश्वास था कि जनजातीय भाषाओं को छोड़कर सभी स्थानीय भाषाओं के मूल में संस्कृत भाषा है, इसलिए सभी हिंदू धार्मिक ग्रंथों को समझने के लिए इसका ज्ञान होना अनिवार्य है। साथ में यह धारणा भी बैठी हुई थी कि *लिखित* ग्रंथों में ही धर्म का सत्व अभिव्यक्त होता है। ज्यादातर लोगों को इस विचार पर भी कोई संदेह नहीं था कि बंगाल में हिंदू धर्म का जो स्वरुप है, वही भारत के सभी भागों में पाया जाता है (वार्ड की पुस्तक में भी यही विचार सन्निहित था) और यह तत्कालीन विचारों पर पूरी तरह हावी था।

हिंदू धर्म की प्रकृति और स्वरुप के बारे में प्रचलित सामान्य विचारों को अन्य प्रोटेस्टेंट मिशनरियों की अपेक्षा सबसे अधिक एलेग्जेंडर डफ ने सन् 1839 में लिखित अपनी पुस्तक *India and India Missions* में समेकित किया। उसी ने हिंदू धर्म की केंद्रीय अवधारणाओं अथवा उसके सत्व के बारे में मिशनरी विचारों को स्पष्ट किया (जिसे उसने सर्वेश्वरवाद समझा) और उसी ने आगे पूरी प्रणाली की बौद्धिक स्तर पर समीक्षा प्रस्तुत की। लेकिन हिंदू धर्म के बारे में प्रोटेस्टेंट मिशनरियों ने जो अवधारणा बनाई थी, उसमें डफ द्वारा निभाई गई भूमिका के अध्ययन से पहले, उसकी शिक्षा-दीक्षा और उसकी पृष्ठभूमि के प्रासंगिक पहलुओं पर विचार करना महत्त्वपूर्ण होगा। उसके विचारों को समझने के लिए उससे यह सवाल करना आवश्यक है कि इस धर्म के बारे में वास्तव में उसकी क्या जानकारी थी।

एलेग्जेंडर डफ का जन्म सन् 1806 में उत्तर-पूर्वी पर्थशायर में हुआ था। उसके पिता जेम्स एक खेतिहर मजदूर थे जिनको बाद में एक बागवान के रूप में नियमित नौकरी मिल गई थी। डफ के माता-पिता दोनों ही इंजीली पुनरुत्थान से प्रभावित थे और गहरी धार्मिक आस्था रखते थे। जेम्स डफ संडे स्कूल के रख-रखाव और निरीक्षण में खासतौर से सक्रिय थे।[1] एलेग्जेंडर को 8 वर्ष की अवस्था में किर्कमाइकल के एक स्कूल में दाखिल कराया गया। वहां पर उसने बड़ी तेजी से प्रगति की और उसके बाद वह पर्थ स्थित ग्रामर स्कूल में

[1] Maxwell 1995: 9–15.

दाखिल हुआ। उसने लैटिन और यूनानी भाषा का अध्ययन किया और पंद्रह साल की उम्र में सर्वश्रेष्ठ छात्र का स्थान प्राप्त किया।[2] वह सन् 1821 से सन् 1825 के बीच यूनिवर्सिटी ऑफ़ सेंट एंड्रूज में तथा सन् 1825 से सन् 1829 तक सेंट मैरीज कॉलेज में एक छात्र के रूप में अध्ययनरत रहा। चर्च ऑफ़ स्कॉटलैंड द्वारा उनका प्रथम मिशनरी बनने का निमंत्रण स्वीकार करने के बाद सितंबर सन् 1829 में उसे विधिवत् पादरी बनाया गया और वह कलकत्ता के लिए समुद्री यात्रा पर निकल पड़ा।

भारत आने के बाद उसने अपने मकसद से यहां के पारंपरिक बैप्टिस्ट तथा अन्य मिशनरी कार्यक्रमों के प्रभावों का आकलन करने में कुछ दिन व्यतीत किए। अपने अनुभव लिखते हुए उसने बताया कि ये मिशनरी ऊंची जातियों के धर्मांतरितों को आकर्षित करने में असफल थे। साथ ही उसने समय के साथ-साथ कलकत्ता एवं उसके आस-पास के इलाकों के युवाओं में अंग्रेजी भाषा की लोकप्रियता और बढ़ते महत्त्व को भी महसूस किया। इसलिए उसने एक एंग्लो-वर्नाकुलर (अंग्रेजी-देशी भाषा) संस्थान स्थापित करने का फैसला किया, जिसमें छात्रों को अंग्रेजी में आधुनिक पश्चिमी शैली की शिक्षा प्रदान की जाए और इसके परिणामस्वरूप बंगाल के युवा मिशनरी शिक्षा की ओर आकर्षित हों। यह सभी जानते हैं कि डफ की इस प्रणाली को एक प्रयोग के रूप में भारी सफलता मिली। जुलाई सन् 1830 को यह स्कूल खोला गया जिसमें दाखिल होने के लिए उम्मीद से ज्यादा लोग आए और कई ब्राह्मणों एवं अन्य ऊंची जाति के हिंदुओं का धर्मांतरण हुआ। वास्तव में कलकत्ता में अपने इन्हीं आरंभिक दिनों में वार्ड ने कहा था कि दसियों साल से दिए जा रहे प्रभावहीन प्रवचनों की अपेक्षा उसके शिक्षात्मक प्रयासों के कारण कहीं अधिक हिंदुओं का धर्मांतरण हुआ।

इंडिया एंड इंडिया मिशंस

परंतु सवाल उठता है कि इन परिस्थितियों में भारत में साढ़े चार साल तक कार्यरत रहने तथा अगले पांच साल अपने देश में छुट्टियां बिताने के बाद डफ ने क्यों *India and India Missions* जैसी पुस्तक प्रकाशित करने का फैसला किया जिसमें उसने हिंदू धर्म की एक संक्षिप्त समीक्षा प्रस्तुत की थी?

उसकी समझ से शैक्षणिक मिशन में हासिल हुई विशिष्ट सफलता को प्रचारित करना और समेकित करना ही इस पुस्तक का मूल उद्देश्य था। इसके साथ ही चर्च ऑफ़ स्कॉटलैंड के मिशनरियों में वह उत्साह जगाना चाहता था ताकि भक्त मंडली और अधिक लगाव के साथ तथा बढ़-चढ़कर मिशनरी आंदोलन में हिस्सा ले। वह संकीर्ण कैल्विनवादियों की उस अवधारणा को चुनौती देना चाहता था जिसके मुताबिक प्रवचन ही इंजीलवाद की

[2] Smith 1879, Vol. 1: 16–17.

एकमात्र प्रभावशाली और स्वीकारणीय धर्मप्रचार शैली हो सकता था। वह जोर डालना चाहता था कि शैक्षणिक मिशन भी शिक्षित वर्गों के बीच ईसाई धर्म के प्रचार में महत्त्वपूर्ण भूमिका निभा सकता था। जैसा कि इआन मैक्सवेल का कहना था, डफ को अपने मिशन को जारी रखने में कोई संदेह नहीं था।[3] हालांकि इसमें आर्थिक कठिनाइयां थीं। डफ को यह अच्छी तरह से मालूम था कि इस कार्य को आगे बढ़ाना और उसको सुचारू रूप से चलाना तभी संभव होगा जब उसके शैक्षणिक प्रयोग की आवश्यकता एवं प्रभावपूर्णता के बारे में स्कॉटिश प्रेसबिटेरियन भक्त मंडली आश्वस्त हो और उनसे उत्साहवर्धक समर्थन प्राप्त हो।[4] इन्हीं कारणों से सन् 1835–40 के दौरान स्कॉटलैंड में डफ ने पूरे विस्तार से अपना आंदोलन चलाया और *India and India Missions* के जरिए अपने कार्यों का विवरण तथा शैक्षणिक मिशनों की आवश्यकता के बारे में विचारों को प्रकाशित करने का फैसला किया। डफ जब अपनी खराब तबियत से उबर रहा था उन्हीं दिनों उसने यह किताब लिखी। वह 'अक्सर अपने देशवासियों का जिस ओर ध्यान आकर्षित करने के लिए प्रयासरत रहता था'[5] उस संबंध में यह पुस्तक एक दस्तावेज थी। यह पुस्तक छः अध्यायों में विभाजित थी। पहले अध्याय में नागरिक समाज के बारे में विचार-विमर्श और एक मिशन कार्यक्षेत्र के रूप में भारत के महत्त्व के बारे में चर्चा की गई थी; दूसरा अध्याय हिंदू धर्म के सिद्धांत पर आधारित था; तीसरा अध्याय 'पूर्वी भारत के कुछ प्रमुख अंधविश्वासों और मूर्तिपूजा की व्यावहारिक रूपरेखा' पर आधारित था; चौथा अध्याय 'भारत को पुनरुज्जीवित करने के लिए एकमात्र प्रभावशाली साधन' के रूप में गोस्पेल के महत्त्व पर आधारित था; पांचवें अध्याय में मिशनरी गतिविधियों पर विभिन्न प्रकार की आपत्तियों के बारे में विचार प्रस्तुत किया गया था; और अंतिम अध्याय जिसमें परिशिष्ट को भी सम्मिलित कर लिया गया था, उसमें चर्च ऑफ़ स्कॉटलैंड के मिशन के उत्थान और आरंभिक प्रगति का विवरण प्रस्तुत किया गया था। इसलिए हिंदू धर्म पर जो कुछ लिखा गया था वह युक्तिसंगत तर्क को विकसित करने की आवश्यकता के साथ-साथ पाठकों को शैक्षणिक मिशनों के महत्त्व और प्रासंगिकता को स्वीकार कराने के बृहत्तर परिप्रेक्ष्य को ध्यान में रखते हुए किया गया था।

हिंदू धर्म के बारे में डफ का ज्ञान

डफ ने अपनी पुस्तक एवं अन्य जगहों पर हिंदू धर्म के बारे में जो टिप्पणियां की हैं, उन पर कई सवाल खड़े होते हैं, जैसे कि वह इसके बारे में क्या जानता था और इससे संबंधित जानकारियां उसे कहां से मिलीं। इस मामले में इस इतिहासकार को अन्य मिशनरी लेखनों

[3] Maxwell 1995: 175.

[4] Ibid.: 171–72.

[5] Duff 1840: vi.

तथा तैयारियों के मुकाबले डफ की पठन सामग्रियों एवं ज्ञान के अन्य स्रोतों के बारे में कहीं ज्यादा जानकारियां उपलब्ध हैं। जैसा कि आमतौर पर अन्य मिशनरियों के साथ भी हुआ है, डफ के लिए भी यह सवाल उठता है कि भारत के लिए विदा होने से पहले उसे इसके बारे में क्या जानकारियां थीं। साथ ही, 'मिशन कार्यक्षेत्र' में लोगों तथा उनकी परिस्थितियों के बारे में प्रत्यक्ष अनुभव के जरिए उसने हिंदू धर्म के बारे में क्या जानकारियां हासिल कीं एवं उसके बारे में क्या समझदारी बनाई।

ऐसा लगता है कि कैरी एवं वार्ड जैसे पूर्ववर्तियों की तुलना में डफ को ब्रिटेन में रहते हुए ही भारतीय धर्म के बारे में कहीं ज्यादा विस्तृत जानकारी प्राप्त हो गई थी। उसको दीर्घकालिक शिक्षा प्राप्त होने का फायदा मिला था। आरंभिक दौर से ही मिशन कार्यक्षेत्र में सक्रिय अधिकतर युवा उम्मीदवारों से संभवतः कहीं ज्यादा भारतीय धर्म संबंधी पुस्तकों और निबंधों तक उसकी पहुंच थी। कोलब्रुक एवं अन्य लोगों द्वारा किए गए संस्कृत ग्रंथों के अनुवाद समेत बंगाल एशियाटिक सोसाइटी के प्रकाशन भी ब्रिटेन में पाठकों को उपलब्ध होते रहे। अन्य विद्वानों के अतिरिक्त जेम्स मिल ने अपनी *History* भी प्रकाशित कर दी थी। डफ इस दृष्टि से भी भाग्यशाली था कि उसे मिशन कार्यक्षेत्र से बहुत सारे विवरण पढ़ने के लिए उपलब्ध थे। इनमें वार्ड की लिखी अत्यंत महत्त्वपूर्ण पुस्तक भी शामिल थी जिसकी डफ ने अपनी पुस्तक के परिचय में खासतौर पर सिफारिश की।

हालांकि यह अनुमान करना भी गलत ही होगा कि हिंदू धर्म पर डफ के आरंभिक विचार केवल पढ़कर ही बने। जीवन के अंतिम समय में अपने बचपन के अनुभवों पर विचार प्रकट करते हुए उसने जगन्नाथ तथा भारत के अन्य देवी-देवताओं की तस्वीरें दिखाए जाने की घटना की चर्चा की है।

> किसी भी वस्तु के बारे में सामान्य ज्ञान और आधुनिक मिशनों की प्रगति से मेरे पूज्य पिता ने मुझे अपनी युवावस्था के बिलकुल आरंभ में ही परिचय करा दिया था, जिनका कैथोलिक उत्साह से भरा दिल विभिन्न देशों में गोस्पेल की विजय से तथा क्रिस्चियन चर्च की विभिन्न शाखाओं से जुड़कर आह्लादित हो उठता था। वे जगन्नाथ तथा अन्य विधर्मी (हिदेन) देवताओं की मूर्तियों की तस्वीरें दिखाया करते थे और उसके साथ-साथ उनका सविस्तार वर्णन भी करते थे जिससे मूर्तिपूजा के प्रति भय का भाव तथा गरीब अंधभक्त मूर्तिपूजकों प्रति सहानुभूतिपूर्ण भाव सहज ही उत्पन्न होता था और इन सबके साथ ईसा के प्रेम से भरे वक्तव्य मिश्रित होते थे।[6]

बचपन में देखी गई जगन्नाथ मंदिर की तस्वीरों की रंगीन यादों और बुकानन का वर्णन पढ़कर उसकी धारणाएं पहले से मजबूत थीं। जब गंगा के मुहाने की ओर जहाज से यात्रा

[6] Smith 1879, Vol. 1: 10.

करते हुए पुरी के समुद्र तट पर जगन्नाथ के प्रसिद्ध मंदिर को उसने देखा तो बस एक झलक में ही उसे पहचान लिया। बचपन तथा बाद की यादों ने उस मंदिर के शिखर के प्रथम दर्शन को डफ के लिए बहुत महत्त्वपूर्ण बना दिया।

सेंट एंड्रूज के फैकल्टी ऑफ़ आर्ट्स में स्नातक छात्र के रूप में डफ ने जो कुछ पढ़ा, उसके बारे में जानकारी सन् 1821–25 के बीच के चार सालों के दौरान यूनिवर्सिटी लाइब्रेरी से उसके द्वारा उधार ली गई पुस्तकों के रेकॉर्ड से उपलब्ध होती है।[7] इससे यह अनुमान लगता है कि कम-से-कम शुरुआत में वह भारत की अपेक्षा अफ्रीका में ज्यादा दिलचस्पी रखता था, लेकिन आर्ट्स की डिग्री के लिए अपने अध्ययन के अंतिम दिनों में भारतीय धर्म में उसकी थोड़ी-बहुत रूचि जगने लगी थी। संभवतः इसकी वजह नैतिक दर्शन पर चामर के व्याख्यान थे, जिसमें प्राकृतिक धर्मविज्ञान पर सवाल खड़े किए गए थे। इसी के तहत इस मुद्दे पर भी प्रश्न किया गया था कि किस तरह से विभिन्न धर्म (जैसे कि भारतीय धर्म) एक-दूसरे से संबंधित थे।[8] सन् 1824 में उसने कुछ अन्य छात्रों के साथ मिलकर सेंट एंड्रूज यूनिवर्सिटी सोसाइटी नामक एक संगठन बनाया जिसकी गतिविधियों में डफ की भागीदारी के माध्यम से संभवतः हिंदू धर्म और भारत में उनकी वैसी ही रूचि पैदा हुई होगी।[9] इस सोसाइटी में सामान्य तौर पर मिशनों पर विचार-विमर्शों को प्रोत्साहित किया जाता था। इसकी लाइब्रेरी का लाइब्रेरियन डफ़ था. इस लाइब्रेरी में बुकानन की *Researches* के अतिरिक्त भारत से जुड़ी अन्य पुस्तकें शामिल थीं।[10]

डफ जब सेंट मेरीज में धर्मविज्ञान का छात्र था उस दौरान सन् 1826 में उसने रॉबर्ट एडम की लिखी *The Religious World Displayed* शीर्षक पुस्तक का पहला भाग उधार लिया था या फिर *A View of the Four Grand Systems of Religion, Judaism, Paganism, Christianity and Mohammedanism* (1818) आदि पुस्तकें उधार ली थीं। जैसा कि पुस्तक के शीर्षक से पता चलता है, इसमें धार्मिक जगत को चार सामान्य वर्गों में विभाजित किया गया है और 'हिंदुओं' को 'पगानवाद के प्रमुख संप्रदायों में से एक' बताया गया है।[11] इसके अधिकांश भागों में हिंदू विचार एवं प्रथाओं के बारे में बिलकुल यथार्थवादी विवरण प्रस्तुत किया गया है। आत्मा के देहांतरण में हिंदुओं का विश्वास, गाय की पवित्रता तथा गंगा एवं सिंधु नदियों की पुनीतता और प्रदूषण-शुद्धता इत्यादि के बारे में उनकी चिंताओं पर कुछ सामान्य टिप्पणियों के साथ शुरुआत करके लेखक ने बाद में पूरी 'प्रणाली' की कटु

[7] Maxwell 1995: 226–28; Andrews University Library Receipt Book, 1816–25, 1825 ff.

[8] Maxwell 1995: 57–8.

[9] Ibid.: 68–9. See also Piggin and Roxborogh 1985, Ch. 6.

[10] Ibid.: 68.

[11] Adam 1818: 160.

आलोचना की है। डॉ. जोसफ व्हाइट द्वारा उसके बैम्पटन व्याख्यान में दिए गए धर्मोपदेशों को सन् 1784 में प्रकाशित किया गया था। उसमें से कुछ उद्धरणों का संदर्भ देते हुए उसने हिंदुओं की एकेश्वरवादी आस्था की चर्चा भी की है। परंतु साथ ही वह कहता है कि हिंदू बहुत सारे गौण देवी-देवताओं की भी पूजा करते हैं जो दुष्टता और मूर्खता से भरे होते हैं। 'हमेशा से बहुदेववाद का अभिन्न अंग रहे दृश्यहीनता से ग्रसित होकर वे मानव प्रकृति को विकृत तथा कलंकित करने वाली कमजोरियों और भावावेगों को अपने देवताओं की विशिष्टता मानकर उनकी प्रशंसा करते हैं'।[12] उस निबंध में और भी बहुत सारे 'अर्थहीन समारोहों, तथा अतार्किक आत्म-संतापों' के साथ ही सती की निर्मम और अमानवीय प्रथा और 'गोंजा (गंगा) देवी' को शिशु बलिप्रदान का विस्तृत वर्णन किया गया था।

अगले साल पुस्तकालय से दूसरी पुस्तक जो डफ ने उधार ली वह थॉमस मौरिस की *The History of Hindostan* (1820) थी। इसका लेखक स्वतंत्र विचारोंवाला अंग्लिकन पादरी विद्वान होने के साथ-साथ एक कवि भी था। *Indian Antiquities* का लेखक होने के नाते वह पहले ही विलियम वार्ड का क्रोध झेल चुका था, जो हिंदू धर्म के प्रति उसके सहानुभूतिपूर्ण विचारों को नापसंद करता था। हालांकि *The History of Hindostan* को इतिहास की पुस्तक के रूप में प्रस्तुत किया गया था पर इसके अधिकांश भाग में हिंदू ब्रह्मांडविज्ञान, हिंदू कालनिर्धारण और पौराणिक कथाओं का ही विवरण था जिसमें 'विष्णु' के दस अवतारों के बारे में सचित्र विवरण प्रस्तुत किया गया था।

इनके अतिरिक्त सन् 1785 में प्रकाशित जोसेफ व्हाइट के धर्मोपदेशों का एक अलग संकलन भी डफ ने सन् 1827 में पुस्तकालय से उधार लिया था। ये सब पुस्तकें सिर्फ हिंदू विश्वास और रिवाजों के बारे में उनके दावों के कारण ही नहीं बल्कि धर्म की प्रकृति के बारे में उनकी पूर्वधारणाओं और हिंदू धर्म के तात्पर्य के प्रति उनकी रुझानों को प्रदर्शित करने के कारण अपना महत्त्व रखता है। उनके बीच यह विश्वास गहरी जम गई थी कि हिंदू धर्म एक 'प्रणाली' है। और भी स्थान पर इसका उल्लेख किया जा चुका है कि यही विचार बहुत सारे प्राच्यविदों का भी था। इसके समानांतर लॉक के विचार को रखा जा सकता था जिसके मुताबिक पूरा ब्रह्मांड एक यांत्रिकी प्रणाली या घड़ी के समान है जिसको बनाकर 'स्वयं महान घड़ीसाज' ने चला दिया है। डफ ने इन विचारों से प्रभावित होकर *India and India Missions* में लिखा कि धर्म एक प्रणाली है। यह अवधारणा बाद में धर्म को एक 'प्रक्रिया' के रूप में देखने की अवधारणा से बिलकुल अलग थी। दूसरी बात, जो बाद में डफ द्वारा दिए गए तर्क की दृष्टि से भी महत्त्वपूर्ण था, वह ये कि ऐडम के विवरण में मौजूद पूर्वधारणा और मौरिस की व्याख्या में सन्निहित विचार के मुताबिक 'हिंदू' धर्म मूलतः 'ब्राह्मणवाद' ही

[12] Ibid.: 164.

था। यानी यह स्वयं ब्राह्मणों द्वारा इसके सभी प्रमुख विचारों को सन्निहित करके तैयार एक ब्राह्मणवादी संरचना थी।[13] अंत में, उनका यह दृढ़विश्वास भी था कि 'वास्तविक धर्म' के अनिवार्य तत्व लोगों के कार्यों अथवा लोकप्रिय प्रथाओं में उतना मौजूद नहीं होते, जितना उनके ग्रंथों में पाए जा सकते थे।

तीस साल से भी पहले की घटना की याद करते हुए डफ ने बताया कि जब वह कॉलेज का छात्र था उन दिनों सर डेविड ब्र्यूस्टर की *Edinburgh Encyclopaedia* में भारत पर एक निबंध का अध्ययन करते हुए उसकी आत्मा 'जैसे मंत्रमुग्ध होकर भारत की ओर पहले से ही स्वतः खिंचती चली गई थी'।[14] यह टिप्पणी केवल इस दृष्टि से ही महत्त्वपूर्ण नहीं है कि इससे सन् 1863 में भारत के लिए विदा होने के समय डफ के विचार स्पष्ट होते हैं और उस देश के लिए उसके मन में पहली बार किस तरह आकर्षण का अनुभव हुआ यह पता चलता है, बल्कि इसलिए भी महत्त्वपूर्ण है कि लगभग निश्चित तौर पर इस निबंध में हिंदू धर्म पर काफी मात्रा में जानकारियां मौजूद थीं।[15]

इस प्रकार सन् 1839 में जब उसने अपनी पुस्तक लिखना आरंभ किया, तब तक डफ के पास जानकारी के द्वितीयक स्रोतों का अच्छा-खासा भंडार तैयार हो चुका था। उसकी पठन सामग्रियों में केवल ऊपर उल्लिखित पुस्तकें ही नहीं बल्कि आगे और भी संदर्भ सूचियां शामिल थीं जिसका उल्लेख उसने अपने परिचय में किया है।[16] हिंदू धर्म पर लिखे गए अध्यायों के लिए जिन लेखों को उसने महत्त्वपूर्ण बताकर रेखांकित किया है वे 'संस्कृत से अंशतः या पूर्णतः अनूदित लेख थे, जैसे कि मनु के विधान, भागवत गीता, रामायण इत्यादि', विभिन्न एशियाटिक सोसाइटियों के बीच होने वाले आदान-प्रदान तथा 'सर डबल्यू. जोंस, विल्किंस, कोलब्रुक, वांस कैनेडी इत्यादि के लेख जिन्होंने प्राच्यविद्या के विस्तृत क्षेत्र के बारे में विस्तारपूर्वक विवरण प्रस्तुत किया था।' इनके अतिरिक्त प्रोटेस्टेंट पादरियों और मिशनरियों जैसे कि बुकानन, हेबर, पेग्स तथा वार्ड के लेखन भी उनमें शामिल थे। भारत के साथ पश्चिमी संबंधों के इतिहास पर आरंभिक अध्याय लिखते समय जानकारों के तौर पर एवं गोस्पेल के प्रचार के लिए अनुकूल क्षेत्र के रूप में भारत के महत्त्व के बारे में लिखते समय मौरिस तथा मिल की कृतियों का भी उल्लेख किया गया था।

[13] Maurice 1820: 49, 54, 56, 78, 87, 137, 158, 396–97.

[14] Smith 1879, Vol. 1: 43–4.

[15] इस प्रविष्टि का सबसे पहला संस्करण ढूंढने में हम असफल रहे परंतु यह निबंध Brewster की *Edinburgh Encyclopaedia* के तृतीय (1830) संस्करण के भाग 12 में प्रकाशित हुआ था। इसमें हिंदू धार्मिक शिक्षणों और प्रथाओं का विस्तृत संदर्भ प्राप्त होता है। डफ द्वारा बाद में लिखे गए लेखों की तरह ही उसने भी ब्राह्मणों की भूमिका एवं हिंदू धर्म में निहित अनिवार्य एकता पर बल दिया और जगन्नाथ उत्सव तथा सती जैसे मुद्दों को प्रकाशित किया।

[16] Duff 1840.: vi–ix.

कलकत्ता के बारे में डफ का अनुभव

अपने समकालीनों की तुलना में डफ ने अनूदित ग्रंथों समेत जानकारी के लिखित स्रोतों का प्रयोग अत्यधिक मात्रा में किया था। परंतु विभिन्न प्रकार की पृष्ठभूमि वाले समकालीन तथा आस्थावान हिंदुओं के साथ उसके प्रत्यक्ष संपर्क कैरी और वार्ड जैसे उन पुराने मिशनरियों की तुलना में बहुत सीमित थे जो स्थानीय भाषा में बड़ी सहजता से बातचीत कर लेते थे, विभिन्न जाति की पृष्ठभूमि के लोगों के साथ धर्म के बारे में विचार-विमर्श करते थे और पूरे देश भर में उपदेश देने के लिए बृहत पैमाने पर यात्राएं किया करते थे। दरअसल एक तरफ हिंदू धर्म पर डफ का अध्ययन और सिद्धांत एवं दूसरी तरफ भारत में विश्वास और रिवाजों के यथार्थ से उसका संपर्क और अनुभव, दोनों के बीच संबंध कुछ दुविधापूर्ण हैं। यह समस्या इतनी गहरी है कि संपूर्ण रूप से उसकी प्रतिक्रिया से यह प्रश्न उठता है कि अगर उसने मिल के उदाहरण पर चलना तय किया होता और इस देश में कभी पांव नहीं रखा होता, तो क्या *India and India Missions* के दो अध्यायों पर कुछ खास असर पड़ता?

इन साक्ष्यों के आधार पर अनुमान होता है कि कलकत्ता में डफ के अनुभव महत्त्वपूर्ण थे लेकिन सिर्फ इसलिए कि वे अनुभव आमतौर पर वहीं तक सीमित थे और प्रायः उसने जो कुछ पढ़ रखा था उनकी पुष्टि ही करते प्रतीत होते थे। प्रबोधन से प्रेरित कैरी, वार्ड तथा अन्य लोगों की तरह वह भी प्रत्यक्ष अवलोकन पर विश्वास करता था। परंतु जो कुछ उसने देखा, तथा सीमित क्षेत्र के जिन थोड़े-बहुत लोगों से मिला और विचार-विमर्श किया, उन सबके आधार पर ही उसने हिंदू धर्म के परिकल्पित जगत के बारे में अपने विचारों को समेकित किया।

हिंदू धर्म पर उसने जो कुछ पढ़ा था, उसमें से अधिकांश तथ्य *बंगाल में* हिंदू धर्म पर आधारित थे। इसलिए जब वह बंगाल पहुंचा तो क्षेत्रीय विभिन्नताओं पर उसकी दृष्टि नहीं पड़ी। अन्यथा अगर इस प्रायद्वीप के किसी अन्य भाग में वह कार्यरत रहता तो संभवतः उसे ये भिन्नताएं दिखाई दे जातीं। उसके द्वारा पढ़ी गई पुस्तकें इतनी अधिक बंगाल की परिस्थितियों पर आधारित थीं कि हिंदू त्योहारों और विभिन्न प्रकार के कर्मकांडों तथा पूजा पद्धतियों को देखने के बाद उसके अनुभव उसकी उम्मीदों से बहुत अलग नहीं थे। वह प्रत्यक्ष रूप से आखों देखी सच्चाई पर यकीन रखता था और इसलिए उसने पूरे मनोयोग से चरक पूजा के अवसर पर मौजूद रहकर, संन्यासियों के जुलूस को स्वयं देखकर, हुक पर लटकने की प्रथा का पालन करनेवाले को अपनी आखों से देखकर, काली घाट के मंदिर में बकरे के खून की बलि चढ़ाने की घटना जैसे और भी अवसरों का स्वयं अवलोकन किया। उसकी पुस्तक में इन सभी तथ्यों का वर्णन मौजूद है जो उसके मन में 'लोकप्रिय अंधविश्वास' की अंकित छवि को पुष्ट करते थे।

डफ ने जो कुछ देखा या जिन लोगों से वह संभवतः मिला, उनमें उसे कुछ भी ऐसा नया नजर नहीं आया जो उसकी मौलिक अवधारणाओं को चुनौती दे, जैसे कि हिंदू धर्म ब्राह्मणवाद ही था, या दूसरे शब्दों में, ब्राह्मणों द्वारा नियंत्रित और संचालित धर्म था। जैसा कि पहले ही बताया जा चुका है डफ के बहुत सारे ब्रिटिश और यूरोपीय समकालीनों की भी हिंदू धर्म के बारे में यही सामान्य समझदारी थी। वास्तव में ब्राह्मणों के महत्त्व के बारे में डफ का विश्वास बंगाल के प्राच्यविदों एवं राममोहन रॉय के साथ साक्षात्कार के बाद और अधिक प्रबल हो गया। राममोहन रॉय का मानना था कि 'वास्तविक हिंदू धर्म' को केवल ब्राह्मणवादी ग्रंथों में पाया जा सकता है। अपने शैक्षणिक मिशन से संबंधित कार्यों के सिलसिले में डफ ने ऊंची जाति के हिंदुओं, खासकर ब्राह्मणों के साथ अपना काफी समय व्यतीत किया था और उसके बाद इस बारे में डफ की धारणा और मजबूत हुई थी। यह सभी को मालूम है कि *India and India Missions* लिखने से पहले डफ एंग्लो-वर्नाकुलर स्कूल प्रणाली को स्थापित करने और सार्वजनिक तौर पर व्याख्यान देने जैसे कार्यों में ही लगभग पूरी तरह से संलग्न रहा था। ये दोनों गतिविधियां केवल ऊंची जाति के हिंदुओं को ही आकर्षित करने के उद्देश्य से प्रेरित थीं।

निश्चित रूप से उसने यह भी जानने की कोशिश की कि अन्य मिशनरी क्या कर रहे थे। उसने उन प्रवचन स्थलों का दौरा किया जहाँ मिशनरी सामान्य लोगों को धर्मोपदेश देते थे। इसके अतिरिक्त बंगाली भाषा के प्राथमिक विद्यालयों में चल रही गतिविधियों का भी मुआयना किया। लेकिन उसे बंगाली भाषा सीखने में थोड़ी कठिनाई हुई थी। भारत के लिए प्रस्थान करने के अवसर पर रेव. टाउनले ने जब उसे कुछ बंगाली पुस्तकें उपहार में दीं तो वह काफी प्रसन्न हुआ था और उम्मीद की थी कि ये उपहार उसे कुछ ही दिनों में 'इस भाषा पर महारत हासिल करने में उसके लिए मददगार साबित होंगे'। उसने एक ब्राह्मण पंडित की मदद से इस भाषा को सीखना आरंभ किया और कलकत्ता पहुंचने के बाद इसमें उसको कितनी सफलता मिल पाई यह संदेहास्पद ही है।[17] लेयर्ड के मुताबिक भारत में अपने आरंभिक दिनों में डफ बंगाली भाषा पर महारत हासिल करने को उतना तवज्जो नहीं देता था और उसका यह रवैया 'यहां आते ही स्थानीय भाषा के अध्ययन को अपना प्राथमिक कर्तव्य बना लेने के सामान्य मिशनरी रिवाज' से अलग था।[18] बहरहाल स्थिति जो भी रही हो, वह अपनी गतिविधियों को मिशनरियों के शब्दों में 'वर्नाकुलर कार्य' के दायरे में सीमित नहीं देखना चाहता था। इसके विपरीत ऐसा लगता है कि उसे यह सुविधाजनक नहीं लगता था और वर्नाकुलर (देशी भाषा) में प्रवचन देने के प्रयास में उसे कठिनाई होने के कारण वह

[17] National Library of Scotland (NLS), Duff Collection: MS7530, F. 10, Duff to Inglis, 14/11/1829; Smith 1879, Vol. 1: 149.

[18] Laird 1972: 208.

हतोत्साहित महसूस करता था। जुलाई सन् 1833 में एडिनबर्ग ऑफिस में डॉ. इंग्लिस को एक पत्र में उसने बंगाल में अपने आरंभिक वर्षों के दौरान दिए गए कई प्रवचन स्थलों में से एक स्थल का वर्णन करते हुए लिखा है कि:

> पिछले बारह महीनो के दौरान मिस्टर मैकके और मैं, जब जैसा अवसर मिला, हमारे आदरणीय ब्रेद्रेन (भाइयों) के साथ उनके स्थानीय प्रवचन स्थलों तक उनके साथ गए... उनमें शामिल होनेवाले अधिकतर निचले तबके के भूले-भटके स्थानीय लोग होते थे—दयनीय रूप से अशिक्षित, अंधविश्वासी और छिद्रान्वेषी। वे ज्यादातर यहां कुछ सुनने, पूछने या कोई जानकारी हासिल करने नहीं बल्कि ईश निंदा और उपहास करने के उद्देश्य से आते थे। आप सहज ही अनुमान कर सकते हैं कि ऐसे लोगों को प्रभावित करना कितना मुश्किल काम है।[19]

हिंदू धर्म के बारे में डफ के मौलिक मूल्यांकन में सालों तक या बंगाल के साथ अपने संपर्क के बावजूद कोई परिवर्तन नहीं आया। न केवल स्कॉटलैंड से ही, बल्कि पहली बार जब गंगा नदी में जहाज से सफ़र करते समय उसे मजबूरन तट पर उतरना पड़ा था, तभी से इस धर्म के प्रति उसका नकारात्मक रवैया स्पष्ट हो गया था। 'हिंदू प्रणाली' के प्रति उसकी नफरत भरी भावना बचपन से ही गहरी जमने लगी थी जिसको अपने अध्ययन से उसने और भी बलवती बना दिया। साथ ही आगे और भी अपने चारों तरफ संकीर्णता भरे माहौल के कारण उसकी यह भावना अक्षुण्ण बनी रही। भारत आगमन पर की गई टिप्पणियों तथा दस साल बाद लिखी गई पुस्तक में शुरू से लेकर आखिर तक उसके इस रवैये की झलक मिलती है। वह बताता है कि जहाज में बैठकर नदी मार्ग से कलकत्ता की ओर धीरे-धीरे बढ़ते हुए उसे विधर्मी (हिदेन) मंदिरों की झलक देखने को मिली और उसने बहुत से 'भ्रमित मूर्तिपूजकों' को गंगा नदी में प्रक्षालन करते हुए देखा था—वह कहता है कि 'इस समय तक यह सबसे गंदी और अपवित्र नदी बन चुकी थी'। तभी भयानक तूफान की चपेट में आकर जहाज नदी तट से टकराकर औंधे पलट गया और उसके सवारी जान बचा कर किसी तरह छोटी-छोटी नावों पर बैठकर नदी किनारे पहुंचे। लेकिन वहां गांववालों ने उनके साथ जो व्यवहार किया उसका अनुभव बहुत अप्रिय रहा। इंग्लिस को पत्र में लिखकर उसने बताया कि:

> यहां पर हमें मूर्तिपूजकों की अब तक अज्ञात महान समाजविरोधी विशिष्टता का साक्षात प्रमाण मिला। हम टूट चुके, थके-हारे और असहाय लोग थे, लेकिन हमें देखकर हिंदुओं का जरा भी दिल नहीं पसीजा: वे निर्भाव खड़े होकर हमें देखते रहे—अचानक दृश्य से ओझल हो गए, उन्होंने छुआ-छूत से बचने के लिए अपनी घृणित झोंपड़ियों के दरवाजे बंद कर लिए—और थककर निढाल हो चुके यात्रियों को आंधी के निर्मम थपेड़ों के आगे अनाश्रित छोड़ दिया।[20]

[19] NLS, Duff Collection, MS7530, F. 164, Duff to Inglis, 30/7/1833.
[20] Ibid., F. 24–6, Duff to Inglis, 28/5/1830.

बाद में लोकप्रिय प्रथाओं के बाह्य स्वरुप का अवलोकन, उन मिशनरियों के साथ मेल-मिलाप जिनकी हिंदू धर्म के प्रति शायद ही कोई सहानुभूति रही हो, राममोहन रॉय तथा उसके मित्रों से संपर्क और सर्वोपरि *विमुख* युवाओं के साथ विचार-विमर्श में उसने इस प्रणाली के निकृष्टतम 'अवगुणों' की पुष्टि होती हुई देखी। साफ़ तौर पर डफ के अधिकांश मुखबिर और छात्र जिनको वह धर्मांतरित करना चाहता था, अपने धर्म से पहले ही निराश थे। इसीलिए हिंदू आस्था के पारंपरिक स्वरुप की विवेकहीनता के बारे में जो कुछ भी डफ कहना चाहता था उससे वे निश्चित ही सहमत हो गए होंगे।[21] उसके व्याख्यान सुनने के लिए बहुत से छात्र या जिज्ञासु हिंदू कॉलेज से आते थे। बहुत सारे तथ्य जिनको बिना प्रमाण के भी वे पहले सही मानते रहे थे, पश्चिमी आलोचनात्मक चिंतन की नई शैली से प्रभावित होने के बाद अब वे उनके बारे में और अधिक अस्पष्ट तथा अनिश्चित सा भाव रखने लगे। अपने परिवार की धार्मिक परंपरा में अब उनका विश्वास नहीं रहा। डेविड हायर, देरोजियो इत्यादि चिंतकों के प्रभाव में आकर उन्होंने यूरोपीय प्रबोधन से जुड़े अत्यंत सुधारवादी विचारों एवं शिक्षणों को आत्मसात कर लिया था। इनमें आनुवंशिक परंपरा के प्रति एक प्रकार की अरुचि थी और वे मानते थे कि सभी धर्मों में आत्म-सेवा की प्रवृत्ति और विवेकहीनता होती है।

इन परिस्थितियों में अन्य साक्ष्यों को देखते हुए ऐसा प्रतीत होता है कि हिंदू धर्म के बारे में डफ की धारणा और प्रतिक्रियाओं पर भारत में उसके अनुभवों का कोई खास असर नहीं पड़ा। भारत में उसने मई सन् 1830 से नवंबर 1834 के बीच साढ़े चार साल व्यतीत किए थे। इस दौरान इस धर्म पर आक्रमण कर उसे बर्बाद करने के बारे में उसके विचार यहां रहकर और अधिक पुख्ता हो गए। अब वह अपनी परंपराओं से उखड़ चुके उन युवाओं के दृष्टिकोण, विचारधारा और दलीलों से और अधिक स्पष्ट रूप से वाकिफ हो गया था जो उसी की तरह उस समय के यूरोपीय बुद्धिजीवी आंदोलनों से अत्यधिक प्रभावित थे। इसलिए उसका शिक्षण वक्तव्य और लेखन के आधार के लिए तर्क और विवेक का आग्रह करता था। स्कॉटलैंड में वह जिस ज्ञान और विचारों से परिचित था उसी की बुनियाद पर उसने सार-संक्षेप में दलीलें तैयार की थीं, जिनसे उसकी शरण में आए वे युवा भी निरंतर परिचित हो रहे थे।

उसके द्वारा हिंदू धर्म का निरूपण

अतएव, डफ ने किस प्रकार से *India and India Missions* में हिंदू धर्म का निरूपण किया? पहला, कि हिंदू धर्म को ब्राह्मणवाद के रूप में देखने के प्रबल विचार को इस पुस्तक में और अधिक दृढ़ता से प्रस्तुत किया गया। वास्तव में 'हिंदू धर्म के सिद्धांत' की व्याख्या करने के लिए डफ ने 'सैद्धांतिक ब्राह्मणवाद' का विवरण प्रस्तुत कर दिया।[22] हिंदू धर्म

[21] देखें खासकर Bose 1960; 37–54.

[22] Duff 1840: vii–viii.

ब्राह्मणवाद था और इस तथ्य की व्याख्या करने के लिए डफ ने जानबूझकर अपने दिमाग से और सब कुछ निकाल दिया और सिर्फ एक रूढ़िवादी ब्राह्मण की कल्पना करते हुए यह अनुमान किया कि उसने इस बात पर क्या जवाब दिया होता। अपनी अध्ययन पद्धति को उजागर करने वाले एक अंश में वह प्राच्यवादी विद्वानों द्वारा लिखे गए विभिन्न प्रकार के लेखों की चर्चा करता है और कहता है:

> एक ही समय में उसके द्वारा पदार्थों का चयन और तिरस्कार—अपने विचारों और दृष्टिकोणों का प्रतिपादन करते हुए जिसने कथित रूप से ब्राह्मणवादी रूढ़िवाद को जन्म दिया—वह (लेखक) अपने ही मौखिक वाद-विवादों और आपसी जिज्ञासाओं के द्वारा किए गए संकलन द्वारा निर्देशित होता रहा है और गंगा नदी के तट पर ब्रह्मा के पुत्रों के साथ अपने चिरपरिचित तथा अभ्यासगत समागम में सालों व्यतीत किए। वास्तव में वह अपने मन की आंखों से निरंतर रूढ़िवादी विचारधारा के शिक्षित ब्राह्मण की छवि रखता है; और उसका सारा उद्यम जटिल विषय के हरेक विभाजन और उप-विभाजन को प्रस्तुत करना है, जैसा कि अनुभव ने उसे सिखाया है। अगर टीकाकार और व्याख्याता की भूमिका निभाने की आवश्यकता पड़ी तो ब्राह्मणवादी सिद्धांत की कुशलतापूर्वक वकालत करनेवाले और प्रतिपादक द्वारा यह प्रस्तुत किया जाएगा।[23]

'वास्तविक' धर्म के बारे में डफ की अवधारणा और उसका यह विचार कि हिंदू धर्म का मूल ब्राह्मणवाद है, बाद के अध्यायों में और अधिक स्पष्ट होकर उभरता है। अपने बहुत सारे समकालीनों की तरह वह भी मानता था कि अनुमानित रूप से ब्राह्मणों द्वारा रचित संस्कृत ग्रंथ ही हिंदुओं के एकमात्र मौलिक लेखन हैं।[24] इसलिए अगर यूरोपीय विद्वानों की उन तक पहुंच हो जाए और वे उनका अनुवाद कर पाएं तो प्राचीन हिंदू धार्मिक लेखन और दस्तावेजों के पूरे संग्रह पर उनका अधिकार हो जाएगा जो बाइबिल की तरह ही व्याख्या कर पाएगा कि हिंदू धर्म से क्या तात्पर्य है। जैसा कि यूरोप में हुआ था, यही वे मौलिक ग्रंथ थे जो डफ की दृष्टि से इसको समझने का सुराग देता था और साथ ही पूरी प्रणाली में एक प्रकार की समरसता तथा एकता प्रदान करता हुआ प्रतीत होता था। डफ ने लिखा कि यूरोप की तरह ही भारी संख्या में लोग एक सामान्य लिखित मानक का आग्रह करेंगे– एक आधिकारिक दस्तावेज जिसमें उनकी मान्यता के अनुसार दैवी श्रुति संग्रहित रहेगी'।[25]

डफ ने हिंदू धर्म की 'एक विस्मयकारी प्रणाली' के रूप में व्याख्या की. उसका मानना था कि वह जाति-व्यवस्था, दमन और भय के सहारे ऊर्ध्व खड़ा था। सामान्य जनता ब्राह्मणों की

[23] Ibid.

[24] Ibid.: 68–9.

[25] Ibid.: 65.

दासता में, और जीवन के बाद किसी प्रकार की मुक्ति की उत्कंठा में तरह-तरह की पाबंदियों तथा आनुष्ठानिक विधि-विधानों में बंधी हुई दास थी। इतना ही नहीं, हिंदू प्रणाली इस पूरे प्रायद्वीप पर लागू होनेवाली 'एक राष्ट्रीय प्रणाली' थी। लेखक के मुताबिक मुसलमान और बहुत सारी 'आदिवासी जनजातियां' जो हिंदुस्तान की घनी आबादी के एक परमाणु से अधिक नहीं थीं, के अतिरिक्त बहुत बड़ी संख्या में ऐसे लोग थे जो 'अंधविश्वास की ब्राह्मणवादी प्रणाली' के अनुयायी थे। उसने बलपूर्वक कहा कि 'प्रजातिगत दृष्टि से... कहें तो ब्राह्मणवादी आस्था भारत की *राष्ट्रीय आस्था* है ठीक वैसे ही जैसे ईसाई धर्म यूरोप की राष्ट्रीय आस्था है'।[26] वास्तव में एक 'ब्राह्मणवादी प्रणाली' के रूप में बौद्धिक तथा साथ-ही-साथ सामाजिक/संरचनात्मक सुसंबद्धता के प्रति डफ का विश्वास इतना गहरा था कि उसका मानना था कि अगर कोई इसके एक भाग पर हमला या अवहेलना करे तो पूरी की पूरी संरचना धराशायी हो जाएगी। उदाहरण के लिए, एक बार अगर विद्यार्थी यह समझने लगें कि हिंदू विज्ञान झूठा है तो वे उसपर संदेह जताना आरंभ कर देंगे और समय के साथ-साथ वे इस पूरी प्रणाली का परित्याग कर देंगे। एक घड़ी के समान इसका हरेक पुर्जा अपनी व्यवहार्यता के लिए उसके बाकी हिस्सों पर निर्भर करता है।

हिंदू धर्म के 'सत्व' के रूप में सर्वेश्वरवाद

डफ के उन विचारों में जेसुइट और समकालीन विचारों की प्रतिध्वनि सुनाई पड़ती है जिनके मुताबिक हिंदू धर्म एक एकीकृत 'प्रणाली' थी जिसको ऊपर से नीचे की ओर देखने पर वह सबसे अधिक स्पष्ट नजर आता है। हालांकि डफ के कुछ अन्य विचार उतने विस्तृत रूप में अभिव्यक्त नहीं थे। उसने स्वयं स्वीकार किया कि हिंदू धर्म के बारे में उसके द्वारा प्रस्तुत व्याख्या में कुछ भी नया नहीं था, लेकिन उसका यह दृढ़ विचार था कि हिंदू धर्म का सत्व सर्वेश्वरवाद और साथ-ही-साथ मूर्तिपूजा में निहित है। हिंदू धर्म के इन दोनों पहलुओं, खासतौर पर सर्वेश्वरवाद और एक बौद्धिक प्रणाली के रूप में हिंदू धर्म की कमजोरियों पर उसने जितना ध्यान दिया, उतना अन्य प्रोटेस्टेंट लेखकों ने नहीं दिया है।

जैसा कि हमने पिछले अध्याय में देखा, वार्ड के मत से हिंदू धर्म 'एक महान प्रणाली' थी जिसके सभी अंग नियमित थे। हिंदू धर्म 'एक परिभाषित और विस्मयकारी वस्तु थी जो दैवी सत्ता में योगी के तन्मय होने से कम नहीं और सामान्य लोगों के लिए शनैः शनैः उसी अवस्था की ओर अग्रसर होने जैसा था।'[27] हालांकि ऐसा लगता है कि इस विचार पर विस्तृत रूप से चर्चा नहीं हुई या इसको उतना विकसित नहीं किया गया (उदाहरण के लिए 'सर्वेश्वरवाद' शीर्षक के तहत), परंतु इसके बावजूद वार्ड के विवरण से स्पष्ट होता है कि वह

[26] Ibid.: 67.

[27] Ward 1817–20, Vol. 1: xxxiv; also Ward 1811, Vol. 1: xxiv.

ब्राह्मण में व्यक्तिगत आत्मा की चरम तन्मयता के बारे में हिंदू शिक्षण का संदर्भ दे रहा था। ऐसा करते हुए वह संभवतः सन् 1785 में प्रकाशित 'गीता' पर विल्किंस की टिप्पणियों की प्रतिध्वनि भी दे रहा था जिसमें विल्किंस का कहना था कि हिंदुओं का यह विश्वास है कि जब तक 'वे सारे पापों से मुक्त नहीं हो जाते' तब तक वे पुनर्जन्म लेने को बाध्य होते हैं और इसलिए 'मुक्ति' या शाश्वत मोक्ष की कामना करते हैं 'जिसके जरिए समझा जाता है कि भविष्य में पुनर्जन्म से छुटकारा मिल जाता है और इंसान उस दैवी सत्ता में तन्मय हो जाता है जिसे ब्रह्म कहते हैं'।[28]

वार्ड की कृति की एक उक्ति डफ की व्याख्या का एक प्रमुख विषय बन गया। उस समय तक (1840) वेदांत, उपनिषद् तथा अद्वैतवाद के हिंदू सिद्धांत के बारे में बहुत कुछ जानकारी प्राप्त हो चुकी थी। सन् 1816 में राममोहन रॉय के अंग्रेजी अनुवाद *Abridgement of the Vedant or Resolution of all the Veds* और तीन साल बाद शंकर के मुंडक उपनिषद् का अनुवाद उस समय की प्रमुख घटना थी।[29] इन कृतियों के अतिरिक्त वेदांत पर टी.इ. कोलब्रुक का निबंध सन् 1827 में *Transactions of the Royal Asiatic Society* में प्रकाशित हुआ।[30] इन सभी कृतियों में जिस तथ्य पर प्रकाश डाला गया उसे 'सर्वेश्वरवाद' कहा गया। इस शब्द की रचना एक अंग्रेजी लेखक जॉन टोलैंड (1670–1722) ने की थी।[31] इसका तात्पर्य है कि सब एक ही ईश्वर का रूप हैं। सन् 1833 में डफ तथा कुछ अन्य लोगों द्वारा संपादित कलकत्ता मिशनरी कांफ्रेंस के एक अंग *Calcutta Christian Observer* में सर्वेश्वरवाद अथवा वेदांतवाद के विषय पर विचारों को प्रमुख रूप से प्रकाशन किया गया था। यह न केवल राममोहन रॉय की मृत्यु का वर्ष था बल्कि यह ब्रह्म सभा के सिद्धांतों और शिक्षण पर आगे और विचार प्रस्तुत करने का काल था। बाद में ब्रह्म सभा का नाम बदल कर ब्राह्मो समाज कर दिया गया। *Observer* में ब्राह्मो पूजा का विस्तृत वर्णन, वेद और वेदांत के बीच संबंध तथा ऐलिक्विस द्वारा 'वेद और वेदांतवादी प्रणाली का अवलोकन' पर प्रविष्टियां शामिल थीं। ऐलिक्विस के मुताबिक उसने इस विषय पर पंडितों से विचार-विमर्श किया था।[32] सन् 1831 में कलकत्ता में युवाओं को सार्वजनिक व्याख्यान की श्रृंखला में डफ ने जिन मुद्दों पर व्याख्यान दिए उनमें एक माया का ब्राह्मण सिद्धांत था। इस सिद्धांत का उसने यह कहकर खंडन कर दिया कि यह बर्केलेयन स्कूल के आदर्शवाद का ही एक प्रकार है।[33] अगस्त 1833 में उसने कथित रूप से इस हिंदू विचार पर 'अलंघ्य

[28] Quoted in King 1999: 121.

[29] इस कृति पर विचार जानने के लिए देखें खासकर Killingley 1993.

[30] Cowell 1873, Vol. 1: 350–401.

[31] Eliade 1987, Vol. 2.

[32] CCO, 1833, Vol. 2.

[33] Maxwell 1995: 162.

आपत्ति' प्रकट की कि आत्मा ईश्वर का एक अंग है।[34] यह भी गौर करने की बात है कि डफ के शिष्य कृष्ण मोहन बनर्जी (1813–85) ने न केवल राममोहन के वेदांतिक संदेशों को अपने प्रतिद्वंद्वी के रूप में देखा बल्कि जगत के परम यथार्थ को इसके द्वारा अस्वीकार करने तथा ईश्वर के साथ एकाकार होने को घातक समझा।[35] वेदांत और सर्वेश्वरवाद पर राममोहन रॉय तथा ब्राह्मो समाज की गतिविधियों पर प्रत्यक्ष प्रतिक्रिया को *Calcutta Christian Observer* में अभिव्यक्त किया गया जो कुछ वर्षों बाद *India and India Missions* में डफ की टिप्पणियों के रूप में दुबारा उभरकर आया।

इसके दर्शन में भिन्नताओं को स्वीकार करते हुए डफ का कहना था कि हिंदू धर्म 'मूल रूप से सर्वेश्वरवाद की एक विस्मयकारी प्रणाली है'।[36] अपनी शब्दावलियों का विकास करते हुए उसने कहा कि 'ये सभी सर्वेश्वरवादी हैं' और उनकी विभिन्न विचारधाराओं का वर्णन किया: जैसे, 'आध्यात्मिक सर्वेश्वरवाद', 'मनो-आदर्शवादी-सर्वेश्वरवाद', 'मनो-पदार्थवादी-सर्वेश्वरवाद' और 'मनो-पदार्थवादी-मिथकीय-सर्वेश्वरवाद'। गद्य की एक जटिल शैली, जिसमें उसके वाक्य कभी-कभी आधे पृष्ठ के बराबर हो जाते हैं, वह अतिरंजित सामान्यीकरण करने लगता है। यदि उसके तर्कों का हम ऊपरी सर्वेक्षण करें तो देखेंगे कि उसका प्रयास यह साबित करना था कि 'ईसाई धर्म के तथ्य और सिद्धांत, हिंदू धर्म के तथ्य और सिद्धांतों से स्पष्टतया विपरीत हैं।'[37] डफ के अनुसार, 'ब्रह्म' 'भारत का परमेश्वर है', 'दस करोड़ लोगों का परमेश्वर!' जिसको 'बिलकुल निष्क्रिय' समझा जाता है,[38] एक आत्मा जिसका कोई नैतिक गुण नहीं है। फिर भी उन सभी विचारधाराओं में भिन्नताओं के बावजूद सब इस बात पर एकमत थे कि यही आत्मा परम और एकमात्र सत्य है।[39] वास्तव में हिंदू धर्म एक ऐसी प्रणाली है जिसमें 'स्वर्ग लोक', 'परम तत्व', 'खेतों के वनस्पति और जंगल के पेड़' तथा सभी जीव-जंतु 'सबको एक ब्रह्मांडीय तत्व और ब्रह्म के एकमात्र अस्तित्व के अंगों के रूप में देखा जा सकता है'।[40] डफ के हिसाब से सृष्टि के बारे में सभी हिंदू व्याख्याएं इस दृष्टि से असंतोषजनक हैं कि दृश्य जगत ब्रह्मांडीय आत्मा से पर्याप्त रूप से भिन्न प्रतीत नहीं होता है। मनो-पदार्थवादी दृष्टिकोण का विवरण देते हुए उसने कहा कि 'यहां पर हम रूककर गौर किए बिना नहीं रह सकते कि एक तरह से हिंदू धर्म की हरेक योजना में सृजन को सृष्टा के साथ घाल-मेल कर दिया जाता है। दोनों के बीच अंतर न केवल लुप्त हो जाता है:—बल्कि उसको बुरी तरह से नष्ट कर दिया

[34] CCO, Vol. 2, 1833: 372.

[35] Killingley 1993: 103.

[36] Duff 1840: 61.

[37] Ibid.: 62.

[38] Ibid.: 55–7, 75.

[39] Ibid.: 85.

[40] Ibid.: 151.

जाता है'।[41] ऐसा लगता है कि हिंदू धर्म की विवधताओं को डफ ने स्वीकार किया पर इसके बावजूद सबको सर्वेश्वरवाद के दायरे में समेट कर रख दिया। एक अद्वैतवादी दर्शन जिसमें मध्व के द्वैतवाद, 'शैव सिद्धांत' की शिक्षा, और 'भक्ति' संतों के भावोद्गारों (ईश्वर से अपने अलगाव के प्रति दुखद रूप से सचेत) का इसमें नगण्य अथवा कोई स्थान नहीं था। अद्भुत वाग्मिता भरे शब्दों में अभिव्यक्त इन दलीलों ने इस सामान्य दृष्टिकोण को निरंतर प्रोत्साहित किया कि सर्वेश्वरवाद ही हिंदू धर्म का सारतत्व और मूल है।

डफ़, मंडी और बौद्धिक आलोचना

डफ की पुस्तक *India and India Missions* में हिंदू धर्म के बारे में उसकी व्याख्या का एक और महत्त्व यह है कि प्रोटेस्टेंटों के बीच प्रचलित कुछ विचारों का उसने और अधिक विकास किया। उदाहरण के लिए इस बात पर उसने और जोर डाला कि प्रकाशना (Revelation) और विवेक (Reason) दोनों साथ-साथ चलते हैं एवं हिंदू धर्म मूलतः एक तर्कहीन प्रणाली है। यद्यपि हिंदू धर्म की तर्कहीनता पर बल देनेवाले ब्रिटिश प्रोटेस्टेंट मिशनरियों में डफ कोई अकेला व्यक्ति नहीं था, लेकिन उसकी दलीलों से जॉन विल्सन (1804–75), जॉर्ज मंडी (1796–1856) इत्यादि उन्नीसवीं सदी के उत्तरार्ध में भारत में सक्रिय मिशनरियों के विचारों को समेकित करने में मदद मिली। जो काम डफ ने अपने व्याख्यानों में और कलकत्ता की कक्षा में किया था वही उसने अपनी पुस्तक के जरिए भी किया। उसने तर्कशास्त्र और दर्शन में जो प्रशिक्षण प्राप्त किया था उन सबका प्रयोग हिंदू आस्था की कमजोरियों और अव्यवहारिकता को प्रदर्शित करने में किया।

जॉर्ज मंडी की *Christianity and Hinduism Contrasted; or a Comparative View of the Evidence by which the Respective Claims to Devine Authority of the Bible and the Hindoo Shastrus are Supported* (1834) हिंदू ग्रंथों और शिक्षण की तथाकथित बौद्धिक कमजोरियों पर बल देने वाली आरंभिक प्रोटेस्टेंट कृतियों में सबसे पहली और महत्त्वपूर्ण कृति थी। सन् 1827 में इसका प्रथम संस्करण बंगाली में प्रकाशित हुआ और तुरंत ही सारा बिक गया। मित्रों ने सलाह दी कि लेखक को इसका अंग्रेजी में भी संस्करण निकालना चाहिए। प्रथम संस्करण के स्वागत से प्रोत्साहित होकर एवं ऊंची जाति के बंगालियों के बीच अंग्रेजी के बढ़ते महत्त्व और प्रसार को अच्छी तरह से महसूस करते हुए मंडी ने अंग्रेजी में एक दूसरा और पहले से बड़ा संस्करण प्रकाशित करने का फैसला किया जो सन् 1834 में प्रकाशित हुआ। उसने बताया कि यह 'प्रथम संस्करण से काफी भिन्न' था जिसमें उदाहरण के लिए, जॉन विल्सन की लिखी पुस्तिका *Exposure of Hindooism* (1832, 1834) से लिए गए कुछ नए तथ्यों को भी शामिल किया गया था।

[41] Ibid.: 106–7.

मंडी ने सन् 1819 में गोस्पोर्ट के एल.एम.एस. की संस्था से अपना प्रशिक्षण प्राप्त किया था। उसके बाद उसकी चिनसुरा में स्कूल मास्टर और धर्म प्रचारक के रूप में नियुक्ति की गई थी।[42] यह स्थान उत्तरी कलकत्ता से कुछ मील दूर एक पुरानी डच व्यापारिक बस्ती थी। यहां पर बंगाल सरकार से अनुदान प्राप्त करके एल.एम.एस. ने प्राथमिक विद्यालयों की एक विस्तृत व्यवस्था का विकास किया। सन् 1818 में लगभग छत्तीस स्कूल थे जिनमें नियमित हाजिर रहनेवाले 2,695 लड़के दाखिल थे।[43] मंडी का प्रमुख कर्तव्य शिक्षण और निरीक्षण था। चिनसुरा में सात साल बिताने के बाद उसने अपनी पुस्तक का प्रथम संस्करण लिखा और सन् 1827 में बंगाली में उसे प्रकाशित किया। उन सात सालों के दौरान उसने मुख्य रूप से हिंदू युवाओं के साथ संपर्क स्थापित किए, जिनमें से कुछ युवा बाद में धर्म प्रचारक (enquirer) भी बने। इन परिस्थितियों में जैसी उम्मीद की जा सकती थी, इस पुस्तक को इसी दृष्टि से लिखा गया था कि यूरोपीय विचारों से लगातार प्रभावित हो रहे विचारशील युवा इस बात पर सहमत हो जाएं कि ईसाई धर्म हिंदू धर्म से श्रेष्ठ है। एक मिशनरी समीक्षक का कहना था कि यह पुस्तक 'हिंदू युवा के लिए हमारी आस्था के साक्ष्यों की एक संक्षिप्त और प्रभावशाली रूपरेखा प्रस्तुत करने का प्रथम प्रयास है'।[44]

उससे पहले वार्ड, जेसुइट इत्यादि की तरह मंडी का भी यही मानना था कि हिंदू धर्म 'ईश्वर द्वारा नहीं बल्कि ब्राह्मणों द्वारा निर्मित' धर्म था।[45] उसका यह भी कहना था कि ब्राह्मणों ने अत्यधिक नियंत्रण द्वारा लोगों को आध्यात्मिक बंधनों में बांधकर रखा जिसके फलस्वरूप 'लोगों की बुद्धि कुंठित' हो गई थी।[46] उसकी टिप्पणियां इसी अवधारणा पर आधारित थीं कि हिंदू धर्म कथित रूप से एक सुसंबद्ध और एकीकृत प्रणाली थी और अपने विश्लेषण के दौरान उसने कई बार शिकायत की थी कि यह अंतर्विरोधों से भरा हुआ है। 'मुहम्मदी, ईसाई और यहूदी इनमें से हरेक का अपना ग्रंथ है जिनको ये क्रमशः अपनी दैवी सत्ता का स्वरुप मानते हैं'; उसने लिखा, 'लेकिन हिंदुओं के लिए स्थिति बिलकुल भिन्न है; इनके पास विभिन्न प्रकार के ग्रंथ हैं जिनको ये शास्त्र कहते हैं, और उनके विषयवस्तु

[42] मंडी एक लीनेन व्यापारी के यहां शिक्षार्थी था और साथ ही संडे (रविवार) को स्कूल शिक्षक के रूप में कार्य करता था। उन्हीं दिनों एल.एम.एस. द्वारा उसे मिशन क्षेत्र के उम्मीदवार के रूप में स्वीकार कर लिया गया। कैरी और वार्ड की तरह उसको भी थोड़ी-बहुत ही औपचारिक शिक्षा मिल पाई थी और उससे आगे वह केवल पढ़ने, लिखने और अंकगणित तक ही पहुंच पाया था। हालांकि बाकी लोगों की तरह जो थोड़ा-बहुत लाभ उसे मिला उसके अतिरिक्त उसको एक मिशनरी कॉलेज में आगे और ज्ञान तथा प्रशिक्षण का भी अवसर प्राप्त हुआ। वह गोस्पोर्ट में एल.एम.एस. की संस्था थी जिसने संभवतः काफी उत्कृष्ट मानदंड हासिल किया था और उसके पाठ्यक्रम में मानविकी एवं विज्ञान दोनों को शामिल किया गया था (CWM, CP, Mundy to Directors, 25/2/1818; Sibree 1923)।

[43] Laird 1972: 72–3.

[44] CCO 1836, Vol. 5: 424.

[45] Mundy 1834: 125.

[46] Ibid.: 126.

एक-दूसरे के इतने विपरीत हैं जितने लगभग कुरान और बाइबिल।'[47] एक दूसरे परिच्छेद में उसने कहा कि दैवी सत्ता के बारे में इन शास्त्रों में जो बताया गया है, उनमें इतना विरोधाभास है और एक-दूसरे से इतने भिन्न हैं कि मार्ग निर्देशन के उद्देश्य से इस विषय पर कोई निश्चित अवधारणा बना पाना या इनके प्रकाश में क्या सही है या क्या गलत है इस बारे में मन बना पाना, किसी भी व्यक्ति के लिए बिलकुल नामुमकिन है।'[48] उसका मानना था कि हिंदू धर्म जैसे 'विविधता भरे स्रोतों पर आधारित और असंगत प्रणाली से सिवाए विभ्रम, विरोधाभास और असंगति को छोड़कर और कोई उम्मीद नहीं की जा सकती।'[49]

ग्रांट और सेरामपोर मिशनरियों की तरह यह लेखक भी हिंदू धर्म में नैतिक मूल्यों के अभाव, लैंगिक रूप से अनुचित व्यवहार और परोपकार की भावना के अभाव को देखकर आतंकित था।[50] परंतु इन नैतिक और सामान्य मानवीय चिंताओं को अगर छोड़ दिया जाए तो आरंभिक प्रोटेस्टेंट मिशनरी लेखनों की तुलना में मंडी की पुस्तक में हिंदू धर्म पर विवेचनात्मक कुशाग्रबुद्धि और बौद्धिक मानदंड के प्रति अधिक आग्रह प्रकट होता है। वास्तव में, उसकी पुस्तक का उपशीर्षक ही उसके दृष्टिकोण को स्पष्ट कर देता है। उसका उपशीर्षक था: 'साक्ष्यों का तुलनात्मक दृष्टिकोण जिसके जरिए बाइबिल और हिंदू शास्त्रों के दैवी सत्ता पर अपने-अपने दावों का समर्थन किया जाता है'। अन्य तथ्यों के अलावा पाठकों से इस बात पर विचार करने को कहा जाता है कि किसी भी प्रकाशना को अपने नैसर्गिक रूप में ईश्वर के बारे में ज्ञान के साथ सुसंगत होना चाहिए। लेखक के शब्दों में यह पुस्तक बढ़ती हुई 'नास्तिकता और बुद्धिवाद' के संदर्भ में लिखी गई थी।[51] इसलिए दलीलों को इस तरह प्रस्तुत किया गया जिससे उम्मीद थी कि लगातार प्रेरक और वैज्ञानिक तर्कों से प्रभावित

[47] Ibid.: 8.

[48] Ibid.: 41.

[49] Ibid.: 244.

[50] उदाहरण के लिए, उसका कहना था कि प्रमुख और गौण देवताओं के जीवन 'सभी के एकसमान अपराधों से अंकित थे'; उनके अपने ऐतिहासिक दस्तावेजों के मुताबिक कमोबेश रूप से वे सभी व्यभिचारी, चोर, झूठे और हत्यारे थे। वे आपस में झगड़ते थे, लड़ते थे और श्राप देते थे, और एक-दूसरे से मारपीट करते थे और ऐसे अपराध करते थे 'जिनके लिए समुचित दंड' के रूप में उनको इसी लोक में पुनर्जन्म लेना पड़ता था (Mundy 1834: 198)। हिंदू त्योहारों और गंगा नदी के किनारे काफी स्पष्ट रूप से प्रदर्शित हिंदू लैंगिक व्यभिचारों और अश्लीलताओं के प्रचलन के बारे में लिखनेवाले एक भारतीय लेखक को मंडी ने बहुत बार उद्धृत किया है; और अंत में, उसने 'ईसाई धर्म की परम परोपकारिता की भावना' के साथ 'हिंदुओं की प्रणाली' की तुलना की है जिसमें उदाहरणस्वरूप उसने मानव कल्याण के प्रति हिंदुओं की उदासीनता, सती के सामान्य उदाहरण (जिसका उन्मूलन हो जाने के बाद भी अगर हिंदुओं के पास इसका अधिकार होता तो वे अब भी इसे जारी रखते), माता-पिता को जल समाधि इत्यादि और अपनी सामाजिक जिम्मेदारियों का त्याग करनेवाले साधु-संतों की जीवन शैली की भी चर्चा की है, जो स्वार्थी होते हैं एवं दूसरे के लिए कुछ भी नहीं करते।

[51] CCO 1836, Vol. 5: 424.

हो रहे हिंदू इसकी ओर आकर्षित होंगे। विश्व के इतिहास और उद्भव के बारे में हिंदुओं की व्याख्या की 'तर्कहीनता' की तुलना में एक ठोस दर्शन के सिद्धांतों और तार्किकताओं को रखते हुए विभिन्न प्रकार के अन्य विषयों पर भी उनकी विषमताओं को प्रस्तुत किया गया था। लेखक द्वारा मूर्तिपूजा की आलोचना भी महत्त्वपूर्ण थी जिसके बारे में लेखक का मानना था कि 'इसके अनुयायियों की बौद्धिक क्षमता' पर 'बुरा प्रभाव' पड़ता है। मंडी के अनुसार, कुछ लोगों का मानना था कि मूर्तिपूजा अज्ञानता का परिणाम है, जबकि वास्तविक स्थिति कुछ और ही थी क्योंकि पत्थर में ईश्वर का रूप देखने की शिक्षा पाने वाले हिंदुओं को 'नैसर्गिक ज्ञान' के निर्देशों की अवहेलना करने को प्रेरित किया गया था और धीरे-धीरे वे 'संवेदनशून्य' स्थिति में आ जाते थे।[52]

सन् 1834 में मंडी की पुस्तक का अंग्रेजी संस्करण सेरामपोर से प्रकाशित हुआ। उसी साल डफ स्कॉटलैंड के लिए रवाना हुआ, जहाँ वह छः साल बिताने के बाद सन् 1840 में कलकत्ता वापस लौटा। उसे भारत में मंडी की कृति को पढ़ने का अवसर तो नहीं मिला पर स्कॉटलैंड में रहते हुए इतना समय उसके पास था कि *India and India Missions* में हिंदू धर्म पर अपने विचार प्रकाशित करने और व्याख्यान प्रस्तुत करने के पहले उस पुस्तक की एक प्रति हासिल करके उसे पढ़ जाए। वास्तव में अगस्त सन् 1836 में *Calcutta Christian Observer* में मंडी की पुस्तक की एक समीक्षा छपी थी।[53] इसमें 'पहले-पहल अंग्रेजी सीखनेवालों' की दृष्टि से इस पुस्तक की भाषा शैली को अत्यधिक जटिल बताया गया है लेकिन साथ ही यह लिखकर तारीफ़ भी की गई है कि 'हिंदू युवाओं के लिए हमारी आस्था के साक्ष्यों की एक संक्षिप्त और प्रभावशाली रूपरेखा प्रस्तुत करने की दिशा में यह प्रथम प्रयास है।' वह समीक्षक लेखक द्वारा 'तुलनात्मक' शैली अपनाने के लिए भी उसकी तारीफ करते हुए कहता है कि 'जिनके बीच हम मेहनत करते हैं' उन लोगों का ध्यान अपनी ओर आकर्षित करने और उनको अपनी बात से सहमत कराने का यही सबसे अच्छा तरीका था। वह समीक्षक किसी यूनानी छद्मनाम से लिखता था इसलिए उसकी पहचान नहीं हो सकी। हालांकि स्वयं डफ कुछ साल पहले तक (1832 में) *Observer* के एक संस्थापक के रूप में काफी सक्रिय रहा था और इस निबंध का लेखक चाहे न भी रहा हो इतना तो तय था कि उसने इसे पढ़ा जरुर होगा या मंडी के कार्यों से परिचित रहा होगा। जो भी हो, एक विवेकपूर्ण संरचना के रूप में हिंदू धर्म की विवेचना और ईसाई गोस्पेल की श्रेष्ठतर विवेकशीलता के समक्ष इसकी कमजोरियों को प्रकाशित करना (जो डफ की *India and India Missions* में हिंदू धर्म के प्रति मूलभूत दृष्टिकोण था) कोई नई बात नहीं थी। मंडी की समीक्षा में इसकी प्रेरणा और विचार मौजूद थे।

[52] Mundy 1834: 113–15.

[53] CCO 1836, Vol. 5: 422–23.

यद्यपि इसमें मौलिकता का अभाव था, पर इसके बावजूद हिंदू धर्म के बारे में डफ के चित्रण ने यूरोपियों और उनके साथ ही कुछ भारतीय पाठकों का ध्यान आकर्षित किया। कुछ हद तक इसके पीछे स्पष्ट वजह यह थी कि डफ ने अपना विवरण खासतौर पर यूरोपीय ईसाई पाठकों को ही ध्यान में रखकर लिखा था। लेकिन इसके साथ-साथ एक और वजह यह भी थी कि वह एक सम्मानित और सफल ईसाई मिशनरी था जिसने ऊंची जाति के धर्म प्रचारकों (Enquirers) को ईसाई धर्म की ओर आकर्षित करने में अप्रतिम सफलता हासिल की थी। उसमें लोगों को अपने दृष्टिकोण से सहमत कराने और एक प्रचारक के रूप में न केवल स्कॉटलैंड बल्कि पूरे ब्रिटेन की आम जनता का ध्यान आकर्षित करने की गजब की क्षमता थी।

डफ की पुस्तक में हिंदू धर्म की प्रकृति और स्वरुप के बारे में कुछ पूर्वधारणाएं निहित हैं और यह हिंदू धर्म की सामान्य रूप से आलोचना करते हुए इसके अनैतिक और अमानवीय होने की ओर सबका ध्यान आकर्षित करता है। इसमें उसके बेकनवादी सिद्धांतों की भी झलक मिलती है। यह उसकी चिंतन शैली का हिस्सा है जो एक विवेकपूर्ण प्रणाली के रूप में हिंदू धर्म पर आक्षेप करते समय प्रकट होता है। इस दृष्टिकोण के साथ-साथ उसका नैसर्गिक धर्म के विचार से लंबे काल तक के संबंध की भी भूमिका रही है। परंतु उसका सर्वोपरि विचार यह था कि सभी इंसान विवेकपूर्ण जीव होते हैं जो तर्क, प्रेरणादायक विवेक और युक्ति के द्वारा सहमत होने की क्षमता रखते हैं। उसका कहना था कि भारत के गौरवशाली दार्शनिकों में भी बहुत से लोग ऐसे थे जिनको 'इतनी बारीक और तीक्ष्ण बुद्धि हासिल थी जितनी शायद ही मानव जाति की किसी संतान को मिली हुई थी।'[54]

'हिंदू धर्म के महान सिद्धांत' शीर्षक दूसरे अध्याय में डफ ने निरंतर 'भ्रांति', 'असंगतता' और 'विवेकहीनता' का संदर्भ देकर अपने परिप्रेक्ष्य को स्पष्ट कर दिया है। उसने लिखा कि 'अभी हमारा उद्देश्य इसका उद्घाटन करना नहीं बल्कि हिंदू धर्म की प्रणाली का प्रदर्शन करना है।' कुछ अयुक्तिपूर्ण तरीके से उसने आगे लिखा कि 'लंबे समय से यह माना जाता रहा है कि बुद्धिमान ईसाईयों की दृष्टि में इसके सिद्धांतों की मर्यादाहीनता और असंगतता ही इसका सबसे बड़ा खंडन है।'[55] यह एक ऐसी आस्था थी जो अपने शैशव काल से ही 'विवेक को बिना शर्त समर्पित कर देने की मांग करता था और सोचने की क्षमता से रहित मौन सम्मति वाली मनःस्थिति को छोड़कर और किसी भी स्थिति को बर्दाश्त नहीं कर सकता था।'[56] उसने कहा कि 'इससे अधिक मार्मिक और क्या हो सकता है जब हम देखते हैं कि हजारों लोग परम सत्य की खोज में डूबकर भी केवल भ्रष्टतम त्रुटियों के भारी अंबार इकट्ठा करते हैं।'[57] इन त्रुटियों में एक बड़ी त्रुटी थी माया की अवधारणा। यह 'तर्क बुद्धि' के

[54] Duff 1840: 63.

[55] Ibid.: 199.

[56] Ibid.: 141–42.

[57] Ibid.: 88.

इतना विपरीत थी कि 'रूढ़िवादी विद्यालयों में अध्ययनरत बहुसंख्यक लोगों को' भी एक ऐसी प्रणाली की आवश्यकता महसूस हुई जो 'सामान्य समझ' तथा 'अनुभूति और चेतना के अस्तित्व के प्रति कम उग्रता' का भाव उत्पन्न करे'।[58] हिंदू धर्म में इन 'त्रुटियों' के कारण यहां तक दावा किया जाता है कि सभी जटिलतम प्रश्नों का जवाब देना संभव है। जबकि इसके विपरीत संतुलित ईसाई आस्था के मुताबिक सब कुछ ज्ञात होने का दावा नहीं किया जाता और यह प्रदर्शित किया कि ईसाई 'ठोस दर्शन और प्रबुद्ध विवेक दोनों के बारे में दर्पपूर्ण मिथ्याभिमान करनेवालों से कहीं अधिक सच्चे अनुयायी थे'।[59] यद्यपि ब्रह्मांड के उद्भव के बारे में 'हिंदू पवित्र ग्रंथों के विवरणों की असंबद्धताएं, असंगतताएं और असंयमितताएं' 'अनंत' थीं, परंतु हाल में गुजरे अतीत से संबंधित 'विविधता भरे अलग-अलग विवरणों में विसंगतियां और भिन्नताएं इतनी विस्मयकारक थीं' जितनी शायद किसी भी अन्य विषय के बारे में नहीं थी।[60] भौतिक जगत और इस पृथ्वी के उद्भव के बारे में उपलब्ध हिंदू विवरणों पर उसने आक्षेप करते हुए कहा कि 'हिंदू खगोल विज्ञान की श्रुतियां' बाइबिल की तरह नहीं थीं और वे 'मुख्यतः चित्रात्मक एवं प्रतीकात्मक' थीं जबकि उसको 'संपूर्ण रूप से शाब्दिक अभिव्यक्ति' द्वारा ही समझा जा सकता था।[61] इसके अलावा भूगोल और इतिहास के बारे में हिंदू अवधारणा 'अत्यधिक बचकानेपन और अतिशयवादिता' का नमूना है जिसके साथ 'असंख्य युगों के इतिहासों' का 'सघन विवरण' प्रस्तुत किया गया है और उनका 'भारत के करोड़ों लोग निरंतर अभ्यास करते हैं और भारी सराहना करते हैं'।[62] वास्तव में डफ के अनुसार, 'सच्चे इतिहास या सच्चे विज्ञान या सच्चे धर्म की झूठी नकल' के रूप में अगर इसे देखा जाए तो 'हिंदू धर्म की अतिशयवादिता' 'निरर्थक से भी बदतर' थी।[63] जैसा कि पहले ही बताया जा चुका है, डफ का यह दृढ़ विश्वास था कि ये अवधारणाएं उन लाखों हिंदुओं के बीच अत्यधिक लोकप्रिय थीं जिन्हें वह 'दिग्भ्रमित धर्मोपासक' कहता था।[64] डफ ने आगे लिखा, 'जो प्रकृति और सत्य की सीमाओं से जितना परे होता है, उसको उतना ही अधिक गंभीर महत्त्व दिया जाता है और उतना ही उस विश्वास को तुरंत बिना कोई प्रश्न किए स्वीकार कर लिया जाता है।'[65]

[58] Ibid.: 98.

[59] Ibid.: 130.

[60] Ibid.: 119.

[61] Ibid.: 118.

[62] Ibid.: 139–40.

[63] Ibid.: 143–44.

[64] Ibid.: 87, 181.

[65] Ibid.: 41.

7 मिशनरी सोसाइटी की सामयिक पत्रिकाओं (Periodicals) में हिंदू धर्म

आरंभिक अध्यायों में हमारा ध्यान प्रोटेस्टेंट मिशनरियों के अनुभव, भारत के बारे में उनके 'ज्ञान', उनके कार्यों की रिपोर्टों तथा उनके चित्रण में प्रतिबिंबित हिंदू धर्म की संरचना पर केंद्रित था। इस अध्याय में हम अपना ध्यान ब्रिटेन में हिंदू धर्म की छवि और अवधारणा के निर्माण और विकास में प्रोटेस्टेंट मिशनरी संगठनों की भूमिका पर केंद्रित रखेंगे। अब तक इतिहासकारों ने इस बात पर बहुत कम ध्यान दिया था कि ब्रिटेन में मिशनरी सोसाइटियों ने इन लिखित तथा सचित्र दस्तावेजों का क्या किया या उनका किस प्रकार संपादन करके फिर से पाठकों के पढ़ने योग्य बनाकर प्रस्तुत किया। इस प्रचार आंदोलन की कुंजी मिशनरी सोसाइटी की पत्रिकाएं थीं। पूरी उन्नीसवीं सदी के दौरान मिशनरी सोसाइटियों के प्रेस से लगातार इनके अंक छपते रहे। लोकप्रिय स्वरुप में मौजूद इन्हीं दस्तावेजों ने हिंदुओं और हिंदू धर्म के प्रति सामान्य जनता की चेतना को जागृत और प्रोत्साहित किया। इन पत्रिकाओं ने भारतीय धर्म के बारे में कुछ आरंभिक ब्रिटिश छवियों को स्वरुप दिया। इनके विचारों और मुद्दों के दायरे को विस्तृत किया और साथ ही, तथाकथित हिंदू धर्म के बारे में एक अधिक सुसंगत (हालांकि यह भी शायद कुछ कम पूर्वाग्रहग्रस्त नहीं था) तस्वीर तैयार करने में मदद की। वास्तव में बहुत सारे सचित्र वर्णनों समेत इस साहित्य की वजह से हिंदू धर्म के बारे में आगे एक ऐसी सामान्य छवि, अवधारणा और अनुभूति का विकास हुआ जो बीसवीं सदी तक इसके बारे में ईसाईयों के अनुमानों और चिंतनों को प्रभावित करता रहा। इन्हीं दस्तावेजों को पढ़कर मिशनरी कार्यों के लिए चयनित उम्मीदवार समुद्रपार के मिशन कार्यक्षेत्रों के बारे जानकारियां हासिल करते थे। कई बार तो वे अन्य उपलब्ध स्रोतों को छोड़कर केवल इन्हीं स्रोतों पर निर्भर होते थे।

जिज्ञासु पाठकों की बढ़ती संख्या

ब्रिटेन में प्रोटेस्टेंट मिशनरी आंदोलन के उत्थान और विकास के साथ-साथ शिक्षा और साक्षरता में भी बहुत तेजी से प्रगति हुई। शिक्षा के लिए न केवल विभिन्न प्रकार के स्कूलों की तेजी से स्थापना होने लगी बल्कि साक्षर लोगों की संख्या भी लगातार बढ़ने लगी। एम.जे. क्विनलान के आकलन के मुताबिक सन् 1780 से 1830 के बीच जब इंग्लैंड की आबादी लगभग 70 लाख से बढ़कर इसका दोगुना लगभग 140 लाख हो गई थी, उस

समय पाठकों की संख्या 15 लाख से पांच गुणा बढ़कर 70 से 80 लाख तक पहुंच गई।[1] इन आंकड़ों में मजदूर वर्ग के बढे हुए पाठकों की संख्या भी शामिल है। आर.के. वेब ने कहा है कि सन् 1830 तक विभिन्न क्षेत्रों से लिए गए औसत के आधार पर इंग्लैंड के मजदूर वर्गों के दो-तिहाई से लेकर तीन-चौथाई के बीच की संख्या में लोग पढ़ने योग्य हो गए थे।[2] तत्कालीन टिप्पणियों और सर्वेक्षणों में तेजी से बढ़ रही साक्षरता का उल्लेख किया गया है। सन् 1832 में एस.पी.सी.के. समिति को एक पर्यवेक्षक ने जो कुछ बताया उससे इस तथ्य पर प्रकाश पड़ता है। उसने कहा कि 'इस देश की आबादी पहली बार पढ़ने-लिखने वाली बन रही है जो ऐसी रुचियों और प्रवत्तियों से प्रेरित है जिनसे पिछली पीढ़ियां अनजान थीं, खासतौर पर प्रेस से प्रभावित होने की संभावना बहुत अधिक हो गई है'।[3] उस समय की कई खास बातों में एक बात थी तेजी से बढ़ते हुए अखबारों की संख्या। उदाहरण के लिए, सन् 1801 और 1831 के बीच जब अखबारों पर भारी कर लग जाने से मुद्रण घटने लगा था, तब केवल आधिकारिक रूप से स्टाम्प लगी प्रतियों का मुद्रण भी सालाना 1,60,85,000 से तिगुना बढ़कर 5,47,69,000 हो गया था।[4] इसके साथ-ही-साथ साहित्यिक पत्रिकाओं की भी मांग तेजी से बढ़ती जा रही थी। सन् 1829 में थॉमस कार्लायल ने *Signs of the Times* में लिखा कि 'हमारे बीच मौजूद सभी छोटे-छोटे संप्रदाय, केंद्रीकरणवादी/एकव्यक्तिवादी, उपयोगितावादी, शिशु बपतिस्मा विरोधी, कपाल विज्ञानी - हरेक की अपनी मासिक या पाक्षिक पत्रिकाएं हैं... अतीत के किसी भी युग में साहित्य, चिंतन के मुद्रित संचारण का इतना महत्त्व नहीं था जितना कि अब है।'[5]

एस.पी.सी.के. से जुड़े आयोजकों की तरह प्रोटेस्टेंट मिशनरी सोसाइटियों के आयोजक भी बढ़ती संख्या में लोगों के विचारों और प्रवृत्तियों को प्रभावित करने में मुद्रण प्रणाली की बढ़ती भूमिका से अच्छी तरह से वाकिफ थे। इसलिए जल्दी ही उन्नीसवीं सदी के प्रथमार्ध में बनी मिशनरी सोसाइटियों के प्रमुख कर्तव्यों में से एक कर्तव्य साहित्यिक पत्रिकाओं का प्रकाशन बन गया। बाद की सोसाइटियों के लिए भी यह स्वतःस्वीकृत कर्तव्य बन गया जैसे कि इस पुस्तक के अध्याय 11 में महिलाओं के संगठन का संदर्भ दिया गया है। उनके द्वारा प्रकाशित बच्चों के साथ-साथ वयस्कों के लिए पत्रिकाओं और पुस्तिकाओं में काफी मात्रा में सचित्र सामग्रियां प्रकाशित होती थीं और बड़ी तेजी के साथ भारत और हिंदू धर्म के बारे में ब्रिटिश जनता की अवधारणा को प्रभावित करनेवाले सबसे सशक्त माध्यमों में से एक बन गईं।

[1] Quinlan 1941: 160–61.

[2] Webb 1955: 22.

[3] Quoted in James 1976: 18.

[4] Ibid.: 17.

[5] Quoted in ibid.: 33.

विशिष्ट सोसाइटियों का प्रतिनिधित्व करनेवाले मिशनरी रजिस्टर और जर्नल्स

पहली अंग्रेजी मिशनरी पत्रिका *मिशनरी रजिस्टर* (Missionary Register) थी जिसमें भारतीय धर्म पर भी काफी टिप्पणियां प्रकाशित की जाती थीं। यह एक मासिक पत्रिका थी जिसका प्रकाशन जनवरी सन् 1813 में आरंभ हुआ था। इसका संपादक रेव.जोसिया प्रैट सी.एम.एस. का संस्थापक सदस्य और सेक्रेटरी था। प्रकट रूप से इसका उद्देश्य 'विभिन्न प्रकार के स्रोतों एवं उनके धर्मांतरण का लक्ष्य रखनेवाली प्रोटेस्टेंट सोसाइटियों की कार्यवाहियों की नियमित रिपोर्टों द्वारा प्राप्त जानकारियों के जरिए विधर्मियों की दुनियां (हिदेन वर्ल्ड) के प्रति जनता को जाग्रत कराना था।'[6] इसके विस्तृत कार्यक्षेत्र और उत्साह की उदारता इस तथ्य से प्रकट होती है कि इसमें एस.पी.जी. के कार्यों की रिपोर्ट और समाचारों के साथ-साथ समुद्र पार के देशों में कार्यरत इंजीली सोसाइटियों की भी खबरें छपती थीं। भारत पर छपनेवाली रिपोर्टों में इस प्रायद्वीप के विभिन्न भागों में भारतीय धर्म के विभिन्न पहलुओं के बारे में मिशनरी विवरण शामिल किए जाते थे जिनमें ब्राह्मणों के साथ वार्तालापों के बारे में रिपोर्ट से लेकर इलाहाबाद का महान मेला, रथयात्रा और दक्षिण में 'शैतान-पूजा' से संबंधित विवरण भी होते थे। मिशन कार्यक्षेत्र के विभिन्न भागों में रहनेवाले सामान्य तौर पर विधर्मी (हिदेन) लोगों, उनके वातावरण तथा उनके सामाजिक एवं धार्मिक रीति-रिवाजों के रेखाचित्रों के आधार पर बनाए गए काष्ठचित्रों को शामिल कर दिए जाने के बाद इस पत्रिका का आकर्षण और अधिक बढ़ गया। सी.एम.एस. के लिए एक शिलिंग प्रति सप्ताह या उससे अधिक का संग्रह करनेवाले तथा अन्य सोसाइटियों के सदस्यों को भी इस पत्रिका की प्रतियां मुफ्त भेजी जाती थीं, जैसा कि चार्ल्स होल (इस सोसाइटी का एक आरंभिक इतिहासकार) का कहना था, 'जहाँ कहीं भी छोटे-से-छोटा संगठन या पेनी सोसाइटी बनती थी उनकी निरंतर मांगों को देखते हुए'[7] इनकी प्रतियां भेजी जाती थीं। इस अखबार का वितरण आयरलैंड के साथ-साथ ग्रेट ब्रिटेन में भी होता था जो प्रति माह सन् 1814 में 5,000 प्रतियों से बढ़कर सन् 1824 में 7,500 हो गया।[8] इसके अलावा जैसा कि इस काल में सामान्य रिवाज था, पत्रिका की हरेक प्रति को विभिन्न लोगों के बीच हस्तांतरित किया जाता और कुछ मामलों में जो लोग पढ़ पाने में असमर्थ होते थे उनके लिए चर्च या अन्य किसी स्थान पर जोर-जोर से पढ़कर सुनाया जाता था।[9]

[6] CMS Minutes, 20/4/1824.

[7] Hole 1896: 409.

[8] Ibid.: CMS Minutes, 20/4/1824.

[9] इस प्रकार सन् 1817 की अपनी वार्षिक रिपोर्ट में *Missionary Register* के प्रभाव का संदर्भ देते हुए सी.एम.एस.कमिटी ने टिप्पणी करते हुए कहा कि 'बहुत से पादरी मिशन के उद्देश्यों के प्रति अत्यधिक उत्साह रखते हुए इससे

सभी प्रकार के प्रोटेस्टेंट मिशनों की प्रगति के बारे में *मिशनरी रजिस्टर* में तो रिपोर्ट छपती ही थी[10] साथ ही और भी बहुत सारे मिशनरी जर्नल थे जो मूल रूप से सांप्रदायिक विचारों से प्रेरित थे। भारत में कार्यरत सभी मुख्य प्रोटेस्टेंट सोसाइटियां जानकारियों एवं प्रचार कार्य के लिए अपना प्रबंध रखती थीं जो हिंदुओं और भारतीय धर्म के बारे में लगभग सांगोपांग विवरण प्रस्तुत करते थे। इन विवरणों का विस्तार कुछ हद तक मिशन की नवीनता, भारत में कार्यरत सोसाइटी के मिशनरियों की संख्या और अनुपात तथा संभवतः कुछ अन्य कारकों जैसे कि सामाजिक-धार्मिक मामलों में ईस्ट इंडिया कंपनी के व्यवहार जैसे कुछ विशिष्ट मुद्दों पर जनता के असंतोष की सीमा इत्यादि पर निर्भर करता था।

इन सामग्रियों का वर्गीकरण करना तो कठिन है पर ऐसा प्रतीत होता है कि आपसी संपर्क के तीन स्तर थे जो एक-दूसरे से आच्छादित हो रहे थे। यही धीरे-धीरे मिशनरी सोसाइटियों में विकसित हो गए, जिन्होंने अपने आधार को विस्तृत किया और उच्च तथा मध्य वर्गीय पाठकों के दायरे से निकलकर निचले वर्गों तथा अन्य वर्गों तक पहुंचे।

ये पत्रिकाएं खास तौर पर 'शिक्षित पुरुषों एवं महिलाओं के लिए' लिखी जाती थीं और बौद्धिक रूप से अधिक उच्चस्तरीय पाठक वर्ग की अपेक्षा रखती थीं। इसके पाठक मुख्य रूप से (पर विशिष्ट रूप से नहीं) ब्रिटिश समाज के मध्यम एवं उच्च वर्गीय लोग हुआ करते थे।[11] इन पत्रिकाओं में केवल विवरणात्मक ही नहीं बल्कि आलोचनात्मक या विश्लेषणात्मक निबंध भी छापे जाते थे। इसके साथ ही चित्रात्मक दृष्टांत और टिप्पणियां, ग्राहक सूचियां तथा यूनाइटेड किंगडम में सोसाइटी के क्रियाकलाप एवं अन्य गतिविधियों के बारे में विस्तृत जानकारियां भी प्रकाशित की जाती थीं। इनमें *Church Missionary Intelligencer, 12* सोसाइटी फॉर द प्रोपगेशन ऑफ़ द गोस्पेल (एस.पी.जी.) की *Monthly Record,* जो बाद में *Mission Field13* बन गया, *Quarterly Chronicle* और उसके बाद उसका अगला प्रकाशन *Missionary Magazine and Chronicle* समेत लंदन मिशनरी सोसाइटी

जुड़ते हैं, अपनी धर्म सेवा के प्रति भारी योगदान करते हुए अपने यजमानों की आत्मिक उन्नति के लिए महीने में कुछ निर्धारित दिन या किसी भी दिन उनके समक्ष व्यावहारिक रूप से पढ़कर सुनाने की विधि को अपनाते हुए वें मिशनरी रजिस्टर से कुछ अत्यंत रोचक भागों को सुनाते हैं, ईसा के साम्राज्य के विस्तार के बारे में उनके साथ आत्मीयता के साथ बातचीत करते हैं और साथ ही गोस्पेल की सफलता के लिए प्रार्थना करते हैं। इस प्रकार से झोंपड़ीवासी और मजदूर अपने सही अर्थों में विश्व के नागरिक बन जाते हैं' (CMS, AR 1817: 355).

[10] सन् 1855 में इसका प्रकाशन बंद हो गया था।

[11] Barnes 1906: 168–69; Stock 1902: 593.

[12] Joseph Ridgeway द्वारा संपादित इस पत्रिका का प्रथम अंक सन् 1859 में प्रकाशित हुआ था। कमिटी ने इस मकसद से इसका प्रकाशन आरंभ किया था कि इस 'बेहतर मासिक प्रकाशन में भूगोल, नृजातिविज्ञान, धर्म इत्यादि के अतिरिक्त विभिन्न प्रकार के मिशन क्षेत्र संबंधित निबंध प्रकाशित किए जाएंगे; साथ ही महत्त्वपूर्ण मिशनरी पत्रों को प्रायः महीनों इंतज़ार के बाद छापने के बजाए तुरंत प्रकाशित किया जा सकेगा' (Stock 1902: 593).

[13] Thompson 1951: 230.

(एल.एम.एस.) के विभिन्न प्रकाशन, *Wesleyan Missionary Notices* बैप्टिस्ट मिशनरी सोसाइटी (बी.एम.एस.) की *Missionary Herald* तथा *Home and Foreign Missionary Record of the Church of Scotland* एवं इसीके समतुल्य सन् 1843 में चर्च ऑफ़ स्कॉटलैंड से अलग हो जानेवाले फ्री चर्च ऑफ़ स्कॉटलैंड के लिए मिशनरी जानकारियों के साथ-साथ होम चर्च समेत अन्य पत्रिकाएं शामिल थीं।

प्रसार-संख्या के आंकड़े हासिल करना मुश्किल है। पर ऐसा प्रतीत होता है कि इनके वितरण की प्रसार संख्या इनके मूल्य और समिति की नीतियों जैसे कि मुफ्त प्रतियां बांटने की नीति इत्यादि के साथ-साथ प्रकाशन की मौलिक अपील पर निर्भर करता था। सन् 1842 में *Home and Foreign Missionary Record of the Church of Scotland* का वितरण औसतन 10,000 प्रतिमाह का था, जबकि फ्री चर्च ऑफ़ स्कॉटलैंड द्वारा प्रकाशित इसकी समतुल्य पत्रिका का वितरण सन् 1856 में 18,260 प्रतिमाह और सन् 1857 में 20,560 प्रतिमाह हो गया था।[14] एस.पी.जी. के *Mission Field* का वितरण सन् 1862 में 4,000 प्रतिमाह से बढ़कर सन् 1869 में 5,000 हो गया था।[15] सन् 1875 में जब *Church Missionary Record* और *Church Missionary Intelligencer* का एक अंक में प्रकाशन आरंभ हुआ था तो औसत मुद्रण 4600 प्रतिमाह था।[16]

इस बौद्धिक स्तर पर 'उच्च स्तरीय' पाठकों की अपेक्षा रखनेवाली पत्रिकाओं के अतिरिक्त और भी कुछ छोटे-छोटे प्रकाशन थे जिन्हें 'त्रैमासिकी' कहा जाता था। इनमें काफी सचित्र वर्णन होते थे और कम पढ़े-लिखे मध्यम वर्गीय तथा मजदूर वर्ग के पाठकों को ध्यान में रखते हुए इनकी सज्जा की जाती थी।

ऐसे लोकप्रिय स्तर के सर्वाधिक सफल प्रकाशनों में एक सी.एम.एस. त्रैमासिकी थी जो *मिशनरी पेपर्स* (Missionary Papers) के नाम से प्रकाशित होती थी।[17] अप्रैल सन् 1816 में आरंभ हुए इस प्रकाशन की सामग्री 'कलेक्टरों' (सोसाइटी की तरफ से जो व्यक्ति धन इकट्ठा करता था) के उपयोग की दृष्टि से रखी गई थी। इन्हें वे कलेक्टर साथ ले जाते थे और सभी नियमित ग्राहकों के बीच बांट देते थे चाहे कोई कितना भी कम अंशदान क्यों न देता हो। चर्च मिशनरी सोसाइटी (सी.एम.एस.) कमिटी के मुताबिक़, 'इन क्वार्टरली पेपर्स (त्रैमासिक पत्रिकाओं) में कुछ प्रमुख तथ्यों तथा किस्सों के लिए निर्धारित कुछ पृष्ठ होते हैं

[14] Weir 1900: 48; *The Home and Foreign Record of the Free Church of Scotland*, Vol. 1 (new series): 3.

[15] SPG, AR 1862, 1867, 1869.

[16] Nemer 1981: 66.

[17] इसका शीर्षक बाद में बदलकर *Church Missionary Paper* कर दिया गया था। इसकी वजह संभवतः यह थी कि अन्य सोसाइटियों ने भी इसी नाम की सावधिक पत्रिकाएं प्रकाशित करना आरंभ कर दिया था।

और इनके अतिरिक्त कुछ पते और प्रेरणादायक उपदेश होते हैं जो मजदूर वर्ग तथा युवाओं के स्तर के अनुकूल बनाकर प्रस्तुत किए जाते हैं; और इनका काष्ठचित्रण किया जाता है।'[18] इन पत्रिकाओं में आमतौर पर पूरे पृष्ठ के आकार के चित्र छापे जाते थे जबकि उन्नीसवीं सदी के उत्तरार्ध से पहले चित्रों का प्रकाशन उतना प्रचलित भी नहीं था। इसके साथ तीन पृष्ठ लिखित मुद्रण के होते थे। ऐसी पत्रिकाओं को तुरंत कामयाबी मिली। उनके द्वारा ऐसे चित्र न केवल पाठकों को प्रेरित एवं स्तंभित करने के लिए प्रकाशित किए जाते थे बल्कि भाषा भी सीधी और सरल रखी जाती थी। ज्यादातर टिप्पणियां मिशनरी क्षेत्र के विभिन्न भागों के धर्मांतरितों और मिशनरियों द्वारा स्वयं लिखी गई होती थीं। इसके अलावा इसे मिशनरी प्रबंधन तथा वित्त संबंधी नीरस विवरणों से मुक्त रखा जाता था इसलिए आमतौर पर पढ़कर समझने में दिक्कत नहीं होती थी।

अपेक्षाकृत गरीब और निचले तबकों के ग्राहकों के साथ-साथ समाज के बेहतर स्थिति वाले वर्गों से उनका आग्रह स्वयं उनकी *पत्रिकाओं* में की गई टिप्पणियों से स्पष्ट होता है। इसके ग्राहक, जो इन त्रैमासिकियों को प्राप्त करते थे, बच्चे, विद्वान, मजदूर, विधवाएं इत्यादि सभी होते थे।[19] इस प्रकार से भारत और हिंदू धर्म (झुकाव चाहे जिधर भी रहा हो) के बारे में कुछ जानकारी निचले स्तर के अंग्रेज झोंपड़ीवासियों[20] या यहां तक कि अनपढ़ मजदूरों के स्तर तक पहुंच रहा था। सी.एम.एस. का *मिशनरी पेपर्स* जो *क्वार्टरली पेपर्स* (क्वार्टरली पेपर्स) के नाम से भी जाना जाता था, उसकी सफलता और प्रभाव इसके मुद्रण तथा वितरण के आंकड़ों से भी प्रकट होता है। इन आंकड़ों के मुताबिक ब्रिटेन में यह उन्नीसवीं सदी की सबसे व्यापक रूप से वितरित मिशनरी पत्रिका थी। इसलिए हिंदू धर्म के चरित्र और आकार-प्रकार बारे में गहरी अवधारणाओं तथा परिकल्पनाओं के निर्माण में इसकी काफी सशक्त भूमिका रही थी। सन् 1819 में इसकी वितरण संख्या वार्षिक 2,68,000 या 67,000 प्रतियां प्रति त्रैमासिकी थी और सन् 1824 में यह आंकड़ा बढ़कर 4,00,000 या 1,00,000 प्रतियां प्रति त्रैमासिकी पर पहुंच गई थी। सन् 1839–40 में यह सोसाइटी 1,65,000 प्रतियां प्रति त्रैमासिकी की दर से मुद्रण कर रही थी[21] और सन् 1905 के आस-पास कुल मिलाकर 7,00,000 प्रतियां या 175,000 प्रतियां प्रति त्रैमासिक की दर से छपने लगी थी।[22] वितरण के इन आंकड़ों की तुलना समकालीन (मसलन 1815 से लेकर

[18] CMS, AR 1817–18: xv.

[19] MP, No. XXII, 1821.

[20] *क्वार्टरली पेपर्स* में जिन झोंपड़वासियों का संदर्भ दिया गया था वे पारंपरिक रूप से अपने मालिक की भूमि पर कम या नाम मात्र के किराए पर रहते थे।

[21] CMS Committee Minutes, 23/7/1839 and 18/7/1840.

[22] Barnes 1906: 166.

1850 तक के बीच) राजनीतिक सुधारवादियों या यहां तक कि घरेलू उद्देश्य से कार्यरत धार्मिक प्रेस द्वारा प्रस्तुत उनके प्रकाशनों की प्रचार संख्या से नहीं की जा सकती।[23] हालांकि यह याद रखना आवश्यक है कि हिंदू और हिंदू धर्म का वर्णन प्रकाशित करनेवाले सी.एम. एस. के प्रकाशनों में एकमात्र उसका *क्वार्टरली पेपर्स* ही था और स्वयं सी.एम.एस. भी इसी विषय पर सामग्रियों को प्रकाशित करने वाले कई प्रोटेस्टेंट सोसाइटियों में अकेला था।

सी.एम.एस. के *क्वार्टरली पेपर्स* की सफलता से ही संभवतः अन्य प्रोटेस्टेंट सोसाइटियों को भी इसी विषय पर काम करने की प्रेरणा मिली। सी.एम.एस. की लोकप्रिय त्रैमासिकी के प्रकाशन के आरंभ करने के दो साल बाद सन् 1818 में लंदन मिशनरी सोसाइटी ने उसका अनुकरण करते हुए अपने साप्ताहिक और मासिक ग्राहकों के प्रयोग के लिए *Missionary Sketches* का प्रकाशन आरंभ कर दिया। सन् 1841 के बाद से इसकी जो प्रतियां उपलब्ध हैं, उससे यही लगता है कि *Sketches* ने सी.एम.एस. के प्रारूप का ही अनुकरण करते हुए चार पृष्ठ छापे जिनमें से पहले पृष्ठ पर मिशनरी कार्य या किसी वस्तु या फिर समुद्रपार के किसी रीति-रिवाज का चित्र छपा होता था। वेस्लेयन मिशनरी सोसाइटी ने भी एक लोकप्रिय पत्रिका के प्रकाशन के अभिप्राय से एक ऐसी ही श्रृंखला प्रकाशित करने का निश्चय किया और सन् 1820 में अपनी *Papers Relative to the Wesleyan Mission, and to the State of Heathen Countries* का प्रकाशन आरंभ कर दिया। सी.एम.एस. और एल.एम.एस. की पुस्तिकाओं की तरह यह भी एक चार पृष्ठीय पुस्तिका थी जिसमें आमतौर पर मुख्य पृष्ठ पर काष्ठचित्र छापे जाते थे।

सन् 1872 में वेस्लेयन *Quarterly Paper* की प्रकृति का वर्णन करते हुए *The Missionary World* के लेखकों ने बताया कि:

> ग्राहकों के बीच निःशुल्क वितरण के उद्देश्य से तैयार की गई इस चार पृष्ठों वाली छोटी सी पत्रिका में सामान्य तौर पर किसी वस्तु या मिशनरी अभिरुचि के दृश्य इत्यादि पर एक खूबसूरत से काष्ठ चित्र के साथ एक वर्णनात्मक निबंध होता है जो इस महान उद्यम में अपनी भागीदारी निभा रहे लोगों में उत्साह और जागृति लाने के लिए एक उत्तम प्रयास है।[24]

एस.पी.जी. ने अपनी *क्वार्टरली पेपर्स* का फ्रांसिसी और वेल्श भाषा के अतिरिक्त अंग्रेजी में प्रकाशन का आरंभ किया। 'निःशुल्क वितरण' के उद्देश्य से प्रकाशित इस अखबार में काष्ठ चित्रों के अतिरिक्त 'सामान्य मिशनरी जानकारियां' होती थीं।[25] सन् 1856 में इस सोसाइटी ने 4,88,050 प्रतियां वितरित कीं या 1,22,000 प्रतियां प्रति तीन महीने के दर

[23] उन्नीसवीं सदी के दौरान ब्रिटेन में धर्म निरपेक्ष और घरेलू उद्देश्य से प्रकाशित और वितरित अखबारों और पत्रिकाओं पर आंकड़ों के लिए देखें James 1976 and *The Newspaper Press Directory*.

[24] Boyce 1872: 415.

[25] SPG, AR 1853: XXXV; Boyce 1872: 415.

से वितरित कीं और यह आंकड़ा सी.एम.एस. के वितरण आंकड़े से बहुत नीचे नहीं था।[26] उन्नीसवीं सदी के दौरान हिंदू धर्म और भारत पर सामग्रियों के साथ अपनी त्रैमासिकी प्रकाशित करनेवाली अन्य सोसाइटियों में एक फ्री चर्च ऑफ़ स्कॉटलैंड थी जो पहली बार सन् 1852 में अपनी *Quarterly Missionary Paper* के प्रकाशन का आरंभ करके इस दौड़ में शामिल हो गई। सन् 1857 में इसको एक नए प्रारूप में प्रकाशित किया जाने लगा था और इसे मिशनरी संस्थाओं में भेजा जाता था जो सन् 1858 में ऐसी 560 फ्री चर्च ऑफ़ स्कॉटलैंड की धर्म सभाओं से जुड़े हुए थे।[27]

अधिक-से-अधिक लोकप्रियता हासिल करने के उद्देश्य से प्रकाशित इन त्रैमासिक अखबारों के अतिरिक्त कुछ पत्रिकाएं विशिष्ट पाठक समूहों के उद्देश्य से भी छापी जाती थीं। जैसे कि बच्चों और महिलाओं के लिए। उस शताब्दी के उत्तरार्ध में महिलाओं के मिशनरी संगठनों में महिलाओं की भागीदारी लगातार बढ़ रही थी। सन् 1842 में खासतौर पर बच्चों के लिए तैयार की गई प्रथम पत्रिकाओं में से एक सचित्र पत्रिका थी *Church Missionary Juvenile Instructor* जिसको लोग प्यार से 'द लिटिल ग्रीन बुक' कहते थे।[28] इस पत्रिका की प्रचार संख्या जल्दी ही 80,000 प्रतियां प्रतिमाह तक पहुंच गई थी।[29] एस.पी.जी. द्वारा प्रकाशित एक और ऐसी ही बच्चों की मासिक पत्रिका *The Gospel Missionary* की सन् 1862 में प्रचार संख्या 23,500 थी।[30] अन्य सोसाइटियों में से एल.एम.एस. ने सन् 1844 में एक मासिक पत्रिका *Juvenile Missionary Magazine* का प्रकाशन किया,[31] वेस्लेयन मेथोडिस्टों ने *Juvenile Offering* और बी.एम.एस. ने *Juvenile Missionary Herald* का प्रकाशन किया था।[32] बी.एम.एस. वाली पत्रिका खासतौर पर बैप्टिस्ट संप्रदाय के विश्राम दिवस स्कूलों से जुड़े बच्चों तथा युवाओं के बीच वितरण के उद्देश्य से प्रकाशित की जाती थी। हिंदू धर्म तथा हिंदू प्रथाओं से संबंधित विषयों समेत अन्य सामग्रियां आमतौर पर सचित्र एवं साफ़ और सरल भाषा में प्रस्तुत की जाती थीं। इनमें से ज्यादातर सामग्रियां किस्से-कहानियों के रूप में प्रस्तुत की जाती थीं जिनमें मिशनरियों की साहसिक कथाओं,

[26] SPG, AR 1857.

[27] *Free Church of Scotland क्वार्टरली पेपर्स*, No. IV, December 1858.

[28] Stock 1902: 592–93. इसका संपादन क्रमशः Rev. Charles Hodgson, Rev. R.C. Billing (जो बाद में बेडफ़ोर्ड का बिशप बना) और Miss E.S. Elliott ने किया था।

[29] Stock 1902: 592.

[30] SPG, AR 1859, 1863.

[31] एल.एम.एस. के मित्रों तथा खासतौर पर स्कूलों के अधीक्षकों एवं सहायकों से सहयोग की आशा करते हुए निर्देशकों ने सन् 1844 में नई मासिक पत्रिका को 'मिशन के उद्देश्यों में युवाओं की रूचि जगाने का प्रयास' बताया। उन्होंने समझाया कि इस पत्रिका के मुखचित्र पर 'एक सुसज्जित आवरण' होगा और इसे आधी पेनी प्रति अंक या तीन शिलिंग और छः पेंस प्रति सौ अंकों की दर से बेचा जाएगा। (*Chronicle,* No. XCVII, June 1844: 96).

[32] Boyce 1872: 414.

धर्मांतरितों के प्रयोगों एवं बहादुरी की दास्तानों के साथ-साथ यह भी शामिल होता था कि किस तरह से 'हिदेन' (विधर्मी) धर्म और प्रथाएं लोगों के दैनिक जीवन में हस्तक्षेप करके उनका शोषण करती हैं। इनके अतिरिक्त उपदेश, कविताएं तथा ईसा के भक्तिपूर्ण और नैतिक संदेश प्रकाशित किए जाते हैं। इन पत्रिकाओं की लोकप्रियता इनकी प्रचार संख्या के आंकड़ों से प्रकट होती है जिसके अनुसार इनमें से सबसे सफल संभवतः वो थीं जिनमें सबके लिए कुछ-न-कुछ सामग्री होती थी।[33] सन् 1846 में LMS *Juvenile Missionary Magazine* के संपादक ने बताया कि पिछले दो सालों के दौरान 40 लाख से अधिक प्रतियों का प्रकाशन किया गया था (जिसकी हरेक प्रति मासिक संस्करण होती थी)।[34] जबकि वेस्लेयन मिशनरी सोसाइटी का इतिहास लिखनेवाले फिंडले तथा होल्ड्सवर्थ के मुताबिक *Juvenile Offering* भी काफी सफल प्रकाशन था।

'उच्च स्तरीय बौद्धिक' साहित्य और बाल मिशनरी साहित्य को अलग से पहचान पाना तुलनात्मक रूप से आसान है, पर इनके अलावा एक मध्यम स्तर का भी साहित्य हुआ करता था जो इन दो बिलकुल अलग प्रकार के साहित्यों के बीच की सामग्री थी। इसका सबसे स्पष्ट और सफल उदाहरण *Church Missionary Gleaner* था। इस अखबार से सी.एम.एस. कमिटी को उम्मीद थी कि यह चर्च मिशनरी रिकॉर्ड और क्वार्टरली पेपर के बीच की जगह ले लेगा।[35] शुरुआत में तो कुछ कठिनाइयां आईं पर बाद में इसकी प्रचार संख्या बहुत बढ़ गई और उस सदी के अंत तक आते-आते इसकी बिक्री 80,000 प्रति प्रतिमाह हो गई।[36] सी.एम.एस. के प्रशासन से संलग्न इरेन बार्न्स ने 1906 में लिखा कि लोकप्रिय निबंधों, सुगठित और तीक्ष्ण संपादकीय तथा संपादक और पाठकों के बीच नजदीकी संपर्क के अतिरिक्त इसके चित्र इसका आकर्षण बहुत अधिक बढ़ा देते थे।[37]

उद्देश्य, संगठन और हिंदू धर्म पर साहित्य के विशिष्ट संदर्भ में कार्यकर्ता

पूरी उन्नीसवीं सदी के दौरान प्रोटेस्टेंट मिशनरी सोसाइटी के प्रकाशनों का प्रमुख उद्देश्य 'मिशन के कार्यों के प्रति' उत्साहवर्धन, विभिन्न मिशनरी योजनाओं के लिए अनुदान राशि में वृद्धि और समुद्रपार जाकर मिशनरी कार्य करने के लिए स्वयंसेवी कार्यकर्ताओं की संख्या में वृद्धि करने में मदद करना था।[38] इस कर्तव्य के साथ-साथ पाठकों को यह

[33] *Juvenile Missionary Magazine,* Vol. 1, June–December 1844, Preface.

[34] Ibid., 1846, Vol. 3, Preface.

[35] Committee Minutes, 14/1/1841.

[36] Stock 1902: 'The Story of the "Gleaner"', Gleaner, 1 January 1918: 5–6.

[37] Barnes 1906: 165.

[38] जोसिया प्रैट (*Missionary Register* का संस्थापक) जैसे कुछ इंजीली और एल.एम.एस. के आरंभिक सदस्य सार्वभौमिक रूप से उदार भाव रखते थे, पर मिशन की वकालत करनेवाले कुछ मिशन उम्मीदवार इत्यादि अपने-अपने संप्रदायों के दृष्टिकोणों के प्रचार के प्रति अधिक समर्पित रहते थे।

समझाना भी पहला और महत्त्वपूर्ण काम था कि विदेशों में भी मिशन कार्य कम-से-कम उतना ही महत्त्वपूर्ण था जितना कि स्वदेश में। साथ ही, विश्व के विभिन्न भागों में रहनेवाले लोगों की आध्यात्मिक स्थिति तत्काल ध्यान देने की मांग करती थी। इसलिए पहले एक शैक्षणिक कार्यक्रम की आवश्यकता हुई जिसमें पाठकों को उस जनता की विशिष्ट आवश्यकताओं, धार्मिक पृष्ठभूमि और संदर्भ के बारे में और अधिक जानकारियां दी जाने लगीं।

इन सरोकारों के अतिरिक्त और भी छोटे-छोटे लक्ष्य थे, जिनमें से कम-से-कम एक खासकर भारत से संबंधित था और वह था हिंदू धार्मिक संस्थाओं और प्रथाओं के बारे में सरकारी नीतियों में परिवर्तन लाना। भारत में मिशनरियों के साथ विभिन्न मिशनरी सोसाइटियों ने ईस्ट इंडिया कंपनी की 'धार्मिक निरपेक्षता' की नीति के प्रति सच्चे सरोकार की कमी और उनके लगातार 'मूर्तिपूजा के साथ संबंध' से असंतुष्ट होकर अपनी पत्रिकाओं के जरिए आम जनता के विचारों को प्रभावित करने तथा कंपनी की नीतियों को बदलने को मजबूर करने का प्रयास किया। इसलिए भारत में हिंदू धर्म के साथ ही ईसाई धर्म का विषय भी एक महत्त्वपूर्ण सार्वजनिक प्रश्न था, जिसको उन्नीसवीं सदी के प्रथमार्ध की मिशनरी साहित्यिक पत्रिकाओं में अतिरिक्त स्थान दिया गया था।

मिशनरी सोसाइटी के प्रकाशनों ने भारतीय ईसाइयों के साथ पक्षपातपूर्ण व्यवहार को देखते हुए उसपर आक्षेप किया। उदाहरण के लिए, नागरिक सेवाओं में रोजगार के लिए उन्हें अनुपयुक्त ठहराने की नीति और आनुवंशिक संपत्ति को उत्तराधिकार में प्राप्त करने की दृष्टि से अयोग्य ठहराने की नीतियों का विरोध किया।[39] परंतु ब्रिटिश सरकार की ओर से सती तथा अन्य प्रथाओं पर रोक लगाने से लगातार इनकार करने एवं मंदिरों तथा अन्य हिंदू संस्थाओं के लिए अनुदान, देखभाल और प्रबंधन के बारे में इसकी आधिकारिक नीतियों ने मिशनरी प्रेस का सबसे अधिक ध्यान आकर्षित किया और निरंतर भारी आलोचना करने के लिए प्रेरित किया।

इस दौरान *मिशनरी रजिस्टर* तथा सी.एम.एस., एल.एम.एस., बैप्टिस्ट एवं अन्य समाजों से जुड़ी पत्रिकाओं ने मिलकर ईस्ट इंडिया कंपनी द्वारा सती प्रथा को गैर कानूनी ठहराने में देरी करने और उसमें टाल-मटोल करने के कारण आक्षेप किया। उदाहरण के लिए, *Register* और सी.एम.एस. की *क्वार्टरली पेपर्स* दोनों में प्रस्तुत निबंधों में इस प्रथा को समाप्त करने के लिए विलियम वार्ड की दलीलों को रखा गया था[40] और चित्रों के जरिए विधवाओं को मृत्यु के लिए तैयार होते हुए या तैयार की जाती हुई दिखाया गया। एक अत्यंत विचलित कर देनेवाले चित्र में एक स्त्री को धुंए के बादल और आग की लपटों में स्वयं को समर्पित करने को अग्रसर होते हुए दिखाया गया है जो संभवतः किसी 'स्थानीय चित्रकार'

[39] MR September 1832.

[40] MR June 1822 and CMS MP No. XXVI, 1822.

चित्र 7.1: 'जलती चिता की अग्नि में कूदकर अपनी आहूति देती हुई एक हिंदू विधवा'

यह चित्र *मिशनरी पेपर्स* (No. XXXIV, 1824) में प्रकाशित हुआ था। ब्रिटिश मिशनरी सोसाइटी ने सॉल्विंस की कई कृतियों का पुनर्मुद्रण किया था जिनमें से यह एक था। इस कृति के बारे में कलाकार का कहना था कि उस समारोह में स्वयं मौजूद रहकर उसने जो देखा यह उसी पर आधारित था।

ने ही बनाया था।[41] इस चित्र को वास्तव में फलेंडर्स निवासी किसी बाल्ज़र्ड सॉल्विंस ने उत्कीर्ण किया था जो सन् 1791 में कलकत्ता आया था। उसने स्वयं अपनी आंखों से एक ऐसे घटना स्थल पर मौजूद होकर देखा था कि एक विधवा स्त्री 'पूरी हिम्मत और दृढ़ निश्चयता के साथ' किस तरह से आग में कूद गई थी और उसी दृश्य पर आधारित उसकी यह कृति थी।[42] हालांकि हार्डग्रेव ने संकेत किया है कि इस उत्कीर्णन पर आगे और व्याख्या की जरूरत है और शायद इसलिए बहुत सारे मिशनरी प्रकाशनों में इसको छापा गया है। इस चित्र में उस स्त्री के पीछे संभवतः एक ब्राह्मण पुरोहित खड़ा है जो शायद इस अंदेशे में है कि कहीं वह स्त्री अचानक घबरा जाए या अपना मन बदल डाले तो उस समय वह उसे धक्का दे सके। उसी तरफ से विधवा के साथ और भी लोग खड़े हैं (शायद उस स्त्री के रिश्तेदार हों?) जो उसे आग में कूद जाने के लिए प्रोत्साहित कर रहे हैं जबकि सामने चित्र की उलटी तरफ से दो पहलवान युवा बांस के डंडों के साथ खड़े हुए हैं ताकि वह स्त्री एकबार चिता पर कूद जाने के बाद छटपटाकर भागने की कोशिश करेगी तो उसे बांस के डंडे के सहारे धकेलकर अंदर कर देंगे। इस प्रकार के चित्रण से जो लोग पढ़ पाने में अक्षम थे उनलोगों को भी 'हिंदू प्रणाली' की अत्यंत भयावह और अमानवीय प्रथाओं में से एक के रूप में जानी जानेवाली इस प्रथा को प्रकट रूप से देखने का अवसर मिला।

जैसा कि ऊपर लिखा गया है, *मिशनरी रजिस्टर* और सी.एम.एस. तथा एल.एम.एस. की पत्रिकाएं कंपनी द्वारा मंदिरों को दिए जानेवाले संरक्षण और प्रबंधन पर खुलकर आक्षेप करती थीं।[43] हिंदू संस्थाओं को समर्थन वापस लेने के लिए निर्देशकों द्वारा उठाए गए कदमों को लागू करने में भारत सरकार की असफलता का संदर्भ देते हुए *मिशनरी रजिस्टर* ने निवर्तमान व्यवस्था में कंपनी की मौजूदा वित्तीय हितों पर जेम्स पेग की टिप्पणियों को समर्थन देते हुए प्रकाशित किया।[44]

'हिंदू मूर्तिपूजा' के साथ अंग्रेजी भारतीय प्रशासन के लगातार संबंधों के खिलाफ आंदोलन की प्रगति को *मिशनरी रजिस्टर* और एल.एम.एस. की *Magazine* तथा *Chronicle* ने दर्ज किया था। दक्षिण भारत में मंदिर संस्थापनाओं की दैनिक देखभाल में किस तरह से अधिकारीगण उलझे रहते हैं इसपर रेव.एडमंड क्रिस्प द्वारा दिए गए विस्तृत विवरण पर *Register* में रिपोर्ट छपी थी।[45] एल.एम.एस. की एक वार्षिक बैठक में वक्तव्य

[41] CMS, MP, No. XXXIV, 1824.

[42] For a commentary on this etching and on some of Solvyns' other work see Hardgrave 1998.

[43] *Chronicle,* No. 9, February 1837: 140.

[44] MR November 1836: 511.

[45] MR August 1837: 349–51.

प्रस्तुत करते हुए क्रिस्प ने मंदिरों की मरम्मत, मंदिर सेवाओं का रख-रखाव, कर्मचारियों की नियुक्ति और बर्खास्तगी (जैसे चावल पकानेवालों, संगीतज्ञों और यहां तक कि नाचनेवाली लड़कियों), मंदिर के रथों को खींचनेवाले मजदूरों तथा जनता के खजाने में जमा होनेवाली अकूत संपत्ति में ब्रिटिश अधिकारियों के संलग्न होने का संदर्भ दिया। क्रिस्प के इस कथन का उल्लेख किया गया है कि दक्षिण भारत के मंदिरों के प्रशासन में कंपनी के शामिल होने से 'मूर्तिपूजा' को प्रोत्साहन मिलता था और मिशनरियों के लिए मूर्ति पूजा के खिलाफ तर्क देने में और अधिक कठिनाई होती थी जबकि *रजिस्टर* ने उत्तर भारत की घटनाओं पर भी सबका ध्यान आकर्षित किया। 'द टोटरिंग ऑफ़ जागरनॉट' (जगन्नाथ की डावांडोल स्थिति) शीर्षक एक अनुच्छेद में उसने ओडिशा में जनरल बैप्टिस्ट मिशन के रेव.चार्ल्स लेसी की रिपोर्ट का संदर्भ दिया है जिसमें सरकार द्वारा पिलग्रिम टैक्स (तीर्थयात्री कर) को 'तुरंत और पूरी तरह से समाप्त' कर देने की सिफारिश की गई थी।[46] परिणामस्वरुप अगले साल जुलाई 1840 में *Register* की रिपोर्ट के अनुसार सरकार ने इलाहाबाद, 'ग्याह' (गया) और पुरी में 'देव मूर्तियों' के साथ सभी प्रकार के संबंध भंग कर लिए।[47]

ऐसी नीतियों के खिलाफ पूरे आंदोलन के दौरान ब्रिटिश जनता को हिंदू धर्म की प्रथाओं की विभिन्नता और प्रकृति से संभावित संबंधों के बारे में बेहतर और पैनी जानकारी मिलती रही। वास्तव में भारतीय धर्म से संबंधित मुद्दों की गहराई और उनपर बारंबार उठ रहे विवादों से न केवल मिशनरी की वार्षिक बैठकों जैसे अवसरों पर श्रोता इकट्ठे हो जाते थे बल्कि जांच के लिए संसदीय कमिटियां स्थापित होने लगीं, जिन्होंने ईसाई मिशनों के समर्थकों समेत सभी लोगों के लिए हिंदू विश्वास और प्रथा पर और जानकारियां (चाहे पक्षपातपूर्ण ही सही) उपलब्ध कराईं।

ब्रिटेन में 'हिंदू धर्म' का जिस प्रकार से चित्रण किया गया और उसके लिए अंततः जो जिम्मेदार थे उनमें मिशनरी और धर्मांतरित लोग, उन सामग्रियों को व्यवस्थित करने या उन पर टिप्पणी करनेवाले संपादक, काष्ठचित्रों के लिए चित्रांकन करनेवाले कलाकार और अंत में बाद की तारीख में फोटोग्राफ़र या फोटोग्राफी के विशेषज्ञ आते थे, जिन्होंने लगातार लोकप्रिय हो रही फोटोग्राफी से संबंधित सामग्रियां उपलब्ध कीं।

ब्रिटेन में साहित्यिक पत्रिकाओं में हिंदू धर्म पर अधिकतर टिप्पणियां मिशनरियों की ओर से की जाती थीं। उनमें ज्यादातर वे लोग थे जो इस विषय पर प्रश्न पूछने और उसके बारे में जानकारियां हासिल करने के प्रति काफी उत्सुक रहते थे। इनमें से सबसे अधिक प्रसिद्ध लोगों में विलियम वार्ड (बी.एम.एस.), एलेग्जेंडर डफ़ (फ्री चर्च ऑफ़ स्कॉटलैंड, एफ़.सी.एस.), एलिजा हुले (वेस्लेयन मेथोडिस्ट मिशनरी सोसाइटी, डबल्यू.एम.एम.एस.),

[46] Ibid., जुलाई 1839: 352.

[47] Ibid., जुलाई 1840.

पीटर पर्सिवल (एस.पी.जी.), विलियम आर्थर (डबल्यू.एम.एम.एस.) और जेम्स वॉन (सी. एम.एस.) थे जिनमें से हरेक के बारे में पहले ही चर्चा की जा चुकी है। इनके अतिरिक्त कुछ और भी ऐसे लोग थे जिन्होंने शायद इस विषय पर कोई पुस्तक तो नहीं लिखी पर पाठकों के लिए इस पर जानकारियां हासिल करने और लिखने के लिए काफी उत्साहित रहते थे। इनमें प्रमुख रूप से पुराने अनुभवी मिशनरी थे जिनमें से अधिकतर स्थानीय भाषा के ज्ञान में काफी निपुण हो चुके थे और अपने कार्यक्षेत्र में काफी समय बिता चुके थे। इनमें जॉर्ज गोगरली, ए.एफ.लक्रवा एवं चार्ल्स मीड थे और ये सभी एल.एम.एस., जी.यू.पोप (एस. पी.जी.), सैमुएल हसेल इत्यादि से थे।

ब्रिटेन में हिंदू धर्म के बारे में जो धारणा बनी, उसको बनाने में संपादकों द्वारा सामग्रियों के चुनाव, विभिन्न परिच्छेदों पर परिचय लेखन, लेखकों के चयन और स्वयं उनके द्वारा की गई टिप्पणियों की भी महत्त्वपूर्ण भूमिका रही थी। उदाहरण के लिए, संपादक, उप-संपादक या संपादकीय कमिटी ही यह निर्णय लेती थी कि कौन से मिशनरी पत्रों, जर्नलों और पत्राचारों से लिए गए कुछ उद्धरण सोसाइटी के जर्नलों में प्रकाशित किए जाएंगे। उनका यह भी कर्तव्य था कि आवश्यकता पड़ने पर उन विवरणों में कुछ शुद्धिकरण भी करें और जरूरत हुई तो संपादकीय टिप्पणी और पाठकों की सुविधा के लिए उनकी व्याख्या भी कर दें। दरअसल कभी-कभी मौलिक रिपोर्टों पर इन व्याख्यात्मक टिप्पणियों या अपनी ओर से उनके द्वारा अपने विचारों की परत चढ़ा देने के कारण हिंदू विश्वास और प्रथाओं के बारे में जर्नल विशिष्ट दिशा की ओर झुका हुआ होता था।

ऐसा प्रतीत होता है कि इन संपादकीय कर्तव्यों का अधिकतर हिस्सा मिशन के सचिवों या उनके सहायकों के जिम्मे होता था। उदाहरण के लिए, उन कार्यों के बारे में विस्तृत और लंबी रिपोर्ट लिखते हुए सी.एम.एस. के रेव.जोशिया प्रैट और उसके सहयोगियों ने बताया कि सोसाइटी द्वारा तीन प्रमुख अधिकारी नियुक्त किए गए थे—प्रैट (मुख्य सचिव), रेव.एडवर्ड बिकरस्टेथ (सहायक सचिव) और डैंडरसन कोट्स (सामान्य सचिव)। प्रैट का अधिकांश समय *मिशनरी रजिस्टर* के संपादक के रूप में व्यतीत हुआ। हालांकि वह और उसके सहयोगी, सोसाइटी के अपने प्रकाशनों के लिए भी जिम्मेदार थे जिनमें *Quarterly* और *Mission Papers* भी आते थे, जिनके 'आकार-प्रकार की तुलना में इनमें कहीं अधिक मेहनत' लगी थी।[48] पूरी उन्नीसवीं सदी के दौरान एस.पी. जी. के सचिवों के कर्तव्यों में संपादकीय कार्य भी शामिल होते थे।[49] और ऐसा प्रतीत होता है कि उस काल की बैप्टिस्ट, वेस्लेयन और लंदन मिशनरी सोसाइटियों की भी यही कार्यपद्धति थी।

[48] CMS Minutes, 20/4/1824.

[49] Thompson 1951: 230.

इस कार्य में कभी-कभी कमिटी के बाहर से भी कुछ उत्साही और मेहनती लोगों की मदद ली जाती थी। उदाहरण के लिए, फ्री चर्च ऑफ़ स्कॉटलैंड की *Quartetly Mission Papers* की प्रथम श्रृंखला (1852–57) का संपादन बंगाल अपीलेट कोर्ट (सदर दिवानी अदालत) में न्यायाधीश रह चुके मिस्टर जस्टिस हॉकिंस ने किया था।[50] *Church Missionary Gleaner* को बाद में एक आधिकारिक प्रकाशन के रूप में स्वीकार कर लिया गया था। पर इसकी शुरुआत रेव.चार्ल्स हॉडसन ने स्वयं अपनी पहल पर की थी। वह एक पादरी था जो यॉर्कशायर में सी.एम.एस. के लिए आनरेरी एसोसिएशन सेक्रेटरी (अवैतनिक संस्था सचिव) पद पर बहुत दिनों तक कार्य कर चुका था।[51] सी.एम.एस. ने संभवतः ब्रिटेन में अन्य किसी भी मिशनरी सोसाइटी से अधिक साहित्यिक पत्रिकाएं प्रकाशित की थीं और उसके मामले में पहली बार सन् 1850 में संस्था ने 'संपादकीय सचिव' नामक एक पद की रचना करके इस काम के बोझ को काफी कम कर दिया और यह पद पूरी उन्नीसवीं सदी के दौरान बना रहा। इस पद पर पहली नियुक्ति रेव.जोसफ रिजवे (रेक्टर ऑफ़ हाई रोडिंग, एसेक्स) की हुई थी जो इस पद पर 21 सालों तक बना रहा।[52] उसके बाद उसके स्थान पर यूजीन स्टॉक की नियुक्ति हुई जिसने सन् 1871 से लेकर उस सदी के अंत तक सोसाइटी के संपादकीय सचिव का पदभार संभाला था। लंदन मिशनरी सोसाइटी ने अपनी शतवार्षिकी के अवसर पर सन् 1895 में एक संपादकीय सचिव की नियुक्ति की थी।[53]

कुछ मिशन सचिव जिनमें एलिजा हूले और विलियम आर्थर का नाम प्रमुख रूप से आता है, ये दोनों भारत में मिशनरी के रूप में काम कर चुके थे और इन्हें हिंदू धर्म पर टिप्पणीकारों के रूप में भी जाना जाता था। एलिजा हूले डबल्यू.एम.एम.एस. के एकमात्र सचिव पद (1834–51) पर रह चुका था और विलियम आर्थर उसी सोसाइटी में सह-सचिव (1851–680) रह चुका था। पर ये दोनों किसी नियम के तहत नहीं बल्कि अपवादस्वरूप ही इस पद पर कार्यरत थे। भारत से संबंध रखनेवाले ज्यादातर मिशनरी सचिव संभवतः सामान्य पादरी ही थे जो कभी वहां रहे नहीं और न ही वहां के लोगों की भाषा सीखने की कभी कोशिश की या यहां के लोगों से किसी प्रकार का संपर्क ही स्थापित करने की कोशिश की। निश्चित रूप से यह सच है कि मिशन के प्रति उनका अत्यधिक लगाव था और इस प्रायद्वीप के विभिन्न भागों से भारी मात्रा में होनेवाले मिशनरी पत्राचारों का वे अक्सर

[50] *Foreign Missions of the Free Church of Scotland,* No. 1, *'India. Afield for Missionary Effort',* Edinburgh (n.d.).

[51] Gleaner, 1/1/1918: 5–6.

[52] Stock 1899, Vol. 2: 51. इस पूरे काल में उसने *Intelligencer* का संपादन किया और साथ ही उसकी देख-रेख में *CM Record* तथा अन्य छोटे-छोटे अखबार भी छपते रहे।

[53] Lovett 1899, Vol. 2: 720.

अध्ययन करते थे। हालांकि उनका प्रमुख कर्तव्य बृहत्तर दृष्टिकोण रखते हुए पूरे मिशन के सुचारू रूप से संचालन और प्रगति पर ध्यान रखना था और केवल भारत में ही नहीं बल्कि विश्व के दूसरे हिस्सों में भी उनकी सोसाइटी कार्यरत थी या भविष्य में कार्य करने की योजना बना रही थी। दूसरे शब्दों में, मिशनरी पत्रिकाओं के संपादकों से उम्मीद की जाती थी कि वे केवल अपने विशिष्ट कार्य के विशेषज्ञ के रूप में ही नहीं और केवल भारत पर ही केंद्रित होकर नहीं, बल्कि विभिन्न क्षेत्रों के बारे में भी जानकारी रखेंगे जिनमें वेस्ट इंडीज, चीन, अफ्रीका, मध्यपूर्व एशिया, प्रशांतसागर इत्यादि क्षेत्रों के साथ-साथ भारत के बारे में भी अच्छी समझ रखेंगे।

दूसरे, मिशनरियों से भिन्न संपादकों का दैनिक कर्तव्य 'निवासीय स्थान' की जनता को दृष्टि में रखते हुए प्रचार और प्रोपगंडा करना था। उनका प्रमुख एवं कभी-कभी पूर्णकालिक कर्तव्य होता था कि अपनी ग्राहक संख्या बढ़ाएं और पाठकों को समुद्रपार मिशन कार्य के लिए स्वैच्छिक सेवा दान करने को प्रोत्साहित करें। हालांकि क्षेत्रों में कार्यरत मिशनरियों को मिशन समर्थकों के विचारों या ब्रिटेन में आम जनता के रवैयों की थोड़ी फ़िक्र तो रहती थी पर अधिकतर मिशनरियों को दैनिक जीवन में जिन समस्याओं का सामना करना पड़ता था उनमें ऐसे मुद्दे एक छोटा सा ही स्थान रखते थे। वास्तव में मिशनरी या संपादक के रूप में उनकी भूमिकाओं के विभिन्न उद्देश्यों और समझदारियों से ऐसा लगता है कि कभी-कभी मतभेद भी उत्पन्न हो जाते थे। ऐसे मतभेद का उदाहरण प्रैट तथा विलियम ग्रीनवुड के बीच हुए पत्राचारों में देखा जा सकता है। जैसा कि ऊपर बताया गया है, प्रैट सी.एम.एस. का सचिव और *मिशनरी रजिस्टर* का संपादक था और ग्रीनवुड सी.एम.एस. का भारत में पहला इंग्लिश मिशनरी था। स्पष्ट रूप से प्रैट उदार विचारोंवाला व्यक्ति था और हिंदू धर्म के बारे में कहीं अधिक गंभीर विचार रखता था। उदाहरण के लिए, *Papers Relative to the Wesleyan Missions* के संपादक के विचारों के साथ उसकी तुलना करके देखा जा सकता है। लेकिन फिर भी वह पगानों के बारे में निंदनीय विवरण अपने देश भेजने में ग्रीनवुड की असफलता पर उसकी भर्त्सना नहीं करना चाहता था।[54] ग्रीनवुड हिंदुओं के बीच इंजीलवाद के प्रचार पर अपना ध्यान केंद्रित रखता था जबकि प्रैट नए अनुयायियों को प्रोत्साहित करने के अतिरिक्त प्रोपगंडा पर भी ध्यान रखता था। प्रैट जैसे मिशन-संपादक मिशन के प्रति लोगों में रूचि जगाने और उत्साह बढ़ाने के प्रति अधिक झुकाव रखते थे जबकि कुछ मिशनरी खासकर विद्वतापूर्ण रूचि रखनेवाले जैसे कि जॉन विल्सन, मरी मिशेल या जॉन रॉब्सन आदि कुछ मामलों में इस मुद्दे के प्रति कम रूचि रखते थे और हिंदू परंपराओं की विद्वतापूर्ण समझदारी पर अधिक ध्यान देते थे। इस दृष्टि से वे एल.एम.एस. के *Missionary Sketches* या सी.एम.एस. के *क्वार्टरली पेपर्स* के संपादकों से भिन्न थे, जो

[54] CMS, CI 1/EZ/18, J. Pratt to W. Greenwood, 28/7/1818 (quoted in Piggin 1984: 140).

अपना मुख्य ध्यान जनता से धन इकट्ठा करने और सामान्य रूप से मिशनों के लिए समर्थन जुटाने पर लगाते थे।

लिखित सामग्रियों को हासिल करने के लिए लोगों को कार्यभार सौंपने, उन्हें प्राप्त करने और उनका संपादन करने के अतिरिक्त संपादक दृश्य सामग्रियां भी हासिल करने के कार्य में संलग्न रहते थे। हिंदू धर्म के विश्वास और प्रथाओं के बारे में विचारों को समेकित करने की एक विधि के तौर पर और मिशनरी साहित्यिक पत्रिकाओं में दिनोंदिन इसके प्रति बढ़ती रूचि को देखते हुए काफी चित्र छापे जाने लगे थे। दरअसल ये चित्र लोगों के दिमाग पर संभवतः सबसे अधिक सशक्त छवि बनाने में सक्षम होते थे जैसे कि सती के चित्र के बारे में पहले ही उल्लेख किया जा चुका है। खासकर उन दिनों चित्र के द्वारा अभिव्यक्ति का प्रचलन उतना अधिक नहीं था जितना बाद में उन्नीसवीं सदी में हो गया था। *The English Common Reader* के लेखक रिचर्ड ऐलटिक ने इस विषय पर टिप्पणी करते हुए लिखा कि '[उन्नीसवीं सदी के दौरान] प्रकाशित होनेवाली बहुत सारी साहित्यिक पत्रिकाओं में प्रस्तुत विषयवस्तु के साथ-साथ उनके चित्र भी उतना ही महत्त्व रखते थे।'[55] इसके अलावा उस सदी के अंतिम काल में भी जब रेखाचित्र और अन्य प्रकार के चित्र अधिक सामान्य रूप से उपलब्ध होने लगे थे, उस समय भी चित्रों की लोकप्रियता और महत्त्व के प्रमाण धर्मनिरपेक्ष धारावाहिक पत्रिकाओं की वितरण संख्या से मिलते हैं। इसको स्पष्ट करने के लिए *Illustrated London News* और *Graphic* का उदाहरण लिया जा सकता है। इनमें से प्रथम की औसत वितरण संख्या सन् 1860 के दशक में 70,000 प्रति सप्ताह हो गई थी। *Graphic* का प्रकाशन सन् 1866 से आरंभ हुआ और उसके पंद्रह साल बाद इसकी वितरण संख्या 2,50,000 तक पहुंच गई।[56]

चित्रित सामग्री प्रकाशित करनेवाला प्रथम मिशनरी सोसाइटी सी.एम.एस. था जिसकी मिशनरी पत्रिका *मिशनरी रजिस्टर* में अप्रैल सन् 1816 में पहली बार एक चित्र छपा था जिसमें पश्चिमी अफ्रीका के एक दृश्य का चित्रांकन किया गया था।[57] अपने प्रकाशन के पूरे काल के दौरान और सन् 1855 में इसके अंतिम अंक के प्रकाशित होने तक इस पत्रिका में हिंदू भक्तों, मूर्तिपूजा, संस्थाओं और प्रथाओं पर आधारित चित्र छापे जाते रहे। सन् 1816 से सन् 1840 के बीच जब हिंदू धर्म की प्रकृति पर विचार-विमार्श का दौर अपने शिखर पर था, इसने हिंदू धर्म के विभिन्न पहलुओं पर चालीस से भी अधिक पूरे पृष्ठ के आकार के चित्र प्रकाशित किए। इनमें से ज्यादातर काष्ठचित्र के रूप में पुनर्प्रकाशित किए गए थे। इन सभी को उसी काल के दौरान सी.एम.एस. की *मिशनरी पेपर्स* में भी प्रकाशित किया गया।

[55] Altick 1957: 265.

[56] *Deacon's Newspaper Handbook,* London, 1881.

[57] Stock 1899, Vol. 1: 128.

एल.एम.एस. की *Missionary Sketches, Missionary Magazine and Chronicle* का सन् 1836 में प्रकाशन आरंभ हुआ था। *Papers Relative to the Wesleyan Missions* एवं अन्य पत्रिकाएं जैसे कि *The Free Church of Scotland Quarterly Missionary Paper, Church Missionary Gleaner* इत्यादि तथा बाल पत्रिकाओं ने भी इसी तरह से सचित्र वर्णन छापना आरंभ कर दिया। इनमें हिंदू धर्म और प्रथाओं पर रेखाचित्र एवं अन्य प्रकार के चित्र छापे जाने लगे।

कुछ संपादक इन चित्रकारों की पहचान तथा उन चित्रों के सृजन का विवरण गुप्त रखते थे जबकि कुछ अन्य संपादक जैसे कि *मिशनरी रजिस्टर* का संपादक प्रैट चित्रकार एवं उससे संबंधित पूरे इतिहास की जानकारी देने को उत्सुक रहते थे। संभवतः भारतीय धर्म के बारे में बहुत सारे रेखाचित्र 'स्थानीय कलाकारों' द्वारा बनाए गए या उनकी प्रतिकृतियां तैयार की गईं। उदाहरण के लिए, *मिशनरी रजिस्टर* और सी.एम.एस. की *मिशनरी पेपर्स* में भारतीय कलाकारों द्वारा बनाए गए चित्र स्वयं उन लोगों के द्वारा पूजा में प्रयुक्त होने वाली कलाकृतियों एवं देवी-देवताओं की कांस्य-प्रतिमाओं पर आधारित थीं। 'स्थानीय कलाकारों' द्वारा प्रस्तुत इन चित्रों को संभवतः उन यूरोपियों ने प्रोत्साहित किया जिन्होंने ब्रिटेन में मिशनरियों एवं अन्य लोगों की अभिरुचि का ध्यान करते हुए स्थानीय कलाकारों को इन विषयों पर चित्र बनाने का कार्यभार सौंपा था। मिशनरी पत्रिकाओं में छपनेवाले इन चित्रों में से एक ओडिशा के महान जगन्नाथ मंदिर का चित्र था जिसे लेफ्ट.कर्नल फिप्पस ने बनवाया था। वह भारत में बहुत लंबे समय तक रहा था और सी.एम.एस. का समर्थक था।[58] एक 'स्थानीय' कलाकार ने एक फ़क़ीर का चित्र बनाया था जो *मिशनरी रजिस्टर* के किसी आरंभिक खंड में छपा था। इसे सी.एम.एस. के एक दूसरे सदस्य द्वारा बनवाया गया था।[59] भारतीय चित्रकारी का एक तीसरा उदाहरण 'पूर्ण स्वतंत्र बनारस का एक हिंदू फ़क़ीर' (Purrum Soatuntre, a Hindoo Fakeer of Benares) था जिसे बनारस के निवासी और सुपेरिंटेंडेंट जोनाथन डंकन (1756) ने बनवाया था। वह एशियाटिक सोसाइटी ऑफ़ बंगाल का भी सदस्य था।[60]

उन संपादकों ने भारतीय कलाकारों की कृतियों को प्रकाशित करने के साथ ही मिशनरियों एवं अन्य यूरोपीय पर्यवेक्षकों द्वारा बनाए गए चित्रों को भी प्रकाशित किया। फोटोग्राफी के अभाव में बिशप हेबर अपने कार्यों को अक्सर चित्रों द्वारा अभिव्यक्त करने का अभ्यास रखता था। उसी अभ्यास के तहत कुछ मिशनरी भी लिखित रिपोर्टों के साथ-साथ रेखाचित्र भी भेज देते थे। उनमें से कुछ महत्त्वपूर्ण चित्रों को बाद में प्रकाशित किया गया।

[58] MR 1824 and CMS, MP, No. 36, 1824.

[59] MR, Vol. 2, September 1816: 388; and CMS, MP, No. 2, 1816.

[60] MR, Vol. 4, June 1819: 281–82; and CMS, MP, No. 15, 1819. देखें चित्र 1.1.

Papers Relative to the Wesleyan Missions में प्रकाशित डबल्यू.एम.एम.एस. के रेव.सामुएल हार्डी द्वारा बनाए गए चित्र 'स्टेचू ऑफ़ सिवेन', 'द डिस्ट्रॉयर' और 'अ हिंदू आइडल' तथा सन् 1830 के दशक में कलकत्ता में ठहरे एक वेस्लेयन रेव.थॉमस हॉडसन के रेखाचित्र इनमें से कुछ प्रमुख कलाकृतियां थीं।

गृहदेश की साहित्यिक पत्रिकाओं में हिंदू धर्म की संरचना को प्रभावित करनेवाले कारक

इस प्रकार से देखें तो उपरोक्त सामग्रियों में हिंदू धर्म के बारे में जो अवधारणा बनी और इसका जो स्वरुप उभरकर आया उसको प्रभावित करनेवाले कौन से बुनियादी कारक थे? संपादकों की भूमिका के बारे में हमने जो विचार किया है उसमें संयोग से संपादकों द्वारा हिंदू धर्म के चित्रण और उसके बारे में उनकी अवधारणा बनने में कम-से-कम दो संभावित कारकों की चर्चा की है। पहला कारक है भारत में हिंदू धर्म के बारे में संपादकों के ज्ञान और/या अनुभवों की सीमा; और दूसरा जो शायद काफी महत्त्वपूर्ण था, इसके बारे में गहन जानकारी हासिल करने से ज्यादा प्रोपगंडा पर ध्यान केंद्रित करने के लिए हमेशा संपादकों की आवश्यकता। सामान्य रूप से इन सीमाओं से बंधे होने तथा दबावों में बने रहने के साथ ही और भी बहुत सारी परिस्थितियां ऐसी थीं जिनके कारण वस्तुगत मूल्यांकन करने का कोई प्रयास सफल नहीं हो पाया।

देखा जाए तो *मिशनरी रजिस्टर* का विवरण क्षेत्र बहुत विस्तृत था और इसमें पूरे भारत के अलग-अलग भागों में स्थापित मिशनों की प्रोटेस्टेंट सोसाइटियों के मिशनरियों की टिप्पणियों एवं अवलोकनों को शामिल किया जाता था। अन्य अखबार और पत्रिकाएं अपने-अपने संप्रदायों के दायरे में रहते हुए भारत के उन भागों के विकास पर अपना ध्यान केंद्रित रखती थीं जहाँ पर उनकी अपनी मिशनरी सोसाइटी या तो सक्रिय थी या फिर भविष्य में वहां जाने की योजना रखती थी। इस प्रकार लगभग सभी पत्रिकाओं के पाठकों को सभी प्रकार के पंथों एवं संप्रदायों को समाविष्ट करते हुए एक अखिल भारतीय प्रणाली के रूप में हिंदू धर्म को स्वीकार करने के लिए प्रोत्साहित किया जाता था। परंतु जब वे मिशन की इन प्रकाशित सामग्रियों को पढ़ते थे या देखते थे तो वे अक्सर उनमें स्थानीय दृष्टिकोण पर गौर करते थे। कुछ मिशन सोसाइटी प्रकाशन अन्यों के मुकाबले अधिक सीमित या क्षेत्रीय दायरे में केंद्रित रहते थे। इस प्रकार जो पत्रिकाएं भारत में बहुत बड़ी संख्या में मिशनों के समर्थन में प्रकाशित की जाती थीं, जैसे सी.एम.एस. या एल.एम.एस. से जुड़ी पत्रिकाएं, ये पूरे भारत की परिस्थितियों के बारे में वेस्लेयन जैसे अन्य जर्नलों के मुकाबले अधिक जानकारियां उपलब्ध कराती थी क्योंकि इस प्रायद्वीप पर वेस्लेयनों की गतिविधियां बहुत सीमित थीं। इन परिस्थितियों में यह उम्मीद की जा सकती है कि बड़ी-बड़ी मिशनरी सोसाइटियों के समर्थक और संपादक जिन्होंने भारत पर बड़े दांव लगा रखे थे, आमतौर पर कहा जाए तो

वे एक समग्र रूप में भारत के धर्म की प्रकृति के बारे में उनकी तुलना में अधिक जानकारी रखते थे जो विश्व के इस हिस्से में इंजीलवाद के प्रचार में थोड़ी-बहुत रूचि रखनेवालों के पास होती थी।

हिंदू धर्म की छवि को प्रभावित करने वाला दूसरा कारक यह था कि लोकप्रिय त्रैमासिक अखबारों और बाल सामग्रियों में ऐसे विषय चुने जाते थे जिनकी सचित्र व्याख्या की जा सके। संपादक सामग्रियों को विभिन्न तरीकों से प्रस्तुत करने की आवश्यकता को महसूस करते थे। और अगर कम पढ़े-लिखे पाठकों के लिए साहित्य तैयार करना हो तो कुछ भिन्न प्रकार के सरल सुबोध विषय जैसे कि किसी वस्तु, व्यक्ति, रिवाज या कर्मकांड की प्रथा इत्यादि जिनका चित्रों द्वारा वर्णन किया जा सके और उसपर कुछ लिखित चर्चा भी साथ में प्रकाशित करने की आवश्यकता को वे महसूस करते थे। दूसरे शब्दों में लोकप्रिय साहित्यिक पत्रिकाओं की प्रकृति ही ऐसी होती थी जिससे अधिक सैद्धांतिक, ब्रह्मवैज्ञानिक या किसी अमूर्त विषय पर लंबी-चौड़ी बहस से कहीं अधिक वस्तुओं के बाह्य स्वरूपों के बारे में वर्णनात्मक सामग्रियों की ओर अधिक झुकाव होता था और इन्हीं रवैयों के कारण हिंदू धर्म की ऐसी ही छवि बनकर तैयार हुई।

तीसरे, कुछ खास प्रकार के विषयों को चुनने का दवाब भी था क्योंकि उनको ब्रिटिश पाठकों की निजी पसंद या दिलचस्पी का ध्यान रखने में अधिक रूचि थी। इसलिए वे कुछ असामान्य, विचित्र, अनोखे या यहां तक कि वीभत्स विषयों में भी अधिक रूचि रखते थे जो उनके पाठकों का ध्यान आकर्षित कर पाएं। विशाल मंदिर-रथ के नीचे लोगों का कुचलकर मरना, अपने पति की धधकती चिता में कूदकर अपनी आहूति देती सती, कीलों से भरे बिस्तर पर लेटकर विश्राम करता हुआ मनुष्य, पेड़ की टहनी से उल्टा लटका हुआ भक्त या पीठ में हुक के सहारे हवा में झूलता व्यक्ति, सांप के प्रतीक को अपनी श्रद्धांजलि अर्पित करते हुए 'भ्रमित उपासक' या किसी भयानक देवता की 'विचित्र' सी प्रतिमा के सामने घिघियाते हुए उपासक, इन सबकी तस्वीरों के साथ-साथ अन्य विभिन्न प्रकार के चित्र निश्चित रूप से लोगों का ध्यान आकर्षित करने में सफल होते थे या उसकी उम्मीद रखते थे। इससे पाठकों की संख्या बढ़ती थी और साथ ही यह भावना और भी दृढ़ होती थी कि ईसाई लोग इनसे कितनी बेहतर स्थिति में हैं। वास्तव में हिंदू धर्म की छवि निर्माण और पूर्व एवं पश्चिम के बीच अंतर करते हुए मिशनरी पत्रिकाएं उसके प्रति वैसा ही 'अन्यत्व' और श्रेष्ठता का भाव रखती थीं जैसा 'ओरिएंटलिज्म' पर लिखते हुए सेड ने वर्णन किया है। यह भावना क़ाफी सशक्त थी, जिसने भारत की यात्रा करनेवालों, प्रशासकों और बहुत सारे मिशनरी आंदोलन से असंबद्ध लोगों के रवैयों को अत्यधिक प्रभावित किया था।

चौथी समस्या भाषा, उसकी विकृति और सरलीकरण की थी। हिंदू विश्वास और प्रथाओं (अगर उनका उल्लेख करना हो) का वर्णन संक्षेप और सरल अंग्रेजी में की जाने की आवश्यकता थी ताकि कम पढ़े-लिखे मजदूर वर्ग के लोग और सामान्य पाठक इन

लेखों को पढ़कर समझ सकें। इन समस्याओं के कारण विषयों का बिलकुल सामान्यीकरण और सरलीकरण कर यह लिख दिया जाता था कि 'सभी' हिंदू ऐसा करते थे या ऐसा विश्वास रखते थे। इतना ही नहीं, हिंदू शब्दावली का भी ईसाई भाषा में अनुवाद करने की आवश्यकता महसूस की गई। संपादकों एवं यूरोपीय पाठकों, श्रोताओं से संपर्क रखनेवाले मिशनरियों के ऊपर यह दबाव बना रहता था कि हिंदू धर्म का ईसाईकरण कर दिया जाए। पीटर मार्शल ने अपनी पुस्तक *The British Discovery of Hinduism* में पहले ही इस विषय पर चर्चा की थी और हिंदू शब्दावली (सामान्यतः संस्कृत) के अंग्रेजी में अनुवाद करने की समस्या हमेशा बनी रही थी। आज की तरह उस समय भी समस्या यही थी कि अंग्रेजी में हिंदी शब्दों के ऐसे *समतुल्य* शब्द किस प्रकार से ढूंढा जाए जिससे मूल अर्थ की अधिक-से-अधिक अभिव्यक्ति संभव हो सके। परंतु अक्सर अनुवाद करने में कुछ-न-कुछ भाव छूट जाता था। जब प्रैट या अन्य संपादक ईश्वर के बारे में हिंदू अवधारणा, अवतार, मोक्ष इत्यादि के बारे में हिंदू अवधारणाओं का संदर्भ देते थे तो उस समय हिंदू और ईसाई चिंतन के बीच यथार्थ से कहीं अधिक समरूपता दिखाई पड़ती थी।

अंत में, संपादकों द्वारा कुछ सामान्य उद्देश्यों के तहत समुद्रपार रहनेवाले हिदेन (विधर्मियों) के दुख-दर्द पर प्रकाश डालने का प्रयास किया जाता था। तत्काल उनको धन इकट्ठा करने और मिशन क्षेत्र के लिए उम्मीदवारों का चयन करने की अत्यधिक आवश्यकता थी। शायद इसके लिए सबसे प्रभावपूर्ण रास्ता यही था कि ईसाई और हिंदू धर्म के बीच के फर्क को अधिक प्रमुखता के साथ दिखाया जाए ताकि लोगों के मन में दया का भाव जाग्रत हो और साथ ही हिंदुओं की वर्तमान स्थिति में सुधार लाने की नितांत आवश्यकता को यथासंभव सहज रूप में लोग स्वीकार कर सकें और सर्वोपरि यह कि हिंदुओं को अनंत काल तक नारकीय जीवन जीने से बचाने के लिए उद्यत हों।

इस प्रकार पाठकों को प्रेरित करने के लिए संपादक ऐसे विषयों पर अपना ध्यान केंद्रित करते थे जो हिंदू धर्म के अधिक नकारात्मक पक्षों को रेखांकित करे। उदाहरण के लिए, *Papers Relative to Wesleyan Missions* का संपादक 'हिंदू धर्म' पर सामग्री प्रस्तुत करते हुए अपनी भूमिका के बारे में बिलकुल स्पष्ट विचार रखता था। सन् 1832 में उसने लिखकर स्पष्ट किया कि 'अपने पाठकों के सामने हिदेनों (विधर्मियों) की दुनिया में आध्यात्मिक अंधकार और नैतिक अधमता का बिलकुल सही तस्वीर रखने के प्रयास में हमें हिंदू धर्म की विवेकहीनताओं तथा अंधविश्वास में डूबे इसके भ्रमित उपासकों के शरीर और आत्मा पर पड़े दर्दनाक घावों पर बारंबार प्रकाश डालने की आवश्यकता पड़ी।'[61] प्रैट के *मिशनरी रजिस्टर* से ऐसा प्रतीत होता है कि वह हिंदू देवी-देवताओं के बारे में जानने के लिए सचमुच उत्सुक था। कभी-कभी ब्रिटेन में प्रकाशित कुछ अधिक ऊंची प्रतिष्ठा

[61] PRWM, No. L, December 1832.

वाले मिशनरी जर्नलों में सतत और गहन विचार-विमर्श प्रकाशित किए जाते थे परंतु इनमें अंतर्निहित और स्पष्ट उद्देश्य प्रोटेस्टेंट ईसाई धर्म की श्रेष्ठता को प्रदर्शित करना होता था।

घरेलू साहित्यिक पत्रिकाओं में हिंदू धर्म का चित्रण, 1810–50

अतः लगभग सन् 1850 तक इन सब सामग्रियों के आधार पर हिंदू धर्म के बारे में अंतिम और समग्र रूप से कैसी छवि उभरकर आई? और उसी काल में भारत में सक्रिय रहनेवाले प्रभावशाली प्रोटेस्टेंट मिशनरियों द्वारा विकसित प्रधान प्रारूप के साथ इसकी किस प्रकार से तुलना की जा सकती है?

कुछ ऊंची प्रतिष्ठा रखनेवाले अखबारों को ध्यान में रखते हुए लेखक का विश्लेषण इस दृष्टिकोण की पुष्टि करता है कि ब्रिटेन आधारित साहित्य उसी तथ्य को प्रतिबिंबित करता है जिसका हम प्रधान प्रारूप के तौर पर वर्णन करते हैं।[62] पहली बात तो ये कि इस सामग्री में परिकल्पित हिंदू धर्म की अवधारणा इस क्षेत्र में कार्यरत रहे वार्ड, डफ़ तथा अन्य मिशनरियों की अवधारणाओं से बहुत अलग नहीं थीं। इसमें कभी-कभी यह भी सुझाव मिलता है कि भारतीय धार्मिक संदर्भ प्रथम दृष्टया जैसा दीखता है उससे कहीं अधिक जटिल और विविधतापूर्ण है। उदाहरण के लिए, रेव. विलियम होलवेल (एल.एम.एस.) की रिपोर्ट सन् 1824 में *मिशनरी क्रॉनिकल* में प्रकाशित हुई थी। बुकानन के आरंभिक कार्यों की तरह वह भी उन कुछ प्रोटेस्टेंटों में से एक था जिन्होंने पहले-पहल भारत को धार्मिक बहुलता वाले देश के रूप में देखा था। होलवेल के दृष्टिकोण से भारतीय 'हिदेनवाद' (विधार्मितावाद) अन्य किसी स्थान के 'हिदेनवाद' से न केवल भिन्न था बल्कि इसमें एक से अधिक धर्म शामिल थे। एक ज्ञानी बुनकर का संदर्भ देते हुए वह कहता है कि वह किसी संप्रदाय से पूरी तरह सहमत नहीं था और कुछ समय से उसके पास आता रहा था। होलवेल का कहना था कि वह व्यक्ति 'हिंदू धर्म' से कई बिंदुओं पर अपना मतभेद रखता था।[63] जो भी हो, ज्यादातर मामले में, वार्ड तथा अन्य मिशनरियों से प्रभावित होकर संपादकों और मिशनरी

[62] देखें MR, CMS MP, PRWM और LMS *Missionary Sketches,* साथ ही CMS, SPG, LMS और WMMS द्वारा प्रकाशित और व्यापक रूप से पढ़े जानेवाले 'बाल साहित्य' में प्रस्तुत निबंध और टिप्पणियां।

[63] *Quarterly Chronicles of Transactions of the LMS,* Vol. 3: 114–15 (author's italics). उसके कुछ ही दिनों बाद सन् 1848 में *Chronicle* में प्रकाशित *Continental India* पर जे.डबल्यू. मेस्सी की पुस्तक से निकाले गए कुछ उद्धरणों में प्रधान प्रारूप का बढ़ता प्रभाव प्रतिबिंबित होता है। जहाँ मेस्सी 'ब्राह्मणवाद के धर्म' को एक सार्वभौमिक धर्म के रूप में लेते हुए उसके प्रति अपनी श्रद्धांजलि अर्पित करने के लिए स्वयं को मजबूर पाता था वहीं उसने बताया कि वास्तव में इस व्याख्या का कोई खास अर्थ नहीं निकलता। 'यह सच है कि ब्राह्मणवाद का धर्म पूरे ब्रिटिश भारत में वाणिज्य और सामान्य जनता के प्रमुख स्थानों पर अपना नियंत्रण कायम रखता है और यह धर्म मानव चरित्र का सामान्य आदर्श प्रारूप प्रस्तुत करता है। लेकिन एकता केवल नाम का है इसमें कोई वास्तविकता नहीं है और जो है वह सूक्ष्म भेद हैं जैसे रंगों की अलग-अलग आभाएं होती हैं...स्वयं ब्राह्मणवाद के सिद्धांत में ही विछिन्न संप्रदायों और दुचित्तापन की प्रवृत्ति निहित है।' (*Chronicle,* Vol. XXVI, 1848: 42).

सहयोगकर्ताओं ने सामान्य रूप से स्वीकृत इस विचार को ही संप्रेषित किया कि हिंदू धर्म एक एकीकृत धार्मिक प्रणाली थी। और क्षेत्रों में कार्यरत मिशनरियों के मामले में इस विश्वास ने सहयोगकर्ताओं को इसके लिए उपयुक्त शब्दावली की खोज करने के लिए प्रेरित किया। विभिन्न पत्रिकाओं में टिप्पणी लिखनेवाले 'भारतीय हिदेनवाद', 'हिंदू मूर्तिपूजा', 'हिंदू प्रणाली', 'हिंदू अंधविश्वास' 'हिंदू धर्म', 'ब्राह्मणवादी प्रणाली' और अंततः 'हिंदूवाद' जैसे शब्दों का प्रयोग किया।[64] परंतु ग्रांट की *Observations* में और बंगाल में 'हिंदूवाद' शब्द के आरंभिक प्रयोग के बावजूद मई 1818 से पहले तक प्रैट की प्रभावपूर्ण *मिशनरी रजिस्टर* में यह शब्द प्रयुक्त नहीं हुआ था और न ही जुलाई सन् 1824 से पहले एल.एम.एस. की *Quarterly Chronicle* में। और दोनों में इसका प्रयोग हुआ भी तो प्रत्यक्ष रूप से नहीं बल्कि मिशनरी रिपोर्टों और पत्राचारों को उद्धृत करते हुए।[65] इस प्रकार मिशनरी सोसाइटी की पत्रिकाओं में यह शब्द पहली बार प्रकट हुआ और अन्य संभव विकल्पों के साथ-साथ (जैसे कि ऊपर उल्लिखित स्थितियों में) प्रयुक्त हुआ था। भारत की तरह ब्रिटेन में भी काफी धीमी प्रगति करते हुए यह लोकप्रिय हुआ और आगे चलकर एक प्रमुख धर्म के द्योतक के रूप में हिंदू धर्म अत्यंत सामान्य शब्द बन गया।

इस शब्दावली के विकास में निहित एक विशिष्ट एकीकृत प्रणाली के विचार को उन्होंने और अधिक बल प्रदान किया जो वार्ड और डफ़ की तरह हिंदू प्रणाली की रचना और इसे बनाए रखने में ब्राह्मणों की भूमिका को अहम मानते थे। ब्राह्मणों के नियंत्रण के प्रभाव का प्रमाण खासतौर पर वर्ण या जाति व्यवस्था में देखा जा सकता है। उनके मुताबिक यह एक ऐसी प्रणाली थी जिसकी रचना ब्राह्मणों ने स्वयं अपने हितों के लिए की और जिसके तहत अन्य सभी वर्गों को उनकी धार्मिक और साथ-साथ सामाजिक अधीनता की स्थिति में रखा गया था। सी.एम.एस. के *मिशनरी पेपर्स* के मुताबिक इस योजना से 'खासकर ब्राह्मणों में भारी दर्प और निरंकुशता' की भावना उत्पन्न हुई।[66] इस तथ्य पर एल.एम.एस. की

[64] 'Indian Heathenism' (PRWM, No. XLIX, September 1832); 'Hindu Idolatry' (PRWM, No. XXXIX, March 1830); 'the Hindoo System' (Sketches, CV, October 1844); 'the Hindoo Superstition' (MP, Nos. XXVI, 1822, and XXXIII, 1824); 'the Hindoo Religion' (*Chronicle,* Vol. 1: 210); 'the Brahminical System' (PRWM, No. LX, March 1833); 'Hindooism' (MP, No. LXXI, 1833, and No. LXXXII, 1836; PRWM, No. L, December 1832, No. L, December 1832, No. LI, March 1833; *Sketches,* CV, October 1844, CXVI, July 1847, CXXVIII, July 1850; *Chronicle,* Vol. 2, July 1824: 448). जब पहली बार 'हिंदू धर्म' शब्द का प्रयोग हुआ था तब अक्सर ईसाई धर्म के विपरीत इसे रखते हुए दोनों की तुलना की जाती थी और ईसाई धर्म की 'सच्ची' प्रकृति और लाभदायक प्रभावों पर प्रकाश डाला जाता था।

[65] MR, May 1818: 204–5; *Quarterly Chronicle,* Vol. 2, July 1824.

[66] MP, No. XL, 1818.

Missionary Sketches में प्रकाश डाला गया। इसमें दंडवत पड़े हुए एक भक्त की गर्दन पर पैर रखकर बैठे एक बंगाली ब्राह्मण का चित्र छपा था।[67] 'लेकिन अब देखो' सी.एम.एस. के अखबार में लिखा था, 'इस पूरी प्रणाली ने किस प्रकार कलात्मकता के साथ अभागे लोगों को बंधक बनाकर रखने का सफल प्रबंध कर लिया है !'[68]

ऐसा लगता है कि मिशनरी इस प्रणाली को दासता के रूप में देखते थे। इस साहित्यिक पत्रिका में सहयोग देनेवालों के मतानुसार एक सामान्य सामाजिक और सैद्धांतिक विश्वास के दबाव के कारण इस प्रणाली को और अधिक बल मिला। हिंदू धर्म को ब्राह्मणों के शिक्षणों के जरिए तथा ऐसे लोगों द्वारा सतर्कतापूर्वक चालाकी के साथ कायम रखा गया जिनकी अपनी कोई शक्ति नहीं थी और कोई विचार नहीं थे। यह जानते हुए कि ज्ञान ही शक्ति है, अपने वेदों पर पूर्ण नियंत्रण रखते हुए और लोगों को अज्ञान और भ्रम की स्थिति में रखते हुए ब्राह्मणों ने अपने ज्ञान को गुप्त रखा। सी.एम.एस. पेपर्स की आलोचनाओं में सुधारवादी आंदोलन के दौरान पुरोहिती पर प्रोटेस्टेंट विचारों की झलक मिलती है। उसके अनुसार, ब्राह्मणों ने लोगों को यथार्थ से दूर ले जाकर देवताओं के बारे में 'निरर्थक कहानियां' गढ़ीं और उन्हें ऐसे सिद्धांतों की शिक्षा दी जिससे लोग उनकी पुरोहिती पर निर्भर बने रहें।[69] कर्मकांडीय स्नान में ब्राह्मणों की भूमिका पर टिप्पणी करते हुए एक अखबार ने लिखा कि 'विभ्रमित लोगों के मन में यह विश्वास जगाया जाता है कि इस अरुचिकर मूर्तिपूजा से उनके इहलौकिक और परलौकिक दोनों प्रकार के जीवन में उनका भला होनेवाला है।'[70]

इस साहित्य के मुताबिक़ हिंदुओं को एकसूत्र में बांधनेवाले शिक्षणों में से एक पुनर्जन्म में विश्वास था। इस तथ्य को साबित करने की उन्होंने कोई जरुरत महसूस नहीं की और शायद साबित करना चाहते भी नहीं थे। उनके अनुसार जो भी तथाकथित हिंदू थे वे पुनर्जन्म में विश्वास करते थे। उदाहरण के लिए, सी.एम.एस. *मिशनरी पेपर्स* ने स्पष्ट किया कि 'हिंदू लोग यह मानते हैं कि उनकी आत्मा जैसे ही उनके शरीर को त्यागकर निकलती है, वह दूसरे शरीर में प्रवेश कर जाती है: इसको वे लोग देहांतरण कहते हैं।'[71] शैव और अन्य बहुत सारे हिंदू विष्णु की पूजा नहीं करते हैं, इस तथ्य की अवहेलना करते हुए एक बार फिर इस अखबार ने लिखा कि 'हिंदू यह समझते हैं कि इस देवता ने दस भिन्न-भिन्न युगों में जन्म लिया था। इन जन्मों को वे 'अवतार' कहते हैं, अर्थात किसी विशिष्ट रूप में देवता

[67] *Sketches*, CXLIV, July 1854.

[68] MP, No. XI, 1818.

[69] MP, No. XIX, 1820.

[70] MP, No. XXVII, 1822.

[71] MP, No. II, 1818.

का अवतरण।'[72] इसी प्रकार *The Papers Relative to Wesleyan Missions* भी हरेक तथ्य का अत्यंत सरलीकरण और सामान्यीकरण करने की ओर प्रवृत रहता था। या तो वे इस तथ्य से अनभिज्ञ थे या इसको नजरअंदाज करते थे कि 'स्वर्ग' के बारे में हिंदुओं की कई अवधारणाएं थीं। इस अखबार के अनुसार 'हिंदू जिस स्वर्ग को प्राप्त करने की कामना रखते हैं' वह इंद्र का स्वर्ग है।[73] लेकिन सन् 1836 में उसी अखबार में प्रकाशित संपादक की टिप्पणी कुछ ज्यादा ही विलक्षण थी। 'दुर्गा' की पूजा का निरूपण करते हुए एक काष्ठचित्र का संदर्भ देते हुए उसने चिल्लाकर कहा कि 'उनलोगों [हिंदुओं] की स्थिति कितनी अंधकारमय होगी जो सर्वत्र इस प्रकार की मूर्ति को पूजा के योग्य मानते हैं !'[74] इसके अतिरिक्त एक से अधिक अखबारों से यही छवि बनती थी कि सभी हिंदू इस बात से बराबर अवगत और दृढ़ प्रतिज्ञ रहते हैं कि गंगा के समीप ही मरना है।

वे जिन पहलुओं पर अपनी टिप्पणियां कर रहे थे वह वास्तव में पूरी तरह से एक परिकल्पित अवधारणा थी। आरंभिक यात्रा विवरणों और मिशनरी साहित्य में दर्ज सभी प्रथाओं पर ये पत्रिकाएं विस्तृत विवरण प्रस्तुत करते थे। इस दृष्टि से इस साहित्य ने लोकप्रिय परिकल्पनाओं में पहले से मौजूद तथ्यों को ही दुबारा प्रस्तुत किया और पुनर्प्रकाशित किया। अन्य तथ्यों के अतिरिक्त लगभग 1818 से लेकर सन् 1850 के बीच के काल में विचार-विमर्श का मुख्य केंद्र प्रतिमा विज्ञान, इतिहास और महत्त्वपूर्ण या लोकप्रिय देवताओं पर ही आधारित था। *मिशनरी रजिस्टर*, CMS *मिशनरी पेपर्स*, *Papers Relative to the Wesleyan Missions* और LMS *Magazine and मिशनरी क्रॉनिकल* इन सभी ने हिंदू देवताओं और हिंदू पौराणिक कथाओं के बारे में विस्तृत जानकारियां और चित्रांकन प्रस्तुत किए जिनमें से कुछ सामग्रियां उन्होंने *Asiatic Researches,* वार्ड की कृति और एडवर्ड मूर की *The Hindoo Pantheon* से ली थीं। इन देवताओं में से जगन्नाथ ने सबसे अधिक ध्यान आकर्षित किया। दूसरा बारंबार दोहराए जानेवाले और स्पष्ट रूप से प्रकाशित विषय पुरी का मंदिर, तीर्थयात्रा और उनके सम्मान में मनाए जानेवाले वार्षिक महोत्सवों संबंधित गतिविधियां थीं। ब्राह्मणों और साधुओं समेत अन्य धार्मिक गुरु भी बहुत बड़े आकर्षण का केंद्र थे। कई मिशनरी अखबारों में साधुओं द्वारा प्रदर्शित शारीरिक करतब को काफी प्रमुखता से छापा जाता था। इनके अतिरिक्त विभिन्न प्रकार के आत्म-उत्पीड़न की विधियों जैसे कि हुक से लटकनेवाली प्रथा और बंगाल में चरक पूजा के दौरान अपनाई गई अन्य विधियों, सती प्रथा, नदियों में समारोहपूर्वक स्नान, नरबलि तथा अन्य बहुत सारी छोटी-मोटी प्रथाओं पर विचार-विमर्श एवं उनके चित्रांकन प्रस्तुत किए जाते थे।

[72] MP, No. 19, 1820.

[73] PRWM, No. 29, March 1830.

[74] PRWM, No. 63, March 1836.

प्रोटेस्टेंटों की शैली के साथ तुलना और मूल्यांकन

ऐसा लगता है कि ये पत्रिकाएं हिंदू धर्म के बारे में अच्छी जानकारी उपलब्ध कराने से अधिक कैरी और डफ़ जैसे लेखकों के निबंध छापने को अधिक महत्त्व देते थे। उनका प्रमुख उद्देश्य इसी तथ्य को रेखांकित करना होता था कि प्रोटेस्टेंट ईसाई धर्म नैतिक और सामाजिक प्रणाली के रूप में तथा मोक्ष प्राप्ति के लिए हिंदू धर्म से कहीं अधिक श्रेष्ठ है जबकि हिंदू धर्म न केवल नृशंस और अमानवीय है बल्कि यह अपने 'भ्रमित उपासकों' को सीधे नरक की ओर ले जाता है। हिंदू प्रणाली की नैतिक, सामाजिक और यहां तक कि तार्किक असफलताओं को अक्सर हिंदू देवी-देवताओं के व्यवहार और रवैये से जोड़ा जाता था। हिंदू देवी-देवताओं पर विचार करते हुए वेस्लेयन *Papers* के संपादक ने स्पष्ट रूप से कहा, 'शिव की पूजा... अन्य किसी भी हिंदू मूर्तिपूजा की तरह ही विवेकहीन, नृशंसतापूर्ण और अश्लीलता से भरी होती है।' हालांकि जोसिया प्रैट ने *मिशनरी पेपर्स* में हिंदू मूर्तिकला पर प्रकाश डालते हुए कई श्रृंखलाबद्ध सचित्र निबंध लिखे थे। वह इस बारे में नियंत्रित विचार रखता था लेकिन सी.एम.एस. के *मिशनरी पेपर्स* ने लिखा कि शिव और पार्वती की पूजा से संबंधित रिवाज के मुताबिक 'असभ्य और नृशंस अनुष्ठान किए जाते थे'।[75] काली को 'नृशंसता और रक्त' के प्रतीक के रूप में प्रस्तुत किया जाता था। काली के बारे में एल.एम.एस. की *Juvenile Magazine* के संपादक ने भी ऐसे ही विचार अभिव्यक्त किए थे[76] और कहा था कि उनकी पूजा 'नृशंसता और घृणा से भरी हुई' है। वैष्णव परंपरा में कृष्ण पर भी आक्षेप किए गए। उनके बारे में 'नृशंस और अपवित्र' कहानियों की चर्चा की गई और नटखट बालक के रूप में उनके रूप के बारे में कहा गया कि 'यह दिखता है कि हिंदू लोग अपने देवताओं के बारे में कितना नीच और निम्न दर्जे का विचार रखने को सिखाए जाते हैं'।[77] *Hindu Pantheon* शीर्षक पुस्तक में हिंदू पौराणिक कथाओं की विस्तृत व्याख्या प्रस्तुत की गई है। LMS *Missionary Magazine and Chronicle* के संपादक ने इसी में से एक कथा का संदर्भ देते हुए कहा कि इससे पाठकों को 'हिंदुओं द्वारा पूजे जानेवाले देवताओं के दुष्ट और पतित चरित्र के बारे में पता चल जाएगा, वे उन बेढंगी गाथाओं के बारे में जान जाएंगे जिनसे उनका पवित्र इतिहास रचा गया है।'[78]

हिंदू देवी-देवताओं तथा उनकी पूजा पद्धति के साथ जुड़ी 'घृणा' को पत्रिकाओं में किसी खास घटना पर विस्तृत रिपोर्ट और व्याख्या के जरिए और भी बढ़ा दिया जाता था। इन सबके बारे में बहुत कुछ कहा जा चुका है और कुछ खास नई बात नहीं थी, इसलिए इतना ही बताना काफी होगा कि लोकप्रिय मिशनरी सोसाइटी साहित्यों में जिस तेजी के

[75] MP, No. XXIII.

[76] December 1845: 279.

[77] MP, No. XXV, 1822; No. XXIX, 1825.

[78] *Chronicle,* Vol. XXIV, 1846: 378.

साथ इन मुद्दों को उठाया जाने लगा था और उसकी व्याख्या की जाने लगी थी वह गौर करने लायक है। लगातार ऐसी सामग्रियां प्रकाशित की जा रही थीं जिनसे हिंदू धर्म इतना भयावह लगे कि सामाजिक सुधार और ईसाई धर्मप्रचार की तत्काल आवश्यकता महसूस हो ताकि अभागे विधर्मियों (Heathens) को एक सचमुच की भयानक धार्मिक प्रणाली के दुष्परिणामों से बचाया जा सके।

निष्कर्ष

उन्नीसवीं सदी के आरंभ और मध्य तक मिशनरी पत्रिकाओं में हिंदू धर्म के बारे में अपेक्षाकृत तटस्थ विश्लेषण मिलना कठिन है। जैसा कि हमने देखा है, इनमें काफी सावधानीपूर्वक ऐसे विषयों का चयन करके प्रकाशित किया जाता था जो संक्षिप्त और व्याख्यात्मक हो और जिसका बल उसके बाह्य स्वरुप पर हो, न कि हिंदुओं के वास्तविक चिंतन या उनके आतंरिक जीवन अथवा उसके निहितार्थ पर। इसके अतिरिक्त इस विषय पर यह लोकप्रिय साहित्य चित्रों एवं व्याख्याओं के चयन में, सामान्य ब्रिटिश जनता, जैसे कि मजदूर वर्ग तथा मध्य वर्ग के पाठकों की अवधारणाओं और विश्वासों को प्रतिबिंबित करता था। वास्तव में इन पठन सामग्रियों को जिस धर्म का चित्रण प्रस्तुत करने के उद्देश्य से तैयार किया जाता था, उसके बारे में बताते हुए ये कम-से-कम उतना ही ब्रिटिश समाज के बारे में भी बताते थे।

मिशनरियों और इन पत्रिकाओं के संपादकों, दोनों के अनुसार, इस तरह से हिंदू धर्म ईसाई धर्म के अनुरूप भी था और विपरीत भी। ईसाईयों की तरह हिंदुओं को भी एक विशिष्ट 'धर्म' के अनुयायियों के रूप में देखा जाता था। इसे एक अलग और वस्तुनिष्ठ प्रणाली समझा जाता था जिसका अपना तात्विक आधार और दायरा था। इस दृष्टि से इसकी तुलना ईसाई धर्म के साथ-साथ अन्य किसी भी 'धर्म' से की जा सकती थी। उनकी भी ईसाई धर्म की तरह पारलौकिक आनंद, पाप और मोक्ष के बारे में चिंताएं हो सकती थीं लेकिन समानताएं बस यहीं तक थीं। अगर 'धर्मों' के बीच तुलना और उनका मूल्यांकन किया जाता तो (जैसा हो भी रहा था) ईसाई धर्म सबसे उत्तम और हिंदू धर्म या तो बहुत नीचे या सबसे नीचे आता था। वास्तव में कुछ लेखकों के लिए, हिंदू धर्म लगभग हरेक मामले में प्रोटेस्टेंट मत के *विपरीत* मत रखता था। अधिकांश मामले में हिंदू धर्म को नारकीय बताया गया[79] और सभी शैतानी अवगुणों

[79] सन् 1840 के दशक तक अनिच्छापूर्वक कुछ रियायतें (लेखों में लगभग गुप्त रूप से) यह कहते हुए मंजूर की गईं कि समकालीन हिंदू परंपरा का कुछ मूल्य अवश्य है। तीर्थयात्रियों की 'भक्ति' और संन्यासियों के धर्मोत्साह के लिए प्रशंसा भाव के साथ ही कभी-कभी हिंदू धार्मिक साहित्य के कुछ पहलुओं पर भी प्रशंसात्मक टिप्पणियां छापी जाती थीं। एलिजाबेथ हूले की *Juvenile Offering* में मराठी लोकोक्तियों को बिना कोई टिप्पणी किए छापा गया था। *Chronicle* के संपादक ने महाभारत को 'मुख्य रूप से हिंदू धर्म के सिद्धांतों और अवधारणाओं से संबंधित एक अत्यंत प्राचीन और प्रख्यात काव्य' बताया और कहा कि यह 'पूरी तरह से सच्चे धर्म के चिह्नों और पवित्र नैतिकता से रहित नहीं' था। (CMG, No. 9, New Series, December 1850: 107. *Juvenile Missionary Magazine,* August 1845: 172 [Hasell]; *Juvenile Offering*, October 1850: 133; *Chronicle*, Vol. XXVI, 1848: 42) भी देखें।

से युक्त इस धर्म के परिप्रेक्ष्य में मिशनरी आंदोलन को और अधिक उत्प्रेरित कर दिया गया। इसके लिए हिंदू 'मूर्तिपूजा' की भयावहता के सामने दबे हुए भारतीय लोगों की दयनीयता और दासता के समक्ष एक सच्चे ईश्वर के प्रेम और ज्ञान के वातावरण में सुरक्षित ईसाई धर्मांतरितों की खुशहाली, प्रगति और कल्याणमय जीवन को प्रस्तुत किया गया।

धर्मविज्ञान के हिंदू स्वरुप पर वार्ड और डफ़ जैसे लोगों की पुस्तकों में जितना विचार-विमर्श प्रस्तुत किया गया था उससे कहीं कम इन पत्रिकाओं में इस विषय पर चर्चा होती थी। इसका कारण मुख्यतः इसके पाठकों की अभिरुचि थी। उस काल में हिंदू धर्म पर अध्ययन के बारे में और कहीं-कहीं कुछ संदर्भ मिलते हैं, पर सामान्य तौर पर इसको अधिक वास्तविक और आसानी से समझ में आनेवाले उपोत्पाद के रूप में प्रस्तुत किया गया। हिंदुओं तथा हिंदू धर्मविज्ञान के बारे में उनके क्या विचार थे, इन बातों से अधिक, हिंदू कार्यशैली और जो कुछ भी हिंदू लोग करते थे उन्हीं विषयों पर मिशनरियों द्वारा टिप्पणियां की जाती थीं। शायद ये पत्रिकाएं हिंदू अवधारणाओं पर अगर कुछ विचार करती भी थीं तो या तो जाति या फिर हिंदू पौराणिक कथाओं पर। जाति पर विचार करने से स्वाभाविक रूप से देहांतरण के बारे में हिंदू सिद्धांत पर कुछ-न-कुछ टिप्पणी हो ही जाती थी जिसके बारे में माना जाता था कि इस सिद्धांत में सभी हिंदुओं का विश्वास था। इसके अतिरिक्त उदाहरण के लिए अगर हिंदू देवी-देवताओं की व्याख्याओं और चित्रांकनों पर विचार-विमर्श प्रस्तुत किए जाते थे तो उस दौरान कभी-कभी लोग इसके निहितार्थों की गहराई तक भी चले जाते थे। हालांकि वे इसे पसंद करें या न करें परंतु संपादक इन पत्रिकाओं के पाठक वर्ग की अभिरुचि से बंधे होते थे। वे कम-से-कम लोकप्रिय साहित्य के स्तर पर ऐसी सामग्री छापने के पक्ष में नहीं होते थे जो बहुत ज्यादा अमूर्त हो या कम पढ़े-लिखे पाठकों के लिए समझ पाना कठिन हो।

हिंदुओं के बीच भक्ति का भी संदर्भ कभी-कभी आता था पर आमतौर पर भक्ति की अवधारणा या ज्ञानयोग अथवा ज्ञानमार्ग से संबंधित मान्यताओं पर कोई विचार-विमर्श नहीं होता था। इन साहित्यों से जो मूलभूत अवधारणा बनती थी वो ये कि हिंदुओं की बहुत बड़ी संख्या जिनमें संन्यासी भी आते थे, किसी-न-किसी प्रकार के कार्य निष्पादन द्वारा जैसे कि समारोहों और कर्मकांडों के जरिए मोक्ष प्राप्ति की ओर अग्रसर होने की अवधारणा में विश्वास करते थे। डफ़ के मतानुसार नियंत्रण की एक विधि के रूप में ब्राह्मणों द्वारा आम लोगों पर आरोपित ये कर्मकांड लोगों के लिए जटिल परीक्षा या बाधाओं की श्रृंखला बन जाती थी, जिनमें उत्तीर्ण होने के बाद ही लोग पारलौकिक जीवन के लाभ उठाने में सक्षम होने की उम्मीद कर सकते थे।

हिंदू धर्म के बारे में ऐसी अवधारणा जो कर्मों के फल पर आधारित थी इसकी व्याख्या करना और इस पर प्रकाश डालना न केवल आसान था बल्कि इसमें प्रोटेस्टेंटों की भी विशिष्ट प्रतिध्वनि सुनाई पड़ती थी। यदि मार्टिन लूथर ने कर्म के महत्त्व को नहीं समझा होता, और रोम में चाहे उसने सैंटा स्काला (रोम की पवित्र सीढियां) पर जितने भी कदम

चित्र 7.2: एक 'संन्यासी या हिंदू धार्मिक योगी' का एक मिशनरी द्वारा चित्रांकन

1832 में दो मेथोडिस्ट मिशनरी पीटर पर्सिवल और थॉमस हॉडसन कलकत्ता में नदी किनारे टहलते हुए 'धार्मिक पुस्तकियों के वितरण एवं स्थानीय लोगों से बातचीत करने के लिए' जा रहे थे उसी समय उनकी एक धार्मिक भक्त से मुलाकात हुई 'जिसके साथ यह संलग्न चित्रांकन अत्यधिक मेल खाता है'। उसके कुछ ही दिनों के बाद जब पर्सिवल धर्मोपदेश दे रहा था, लोगों एवं उस संन्यासी का पूरा ध्यान अपनी ओर आकर्षित कर चुका था, हॉडसन ने 'उसकी सफ़ेद जैकेट के हत्थे पर उस भिक्षुक का चित्र अंकित कर दिया'; और जब मिशनरी घर लौट गए, उसने पर्सिवल को वह चित्र भेंट किया जिसके बारे में उसका कहना था कि 'यह अत्यधिक दिलचस्प था क्योंकि यह बिलकुल उस व्यक्ति का प्रतिरूप था' (PRWM, No. L, December 1832)।

चले होते तब भी क्या मोक्ष उतनी ही दूर नहीं था जितनी उसकी चढ़ाई के समय था? दूसरे, न केवल कर्म द्वारा मोक्ष की प्राप्ति संभव नहीं, बल्कि हिंदू धर्म में कर्म, लोगों से जो काम करने की अपेक्षा की जाती थी, उनका भयानक सामाजिक और नैतिक परिणाम होता था। प्रोटेस्टेंट दृष्टिकोण से धर्म का नैतिकता से और विश्व की नैतिक दृष्टि से स्पष्ट संबंध था। यह विश्वास था कि स्वयं ईश्वर नैतिक थे और अपनी प्रजा से वे नैतिकता की मांग करते थे। इसलिए प्रोटेस्टेंट यह उम्मीद करते थे कि अन्य धर्मों में भी नैतिकता की अपनी प्रणाली होगी और उनकी जांच अन्य विषयों की तरह उद्धाटित धर्म के मानदंड या दूसरे शब्दों में कहें तो समकालीन प्रोटेस्टेंट मानदंडों से की जानी चाहिए। हिंदूओं की नैतिकता अक्सर जाति से जुड़े कर्तव्यों से संबंधित होते थे। थोड़ी देर के लिए अगर इस तथ्य को भुला दिया जाए तो मिशनरी सोसाइटी प्रकाशनों के लेखक और संपादक सामान्य तौर पर यही कहते थे कि हिंदू धर्म में देवतागण न केवल नैतिकता की अवहेलना करते थे या अनैतिक तरीके से व्यवहार करते थे बल्कि हिंदू धर्म के तहत कर्म भी 'अच्छे' कर्म नहीं होते थे। हिंदू धर्म में नैतिकता के अभाव पर अधिकांश रूप से प्रकाशित पत्रिकाओं में गहरी घृणा प्रकट की जाती थी। इन पत्रिकाओं में सती प्रथा और कुछ अन्य 'भयानक प्रथाओं' को समाप्त करने के लिए चलाए जा रहे आंदोलन को यही भावना प्रेरित करती थी और यह एक प्रमुख चिंता का कारण थी।

साहित्यिक पत्रिकाओं में विभिन्न प्रकार के कर्मकांडों और उपासनाओं की आलोचना में विभिन्न प्रकार की ब्रिटिश विक्टोरियाई चिंताएं प्रतिबिंबित होती हैं। कुछ पत्रिकाओं में तो सांस्कृतिक मामले थे, जैसे कि हिंदू देवता को 'वीभत्स' रूप में देखा जाता था और हिंदू संगीत 'बेसुरा' माना जाता था। कार्यनीति से संबंधित प्रोटेस्टेंट और समकालीन चिंताएं इस शिकायत में भी झलकती हैं कि हिंदू संन्यासी आलसी होते थे जो किसी अन्य की कमाई पर जीते थे। हिंदू लैंगिकता और कामवासना को देवी-देवताओं के विभिन्न रूपों के साथ जोड़कर देखने की हिंदू प्रथा के प्रदर्शन पर विद्रोह करने में समकालीन ब्रिटिश मानदंडों की झलक मिलती है। उनके अनुसार इसमें अश्लीलता के साथ-साथ नृशंसता भी थी। जैसा कि हमने देखा है, हिंदू प्रथाओं की अधिकतर आलोचनाएं प्रत्यक्ष अमानवीयता और नृशंसता एवं साथ-ही-साथ सामाजिक अन्याय से संबंधित थीं। ब्राह्मणों और जाति-प्रथा पर कुछ टिप्पणियां और हिंदू धर्म की दासता से तुलना इसलिए की गई क्योंकि इस प्रणाली में अन्याय के साथ-साथ नृशंसता निहित थी, और पाठकों ने वेस्ट इंडीज तथा विश्व के अन्य भागों में दासता के बारे में पढ़ रखा था। अंत में, शिक्षा और प्रबोधन एवं साथ-ही-साथ प्रोटेस्टेंट विचारों के प्रणेताओं के बीच बड़ी संख्या में यह मान्यता थी कि स्वीकृत होने के लिए धर्म का 'तार्किक' होना लाजिमी है। जहाँ कथित रूप से ईसाई विश्वास की परीक्षा ली जा सकती थी और प्रमाण के नियमों के प्रयोग के जरिए इसे 'सत्य' साबित किया जा सकता था, वहीं हिंदू धर्म 'तर्कहीन' था। वास्तव में इसकी शिक्षाएं आधुनिक विज्ञान के आविष्कारों से मतभेद रखती थीं और विवेकशील मानवजाति के लिए यह अनुपयुक्त थीं।

8 एक बदलता संदर्भ: हिंदू धर्म की मिशनरी धारणाओं को प्रभावित करने वाली कुछ गतिविधियां, 1850–1900

भारत और समुद्रपार देशों में सन् 1850–1900 के दौरान परिस्थितियों में आए परिवर्तनों का स्पष्ट प्रभाव मिशनरियों के विचारों और हिंदू धर्म के बारे में उनकी अवधारणाओं पर पड़ा। इस अध्याय में भारत से बाहर के देशों, खासकर ब्रिटेन में हो रहे इन्हीं परिवर्तनों पर ध्यान केंद्रित किया गया है। इसमें भारत में हो रही कुछ प्रासंगिक गतिविधियों का भी उल्लेख किया गया है, पर भारत से जुड़े विषयों पर विस्तारपूर्वक विचार बाद के अध्यायों में किया गया है।

हिंदू धर्म के मिशनरी प्रारूप या अवधारणाओं पर निम्नलिखित परिस्थितियों का प्रभाव पड़ा: (क) सूचना के स्रोतों में वृद्धि, (ख) महिलाओं के मिशनरी आंदोलन का उद्भव और विकास (जिससे हिंदू धर्म पर महिलाओं के बारे में रिपोर्टों में वृद्धि हुई) और (ग) धर्म के तुलनात्मक अध्ययन में वृद्धि। इसके अतिरिक्त अब मिशनरी केवल हिंदू धर्म की व्याख्याओं और प्रारूपों का ही नहीं बल्कि इसके नैतिक मूल्यों या महत्त्वों का भी मूल्यांकन करने लगे। उनके इस मूल्यांकन को प्रभावित करने में भारतीय धर्म पर गंभीर ज्ञान और समझदारी के साथ ही स्वयं प्रोटेस्टेंट ईसाई धर्म में हुए महत्त्वपूर्ण परिवर्तनों की भूमिका रही है। ईश्वर और ईसाई गोस्पेल को समझने के नए दृष्टिकोण तथा ब्रिटेन में ईसाई धर्म और अन्य आस्थाओं के बीच संबंध के बारे में विचार-विमर्श की भूमिका भी निस्संदेह मिशन कार्यक्षेत्र में कार्यरत मिशनरियों के लिए महत्त्वपूर्ण थी। लेकिन मिशन कार्यक्षेत्र में हिंदू धर्म के लिए नए प्रकार का सहानुभूतिपूर्ण रवैया बनाने में भारत से बाहर हो रहे इन परिवर्तनों का कितना महत्त्व था इस प्रश्न पर हम अध्याय 10 में विचार करेंगे।

जानकारी के स्रोतों की बढ़ती उपलब्धता

प्रकाशित सामग्री

उन्नीसवीं सदी के उत्तरार्ध में भारतीय धर्मों पर भारी मात्रा में उपलब्ध होने वाले सामान्य ज्ञान का भी हिंदू धर्म के बारे में मिशनरी व्याख्याओं पर एक महत्त्वपूर्ण प्रभाव पड़ा, जिसका हमने

पहले ही उल्लेख किया है। निश्चित रूप से हिंदू धर्म पर अध्ययन और शोध कार्यों के अवसर उस समय से कहीं ज्यादा अब उपलब्ध थे, जब पहली बार मिशनरी आकर सेरामपोर में बसे थे। सन् 1875 में प्रकाशित अपनी प्रभावशाली पुस्तक *Indian Wisdom* में मोनियर विलियम्स ने इसे 'पूरब और पश्चिम के बीच विचारों की बढ़ती आपसी साझेदारी' बताते हुए कहा:

> शिक्षित अंग्रेजों के लिए वस्तुतः न तो यह ठीक है और न ही संभव कि अपने हिंदू सहभागियों एवं प्रजाओं की साहित्यिक रचनाओं, क़ानून, संस्थाओं, धार्मिक सिद्धांतों और नैतिक शिक्षाओं के प्रति लंबे समय तक उपेक्षापूर्ण रवैया बनाए रखे। पूरब और पश्चिम प्रतिदिन लगातार एक-दूसरे के करीब आते जा रहे हैं, और खासकर ब्रिटिश भारत तो भाप इंजन, बिजली तथा स्वेज कनाल के जरिए अब हमारे इतने करीब आ गया है कि हिंदू समुदाय की मानसिक, नैतिक और शारीरिक स्थिति हमारे ध्यान को अनिवार्य रूप से आकर्षित करती है। सही-सही आधिकारिक जानकारी प्राप्त करने में असमर्थता के कारण उपेक्षा का बहाना करना भी अब न्यायोचित नहीं होगा। हमारी सरकार बड़े उत्साह के साथ काफी लंबे समय से महारानी के भारतीय अधिकार क्षेत्र (Queen's Indian Dominion) के अतीत और वर्तमान इतिहास पर प्रकाश डालने योग्य हरेक तथ्य का बारीकी से अध्ययन करती रही है।[1]

भारत के बारे में जानकारियां बड़ी तेजी से उपलब्ध होने लगी थीं और लगातार बढ़ते साम्राज्यिक और अनौपचारिक संपर्कों के कारण इसका विस्तार हो रहा था। बहुत पहले से *Parliamentary Papers* में उपलब्ध होनेवाली जानकारियों के अतिरिक्त पूरे भारत की जनगणना (ब्रिटिश भारत में सबसे पहली जनगणना सन् 1871 में हुई थी), तथा अन्य आधिकारिक प्रकाशन जैसे कि जिला गजट, जो उन्नीसवीं सदी के उत्तरार्ध में प्रकाशित होने लगे थे, से भारत की धार्मिक और सामाजिक स्थिति के बारे में काफी जानकारियां प्राप्त होने लगी थीं। भारतीयों, मिशनरियों तथा अन्य यूरोपियों के व्यक्तिगत अनुभवों पर आधारित अनौपचारिक विवरणों तथा स्रोतों पर आधारित जानकारियां भी लगातार प्राप्त हो रही थीं। मिशनरी सोसाइटियां इस प्रायद्वीप में धार्मिक और सामाजिक परिस्थितियों के बारे में जानकारियों और प्रचार के साथ-साथ अपनी शाखाओं का भी लगातार विस्तार करती जा रही थीं।

संस्कृत ग्रंथों के अंग्रेजी में अनुवाद में होनेवाली प्रगति भी काफी महत्त्वपूर्ण थी। इससे ब्राह्मणवादी दृष्टिकोण को अवश्य बल मिला परंतु जो भी हो, यूरोपियों को बहुत सारे प्रभावशाली ग्रंथों के बारे में बिलकुल सटीक ज्ञान प्राप्त करने में बहुत मदद मिली। इनमें

[1] Monier-Williams 1875: iv.

से सबसे महत्त्वपूर्ण अनुवाद फ्रेडेरिक मैक्स मूलर द्वारा ऋग्वेद (1849–56) का तीन खंडों में प्रकाशित संस्करण था। उसके बाद जॉन मूर की *Original Sanskrit Texts on the Origin and History of the People of India, Their Religion and Institutions* (1871–73) शीर्षक से पांच खंडों वाली श्रृंखला का प्रकाशन हुआ।

इस काल के दौरान अन्य संस्कृत ग्रंथों के अनुवाद में प्रमुख रूप से एम. मोनियर विलियम्स की *Introduction to Indian Wisdom or Examples of the Religious, Philosophical, and Ethical Doctrines of the Hindus* (1875) और इस श्रृंखला के प्रथम खंडों के रूप में *Sacred Books of the East* का प्रकाशन महत्त्वपूर्ण था। आरंभ में मैक्स मूलर द्वारा संपादित और लगभग तीस वर्षों के दौरान (उचित परिचय के साथ) उनके प्रकाशन से काफी संख्या में सामान्य पाठकों को ब्राह्मणवादी परंपरा के कुछ सर्वाधिक प्रभावशाली और मूलभूत स्रोतों के अनुवाद आसानी से उपलब्ध हुए। इनमें मैक्स मूलर द्वारा अनुदित दो खंडोंवाली *Upanishads* (1879, 1884); जॉर्ज ब्यूलर द्वारा प्रस्तुत *Laws of Manu* का संस्करण, काशीनाथ त्रिंबक तेलंग द्वारा अनुदित *Bhagvadgita* (1879); जूलियस जॉली द्वारा अनुदित *Institutes of Vishnu* (1880); और शंकराचार्य की टीका के साथ जॉर्ज थिबॉट संपादित *Vedanta-Sutras of Badarayana* (1890–96) प्रमुख हैं।

जैसा आगे स्पष्ट होगा, इनमें से कुछ खासकर मूर, मोनियर विलियम्स और मूलर द्वारा किए गए अनुवाद काफी प्रभावशाली थे और कुछ प्रमुख मिशनरी लेखकों के अध्ययन और लेखन में ये अत्यंत उपयोगी साबित हुए।[2]

जानकारी के अनौपचारिक स्रोत: मिशन कार्यक्षेत्र में निजी संपर्क, परिवार और रिश्तेदार

मिशन कार्यक्षेत्र में जो मित्र और रिश्तेदार पहले से ही कार्यरत थे, उनके द्वारा दी गई विस्तृत जानकारियों ने (चाहे कितनी भी अपर्याप्त क्यों न हों) ज्ञान में और अधिक वृद्धि की। हिंदू प्रथाओं और परंपरा के बारे में जानकारियों, विचारों और दृष्टिकोणों के आदान-प्रदान के लिए औपचारिक तथा अनौपचारिक दोनों प्रकार के स्रोत बढ़ते जा रहे थे। उन्नीसवीं सदी के उत्तरार्ध में भारत में कार्यरत मिशनरियों की सीमा भारतीय अनुभव वाले पूर्वकालिक अथवा वर्तमान मिशनरियों से जुड़ी हुई थी, जिसे मिशनरी दस्तावेजों

[2] बहुत सारे मिशनरी लेखक मैक्स मूलर की कृति और/या मोनियर विलियम्स की *Indian Wisdom* का संदर्भ देते हैं। मूर के अनुवाद भी काफी लोकप्रिय थे। इसका उपयोग उदाहरण के लिए जॉन मरी मिशेल, जॉन रॉब्सन, डबल्यू.जे. विल्किंस और टी.इ.स्लाटर ने किया। मोनियर विलियम्स, मूलर और मूर द्वारा किए गए संस्कृत ग्रंथों के अनुवाद और टिप्पणियों की उपयोगिता पर प्रशंसात्मक लेखों के लिए देखें सन् 1886 (MF, 1887, Vol. XXXII: 311–22) में प्रकाशित अपनी वार्षिक रिपोर्ट में रेव.टी. विलियम्स (एस.पी.जी., रेवाड़ी) की टिप्पणियां।

के जरिए विभिन्न तरीकों से प्रकाशित किया जा सकता था। इनमें दो समूह प्रमुख थे: लंदन मिशनरी सोसाइटी (एल.एम.एस.) और चर्च मिशनरी सोसाइटी (सी.एम.एस.)। सन् 1883–1900 के दौरान चर्च ऑफ़ इंग्लैंड जनाना मिशनरी सोसाइटी (CEZMS) से संलग्न महिला मिशनरियों से संबंधित पांडुलिपियां और उम्मीदवारों के कागजातों से प्राप्त जानकारियां इसका अन्य स्रोत थीं।

सिबरी की डायरी से भी उन्नीसवीं सदी के प्रथमार्ध और उत्तरार्ध के दौरान भारत में एल.एम.एस. मिशनरियों के अनुभवों तथा पृष्ठभूमि में तुलनात्मक अंतर स्पष्ट होता है।[3] सन् 1807 से लेकर 1900 के बीच भारत भेजे गए 335 एल.एम.एस. में से नौ मिशनरियों के पुत्र और नौ पुत्रियां थीं। ये कुल मिलाकर अठारह थे (कुल संख्या का 5 प्रतिशत) जो मिशनरियों का एक छोटा सा अनुपात है। इसमें भारत में कार्यरत किसी भाई, बहन, चाचा, चाची या दूर के किसी भी रिश्तेदार के बारे में कोई चर्चा नहीं है।[4] हालांकि समय के साथ-साथ भारत में रहते हुए इनके संबंधों में जिस प्रकार से लगातार वृद्धि हो रही थी वह गौर करने योग्य है। इनमें से दो को छोड़कर बाकी सभी उम्मीदवार ऐसे थे जिनके माता-पिता भारतीय मिशन क्षेत्र में कार्य कर चुके थे और उन सभी ने उस सदी के उत्तरार्ध में अपनी नियुक्तियां स्वीकार की थीं। इससे भारत में पारिवारिक संबंधों के बढ़ते महत्त्व पर प्रकाश पड़ता है। इसके साथ ही उस काल में पारिवारिक संपर्कों के जरिए हिंदू धर्म के बारे में बढ़ते ज्ञान की संभावनाएं बढ़ गईं।[5]

CEZMS के दस्तावेजों से भी जानकारियां प्राप्त होती हैं। इस सोसाइटी ने विदेशी और स्थानीय दोनों प्रकार के संपर्कों के आधार पर महिलाओं को नियुक्त करने की नीति अपनाई। 'स्थानीय संपर्कों' के आधार पर यूरेशियाई तथा भारतीय महिलाओं और विदेशी संपर्कों के आधार पर ब्रिटेन के CEZMS कार्यकर्ताओं को चुना गया था। 'स्थानीय संपर्क' से आई महिलाओं से निश्चित तौर पर यह उम्मीद की जाती थी कि स्थानीय मामलों के बारे में वे समुद्रपार से आकर भर्ती हुई उम्मीदवारों से अधिक स्थानीय जानकारियां रखेंगी। परंतु यह स्पष्ट जाहिर होता है कि 'विदेशी' श्रेणी में आनेवाले कुछ लोग न केवल भारत में ही मिशनरी या गैर-मिशनरी माता-पिता से पैदा हुए होते थे बल्कि ब्रिटेन में सोसाइटी में भर्ती होने वाले भी पहले से ही हिंदू विचारों एवं प्रथाओं के बारे में कुछ ज्ञान रखते थे।

[3] Sibree 1923.

[4] कार्यक्षेत्र में एल.एम.एस. मिशनरियों के बीच संबंधों पर आगे टिप्पणियों के लिए देखें Semple 2003 (pp. 95,103–5).

[5] सन् 1850 से 1900 के बीच भारत भेजे गए 471 सी.एम.एस. मिशनरियों में से तैंतीस या 7 प्रतिशत उन मिशनरियों के पुत्र थे जो वहां पर काम कर चुके थे। अधिकतर वे उन स्थानों या भारत के उन हिस्सों में लौट जाते थे जहाँ वे पले-बढ़े नहीं भी हों पर पैदा हुए हों। अन्य मिशनरियों के अपने ही परिवार के सदस्य– चाचा, मामा, भाई, भतीजे और बाद में (जब सी.एम.एस. ने महिलाओं को भी भरती करना शुरू कर दिया तब) बहनें भी भारत में काम कर रही थीं। (CMS *Register of Missionaries, etc.*).

ब्रिटेन में चुनी गई 123 CEZMS की महिलाएं जिनका जन्मस्थान ज्ञात है और जिन्होंने बाद में सन् 1875 से 1900 के बीच भारत में रहकर काम किया, उनमें से कम-से-कम पंद्रह (यानी 12 प्रतिशत) भारत में ही पैदा हुई थीं। इनमें से ज्यादातर सी.एम.एस. के मिशनरियों की पुत्रियां थीं।[6] इनमें मारिया और लुइस दो बहनें थीं जो CEZMS में भर्ती होने से पहले अपने पिता रेव.सी.एम. डूयुबल द्वारा धर्मोपदेश देने के उद्देश्य से बनारस की यात्रा में उनके साथ थीं। एडिथ एलेग्जेंडर ने भी अपने जीवन के प्रथम बत्तीस साल भारत में बिताए थे। वह सी.एम.एस. के पुराने अनुभवी मिशनरी एफ.डबल्यू.एन. एलेग्जेंडर की पुत्री थी जो सन् 1842 में स्थापित तेलुगु मिशन का अग्रणी कार्यकर्ता था। हिंदू धार्मिक रिवाजों की गंभीर जानकार एमिली सैंडीस का जन्म कलकत्ता में सन् 1860 में हुआ था। वह जब ग्यारह साल की थी तभी उसके पिता का देहांत हो गया था। वह सी.एम.एस. के जाने-माने मिशनरी थे। उसकी मां कलकत्ता में सी.एम.एस. के साथ सक्रिय रूप से जुड़ी रही और बाद में लंदन में CEZMS की वाईस प्रेसिडेंट बनी। गेरट्रूड केम्बर, केथरीन वाल्पी, एलेनोर सेल, एनी थॉमस– ये सभी दक्षिण भारत में सी.एम.एस. के मिशनरी परिवारों में पैदा हुई थीं। सन् 1895 में ऊटकमंड में नियुक्ति के समय गेरट्रूड की तमिल भाषा पर अच्छी पकड़ होने के कारण उसका काफी सम्मान था। CEZMS के अन्य मिशनरियों का जन्म सांसारिक जीवन व्यतीत करनेवाले सामान्य परिवारों में हुआ था। एलिस और एनी वार्ड के पिता संभवतः बंबई में 'बैरक मास्टर' थे; कैथरीन न्यूनहैम के पिता भी सैनिक सेवा में थे। लिलियन जेनिंग के पिता मैसूर निवासी एक अवकाशप्राप्त न्यायाधीश थे। उन्नीसवीं सदी के उत्तरार्ध में सी.एम.एस. और एल.एम.एस. के कुछ उम्मीदवारों के साथ जैसा हुआ था, एक बार फिर वैसा ही अनुभव माता-पिता के साथ रह कर हिंदुओं के बीच काम करने वाले धर्मप्रचारकों को हुआ। उनके लिए भारत में काम के अनुभव ने हिंदू शिक्षाओं और धार्मिक जीवन से परिचय (चाहे अपर्याप्त ही सही) का अवसर प्रदान किया।

महिलाओं के मिशनरी आंदोलन का उदय

दूसरा महत्त्वपूर्ण परिवर्तन जो भारत में रहनेवाले परिवारों और उनके रिश्तेदारों के आंकड़ों में प्रतिबिंबित होता है वह उन्नीसवीं सदी के उत्तरार्ध में ब्रिटेन और अमेरिका में महिलाओं के मिशनरी आंदोलन के उदय से सम्बंधित है। इस काल में हिंदू धर्म के बारे में मिशनरी अवधारणा के निर्माण में ब्रिटिश महिलाओं के अनुभवों और भारतीय धार्मिक विश्वास एवं रिवाजों के बारे में उनके दृष्टिकोण का महत्त्वपूर्ण योगदान था।

[6] इस अनुच्छेद में तथा अन्य उल्लिखित विवरणों के लिए देखें CEZMS archives Birmingham University, CEZ/C/AMI, Register of Missionaries with particulars of service, Vol. 1; papers of individual missionaries; Barnes 1897: esp. 233–60; and Stock 1899.

ईसाई मिशन के लिए ब्रिटिश महिलाओं का उत्साह (जो विद्यमान पुरुष-प्रधान सोसाइटियों के समर्थन में स्पष्ट रूप से प्रकट होता है) पुरुष-प्रधान संगठनों द्वारा महिलाओं को मिशनरियों के रूप में स्वीकार करने में झलकता है। इस परिवर्तन के साथ और उससे पहले भी कुछ स्वतंत्र महिला संगठन अपने उम्मीदवारों को भारत या अन्य देशों में भेजने लगे।

दरअसल यूरोपीय महिलाएं भारत में ब्रिटिश प्रोटेस्टेंट मिशनों के साथ 'अनौपचारिक' रूप से बहुत पहले से ही जुड़ी रही थीं। ये अक्सर महिलाओं के बीच कार्य के लिए 'महिला' कार्यकर्ता के रूप में बिना आधिकारिक मान्यता के अवैतनिक काम करती थीं।[7] उनमें से अधिकांश महिलाएं मिशन कार्यक्षेत्र में कार्यरत पुरुषों की पत्नियां, बहनें, विधवाएं और यहां तक कि बेटियां भी होती थीं।[8] यूरोपीय घरों में सामान्य देख-रेख तथा घरेलू कर्तव्यों का निर्वाह करने के बाद उनसे शायद यह उम्मीद की जाती थी कि वे भारतीय महिलाओं के बीच ईसाई धर्म का प्रचार करेंगी।[9] इसको कुछ हद तक इसलिए आवश्यक माना जाता था क्योंकि हिंदू महिलाओं को धार्मिक रूप से रूढ़िवादी समझा जाता था। वे अपने घरों में हिंदू धर्म का संरक्षण करती थीं तथा युवा पीढ़ी को मिशनरियों द्वारा अपने प्रभाव में लाने के प्रयास को विफल करने में काफी सक्षम थीं।[10] पुरुष मिशनरियों की पत्नियां और महिला रिश्तेदार प्राथमिक बालिका विद्यालयों में पढ़ाती थीं और स्कूलों का संचालन करती थीं। वे महिलाओं की शिक्षक प्रशिक्षण संस्थाओं की स्थापना और प्रबंधन में भी काफी सक्रिय रहती थीं। उन्होंने अनाथ बालिकाओं के लिए आश्रयों की स्थापना की, भारतीय जनानाघरों की देखभाल की और महिलाओं एवं अन्य भारतीय सहायिकाओं को बाइबिल की शिक्षा देने में काफी समय व्यतीत किया। अपने पतियों, भाइयों या पिताओं की तरह वे भी प्राथमिक चिकित्सकीय सहायता और यहां तक कि बाढ़ पीड़ितों की सहायता के लिए भी अक्सर जाया करती थीं। ऐसी कुछ अग्रणी ब्रिटिश महिलाओं में हैना मार्शमैन, मार्गरेट विल्सन (कुमारी उपाधि कुक), हैना मुलेंस और इन सबके साथ कुछ समर्पित पत्नियां, विधवाएं और अविवाहिताएं भी थीं

[7] संक्षिप्त अवलोकन के लिए देखें Richter 1901 (pp. 329–46) और लड़कियों के लिए मिशन स्कूलों की स्थापना और प्रबंधन में महिलाओं की अग्रणी भूमिका के लिए देखें इनम्स 1956: 86–7।

[8] उदाहरण के लिए, 1867 के एक प्रस्ताव में किसी भी महिला को नियुक्त न करने की अपनी नीति को दोहराते हुए सी.एम.एस. ने कहा कि सोसाइटी पहले से ही 'पत्नियों, बहनों और बेटियों' के जरिए काफी काम कर ही रही है (Stock 1899, Vol. 2: 398–99).

[9] इस मुद्दे पर देखें Bowie et al. 1993: 25–6.

[10] देखें खासकर Weitbrecht 1875: 47–9 और Vaughan 1876: 271. इस धारणा में निहित विरोधाभास पर कई टिप्पणीकारों ने गौर किया जिनमें से रोजमेरी फिजगेराल्ड का कहना था कि एक तरफ महिलाओं को निराश, भ्रष्ट और उपेक्षित बताया गया और दूसरी ओर उनको 'सर्वशक्तिमान' और 'पारंपरिक संस्कृति के आंतरिक स्वरुप की अंतिम संरक्षिका' भी बताया गया (Bickers and Seton 1996: 180–81).

जो उनके नक़्शे-कदम पर चलते हुए इस क्षेत्र में आगे बढ़ीं लेकिन उनकी पूरी कहानी जानना अभी बाकी है।[11]

हालांकि यह सच है कि आधिकारिक रूप से यह कार्य अमान्यताप्राप्त था और वार्षिक रिपोर्टों एवं वार्षिक बैठकों में इसकी शायद ही कभी कोई चर्चा होती थी लेकिन महिलाओं के कार्य के महत्त्व को लोग थोड़ा-थोड़ा समझने लगे थे, जिसका मिशन के समर्थकों के रवैयों पर प्रभाव पड़ने लगा था। उन्नीसवीं सदी के प्रथमार्ध में ही मिशनरी की साहित्यिक पत्रिका में महिलाओं के कार्य पर कुछ चर्चा की गई थी।[12] मिशनरियों की पत्नियां तथा अन्य महिलाएं कभी-कभी प्रभावशाली मिशनरी प्रकाशनों में अपने निबंध भी भेजती थीं। इसके अतिरिक्त महिलाओं के लिए महिला मिशनरियों के कार्य की आवश्यकता और उनके द्वारा जो कुछ भी निष्पादित किया जा चुका था उसके महत्त्व का इस कार्य क्षेत्र के कुछ प्रमुख और अनुभवी पुरुष मिशनरियों ने काफी प्रचार किया। वास्तव में महिला मिशनरी कार्यकर्ताओं द्वारा (आमतौर पर स्वैच्छिक आधार पर ही) उठाए गए इस कार्यभार के महत्त्व के प्रति बढ़ती जागरूकता और प्रशंसा का भाव भी एक कारण था जिसने बाद के दशकों में महिलाओं के मिशनरी आंदोलन के विकास को प्रेरित किया।

सन् 1986 में प्रकाशित एक लेख में जेरल्डीन फोर्ब्स ने सुझाव दिया है कि 'मिशनरी कार्यों में संलग्न ब्रिटिश महिलाओं की बढ़ती हुई संख्या मध्यमवर्ग की 'अत्यधिक महिला उपलब्धता' की समस्या का एक समाधान भी था।[13] हालांकि सन् 1880–1920 के दौरान CEZMS की महिला मिशनरियों की ओर से की गई तैयारी और चुनाव पर जेनिफ़र मोरावियेकी द्वारा किए गए एक शोधकार्य में इस दलील को हाल ही में चुनौती दी गई है।[14] उसका कहना है कि मध्यवर्गीय महिलाओं के लिए केवल नर्सिंग में ही नहीं बल्कि शिक्षिका के रूप में भी, घर से बाहर निकल कर काम करने के बहुत सारे अवसर मिलने लगे थे। इस तथ्य की पुष्टि वह जनगणना का संदर्भ देकर करती है। वह ये भी बताती है कि महिलाओं द्वारा अन्य पेशों के चुनाव की तुलना में मिशन कार्य का चुनाव 'बहुत कम संख्या' में किया गया था और मिशन कार्य का विकल्प चुनने की अपनी समस्याएं और कठिनाइयां थीं।[15] परंतु 'उपयुक्त' रोजगार की खोज के एक पहलू के रूप में मिशन में महिलाओं की बढ़ती संलग्नता को किस हद तक

[11] भारत में रहकर काम करनेवाली इन महिलाओं तथा अन्य अग्रणी मिशनरी महिलाओं की संक्षिप्त जीवनी जानने के लिए देखें Weitbrecht 1875: 144–222.

[12] CMP, No. 34, 1824, and No. 86, 1837; Sketches, No. 102, January 1844, and No. 123, April 1849. Juvenile Offering, Vol. 4, December 1847: 133–37; Juvenile Missionary Magazine, Vol. 1, 1844: 35–9; Vol. 2, 1845: 211, and Vol. 3, 1846: 209–10.

[13] Forbes 1986.

[14] Morawiecki 1998.

[15] Ibid.: 90–2.

देखा जाना चाहिए, इस सवाल से परे महिलाओं की मिशन क्षेत्र में बढ़ती रूचि को प्रोत्साहित करनेवाले और भी कारक थे। ब्रिटेन में धार्मिक मामलों, खासकर धर्मोपदेश और धार्मिक संस्थाओं के संगठन और प्रबंधन में महिलाओं की बढ़ती भागीदारी की प्रवृत्ति[16] और साथ ही आध्यात्मिक एवं मानवीय विश्व दृष्टिकोण के बीच और अधिक नजदीकी संबंध की प्रवृत्ति भी उसका कारक थे। इस बादवाली प्रवृत्ति को 'सामाजिक गोस्पेल' के विचार को सशक्त करनेवाली प्रवृत्ति के रूप में देखा जाता था। उसके तहत यह विश्वास लगातार दृढ़ हो रहा था कि सभी वर्गों के लोग 'मोक्ष' की तलाश में लीन महज अमूर्त 'आत्माएं' नहीं थीं बल्कि सभी पुरुष और महिलाएं और अधिक संपूर्णतावादी दृष्टिकोण की तलाश में थे।[17] इस प्रकार ब्रिटेन की ईसाई महिलाएं धर्मप्रचार के कार्यों में भाग लेने के लिए एक आदर्श स्थिति में मौजूद थीं। धार्मिक मामलों में अग्रणी भूमिका निभाने के साथ ही जैसा कि फ्रैंक प्रोचास्का ने लिखा है, वे उन्नीसवीं सदी के इंग्लैंड में लोकोपकारी गतिविधियों में अधिक-से-अधिक हिस्सा ले रही थीं।[18] इस प्रकार भारत में महिलाओं के लिए कार्य से उनकी दो प्रकार की भूमिकाएं बन रही थीं जिन्हें वे ब्रिटेन में पहले से ही सार्वजनिक जीवन में निभा रही थीं। एक दृष्टि से यह चुनौतीपूर्ण था और तुलनात्मक रूप से नया था। दूसरी दृष्टि से यह एक प्रकार की निरंतरता कायम रखते हुए एक नए क्षेत्र के द्वार खोल रहा था, जिसमें मध्यवर्गीय महिलाएं अपने अनुभवों और विशिष्ट ज्ञान का सदुपयोग भारत में रह रही अपनी 'पिछड़ी' और 'दबी-कुचली' बहनों की भलाई के लिए कर सकती थीं।

साथ ही समुद्रपार के मिशन के साथ कभी-कभी जो रोमांचक और उत्साहजनक भावना जुड़ी होती थी उससे संभवतः ये महिलाएं (पुरुषों की तरह ही) भी वंचित नहीं रहीं। सन् 1883 में कलकत्ता में होनेवाले द्वितीय दसवार्षिकी मिशनरी कांफ्रेंस में अपना लेख पढ़ते हुए बनारस की बैप्टिस्ट मिशनरी सोसाइटी (बी.एम.एस.) की मिसेस इथररिंगटन ने पूछा:

> जिसे जनाना कार्य कहा जाता है, उसे करने जो भी आता है, क्या उन सभी द्वारा इस भूमि पर ईश्वर की सेवा में ईमानदारी से कार्य करने की आवश्यकता महसूस की जाती है? कोई एकाध मामला नहीं है जब सिर्फ रोमांच और मज़े करने के लिए लोग नहीं आए हों, और सचमुच दिल से किसी ने यथार्थ की खोज करने की कोशिश की हो, और अंत में हताशा और असफलता ही हाथ लगी हो?... हमें यह स्वीकार करना चाहिए कि गलतियां होती हैं, चाहे उनके द्वारा जो यहां आते हैं या जो उन्हें भेजते हैं; इसका हमारे काम पर यहां और घर दोनों जगह गंभीर प्रभाव पड़ता है।[19]

[16] Ibid.: 90.

[17] Oddie 1976

[18] Prochaska 1980.

[19] *Report of the Second Decennial Missionary Conference held at Calcutta,* 1882–83: 199.

ब्रिटेन में चल रही इन गतिविधियों के अतिरिक्त भारत में परिस्थितियां भी बदलती जा रही थीं और यहां काम करने के अवसर बढ़ते जा रहे थे।[20] संभवतः जनानखानों (महिलाओं के लिए आरक्षित आवास) में मिशनरी महिलाओं का प्रवेश अधिकतर भारतीय पुरुषों के रवैये पर ही निर्भर करता था। आमतौर पर औरतों के पिता या पति ही यह फैसला लेने का अधिकार रखते थे कि विदेशी महिलाओं को अन्तःपुर में प्रवेश करने और शिक्षा देने की अनुमति दी जानी चाहिए या नहीं। एलेग्जेंडर डफ़ को उम्मीद थी कि पश्चिमी शिक्षा और 'प्रबोधन' से प्रभावित ऊंची जाति के युवा छात्र धीरे-धीरे अपनी स्त्रियों के लिए संतोषजनक संबंध और शिक्षा की कामना करेंगे[21] और जिस प्रकार पश्चिमी शिक्षा से प्रभावित पुरुष छात्रों की संख्या में वृद्धि हुई उसी प्रकार उनके घरों में हिंदू महिलाओं को पढ़ाने के लिए यूरोपीय अथवा अन्य शिक्षित महिलाओं की मांग भी बढ़ेगी।

सन् 1854 में फ्री चर्च ऑफ़ स्कॉटलैंड (एफ.सी.एस.) के जॉन फोर्डाइस ने कलकत्ता में कुमार टैगोर के घर में एक यूरेशियाई मिशनरी मिस टूगुड की नियुक्ति का प्रबंध करके पहली बार ऐसा यादगार प्रयोग किया।[22] कुमार टैगोर जैसे सुसंस्कृत और उदार विचारों वाले पुरुष के स्थान और रवैये का इस दृष्टि से महत्त्व है कि जनानखाने में प्रवेश पाने की सफलता मुख्य रूप से ऐसे लोगों पर ही निर्भर करता था जो पहले ही पश्चिमी शिक्षा प्राप्त कर चुके थे और मिशनरियों के प्रति सकारात्मक दृष्टिकोण रखते थे।[23] लेकिन इसे सतर्कता से देखा जा रहा था, क्योंकि मिशनरी महिलाओं द्वारा प्रस्तुत जनानखानों की छवि, ऊंची जाति के सभी हिंदू घरों का प्रतिनिधि नहीं हो सकती थी। वे उन घरों में कदापि प्रवेश नहीं कर सकते थे जिनमें मिशनरियों को आने की अनुमति नहीं थी या जो पश्चिमी शिक्षा या 'प्रबोधन' के विचारों से प्रभावित होकर स्त्री शिक्षा की आवश्यकता को महसूस नहीं करते थे।

उन्नीसवीं सदी के उत्तरार्ध में भारत में मिशनरी गतिविधियों के अन्य पहलुओं में प्रोटेस्टेंट महिलाओं की बढ़ती संलग्नता और इन विस्तृत हो रहे अवसरों का एक परिणाम यह हुआ कि विभिन्न मतावलंबी मिशनरी सम्मेलनों में महिलाओं को अनिच्छापूर्वक और देर से ही सही, पर सदस्यता मिल गई थी। इनमें स्थानीय, क्षेत्रीय और अखिल भारतीय स्तर पर प्रोटेस्टेंट मिशनरियों की नियमित या समय-समय पर होनेवाले सम्मलेन शामिल थे। शहरी सार्वभौमिक सम्मलेन जैसे कि कलकत्ता, बंबई, मद्रास और बंगलोर के मिशनरी सम्मलेनों के साथ-साथ उन्नीसवीं सदी के उत्तरार्ध में और भी आम सम्मलेनों की संख्या बढ़ती ही

[20] Leslie 1868: xiii के परिचय में देखें Storrow की टिप्पणी।

[21] Smith 1879, Vol. 1: 151.

[22] Richter 1901: 338–39.

[23] महिला मिशनरियों के लिए अपने घर के द्वार खोलने के लिए तैयार कुछ अन्य प्रमुख बंगालियों के रवैये के लिए देखें Weitbrecht 1875: 66–7.

जा रही थी। प्रथम क्षेत्रीय सम्मेलनों में से एक सन् 1855 में कलकत्ता में बंगाल मिशनरियों का सम्मलेन हुआ था।[24] उसके बाद सन् 1857 में बनारस में प्रोटेस्टेंट मिशनरियों का सम्मलेन, सन् 1858 में उटकमंड में साउथ इंडिया मिशनरी कांफ्रेंस और सन् 1862–63 में लाहौर में पंजाब मिशनरी कांफ्रेंस हुआ।[25] उसके बाद आगे और भी बहुत बड़ी संख्या में मिशनरियों को आकर्षित करनेवाले अखिल भारतीय स्तर के सम्मलेन हुए। सन् 1872–73 में इलाहबाद में होनेवाला जनरल मिशनरी कांफ्रेंस ऐसे दसवार्षिकी कांफ्रेंसों में से पहला कांफ्रेंस था जिसमें 136 प्रतिनिधियों ने भाग लिया था।[26] उसके बाद सन् 1882–83 में कलकत्ता में कांफ्रेंस हुआ जिसमें 475 प्रतिनिधियों ने भाग लिया और सन् 1892–93 में बंबई में हुए सम्मलेन में 620 प्रतिनिधियों ने भाग लिया।[27]

ऐसा लगता है कि कम-से-कम 1870 के दशक से पहले इन स्थानीय, क्षेत्रीय या आम सम्मेलनों में महिलाओं को सदस्यता नहीं मिली थी। सबसे बड़े स्थानीय सम्मलेन के रूप में जाने जानेवाले कलकत्ता मिशनरी कांफ्रेंस के अप्रैल 1878 के ब्योरेवार विवरण की सूची में किसी भी महिला सदस्य का नाम दर्ज नहीं था। बंगाल, बनारस, दक्षिण भारत या पंजाब के क्षेत्रीय सम्मेलनों में भी किसी महिला प्रतिनिधि का नाम नहीं था। वास्तव में, सामान्य रूप से यही रिवाज था कि महिला शिक्षा या भारत की महिलाओं और बच्चों के बीच किसी भी प्रकार के कार्य से संबंधित मामलों पर पुरुष ही आपस में विचार करते थे या उन पर अपने लेख प्रस्तुत करते थे। महिलाओं को पंजाब मिशनरी कांफ्रेंस की बैठकों में शरीक होने की अनुमति थी लेकिन बहुविवाह या तलाक संबंधी विचार-विमर्श के दौरान उनको बैठक से बाहर निकल जाने को कहा जाता था। हालांकि आगे और अधिक संख्या में अविवाहित और विवाहित दोनों प्रकार की महिलाओं के मिशनरी कार्य क्षेत्र में प्रवेश के साथ इस स्थिति में कुछ परिवर्तन आया। लगभग इन्हीं दिनों सन् 1872 में इलाहाबाद में पहली दसवार्षिकी मिशनरी बैठक हुई। इलाहाबाद बैठक की सब-कमिटी के संचालक मुर्री मिशेल ने कलकत्ता में अमेरिकन जनाना मिशन की मिस ब्रिटन को एक लेख प्रस्तुत करने की अनुमति दी थी। लेख प्रस्तुत करनेवाले कुछ अन्य पुरुषों की तरह वह और दिल्ली स्थित सोसाइटी फॉर द प्रोपगेशन ऑफ द गोस्पेल (एस.पी.जी.) की मिसेस विंटर इसमें उपस्थित नहीं हो पाईं, परंतु वे शायद सम्मलेन में योगदान के लिए अनुमति प्राप्त करनेवाली प्रथम महिलाएं थीं। उसके

[24] *Proceedings of a General Conference of Bengal Protestant Missioanaries held in Calcutta, Sept. 4–7, 1855.*

[25] *Proceedings of the South India Missionary Conference held at Ootacamund 19 April–5 May 1858,* and *Report of the Punjab Missionary Conference held at Lahore, December to January, 1862–1863.*

[26] *Report of the General Missionary Conference held at Allahabad, 1872–73.*

[27] *Report of the Second Decennial Missionary Conference held at Bombay 1892–93.*

बाद के दसवार्षिक सम्मेलनों में महिलाएं सशरीर उपस्थित होकर महिलाओं एवं बच्चों के बीच काम करने के बारे में लेख पढ़ती थीं और उसपर विचार-विमर्श करती थीं। लेकिन पुरुषों की यह उदारता संभवतः महिलाओं से संबंधित विषयों पर ही महिलाओं को विचार करने की अनुमति तक सीमित थी। उदाहरण के लिए, ऐसा कोई प्रमाण नहीं मिलता जिससे लगे की हिंदू धर्म से संबंधित सामान्य मुद्दों पर महिलाएं टिप्पणी करती थीं या विचार-विमर्श में हिस्सा लेती थीं। निश्चित रूप से वे हिंदू तौर-तरीकों और घरेलू कर्मकांडों पर टिप्पणियां करती थीं पर उससे अधिक हिंदुओं से संबंधित मुद्दों और सामान्य विषयों पर विचार-विमर्श में हिस्सा नहीं लेती थीं। उस दृष्टि से और मिशन कार्यक्षेत्र में कार्यकर्ता के रूप में उनके बढ़े हुए महत्त्व के बावजूद उन्नीसवीं सदी के उत्तरार्ध में हिंदू धर्म पर होनेवाली बहुत सारी अत्यंत महत्त्वपूर्ण विचार गोष्ठियों में महिलाओं की आवाज स्पष्ट रूप से गायब थी।

हिंदू धर्म में भारतीय महिलाओं की स्थिति पर ब्रिटिश मिशनरी दृष्टिकोण और हिंदू धर्म के बारे में ब्रिटिश महिला मिशनरियों की छवि पर आगे अध्याय 11 में विचार किया गया है।

अनुभवाश्रित अध्ययन में प्रगति, धार्मिक विवाद और ईसाई धर्ममीमांसा में परिवर्तन

जैसा कि सर्वविदित है कि बुद्धिजीवियों के बीच धार्मिक विवाद विक्टोरियाई इंग्लैंड की एक प्रमुख विशेषता थी। भूविज्ञान, प्राकृतिक विज्ञान, बाइबिल की आलोचना और धर्मों का तुलनात्मक अध्ययन, इन सबका धर्ममीमांसा और आमतौर पर इन पर विचार करनेवाले 'चिंतनशील ईसाईयों' पर असर पड़ा। मिशनरी आंदोलनों पर इन गतिविधियों और हिंदू धर्म के बारे में मिशनरियों की छवि पर इसका कैसा असर हुआ इसे टी.इ.स्लाटर (एल.एम.एस.) के सारगर्भित विवरणों में देखा जा सकता है। यूरोप के साथ-साथ भारत में होनेवाले बौद्धिक परिवर्तनों में लंबे समय से रूचि रखनेवाले तथा *The Philosophy of Missions: A Present Day Plea* (1882) के लेखक के रूप में वह ब्रिटेन और ईसाई चिंतन में महत्त्वपूर्ण विचारधाराओं पर टिप्पणी करने की काफी योग्यता रखता था। सन् 1887 में बैंगलोर मिशनरी कांफ्रेंस में बोलते हुए उसने कहा:

> इसमें कोई शक नहीं कि पिछले कुछ सालों में लोगों को उपदेश देने की शैली में महत्त्वपूर्ण परिवर्तन आए हैं। उनके धर्म पर आक्षेप करना, उनके देवताओं की निंदा करना और सभी गैर-ईसाई देशों के प्रलयनाद की तरह ईसाई धर्म को प्रस्तुत करना एक फैशन बन गया था। लेकिन खासकर ईश्वर की प्रकृति और चरित्र के बारे में बदलते दृष्टिकोणों ने इंसान के प्रति भी उनके दृष्टिकोणों को बदल दिया है। अब मैं समझता हूँ कि ईश्वर का कोप नहीं बल्कि ईश्वर का प्रेम ईसाई उपदेशों और ईसाई मिशनों की प्रमुख प्रेरणा है। विचार यह नहीं है कि हिदेन (विधर्मी), जैसा उन्हें हम कहकर बुलाते हैं, सभी नरक में जाएंगे क्योंकि वे हिदेन हैं,

बल्कि यह है कि ईश्वर उन्हें अपने बिछड़े हुए बच्चे समझकर उनसे मिलने को लालायित हैं, और हमारा यह कर्तव्य है कि, उनको ईश्वर से मिलाकर हमें आह्लादित होना चाहिए, उनकी देखभाल करनी चाहिए, और उनको *अभी* प्रसन्न तथा बेहतर स्थिति में लाना चाहिए।[28]

वैज्ञानिक और ऐतिहासिक क्षेत्र में आए नए-नए परिवर्तनों का सभी मिशनरी सोसाइटियों पर या मिशन के समर्थकों पर एक समान प्रभाव नहीं पड़ा। उदाहरण के लिए, एंग्लिकन एस.पी.जी. और सोसाइटी फॉर द प्रोमोशन ऑफ़ क्रिस्चियन नॉलेज (एस.पी.सी.के.) प्रायः ब्रॉडचर्च का दृष्टिकोण रखते थे और इन क्षेत्रों में हुए नए विकास के परिणामों को अपनी बदलती धर्ममीमांसा एवं विश्व दृष्टिकोण में शामिल करना चाहते थे। जबकि सी.एम.एस. समेत इंजीली संगठन अधिक सहमे हुए और प्रतिरक्षात्मक रवैया रखते थे। ब्रायन हैचर के मुताबिक वे धार्मिक विवादों को सार्वजनिक रूप से नजरअंदाज करने की प्रवृत्ति रखते थे, लेकिन जब यह मुश्किल हो जाता था तब उनकी मान्यतानुसार जो स्थापित इंजीली यथार्थ है उसीकी पुष्टि करते थे।[29] इसके अतिरिक्त जैसा कि बिशप कोलेंसो के मामले से स्पष्ट होता है, यह अनुमान नहीं किया जा सकता कि एक ही मिशनरी संगठन के सदस्य आधुनिक ज्ञान में प्रगति पर किस प्रकार की प्रतिक्रिया करेंगे, या इस पर सभी समान दृष्टिकोण रखेंगे।[30] कुछ परिवर्तनों को आत्मसात करना आसान था और वह उनके बुनियादी आधार के लिए कम खतरा प्रकट करता था। उदाहरण के लिए, सी.एम.एस. के यूजीन स्टॉक जैसे मिशन की वकालत करनेवालों के लिए यह बिलकुल संभव था कि 'पूरे भौगोलिक काल के दौरान ईश्वर के कार्य को समझा जाए और उसकी प्रशंसा की जाए', और 'पुरातात्विक खोजों से आह्लादित हो'।[31] लेकिन जब मैक्स मूलर के 'साइंस ऑफ़ रिलिजन' जैसे प्रकाशनों में धर्मों की तुलना से संबंधित सवाल आए, तब यह कठिन मुद्दा बन गया क्योंकि इसके अनुमान से ईसाई धर्म भी 'हिदेन' धर्म के साथ एक ही वर्ग में आ गया।[32] इस दृष्टि से ईसाई धर्म और हिंदू धर्म में कुछ खास फर्क नहीं रहा और न ही ईसाई धर्म में कोई विलक्षणता रह गई। जैसा कि बहुत सालों बाद अजेराया ने बल देकर कहा कि ईसाईयत के एकमात्र 'सच्चे' धर्म होने के दावे पर संदेह प्रकट करने को मिशनरी उद्यम की सफलता की उपेक्षा के रूप में देखा जा सकता था।[33]

[28] HF, Vol. 7, No. 9, March 1887: 257.

[29] Hatcher 1990. Thompson (1951: 115) के मुताबिक सन् 1846 में Archbishp's Board of Examiners की स्थापना के समय एस.पी.जी. ने 'इसके मिशनरियों पर अपने सैद्धांतिक परीक्षण नहीं थोपने का अपना निश्चय स्पष्ट कर दिया, लेकिन उनको सोसाइटी का नहीं बल्कि चर्च के प्रतिनिधि के रूप में भेजने का निश्चय किया'।

[30] SPG, archives, *The Bishop of Natal and the SPG. Report of a meeting held at 79 Pall Mall,* London, 20/2/1863.

[31] Stock 1899, Vol. 2: 345.

[32] देखें खासकर Associate Secretary of the CMS, Ridgeway का लेख, CMI, September 1866 में।

[33] Harper 2000: 242.

हिंदू, हिंदू धर्म और शाश्वत दंड का सिद्धांत

हिंदू धर्म और हिंदू 'हिदेन' पर मिशनरियों की प्रतिक्रिया को प्रभावित करनेवाले आलोचनात्मक विकास में एक था शाश्वत दंड के सिद्धांत पर सवाल खड़ा करना। इसके उद्भव के समय से प्रोटेस्टेंट मिशनरी आंदोलन की इंजीली शाखा ने 'नश्वर हिदेन' के विचार को अपने मूलभूत अवधारणाओं में से एक माना।[34] इस विचार के मुताबिक जिन्होंने गोस्पेल को नहीं सुना या उस पर अपनी सहमति व्यक्त नहीं की, प्रोटेस्टेंट ईसाई धर्म से बाहर के वे सभी लोग शाश्वत दंड के भागी होंगे। मिशन का अभियान एक 'बचाव-कार्य' जैसा था और मिशनरियों का प्रमुख कर्तव्य था कि वे नरक की अग्नि में से जलते हुए लोगों को निकालकर उनकी रक्षा करें। मुक्ति की बिना किसी उम्मीद के, अनंत कष्ट की ओर बढ़ते पुनरुद्धार से वंचित लाखों विधर्मियों का भयावह दृश्य बहुत से कट्टर ईसाईयों की नींद उड़ाने के लिए और पूरी उन्नीसवीं सदी के दौरान मिशन कार्य को प्रेरित करने के लिए काफी था। काफी बाद में सन् 1914 में *The Missionary Obligation in the light of the changes in modern thought* के लेखक ए.इ.गर्वी ने याद करते हुए कहा कि 'मेरे बाल्यकाल में ऐसा समझा जाता था कि ईसा में आस्था नहीं रखने वालों की मृत्यु के बाद इन शाश्वत दंडों पर सवाल या संदेह करना भी बहुत बड़ा अपधर्म होता था।'[35] अन्य स्थानों पर भेजे गए मिशनरियों की तरह भारत के लिए विदा होनेवाले बहुत सारे मिशनरी भी आत्माओं की तत्काल रक्षा के लिए उद्द्यत होने के विचार से काफी प्रभावित थे। सन् 1838 में सी.एम. एस. में सेवा हेतु आवेदन करते हुए जेम्स लॉन्ग ने कहा, 'हरेक 30 साल पर 80 करोड़ लोग उस अनंत में लीन हो जाते हैं जहाँ कोई आशा की किरण मौजूद न हो यह सोचकर मैं अभिभूत हो जाता हूँ और स्वयं से सवाल करता हूँ कि इन दुष्परिणामों से बचने के लिए अपनी ओर से कुछ कर रहा हूँ क्या'।[36] सन् 1852 में एल.एम.एस. के साथ काम करने के लिए आवेदन करते हुए एम.ए.शेर्रिंग ने बिलकुल सच्चे रुढ़िवादी दृष्टिकोण पर बल देते हुए कहा कि 'जो ईसा में विश्वास नहीं रखते वे न्याय के महान दिन (ग्रेट डे ऑफ़ जजमेंट) जज के स्थान पर आसीन स्वयं उनके द्वारा शाश्वत दंड के लिए निर्वासित कर दिए जाएंगे'। उसने कहा कि ज्ञान के अभाव में 'अब बर्बाद हो रहे' स्थानीय लोगों को गोस्पेल का उपदेश देने के 'एकमात्र उद्देश्य' के लिए वह बाहर जाना चाहता है। एल.एम.एस. के लिए अपनी सेवा प्रदान करने वाले अन्य मिशनरी तथा भारत जाकर काम करने के लिए तैयार अन्य उम्मीदवार भी ऐसे ही विचारों से प्रभावित थे। उनके मन में भी यही भावना गहरी बैठी हुई थी

[34] Piggin 1984: 139–41.

[35] इन पर जानकारी के लिए और उसके बाद मिशनरी उम्मीदवारों के लेखों से उद्धृत अनुच्छेदों के लिए देखें Oddie 1974.

[36] Oddie 1999: 12.

कि हिदेनों की 'अमूल्य और अमर आत्माओं' को नरक की अग्नि में जलकर नष्ट हो जाने से पहले तुरंत वहां जाकर उन्हें खींचकर निकालने की निहायत जरुरत थी।[37]

यही विचार मिशनरियों को मुख्य रूप से अपने कार्य के लिए प्रेरित करते थे। परंतु उन्नीसवीं सदी के अंत में यह विचार कमजोर पड़ने लगा। 'हिदेंन' जिसने कभी गोस्पेल को नहीं सुना, वह वास्तव में 'नरक की ओर भागा जा रहा है', ये विचार सार्वजनिक विवादों में और बाद में उम्मीदवारों के लेखों में प्रतिबिंबित होते थे। इस विचार पर लोगों का विश्वास कमजोर पड़ने लगा था और साथ ही अधिक उदारवादी धर्ममीमांसा के विकास और गैर-ईसाई धर्मों के प्रति अधिक सहनशील रवैये का विकास हो रहा था। सन् 1853 में अपनी *Theological Essays* में एफ़.डी. मॉरिस ने शाश्वत दंड के विचार को चुनौती दी परंतु रूढ़िवादी समाजों में इसका जोरदार समर्थन किया गया।[38] एक बार फिर बहुप्रचारित *Essays and Reviews* के परिणामस्वरूप सन् 1860 में यह वाद-विवाद का विषय बन गया। सन् 1870 के दशक तक आते-आते और इंजीलियों के घोर विरोध के बावजूद यह स्पष्ट होने लगा था कि 'नाशवान पापी' की पुरानी इंजीली अवधारणा अब धर्मसैद्धांतिक रूप से सर्वसम्मत नहीं रह गई थी।[39] सन् 1877 में कांग्रेगेशनल यूनियन (सामूहिक संघ) में शाश्वत दंड के प्रश्न पर एक विवाद खड़ा हो गया, और सन् 1888 तक आते-आते अपने संकीर्ण धर्ममीमांसा के लिए पहचाने जानेवाले बैप्टिस्टों के बीच भी इस मुद्दे पर मतभेद हो गया।

इन शंकाओं पर विभिन्न मिशनरियों ने भी गौर किया और सन् 1882 में स्लाटर ने विचार दिया कि

> हिदेनों की दुर्भाग्यपूर्ण नियति की भयंकर तस्वीर के आधार पर प्रस्तुत विकट दलील जो कभी मिशनरी सभाओं को प्रेरित करती थी, उसका अब परित्याग कर दिया गया है... मोंटगोमरी की मिशनरी भजन के डरावने पद्य 'हिदेन का नाश' जिसकी शुरुआत 'व्यर्थ आनंद के छोटे से दौर को देखो' शब्दों के साथ होती है और जो मिशनरी गतिविधियों को गहरी प्रेरणा देता था, उसको कभी-कभार ही गाया जाता है - वास्तव में बहुत सारी भजन पुस्तिकाओं में से यह गायब भी हो चुका है।[40]

[37] सन् 1850 में एफ. बेलिस ने लिखा, 'मैं ऐसी लाखों अमर आत्माओं को देखता हूँ जो हमेशा के लिए या तो खुशहाली में या फिर दुर्दशा की स्थिति में जीनेवाले हैं, बहुत तेजी के साथ अनंत की ओर चले जा रहे हैं, जिन्होंने कभी उनके (ईसा) बारे में सुना भी नहीं जिन्होंने उनको बचाने के लिए अपने प्राण त्यागे'। सन् 1858 में जी.श्रेसबरी ने लिखा, 'मुक्तिदाता के ज्ञान के अभाव में बर्बाद हो रहे हिदेनों की नितांत आवश्यकता मुझे जाने के लिए प्रेरित करता है' (Oddie 1974: 68)।

[38] Stock 1899, Vol. 2: 341. इंजीली एवं चर्च ऑफ़ इंग्लैंड के अनुयायी इतने विचलित हुए कि उन्होंने 11,000 पादरियों और 1,37,000 आम जनता से हस्ताक्षर करवाकर इस आस्था में उनके विश्वास को दोहराते हुए यह वक्तव्य जारी किया कि 'अधम' का 'दंड' और उतना ही सत्यनिष्ठ का 'जीवन' 'शाश्वत' है'।

[39] Hatcher 1990: 54.

[40] Slater 1882: 26–30.

एल.एम.एस. के उम्मीदवारों द्वारा प्रस्तुत लेखों में भी शाश्वत दंड के सिद्धांत के बारे में शंकाएं व्यक्त की गई हैं। बाद में 'कुंभ मेला' पर विवरण प्रस्तुत करनेवाले एडविन ग्रीव्स ने अपने आलेख में शिकायत करते हुए लिखा कि दंड और पुरस्कार के सिद्धांत पर जरुरत से अधिक बल दिया गया है।[41] सी.जी.मार्शल ने अपने विश्वास को अभिव्यक्त करते हुए लिखा कि सेकंड कमिंग (दुबारा आगमन) के समय सभी लोगों को उनके कृतित्वों के आधार पर पुरस्कार और दंड वितरित किए जाएंगे लेकिन 'उनमें से हरेक को प्राप्त प्रकाश और अवसर द्वारा वे रूपांतरित' हो जाएंगे।[42] एंड्रू पार्कर ने शाश्वत दंड के किसी भी प्रकार के सिद्धांत में विश्वास को यह कहते हुए सिरे से खारिज कर दिया कि उसे यकीन नहीं होता कि 'दंड का कोई भी सिद्धांत उस धर्मग्रंथ के सच्चे अभिप्राय से उत्पन्न हुआ होगा जो ईश्वर के अनंत प्रेम को प्रकट करता है और शैतान हमेशा से ईश्वर से विश्व को विभाजित करता रहा है'।[43] सन् 1883 में एस.लॉन्ग ने कहा कि दंड की संपूर्ण प्रकृति और अवधि 'विस्तृत रूप से हमारे लिए अज्ञात है'।[44]

हिदेनों की नियति अनिश्चित सी होती जा रही थी, इसलिए यूरोपीय ईसाईयों (मिशनरियों समेत) और हिंदुओं के बीच दूरी का भाव बढ़ने लगा था। ये ईसाई ईश्वर के सामने अपनी स्वीकृति से सहमत थे और 'अरक्षित' समझे जानेवाले हिंदू इस दृष्टि से बिलकुल अलग थे कि उनको *निश्चित रूप से* मरणोत्तर जीवन में अनंत दुख झेलना था। इन परिवर्तनों को हिंदू धर्म को प्रभावित करनेवाले दृष्टिकोणों के रूप में देखा जा सकता है। चूंकि अब यह निश्चित नहीं था कि 'हिदेन' आत्माएं नरक को जाएंगी या नहीं, इसलिए हिंदू धर्म पर इसके अनुयायियों के भविष्य को हमेशा खतरे में डालने का आरोप भी नहीं लगा सकते थे। उन्नीसवीं सदी के उत्तरार्ध में कुछ मिशनरियों का मानना था कि हिंदू धर्म हमेशा शैतान का हथियार नहीं बनता था। इसके विपरीत, हिंदू धर्म के पहलुओं को शैतान से लड़ने की शक्ति के रूप में और ईश्वर के मुक्तिदायक उद्देश्य में सहायक के रूप में देखा जाने लगा।

तत्कालीन ईसाई धर्म के मूल्य

उस सदी के उत्तरार्ध में शार्प के मुताबिक 'धर्मवैज्ञानिक और दार्शनिक चिंतनों में अंतर्ज्ञानवाद (transcendentalism) से अंतर्यामितावाद (immanentism) की ओर प्रवृत्ति बढ़ने लगी थी'।[45] विधर्मियों की अंतिम नियति के बारे में बढ़ती शंकाओं के स्थान पर कुछ हद तक

[41] CWM, CP, Answers to Printed Questions (n.d.).

[42] CWM, CP, 1888.

[43] Ibid.

[44] CWM, CP, April 1883.

[45] Sharpe 1965: 39.

तत्काल ईश्वर के प्रेम और अन्य धर्म प्रणालियों से अलग ईसाई धर्म के लाभों पर कहीं अधिक ध्यान केंद्रित किया जाने लगा। स्वर्ग और नरक को किसी स्थान के रूप में न देखते हुए ईश्वर के साथ दो संभव संबंधों के रूप में देखकर खासकर मॉरिस ने 'भविष्य से ध्यान हटाकर वर्तमान पर केंद्रित कर दिया'।[46] इन विचारों को जिन्होंने स्वीकार किया उनके लिए खोए हुए को बचाने की उतनी चिंता नहीं रही, बल्कि जनकल्याण, सामाजिक न्याय और जे.जे.डेनिस के शब्दों में 'ईसाई मिशन और सामाजिक प्रगति' जैसे मुद्दों पर अधिक चिंतन को प्रोत्साहित करनेवाला परिवर्तन आया।[47] लेकिन कुछ लोगों के लिए 'नष्ट हो रहे हिदेनों' को बचाने का विचार उनके लिए प्रमुख प्रेरणा थी; लेकिन गोस्पेल के विचारों को फैलाने से होनेवाले भौतिक लाभों पर अधिक बल दिया जाने लगा। एल.एम.एस. के उम्मीदवारों के लेखों और भारत के लिए प्रस्थान करनेवाले युवाओं की टिप्पणियों में इस प्रकार की रुझान के स्पष्ट उदाहरण देखे जा सकते हैं। अपने आवेदन में ए.ए.डिगनम ने इस बात पर बल दिया कि जहाँ तक संभव होगा, 'मैं लोगों की सामाजिक स्थिति में रूचि लूंगा और उनकी जरूरतों के बारे में अधिक-से-अधिक जानकारी हासिल करते हुए उनकी जीवनशैली में सुधार लाने की कोशिश करूंगा और अगर उनकी शारीरिक बीमारियों को दूर कर सकने या उनमें सुधार ला पाने के लिए कुछ पाऊं तो उसे करने में कोई कसर नहीं छोडूंगा।'[48] इस काल के दौरान बहुत सारे ईसाईयों की तरह एच.एफ.डबल्यू.लेस्टर ने भी उस समय गोस्पेल के उद्धारक गुणों पर स्पष्ट रूप से बल दिया: 'मुझे लगता है कि ईसा वैसे ही हैं जैसा दुनिया उन्हें देखना चाहती है', उसने लिखा कि 'संकट और जरुरत के समय वही एकमात्र सहाय हैं, और अज्ञान तथा हताशा की स्थिति में वही एकमात्र प्रेरणा के स्रोत हैं और मुझे भी ऐसा ही महसूस होता है,' उसने आगे कहा, 'दुनिया को ईसा की जरुरत है। रोज अत्यंत कष्ट से पीड़ित स्त्रियों और पुरुषों का रुदन मैंने सुना है (हालांकि मेरी जानकारी बहुत हल्की है), जिनको इस कष्ट से केवल ईसा का ज्ञान और प्रेम ही उबार सकता है।'[49]

यह स्पष्ट है कि आत्माओं की रक्षा के प्रति अपनी भावना के अलावा भारत में आरंभिक इंजीली मिशनरी नैतिक और सामाजिक प्रश्नों को लेकर भी चिंतित रहते थे। भारत में कथित रूप से कुछ अत्यंत भयानक सामाजिक बुराइयों के उन्मूलन के लिए आंदोलन करने के बाद, उन्नीसवीं सदी के मध्य में कुछ अंतराल के लिए सामाजिक मुद्दे उतने महत्त्वपूर्ण नहीं रह गए थे। हालांकि ईसाई गोस्पेल की समझदारी में परिवर्तन से ईसाई मिशन के उद्देश्य के बारे में और अधिक समग्र और एकीकृत दृष्टिकोण विकसित हुआ। जैसा कि ऊपर उल्लेख

[46] Hatcher 1990: 46.

[47] Dennis 1897–99.

[48] CWM, CP, 10/1/1882.

[49] CWM, CP, Answers to Printed Questions, June 1885.

किया जा चुका है, भारत में मिशनों का एक और दृष्टि से महत्त्व बढ़ता गया कि ईसाई शिक्षा और ईसाई नैतिकता का हिंदू प्रथाओं से कहीं अधिक लाभदायक सामाजिक प्रभाव पड़ा। जाति प्रथा के अंतर्गत निचली जातियों का जिस तरह से शोषण किया जाता था, जिसके हिंदू धार्मिक बुनियाद पर आधारित होने के बारे में लोग जानने लगे थे,[50] उसके बारे में लगातार मिलनेवाली शिकायतों के अतिरिक्त बड़ी तेजी से बढ़ते जेनाना मिशन के परिणामस्वरूप महिलाओं के प्रति व्यवहार के बारे में संभवतः ब्रिटिश जनता की और अधिक चिंता बढ़ने लगी थी। वास्तव में जाए तो कम-से-कम कुछ हद तक ब्रिटिश महिलाओं का 'हिंदू बहनों' के लिए मिशन न्यायोचित था, जो कुछ वे वर्तमान में उनके लिए कर रही थीं।

नए धर्ममीमांसा के तीन प्रणेता

एफ.डी.मॉरिस (1805–72)

शाश्वत दंड के सिद्धांत को सबसे पहले तिरस्कृत करनेवालों में से एक मॉरिस था। गैर-ईसाई धार्मिक प्रणालियों में ईश्वर के सार्वभौमिक प्रेम और उनकी उपस्थिति पर बल देनेवाले के रूप में भी उसका प्रमुख स्थान है। उसकी लिखी *The Kingdom of Christ* (1838) और *Theological Essays* (1853) जैसी पुस्तकों, लेखों और साथ-ही-साथ उसके द्वारा दिए गए व्याख्यानों ने उस समय के ईसाई चिंतनों को काफी प्रभावित किया।[51] मॉरिस ने ही अलेक्सांद्रियाई स्कूल के आरंभिक ईसाईयों की तरह अन्य परंपराओं के श्रेष्ठ तत्वों को संरक्षित करने की और पहले से मौजूद ज्ञान के आधार पर ईसाई धर्म के निर्माण की वकालत की। 'द रिलिजंस ऑफ़ द वर्ल्ड एंड देयर रिलेशंस टू क्रिश्चियनिटी' (विश्व के विभिन्न धर्म और उनका ईसाई धर्म से संबंध) पर अपने बॉयल व्याख्यान में उसने इस विचार को अभिव्यक्त किया जिसे संपूर्ति सिद्धांत के नाम से जाना जाता है। सन् 1845–46 में दिए गए इस व्याख्यान को सन् 1847 में पुस्तक के रूप में प्रकाशित किया गया। यह पुस्तक इतनी लोकप्रिय हुई कि सन् 1900 तक इसका छः बार पुनर्मुद्रण हो चुका था।[52]

मॉरिस का कहना था कि ईसाईयों को हमेशा दुनिया की अन्य धार्मिक परंपराओं में निहित अच्छाइयों की तलाश करनी चाहिए। अन्य तथ्यों के अतिरिक्त उसने मार्स हिल पर पॉल के प्रवचन के महत्त्व की ओर भी सबका ध्यान आकर्षित किया और उसका निहितार्थ बताते हुए कहा कि हिंदू अपनी धार्मिक आकांक्षा और अंतर्दृष्टि को 'ईसा मसीह के 'वर्ड बिकम फ्लेश' (सशरीर प्रकट होकर ईसा द्वारा मानव जाति को संदेश देने की अवधारणा) के उद्घाटन में अपने संपूर्ण स्वरुप में देख पाएंगे।

[50] Oddie 1976: esp. 47–50.

[51] Cracknell 1995: 35–60.

[52] Ibid.: 311.

एम.मोनियर विलियम्स (1819–99)

उस समय मिशनरी सोसाइटियों के बीच शायद उससे भी अधिक प्रभावशाली एम. मोनियर विलियम्स था जो सन् 1860 में ऑक्सफोर्ड में संस्कृत का बॉडेन प्रोफेसर बना। उसकी सबसे विख्यात और प्रभावशाली कृतियों में *Indian Wisdom* एक थी जो सन् 1875 में प्रकाशित हुई थी। इसमें 'प्राचीन हिंदू लेखकों की अत्यंत विलक्षण धार्मिक, दार्शनिक और नैतिक शिक्षाओं' का उदाहरण देते हुए व्याख्यानों की श्रृंखला प्रस्तुत की गई है। इसका प्रमुख उद्देश्य 'तस्वीर के सकारात्मक पहलुओं' पर प्रकाश डालना था और 'हिंदू प्रणाली में जो कुछ भी अच्छा और सच्चा है' उसको प्रमुखता से प्रकाशित करना था।[53] मॉरिस जैसे ही विचार रखते हुए विलियम्स ने कहा कि पूर्वी देशों की लिखित सामग्रियों के 'न्यायसंगत और पक्षपातहीन अध्ययन' के लिए बड़ी तेजी के साथ माहौल बदल रहा है। साथ ही उसने खासतौर पर मिशनरियों से अन्य धर्मों के बारे में अपनी जांच और छवि निर्माण में 'पूर्ण रूप से निष्पक्ष' बने रहने का आग्रह किया।[54] मैक्स मूलर की तरह उसने अपना विश्वास प्रकट करते हुए कहा कि सभी धर्मों में, चाहे जैसे भी उसकी जांच की जाए, और चाहे विकास के जिस सोपान पर वह पहुंचा हो, इंसान की बुनियादी और गहरी पैठी मूल प्रवृत्तियों की अभिव्यक्ति होती है। उसने अपनी आरंभिक कृतियों में बलपूर्वक कहा कि प्रमुख कर्तव्य ईसाई धर्म और अन्य धर्मों के बीच 'सामान्य धरातल' की खोज करना है और उस समय का इंतजार करना है जब अन्य धर्मों में जो कुछ अच्छा और सच्चा है वह ईसाई धर्म में सम्मिलित होकर संपूर्ण रूप ले। वास्तव में मोनियर-विलियम्स ने ही बाद में सन् 1878 में प्रकाशित अपनी पुस्तक *Modern India* में अपनी संपूर्ति की अवधारणा या और अधिक सटीक होकर कहा जाए तो ईसाई धर्म में संपूर्ति की अवधारणा के बारे में विस्तार से बताया। उसके मुताबिक इस प्रक्रिया को दो प्रकार से देखा जा सकता था: पहला विचार यह है कि ईसाई धर्म एक ऐसा धर्म है जो हरेक व्यक्ति के हृदय में धार्मिक प्रवृत्तियों और कामनाओं को संतृप्त या संतुष्ट करता है चाहे वह व्यक्ति किसी भी धर्म का अनुयायी हो। दूसरा यह कि इस शब्द को इस दृष्टि से देखा जा सकता है कि क्रमिक विकास की प्रक्रिया में निम्नतर धर्म (हरेक धर्म को पूर्ण रूप में देखा गया है) उच्चतर धर्म में सम्मिलित होकर संपूर्ण रूप लेता है, ईसाई धर्म में हिंदू धर्म अपना संपूर्ण रूप ग्रहण करता है।

परंतु सन् 1887 में हुई सी.एम.एस. की एक वार्षिक बैठक में मोनियर-विलियम्स ने बिलकुल उलटे विचार प्रस्तुत किए जो काफी प्रचारित हुए। इसमें उसने धर्मों के क्रमिक विकास के विचार की भर्त्सना की और कहा कि ईसाई धर्म में अपनी संपूर्णता प्राप्त करने के बजाए गैर-ईसाई धार्मिक का विकास गलत मार्ग पर हो रहा था। 'वे [गैर-ईसाई धर्म]

[53] Monier-Williams 1875: xxxii.

[54] Ibid.: 3.

थोड़े-बहुत सत्य के आलोक में आरंभ करते हैं पर गहन अंधकार में समाप्त हो जाते हैं।' उसका न केवल यह कहना था कि ईसाई धर्म और इन गैर-ईसाई प्रणालियों के बीच 'एक गहरी खाई' थी बल्कि उसने 'शिथिल, दुर्बल, छत्रिक (जेली फिश) जैसी सहिष्णुता' की भी आलोचना की जो अब उसके मुताबिक 'पुरुषार्थपूर्ण' ईसाई धर्म के अयोग्य था। हालांकि उसके रवैये में इस परिवर्तन पर शायद उतना गौर नहीं किया गया है, जितना किया जाना चाहिए था और उसने अपने श्रोताओं से कहा भी कि 'हमारा बाइबिल हमें बताता है कि ईश्वर ने स्वयं को साक्षी रहित नहीं रखा और हरेक देश में जो लोग ईश्वर से डरते हैं, और सच की राह पर चलते हैं ईश्वर उन्हें ही स्वीकार करते हैं।'[55] लेकिन उसकी आरंभिक कृति में कहा गया है कि ईसाई धर्म की तुलना अन्य धर्मों के साथ की जा सकती है और इस विचार ने शायद ईसाई धर्म के रूढ़िवादी समर्थकों को प्रभावित भी किया था। सन् 1875 में प्रकाशित उसकी पुस्तक *Indian Wisdom* के समय से लेकर सन् 1887 में विचारों में परिवर्तन आने तक जिस काल में उसने जो उदारवादी विचार अभिव्यक्त किए, वह सी.एम.एस. और मिशनरी समाजों में प्रभावशाली बना रहा। उसी काल के दौरान यह कहावत चल पड़ी कि, 'उसने जिन्न को बोतल से बाहर निकल जाने दिया'। एक बार किसी विचार के बीज बो दिए जाने के बाद कम-से-कम कुछ लोगों के लिए उसे बिलकुल से भुला देना कठिन हो जाता है।

फ्रेडेरिक मैक्स मूलर (1823–1900)

हिंदू धर्म के बारे में मिशनरियों द्वारा बदलते मूल्यांकन पर एक तीसरा विद्वतापूर्ण प्रभाव फ्रेडेरिक मैक्स मूलर (1823–1900) का था। वह बहुत प्रसिद्ध था और आरंभिक संस्कृत ग्रंथों पर अपने कार्य खासकर 'ऋग्वेद' के अनुवाद के कारण उसकी बहुत प्रतिष्ठा थी। वास्तव में ऑक्सफोर्ड में उसके लेखों में उन मिशनरी सोसाइटियों की एक सूची थी जिन्होंने ईस्ट इंडिया कंपनी से उसके अनुवाद की प्रतियां प्राप्त करने के लिए आवेदन किए थे। उन आवेदकों में सी.एम.एस., एस.पी.जी., वेस्लेयन मेथोडिस्ट मिशनरी सोसाइटी (डबल्यू.एम.एम.एस.) और फ्री चर्च ऑफ़ स्कॉटलैंड तथा आयरिश प्रेसबिटारियन मिशन शामिल थे। मैक्स मूलर अपने व्याख्यानों तथा अन्य प्रकाशनों के कारण भी पहचाना जाता था जिनमें 'धर्म का विज्ञान' विषय से संबंधित उसके कार्य भी शामिल थे। धर्म के अध्ययन के लिए प्रयुक्त होनेवाली तुलनात्मक विधियों का वर्णन करने के लिए उसने इस शीर्षक की रचना की।[56] उसने इस विचार को चुनौती दी कि अपने विशिष्ट

[55] Monier-Williams 1887.

[56] Sharpe 1965: 45.

प्रकाशना (revelation) के कारण ईसाई धर्म अन्य धर्मों से भिन्न है। उसने जोर डे कर कहा कि सभी धर्मों को एक ही धरातल पर रखकर देखना चाहिए। वे सभी एक धार्मिक क्रमिक विकासशील प्रक्रिया के हिस्सा हैं और हालांकि ईसाई धर्म एक श्रेष्ठतर स्तर पर पहुंच गया था, परंतु फिर भी इसकी स्थिति अन्य धर्मों के सापेक्ष थी। इस प्रकार जैसा कि हम देखेंगे, जॉन रॉब्सन, टी.इ.स्लाटर तथा अन्य बहुत सारे मिशनरी जो मैक्स मूलर के विचारों से प्रभावित थे, उनके लिए गैर-ईसाई धर्मों को पूरी तरह से 'अन्य' समझना अब संभव नहीं रह गया था।

मोनियर-विलियम्स और मैक्स मूलर धीरे-धीरे ईसाई धर्म और गैर-ईसाई धर्मों के बीच सापेक्षिक दूरी पर मतभेद रखने लगे, परंतु दोनों व्यक्तियों ने मॉरिस के साथ समान विचार रखते हुए मिशनरियों द्वारा हिंदुओं के साथ पेश आते समय और उनको उपदेश देते समय एक संवेदनशील, सकारात्मक और सहानुभूतिपूर्ण दृष्टिकोण अपनाने की आवश्यकता पर बल दिया।

चर्च ऑफ़ इंग्लैंड के पादरी (vicar) के अनुसार, जो मैक्स मूलर को संभवतः अच्छी तरह से पहचानता था, 'उसको ईसाई धर्म के उन भ्रांतिपूर्ण प्रणेताओं से सख्त नफ़रत थी जो मानव प्रकृति की झूठी निंदा किए बिना हमारे परमेश्वर ईसा मसीह के मोक्ष और अनुकंपा का अनुमोदन नहीं कर सकते।'[57] अपने विभिन्न लेखों में उसने अधिक उदारवादी दृष्टिकोण अपनाने की निरंतर वकालत की और सन् 1865 में लीड्स में वेदों पर अपने व्याख्यान में उसने कहा कि 'शायद ही कोई ऐसा धर्म होगा जिसमें कुछ... महत्त्वपूर्ण सच्चाई न हो,'।[58] उसके मुताबिक ईसाई धर्म की

> तुलना केवल यहूदी धर्म से नहीं बल्कि पूरे विश्व की धार्मिक आकांक्षाओं के साथ की जानी चाहिए, वास्तव में उन सबके साथ जिनको ईसाई धर्म नष्ट करने या आत्मसात करने आया था... हरेक धर्म यहां तक कि अत्यंत त्रुटिपूर्ण और पतित में भी कुछ ऐसे तत्व होते हैं जो हमारे लिए पवित्र होने चाहिएं, क्योंकि सभी धर्मों में सच्चे यद्यपि अज्ञात ईश्वर को पाने की कामना होती है।

कुछ वर्षों बाद चार्ल्स हार्डविक लिखित *Christ and other Masters* की समीक्षा लिखते हुए उसने कहा कि 'निश्चित रूप से यह आवश्यक नहीं है कि आस्था के अन्य सभी स्वरूपों को बिलकुल झूठा ही बताएं।' उसने आगे कहा, 'अगर हम सत्य के अंश खोज पाते हैं, यहां तक कि अन्य देशों के साधुओं और विधाताओं के बीच भी अगर हम ईसाई

[57] Indian Institute Oxford, Max Muller Papers, MS. Eng. C. 2814.

[58] Quoted in Wolffe 1998, Vol. 5: 210.

धर्म के सत्य के अंश खोज पाते हैं तो हमें डरना नहीं चाहिए'।[59] मद्रास क्रिस्चियन कॉलेज के विलियम मिलर की तरह ही इन अध्ययनों और विचारों से उसके अंदर भी यह विश्वास मजबूत हो गया कि ईश्वर का विधान केवल यहूदी-ईसाई प्रकाशना में नहीं बल्कि संपूर्ण विश्व के इतिहास में परिलक्षित होना चाहिए।[60] इस प्रकार कम-से-कम आरंभिक काल के मोनियर-विलियम की तरह उसका भी यही कहना था कि विषमताओं के बिंदुओं पर विचार करना अनिवार्य नहीं, बल्कि अन्य धर्मों के यथार्थों और अंतर्दृष्टियों का स्वागत करना और एक सामान्य धरातल तैयार किया जाना चाहिए।

मिशन कार्य क्षेत्र में नए धर्ममीमांसा और विचार

एल.एम.एस. के उम्मीदवारों द्वारा लिखित निबंधों से इस बात का प्रमाण मिलता है कि मिशनरी सेवा के लिए कुछ आवेदन करनेवालों ने मॉरिस, मोनियर-विलियम्स, या मैक्स मूलर की कृतियों को पहले ही पढ़ रखा था, जिनमें भारत भेजे गए कुछ उम्मीदवार भी शामिल थे।[61] इनमें से एक युवा का नाम एडविन ग्रीव्स था जिसने बाद में 'कुंभ मेला' पर विस्तृत विवरण लिखा था।[62] दूसरा डबल्यू.एच.कैम्पबेल था जिसने दक्षिण भारत में हिंदू आस्था एवं प्रथाओं का विवरण प्रस्तुत किया और साथ ही उसने अतिवादी तथा कुछ मुक्त विचारशैली की पत्रिका *Christian College Magazine* में भी लेख लिखे थे।[63] आगे देखेंगे कि नए धर्ममीमांसा से संबंधित कृतियों का अध्ययन केवल एल.एम.एस. से जुड़े मिशनरियों तक ही सीमित नहीं था। ऐसे साहित्यों से प्रभावित अन्य सोसाइटियों के

[59] Muller 1868, Vol. 1: 55. उसने लिखा कि 'जिस देवमूर्ति में आस्था रखते हुए कोई जगन्नाथ के रथ के नीचे कुचलकर अपने प्राण त्याग देता है-जहाँ वादी को क्षतिपूर्ति नहीं मिलने पर वह अपने न्यायाधीश के द्वार पर भूखों मर जाता है और दार्शनिक जो ईश्वर में लीन हो जाने की कामना रखता है, शांति के साथ गंगा में स्वयं को समाहित कर देता है, ये सभी क्रियाएं 'महज नृशंसता और बर्बरता नहीं हैं"। इनमें एक धार्मिक भावना निहित है जो अमरत्व में विश्वास करता है, और दुनियावी सुख-सुविधाओं के प्रति उदासीन भाव रखता है जिसे अगर भिन्न पथ पर निर्देशित कर दिया जाए तो शहीद और वीर नायक उत्पन्न हो सकते हैं' (Ibid.: 58–9)।

[60] Wolffe 1997: 206.

[61] CWM, CP: A.P. Begg, E. Greaves, W.H. Campbell.

[62] 'हिंदुइज्म इन इट्स स्ट्रेंथ एंड वीकनेस', *Chronicle,* Vol. 3, New series, May 1894: 115–18

[63] कैम्पबेल ने चुड्डप्पा में काफी वर्षों तक मिशनरी के रूप में काम किया और सन् 1910 में उसने लिखा कि उच्च स्तरीय आलोचना और नए धर्ममीमांसा के प्रश्नों ने मिशनरियों के विचारों एवं रुझानों को काफी 'प्रभावित किया है और करता ही है' लेकिन स्थानीय ईसाईयों पर इन गतिविधियों के प्रभाव के बहुत कम संकेत मिलते हैं। उसने आगे लिखा कि दक्षिण भारत में एल.एम.एस. से जुड़े अधिकांश मिशनरी 'एक तरफ गोस्पेल की मूलभूत और महान सच्चाइयों में दृढ़तापूर्वक अपना विश्वास रखते हैं और दूसरी तरफ बुद्धिमत्तापूर्ण आलोचनाओं के परिणाम को स्वीकार करते हैं तथा अपने शिक्षण एवं उपदेशों के दौरान धर्मवैज्ञानिक चिंतनों में आए परिवर्तन की सच्चाई को भी समझते हैं'। (Henry Martyn Institute, Cambridge: Correspondence preparatory to the World Missionary Conference, Edinburgh, 1910, No. 133).

मिशनरियों के कुछ प्रमुख उदाहरणों में जॉन रॉब्सन (यूनाइटेड चर्च ऑफ़ स्कॉटलैंड) और जेम्स वॉन (सी.एम.एस.) का भी नाम आता है।

भारत में कार्यरत मिशनरी ऐसे साहित्यों से परिचित थे, इसका तात्पर्य यह नहीं निकालना चाहिए (जैसा शायद शार्प करते हैं) कि ब्रिटिश विद्वानों का एकतरफा प्रभाव इन मिशनरियों पर पड़ता था, और मिशनरियों का ब्रिटिश टीकाकारों पर कोई प्रभाव नहीं पड़ता था जैसा ऊपर बताया गया है। आगे हम देखेंगे कि सन् 1845–46 में ईसाई धर्म और अन्य धर्मों के बीच संबंध पर मॉरिस द्वारा दिए गए व्याख्यानों से पहले से ही कुछ मिशनरी ईसाई धर्म को हिंदू विचारों की संपूर्ति के रूप में देखते थे। यह भी नहीं समझना चाहिए कि मोनियर-विलियम्स जैसे विद्वानों पर *Indian Wisdom* प्रकाशित होने के दो वर्ष पहले सन् 1873 में उसकी भारत यात्रा के दौरान हुए मिशनरियों के मुलाकात का उसके विचारों पर कोई प्रभाव नहीं पड़ा था।[64]

[64] हालांकि ब्रिटेन में जन्मे इन विचारों से प्रभावित मिशनरियों ने संभवतः इन विचारों को अपने जन्मस्थान में और अधिक लोकप्रिय बना दिया। इसका स्पष्ट चित्रण वॉन की पुस्तक *The Trident, the Crescent and the Cross* (1876) में देखने को मिलता है। वॉन स्पष्ट रूप से विलियम्स की दलीलों से प्रभावित था और उसने अपनी पुस्तक के रूपांतरित संस्करण में इनको प्रस्तुत कर दिया जो *Church Missionary Gleaner* (Vol. V, January 1878: 8–9) में धारावाहिक रूप में प्रकाशित होता रहा। विलियम्स की भाषा का प्रयोग करते हुए उसने हिंदू परंपरा के बेहतर और साथ-ही-साथ अंधकारमय पक्षों की ओर लोगों का ध्यान आकर्षित किया। *Gleaner* में वॉन का उद्धरण देते हुए लिखा गया था कि 'इसमें कोई संदेह नहीं' कि भारत में धार्मिक जीवन के आरंभिक कालों में हिंदू 'प्रकृति के माध्यम से प्रकृति के ईश्वर को देखते थे' और आज भी 'हिंदू एक ओर यह मान्यता रखते हैं कि भारत में 33 करोड़ देवी-देवता हैं पर दूसरी ओर हमेशा से यह भी कहते आए हैं कि परमेश्वर एक है'। इस प्रकार हिंदू और ईसाई धर्म की मान्यताओं के बीच तुलनात्मक अध्ययन जारी रखते हुए इस पत्रिका में टिप्पणी की गई है कि 'एक बार फिर कहना होगा कि और किसी हिदेन धर्म में पाप और प्रायश्चित्त की आवश्यकता का इतना गहरा बोध नहीं मिलता; और हिंदू अनुष्ठानों की ईश्वरीय उत्पत्ति में गहरा विश्वास रखते हैं'। इस तरह से वॉन ब्रिटिश पाठक वर्ग के लिए उन विचारों की लोकप्रियता बढ़ाने का काम कर रहा था जिनका उद्भव ब्रिटेन में तथा कहीं अधिक विद्वतापूर्ण स्तर पर हुआ था।

9 प्रधान विचार के आलोचक और टीकाकार, 1850–1900

संदर्भ और परिवर्तन

जैसा पहले उल्लेख किया जा चुका है, सन् 1850 से 1900 के दौरान भारत और ब्रिटेन में हो रहे बदलावों का हिंदू धर्म के बारे में मिशनरियों की अवधारणाओं और छवियों पर स्पष्ट प्रभाव देखने को मिलता है।

लोग अब हिंदू धर्म के बाह्य स्वरुप पर उतना ध्यान देने की आवश्यकता महसूस नहीं करते थे। उसके स्थान पर अब देश और विदेश दोनों जगहों पर हिंदू धर्म के साथ लगातार बढ़ते परिचय के कारण हिंदुओं की शिक्षा, आस्था और विश्वास समेत हिंदू धर्म के आतंरिक स्वरुप के बारे में और अधिक गंभीर चिंतन का मार्ग प्रशस्त होने लगा।

हिंदू धर्म और सर्वेश्वरवाद

एक तरह से देखा जाए तो सर्वेश्वरवाद (Pantheism) में अभिरुचि ब्राह्मणवाद में रुचि का ही विस्तार था। क्योंकि इसे ही ब्राह्मणों की शिक्षा का सारतत्व माना गया और यह सर्वाधिक महत्त्वपूर्ण ब्राह्मणवादी ग्रंथों में निहित था। सर्वेश्वरवाद के तहत यह माना जाता है कि भौतिक जगत समेत इस दुनिया की हरेक वस्तु में ईश्वर का वास है।[1] वास्तव में आगे और अधिक संख्या में प्रोटेस्टेंट मिशनरी और साथ-ही-साथ यूरोपीय लौकिक टीकाकार सर्वेश्वरवाद को 'वास्तविक हिंदू धर्म' का सारतत्व और केंद्रीय विचार के रूप में देखने लगे।

डफ द्वारा इस विषय पर *India and India Missions* में विचार प्रस्तुत करने के बाद सितंबर 1849 में कलकत्ता प्रेस में एक विज्ञापन प्रकाशित हुआ जिससे सर्वेश्वरवाद के आधार और उससे संबंधित ग्रंथों में मिशनरियों की रूचि का आरंभिक संकेत मिलता है। कमिटी ऑफ़ द कलकत्ता क्रिस्चियन ट्रैक्ट एंड बुक सोसाइटी की ओर से जारी किए गए इस प्रस्ताव में 'वेदांतवाद अथवा इस नाम के तहत आनेवाली प्रणाली' ('वेदांतिज्म ऑर द सिस्टम इंक्लुडेड अंडर दैट नेम') पर अंग्रेजी या बंगाली में सर्वश्रेष्ठ निबंध को 300 रूपए का पुरस्कार प्रदान करने की घोषणा की गई थी।[2] उस विज्ञापन में कहा गया था कि

> [निबंधकारों की] आवश्यकता है जो वेदांतवाद के उद्भव और प्राचीनता, और इसके सच्चे चरित्र एवं धर्मसिद्धांतों का विवरण प्रस्तुत कर सकें, व्यास तथा उसके अनुयायियों के

[1] Eliade 1987, Vol. 11: 165–67.

[2] Mullens 1852.

कथनों का भरपूर उद्धरण प्रस्तुत कर सकें; और उसी प्रकार इस प्रश्न पर भी विचार प्रस्तुत कर सकें कि क्या वास्तव में वेदों में इस प्रकार की किसी प्रणाली का अस्तित्व है।

मिशनरियों के विचार से सामान्यतः वेदांतवाद का संबंध सर्वेश्वरवाद से था। राममोहन रॉय ने उपनिषदों का अनुवाद किया और उसपर टीकाएं लिखीं। उसके बाद ब्रह्मो समाज का विकास हुआ। इन सब गतिविधियों के कारण वेदांतवाद के प्रति मिशनरियों की दिलचस्पी बढ़ती चली गई। इस नए समाज से मिशनरियों की यह आशा बंधने लगी थी कि सामान्य रूप से ईसाई धर्म की ओर विकास यात्रा में ब्रहमो समाज पहला सोपान साबित होगा। इस प्रकार उस प्रश्न के दूसरे भाग में निबंधकार से यह जांच करने की अपेक्षा की गई थी कि 'ब्रह्म समाज के शिक्षानुसार बनी यह तथाकथित आधुनिक प्रणाली क्या व्यास के वेदांत के समरूप है; और अगर नहीं है, तो इसके विशिष्ट सिद्धांत क्या हैं, और किस आधार पर निर्मित हैं'। अंत में, किसी मिशनरी संगठन से जैसी उम्मीद की जा सकती है, निबंधकार से यह अपेक्षा की गई थी कि 'इनमें से किसी भी प्रणाली को ईश्वर द्वारा प्रकाशित ज्ञान के रूप में स्वीकार करने के मार्ग में आनेवाली अलंघ्य कठिनाइयों को स्पष्ट करें; और मानव जाति के धर्म के रूप में अंगीकृत ईसाई धर्म के साथ उनकी तुलना करें'। दूसरे शब्दों में, इस जांच-पड़ताल की पूर्वशर्तों में से एक पूर्वशर्त यह थी कि वेदांतवादी धर्मसिद्धांतों और ईसाई विश्वास के बीच समरूपता की तलाश न करें बल्कि दोनों के बीच अंतर को स्पष्ट करते हुए ईसाई आंदोलन की श्रेष्ठता को रेखांकित करें।

यह चुनौती स्पष्ट रूप से वेदांतवाद और ब्रह्मो समाज से संबंधित मिशनरियों की चिंताओं का परिणाम थी। इसे कई उम्मीदवारों ने स्वीकार किया परंतु अंततः इसके लिए लंदन मिशनरी सोसाइटी (एल.एम.एस.) के जाने-माने मिशनरी जोसफ मुलेंस को पुरस्कृत किया गया। यूनिवर्सिटी कॉलेज लंदन से स्नातक जोसफ मुलेंस को 'भाषाएं सीखने की अपनी काबिलियत पर गर्व' था। उसने कलकत्ता में पूरे आठ साल व्यतीत किए जिसमें से ज्यादातर समय उसने बंगाली भाषा पर लगाया।[3] *Vedantism, Brahmanism and Christianity Examined and Compared* शीर्षक उसका निबंध सन् 1852 में कलकत्ता क्रिस्चियन ट्रैक्ट और बुक सोसाइटी द्वारा कलकत्ता से प्रकाशित हुआ। इसमें मुलेंस ने तर्क दिया कि व्यास (महाभारत के पारंपरिक रचयिता) की कृतियों के बाद *सूत्र* साहित्य और *भगवद्गीता*, वेद और वेदांत पर शंकर की टीकाएं 'वेदांत प्रणाली को समझने के लिए सर्वश्रेष्ठ प्रामाणिक ग्रंथ' हैं।[4] अपने निबंध के लिए उसने ग्रंथ सूची संलग्न नहीं की है, पर अपनी कृति में बहुत सारे ग्रंथों के संदर्भ दिए हैं। इन सबसे यह बिलकुल स्पष्ट हो जाता है कि उसने हाल में हुए अनुवादों, खासकर डॉ.इ. रोएर के अनुवाद का लाभ उठाया था। डॉ. रोएर को 'समस्त

[3] CWM, CP, Box 26, F. 7, Mullens to Sec., 21/6/42.Sibree 1923: 57.

[4] Mullens 1852: 18.

उपनिषदों को शंकराचार्य की टीका समेत संपूर्ण पढ़ जाने का काम मिला था।'[5] कोलब्रुक के अनुवादों और निबंधों के अतिरिक्त मुलेंस ने 'उस प्रणाली पर प्रकाशित विभिन्न प्रकार की मौलिक कृतियों' का भी संदर्भ दिया है। उनमें से सबसे आधुनिक और सर्वाधिक लोकप्रिय ग्रंथ *वेदांत सार* का भी उसने संदर्भ दिया क्योंकि इसको हाल ही में बंगाल के छात्रों के लिए उपलब्ध कराया गया था। इसके बारे में बताते हुए उसने लिखा कि 'अद्वैतानंद के शिष्य सदानंद द्वारा लिखे गए इस ग्रंथ में वेदांत के प्रमुख सिद्धांतों पर एक सुव्यवस्थित रूपरेखा प्रस्तुत की गई है और उसके समर्थन में तर्क प्रस्तुत किए गए हैं।'[6]

मुलेंस की पुस्तक में ब्रह्मो समाज के विकसित हो रहे सिद्धांतों जैसे कई विषयों पर विचार प्रस्तुत किए गए हैं, परंतु वेदांतवाद के महत्त्व और लोकप्रियता एवं साथ ही हिंदू धर्म के मूल तत्व के रूप में सर्वेश्वरवाद के महत्त्व पर बल देकर उसने एक निर्णायक बिंदु पर प्रकाश डाला। *वेदांत सार* के कलकत्ता संस्करण में दी गई वेदांत की संक्षिप्त परिभाषा का संदर्भ देते हुए मुलेंस ने कहा कि वेदांत नाम 'उपनिषदों के तर्कों, सूत्रों और अन्य सहायक शास्त्रों' के लिए प्रयुक्त होता है। उसने आगे लिखा कि इस प्रणाली का उद्देश्य 'सचेतन आत्मा और ब्रह्म के बीच एकता और अपने शुद्ध स्वरुप में आत्मा' को प्रदर्शित करना है। अपने विश्लेषण के दौरान उसने कहा कि 'उन्मुक्त सर्वेश्वरवाद' ही वह मूल आधार है जिसपर वेदांतिक प्रणाली निर्भर है।'[7] उसने लिखा कि हिंदू दर्शन के आरंभिक स्रोत जैसे कि *सूत्र*, *गीता* और *वेदांत सार* इन सब में यही शिक्षा दी गई है कि

> केवल एक ही वास्तविक, अस्तित्वमान, ब्रह्मांड का सर्वोच्च सृष्टा है; कि ब्रह्मांड के सभी उत्पादन और पदार्थों के सभी स्वरुप उन्हीं से उत्पन्न हुए हैं; कि मानव मस्तिष्क और शरीर भी बस उसी सर्वोच्च सत्ता से उत्पन्न हुए हैं; कि उनको एक स्वतंत्र और पृथक अस्तित्व के रूप में प्रमाणित करने का कोई भी प्रयास भ्रमित विचार और अज्ञानता का परिणाम है।[8]

अपने संदेश को दोहराते हुए मुलेंस ने कहा कि जिसने भी उपनिषदों को पढ़ा है, वह इस तथ्य से इंकार नहीं कर सकता कि इसमें हमेशा 'सभी पदार्थों में *व्याप्त* सर्वोच्च ब्रह्म' का संदर्भ दिया जाता है,[9] या उसी स्रोत से लिए गए विभिन्न गद्यांश जो 'प्रत्यक्ष रूप से इस बात पर बल देता है' कि 'यह पूरा ब्रह्मांड ब्रह्म है: उनसे ही यह उत्पन्न होता है, उनमें ही समाहित होता है; उनमें ही सांस लेता है।'[10]

[5] Ibid.: 90.

[6] Ibid.: 18.

[7] Ibid.: 26; see also p. 32.

[8] Ibid.: 60–61; उपनिषदों पर भी देखें उसकी टिप्पणियां (p. 89).

[9] Ibid.: 81.

[10] Ibid.: 85.

मुलेंस के ये स्पष्ट रूप से अभिव्यक्त विचार उन्नीसवीं सदी के उत्तरार्ध में हिंदू धर्म पर कुछ प्रमुख प्रोटेस्टेंट मिशनरी टीकाकारों के बीच बढ़ते इस विश्वास का प्रतिबिंबन और पुष्टिकरण करता है कि सर्वेश्वरवाद हिंदू प्रणाली का सार तत्व है।

राजपूताना में यूनाइटेड प्रेसबिटेरियन चर्च ऑफ़ स्कॉटलैंड (यू.पी.एस.) मिशन के अग्रणी मिशनरियों में से एक डॉ. जॉन रॉबसन (1836–1908) *Hinduism and Its Relations to Christianity* का जाना माना लेखक था। हिंदू धर्म में अंतर्निहित दर्शन को उद्घाटित करने के एक प्रयास के रूप में इस पुस्तक की प्रतिष्ठा थी।[11] यह पुस्तक सन् 1874 में प्रकाशित हुई जिसके बाद सन् 1893 और 1905 में इसके अन्य संस्करणों का प्रकाशन हुआ।[12] डॉ. जॉन रॉबसन का ज्येष्ठ पुत्र ग्लासगो स्थित वेलिंग्टन स्ट्रीट यूनाइटेड प्रेसबिटेरियन चर्च का प्रसिद्ध पादरी था। राजपूताना में यूनाइटेड प्रेसबिटेरियन मिशन को विकसित करने और कर्मचारियों की भरती के लिए मिशनरियों को आमंत्रित किया गया था। उसी निमंत्रण को स्वीकार करते हुए सन् 1860 में रॉबसन अपनी सेवा अर्पित करने भारत आया था।[13] सन् 1859 में रेव.स्कूलब्रेड ने ब्यावर में इस मिशन के मुख्यालय की स्थापना की थी। लेकिन यहां आने के बाद भाषा के अध्ययन में काफी तेजी से प्रगति की। उस प्रांत के सबसे प्रमुख शहर और वाइसराय के प्रतिनिधि के मुख्यालय अजमेर में वह अपनी पत्नी के साथ आकर बस गया। यहीं पर रॉबसन ने एक स्कूल खोला और शिक्षित वर्गों के बीच कार्य करते हुए अपना अधिकांश समय व्यतीत किया।

उसने सन् 1867 में ग्लासगो में हिंदू धर्म के विषय पर विस्तृत व्याख्या करते हुए पचीस पृष्ठों वाली एक पुस्तिका प्रकाशित की जिसका शीर्षक था *Hinduism: Its Philosophy and Popular Worship*; उसके बाद उपर्युक्त खंड के तीनों संस्करण प्रकाशित हुए और दूसरा खंड सन् 1893 में प्रकाशित हुआ। इन पूरे छब्बीस सालों के दौरान हिंदू धर्म की प्रकृति के बारे में लेखक के मौलिक विचारों में परिवर्तन नहीं के बराबर आया। वास्तव में सन् 1867 में प्रकाशित मौलिक पुस्तिका में प्रयुक्त कुछ वर्णनात्मक वाक्यांश शब्दशः सन् 1893 में प्रकाशित संस्करण में भी प्रयुक्त किया गया था।

अपनी पुस्तिका और उसके बाद अपनी पुस्तक के विभिन्न संस्करणों में रॉबसन ने हिंदू धर्म का 'एक सूक्ष्म सर्वेश्वरवादी दर्शन के साथ भारी लोकप्रिय मूर्तिपूजा के एकीकृत स्वरुप' के रूप में व्याख्या की।[14] उसके इस कथन का यह तात्पर्य था कि हिंदू धर्म के दो मूलभूत

[11] एडिनबर्ग और लंदन से प्रकाशित द्वितीय संस्करण (1893) के पृष्ठ आवरण पर देखें 'Opinions of the press'.

[12] *Cambridge Encyclopaedia,* 1910 में प्रकाशित एक लेख में सन् 1905 वाले संस्करण को आगे संदर्भ के रूप में प्रस्तुत किया गया है।

[13] Ashcroft 1909: 17–43.

[14] Robson 1867: 6 and 1893: 4.

और परस्पर संबंधित अवयव हैं, जिनमें से एक को अद्वैत या एकात्मिक परंपरा कह सकते हैं। रॉबसन ने लिखा कि 'हिंदू धर्म के आधारभूत सिद्धांत के मुताबिक पूरे विश्व ब्रह्मांड में केवल एक ही वास्तविक अस्तित्वमान परमेश्वर या परमात्मा हैं। वह हर स्थान पर विराजमान हैं; इसलिए हमारी आत्माएं निश्चित रूप से उसी का अंग हैं।'[15] ज्ञान का मार्ग ही मुक्ति का मार्ग है—इसलिए इस माया जगत में जन्म-पुनर्जन्म के चक्र में फंसे सभी हिंदुओं का एक ही ध्येय है—अपनी अवस्था से अवगत होना और अंत में 'मुक्ति के सागर' में जल की एक बूंद की तरह लीन हो जाना।[16] रॉबसन के विचार से ईसाई धर्म और हिंदू धर्म के बीच तात्विक अंतर यही है कि 'ईसाई धर्म अलौकिक और मानवीय आत्माओं के व्यक्तित्व को शिक्षा देता है, वहीं हिंदू धर्म उनके व्यक्तित्वहीन भाव को शिक्षा देता है।'[17] उसके विचार से वास्तव में हिंदू धर्म के 'अमरत्व' से बौद्ध धर्म के 'विलोपन' का नाममात्र का ही अंतर है।[18]

इस समीकरण का दूसरा भाग लोकप्रिय पूजा और इसके अद्वैत या यथार्थ के एकात्मिक दृष्टिकोण से संबंध पर आधारित था। इस स्थान पर एक बार फिर सर्वेश्वरवाद पर रॉबसन के विचारों का महत्त्व बढ़ गया।

> मुझे ऐसा लगता है कि मूर्तिपूजा प्रथमतः ध्यान में सहायक था और हिंदू अक्सर यही तर्क प्रस्तुत करते हैं। वे कहते हैं कि हमारी प्रवृत्ति ईश्वर को विस्मृत करने की होती है, लेकिन जब हम प्रस्तर को देखते हैं तो हमें उनका स्मरण होता है और हम उनका नाम लेकर उनका आह्वान करते हैं। परंतु आमतौर पर यह समझा जाता है कि कुछ रहस्यमय रूप से ईश्वर उस प्रस्तर में अवस्थित हैं और इसकी पूजा करने से वह उसी प्रकार अनुग्रहित करते हैं और प्रसन्न होते हैं जिस प्रकार स्वयं उनकी पूजा करने से होते। हालांकि यह देखने की उत्सुकता होती है कि हिंदू धर्म का सर्वेश्वरवाद किस प्रकार उनकी मूर्तिपूजा में सहायक बनता है... जिस प्रकार ईश्वर एक पत्थर में विराजमान हो सकते हैं, उसी प्रकार किसी भी स्थान, वन, नदी, या तालाब में विराजमान हो सकते हैं... मैं सिर्फ इतना करना चाहता हूँ कि उनके सर्वेश्वरवाद और बहुदेववाद के बीच स्थापित संबंध को प्रकाशित कर दूं- सर्वोच्च सत्ता में उनके विश्वास और इस भूमि पर बहुत सारे लोकप्रिय देवताओं के बीच स्थापित संबंध को प्रकाशित कर दूं।[19]

रॉबसन का केवल इतना ही कहना नहीं था कि लोकप्रिय स्तर पर हिंदू प्रतिमाओं को 'ध्यान में सहायक' के रूप में देखते थे, बल्कि 'सर्वोच्च आत्मा में लीन' होने को वे

[15] Robson 1867: 7. See also Robson 1893: 71–2.

[16] Robson 1867: 14.

[17] Ibid.: 11.

[18] Robson 1893: 84.

[19] Robson 1867: 20–1.

अपने अस्तित्व का महान अंत मानते थे। इसके अतिरिक्त इस अंत तक पहुंचने के लिए एक साधन के रूप में 'अपने किसी निम्नतर आत्मा में लीन होना चाहते थे जो ईश्वर तक उनको ले जाए'।[20] इस प्रकार अत्यंत शिक्षित एवं परिष्कृत ब्राहमणों से लेकर अशिक्षित और निम्न जातियों के ग्रामीण लोगों तक सभी एक ही आध्यात्मिक या धार्मिक प्रणाली से बंधे हुए हैं।

बाद के मिशनरियों में रॉबसन से प्रभावित और सर्वाधिक लोकप्रिय लेखकों में से एक जेम्स वॉन था। हमने देखा है कि वह कलकत्ता स्थित सी.एम.एस. मिशनरी का उन्नीस वर्षों का अनुभव रखनेवाला मिशनरी था। वह भी रॉबसन की तरह शिक्षित वर्गों के साथ काफी घुल-मिल गया था और उपदेश देने के लिए दूर-दराज के क्षेत्रों की यात्राएं कर चुका था।[21] उसकी लिखी पुस्तक काफी प्रभावशाली थी और काफी लोगों ने खासकर सी.एम.एस. से जुड़े लोगों ने उसे पढ़ा था। उसने यह पुस्तक सन् 1874 में इंग्लैंड में अपनी छुट्टियों के दौरान लिखा था। उसके कुछ दिनों पहले उसकी पत्नी की मृत्यु हो गई थी और उस दुख से उबरने के प्रयास में उसने यह पुस्तक लिखी थी। इस पुस्तक का शीर्षक है: *The Trident, the Crescent and the Cross: A view of the religious history of India during the Hindu, Buddhist, Mohammedan, and Christian periods* इस लंबे शीर्षक से पाठकों को विषय के विस्तार का कुछ अंदाजा लग जाता है।

इस पुस्तक के एक भाग में वॉन ने 'अर्ली हिंदुइज्म' (आरंभिक हिंदू धर्म) के चरित्र का संदर्भ देते हुए स्वीकार किया कि 'ईश्वर के बारे में उनकी अवधारणा चाहे कितनी भी भ्रांतिपूर्ण हो, परंतु इस बात में कोई संदेह नहीं कि जिनको ईश्वर द्वारा उद्घाटित प्रकाश को प्राप्त करने का सौभाग्य प्राप्त नहीं हुआ है, वैसे अन्य लोगों की तुलना में ये [हिंदू] आदर्श यथार्थ के कहीं अधिक नजदीक पहुंचे हुए हैं।' लेकिन रॉबसन तथा अन्य लोगों की तरह उसका भी यही मानना था कि हिंदू धर्म 'अवनति और पतन' की प्रक्रिया से गुजरा है।[22] इस तथ्य पर बल देते हुए उसने कहा कि 'हिंदू धर्म' अपने 'श्रद्धालुओं' के बीच ईश्वर के बारे में सही अवधारणा विकसित करने में 'बिलकुल असफल' रहा और अंततः 'पतित बहुदेववाद और मूर्तिपूजा की प्रणाली' की ओर अवनत हो गया।[23] लेकिन उसने आगे यह भी कहा कि हिंदुओं में बहुदेववाद की बढ़ती प्रवृत्ति के साथ-साथ 'सर्वेश्वरवाद की ओर गतिशील प्रवृत्ति को भी पहचाना जा सकता है।'[24] लेकिन उसने कहा कि इन दोनों प्रवृत्तियों

[20] Ibid.: 21.

[21] देखें खासकर उसके द्वारा भेजी गई वार्षिक रिपोर्ट Secretary, CMS, London, 1858–66 में।

[22] Vaughan 1876: 41.

[23] Ibid.

[24] Ibid.: 63.

को अलग-अलग समानांतर धाराओं के रूप में देखना शायद उचित नहीं होगा; दरअसल ये दोनों एक दूसरे से मिलते हैं और एक-दूसरे से इस तरह होकर गुजरते हैं कि उलझनें पैदा होती हैं और तर्क द्वारा इसकी पुष्टि नहीं की जा सकती।' हिंदू 'हरेक देवता को बारी-बारी से इस तरह आह्वान कर सकता है जैसे वही सर्वोच्च हो', परंतु धीरे-धीरे 'अनंत के बाद का अनुभव सीमित की अस्वीकृति की ओर ले जाता है'।

> जिन अवयवों को अलग-अलग समझा गया था वे अनंत ब्रह्मांड के अंग थे, और अन्य सभी अस्तित्व इसी सर्वव्यापी, सर्वसमाहित अस्तित्व में समाविष्ट हो जाते हैं; केवल एक स्व-अस्तित्व को छोड़कर अन्य सभी अस्तित्वों को काल्पनिक और अवास्तविक के रूप में देखा गया है।[25]

Indian Evangelical Review में वॉन की कृति की समीक्षा करनेवाले एक टीकाकार ने गौर किया कि इस लेखक ने रॉबसन की *Hinduism and Its Relations to Christianity* को अपनी जानकारी के एक स्रोत के रूप में स्वीकार किया है, परंतु जिस हद तक उसने रॉबसन की कृति का प्रयोग किया था उससे वह थोड़ा अचंभित था। 'बहुत सारे एक जैसे या यहां तक कि रॉबसन की कृति से लिए गए वही वाक्यांश प्रस्तुत कर दिए गए हैं जिसमें तत्कालीन अखबारों से लिए गए उद्धरण भी समान हैं जिनको देखकर महसूस होता है कि इन दृष्टांतों के लिए विशिष्ट धन्यवादज्ञापन आवश्यक था।'[26] वास्तव में इस बात में संदेह नहीं कि रॉबसन की कृति पर वॉन बहुत अधिक निर्भर था। इस बात में भी कोई संदेह नहीं कि वॉन का यह प्रमुख तर्क[27] कि 'सर्वेश्वरवादी तत्व' लोकप्रिय धर्म समेत सभी हिंदू प्रणाली में व्याप्त है, मुख्य रूप से रॉबसन के विवरणों पर ही आधारित था।

हालांकि हिंदू धर्म का उपर्युक्त प्रारूप मौलिक नहीं था फिर भी तथ्य यह है कि अपने विचार के पक्ष में तर्क प्रस्तुत करते हुए वॉन ने अपने अनुभवों का सहारा लिया और ऐसा करते हुए कुछ शंकाएं और कुछ संभव शर्तें प्रस्तुत कीं।[28] सामान्य लोगों के बीच अंतिम

[25] Ibid.: 64.

[26] *IER*, Vol. October 1877: 227–29; वॉन द्वारा यह साहित्यिक चोरी (plagiarism) जानबूझकर की गई हो या फिर अन्य किसी कारण से, परंतु एम. मोनियर विलियम्स ने भी यही आरोप लगाकर उसे परेशानी में डाल दिया। मोनियर-विलियम्स ने सन् 1883 में लिखकर शिकायत की कि 'एक बहुत ही ऊर्जावान और उपयोगी मिशनरी पूर्व रेव. जेम्स वॉन ने अपनी कृति में 'The Trident, the Crescent, and the Cross' का प्रयोग किया है जो Indian Wisdom' की पंक्ति की नकल है। संस्कृत साहित्य से मैंने बहुत सारे अनुवाद किए हैं जिसमें से काफी उद्धरणों का इन्होंने बिना मेरी अनुमति के हिंदू धर्म के बारे में अपनी व्याख्या के लिए जगह-जगह प्रयोग किया है और ये उद्धरण किस स्थान से लिए हैं न ये बताया है और न ही अपनी पाद-टिप्पणियों में इनका संदर्भ दिया है' (Monier-Williams 1883: iv).

[27] Vaughan 1876: 90, 104.

[28] Ibid.: 65.

सत्य (अल्टीमेट रियलिटी) की अवधारणा से संबंधित विचारों के बारे में उसके विचार-विमर्श से यह स्पष्ट झलकता है। दो विपरीत दिशाओं में अवस्थित बहुदेववादी आस्था और सर्वेश्वरवादी आस्थाओं के बारे में विचार करते हुए वह कहता है कि निस्संदेह 'सामान्य जनता से कहीं अधिक पंडित और शिक्षित वर्ग सर्वेश्वरवाद की ओर अपना झुकाव रखते हैं; और इन सामान्य लोगों के लिए उस दुर्बोध अवधारणा के विपरीत बहुदेववाद अवश्य हमेशा से अधिक बोधगम्य और लोकप्रिय रहा होगा जो उनको अपने व्यक्तित्व की उपेक्षा करने की शिक्षा देता था।' उसने लिखा कि यह 'फिर भी विचित्र सत्य' है कि बहुदेववाद के 'अंधविश्वास' में डूबे अशिक्षित लोगों के मुंह से अक्सर ऐसे विचार अभिव्यक्त होते थे जिससे प्रकट होता था कि 'वे कुछ अपरिष्कृत तरीके से ही सही पर वे सर्वेश्वरवाद के सिद्धांतों को वास्तव में समझते थे और उनका उपयोग करते थे।'[29]

इस काल में केवल वॉन ही नहीं था था जो रॉबसन के विचारों को दोहराने की प्रवृत्ति रखता था या स्वतंत्र रूप से इसी निष्कर्ष पर पहुंचता था कि हिंदू धर्म को समझने के लिए सर्वेश्वरवाद की अवधारणा ही कुंजी है। सन् 1839 से सन् 1867 के दौरान बनारस स्थित एल.एम.एस. मिशनरी जेम्स केनेडी (1825–99) भी इसी निष्कर्ष पर पहुंचा था। सन् 1874 में *Christianity and the Religions of India* पर प्रकाशित एक पुस्तिका में उसने हिंदू धर्म की 'प्रमुख विशेषताओं' या 'अनिवार्य गुणों' की चर्चा की और सर्वेश्वरवाद को इसकी मूल अवधारणा बताया। उसका कहना था कि हिंदू सर्वेश्वरवादी भी थे और बहुदेववादी भी। 'उनका विश्वास है कि यह ब्रह्मांड ही ईश्वर है, कभी-कभी वे ईश्वर को ब्रहमांड की आत्मा बताते हैं, और कभी ब्रह्मांड को ईश्वर का विकसित रूप, जो उनके साथ एकतत्व हो जाता है, या सर्वाधिक मान्यताप्राप्त दार्शनिक प्रणाली के अनुसार सब कुछ केवल माया है'।[30] केनेडी के विचार से, वेदांती दर्शन के तहत 'मुक्ति और तन्मयता का सिद्धांत' 'भारत में इतना प्रखर' था कि यह कहा जा सकता था कि 'इसने अन्य सभी प्रणालियों को आत्मसात कर लिया'।[31] जबकि लोकप्रिय और प्रभावपूर्ण पुराणों में भी 'स्पष्ट रूप से सर्वेश्वरवाद' की विशेषताएं मौजूद थीं जो ज्यादातर दार्शनिक लेखनों से सम्मिलित हुई थीं।[32] वास्तव में सर्वेश्वरवाद दार्शनिक और पौराणिक साहित्यों की खास विशेषता थी जिसका भवद्गीता पर भी काफी गंभीर प्रभाव पड़ा। हिंदुओं के आकलन में इस ग्रंथ का किसी भी अन्य ग्रंथ से ऊंचा स्थान था।[33] केनेडी के विचार से गीता 'अत्यधिक सर्वेश्वरवादी' था जिसके 'हरेक अध्याय में' 'मुक्ति' या देवता के ध्यान में लीन हो जाने पर बल दिया गया था।

[29] Ibid.

[30] Kennedy 1874: 186–87.

[31] Ibid.: 174–75.

[32] Ibid.: 172.

[33] Ibid.: 177.

जैसा हम आगे देखेंगे, बाद में केनेडी को सर्वेश्वरवाद के सर्वव्यापी प्रभाव और हिंदू धर्म के सत्व के रूप में सर्वेश्वरवाद पर संदेह होने लगा था, परंतु कुछ मिशनरी लेखकों और प्रवक्ताओं को इसमें कोई संदेह नहीं था एवं वे इस बात पर बल देते थे कि सर्वेश्वरवाद हिंदू आस्था का केंद्र और उसका आधार है। एल.एम.एस. का डबल्यू.जे.विल्किंस (1843–1902) कलकत्ता के भवानीपुर कॉलेज का पूर्णकालिक शिक्षक था। उसने सन् 1882 में अपनी पुस्तक *Hindu Mythology, Vedic and Puranic* (यह पुस्तक अपने प्रकाशन से एक शताब्दी बाद आज भी कलकत्ता के पुस्तक केंद्रों में बिक्री के लिए रखी हुई है) और सन् 1887 में *Modern Hinduism* प्रकाशित की। अन्य लेखकों की तरह विल्किंस भी यह विचार रखता था कि हिंदू धर्म का सत्व देवत्व की एकता की अवधारणा में निहित था और माया तथा विश्वास इसी से संबंधित था। उसके विचार से, 'ईश्वर सबमें है और सब ईश्वर है' यही धर्मसार है'।[34] विलियम मिलर मद्रास क्रिस्चियन कॉलेज का प्रभावशाली और अनुभवी प्रधानाध्यापक था और वह भी इसी विचार का अनुमोदन करता था।[35] सन् 1888 में फ्री चर्च ऑफ़ स्कॉटलैंड की जनरल असेंबली के समक्ष उसके द्वारा अपने विचार व्यक्त किए जाने के बाद टी.इ.स्लाटर ने भी उसी से मिलते-जुलते विचार प्रस्तुत किए।[36] एक बार यह विचार रखने के बाद कि हिंदू धर्म में कोई आतंरिक एकत्व नहीं था, स्लाटर ने फिर एकत्व होने की बात को समझाते हुए कहा कि ऐसा उसने दो तथ्यों के आधार पर कहा। पहला, कि उसने पारंपरिक तर्क को दोबारा लागू किया है; इसके तहत ब्राह्मणों के नियंत्रण और जाति प्रथा पर बल देते हुए संपूर्ण संरचना अथवा माध्यम पर ध्यान केंद्रित किया गया है। उसके मुताबिक ब्राह्मणों ने अपनी धार्मिक आस्था को प्रचारित करके और लोगों के लिए लोकप्रिय देवताएं उपलब्ध कराकर बौद्ध धर्म के खतरे को कुछ हद तक कम किया।' दूसरे, उसने 'भारतीय मस्तिष्क' की अवधारणा प्रस्तुत की जो काफी लोकप्रिय हुई थी। यह अवधारणा इस अनुमान पर आधारित था कि यहां के लोगों में एक प्रकार की समरूपता थी, या एक समान चिंतनशैली थी। इसी आधार पर उसका ये दावा था कि यह (भारतीय मस्तिष्क) 'हरेक वस्तु में दिव्य रूप देखता है'।[37]

स्लाटर का यह अंतिम विचार कि सर्वेश्वरवाद एक प्रकार से हिंदू धर्म का सारतत्व है, स्पष्ट रूप से बहुत सारे मिशनरियों और अन्य यूरोपीय टीकाकारों के समरूप हो गया था। इसके अतिरिक्त बहुत सारे अन्य लोगों की तरह उसके अनुसार भी सिद्धांततः सर्वेश्वरवाद

[34] Wilkins 1900: 136–41.

[35] *Free Church of Scotland Quarterly Paper, No.* CXVI, September 1888: 2–3.

[36] Slater 1906.

[37] Ibid.: 7.

और बहुदेववाद दोनों एक ही थे। ये दोनों और कुछ नहीं बस एक ही एवं समान विश्व दृष्टिकोण के उच्चतर और निम्नतर स्वरुप थे। प्रकृति को देवरूप में देखने की शैली सर्वेश्वरवाद में परिष्कृत थी और बहुदेववाद में भोंडी... यह माना गया है कि सभी व्यक्तियों का एक ही अंतिम गंतव्य है—सर्वोच्च स्वरुप में मिलकर सबको एकाकार हो जाना है।' इस प्रकार 'जब एक हिंदू उच्चस्तरीय तथ्यों पर गंभीर रूप से विचार करना आरंभ करता है, और अदृश्य तथा शाश्वत से अपने संबंध पर चिंतन करता है, वह अनिवार्य रूप से तथाकथित वेदांत दर्शन में भारतीय ऋषि-मुनियों द्वारा लगभग 3000 साल पहले प्रस्तुत विचारों का ही सहारा लेता है।'[38]

सर्वेश्वरवादी प्रारूप के प्रति आलोचनात्मक दृष्टिकोण

उत्तरी भारत में कार्यरत सभी मिशनरी, यहां तक कि बनारस क्षेत्र के मिशनरी भी, और कभी-कभी संस्कृतवादी संस्कृति की मूलभूमि कहलाने वाले क्षेत्र के मिशनरी भी अपने सहकर्मियों के इस दावे से सहमत नहीं थे कि सामान्य जनता का जीवन वेदांतिक दर्शन से प्रभावित था। इतना ही नहीं, ऐसा प्रतीत होता है कि आरंभ से ही सर्वेश्वरवाद को हिंदू धर्म की मूल अवधारणा के रूप में स्वीकार करने वाले केनेडी ने भी शायद सामान्य हिंदुओं के साथ संपर्क में आने एवं और अधिक अनुभव प्राप्त करने के बाद अपने विचारों में थोड़ा-बहुत परिवर्तन किया। सर्वेश्वरवाद हिंदू धर्म की मुख्य विशेषता है इस विचार पर बल देने के एक वर्ष बाद *Indian Evangelical Review* में गीता पर प्रकाशित एक निबंध में उसने फिर से यह तर्क दिया कि 'यह सर्वेश्वरवादी सिद्धांत कि ईश्वर और ब्रह्मांड एक हैं', न केवल संस्कृत साहित्य में भरा हुआ है बल्कि 'आज की घड़ी में भी शिक्षितों और अशिक्षितों पर इसका प्रभुत्व कायम है'।[39] हालांकि इस विचार के पक्ष में सशक्त रूप से दलील देने के बावजूद ऐसा प्रतीत होता है कि सामान्य हिंदुओं की रुझानों के प्रति उसको कुछ संदेह होने लगा था। अपने निबंध के अंत की ओर आते-आते वह अचानक अस्पष्ट होने लगा है और उसने यह स्वीकार किया कि

> गीता के सर्वेश्वरवाद के बावजूद, जो लोगों द्वारा स्वीकृत आस्था के इतना अनुरूप है, और उनके चरित्र पर इसका स्पष्ट रूप से घातक प्रभाव पड़ने के बावजूद, हिंदू अक्सर ईश्वर को एकमात्र प्रतापी सत्ता समझते हैं जो स्वयं उनलोगों से पूरी तरह से भिन्न है, जिनकी उन्हें श्रद्धा, प्रेम और सेवा करनी चाहिए।[40]

[38] Ibid.: 10.

[39] *IER*, Vol. II, April 1875: 395.

[40] Ibid.: 41.

सन् 1887 में रेव.जेम्स ह्यूलेट (केनेडी का एक सहकर्मी) ने कुछ हैरानी के साथ लिखा कि

> शहर (बनारस) के कुछ वैष्णवों को पूछने पर मैंने पाया कि उनकी कामना का अंतिम उद्देश्य अचेतन रूप से सर्वोच्च सत्ता में लीन हो जाना नहीं, बल्कि उनके प्रति श्रद्धा, भक्ति और आस्था का भाव रखने से उसका जो लाभ उन्हें परलोक में मिलनेवाला था, उसकी ओर निर्देशित था।[41]

कुछ संकेतों से पता चलता है कि उत्तरी भारत के कुछ मिशनरियों को हिंदू धर्म के विशिष्ट सर्वेश्वरवादी प्रारूप पर संदेह होने लगा था और कहीं-कहीं पर कुछ मिशनरियों ने तो इस प्रमुख विचार को चुनौती भी दे दी। इनमें कलकत्ता में उच्चतर शिक्षा के क्षेत्र में कार्यरत दो स्कॉटिश मिशनरी के.एस. मैकडोनाल्ड और जॉन मॉरिसन, पश्चिमी भारत से जे.मरी मिशेल तथा दक्षिण से बहुत सारे मिशनरी शामिल थे। दक्षिण के मिशनरियों में रॉबर्ट कॉडवेल, जो बाद में मद्रास का बिशप बना, सी.एग्बर्ट केनेट और जी.यू. पोप थे और इनमें से सभी सोसाइटी फॉर द प्रोपगेशन ऑफ़ द गोस्पेल (एस.पी.जी.) के साथ कार्यरत थे एवं जी. मैककेंजी, कॉबन वेस्लेयन मेथोडिस्ट मिशनरी सोसाइटी (डबल्यू. एम.एम.एस.) का सदस्य था।

रॉबर्ट कॉडवेल एक विद्वान और भाषाविद था। भारत के धार्मिक और सामाजिक जीवन पर ब्रिटिश टीकाकारों के बीच लॉक का दर्शन और प्रथम दृष्टया अवलोकन का उन दिनों काफी महत्त्व था और कॉडवेल उन दिनों के काफी ध्यानपूर्वक अवलोकन करनेवाले मिशनरियों में गिना जाता था। अपने आरंभिक जीवन की याद करते हुए उसने लिखा कि:

> सन् 1841 के अंतिम दिनों एवं सन् 1842 के अंत से पहले तिनेलवेली में अपने जीवन की शुरुआत में मैंने तत्कालीन तिनेलवेली में मौजूद सभी मिशनरी स्थानों और उस पूरे प्रांत के सभी महत्त्वपूर्ण स्थानों का दौरा करने में सफलता हासिल की थी। पहले से ही तमिल भाषा का ज्ञान होने के कारण मुझे हरेक वर्ग के विचारों एवं विशिष्टताओं के बारे में, ईसाई या गैर-ईसाई जो भी रहे हों, उन्हीं लोगों से प्रत्यक्ष जानकारी हासिल करने का अवसर प्राप्त हुआ और इसके फलस्वरूप सामान्य रूप से वहां के स्थानीय समुदाय की बेहतरी, मिशन के बेहतर संगठन के लिए तथा ईसाई धर्म के प्रचार के लिए किस प्रकार के कदम उठाना उपयुक्त होगा यह विचार करना मेरे लिए संभव हो सका।[42]

तत्कालीन बहुत सारे मिशनरी लेखकों की तरह कॉडवेल भी अक्सर एक ही धार्मिक प्रणाली के अंदर अलग-अलग धार्मिक परंपराओं के बीच भेद पर विशेष रूप से सबका ध्यान आकर्षित करता था।

[41] *IER*, Vol. XIII, 1887: 295.

[42] Quoted in Wyatt 1894: 79.

बहुत से ऐसे लोग जिन्होंने हिंदू तत्वमीमांसा के किसी खास मत या किसी विशिष्ट स्थान के रूढ़िवादी समझे जानेवाले कर्मकांडों एवं सिद्धांतों के आधार पर हिंदू धर्म की अवधारणा का विकास किया, उन्हें लगा कि व्यापक रूप से इस विषय का ज्ञान प्राप्त हो गया है। जबकि उसे तो हिंदू धर्म के केवल एक पक्ष का ही ज्ञान प्राप्त हुआ होता है; भारत के अन्य विभिन्न भागों में अलग-अलग व्युत्पत्ति वाली विभिन्न प्रजातियों और विभिन्न भाषाभाषी लोगों के बीच वही प्रणाली उसे शायद अनजान या फिर अप्रामाणिक लगे। उदाहरण के लिए, वेदांतवाद के बारे में किसने नहीं सुना होगा? और भारत आनेवाला कौन सा मिशनरी वेदांती ब्राह्मण के साथ उसके प्रथम विवाद के फलस्वरूप कुछ आशंकित नहीं हुआ? फिर भी तिनेलवेली की तक़रीबन 8,00,000 से अधिक की आबादी में से मैं यह विश्वास के साथ कह सकता हूँ कि आठ लोग भी नहीं मिलेंगे जो वेदांतवाद के बारे में इतना जानते हैं, जितना इस विषय पर किसी भी यूरोपीय पुस्तिका को घंटे भर ध्यानपूर्वक पढ़ने के बाद कोई यूरोपीय विद्यार्थी इसके बारे में बता सकता है। और मुझे कोई संदेह नहीं है कि फिर भी तिनेलवेली में कुछ लोग इस प्रणाली की शिक्षा देते हुए पाए जा सकते हैं, हालांकि खुद मेरी ऐसे किसी व्यक्ति से आज तक मुलाक़ात नहीं हो पाई है, या ऐसे किसी एक भी व्यक्ति के बारे में नहीं सुना हूँ जो समझने की तो बात दूर, समग्र रूप से इसकी व्याख्या प्रस्तुत कर सके।[43]

दक्षिण भारत में कार्यरत अन्य मिशनरी या तो कॉडवेल के इस मत का समर्थन करते थे कि शानार तथा अन्य निम्न जाति समूहों के धर्म का वेदांतवाद या ब्राह्मणवादी परंपरा से कोई संबंध नहीं था अथवा समाज के अन्य समूहों से संबंधित उन साक्ष्यों की ओर ध्यान ले जाते थे जो आमतौर पर हिंदू धर्म के सर्वेश्वरवादी होने के विचार को चुनौती देते थे।[44] हेनरी राइस मद्रास के चर्च ऑफ़ स्कॉटलैंड का सदस्य था और दक्षिण भारत के साथ संबंध रखनेवाले एक जाने-माने परिवार का वंशज था। हालांकि उसके द्वारा स्पष्ट रूप से रखे गए विचारों को मद्रास स्थित विलियम मिलर ने भी नजरअंदाज किया था परंतु उसका यही कहना था कि कम-से-कम दक्षिण में स्वयं ब्राह्मण भी सभी वस्तुओं में निहित एकता और ईश्वर एवं आत्मा के बीच संबंधों के बारे में एकमत नहीं थे।

दक्षिण भारत के ब्राह्मण आमतौर पर शिव के उपासक होते हैं, लेकिन कुछ ब्राह्मण वैष्णव और लिंगायत भी होते हैं। अपने धार्मिक सिद्धांत के अनुसार वे तीन वर्गों में विभाजित हैं- स्मार्त, मध्व और श्रीवैष्णव। स्मार्त शंकराचार्य के अनुयायी होते हैं और वे शिव की अराधना करते हैं। वे अद्वैतवादी दर्शन में आस्था रखते हैं। इसके मुताबिक वे यह मानते हैं

[43] Caldwell 1840: 7.

[44] शानार धर्म या तथाकथित 'पिशाचवाद' या 'पिशाच पूजा प्रणाली' पर अन्य टीकाकारों के विचार जानने के लिए देखें Pettitt 1851: 483–505; CMI, Vol. 1, 1850: 34–7, 60–2, 84–5 में Edward Sargent का विवरण और Mateer 1871: 190–218.

कि मानव आत्मा और ईश्वर की आत्मा एकरूप हैं। मध्वाचार्य के अनुयायी मध्व कहलाते हैं और ये विष्णु के उपासक होते हैं। दर्शन की दृष्टि से वे द्वैतवादी कहलाते हैं जो यह मानते हैं कि मानव आत्मा और ईश्वर की आत्मा दोनों अलग-अलग हैं। श्रीवैष्णव रामानुजाचार्य के अनुयायी होते हैं और विष्णु के उपासक होते हैं। वे विशिष्ट अद्वैतवादी कहलाते हैं क्योंकि इनका मानना है कि मानव आत्मा और दिव्य आत्मा कुछ दृष्टि से एकरूप हैं, परंतु फिर भी मानव आत्मा जीवन में दिव्य आत्मा के अधीन होती है।[45]

सर्वेश्वरवादी प्रारूप की प्रधानता के कारण

ऐसी परिस्थिति में मिशनरी मतानुसार, इन विभाजनों तथा प्रायः बहुसंख्यक लोगों का यह विचार कि सर्वेश्वरवाद हिंदू धर्म की मुख्य विचारधारा या सारतत्व है, किस प्रकार से व्याख्या की जानी चाहिए?

भारत के विभिन्न भागों के हिंदू दृष्टिकोणों में स्थानीय और क्षेत्रीय विभिन्नता लगभग निश्चित तौर पर विचारों की विभिन्नता का एक कारण था। इसलिए कम-से-कम कुछ हद तक सर्वेश्वरवाद की लोकप्रियता या महत्त्वहीनता के बारे में मिशनरियों द्वारा किए गए आकलन स्थानीय परिस्थितियों में वास्तविक भिन्नता को प्रतिबिंबित करते हैं। उदाहरण के लिए, जहाँ विस्तृत रूप से प्राप्त स्थानीय जानकारियों के आधार पर कॉडवेल की इस दलील पर संदेह करना असंभव है कि तिनेलवेली में वेदांतियों की संख्या नगण्य थी, वहीं राजस्थान में स्थानीय जानकारियों के ही आधार पर रॉबसन की भी इस दलील पर भी संदेह करना उतना ही कठिन है कि वेदांतवाद/सर्वेश्वरवाद हिंदू धर्म की प्रमुख विचारधारा थी।

अजमेर और उसके आस-पास के क्षेत्रों में रहनेवाले हिंदुओं के साथ संपर्क में रहकर और सालों तक 'प्रायोगिक अध्ययन' करने के बाद जो ज्ञान और अंतर्दृष्टि उसे प्राप्त हुआ उसकी तुलना में समकालीन हिंदू धर्म के बारे में अन्य लोगों की कृतियों से प्राप्त ज्ञान रॉबसन के लिए द्वितीय महत्त्व रखता था। सन् 1874 में प्रकाशित अपनी पुस्तक के आमुख में (उसके द्वारा प्रस्तुत दलीलें वही थीं जो सन् 1867 में उसने प्रकट की थीं) उसने लिखा कि भारत में आरंभिक धर्मों से संबंधित भागों के अतिरिक्त 'पुस्तक का शेष भाग मुख्य रूप से मेरे अपने अवलोकनों तथा हिंदुओं के बीच अभी सर्वाधिक प्रचलित पवित्र ग्रंथों पर आधारित है।'[46] रॉबसन की दृष्टि से सामान्य प्रयोग में आनेवाले ग्रंथों और सामान्य लोगों के विचार और दृष्टिकोण असल महत्त्व रखते थे। वास्तव में उसने इस बात

[45] Rice 1889: 25–6.

[46] Robson 1867: vi. भारत के आरंभिक धर्मों पर अपने संक्षिप्त आलेख में उसने जिनके लेखनों का उपयोग किया वे निम्नलिखित हैं: मैक्स मूलर की 'अर्ली संस्कृत लिट्रेचर' और 'साइंस ऑफ़ रिलिजन'; प्रोफेसर एच.एच. विल्सन द्वारा किए गए ऋग्वेद के अनुवाद; डॉ. जॉन विल्सन की 'इंडिया थ्री थाउजेंड इयर्स एगो'; Lassen's Indische Alterthumskunde; and that thesaurus of Indian Literature, Sanskrit Texts, by Dr. John Muir'.

पर बल देकर कहा कि उसने जो कुछ भी लिखा है, उसकी पुष्टि पंडितों, ब्राह्मणों द्वारा व्यक्तिगत रूप से और कृषकों द्वारा की गई है।

उसके द्वारा प्रकाशित प्रथम कृतियों में से एक पुस्तिका में उसने इंग्लैंड में हिंदू धर्म के बारे में प्रचलित बहुत सारी अवधारणाओं पर आक्षेप करते हुए लिखा है कि उसका अपना विश्लेषण (जिसका उसने बहुत दिनों तक सहारा लिया) हिंदुओं द्वारा स्वयं अपने बारे में बताए गए तथ्यों पर आधारित है। इसके अतिरिक्त अपनी कृति के प्रमुख विचार (जिसके मुताबिक हिंदू धर्म 'सूक्ष्म सर्वेश्वरवादी दर्शन के साथ बृहत् रूप से लोकप्रिय मूर्तिपूजा का संयोजन था) का संदर्भ देते हुए उसने कहा कि इस विषय पर उसके विचार हिंदुओं के साथ उसके वार्तालाप और पठन-पाठन के बाद इस तथ्य के सच होने से पूर्णतः सहमत होने के बाद ही लिखे गए हैं। उसने बल देकर कहा कि उसने 'ऐसे किसी सिद्धांत की चर्चा नहीं की है जिनको वे [हिंदू] नहीं मानते, न ही ऐसी किसी भी प्रथा का उल्लेख किया है जो उनके बीच सामान्य रूप से प्रचलित नहीं है। वे आपस में जिस प्रकार के संबंध रखते हैं और मेरे विचार से मन-ही-मन जिस आस्था से जुड़कर उसके रीति-रिवाजों को वे निभाते आ रहे हैं उसीको मैंने दिखाने का प्रयास किया है।'[47]

इस प्रकार स्पष्ट है कि रॉबसन के विचारों के सबसे महत्त्वपूर्ण तथ्यों में से एक तथ्य का ज्ञान उसे सन् 1860 में उसके यहां आने से लेकर सन् 1867 में उसकी पुस्तिका के प्रकाशित होने तक राजपूताना में अपने आरंभिक मिशन कार्यों के दौरान प्राप्त हुआ। यह समय काल उसके जीवन का वह काल था जब वह न केवल सामान्य लोगों को उपदेश देने में संलग्न रहता था, बल्कि वह पंडितों, साधु-संतों तथा अपने स्कूल के विद्यार्थियों के साथ-साथ गवर्नमेंट कॉलेज के छात्रों के साथ गहन विचार-विमर्श में भी व्यस्त रहता था। वास्तव में कुछ ऐसे व्यक्तियों को पहचाना जा सकता है जिन्होंने अद्वैतवादी और सर्वेश्वरवादी विश्व दृष्टिकोणों पर आधारित उसकी आरंभिक धारणा की मिशनरी संरचना और संघटन में उसकी मदद की होगी। अपने विचारों के स्रोत के रूप में विभिन्न पंडितों को उद्धृत करने के अतिरिक्त वह एक 'वेदांतिक ब्राह्मण'[48] का उल्लेख करता है, जो एक पद खाली हो जाने पर मदद करने के लिए मिशन स्कूल में शिक्षक के रूप में आया था। वह सोहन लाल से भी अपनी बातचीत का उल्लेख करता है। सोहन लाल गवर्नमेंट कॉलेज में मास्टर था और रॉबसन जिसे राजपूताना का एकमात्र 'स्थानीय' अखबार बताता था, उसका संपादक था। अन्य लोगों की तरह सोहन लाल भी अद्वैत वेदांत का समर्थक था और वह ईसाई धर्म एवं 'वेदांतिक सर्वेश्वरवाद' के तुलनात्मक गुणों के बारे में रॉबसन के साथ विचार-विमर्श में शामिल हुआ। अंत में, लेकिन उतना ही महत्त्वपूर्ण रॉबसन और उसके सहकर्मी रेव.जे. ग्रे

[47] Robson 1867: 23.

[48] *United Presbyterian Missionary Record*, Vol. XVII, October 1862: 191.

द्वारा सन् 1866 के आरंभ में पुनर्जागरणवादी दयानंद सरस्वती के साथ किया गया विशिष्ट साक्षात्कार था। रॉबसन को इसने कई दृष्टियों से प्रभावित किया जिनमें से एक यह था कि हिंदू दार्शनिक परंपरा में अद्वैत वेदांत के अभिभावी महत्त्व को उसने काफी गंभीरता से लिया। सन् 1893 में प्रकाशित अपनी पुस्तक में उसने स्पष्ट किया कि सन् 1866 के काल में दयानंद 'रूढ़िवादी हिंदू धर्म से दूर नहीं हुए थे, न ही वह अपनी सर्वेश्वरवादी धर्ममत में कोई संदेह रखते थे, हालांकि वाद-विवाद के दौरान ईश्वरवादी भावनाएं संभवतः उन्हें उलझन में डाल देती थीं।'[49] सितंबर सन् 1866 में *United Presbyterian Missionary Record* में प्रकाशित इस बातचीत के मौलिक और विस्तृत विवरण में रॉबसन ने स्पष्ट किया कि अंततः वे 'दैवी और मानवीय आत्माओं की एकात्मकता के मूल प्रश्न पर पहुंचे' जिसपर दयानंद टिके रहे और 'हम बेशक' इससे इनकार करते रहे। हमारी धार्मिक चेतना और पाप संबंधी अवधारणाओं के बारे में हमारी ओर से दी गई सारी दलीलों का वे हिंदू दर्शन के घिसे-पिटे जवाब देते रहे जो हमारी अज्ञानता और भ्रांतियों से प्रभावित थे। उनके द्वारा दी गई दलीलें मुख्य रूप से दैवी आत्मा की सर्वव्यापकता पर आधारित थीं।'[50]

हालांकि हिंदू धर्म में सर्वेश्वरवाद की प्रधानता के बारे में उसके विश्वास को दृढ़ बनाने में रॉबसन के अनुभव के महत्त्व के बारे में कोई संदेह नहीं, परंतु अन्य टीकाकारों के अनुभवों की तरह उसका भी अनुभव तत्वतः सीमित ही था और उसका दायरा कमोबेश राजस्थान के कुछ हिस्सों तक ही था। एक शिक्षक और विद्वान होने के कारण वह मुख्य रूप से ऊंची जातियों में घुला-मिला और अजमेर के निवासी के रूप में वह संभवतः ऐसे इलाके में रहता था जहाँ की जनसंख्या में ब्राह्मणों का अनुपात, पूरे भारत भर में 3 प्रतिशत की औसत से भी अत्यधिक रूप से ऊंचा था। *The Story of Our Rajputana Mission* के लेखक ऐशक्रॉफ्ट के अनुसार इस काल में अजमेर के आस-पास की पूरी जनसंख्या का 1/10 वां भाग ब्राह्मणों का था और ये हर जगह मिल जाते थे।'[51] उदाहरणस्वरुप अगर तिनेलवेली जिले की परिस्थिति, जहाँ कॉडवेल के मुताबिक ब्राह्मणों की संख्या बहुत कम थी, की तुलना यहां की परिस्थिति से की जाए तो यहां पर सर्वेश्वरवाद की अवधारणा समेत सभी ब्राह्मणवादी विचारों एवं प्रभाव के साक्ष्य मौजूद थे।

ऐसा प्रतीत होता है कि हिंदू अथवा भारतीय चिंतन शैलियों के बारे में अपने-अपने शोध-कार्यों में कॉडवेल और रॉबसन खासतौर पर काफी सावधानी रखते थे, हालांकि रॉबसन हर तथ्य का अतिसामान्यीकरण करने की प्रवृत्ति रखता था। पर फिर भी टिप्पणीकार के रूप में सभी मिशनरी इतने सतर्क और भरोसेमंद नहीं थे। वास्तव में उनके अपने प्रत्यक्ष

[49] Robson 1893: 218–19.

[50] *United Presbyterian Missionary Record,* Vol. 1 (N.S.), 1 September 1866: 168–69.

[51] Ashcroft 1909: 17.

ज्ञान और अनुभवों के अतिरिक्त संभवतः कुछ और भी कारक थे, जिन्होंने इन विवादों के मामले में मिशनरियों के विचारों की रुझान सर्वेश्वरवादी प्रारूप के पक्ष में कर दिया।

पहली बात यह कि सर्वेश्वरवादी विचार ब्राह्मणवादी विचारधारा से ही व्युत्पन्न होता प्रतीत होता था और हिंदू धर्म की ब्राह्मणवादी संरचना के साक्ष्य के रूप में इसे आसानी से समझा जा सकता था। आरंभ से ही बहुत से मिशनरियों की धर्म के दार्शनिक पहलू पर गौर करने, निचले तबकों के रीति-रिवाजों और आस्थाओं के स्थान पर 'वास्तविक' धर्म पर विचार करने और ग्रंथों एवं ऊंचे तथा शिक्षित वर्गों के बीच इसकी तलाश करने की प्रवृत्ति रही थी और इसलिए इस दृष्टि से इसका महत्त्व और अधिक बढ़ गया था। हिंदू धर्म में सर्वेश्वरवाद की प्रमुखता के बारे में विलियम मिलर की दलीलों पर इस अभिजातवादी दृष्टिकोण का स्पष्ट प्रभाव पड़ा। उसके विचार से तथा जनगणना में किए गए अधिकांश दावों के विपरीत उसका मानना था कि परिया एवं चमार जैसी अछूत जातियां हिंदू धर्म के अनुयायी नहीं होते थे। इस प्रकार से अछूतों के विचारों को कोई स्थान न देकर उसने उन अधिक विशिष्ट उच्च वर्गों के विचारों के आधार पर अपनी दलील को और सशक्त किया जो सर्वेश्वरवादी विश्व दृष्टिकोण रखते थे।

दूसरे, कि कम-से-कम कुछ हद तक पंडितों के विचारों से प्रभावित होनेवाले रॉबसन जैसे मिशनरियों ने लगभग निश्चित रूप से उन विद्वानों के विचारों को उद्घाटित किया जिन्होंने अधिकांश हिंदुओं से भी अधिक सर्वेश्वरवादी विचारों का प्रतिपादन किया एवं उसको महत्त्व दिया। वॉन के मतानुसार 'निस्संदेह सामान्य लोगों के मुकाबले पंडित और शिक्षित वर्ग सर्वेश्वरवादी विचार की ओर अधिक झुकाव रखते हैं।'[52]

तीसरे, हिंदू धर्म के मूलतत्व के रूप में सर्वेश्वरवाद के पक्ष में इस व्याख्या की बढ़ती लोकप्रियता ने अन्य यूरोपीय लेखकों के बीच एक अतिरिक्त दबाव उत्पन्न किया था।[53] बहुत से गैर-मिशनरी विद्वान जिनमें से कई विद्वानों के लेखनों को मिशनरियों ने भी पढ़ा था, जैसे- एम. मोनियर-विलियम्स, ए. बार्थ, जी.ए. जेकब, फ्लिंट इत्यादि का भी यही विचार था कि सर्वेश्वरवाद हिंदू धर्म का मूल तत्व था। उदाहरण के लिए, विभिन्न हिंदू दर्शनों का संदर्भ देते हुए मोनियर-विलियम्स ने लिखा कि 'वेदांत दर्शन का तथाकथित सर्वेश्वरवादी सिद्धांत बहुसंख्यक हिंदू चिंतकों के लिए और अधिक आकर्षक है।'[54] प्रोफेसर आर.

[52] Vaughan 1876: 65.

[53] इस विषय पर यूरोपीय लेखकों के लिए देखें खासकर Inden 1990: 93–6.

[54] सर्वेश्वरवाद का संदर्भ देते हुए उसने इसे 'आत्मा के अद्वैत और अनेकत्वहीनता में विश्वास बताया-यानी अनेक न होकर एक शाश्वत आत्मन (आत्मा) या ब्रह्मण (ब्रह्म)—मायाजाल में जकड़ी मानव आत्मा और सभी प्राकृतिक परिघटनाओं का उस एक आत्मा में सम्मिलित होकर एक हो जाने में विश्वास। दूसरे शब्दों में, मानव की आत्मा और अन्य सभी प्राकृतिक परिघटनाओं के अलग-अलग अस्तित्व केवल मायावी हैं' (Monier-Williams 1883: 33; see also Monier-Williams 1877: 13, 51).

फ्लिंट का कहना था कि 'सर्वेश्वरवाद सभी हिंदू धर्मों में सर्वव्यापी है' और जेकब ने कहा कि 'महज जाति-प्रथा के अतिरिक्त अगर भारत के लोगों की अब कोई धार्मिक प्रणाली बताई भी जाती है तो वह वेदांत दर्शन में मिलती है, जिसकी कुछ प्रमुख विशेषताओं के बारे में कुछ हद तक हरेक गांव के लोगों को ज्ञात है'।[55] इसके अतिरिक्त आमतौर पर हिंदू धर्म की सर्वेश्वरवादी व्याख्या की लोकप्रियता सन् 1887 में *Indian Evangelical Review* में केनेथ मैकडोनाल्ड द्वारा प्रकाशित 'Pantheism and Vedantism; or the Deification of the Universe' शीर्षक निबंध में प्रतिबिंबित होता है।[56] जैसा कि सर्वविदित है, और हाल के विद्वानों ने दोबारा प्रदर्शित भी किया है, उन्नीसवीं सदी के दौरान हिंदू धर्म के सर्वेश्वरवादी दृष्टिकोण की लोकप्रियता केवल ब्रिटिश विद्वानों तक ही सीमित नहीं थी, बल्कि जर्मन आदर्शवादी फ्रेडरिक वॉन श्लेगल (1772–1829), जी.डबल्यू.एफ. हीगेल (1770–1831) और आर्थर शॉपेनहावर (1788–1860) जैसे विद्वान भी इसमें शामिल थे।[57]

चौथा, पूरे भारत के स्तर पर समुचित सर्वेक्षण के अभाव में सामान्य तौर पर हिंदू रुझानों के बारे में किए गए दावों की वैधता स्थापित करना तो असंभव है, परंतु इस तथ्य के बारे में स्पष्ट संकेत मिलते हैं कि उन्नीसवीं सदी के दौरान सर्वेश्वरवाद या और अधिक सटीक रूप से कहें तो अद्वैत वेदांत का प्रभाव पश्चिमी शिक्षित वर्गों के बीच लगातार बढ़ता गया।[58] ऐसा कम-से-कम कुछ हद तक राममोहन रॉय से लेकर विवेकानंद जैसे धार्मिक नेताओं के

[55] Murdoch 1895: 52.

[56] IER, Vol. XIV, No. 25, 1887–88.

[57] Inden 1990: 94–7; King 1999: Ch. 6.

[58] कलकत्ता में नौ वर्षों तक शिक्षक के रूप में कार्यरत मिशनरी जेम्स लॉन्ग (सी.एम.एस.) ने अपनी वार्षिक रिपोर्ट में लिखा कि 'मुझे यह देखकर बहुत दुख हुआ कि जो लड़के लंबे समय से आत्मा की सिद्धि को लेकर संघर्ष में डटे रहे थे, पर अब वे आम तौर पर काफी सख्त हो गए हैं और वे आधे-अधूरे वेदांतवाद को मानते हैं या सोसिनियनिज्म (एक ईसाई धर्म संप्रदाय का सिद्धांत) की एक प्रजाति को स्वीकार कर लेते हैं जो गोस्पेल की नैतिकता को मानते हैं पर इसके रहस्यों से अलग हो जाते हैं' (CMR, Vol. 1, July 1850: 147). उसी शहर में इन गतिविधियों पर एक दूसरे विश्वस्त टीकाकार के.एम. बनर्जी ने अपने एक आरंभिक व्याख्यान में कहा कि उसके साथी देशवासी 'इसमें [वेदांतवाद] अपना आश्रय पाने की कामना कर रहे थे' और इसमें कोई संदेह नहीं कि उन्नीसवीं सदी के दौरान भारत के अन्य भागों के बहुत सारे हिंदुओं के बीच वेदांतवाद के प्रति फिर से रूचि जागी थी। डॉ. मरी मिशेल ने अपना काफी वक्त पश्चिमी भारत में बिताया। वहां पर आरंभ में उसने शिक्षित वर्गों के बीच रहकर काम किया था। उसने सन् 1894 में स्पष्ट रूप से कहा कि वेदांत उस समय तक 'हिंदू दर्शन की सर्वाधिक सर्वव्यापी प्रणाली थी'। एक दूसरा प्रमुख धर्मांतरित नेहेमिया गोर उत्तरी भारत की परिस्थितियों से परिचित था। सन् 1862 में प्रकाशित एक पुस्तक में उसने लिखा कि हिंदुओं का 'एक बहुसंख्यक' भाग वेदांत में आस्था रखता है। उस सदी के अंत में केनेथ मैकडोनाल्ड ने पूरे भारत में धार्मिक गतिविधियों का सर्वेक्षण किया था। उसके मुताबिक वेदांतवाद से संबंधित पुनर्जागरण आंदोलन 'भारत के एक बड़े हिस्से में फ़ैल गया था' (Bannerjea 1851; Gore 1862: 156–60; IA, Vol. II, 1882: 116; Macdonald 1902; Mitchell 1894: 187).

प्रभाव और मिशनरी प्रोपगंडा के विपरीत तथा एक विकल्प के रूप में खासतौर पर शंकर के आकर्षण के परिणामस्वरूप हुआ। अभिजात वर्गों में वेदांतवाद के प्रसार से संभवतः वे मिशनरी भी प्रभावित हुए होंगे जो शिक्षित वर्गों के बीच काम कर रहे थे और जो अन्य बहुत सारे पर्यवेक्षकों की तरह अपने अनिवार्य रूप से सीमित अनुभवों के आधार पर तथ्यों का सामान्यीकरण करने की प्रवृत्ति रखते थे। उनको ऐसा प्रतीत हो रहा होगा कि सर्वेश्वरवाद दिनोंदिन सशक्त हो रहा है।

अंत में, शिक्षित वर्गों में सर्वेश्वरवादी विचारों की बढ़ती लोकप्रियता ने इस विषय को हिंदू-ईसाई संघर्ष में एक केंद्रीय मुद्दा बना दिया। सर्वेश्वरवाद पर ईसाई आक्रमण और अधिक आवश्यक हो गया; और जैसा कि रिचर्ड किंग ने संकेत किया, धर्ममीमांसा और नीतिशास्त्र से संबंधित वाद-विवाद में हिंदू धर्म को शामिल करने की इच्छा रखनेवाले ईसाई मिशनरियों के लिए हिंदू धर्म के सारतत्व के साथ वेदांत के समीकरण का मुद्दा एक आसान विषय मिल गया। 'हिंदू धर्म की एक अद्वैतवादी धर्म के रूप में पहचान बनाकर ईसाई धर्मविज्ञानी और उनके समर्थक हिंदू धर्म के रहस्यमय अद्वैतवाद की आलोचना करने और इस प्रकार ईसाई धर्म की नैतिक श्रेष्ठता को प्रकाशित करने में सफल हो गए।'[59] उसके इस रवैये का स्पष्ट उदाहरण सन् 1854 में प्रकाशित और सेंट ऑगस्टीन्स कॉलेज कैंटरबरी में एस.पी.जी. मिशनरी उम्मीदवारों के समक्ष दिए गए पीटर पर्सिवल के व्याख्यान पर आधारित उसकी पुस्तक *Land of the Veda* के एक प्रासंगिक भाग में मिलता है। एक तमिल विद्वान के रूप में काफी सम्मानित पर्सिवल ने तमिल बाइबिल के संशोधन में पंद्रह साल (1835–50) व्यतीत किए थे।[60] इनमें से कम-से-कम सात साल उसने अपने पंडित अरुमुक नवलर के साथ काफी करीब रहकर काम किया। अरुमुक ने अपने अनुवाद कार्य को जारी रखते हुए और पर्सिवल के साथ काफी करीबी और मित्रतापूर्ण संबंध रखते हुए शैव सिद्धांत के प्रमुख प्रवक्ता के रूप में काफी विख्यात और सक्रिय हो गया।[61] सीलोन के इस विख्यात सिद्धांत प्रतिपादक के साथ दीर्घकालिक और मैत्रीपूर्ण संबंध के बावजूद और हाल के विद्वानों द्वारा की गई खोजों के बावजूद (जो मुक्ति की अवस्था में ईश्वर और आत्मा के निरंतर वियोजन

[59] King 1999: 132.

[60] एस.पी.जी. के साथ संबद्ध होने के लिए पर्सिवल का अनुमोदन करते हुए मद्रास में एक स्थानीय समिति के सचिव ए.आर.सायमंड ने सन् 1852 में लंदन स्थित जनरल सेक्रेटरी को एक गुप्त पत्र में लिखा कि पर्सिवल 'एक उच्च कोटि की योग्यता वाले व्यक्ति हैं। वे तन और मन से ओजस्विता से परिपूर्ण हैं। वे वेस्लेयन मिशन के चेयरमैन रह चुके हैं और स्वयं को एक सक्षम मिशनरी और साथ-ही-साथ सक्षम तमिल विद्वान के रूप में साबित कर चुके हैं। (Symonds to Hawkins, 12 February 1852, USPG, CLR/48/439–42.

[61] See especially Young and Jebanesan 1995: 108–26. अपनी युवावस्था में धर्मांतरित होकर मेथडिज्म को अंगीकार करनेवाले पर्सिवल ने सन् 1852 में भारत से लौटकर फिर से चर्च ऑफ़ इंगलैंड की सदस्यता ले ली।

संबंधी आंदोलन के सिद्धांत पर बल देते हैं)[62] पर्सिवल अपने वेदांतिक प्रारूप में शैव सिद्धांत के बारे में उसके संदर्भों को अंतर्निहित करने में सफल हो गया। इससे पर्सिवल की प्रबल व्याख्या शक्ति और हिंदू शिक्षणों के समक्ष ईसाई धर्म के शिक्षणों को प्रस्तुत करने की दृढ़ निश्चयता स्पष्ट हो जाती है।

एक स्थान पर वह विस्तृत रूप से स्वीकृत आधुनिक दृष्टिकोण को समर्थन देता हुआ प्रतीत होता है जिसके मुताबिक शैव सिद्धांत में विश्व और व्यक्तिगत आत्माएं ईश्वर से अलग वास्तविक सत्ता हैं और मुक्ति या मोक्ष की अंतिम अवस्था में भी आत्मा अपना स्वतंत्र अस्तित्व बनाए रखती है। उसने लिखा कि 'दर्शन की इस प्रणाली के हिमायती संभवतः तीनों के सह-अस्तित्वों को बनाए रखते हैं, इनमें से सभी शाश्वत हैं, जैसे ईश्वर, आत्मा और माया, जो भौतिक जगत का आधार है'।[63] इन अवलोकनों से ऐसा प्रतीत होता है कि शैव सिद्धांत में आत्मा अपना स्वतंत्र अस्तित्व बनाए रखती है, और इसके बावजूद लेखक आगे कहता है कि जब दर्शन की यह सूक्ष्म प्रणाली अंततः सुलझ गई, तब 'यह वेदांत से नाममात्र का ही अंतर रखती है'।[64] इससे लेखक को एक महान निष्कर्ष पर पहुंचने में मदद मिली कि हिंदू धर्म की शिक्षा के अनुसार 'ब्रह्मा, विष्णु, शिव, नैतिक और भौतिक जगत चाहे जिस रूप में हो... वास्तव में और कुछ नहीं बस एक, स्व-अस्तित्व और मूलभूत आत्मा है, और इसे अस्तित्व के अनिर्वचनीय सागर में समाहित हो जाना है।'[65] इस तथ्य को स्थापित करने और डफ को उद्धृत करने के बाद पर्सिवल आखिर में तर्कहीन कर देने के अंदाज में कहता है—'बाइबिल के वक्तव्य इन सबसे कितने अलग हैं!' ईसाई आस्था का ठोस ईश्वरवाद कितना आकर्षक है, बाइबिल का ईश्वर 'स्वतंत्र व्यक्तित्व, कामना की स्वाधीनता और निरंकुश शक्ति का अधिकार रखता है'। और मोक्ष प्राप्ति, 'नैतिक उत्थान' और इससे जुड़े अन्य लाभों की प्राप्ति का ईसाई मार्ग इससे कितना अच्छा है, और व्यक्तिगत विशेषता एवं 'शाश्वत आनंद का अनंत एहसास... उनके लिए जो उसके प्रायश्चित्त के असीम गुणों में भरोसा रखते हैं'।[66]

अधिकतर यूरोपीय विद्वानों से भिन्न किंग अपने विश्लेषण में भारतीय धर्मों के प्रति रवैये का उल्लेख भी करता है।[67] वह कहता है कि ऐसा लगता नहीं कि मिशनरी अपने विचारों को बढ़ावा देने के लिए भारत को रंगभूमि की तरह देखने और यूरोप के धार्मिक वाद-विवादों

[62] उदाहरण के लिए देखें, Clothey's article on 'Tamil Religions' in Eliade 1987, Vol. 14; Devasenapathi 1974: 287–88 and von Stietencron 1995.

[63] Percival 1854: 204.

[64] Ibid.: 205.

[65] Ibid.: 240.

[66] Ibid.: 246–47.

[67] King 1999: 126.

एवं संघर्षों में अपने लिए समर्थन जुटाने के लिए भारतीय विवादों का उपयोग करने की प्रवृति रखते हैं। उदाहरण के लिए वॉलतेयर से भिन्न उनका वास्तविक ध्यान यूरोप में हो रही घटनाओं पर उतना नहीं था जितना मिशन कार्यक्षेत्र पर और हिंदू जनता का किस तरह धर्मांतरण किया जा सकता है इस सवाल पर था। यूरोप में चल रहे सर्वेश्वरवाद पर विवाद में ईसाई धर्म के पक्ष को मजबूत करने पर ध्यान देने के स्थान पर उन्हें यही लगता था कि उनके ब्रिटिश या यूरोपीय प्रतिद्वंद्वियों के साथ विवाद में यूरोपीय ईसाईयों द्वारा पहले से विकसित युक्तियों से उनको काफी लाभ मिल सकता है। वास्तव में मिशनरी हिंदू सर्वेश्वरवाद के विरुद्ध काफी परिचित शैली में तर्क प्रस्तुत कर रहे थे; क्योंकि यूरोप में पहले ही संपन्न हो चुके उस ऐतिहासिक विवाद के आधार पर वे यूरोपीय ईसाईयों का पक्ष ले रहे थे, जिसने विश्व तथा ईश्वर के बारे में सर्वेश्वरवादी विचारों से संबंधित भ्रांतियों को पहले ही प्रदर्शित कर दिया था। चाहे सही हो या गलत, डफ, मुलेंस, केनेडी, रॉबसन और मैकडोनाल्ड ये सभी एक तरफ सर्वेश्वरवाद या अद्वैत वेदांत और दूसरी तरफ पश्चिमी दार्शनिक परंपरा के कुछ तत्वों की तुलना करते हैं।[68] उदाहरण के लिए, यूनानी और रोमन दर्शनों में 'चेतन वस्तुओं के अस्तित्व की निंदा' पर ध्यान ले जाते हुए डफ उसे 'विभ्रांत इंसान की सनक और दिवास्वप्न' कहने से नहीं चूका; और मैकडोनाल्ड ने भारत में सर्वेश्वरवाद के बारे में बताते हुए क्राइस्टलिब की *Modern Doubt* से उद्धरण देते हुए कहता है कि *Practical Philosophy* में स्पिनोज़ा के 'वक्तव्य' 'सभी नैतिकताओं को पूरी तरह से नष्ट कर देता है'।[69]

मिशनरी और भक्ति

विचार का अंतिम विषय थोड़ा ज़टिल है। मिशनरियों ने संभवतः सर्वेश्वरवाद पर कुछ हद तक इसलिए अधिक बल दिया क्योंकि उन्हें भक्ति (व्यक्तिगत ईश्वर के प्रति प्रेमपूर्ण श्रद्धा) का ज्ञान नहीं था या इसे एक विशिष्ट परंपरा के रूप में देखने में वे असफल थे। वास्तव में उन्नीसवीं सदी के अधिकांश समय में यूरोपीय विद्वानों के बीच भक्ति पर तुलनात्मक रूप से बहुत कम विचार किया गया था। परंतु सन् 1880 और 1890 के दशकों में रामानुज के दर्शन, 'द्वैतवाद' तथा भक्ति आंदोलनों में निहित विचारों पर काफी व्यवस्थित रूप से विचार प्रस्तुत किया गया। इसके बावजूद जैसा कि हम मरी मिशेल के मामले में देखेंगे, भक्ति के महत्त्व को उन्नीसवीं सदी के आरंभ में प्रोटेस्टेंट मिशनरियों ने स्वीकार कर लिया था।

शुरू शुरू में सन् 1844 में एलिजा हूले ने कहा था कि 'उनके [शिव] उपासकों की कुछ भक्तिपूर्ण रचनाएं हैं जिनमें शिव को सर्वोच्च बताकर उन्होंने चरमावस्था को प्राप्त किया है; और बिलकुल सरल भाषा में और भक्ति से ओत-प्रोत भावनाओं को सच्चे रूप में प्रकट

[68] Duff 1840: 85; Kennedy 1874: 176; Mullens 1852: 62; Robson 1893: 85.

[69] *IER*, Vol. XIV, 1888: 430.

किया गया है जिसकी हम तारीफ किए बिना नहीं रह सकते।[70] भावनात्मक उच्छ्वास से भरे तुकाराम (1598–1650) के बारे में मिशेल का कहना था कि इस व्यक्ति ने पूरे मराठा देश में 'अत्यंत प्रभावपूर्ण स्थान' अर्जित किया है;[71] संयुक्त प्रांत में दूर-दराज के साधारण घरों में भक्तों द्वारा गीता पाठ की प्रथा जिसका केनेडी ने अवलोकन किया,[72] और अपने स्वामी के साथ साक्षात्कार की कामना लिए तमिल कवियों की पीड़ा और हर्षोन्माद,[73] भक्ति की इन सभी अभिव्यक्तियों का उन्नीसवीं सदी के ब्रिटिश प्रोटेस्टेंट मिशनरी साहित्य में उल्लेख किया गया है।

साक्ष्यों से मालूम होता है कि हिंदू धार्मिक जीवन के एक प्रमुख मार्ग के रूप में भक्ति या ईश्वर के प्रति प्रेमपूर्ण श्रद्धाभाव के महत्त्व के बारे में कुछ मिशनरियों को धीरे-धीरे पता चलने लगा था, परंतु ईसाई धर्मांतरित नेहेमिया गोर और अन्य मिशनरियों के मतानुसार भक्ति का अनिवार्य रूप से सर्वेश्वरवाद की अवधारणा से मतभेद होना जरुरी नहीं था।[74] भक्त हमेशा एकमत नहीं होते थे, और कुछ तो दूसरों से भी अधिक 'सर्वेश्वरवादी' होते थे। कारमैन बताता है कि 'वैष्णव भक्ति ने वल्लभ के "शुद्धाद्वैत" और माधव के "द्वैत" के बीच कई स्तरों पर अपनी अभिव्यक्ति की है। शैव भक्ति कश्मीरी शैव धर्म के अद्वैतवादी दर्शन से लेकर तमिल शैव सिद्धांत के द्वैतवादी या बहुदेववादी विचारों में प्रकट होता है।'[75] इसी प्रकार से कुछ लोग अपने आत्मभाव को सुरक्षित रखते हुए एवं 'प्रभु के अविछिन्न दर्शन' करते हुए उसी स्वर्ग में स्थान पाने की कामना करते थे और कुछ लोग लगभग संपूर्ण रूप से ईश्वर में लीन होने की कामना करते थे। 'दो तमिल वैष्णव संत अटल और तिरुप्पन के प्रभु के अवतार रंगनाथ की प्रतिमा में समाहित हो जाने की कहानियों में इस अवस्था की नाटकीय प्रस्तुति मिलती है'।[76]

प्रमुख प्रतिमान की आलोचनाएं

जो मिशनरी हिंदू धर्म की सर्वेश्वरवादी व्याख्या के प्रति आलोचनात्मक दृष्टिकोण रखते थे, उनके साथ कुछ अन्य विचारों के आधार पर असंतुष्ट लोग भी शामिल हो गए। उन्होंने भी पूरे भारत में समरूप और एकीकृत प्रणाली की अवधारणा को चुनौती दी।

आरंभिक भ्रांति के काल के बाद धीरे-धीरे यह विश्वास जमने लगा कि केंद्रीय और उत्तरी भारत जैसे क्षेत्रों में जनजातीय धर्मों की अपनी अलग विशिष्टताएं होती हैं और ये

[70] Hoole 1844: 380.

[71] Mitchell 1899: 166.

[72] *IER*, Vol. 2, 1875: 390.

[73] Pope 1900: ix, xxxiv.

[74] देखें खासकर K.S. Macdonald, 'Pantheism and Vedantism', IER, Vol. XIV, 1888: 424–31.

[75] Eliade 1987, Vol. 2: 130–34.

[76] Ibid.: 132.

भारत के अन्य निवासियों के धर्मों से अलग होते हैं। हालांकि यह कहना कि जनजातीय धर्मों को हिंदू धर्म से अलग करके देखने की जरुरत है, सभी धर्मों को समाहित करनेवाले ब्राह्मणवादी प्रणाली की अवधारणा का महज एक छोटा सा रूपांतरण है। सवाल यह था कि जनजातीय क्षेत्रों से बाहर, मैदानी इलाकों या भारत के अन्य भागों में हिंदू धर्म कितना एकरूप और समांगी था? जनजातीय क्षेत्रों से बाहर समरूप ब्राह्मणवादी प्रणाली की इस अवधारणा को चुनौती देनेवाले अधिक स्पष्टवादी मिशनरी टीकाकारों ने प्रमुख प्रतिमान की आलोचना करनेवाले दो भिन्न मतों में से एक पर बल दिया। इनमें से एक मत के अनुसार स्थानीय या क्षेत्रीय भिन्नताओं के महत्त्व पर बल देना चाहिए। तमिल संस्कृति की विशिष्ट प्रकृति और साथ ही शैव सिद्धांत पर भी दिए गए बल में यह विचार स्पष्टतः दिखाई पड़ता है। दूसरा दृष्टिकोण समस्तरीय विभाजनों के महत्त्व पर, खासकर लोकप्रिय और अभिजात परंपराओं के बीच अंतर पर बल देने, साथ-ही-साथ उनके बीच संबंधों की ताकत का प्रतिवाद करना था।

जनजातीय धर्म

ब्रिटिश प्रोटेस्टेंट मिशनरियों के बीच हिंदू धर्म और जनजातीय धर्मों में भिन्नता के विचार को प्रचारित करने के लिए जितना आधिकारिक सरकारी रिपोर्टों से प्रोत्साहन मिला, उतना ही जनजातियों के बीच काम करते हुए उनके अपने अनुभवों ने भी प्रोत्साहित किया। कैरी ने आरंभ में ही यानी सन् 1797 में ही हिंदू और जनजातीय धर्मों के बीच भिन्नता को पहचाना।[77] हालांकि वार्ड और डफ ने अपनी अत्यंत महत्त्वपूर्ण कृतियों में इस भिन्नता को पूरी तरह से नहीं तो कम-से-कम मोटे तौर पर नजरअंदाज किया और उन्नीसवीं सदी के प्रथमार्ध में अन्य मिशनरी कृतियों में भी इस पर बहुत कम ध्यान दिया गया। ब्रिटिश प्रोटेस्टेंट मिशनरी उन्नीसवीं सदी के मध्य से पहले तक तथाकथित जनजातियों के बीच खासतौर पर उतने सक्रिय नहीं हुए थे। सन् 1869 में सोसाइटी फॉर द प्रोपगेशन ऑफ़ द गोस्पेल (एस.पी.जी.) ने छोटानागपुर में हजारों जनजातीय लोगों के बीच गोस्सनर मिशन के कार्य को अपने हाथ में ले लिया उसके बाद ही वे इसमें सक्रिय हुए।[78] हालांकि इसी बीच ब्रिटिश अधिकारियों ने दूरवर्ती इलाकों में जनजातियों के साथ अपने संपर्क बढ़ाए और कुछ हद तक इसी वजह से मिशनरी गतिविधियों के लिए एक कार्य क्षेत्र के रूप में जनजातीय इलाकों के महत्त्व से ब्रिटिश मिशनरी अवगत होने लगे।

सन् 1854 में प्रकाशित अपनी पुस्तक में पीटर पर्सिवल ने यद्यपि प्रमुख प्रतिमान के पक्ष में कई प्रकार से तर्क प्रस्तुत किए हैं, पर उसने 'भारत के मूल आदिवासियों' और

[77] Carey to Rylands, 6/7/1797, PA: Vol. I: 377.

[78] Thompson 1951: 349–52.

'हिंदुओं' के बीच के फर्क पर बल दिया है और हिंदुओं को 'देश के ब्राह्मणवादी निवासी' और 'विदेशी मूल' का बताया है।[79] अपनी दलील के समर्थन में लेफ्टिनेंट जनरल ब्रिग्स की रिपोर्ट का संदर्भ देते हुए उसने धार्मिक और सामाजिक प्रथाओं में भिन्नताओं की सूची प्रस्तुत की है। इनमें इस बात पर बल दिया गया है कि जनजातीय या आदिवासी लोगों ने ब्राह्मण पुरोहितों को अस्वीकार कर दिया और वे अपने देवी-देवताओं को खून की बलि प्रदान किया करते थे, मदिरापान करते थे, मांस भक्षण करते थे और अपने मृतकों को दफनाते थे एवं और भी अन्य रीति-रिवाजों में वे ब्राह्मणों से भिन्न थे। जनजातीय और ब्राह्मणवादी धर्म के बीच फर्क पर सन् 1871 और सन् 1881 की जनगणना से और भी अधिक बल पड़ा। उसके बाद सन् 1884 में लंदन से प्रकाशित जेम्स ब्रैडबरी की पुस्तक *India: Its Condition, Religion, and Manners* में प्रोटेस्टेंट मिशनरी टिप्पणियों में यह दर्ज हुआ है। इसमें उसने जाति विहीनता और 'अधिकांश जनजातियों में भ्रष्ट पुरोहिती की अनुपस्थिति' पर भी बल दिया है।[80] इस समय तक जनजातियों और हिंदुओं के बीच फर्क को कमोबेश मान लिया गया था और मिशनरियों तथा जनगणना अधिकारियों, दोनों के बीच अब बहस इन दोनों के बीच भेद की गहराइयों को लेकर होने लगी थी। उदाहरण के लिए, पर्सिवल ने आदिवासियों का विवरण देते हुए कहा कि शानार (नाडर समुदाय का एक हिस्सा) धर्म हिंदू धर्म से भिन्न था, परंतु कॉडवेल का विचार कुछ भिन्न था। यद्यपि वह हिंदू धर्म के किसी विचार की उपयोगिता पर संदेह रखता था, पर इसके बावजूद शानार (इनका चाहे जो भी धर्म रहा हो) स्पष्ट रूप से हिंदू ही थे।

क्षेत्रीय और स्थानीय भिन्नताओं की बढ़ती मान्यता

खासकर विलियम वार्ड द्वारा की गई हिंदू धर्म की व्याख्या में प्रतिबिंबित प्रमुख प्रारूप से बढ़ते असंतोष के पीछे कई कारणों में से एक कारण महज यह भावना नहीं थी कि जनजातीय धर्म भिन्न होते थे और इस प्रारूप में सटीक नहीं बैठते थे, बल्कि असली कारण बंगाल से बाहर सामान्य रूप से भारत के अन्य भागों में मिशनरी कार्यों का बढ़ता संघटन भी था।

बनारस में नौ वर्षों तक कार्य करने का अनुभव रखनेवाले मिशनरी विलियम बायर्स (एल.एम.एस.) ने सन् 1840 में प्रकाशित अपनी *Letters on India* में लिखा कि:

> हिंदुओं पर मिस्टर वार्ड की पुस्तक भारत में रहनेवाले विभिन्न प्रकार के समुदायों पर अब वैसे ही लागू नहीं होता, जैसे यॉर्कशायर में रहनेवाले लोगों का वर्णन यूरोप में निवास करनेवाले सभी लोगों पर लागू नहीं होता। स्वयं हिंदू धर्म भी एक न होकर अनेक है। मद्रास

[79] Percival 1854: 33.

[80] Bradbury 1884: 8.

> देश में जिसे हिंदू धर्म कहा जाता है, वही बनारस में बिलकुल भिन्न हो जाता है... यह सही है कि कुछ हद तक वे सभी एक हैं - अर्थात जहाँ तक अमूर्त चिंतन का संबंध है, परंतु लोगों के बीच यह मुख्य रूप से स्थानीय परंपराओं और प्रथाओं के जरिए ही जीवंत रहता है जो हरेक जिले में भिन्न-भिन्न हैं। इनमें से बहुत से स्थानीय रिवाजों को हिंदू धर्म के अनिवार्य सिद्धांतों के रूप में भारत पर किए गए अधिकांश शोधों में दर्ज कर लिया गया है।[81]

एमोस सट्टन ओडिशा में जनरल बैप्टिस्ट मिशनरी सोसाइटी के लिए कार्यरत सबसे महत्त्वपूर्ण मिशनरियों में से एक था। सन् 1825 में भारत आने के बाद उसने क्षेत्रीय, धार्मिक और सामाजिक संदर्भ में मिशनरी कार्य पर कम-से-कम दो पुस्तकें लिखीं और सन् 1841 में कटक से प्रकाशित तीन खंडों वाली ओडिया डिक्शनरी का भी वही लेखक था। कुछ साल पहले बायर्स ने जैसा कहा था, वैसे ही इस क्षेत्र में पच्चीस साल कार्य करनेवाले मिशनरी के रूप में उसने *Orissa and its Evangelization* (1850) में लिखते हुए क्षेत्रीय विभिन्नताओं के महत्त्व पर बल दिया। उसने स्वीकार किया कि 'हिंदू धर्म' शब्द 'जहाँ कहीं भी हिंदू धर्म मौजूद हो उसके अनिवार्य तत्वों' को सटीक रूप से संप्रेषित करता है, परंतु वह विलियम वार्ड के विवरण पर यह कहकर आक्षेप करता है कि वह इस अनुमान के आधार पर लिखा गया है कि बंगाली प्रारूप सभी जगह समान रूप से लागू होता है। उसने बलपूर्वक कहा कि ऐसी बहुत सारी 'स्थानीय भिन्नताएं' हैं जिनके तहत 'कुछ तथ्य भारत के एक भाग में हिंदू धर्म के अंग हैं परंतु वही भारत के दूसरे हिस्से में प्रयुक्त नहीं होते'। उसने आगे कहा कि इस आधार पर 'हिंदुओं के बारे में मिस्टर वार्ड के विचारों के विरुद्ध उठाई गई आपत्तियों के कारणों की व्याख्या की जा सकती है और उसकी पुस्तक का नाम 'बंगालियों का विचार' *A View of the Bengalis* शायद अधिक उचित होता। क्योंकि यह केवल उनके लिए सबसे ज्यादा पूरी तरह से उपयुक्त है'।[82]

हिंदू धर्म में स्थानीय विभिन्नताओं के महत्त्व पर समय-समय पर अन्य मिशनरी लेखक भी बल देते रहे। उदाहरण के लिए, कॉडवेल ने कहा था कि तिनेलवेली में कुछ गिने-चुने ही वेदांतवादी थे, और हिंदू धर्म शब्द की उपयोगिता पर सवाल किए थे। उसने अपनी दलील में विभिन्न स्थानों के बीच अवधारणाओं और रीति-रिवाजों की विभिन्नता का भी प्रयोग किया था।

> बहुत से लोग किसी विशिष्ट हिंदू आध्यात्मिक पद्धति, या किसी खास स्थान में रूढ़िवादी समझे जानेवाले सिद्धांतों और रीति-रिवाजों के आधार पर हिंदू धर्म के बारे में अपनी अवधारणा बनाते हैं और समझ लेते हैं कि उन्होंने इस विषय का पूरा ज्ञान हासिल कर लिया

[81] Buyers 1840: 2.

[82] Sutton 1850: 67.

है। जबकि वे हिंदू धर्म के केवल एक पहलू के बारे में ज्ञान अर्जित कर पाते हैं; और भारत के दूसरे भागों में दूसरी प्रजातियों एवं दूसरे भाषाभाषी लोगों के बीच [उन्हें] वही प्रणाली संभवतः अज्ञात या अप्रामाणिक लगेगी।[83]

पश्चिमी भारत से एक लेखक के रूप में अपनी *Letters to Indian Youth* में जॉन मरी मिशेल ने भी इसी तथ्य पर प्रकाश डालते हुए कहा कि 'बंगाल या मद्रास का हिंदू धर्म बॉम्बे के हिंदू धर्म जैसा नहीं है' और 'कन्नड़ एवं महाराष्ट्र जैसे पड़ोसी प्रांतों में भी' प्रचलित प्रणालियां भिन्न-भिन्न थीं।[84]

वास्तव में हिंदू धार्मिक और सामाजिक जीवन में क्षेत्रीय और स्थानीय भिन्नताओं के प्रति चेतनता ही स्थानीय और क्षेत्रीय संदर्भ में हिंदू धर्म से संबंधित बहुत सारे मिशनरी साहित्यों की रचना का मूल कारण था। उन्नीसवीं सदी के उत्तरार्ध में इस प्रकार की बहुत सारी कृतियां प्रेस में आने लगी थीं। ये सभी पुस्तकें एवं रचनाएं स्थानीय परिस्थितियों के अवलोकनों एवं अनुभवों के अतिरिक्त द्वितीय स्रोतों के आधार पर लिखी गई थीं। इन द्वितीय स्रोतों में जॉन एफ. कार्नस द्वारा दक्षिण भारत के हिंदुओं के विवाह और अंतिम संस्कारों का किया गया अध्ययन (1868),[85] एम.ए. शेरिंग की *Sacred City of the Hindus, An Account of Benares* (1868), सैमुएल मतीर की *The Land of Charity: A Descriptive Account of Travancore and Its People* (1871), जॉन ह्यूलेट द्वारा सन् 1887 (Voll XIII) के *Indian Evangelical Review* में 'The Hindu Sects of Benaras' शीर्षक निबंध में दिया गया विवरण, डबल्यू.जे. विल्किंस की *Modern Hinduism: An Account of the Religion and Life of the Hindus of Northern India* (1887), हेनरी राइस की *Native Life in South India, being Sketches of the Social and Religious Characteristics of the Hindus* (1889) और आंध्र प्रदेश के धार्मिक और सामाजिक जीवन के अध्ययन पर आधारित जे.इ. पैडफील्ड की *The Hindu at Home, being Sketches of Hindu Daily Life* (1896) शामिल थीं। इस संग्रह में और भी कृतियों को शामिल किया जा सकता है, परंतु यह सूची हिंदुओं के बीच क्षेत्रीय, धार्मिक और साथ-ही-साथ सामाजिक भिन्नताओं के महत्त्व के बारे में बढ़ती जागरूकता को प्रदर्शित करने के लिए यथेष्ट है।

[83] Caldwell 1840: 7.

[84] Mitchell 1861: 91.

[85] जे.एफ. कार्नस का जन्म और शिक्षा-दीक्षा आयरलैंड में हुई थी. एस.पी.जी. से संलग्न होकर सन् 1849 में वह भारत के लिए समुद्री यात्रा पर निकल पड़ा। मद्रास में शैक्षणिक कार्यों में कुछ समय बिताने के बाद तिनेलवेली जिले के उत्तरी भाग में पुथियमपुथुर (puthiamputhur) मिशन में उसकी नियुक्ति हो गई जहाँ तमिल लोगों के बीच उसको काम करने का और अधिक अनुभव प्राप्त हुआ।

भाषागत विकास और मिशनरी चिंतन में तमिल धर्म

हिंदू धर्म मूलतः ब्राह्मणवादी था या इसकी विचारधारा ब्राह्मणवादी ग्रंथों से प्रवाहित होती थी, इस दृष्टिकोण को पुष्ट करनेवाली मूल अवधारणा निरंतर अमान्य होती जा रही थी, जिसके मुताबिक जनजातीय भाषाओं के अतिरिक्त दक्षिण भारत समेत भारत के सभी शेष भागों में प्रचलित भाषाएं संस्कृत से व्युत्पन्न थीं। इस दृष्टिकोण के अनुसार इन सभी भाषाओँ के आधार के रूप में संस्कृत के साहित्य में प्राचीन भारतीय रीति-रिवाज और धर्म के बारे में सभी आवश्यक जानकारियां मौजूद थीं। सन् 1768 में एलेग्जेंडर डो ने कहा कि संस्कृत भाषा 'हिंदुओं के धर्म, दर्शन, और इतिहास का महान भंडार' था।[86] इसके परिणामस्वरूप यह धारणा बनी कि अगर डो, हॉलहेड, जोंस, विल्किंस इत्यादि जैसे यूरोपियों को सभी पवित्र संस्कृत ग्रंथ उपलब्ध होते, और वे इस भाषा पर महारत हासिल कर पाते, तो वे संपूर्ण हिंदू धार्मिक शिक्षण को समझ पाते। परंतु जैसा कि इस कथन से स्पष्ट होता है, इसके कारण गैर-संस्कृत ग्रंथों के ज्ञान को अनदेखा कर दिया गया। उदाहरण के लिए, तमिल *आगम* और साथ-ही-साथ अधिक स्थानीय *मौखिक* परंपराओं का संस्कृत विरासत से किसी भी प्रकार का कोई संबंध प्रतीत नहीं होता है।

आरंभ में यह माना जाता था कि संस्कृत और इसके परिणामस्वरूप ब्राह्मणवादी साहित्य ही हिंदू धर्म का एकमात्र प्रामाणिक स्रोत था। लेकिन इस विचार के ऊपर सन् 1856 में द्रविड़ व्याकरण पर प्रकाशित कॉडवेल की पुस्तक ने नैतिक प्रहार किया। बहुत लंबे समय से कुछ प्रोटेस्टेंट भाषाविद जोंस, कैरी इत्यादि के इस विचार पर संदेह प्रकट करते आए थे कि संस्कृत सभी भारतीय देशी भाषाओं की जननी है। सन् 1833 में ही सट्टन ने घोषित कर दिया था कि 'बंगाली, आसामी, हिंदी इत्यादि जैसी अधिकांश उत्तर भारतीय भाषाएं मूलतः समान हैं और सभी संस्कृत से व्युत्पन्न हैं; तमुल (तमिल), तेलुगू, कन्नड़ इत्यादि जैसी दक्षिण भारतीय भाषाएं भिन्न भाषा समूह से व्युत्पन्न प्रतीत होती हैं'।[87] सन् 1830 के दशक में मैसूर के मिशनरी और कन्नड़ बाइबिल के संशोधन के लिए कार्यरत समिति का सदस्य रेव.डबल्यू. कैंपबेल भी ऐसे ही विचार रखता था।[88] कॉडवेल की पुस्तक में विकसित और परिष्कृत इस उभरती वैकल्पिक व्याख्या ने अंततः यूरोपीय विद्वत समाज को इस तथ्य से सहमत करा लिया कि दक्षिण भारतीय भाषाएं उत्तर भारतीय भाषा परिवार से भिन्न थीं। इस निष्कर्ष ने इस तथ्य को और अधिक पुष्ट किया कि भारतीय धर्म या धर्मों के बारे में ज्ञान प्राप्त करने के लिए प्रयासरत यूरोपीय विद्वानों को न केवल हिंदू धर्म के निर्माण पर जनजातियों के प्रभाव का, बल्कि दक्षिण में धर्म के विकास पर अलग गैर-संस्कृत संस्कृति के प्रभाव का भी अध्ययन करना चाहिए।

[86] Quoted in Marshall 1970: 108.

[87] Sutton 1833: 27.

[88] Campbell 1839: 108–9.

जैसा कि सर्वविदित है, उन्नीसवीं सदी के अंत में दक्षिण भारतीय और साथ-ही-साथ यूरोपीय दोनों की ही 'द्रविड़' संस्कृति की भिन्नता और महत्त्व के बारे में जानकारी में काफी वृद्धि हुई। द्रविड़ भाषाओं पर कॉडवेल की कृति ने खासकर तमिल चेतना के विकास में काफी महत्त्वपूर्ण भूमिका निभाई। सभी दक्षिण भारतीय भाषाओं में से तमिल भाषा सबसे शुद्धतम स्वरुप में थी या तथाकथित 'आर्यन' संस्कृत से सबसे कम प्रभावित भाषा थी। प्राचीन तमिल क्लासिकी के संग्रह, संपादन और प्रकाशन ने तमिल साहित्य को पुनरुज्जीवित कर दिया था। तमिल साहित्य और भाषा में रूचि विकसित होने के साथ-साथ तमिल इतिहास और सभ्यता के उद्भव, उत्थान और पतन पर अनुसंधान के प्रयास अलग से चल रहे थे। कॉडवेल के सिद्धांत के अनुसार दक्षिण भारत में ब्राह्मणों के आगमन से पहले तमिल संस्कृति का एक अलग और स्वतंत्र अस्तित्व था। इस मत को वहां पूरे उत्साह के साथ स्वीकार किया गया और प्राचीन तमिल धर्म और समाज में जो कुछ भी विलक्षण समझा गया था उसपर जल्दी ही शोध कार्य का आधार तैयार हो गया। इस विचारधारा को मानने वाले प्रमुख विद्वानों में से एक तमिल विद्वान प्रोफेसर पी. सुंदरम पिल्लई (1855–97) था जिसने सन् 1891 में *Madras Christian College Magazine* में निबंधों की एक श्रृंखला प्रकाशित करके यह सिद्धांत विकसित किया कि 'पूर्वकाल में केवल स्थानीय द्रविड़ धर्म ही प्रचलित हुआ करता था परंतु अब वो अतीत के अंधकार में लुप्त हो चुका है'।[89]

सन् 1879 में मिशनरी टिप्पणियों से भारतीय धर्म के बारे में बेहतर एवं अधिक समग्र जानकारी के लिए एक स्वतंत्र स्रोत के रूप में गैर-संस्कृत साहित्य के महत्त्व पर ध्यान आकर्षित होने से नए भाषागत सिद्धांतों का प्रभाव स्पष्ट होता है। मद्रास में तमिल में उपदेश देनेवाले जाने-माने धर्म-प्रचारक मौरिस फिलिप्स (एल.एम.एस.) ने मोनियर-विलियम्स की इस सर्वव्यापी दलील का तुरंत खंडन किया कि संस्कृत साहित्य 'हिंदू लोगों के विचारों एवं प्रथाओं के बिलकुल सही ज्ञान की एकमात्र कुंजी है'।[90] फिलिप्स ने *Indian Evangelical Review* में लिखा कि:

> यह सच है कि भारत के दक्षिण में मिशनरी के रूप में निपुणता के साथ कार्य करने के लिए संस्कृत का ज्ञान होना निहायत ही जरुरी नहीं है, जहाँ की भाषाएं भारोपीय नहीं बल्कि तूरानी है। इसलिए मैं प्रोफेसर मोनियर-विलियम्स के साथ सहमत नहीं हो सकता कि मिशनरियों द्वारा संस्कृत की अवहेलना कम-से-कम दक्षिण में कार्य में सफलता हासिल करने के मार्ग में बहुत बड़ी बाधा है। हालांकि संस्कृत का ज्ञान होना बहुत जरुरी है, इससे ब्राह्मणों को काफी प्रभावित किया जा सकता है, जिनके पवित्र ग्रंथ इसी भाषा में आबद्ध हैं।[91]

[89] Quoted in Arooran 1980: 20.

[90] Monier-Williams 1875: xv.

[91] *IER*, Vol. VI, 1879: 318–19.

इस दृष्टिकोण के मुताबिक विश्व के बारे में ब्राह्मणवादी विचारों को संग्रहित करनेवाले ब्राह्मणवादी लेखन तथाकथित हिंदू धर्म को समझने के लिए आवश्यक कई स्रोतों में से महज एक स्रोत भर है। भारतीय धर्म ब्राह्मणवादी और गैर-ब्राह्मणवादी दोनों ही प्रकार के विचारों पर आधारित है, जिसमें से गैर-ब्राह्मणवादी विचारों को मोनियर-विलियम्स की व्याख्या में अधिक महत्त्व नहीं दिया गया था।

उत्तर भारतीय ब्राह्मणवादी ग्रंथों और शिक्षणों में प्रतिबिंबित परंपरा से भिन्न एक विशिष्ट तमिल धार्मिक परंपरा के विचार को दक्षिण में बहुत सारे ब्रिटिश प्रोटेस्टेंट मिशनरियों ने प्रोत्साहित किया। वास्तव में वे धीरे-धीरे इस बात से सहमत होते जा रहे थे कि केवल एक हिंदू प्रणाली की दृष्टि से देखने के बजाए कई स्वतंत्र धर्मों की दृष्टि से समझना अधिक उपयुक्त होगा।

दक्षिण भारतीय शैव संतों की ओर ध्यान आकर्षित करने वाले प्रथम ब्रिटिश मिशनरियों में से एक एलिजा हूले ने नौवीं सदी में मनिक्कवसागर की कृति का विशेष रूप से संदर्भ दिया है। उसके समय में भारत की परिस्थितियों के बारे में वर्णन करते हुए हूले ने *Madras, Mysore and the South of India* (जिसका प्रथम संस्करण सन् 1844 में प्रकाशित हुआ) शैव 'सिद्धांत' पर प्रकाश डालने के लिए संत के 'तिरुवासगम' से लिए गए कुछ परिच्छेदों की ओर ध्यान आकर्षित किया।[92] दस साल बाद हिंदू धर्म पर विचार करते हुए अपनी पुस्तक में विशिष्ट दार्शनिक परंपरा के रूप में शैव सिद्धांत का संदर्भ प्रस्तुत करनेवाला पीटर पर्सिवल संभवतः प्रथम ब्रिटिश मिशनरी था। हालांकि जैसा कि इस अध्याय के आरंभ में बताया जा चुका है, उसने शैव सिद्धांत को वेदांत के समरूप मानने से इनकार कर दिया। सन् 1854 में पर्सिवल की पुस्तक *The Land of the Veda* प्रकाशित हुई और उसी साल जाफना में कार्यरत एक अमेरीकी मिशनरी हेनरी होइसिंगटन ने शैव सिद्धांत के तीन अत्यंत महत्त्वपूर्ण ग्रंथों के अनुवाद प्रकाशित किए। इस प्रकार से उसने अमेरिकी, ब्रिटिश और अन्य यूरोपीय पाठकों के लिए इसकी शिक्षा को समझना आसान कर दिया।

सन् 1873 में *Indian Antiquary* में एस.पी.जी. (जिसे कभी-कभी भारत का पुसी कहा जाता था) के चार्ल्स एग्बर्ट केनेट (1826–84) ने शैव सिद्धांत का शायद अधिक वस्तुगत विवरण प्रस्तुत किया, जिसमें इसके बारे में और अधिक जानकारियां दी गई थीं। कलकत्ता के बिशप्स कॉलेज में पढ़ने और तमिल की परीक्षा में उत्तीर्ण होने के बाद केनेट ने तिनेलवेली जिले में तेरह साल व्यतीत किए। उसके बाद सन् 1868 में मद्रास के सेंट जोंस चर्च में नियुक्ति होने के कुछ ही सालों बाद सन् 1872 में मद्रास के सुलिवन गार्डेंस में डिविनिटी लेक्चरर के पद पर उसे स्थानांतरित कर दिया गया।[93] एक इतिहासकार के

[92] Hoole 1844: 380–82.

[93] MF, 1885: 49–52.

शब्दों में, एक धर्मविज्ञानी के रूप में 'भारत में संभवतः उसकी कोई सानी नहीं थी'।[94] साथ ही दक्षिण भारत में तमिल आचार-व्यवहार और वाद-विवादों से अच्छी तरह से परिचित होने के कारण दक्षिण भारतीय प्रणालियों पर टिप्पणी करने का वह अधिकार रखता था। सन् 1854 में अमेरिका में शैव सिद्धांत पर मुद्रित रेव. होइसिंगटन की आरंभिक कृति पर ध्यान आकर्षित करते हुए केनेट ने कहा कि मदुरा के महान मंदिरों से जुड़ी गोपनीय और लोकप्रिय पूजा से स्वतंत्र 'उस स्थान पर तमिल लोगों के बीच दर्शन और धर्म की अत्यंत लोकप्रिय प्रणाली यानी शैव सिद्धांत प्रणाली का प्रतिनिधित्व करते हुए गोपनीय धार्मिक शिक्षण का एक सुसंगठित विद्यालय पूरी ऊर्जा के साथ चलाया जा रहा है'। उसने आगे कहा कि यह 'आठ और बीस शैव ग्रंथों अथवा आगमों' पर आधारित था, और इसका दर्शन अनिवार्यतः वेदांतवाद का विरोधी था।[95]

मद्रास शहर का एक और मिशनरी निवासी जी. मैकेंजी कॉबन था जो सन् 1877 में मेथोडिस्ट मिशनरी के रूप में भारत आया था। मैकेंजी और केनेट दोनों के मद्रास में निवास काल में से आठ साल ऐसे थे जिनमें दोनों ही एक साथ मद्रास में रह रहे थे। मैकेंजी स्थानीय भाषा में धर्मोपदेश देता था और केनेट की तरह ज्ञान-विज्ञान में काफी रूचि रखता था। उसने शैव सिद्धांत की भिन्नता और अंतर्दृष्टियों पर भी सबका ध्यान आकर्षित किया।[96] उसने तमिल धार्मिक साहित्य का पूरे उत्साह के साथ अध्ययन किया और फिर केनेट की तरह ही वह संभवतः शैव धार्मिक पुनरुत्थान में छात्रों के संलग्न होने से अवगत था। कॉबन के मुताबिक तमिल समझते थे कि शिव ईश्वर हैं और उनके बारे में ब्राह्मणवादी विनाशक की अवधारणा को अस्वीकार करते थे।[97] सन् 1889 में *Madras Christian College Magazine* प्रकाशित एक निबंध में उसने केनेट के विचार को दोहराते हुए कहा कि शैव सिद्धांत के अनुयायी यह मानते हैं कि आत्मा का ईश्वर से मिलन हो जाने के बावजूद वह अलग होती है और यह भी कहा कि ईश्वर इंसान का मार्ग दर्शन करने के लिए गुरु बनकर आते हैं।[98]

बहरहाल एस.पी.जी. के जाने-माने मिशनरी विद्वान और तमिल परंपरा के प्रतिपादक जी.यू. पोप ने उस सदी के अंत में अन्य हिंदू धर्मों से अलग एक विशिष्ट परंपरा के रूप में शैव सिद्धांत की व्याख्या और प्रचार में काफी महत्त्वपूर्ण योगदान दिया और लिखा। 'तिरुवासगम' के अपने अनुवाद के आमुख में पोप ने शैव सिद्धांत को 'अत्यंत सुपरिष्कृत, प्रभावशाली और निश्चित रूप से भारत के सभी धर्मों में सर्वाधिक मूल्यवान धर्म' बताया।[99]

[94] Pascoe 1901: 918.

[95] *IA*, Vol. 2, December 1873: 343.

[96] *HF*, Vol. 3, December 1891: 227.

[97] *MCCM*, Vol. 3, July 1885: 24.

[98] *MCCM*, Vol. 7, No. 3, September 1889: 196.

[99] Pope 1900: lxxiv.

दक्षिण भारत का यह प्राचीन प्रागैतिहासिक धर्म 'मूलतः आर्य-पूर्व काल से ही अस्तित्व में है'। यह एक ऐसी परंपरा थी जो पीढ़ी-दर-पीढ़ी बहुसंख्यक तमिल भाषाभाषी लोगों के दिलों को स्पर्श करती आई थी'।[100] पोप के अनुसार, शैव सिद्धांत (जिसके बारे में केनेट, कॉबन और उसका मानना था कि यह एक स्वतंत्र प्रणाली थी) का मूल शिक्षण तमिल संत के 'पवित्र वचनों' में प्रतिबिंबित होता है, जिसने प्रवचन में कहा कि:

> एक सर्वोच्च निजी ईश्वर थे - जो केवल भौतिक रूप से अमूर्त नहीं, बल्कि जो देवताओं और मनुष्यों के प्रभु थे। उन्होंने यह भी बताया कि असीम कृपा करते हुए शिव की इच्छा हुई कि मानव रूप में अवतरित हों, पृथ्वी पर गुरु बनकर आएं और जो भी पूरे मनोयोग से उनकी साधना करे उनको अपना शिष्य बनाएं। उन्होंने घोषित किया कि इस समुदाय के सभी वर्गों के लिए मोक्ष प्राप्ति का यह मार्ग खुला है। उन्होंने मुक्त आत्मा के अमरत्व – चेतन अमरत्व पर काफी बल देकर उसकी शिक्षा दी।[101]

क्षैतिज विभाजन: 'ग्रेट' और 'लिटिल' परंपराएं?

लौकिक प्राच्यवादी और अन्य यूरोपीय टीकाकार जैसे ब्रिटिश प्रोटेस्टेंटों ने हमेशा यही समझा कि भारतीय धर्म वस्तुतः स्तरों में विभाजित प्रणाली थी। अब इन स्तरों की संख्या दो या तीन थी या उससे भी अधिक थी यह विवाद का विषय था। सबसे सामान्य अनुमान जो प्रमुख प्रारूप में स्पष्ट होता है, वह यह था कि एक प्रकार का वैध विभाजन अभिजात और सार्वजनिक धर्म के बीच हो सकता था। सवाल हमेशा से यही रहा कि: हरेक स्तर की क्या प्रकृति थी, और उनके बीच किस प्रकार का संबंध था? और वास्तव में अगर ये स्तर एक-दूसरे से जुड़े हुए हैं तो इनके बीच जोड़नेवाला सूत्रधार कौन था? ये सवाल आज भी आधुनिक नृजातिशास्त्रियों द्वारा उठाए जाते हैं और उन पर विचार किया जाता है। उदाहरण के लिए, रेडफील्ड और लॉरेंस बॉब ने विस्तृत रूप से इन प्रश्नों पर विचार करते हुए काफी विस्तार से इनके जवाब प्रस्तुत किए हैं।

पहले भी हमने गौर किया है, उन्नीसवीं सदी के आरंभ और मध्य में यह धारणा थी कि मूल भेद ब्राह्मणवाद और मूर्तिपूजा तथा बहुदेववाद समेत लोकप्रिय धर्म के बीच था। यह विचार मोनियर-विलियम्स की कृति में स्पष्ट उभर कर आता है जिसमें एक तरफ ब्राह्मणवाद और दूसरी तरफ हिंदू धर्म के बीच फर्क पर विचार किया गया है। इस भेद के बारे में सन् 1883 में पहली बार प्रकाशित हिंदू धर्म पर मिशेल की पुस्तक में स्पष्ट होता है।

इसी बीच कैरी ने यह विचार प्रस्तुत किया कि 'शिक्षित' और 'अशिक्षित' हिंदुओं के विचारों के बीच भी भेद किया जा सकता है। अन्य विवेचकों की तरह वह भी ग्रंथों (प्रामाणिक)

[100] Ibid.: xxxiv.

[101] Ibid.: xxxiii–xxxiv.

पर आधारित धर्म और लोकप्रिय धर्म के बीच मौलिक भेद पर विश्वास करता था। इस प्रकार का विभेदीकरण राममोहन रॉय द्वारा 'वास्तविक' और अप्रामाणिक हिंदू धर्म के बीच किए गए विभेदीकरण से काफी मिलता-जुलता था।[102] आमतौर पर पवित्र ग्रंथों के विचारों पर आधारित इस अवधारणा में खासकर मिशनरी, हिंदू सुधारवादी और ईस्ट इंडिया कंपनी के कुछ सदस्य विश्वास करते थे। ईस्ट इंडिया के उन सदस्यों को सती प्रथा, हुक पर लटकानेवाली प्रथा इत्यादि पर रोक लगाने की कार्रवाई को उचित साबित करने के लिए यह आधार मिल गया कि इन कर्मकांडों का वास्तविक अथवा ग्रंथों के अनुसार हिंदू धर्म से कोई लेना-देना नहीं है। परंतु जहाँ एक तरफ कैरी, वार्ड और पेग्स जैसे बैप्टिस्ट मिशनरियों के मुताबिक वास्तविक धर्म में बिना कोई दखलंदाजी किए ब्रिटिश अधिकारी इन रिवाजों पर रोक लगवा सकते थे, वहीं दूसरी तरफ इसके ठीक विपरीत विचार का भी समर्थन करते हुए प्रतीत होते हैं कि ये प्रथाएं ब्राह्मणवाद की उपज थीं और इसलिए वास्तव में ये हिंदू धर्म से अलग नहीं थीं।

पूरी उन्नीसवीं सदी के दौरान यही रूढ़िवादी विचार लोकप्रिय बनी रही कि हिंदू धर्म में नजर आनेवाली मौलिक एकता ब्राह्मणों द्वारा उत्पन्न की गई थी और वे निचली जातियों तथा वर्गों के ऊपर अपनी नियंत्रण शक्ति द्वारा इस एकता को कायम रखते थे। इतना ही नहीं, यह एकता सामान्य लोगों की इच्छा से नहीं, बल्कि उसके बावजूद उत्पन्न हुई और कायम रही। संक्षेप में, भारतीय धर्म दासता की प्रणाली थी। यह भय और जबरदस्ती के आधार पर एकीकृत था। किस तरह से इस प्रणाली को एकीकृत करके रखा जाता था, इसके बारे में जानने के लिए उदाहरण के तौर पर डफ द्वारा *India and India Missions* में विस्तार से किए गए विश्लेषण को देखा जा सकता है।

हालांकि उस सदी के बीतने के साथ ही इस दमन और शोषण के प्रारूप तथा उन सामान्य लोगों के रवैयों के बारे में पूरे विश्वास के साथ कहना कठिन हो गया जिनको अक्सर 'पीड़ित' समझा जाता था या माना जाता था कि इनको कोई शक्ति प्राप्त नहीं है। अपनी ओर से की गई खोजबीन के बाद जॉन मरी मिशेल जैसे कुछ मिशनरियों को निचली जातियों और वर्गों के धर्मों की विभिन्नताओं तथा जटिलताओं के बारे में धीरे-धीरे पता चलने लगा। उदाहरण के लिए, दक्कन में उपदेश देने के लिए की गई यात्रा के दौरान मिशेल ने लोगों से साक्षात्कार किए और 'मूर्तिपूजा' के बारे में उनके विचार और समझदारी को जानने की कोशिश की। उसने पाया कि श्रद्धालुओं की स्वयं के बारे में अवधारणा और अपने कार्यों के बारे में उनके विचार काफी अलग-अलग थे। दरअसल लिखित दस्तावेजों के अभाव में अनुभवों का खासतौर से महत्त्व बढ़ जाता है एवं आगे और अनुभवों के परिणामस्वरूप इससे संबंधित अपने वास्तविक ज्ञान के बारे में भी मिशनरी विश्वास के साथ नहीं कह सकते थे कि वे क्या जानते हैं।

[102] राममोहन रॉय के विचारों के इस पहलू पर और अधिक जानकारी के लिए देखें खासकर Killingley 1993: Ch. 4.

गैर-ब्राह्मणवादी धर्म या धर्मों की प्रकृति के बारे में इस अनिश्चितता की स्थिति में लोकप्रिय स्तर पर हो रही गतिविधियों के बारे में और अधिक विभिन्न प्रकार के प्रारूप एवं व्याख्याएं जुड़ गईं। वास्तव में धर्म के कितने स्तर थे, और अगर ऐसा है तो भक्ति आंदोलनों जैसी विशिष्ट प्रकार की धार्मिक अभिव्यक्तियों को इस श्रेणी सोपान में कहां स्थापित किया जाना चाहिए। उदाहरण के लिए, सन् 1889 में चर्चों को लिखे गए एक खुले पत्र में मद्रास मिशनरी कांफ्रेंस ने लिखा कि दक्षिण भारत की मूर्तिपूजा के दो प्रकार हैं– 'ब्राह्मणवादी और गैर-ब्राह्मणवादी'।[103] त्रावनकोर में धार्मिक स्थिति पर टिप्पणियां लिखनेवाला जाना-माना मिशनरी सैमुएल मतीर यहां पर मौजूद विभिन्न प्रकार के स्तरों के बारे में अधिक जटिल दृष्टिकोण रखता था। सन् 1886 में प्रकाशित अपनी तीसरी पुस्तक *The Gospel in South India* में उसने लिखा कि:

> ब्राह्मणों एवं अन्य ऊंची जातियों द्वारा साधारण देवताओं की पूजा करने, जिसके बारे में भारत पर लिखी गई अधिकांश कृतियों में पूरे विस्तार से वर्णन मिलता है, के अतिरिक्त त्रावनकोर एशिया और अफ्रीका की बहुत सारी आदिम प्रजातियों द्वारा की जाने वाली पिशाच-पूजा का भी प्रमुख स्थान है... हालांकि यह ब्राह्मणवादी धर्म का स्वरुप नहीं है, पर मालाबार के शूद्र हिंदू देवताओं - विष्णु और शिव तथा उनके गौण देवताओं की आराधना के साथ-साथ काफी हद तक इस प्रथा को भी निभाते हैं।[104]

त्रावनकोर में दो मौलिक प्रणालियों के मिलन से बीच में एक मिश्रित परंपरा के उत्पन्न होने का विचार उपयुक्त लगता है, परंतु यह आवश्यक रूप से ऐसा प्रारूप नहीं था जो मिशनरियों के विचार से किसी अन्य स्थान के हिंदू धर्म पर भी लागू होता था। वास्तव में यह हमेशा स्पष्ट नहीं होता था कि भारत के विभिन्न भागों और प्रांतों पर किस प्रकार का स्तरीय प्रारूप लागू होगा, ऐसे में पूरे भारत भर में धार्मिक स्तरों का किस हद तक सामान्यीकरण किया जाए यह दूर की बात थी।

अधिक चिंतनशील और अनुभवी मिशनरियों को भी अपनी समझदारी स्पष्ट करने में कितनी कठिनाई का सामना करना पड़ता था इसका एक विशिष्ट उदाहरण मरी मिशेल द्वारा हिंदू धर्म की परिभाषा देने के प्रयास की कहानी में प्रतिबिंबित होता है जिसमें इसके विभिन्न स्तरों से संबंधित प्रश्न भी शामिल थे।

हिंदू धर्म से उसका क्या तात्पर्य था इस संबंध में उसके द्वारा दिए गए सबसे प्रथम वक्तव्यों में से एक उसकी प्रसिद्ध *Letters to Indian Youth* नामक पुस्तिका के सन् 1861 के संस्करण में मिलता है। यह पुस्तिका उसने पहले अपने किसी छात्र के लाभ के लिए लिखी

[103] *Free Church OF Scotland Quarterly Missionary Paper*, CXXII, March 1890: 1–2.

[104] Mateer 1886: 18–19.

थी परंतु बाद में पूरे भारत में मिशनरियों ने इसका उपयोग किया और उनके बीच इसकी भारी मांग थी। मिशेल के अनुसार, 'हिंदू धर्म कहलानेवाली प्रणाली क्या है?' इस प्रश्न का जवाब क्षेत्रीय विभिन्नताओं के कारण बहुत कठिन हो जाता था। लेकिन इसका सबसे अच्छा जवाब यही था कि 'सच्चा हिंदू धर्म वह है जो शास्त्रों में दर्ज है। शास्त्र वे ग्रंथ हैं जिनके बारे में हिंदुओं का मानना है कि ये अलौकिक प्रेरणा से उत्पन्न हैं। और जो कुछ उनमें मौजूद नहीं है वह या तो स्थानीय है अथवा तात्कालिक है'। दूसरा प्रश्न था कि 'शास्त्र क्या हैं?' उसने कहा कि इसका सामान्य उत्तर यही होगा—'चारों वेद, छः दर्शनशास्त्र और अठारह पुराण'। उसने कहा कि उनमें बहुत सारी संस्कृत रचनाएं सम्मिलित नहीं हैं परंतु जिन लिखित ग्रंथों के नाम गिनाए गए, वे 'हिंदुओं के लिए विशेष रूप से पवित्र और प्रामाणिक ग्रंथ' थे।

हालांकि *Letters to Indian Youth* के बाद के (सन् 1894 और अन्य) संस्करणों में मिशेल द्वारा प्रस्तुत इस आरंभिक उत्तर को प्रतिबंधित कर दिया गया। दो भिन्न संस्करणों के बीच के वर्षों के दौरान उसने खासकर पश्चिमी भारत के हिंदू धार्मिक जीवन के बारे में और अधिक ज्ञान और अनुभव प्राप्त किया। जैसा कि हमने देखा है, वह तीर्थयात्रियों के साथ चल देता था और उस क्षेत्र के कई सर्वाधिक लोकप्रिय तीर्थस्थानों और मुख्य पूजन स्थलों की उसने यात्राएं की थीं। इसके साथ ही उसने इसके भावनात्मक आग्रह तथा तुकाराम की कविताओं के विस्तृत प्रभाव को महसूस किया।[105] उसकी कृति के बाद के संस्करण में लेखक ने हिंदू धर्म की परिभाषा देते हुए हिंदू धर्म के विकास की तुलना गंगा नदी के समुद्र में मिल जाने के साथ सादृश्य रखकर एक बृहत्तर ऐतिहासिक आयाम प्रस्तुत किया।

> गंगा नदी जिस जगह पर विशाल दलदली मैदान बनाते हुए समुद्र में आकर मिलती है, उस जगह की तुलना में हिमालय से गिरकर हरिद्वार में आकर फ़ैल जानेवाली गंगा का रूप बिलकुल भिन्न है। इसी प्रकार वेदों के अनुरूप हिंदू धर्म का मौलिक स्वरुप और आज अभिव्यक्त होनेवाले हिंदू धर्म की किसी भी अभिव्यक्ति से भिन्न है।[106]

पवित्र ग्रंथों के गुण-दोषों के बारे में मिशेल के विचार और गैर-ब्राह्मणवादी विवरणों की ओर उसका बढ़ता झुकाव भी उतना ही महत्त्व रखता था। 'विशिष्ट पवित्र' संस्कृत ग्रंथों की अपनी मौलिक सूची के बारे में थोड़ी असहमति रखते हुए उसने एक पाद-टिप्पणी जोड़कर समझाया कि हालांकि पश्चिमी भारत में इस सूची को 'सार्वभौमिक' रूप से स्वीकार किया गया, पर बंगाल में स्थिति इससे भिन्न थी जहाँ 'तंत्रों' के प्रति लोगों का अत्यधिक झुकाव था। उसने कहा कि वास्तव में कलकत्ता के आदि ब्रह्म समाज के एक

[105] पंढ़रपुर की उसकी यात्रा के विवरण और तुकाराम एवं उसकी कविताओं के लिए देखें IA, March and June 1882.

[106] Mitchel 1894: 152.

प्रभावशाली नेता ने प्रामाणिक ग्रंथों में दार्शनिक शास्त्रों को छोड़कर तंत्रों को शामिल कर लिया है।[107]

मिशेल की दूसरी पाद टिप्पणी भी महत्त्वपूर्ण है जो पश्चिमी भारत में धर्म के बारे में उसके और भी अनुभवों को प्रतिबिंबित करता है। उसने कहा कि 'तुकाराम का लेखन महाराष्ट्र के सामान्य लोगों के मस्तिष्क को प्रामाणिक पवित्र ग्रंथों के मुकाबले में कहीं अधिक प्रभावित करता है; हालांकि इन्हीं पवित्र ग्रंथों पर आधारित होने का वे दावा करते हैं'।[108]

मिशेल ने महसूस किया कि ईश्वर के प्रति भक्ति का यही विचार पश्चिमी भारत में लोकप्रिय धर्म को समझने में मदद करता है और यह समग्र रूप में इस धर्म का द्वितीय स्तर बनाता है। जुलाई सन् 1882 में फ्री चर्च ऑफ़ स्कॉटलैंड के फॉरेन सेक्रेटरी (विदेश सचिव) डॉ. जॉर्ज स्मिथ को उसने पत्र में लिखा कि:

> पश्चिमी भारत में हिंदू धर्म का जो लोकप्रिय स्वरुप है उस पर मैंने बाद के दिनों में काफी अवलोकन किया है। मराठों के मन पर ब्राह्मणवाद का सर्वाधिक सशक्त प्रभाव पड़ा हो ऐसा नहीं है; यह भक्ति का एक अत्यंत विलक्षण स्वरुप है – यह धर्म बंगाल में मुख्य रूप से चैतन्य के नाम से जुड़ा है... पिछले अक्टूबर में कुछ अमेरिकन मिशनरियों ने अपने महान कांफ्रेंस में कहा कि भक्ति प्रणाली की संपूर्ण व्याख्या प्रस्तुत करना कोई छोटी-मोटी उपलब्धि नहीं होगी। संपूर्ण व्याख्या आसानी से उपलब्ध नहीं होती; पर मैं इसमें अपनी ओर से योगदान देने की उम्मीद करता हूँ। संभवतः मैं इस पर बाद में फिर कुछ कहूं। पहले के प्रकाशित अपने दो निबंधों की एक प्रतिलिपि मैं आपको भेज सकता था, परंतु इस समय शायद मेरे पास कोई प्रतिलिपि उपलब्ध नहीं है।[109]

इस विचार की एक समस्या यह है कि लोकप्रिय धर्म के साथ मिशेल के अपने संपर्क में महत्त्वपूर्ण हरेक तथ्य का विवरण इसमें नहीं मिलता। बाद में उसने जजूरी के अनुभव के आधार पर महसूस किया कि भय, समझौता और प्रायश्चित्त की व्याख्या करने के लिए भक्ति शब्द का उपयोग उचित नहीं। सन् 1899 में अपने जीवन के अंतिम समय में उसने अपनी स्मृतियां लिखते समय पाठकों के लिए पश्चिमी भारत में हिंदू धर्म पर एक संक्षिप्त विवरण प्रस्तुत किया। उसने जजूरी के देवता खंडोबा की पूजा का संदर्भ देते हुए उसे 'पिशाच-पूजा' का अवशेष बताया जो संभवतः इस देश के पूर्वकालिक निवासियों का धर्म था। उसने कहा कि 'भारत और सीलोन के कुछ भागों में इसका आज भी अस्तित्व है, जिसपर बाह्य तत्वों का इतना कम प्रभाव पड़ा है कि इसका विश्लेषण और वर्गीकरण संभव नहीं हो पाया'। विचार-विमर्श के दौरान इस मुद्दे पर आकर मिशेल ने अपने पाठकों

[107] Ibid.

[108] Ibid.

[109] NLS, MS 7826, F. 114, Mitchell to Smith, 22–24/7/1882.

के लिए हिंदू धर्म के समग्र रूप पर नहीं बल्कि महाराष्ट्र में हिंदू धर्म पर अपने विचारों को संक्षेप में प्रस्तुत किया।

> मराठा देश में हिंदू धर्म की तीन प्रणालियां हैं – इन तीनों को अलग-अलग किया जा सकता है, पर फिर भी ये एक-दूसरे पर व्याप्त होकर एक-दूसरे को परिवर्तित करते हैं। इनमें से पहला 'शास्त्रों के मुताबिक' हिंदू धर्म है; अगला लोकप्रिय मराठी कवियों द्वारा वर्णित विठोबा की पूजा; और अंत में खंडोबा और उसके भाई देवताओं के इर्द-गिर्द जुड़ी पूजा की प्रणाली। इनके नाम असंख्य हैं – खंडोबा, कन्होबा, भैरोबा, म्हासोबा, म्हास्कोबा, नौलोबा, रोकोदोबा, जोतिबा, सिद्धोबा इत्यादि।[110]

हिंदू धर्म का मूल तत्व ब्राह्मणवादी ग्रंथों में सन्निहित है इस विचार से शुरुआत करके मिशेल ने महाराष्ट्र में तीन स्तरों वाली प्रणाली के विचार प्रस्तुत किए। और यह प्रारूप भारत के अन्य भागों में किस प्रकार लागू होता है इस पर शायद उसने कुछ कहना मुनासिब नहीं समझा।

एकीकृत प्रणाली के रूप में हिंदू धर्म पर बढ़ती शंकाएं और असहमतियां

उन्नीसवीं सदी के अंत तक भी मैसूर के डबल्यू.एम.एम.एस. के रेव.सॉडे तथा उस जैसे कुछ और भी अन्य मिशनरी विलियम वार्ड तथा एलेग्जेंडर डफ से कुछ भिन्न हिंदू धर्म के प्रारूप को स्वीकार करते रहे, जो संभवतः उसका प्रधान प्रारूप था। परंतु उस सदी के उत्तरार्ध में उनके उन विचारों को चुनौती दी जाने लगी। एकीकृत ब्राह्मणवादी प्रणाली की संरचना संबंधी विचार वस्तुतः सर्वेश्वरवादी विचारों पर आधारित था, क्योंकि इसे ज्यादातर हिस्सों में उसी प्रणाली का मूल अथवा सारतत्व समझा जाता था। इस विचार के मुताबिक सर्वेश्वरवाद ब्राह्मणों का आविष्कार था। फिर भी ज्ञान और अनुभव बढ़ने के साथ-साथ और शायद धर्म की संरचना संबंधी बदलती मान्यताओं के फलस्वरूप एक एकीकृत हिंदू प्रणाली के बारे में दृढ़ धारणा पर मिशनरी साहित्य में सवाल उठाए जाने लगे। जैसा कि पहले ही बताया जा चुका है, क्षेत्रीय और स्थानीय विभिन्नताओं के महत्त्व और पूरे भारत की परिस्थितियों की जटिलताओं के बारे में अधिक और बेहतर जानकारी प्राप्त करने को प्रमुखता दी जाने लगी थी। इसके कारण लोकप्रिय धर्म की प्रकृति के सामान्यीकरण के प्रति अनिच्छा बढ़ने लगी थी। कुछ मामलों में परिस्थितियों के बारे में मिशनरियों को जितनी अधिक जानकारी प्राप्त होती थी, उतना ही उन्हें वे जटिल और उलझन से भरी प्रतीत होती थीं। तथाकथित 'ग्रेट एंड लिटिल ट्रेडिशंस' के बीच संबंध या पद-सोपान की प्रकृति जो अनुमानतः पूरे प्रायद्वीप पर व्याप्त थी, इन सभी मुद्दों पर भारी मतभेद थे। हमने देखा है कि भारत के विभिन्न भागों से आए मिशनरी अलग-अलग व्याख्या प्रस्तुत करते थे। मिशन

[110]Mitchell 1899: 197.

कार्यक्षेत्र में बढ़ते अनुभवों, काफी मात्रा में उपलब्ध साक्ष्य और जानकारियां तथा संभवतः कुछ और भी तथ्यों ने लंबे समय से स्थापित प्रमुख प्रारूप को संदिग्ध बना दिया। इन तथ्यों को देखते हुए इसमें कुछ आश्चर्य नहीं कि कुछ टीकाकार हिंदू धर्म जैसी किसी प्रणाली या सर्वव्यापी हिंदू धर्म पर भी संदेह प्रकट करने लगे।

प्रमुख प्रारूप पर सवाल और मूलभूत चुनौती कुछ व्यक्तिगत मिशनरी विद्वानों एवं मद्रास मिशनरी कांफ्रेंस की ओर से प्रस्तुत की जाने लगी थी। मद्रास मिशनरी कांफ्रेंस मद्रास और उसके आस-पास रहनेवाले विभिन्न वर्गों के मिशनरियों का प्रतिनिधित्व करता था। असहमति रखनेवाले इन व्यक्तिगत मिशनरियों में सामान्य विशेषता यह थी कि ये उच्च कोटि के विद्वान या काफी उत्कृष्ट शैक्षणिक योग्यता रखनेवाले व्यक्ति थे। इनमें से अधिकांश को लोग प्रतिष्ठित विद्वान के रूप में जानते थे और उनको मास्टर्स या पी.एच.डी. की डिग्री प्राप्त थी। इन्होंने हिंदू धर्म के विभिन्न पहलुओं पर पुस्तकें लिखीं थीं या प्रतिष्ठित पत्रिकाओं में इनके निबंध प्रकाशित किए गए थे। इनमें से बहुत से मिशनरियों को अभिजातवर्गीय (अक्सर पश्चिमी शिक्षा प्राप्त) तथा निचली जातियों या जाति से बाहर के लोगों के बीच मिशनरी कार्य करने का दीर्घकालिक अनुभव प्राप्त था। जैसा कि पहले ही बताया जा चुका है, इसी वजह से भारतीय धर्म से उनका साक्षात्कार उन लौकिक प्राच्यविदों की तुलना में अधिक व्यापक और विस्तृत था जिन्होंने आमतौर पर स्वयं को संस्कृत ग्रंथों के अध्ययन तक ही सीमित रखा।

मरी मिशेल के शोध एवं विचारों ने न केवल भारतीय धर्म के रहस्यों को उद्घाटित किया बल्कि और भी विभिन्न प्रकार के मुद्दों पर प्रकाश डाला। हमने पहले ही देखा है, अपने जीवन के अंतिम समय में वह इसी निष्कर्ष पर पहुंचा था कि मराठा देश में 'हमें हिंदू धर्म की तीन प्रणालियां देखने को मिलती हैं'। इस वक्तव्य के साथ समस्या यह है कि इन प्रणालियों के एक बृहत्तर परिधि का हिस्सा होने के विचार पर बल देने के बावजूद वह इसकी व्याख्या नहीं कर पाता कि वह बृहत्तर परिधि क्या है और इन प्रणालियों में सामान्य क्या है। हम सिर्फ अनुमान लगा सकते हैं कि उसने एक प्रकार की एकता का अनुभव किया पर उसकी व्याख्या करने की स्थिति में वह नहीं था।

इससे कहीं अधिक स्पष्ट और निर्धारित विचार स्वतंत्र मिजाज के कॉडवेल द्वारा प्रस्तुत किए गए जो तत्कालीन रूढ़िवाद के इस विचार को प्रथम चुनौती देनेवालों में से एक था कि भारतीय धर्म का हर पहलू हिंदू धर्म का स्वाभाविक अंग था। तिनेलवेली जिले में धार्मिक और सामाजिक जीवन के अध्ययन में कुछ समय बिताने के बाद उसने सन् 1840 में लिखा कि:

> यह स्पष्ट नहीं होता कि शानार धर्म हिंदू धर्म का ही एक रूप है। इसमें कोई संदेह नहीं कि भारत के अधिकांश धर्मों में इसका भी स्थान है; लेकिन ये धर्म न केवल बहुरूप हैं, बल्कि ये एक-दूसरे के विरोधी भी हैं, इसलिए इन सबके लिए एक सामान्य शब्द 'हिंदू धर्म' का प्रयोग भ्रामक हो सकता है। यह सच है कि अनुमानतः कुछ सामान्य ब्रह्मविद्यावादी विचार सभी हिंदू प्रणालियों में व्याप्त है और सैद्धांतिक समरूपता कथित रूप से व्यावहारिक

विभिन्नताओं में भी अंतर्निहित है। हालांकि इस कथन में कुछ सच्चाई है, पर यह केवल रहस्यवादी या तत्ववादी प्रणालियों पर ही प्रयुक्त होता है। व्यावहारिक रूप से हिंदू धर्मों के बहुत कम विचार और प्रथाएं ऐसी हैं जो सामान्य रूप से सब में पाई जाती हैं। उनके बहुसंख्यक अनुयायी इस विचार से रुष्ट हो जाएंगे कि उनके अपने धर्म और उनके घृणित विधर्मी विरोधी में अंततः एक समानता दिखाई जा रही है... भौगोलिक शब्द 'इंडिया' की तरह 'हिंदू धर्म' शब्द यूरोपीय सामान्यीकरण का परिणाम है जिससे हिंदू अनजान हैं। स्वयं हिंदू भी अपने धर्मों को किसी खास देवता के नाम से जानते हैं जिनकी वे पूजा करते हैं, जैसे 'शिव भक्ति', 'विष्णु भक्ति' इत्यादि... यूरोपीय लोग सामान्यतः यही समझते हैं कि उनके मंदिर और चित्र और शोभायात्राएं जो वे अक्सर देखते हैं वे सभी एक ही और समान प्रणाली के तहत आते हैं। जबकि सच्चाई यह होती है कि बहुत से मामलों में वे बिलकुल अलग-अलग धर्मों के होते हैं।[111]

हालांकि स्वतंत्र मिजाज कॉडवेल भी बहुत लंबे समय तक प्रधान प्रारूप के विचार से असहमति नहीं रख पाया। सन् 1850 और 1860 के दशकों तक आते-आते हिंदू धर्म का विचार मिशनरियों और लोकप्रिय समाजों में काफी जड़ जमा चुका था। वास्तव में भारतीय धर्म पर मिशनरी तथा अन्य रिपोर्टों के पाठक हिंदू धर्म पर भी कम-से-कम एक अध्याय की उम्मीद करने लगे। सन् 1840 में लिखते हुए कॉडवेल मानता है कि चाहे हिंदू धर्म का शब्द का उपयोग महत्त्वहीन हो, पर फिर भी उसने सन् 1874 में चर्च ऑफ़ इंग्लैंड ब्राइटन कांग्रेस की सभा के समक्ष दिए गए अपने भाषण को 'द रिलेशन ऑफ़ क्रिश्चियनिटी टू हिंदुइज्म' (ईसाई धर्म का हिंदू धर्म से संबंध) बताया।[112] उसे हिंदू धर्म शब्द चाहे पसंद हो या नहीं परंतु यह स्थापित हो चुका था और इस अवधारणा के इर्द-गिर्द वह कुछ अर्थपूर्ण दलील प्रस्तुत करने का प्रयास ही कर सकता था।

हिंदू धर्म पर दूसरा प्रहार सन् 1889 में हुआ जब *Madras Christian College Magazine* में जी. मैकेंजी कॉबन का Christanity and Hindu Faiths (ईसाई धर्म और हिंदू धर्म की आस्थाएं) शीर्षक एक प्रमुख निबंध प्रकाशित हुआ। उसने लिखा था कि 'लोग अक्सर "हिंदू आस्था" की बात करते हैं और लिखते हैं जैसे कि इसमें कोई समरूपता हो। यह समरूपता नहीं है। "हिंदू धर्म" भ्रामक शब्द है। पूरे ऐतिहासिक काल के दौरान बीस करोड़ हिंदुओं के लिए कभी भी कोई एक आस्था नहीं रही थी और अब भी कोई एक आस्था नहीं है।'[113]

इसके दो साल बाद मद्रास मिशनरी कांफ्रेंस ने चर्चों को एक खुला पत्र लिखकर यही विचार व्यक्त किए। उन्होंने बलपूर्वक कहा कि 'यद्यपि भारत के लोकप्रिय धर्म को अक्सर

[111] Caldwell 1840: 6.

[112] Caldwell 1874.

[113] MCCM, Vol. VII, No. 3, September 1899: 197.

एक नाम यानी हिंदू धर्म से पहचाना जाता है, पर इसमें समरूपता नहीं है। हिंदुओं का कभी भी केवल एक धर्म नहीं रहा था।'[114] 'तिरुवासगम' पर पोप की कृति में यही विचार अंतर्निहित हैं जिसमें उसने कहा है कि शैव सिद्धांत 'भारत के सभी धर्मों में' से यह एक अलग प्रणाली थी।

दक्षिण से आए ये विचार मुख्यतः उत्तर भारतीय ग्रंथों एवं आंदोलनों पर किए गए अध्ययन पर आधारित प्रारूप के प्रति आलोचनात्मक थे। इसकी प्रतिध्वनि बंगाल के कम-से-कम दो टीकाकारों के कथनों में सुनाई पड़ती थी। उनमें से एक था रेव.केनेथ मैकडोनाल्ड जो कलकत्ता में फ्री चर्च ऑफ़ स्कॉटलैंड की संस्था में शिक्षक था और साथ ही *Indian Evangelical Review* का संपादक भी था। इस पत्रिका में भारतीय धार्मिक विचारों एवं आंदोलनों पर निबंधों तथा टिप्पणियों को काफी स्थान दिया जाता था। सन् 1890 में मैकडोनाल्ड ने आठ पृष्ठोंवाली एक पुस्तिका प्रकाशित की जिसका शीर्षक था 'इज हिंदुइज्म ए रिलिजन?' इस पर उसका कहना था कि अगर हिंदू धर्म कहकर कुछ है तो वह एक सामाजिक प्रणाली है। उसके विचार से शायद इसे 'धर्म' कहना उचित नहीं था। उसने कहा कि यूरोपियनों ने हिंदू धर्म का विचार प्रस्तुत और विकसित किया और 'यहां तक कि भारत के अंग्रेजी शिक्षा प्राप्त लोग भी अपनी अज्ञानतावश यह मानने लगे या मानने का भान करने लगे कि हिंदू धर्म कहकर एक धर्म था'। उसने आगे कहा कि 'अगर वे सतह से नीचे झांक कर देखते तो उन्हें जल्द ही पता चल जाता कि एक सामान्य धर्म कहकर कोई धर्म नहीं था और लोगों को एक-दूसरे से बांधनेवाला जो सूत्र था वह धर्म का नहीं बल्कि सामाजिक नियमों का था जिसे जातिगत नियम कहा जाता था।'[115] उसने न केवल एक विशिष्ट बंगाली गांव में 'हिंदुओं' के विभिन्न धार्मिक रीति-रिवाजों और निष्ठाओं का संदर्भ दिया बल्कि यह भी दावा किया कि वैष्णव, शैव, शाक्त, तंत्र, सूर्य पूजा तथा अन्य परंपराएं 'अलग-अलग धर्म' थे।[116] 'हिंदुइज्म' शब्द की उपयोगिता पर इस संदेहपूर्ण विचार का बाद में कलकत्ता में मैकडोनाल्ड के पुराने कॉलेज के प्रधानाध्यापक रेव. जॉन मॉरीसन ने समर्थन किया। उसने अपनी पुस्तक *New Ideas in India* में लिखा कि:

> 'हिंदू धर्म' के छात्रों को... पहला तथ्य जो दिखाई देता है वो यह कि हिंदू सिद्धांत कहकर कोई विशिष्ट सिद्धांत नहीं है। कोई एक सिद्धांत विशिष्ट हिंदू सिद्धांत नहीं है। कोई धर्मवैज्ञानिक ग्रंथ नहीं है, कोई ऐसी सिद्धांत सूची नहीं है जिसे हिंदू धर्मग्रंथ कहा जा सके।[117]

[114] *Free Church of Scotland Quarterly Paper,* CXXII, March 1890.

[115] Macdonald 1890. पुस्तिका के संदर्भ के लिए देखें *Harvest Field,* December 1891.

[116] Macdonald 1890: 3–8.

[117] Morrison 1906: 151.

इस प्रकार कम-से-कम एक दृष्टि से हिंदू धर्म पर प्रोटेस्टेंटों और मिशनरियों के बीच वाद-विवाद लौटकर फिर पुराने नतीजे पर आ गया। क्लौडियस बुकानन का यह आरंभिक विचार था कि ब्राह्मणों में भी विश्वास और आस्था को लेकर आपसी मतभेद थे और उसका यह कहना कि 'अकेले हिंदोस्तान में ही बहुत सारे धर्म हैं',[118] उन्नीसवीं सदी के अंत में एक बार फिर से यह चर्चा का विषय बन गया था। निश्चित रूप से इसके कई कारण थे, जैसे कि मिशनरियों का इस बारे में बेहतर ज्ञान और समझदारी, विभिन्न स्थानों पर काम करते हुए उनका विभिन्न पृष्ठभूमि के लोगों से संपर्क होने का दीर्घकालिक अनुभव और शायद सरकार की उन जनसंख्या रिपोर्टों का प्रभाव जिनका मिशनरियों तथा मिशनरी सोसाइटियों ने काफी रूचि के साथ अध्ययन किया था।[119]

ब्रिटिश भारत में पहली बार सन् 1871 में जनगणना की शुरुआत हुई और उसके बाद से हरेक दस साल पर अखिल भारतीय स्तर पर किया जाने लगा। इन रिपोर्टों में हिंदू धर्म समेत विभिन्न धर्मों के अवलोकन के साथ-साथ उनके बारे में विस्तृत जानकारियां दर्ज की जाती थीं। एक बार हिंदू धर्म शब्द की उत्पत्ति हो जाने के बाद इसकी एक परिभाषा निश्चित करने को लेकर गणनाकारों इत्यादि को काफी मशक्कत करनी पड़ी थी। सन् 1891 में जनगणना कमिश्नर ने इस शब्द को काफी 'बेडौल' बताया जिसको 'सिर्फ रिवाजों द्वारा न्यायोचित ठहराया जा सकता था'।[120] इस समस्या का हल निकालने की दृष्टि से कमिशनर ने यह विचार दिया कि हिंदू धर्म की परिभाषा केवल नकारात्मक तरीके से दी जा सकती थी (यानी जो वह नहीं था) और हिंदुओं या हिंदू धर्म के अनुयायियों को 'क्रमिक बहिष्करण' की नीति की मदद से परिभाषित किया जा सकता था।[121] एक बार फैसला हो जाने के बाद कि कौन सिख है, कौन जैन और कौन बौद्ध या और कोई, इनको अपने धार्मिक समूह में गणना करके उन्हें अलग-अलग वर्गीकृत कर दिया गया; जो बच गए उनको हिंदू या हिंदू धर्म का अनुयायी बता दिया गया। इस प्रकार अंतिम सहारे वाली इस नीति से यह स्पष्ट होता है कि इसका कोई ऐसा मौलिक सिद्धांत, धर्मशास्त्र या संरचना होने पर कोई सहमति नहीं बन पाई थी, जिसको हिंदू धर्म का सारतत्व कहा जा सके। यह इसी विचार को प्रोत्साहित करता है कि इस शब्द का कुछ विशिष्ट अर्थ नहीं था।[122] एक बार फिर, अगर कोई सार्थक और व्यापक संरचना का निर्माण नहीं हो सकता तो इसका एकमात्र यथार्थवादी विकल्प यही हो सकता है कि इसे छोटे-छोटे और बहुत सारे धार्मिक समूहों के रूप में देखें।

[118] Pearson 1819, Vol. 1: 394.

[119] उदाहरण के लिए देखें CMI, Vol. XI, 1875: 235–36, 261–63.

[120] *Cencus of India,* 1891, Vol. 1: 158.

[121] Ibid.

[122] विभिन्न परिभाषाओं पर विचार के लिए देखें खासकर Ibid.: 356–58.

10 समानुभूति या अन्यत्व? उन्नीसवीं सदी में हिंदू धर्म का बदलता मूल्यांकन

नैसर्गिक धर्म और हिंदू धर्म

उन्नीसवीं सदी में हिंदू धर्म समेत सभी भारतीय धर्मों के प्रति बदलते रवैयों की सीमा का आकलन करने के लिए नैसर्गिक धर्मों के बारे में मिशनरियों के दृष्टिकोण पर कुछ विचार करना आवश्यक है। भारत के 'नेटिव' (मूलवासी) लोगों से मिशनरी चाहे स्वयं को कितना ही भिन्न महसूस करते हों, हिंदू धर्म की बुराइयों या हिंदू संस्कृति के अन्य पहलुओं के प्रति चाहे कितने भी आलोचनात्मक रहे हों, पर उन्होंने कभी हिंदुओं को संपूर्ण रूप से 'अन्य' नहीं समझा। उनकी दृष्टि में सभी मनुष्य आदम के वंशज थे और इसलिए एक ही सृष्टा की संतान थे। सभी प्रजातियां एक समान मानवता की हिस्सेदार थीं और पातकी थीं और उनको मुक्ति की आवश्यकता थी जो ईसाई गॉस्पेल को स्वीकार करके प्राप्त की जा सकती थी।

इस विश्वास का स्रोत बाइबिल की शिक्षा थी। इसके तहत एक सामान्य अथवा सार्वभौमिक मानव प्रकृति की अवधारणा पर बल दिया गया था, जिस पर यूरोपीय प्रबोधन के नेताओं की भी आस्था थी।[1] जैसा हमने देखा है, हिंदुओं और हिंदू धर्म के अत्यंत निंदात्मक और खुलकर आलोचना करनेवाले चार्ल्स ग्रांट ने भी यह माना कि इस अवधारणा के तहत हिंदुओं और यूरोपियनों में नाममात्र का ही अंतर था। उनकी दृष्टि में निस्संदेह हिंदू धर्म घृणास्पद था और स्वयं हिंदू भी अपने झूठे एवं अनैतिक देवताओं से बेहतर नहीं थे; लेकिन उनके धर्म की भयावहता के बावजूद वे अन्य सभी लोगों की तरह ही बुद्धि और विवेक से संपन्न थे; और विवेक का 'यद्यपि गला घोंट दिया गया था' पर फिर भी वह 'मरा नहीं था'।[2] जैसा कि अध्याय 5 में इसका उल्लेख किया गया है, सन् 1821 में पेग्स, वार्ड और सट्टन जैसे बैप्टिस्ट मिशनरी भारत की समुद्री यात्रा के दौरान जहाज पर नियमित बैठकें किया करते थे। ऐसी ही एक बैठक में उन्होंने रोमनों को पॉल की ओर से लिखे गए काव्यपत्र के पद्यांशों पर चर्चा की जिसमें उनकी इस अवधारणा पर भी विचार किया कि गैर-ईसाई भी मूलतः 'प्रकृति के प्रकाश' से संपन्न थे। जबकि उसके बादवाली बैठक में मिशनरियों ने

[1] इस विषय पर टिप्पणी और धर्म तथा प्रबोधन पर हाल में हुए शोध-कार्यों के संदर्भ के लिए देखें Porter 1990.

[2] Grant 1792: 62.

'आधुनिक और हिदेन (विधर्मी) देशों' में मौजूद 'नैसर्गिक और नैतिक आदर्श के ज्ञान के स्तर' पर विचार किया।[3]

इसके अतिरिक्त सेरामपोर की जानी-मानी बैप्टिस्ट संस्था *Friend of India* और एलेग्जेंडर डफ के बीच इसी मुद्दे पर बहस हुई थी कि इस तथ्य को किस हद तक स्वीकार करना चाहिए कि ईश्वर के प्रति ईसाईयों जैसी ही भावनाएं हिंदुओं में भी थीं और ईश्वर के प्रति वे भी ईसाईयों जैसा ही रवैया रखते थे। सन् 1835 में स्कॉटलैंड में डफ द्वारा दिए गए एक भाषण का संदर्भ देते हुए उस पत्र में कहा गया था कि उसके द्वारा विकसित मिशनरी विधियां और दूसरों को उसका पालन करने के लिए अहंकारपूर्वक तैयार किया गया प्रारूप, हिंदुओं के नैसर्गिक और ईश्वर प्रदत्त गुणों के संपूर्ण पटल का लाभ उठाने में असफल था जिसमें न केवल उनकी तार्किकता, बल्कि विवेक और पाप का बोध भी शामिल था।[4] उसके संपादक के अनुसार डफ ने अपनी कृति को 'यूरोपीय अविश्वास का जहर पिए हुए... युवाओं' को संबोधित करने तक ही सीमित रखा और 'हरेक मानव मन में' 'आतंरिक' साक्ष्य की विश्वासोत्पादक शक्ति को नजरअंदाज करते हुए ईसाई विश्वास के ऐतिहासिक तथा अन्य 'बाह्य' साक्ष्यों पर अत्यधिक विशिष्ट रूप से ध्यान दिया। संपादक ने दोहराते हुए कहा कि गॉस्पेल मनुष्य की चेतना और साथ-ही-साथ विवेक दोनों की सराहना करता है 'चाहे उनके बीच कितनी भी सांयोगिक भिन्नताएं क्यों न हों'।

> अब सच्चाई यह है कि लोगों में अलौकिक अस्तित्व और नैसर्गिक तथा नैतिक दोनों ही प्रकार के देवताओं की विभिन्न विशेषताओं, पापों से युक्त मनुष्यों, तथा इसके स्वाभाविक एवं आवश्यक प्रतिफल के रूप में भविष्य में होनेवाले कष्टों, और उनके निष्पादन के एक महान माध्यम के रूप में प्रायश्चित्त तथा प्रसादन के सिद्धांत के बारे में लगभग सार्वभौमिक रूप से स्वीकृति है। और भी कुछ छोटे-मोटे तथ्य हैं जिन्हें इनके साथ जोड़कर ईसाई उपदेश देनेवालों के लिए सभी वर्गों के हिंदुओं के साथ तर्क करने का आधार प्राप्त होता है। ये सच्चाइयां... स्वयं हिंदू धर्म से सामना करने के लिए, गॉस्पेल के तात्विक मूल्य को प्रकट करने एवं उसके फलस्वरूप ईश्वर द्वारा प्रतिपादित होने के आतंरिक साक्ष्य के रूप में प्रस्तुत करने के लिए यथेष्ट सामग्रियां उपलब्ध कराती हैं।[5]

यह विचार कि हिंदुओं में पहले से ही तर्क करने की क्षमता और विवेक है एवं ईश्वर तथा विश्व में होनेवाली गतिविधियों के बारे में वे भी कुछ ज्ञान रखते हैं, एक ऐसी मान्यता थी जिसने न केवल मिशनरी आंदोलनों को जारी रखा बल्कि यह 'नैसर्गिक धर्म' के बृहत् रूप से स्वीकृत विचार से भी जुड़ा हुआ था। सामुएल जॉनसन ने अपनी पुस्तक *Dictionary*

[3] Sutton 1833: 17–18.

[4] *Friend of India,* 26/11/1835: 378–80.

[5] Ibid.

of the English Language (जिसका प्रथम संस्करण सन् 1773 में प्रकाशित हुआ था) में चार्ल्स विल्किंस को उद्धृत करते हुए कहा कि 'मैं उसे नैसर्गिक धर्म कहता हूँ जिसके बारे में लोगों को विवेकपूर्ण सिद्धांतों, विचारों और अनुभवों से प्रकाशना की मदद के बिना भी ज्ञान हो और वे उसके प्रति कृतज्ञ भी हों'।[6] लगभग सौ साल बाद जॉन मरी मिशेल ने इसे थोड़ा और विस्तार से परिभाषित किया। उसने कहा कि प्रकाशना के अतिरिक्त 'प्रकृति का प्रकाश भी है':

> इसका तात्पर्य है कि ईश्वर के बारे में सभी प्रकार के ज्ञान हम अपने आस-पास की प्रकृति से, ईश्वर के विधान से और अपने मस्तिष्क की संरचना से ग्रहण करते हैं। ईश्वर से संबंधित इन सभी प्रकार के निर्देशों से संपर्क स्थापित करते हुए जब हम इन्हें एक प्रणाली से जोड़ते हैं तो उस प्रणाली को हम नैसर्गिक धर्म कहते हैं।[7]

आमतौर पर लगभग पूरी उन्नीसवीं सदी के दौरान प्रोटेस्टेंट मिशनरियों ने एक तरफ नैसर्गिक धर्म (कुछ सार्वभौमिक ईश्वर प्रदत्त विशिष्टताओं समेत) और दूसरी तरफ ईसाई धर्म समेत सभी धर्म प्रणालियों के बीच भेद प्रकट करना जारी रखा। इस पर कोई बहस नहीं थी कि ईश्वर का प्रकाश आलोकित था और वह प्रकृति एवं मानव स्वभाव पर सक्रिय था। लेकिन जैसा हमने देखा, एक प्रश्न यह उठता था कि ईश्वर की यह सक्रियता हिंदुओं में अब भी किस हद तक प्रकट होता था? दूसरा प्रश्न नैसर्गिक धर्म के प्रति विभिन्न धार्मिक प्रणालियों के रवैये या प्रतिक्रिया से जुड़ा हुआ था। वे अपनी संरचना खड़ी कर सकते थे, नैसर्गिक परिस्थिति को अपरिवर्तित अवस्था में छोड़ सकते थे या यहां तक कि ईश्वर ने जो पहले ही दिया हुआ है उसको नजरंदाज कर सकते थे या दबा दे सकते थे। उदाहरण के लिए, चार्ल्स ग्रांट और हेबर हिंदुओं में अब तक प्रकट होनेवाले मौलिक ईश्वर प्रदत्त गुणों के बारे में अपने-अपने आकलनों में संभवतः मतभेद रखते थे, परंतु दोनों का मानना था कि 'हिंदू प्रणाली' इन मौलिक ईश्वर प्रदत्त उपहारों की अवहेलना करती प्रतीत होती थी। मरी मिशेल ने सर्वमान्य ईसाई आस्था को स्पष्ट शब्दों में रखते हुए कहा कि 'नैसर्गिक धर्म द्वारा मान्य एक भी ऐसा सत्य या स्वीकृत कर्तव्य नहीं है जिसको ईसाई धर्म में भी उतनी ही मान्यता नहीं दी गई हो या उसी तरह आत्मसात न किया गया हो'।[8] दूसरी तरफ उसी स्रोत के अनुसार हिंदू धर्म के विरुद्ध सबसे बड़ा अनुत्तरित तर्क यह है कि कई बार हिंदू धर्म स्वयं नैसर्गिक धर्म के विरुद्ध हो जाता है'।[9]

[6] Johnson 1834: 785.

[7] Mitchell 1894: 93. नैसर्गिक धर्म के विचार के इतिहास पर हाल में की गई टिप्पणियों के लिए देखें J.Z. Smith 1998: 271–73.

[8] Mitchell 1894: 95.

[9] Ibid.: 165.

नैसर्गिक धर्म को हिंदू धर्म से अलग बताने के लिए मिशनरी किस हद तक जा सकते थे, इसका उदाहरण सन् 1844 में प्रकाशित दक्षिण भारत में हिंदू धर्म और मिशनों पर एलिजा हूले की पुस्तक से स्पष्ट होता है। उसने वार्ड और डफ को 'हिंदू पौराणिक कथाओं' के 'मिथ्या रहस्यों' पर सर्वाधिक जानकार बताया और उन्हीं की तरह अपनी पीढ़ी की विशिष्ट शैली में हिंदू धर्म की निंदा करते हुए इसे 'अत्यंत निरर्थकताओं' और विरोधाभासों से भरा बताया जो इंसान की अत्यंत भ्रष्ट प्रवृत्तियों को महिमामंडित करता है।[10] लेकिन इसके बावजूद उसने अपनी पुस्तक में तमिल भक्तिपूर्ण और नैतिक रचनाओं से काफी उद्धरणों के अनुवाद प्रस्तुत किए हैं जिनसे इसके विपरीत तथ्य प्रकट होते प्रतीत होते हैं। इनके बारे में लेखक कहता है कि इनसे स्पष्ट होता है कि तमिल लोगों ने किस हद तक प्रकृति के प्रकाश के माध्यम से प्राप्त विचारों और अंतर्दृष्टियों को, उन पर 'हिंदू धर्म प्रणाली' लाद दिए जाने के बावजूद अब तक बनाए रखा। उदाहरण के लिए, उसने कहा कि आमतौर पर हिंदू 'एक सर्वोच्च सत्ता और शाश्वत अस्तित्व को मानते हैं, जिनसे सभी वस्तुओं की उत्पत्ति हुई है और उनके आनंद के लिए उनका अस्तित्व कायम है'। इसके अतिरिक्त उसने *तिरुवासगम* के बहुत सारे परिच्छेदों को उद्धृत करते हुए उसकी व्याख्या की और कहा कि शिव के उपासकों द्वारा वास्तव में 'कुछ' ऐसी भक्तिपूर्ण रचनाएं प्रस्तुत की गई हैं, जिनमें शिव को सर्वोच्च बताते हुए उन्होंने अत्यंत उपयुक्त भाषा में अपनी भावनाओं और भक्ति के सच्चे एवं उदात्त स्वरुप को प्रकट किया है, जिसकी सराहना किए बिना हम नहीं रह सकते'।[11]

हूले के अनुसार, इनके अलावा और भी ऐसी कई अन्य भावनाएं थीं 'जो बहुत सारे व्याप्त अंधविश्वासों के न केवल विपरीत' थीं बल्कि लोकप्रिय भी थीं और यह साबित करती थीं कि हिदेनों में 'अज्ञानता और भूल के साथ संघर्ष करते हुए एक स्तर का ज्ञान और सच्चाई भी मौजूद है।'[12]

अंततः उसने निषकर्ष के तौर पर कहा कि:

> इससे इनकार नहीं किया जा सकता कि हिंदुओं में कुछ परिमाण में नैतिकता, दयालुता, नैसर्गिक अनुराग और आतिथ्य का भाव मौजूद है; लेकिन यह भी बेझिझक बलपूर्वक कहा जा सकता है कि इनमें से कोई भी उनके धर्म के कारण नहीं है – यह (हिंदू धर्म) ऐसी प्रणाली है जो मस्तिष्क को प्रभावित करके 'इस धरती पर आनेवाले हरेक इंसान को प्रकाशित करनेवाले प्रकाश' की ओर से आंखें मूंद लेने को प्रेरित करती है।[13]

[10] Hoole 1844: 377, 408–10.

[11] Ibid.: 380.

[12] Ibid.: 392.

[13] Ibid.: 410.

पूरी उन्नीसवीं सदी के दौरान मिशनरी विचारों में नैसर्गिक धर्म एक मुद्दा बना रहा। केनेडी, मतीर, मैकडोनाल्ड (*Indian Evangelical Review* का संपादक), काल्डवेल, मिशेल, रॉबसन, स्लाटर इत्यादि ने हिंदू लोगों की चेतना, अंतःकरण या मस्तिष्क में ईश्वर के प्रताप का संदर्भ दिया है। कुछ हद तक वॉन ने इसे आगे ले जाते हुए कहा कि इसमें उसे कोई संदेह नहीं कि सभी समुदायों में हिंदू लोग 'प्रकाशना के प्रकाश वंचित अन्य किसी भी समुदाय की तुलना में वास्तविक आदर्श के कहीं अधिक नजदीक तक पहुंचे थे'।[14] और जब वे 'पतित बहुदेववाद और मूर्तिपूजा' पर भी उतर गए तब भी उन्होंने जितना बचाकर रखा वह प्रशंसनीय है: 'अनेक आत्माओं में अब भी भक्ति की लौ प्रकाश से प्रज्वलित है और अनेक प्रज्वलित मानव अंतःकरण उत्कृष्ट भावनाओं से ओत-प्रोत हैं'।[15]

नैसर्गिक और प्रकाशित धर्मों के बीच अंतर का प्रयोग चाहे जानबूझकर चतुराई के तौर पर किया गया हो या नहीं, पर इससे मिशनरियों को भारतीय धर्म के उन पहलुओं को, जिनके प्रति वे श्रद्धा भाव रखते थे (और जिनमें उनके साथ ईसाई धर्म की समरूपता नजर आती थी), और जिसे वे शैतानी समझ नापसंद करते थे, उसे अलग करने में मदद मिली। दूसरे शब्दों में भारतीय धर्म की सर्वश्रेष्ठ विशेषताएं नैसर्गिक धर्म का प्रतिबिंब थीं और निकृष्टतम विशेषताएं हिंदू धर्म के लक्षण थीं। हालांकि धीरे-धीरे यह स्पष्ट होने लगा कि नैसर्गिक और हिंदू धर्म में अंतर हमेशा स्वीकारणीय नहीं था। उदाहरण के लिए, यह कैसे कहा जा सकता था कि *तिरुवासगम* के कुछ पहलू नैसर्गिक धर्म के प्रतिबिंब हैं और कुछ अन्य पहलू 'हिंदू प्रणाली' के? क्या ये सभी एक समग्र शैव सिद्धांत के भाग नहीं हैं – एक ही समग्र स्वरुप के 'अच्छे' और 'बुरे' तत्व उसके अंग नहीं हैं? इन्हीं समस्याओं के मद्देनजर मैक्स मूलर ने सन् 1873 के व्याख्यान में कहा कि 'एक सार्वभौमिक आदियुगीन प्रकाशना' (नैसर्गिक धर्म का ही केवल एक दूसरा नाम) का विचार 'किसी सत्ता में नहीं बल्कि दार्शनिकों की कल्पनाओं में है'। उसने सलाह दी कि वस्तुतः धर्म के तीन वर्गों, 'आदिम या नैसर्गिक, पतित या मूर्तिपूजक और प्रकाशित' के बीच अंतर स्थापित करने की कोशिश करने के बजाए यह समझना बेहतर था कि सभी धर्म नैसर्गिक धर्म पर आधारित थे जिनमें तर्क और विवेक का

[14] Vaughan 1876: 41.

[15] Ibid.: 104. सन् 1846 में धर्मोपदेश के लिए अपनी यात्रा के दौरान मिले हिंदू तीर्थयात्रियों में भक्तिपूर्ण भाव और धैर्य को देखकर वॉन के मन में उनके प्रति उत्पन्न प्रशंसा भाव उसके द्वारा सी.एम.एस. को लिखे गए पत्र में स्पष्ट झलकता है। 'मूर्तिपूजा के अमानवोचित दृश्यों को देखकर सचमुच बड़ा ही दुख होता है जो चारों तरफ होती दिखाई पड़ती है। फिर भी एक उत्साहजनक और सच्चाई भरा माहौल है। जो लोग 1500 मील की यात्रा करके अपने देवस्थान तक जाते हैं, निश्चित रूप से उनमें गंभीरता है। उनके समक्ष एक उद्देश्य है; वे उसके लिए श्रम करते हैं, कष्ट उठाते हैं, प्रार्थना करते हैं और आशीर्वाद के लिए प्रार्थना करते हैं। किसी अज्ञात शुभ के लिए इन अंधकार में टटोलते लोगों के लिए गहरी संवेदना महसूस किए बिना नहीं रहा जा सकता' (CMS, CIi/0 299/40, Annual Report, 6/1/1865).

भी प्रयोग शामिल था।[16] वास्तव में मिशनरियों के मन में हिंदू धर्म के प्रति सहानुभूतिपूर्ण रवैया विकसित होने लगा था और उन्नीसवीं सदी के अंतिम दशकों के दौरान यह प्रक्रिया स्पष्ट नजर आने लगी थी। पहले नैसर्गिक धर्म से संबंधित माने जानेवाले धार्मिक जीवन और चिंतन के पहलुओं को अब हिंदू धर्म के अभिन्न अंग के रूप में देखा जाने लगा था।[17]

नैसर्गिक धर्म और हिंदू धर्म के बीच अंतर को धुंधला करने की बढ़ती प्रवृत्ति का एक उल्लेखनीय उदाहरण सन् 1867 से लेकर सन् 1874 के बीच हिंदू धर्म के बारे में जॉन रॉबसन द्वारा प्रस्तुत चित्रण में देखा जा सकता है। सन् 1867 में स्कॉटलैंड में हिंदू धर्म पर दिए गए उसके व्याख्यान से स्पष्ट होता है कि इस धर्म बारे में रॉबसन का आरंभिक मूल्यांकन मूल रूप से नकारात्मक था और उन्नीसवीं सदी के आरंभ में सक्रिय बहुत सारे अन्य मिशनरियों के विचारों से बहुत अलग नहीं था।[18] अपने बहुत से पूर्ववर्तियों की तरह उसने भी 'ईश्वर के विधान' की ओर ध्यान आकर्षित किया और बलपूर्वक कहा कि यह हिंदुओं के और साथ-ही-साथ अन्य लोगों के हृदय पर लिखा हुआ है। पहले के टिप्पणीकारों की तरह उसने भी यही तर्क दिया कि नैसर्गिक धर्म का हिंदू धर्म से मतभेद था। उसके मुताबिक 'बहुत सारे हिंदू अपने विवेक के निर्देशानुसार अनुभव तो करते हैं और उसी अनुसार कार्य भी करना चाहते हैं, लेकिन यह सुस्पष्ट है कि (हिंदू) धर्म की पूरी रुझान इन प्रेरणाओं से उन्हें उदासीन बनाना था।' यद्यपि सात साल बाद और शायद 'द साइंस ऑफ रिलिजन' (धर्म का विज्ञान) पर मैक्स मूलर के व्याख्यान पढ़ने के बाद ऐसा लगता है भारतीय धार्मिक जीवन और परंपरा में अच्छाइयों और यथार्थ के स्रोतों के बारे में उसके विचार बदल गए थे। सन् 1874 में प्रकाशित *Hinduism and Its Relations to Christianity* शीर्षक अपनी पुस्तक में उसने फिर से नैसर्गिक धर्म की सकारात्मक भूमिका पर ध्यान आकर्षित किया। लेकिन इसके आमुख में प्रतीत होता है कि उसने कुछ विरोधाभासी शैली में नैसर्गिक धर्म और हिंदू धर्म के बीच के अंतर को धुंधला कर दिया है। आमुख के मुताबिक अपनी सभी कमियों के साथ न केवल हिंदू धर्म 'एक गूढ़ दर्शन धारण करता है, उच्च कोटि के नैतिक यथार्थों को अभिव्यक्त करता है और बहुत सारे सामाजिक कर्तव्यों को समाविष्ट करता है; बल्कि किसी न किसी रूप में बहुत सारे ऐसे प्रमुख यथार्थों को शामिल करता है जिसकी शिक्षा ईसाई धर्म भी देता है'।[19] हिंदू धर्म के प्रति उदार दृष्टिकोण रखने की ओर झुकाव और नैसर्गिक धर्म की अंतर्दृष्टियों को स्वयं

[16] Muller 1873: 124–39.

[17] हिंदू धर्म पर रॉबसन (1874) की पुस्तक की अस्पष्टता भी महत्त्वपूर्ण है।

[18] Robson 1867.

[19] Robson 1874: v–vi. इसी पुस्तक में हिंदू धर्म के बारे में उसके सकारात्मक मूल्यांकन भी देखें (उदाहरण के लिए, पृष्ठ 3, 8, 13, 119, 158).

हिंदू धर्म के 'यथार्थों' की विशेषता बताना स्पष्ट रूप से मूल्यांकन की सपूर्ण प्रक्रिया में काफी मौलिक परिवर्तन का संकेत था। हिंदू धर्म के प्रति अधिक सकारात्मक प्रवृत्ति के विकास को प्रदर्शित करनेवाली यह प्रक्रिया भारी संख्या में मिशनरियों को प्रभावित करने लगी। इस प्रक्रिया का अब हम और विस्तार से अध्ययन करेंगे।

अधिक सहानुभूतिपूर्ण दृष्टिकोणों में वृद्धि के कारक

उन्नीसवीं और बीसवीं सदी में मुख्य रूप से हिंदू धर्म पर ईसाई मिशनरियों द्वारा लिखी गई कृतियों के संदर्भ में केनेथ बॉलहैचेट का कहना था कि गैर-ईसाई धर्मों के प्रति दो प्रवृत्तियों को पहचाना जा सकता है—एक शत्रुतापूर्ण और एक सहानुभूतिपूर्ण। उसके मुताबिक, 'पहला वाला उन्नीसवीं सदी के अधिकांश काल में प्रबल रहा और दूसरा उसके बाद से'।[20] इस प्रकार का सामान्य निष्कर्ष निर्विवाद रहा, पर उन्नीसवीं सदी के अंतिम समय में इस प्रवृत्ति में किस हद तक परिवर्तन आए इस संबंध में अनिश्चय की स्थिति बनी रही और साथ ही विचारों में इस प्रकार का बदलाव क्यों आ रहा था इस पर भी मतभेद थे। अपनी मान्यता के बारे में बताते हुए बॉलहैचेट ने भारत और समुद्रपार के देशों में हो रहे परिवर्तनों पर बल देते हुए बढ़ते सहानुभूतिपूर्ण रवैये को इसका कारण बताया। इसके विपरीत शार्प और क्रैकनेल ने पूरे ब्रिटेन और यूरोप में बदल रहे धर्मविज्ञान और वैचारिक आंदोलनों पर अपना अधिक ध्यान केंद्रित किया। उनके मुताबिक ये गतिविधियां अधिक सम्मानित और सहानुभूतिपूर्ण दृष्टिकोण को समझने के लिए आधार प्रस्तुत करती थीं।[21] इनसे ऐसा प्रतीत होता है कि अधिक संयत प्रतिक्रिया का विकास लगभग पूरी तरह से पश्चिम में हो रहे परिवर्तनों के कारण था। जबकि दक्षिण भारत में ईसाई धर्म के बारे में हूगल्ड ग्रेफ ने लिखते हुए यह तर्क दिया कि मिशनरियों के दृष्टिकोणों में बदलाव भारत के बाहर से प्रभावित होकर नहीं बल्कि स्थानीय दक्षिण भारतीय संदर्भ में बदलती परिस्थितियों के परिणामस्वरुप था।[22]

इस अध्याय में प्रस्तुत तर्कों में से एक तर्क यह है कि एक तरफ ब्रिटेन और यूरोप में हो रहे परिवर्तन हिंदू धर्म के प्रति बदलते रवैये के लिए एक महत्त्वपूर्ण कारक था, वहीं दूसरी तरफ मिशनरी अनुभव इस अधिक सहानुभूतिपूर्ण दृष्टिकोण के विकास का एक मूलभूत कारक था। नए दृष्टिकोण के विकास के लिए महत्त्वपूर्ण संतोष की अवधारणा तथा अन्य विचार मॉरिस, मैक्स मूलर और मोनियर-विलियम्स जैसे ब्रिटिश विद्वानों द्वारा उद्घोषित किए जाने से पहले से ही भारत में मौजूद थे। जैसा कि हमने गौर किया है, हूले जैसे मिशनरी ईसाई आस्था और हिंदू धर्म के अंतर्गत आनेवाली परंपराओं के बीच समानताओं के विषय पर

[20] Ballhatchet 1961: 344.

[21] Cracknell 1995; Sharpe 1965: Ch. 1–3.

[22] Grafe 1990: 140–45.

लंबे समय से अनिश्चय की स्थिति में थे। अधिक जानकारी प्राप्त करने के बाद कैरी को हिंदू प्रणाली से और गहरी नफरत हो गई। लेकिन कॉबन तथा कुछ अन्य लोगों के लिए हिंदू भक्ति साहित्य और शैव सिद्धांत का आविष्कार एवं उपदेश जिनमें ईसाई भावनाओं की प्रतिध्वनि सुनाई पड़ती थी, एक प्रकार का उद्घाटन था और उनके भारतीय अनुभव का एक महत्त्वपूर्ण हिस्सा था। रूढ़िवादी दृष्टिकोण की प्रतिकारक प्रकृति से जुड़ी हताशा और असफलता की भावना एवं हिंदुओं तथा हिंदू उपदेशों से वास्तविक जीवन में साक्षात्कार एक दृष्टि से *prepario evangelica* (चौथी सदी का एक ग्रंथ, जिसमें पगान धर्मों पर ईसाई धर्म की श्रेष्ठता साबित की गई थी) की प्रतिधारा बन गई थी। यह ऐसा अनुभव और साक्षात्कार था जिसने स्वयं मिशनरियों को अपना ह्रदय परिवर्तन के लिए तैयार कर दिया था। इसने ईसाई धर्म और हिंदू धर्म के बीच संबंध के बारे में ताजा प्रश्न खड़े कर दिए और इंजीलियों को हिंदू परंपराओं में अंतर्निहित मूल्यों को और अधिक पूर्ण रूप से पहचानने और स्वीकार करने के लिए प्रेरित किया।

यूरोप में धर्ममीमांसा और बौद्धिक माहौल में आए परिवर्तनों के बारे में पहले ही विचार किया गया है। ऐसा प्रतीत होता है कि उसके अतिरिक्त भारत में उसके बाद आए कई परिवर्तन अधिक उदारवादी और सहानुभूतिपूर्ण दृष्टिकोण को प्रोत्साहित करने में खासतौर से महत्त्वपूर्ण थे। पहली बात कि स्वयं हिंदू धर्म में भी कई परिवर्तन हुए थे। सती प्रथा का दृश्यपटल से गायब हो जाना इन परिवर्तनों में एक था। यह हिंदू धर्म की एक महत्त्वपूर्ण प्रथा थी जिसके बारे में प्रोटेस्टेंटों का मानना था कि यह हिंदुओं की एक आपत्तिजनक प्रथा थी। वास्तव में सती प्रथा पर प्रतिबंध लगाने, सागर में नवजात शिशुओं को प्रवाहित कर देने की प्रथा पर रोक लगाने के लिए कंपनी द्वारा उठाए गए कदम और पुरी में जगन्नाथ महोत्सव (कल्पित हिंदू धर्म की एक और महत्त्वपूर्ण प्रथा) के उपलक्ष्य में दुर्घटनावश या कर्मकांडीय आत्महत्या से मरनेवालों की संख्या में आई कमी एक ऐसा परिवर्तन था जिसने ब्रिटिश जनता को शांत कर दिया और भारतीय जनता के प्रति कम भावोत्तेजक एवं अधिक विचारशील तथा सहानुभूतिपूर्ण दृष्टिकोण बनाने में मददगार साबित हुआ। यह सच है कि सभी 'बुराइयों' के साथ जाति को हिंदू धर्म के एक अभिन्न अंग की तरह देखा जाने लगा था। और हिंदू औरतों की पीड़ा को उसी धर्म की शिक्षाओं तथा मूल्यों का परिणाम माना गया और उन्नीसवीं सदी के उत्तरार्ध में इनपर काफी चिंता प्रकट की गई। हालांकि ये विषय उनके बीच अक्सर बहस का मुद्दा बनते थे पर सती के आर्तनाद या भारी-भरकम रथ के पहियों के नीचे कुचले मानव शरीर के दर्दनाक दृश्य पर उतना ही तीव्र विरोध भाव जगाने में शायद उतने सक्षम नहीं रहे थे।

दूसरे, उन्नीसवीं सदी के उत्तरार्ध में हिंदू धर्म के अंदर मानवीयता का उल्लंघन पर प्रकाश डालने के लिए ईसाईयों पर वैसा राजनीतिक दबाव अब काम नहीं कर रहा था। हिंदू सामाजिक-धार्मिक सुधार आंदोलन के विकास और भारत में एक 'प्रबुद्ध' जनमत

के लगातार हो रहे विस्तार के कारण यह धारणा बनाने लगी थी कि इन विषयों से निबटने के लिए स्वयं हिंदू ही सबसे उचित लोग हो सकते हैं। इन विचारों के फलस्वरूप हुक पर लटकनेवाली प्रथा और बाल विवाह जैसे मुद्दे मिशनरी एजेंडे में बहुत कम आने लगे। भारत के मिशनरियों ने सरकार से इन दोनों विषयों पर विचार करने का आग्रह किया;[23] परंतु आमतौर पर कहा जाए तो मिशनरी समर्थकों का रवैया काफी ढीला-ढाला था और ब्रिटेन में वैसा कोई लंबा राजनीतिक आंदोलन अब नहीं चल रहा था जैसा उस सदी के प्रथमार्ध में कल्पित हिंदू धर्म की रक्तरंजित प्रथाओं पर लगातार ध्यान केंद्रित किया जाता रहा था। मिशन क्षेत्र के लिए उम्मीदवार और बाद के काल में भारत आनेवाले युवा पुरुष एवं स्त्री भी हिंदू धर्म की 'बुराइयों' के बारे में बिलकुल वैसी छवि या धारणा नहीं रखते थे जैसी सन् 1820 और 1830 के दशकों में डफ तथा और भी अन्य लोगों ने बनाई थी।

तीसरे, यूरोप में ग्रंथों के अनुवाद और टीकाओं से प्रतिबिंबित हिंदू धर्म के बारे में बेहतर ज्ञान से अलग मिशनरियों ने धीरे-धीरे भारत के विभिन्न भागों में कार्य करते हुए प्रत्यक्ष रूप से और अपने अनुभवों के आधार पर स्थानीय और क्षेत्रीय स्तर पर समकालीन हिंदू धर्म के बारे में और अधिक ज्ञान और जानकारियां हासिल कीं। हिंदू धर्म का पुनर्मूल्यांकन करनेवाले प्रमुख मिशनरियों को उत्कृष्ट भाषाई ज्ञान हासिल था, जिन्होंने लोगों के बीच लंबी अवधि तक काम करने और साथ-ही-साथ अध्ययन में अपना समय व्यतीत किया था। वास्तव में, हूले, मिशेल और पोप जैसे उनमें से कुछ मिशनरियों ने ऐसे ग्रंथों और भक्तिपूर्ण परंपराओं पर प्रकाश डाला जिनके बारे में यूरोप में बहुत कम लोगों की जानकारी थी। हिंदू श्रद्धालुओं से साक्षात्कार, हिंदू संगीत को सुनना या तुकाराम की कविता जैसे कुछ विशिष्ट प्रकार के भक्तिपूर्ण साहित्य को पहली बार पढ़ना या *तिरुवासगम* अथवा वैष्णव ग्रंथों में प्रतिबिंबित ईश्वर के बारे में अंतर्दृष्टि और अनुभव इन इंजीलियों के लिए 'प्रकाशना' (revelation) जैसा प्रतीत हुआ था। इस प्रकार हिंदू धर्म पर यूरोप के बहुत सारे विद्वानों के विपरीत इनके निष्कर्ष अक्सर कार्यक्षेत्र के अनुभवों के अतिरिक्त अध्ययन पर आधारित थे और जैसा कि अध्याय 3 में उल्लेख किया गया है, उनकी शोध-प्रक्रिया के निष्कर्ष केवल अध्ययन के आधार पर निष्कर्ष देनेवाले दार्शनिकों की विधियों की तुलना में आधुनिक नृजातिशास्त्रियों की शैली से कहीं अधिक तुलनीय है। इसी नए ज्ञान ने हिंदू परंपरा के विभिन्न पहलुओं के प्रति अधिक सहिष्णुतापूर्ण और अधिक सहानुभूतिपूर्ण भावनाओं को प्रोत्साहित किया।

ऐसा प्रतीत होता है कि हिंदू धर्म के पुनर्मूल्यांकन की प्रक्रिया में एक और महत्त्वपूर्ण तथ्य यह था कि ब्रिटेन के अधिकांश मिशनरी समाजों से कहीं अधिक परिमाण में मिशन क्षेत्रों में बौद्धिक आजादी प्राप्त थी। भारत के मिशनरी उन स्थानीय, क्षेत्रीय और अखिल भारतीय कांफ्रेंसों में एक-दूसरे से मिलकर बहुत कुछ सीखते थे जो सार्वभौमिक प्रकृति के होते थे

[23] Oddie 1976: 96–102; and 1995: 102–4.

और उनके गृहदेश में अपनी सोसाइटियों द्वारा आमतौर पर मिशनरियों पर लगाए जानेवाले प्रतिबंधों से मुक्त होते थे। इसके अतिरिक्त भारत में उनके अपने निजी प्रकाशन (इंजीली या अन्य) होते थे जो हिंदू धर्म के चरित्र के बारे में होनेवाले बहस-मुहाबसों में विलक्षण विविधता और खुलेपन को प्रदर्शित करते थे। सन् 1875 में भारत के लोगों के कल्याण और धर्म से संबंधित सभी विषयों पर 'स्वतंत्र वाद-विवाद' के लिए *Indian Evangelical Review* स्थापित किया गया था।[24] इसमें प्रकाशित स्तंभों में विचारों में काफी विविधता झलकती थी। थोड़े से मेथोडिस्टों द्वारा संचालित *Harvest Field* भी हिंदू धर्म और ईसाई धर्म के आपेक्षिक गुणों पर विभिन्न प्रकार के मतों को प्रकाशित करने का एक जरिया था। अंत में, *Madras Christian College Magazine* भी कम महत्त्वपूर्ण नहीं था, जिसपर इसके संस्थापक विलियम मिलर की छाप थी जो निश्चित रूप से एक अतिसुधारवादी और पथप्रदर्शक था। इस पत्रिका ने विभिन्न आस्थाओं के बीच संबंधों के बारे में उदारवादी विचारों को प्रोत्साहित और प्रसारित किया जो ब्रिटेन के कुछ मिशनरी सोसाइटी जर्नलों के लिए बिलकुल अस्वीकारणीय (अगर अकल्पनीय नहीं भी हो तो) होता।[25] भारत में इन परिस्थितियों में रूढ़िवादी दृष्टिकोण रखनेवाले मिशनरियों को ब्रिटेन में अधिक संरक्षित मिशनरी सोसाइटी के माहौल से शायद कहीं अधिक वैकल्पिक और अधिक उदारवादी दृष्टिकोणों से चुनौती का सामना करना पड़ता।

हिंदू धर्म के प्रति मिशनरियों के बदलते रवैये के पीछे एक अन्य कारण वह व्यावहारिक समस्या थी जो उन्नीसवीं सदी के उत्तरार्ध में स्पष्ट होने लगा था और यह महसूस होने लगा था कि हिंदू धर्म पर आक्षेप करने से विपरीत परिणाम होते थे। इसलिए सोच समझकर कम आक्रामक रवैया अपनाने और हिंदू धर्म के गुणों एवं अवगुणों पर ध्यान देने का प्रयास किया गया।

कुछ स्पष्ट संकेतों के मुताबिक उन्नीसवीं सदी के लगभग मध्यकाल से मिशनरियों को हिंदू धर्म और उससे संबंधित विचारों पर अक्सर आक्षेप करने के विचार के बारे में संदेह बढ़ने लगा था। निरंतर और दीर्घकालिक मिशनरी अनुभवों से यह और अधिक स्पष्ट हो गया था कि हिंदू देवताओं की निंदा करने एवं हिंदू आचार-विचार और आस्था की सीधे-सीधे भर्त्सना करने से अक्सर नुकसान ही होता है और विपरीत परिणाम मिलते हैं। इसलिए युक्तिपूर्ण नीति अपनाते हुए यह आवश्यक हो गया कि अधिक सकारात्मक और मेलमिलाप का रवैया अपनाकर प्रयोग किया जाए। सन् 1855 में कलकत्ता में बंगाल के मिशनरियों की आम कांफ्रेंस में यह एक प्रमुख मुद्दे के रूप में उभरकर आया।[26] रेव.जॉन

[24] *IER*, Vol. I: 96.

[25] उदाहरण के लिए, Church Missionary Gleaner में।

[26] *Proceedings of a General Conference of Bengal Protestant Missionaries held at Calcutta*, Sept. 4–7, 1855.

वेंगर (बैप्टिस्ट मिशनरी सोसाइटी, बी.एम.एस.) ने कहा कि कभी-कभी 'हिंदू धर्म और मोहम्मद के धर्म के कमजोर और दुखद पक्षों पर आक्रामकता दिखाने की अत्यधिक बेचैनी होती थी और उनकी धार्मिक प्रणालियों पर उन श्रोताओं को शर्मिंदा करने की उत्सुकता होती थी'।[27] उसके बाद होनेवाले विचार-विमर्श में इस बात पर काफी सहमति बनी कि इस आक्रामक विधि में बदलाव आने लगे हैं और मिशनरियों को जहाँ तक संभव हो मेलमिलाप का रवैया अख्तियार करना चाहिए। उदाहरण के लिए, रेव. बोआज (लंदन मिशनरी सोसाइटी, एल.एम.एस.) ने कहा कि उसने समझ लिया था कि देवी-देवताओं पर व्यंग्यात्मक आरोप 'बहुत पहले' से ही बंद कर दिया गया है।[28] जबकि रेव. डबल्यू. स्मिथ (सी.एम.एस. बनारस) ने अपने विचार के बारे में बताते हुए कहा कि 'जहाँ तक हमें इजाजत मिलती है, हमें सर्वप्रथम गॉस्पेल का उपदेश देना चाहिए, और यह इस तरह से करना चाहिए कि लोगों की धार्मिक आस्था पर कम-से-कम चोट पहुंचे'।[29]

ऐसी भावनाएं कांफ्रेंसों और अन्य स्थानों की ब्रिटिश मिशनरियों में भी प्रतिध्वनित होने लगीं थीं। सन् 1858 में उटकमंड में होनेवाली साउथ इंडिया मिशनरी कांफ्रेंस की बैठक में यह दर्ज किया गया कि मिशनरियों का प्राथमिक कर्तव्य 'ईश्वर की अनुकंपा के गॉस्पेल को प्रमाणित' करना और अनावश्यक विवादों और संघर्षों से बचना था।[30] इलाहाबाद (1872–73) और कलकत्ता (1882–83) में हुए जनरल मिशनरी कांफ्रेंसों में इस विषय पर छः में से पांच मिशनरियों ने अपने वक्तव्य दिए। उनके नाम थे जे. केनेडी, जे. मरी मिशेल, जे. स्मिथ, एम. फिलिप्स और जे.पी. ह्यूज (सी.एम.एस., पेशावर)। इन्होंने सहानुभूतिपूर्ण और व्यवहारकुशल तरीका अपनाने की वकालत की।[31] अंत में, सन् 1889 में अमेरिकन मदुरई मिशन के रेव.पी.जे. जोंस द्वारा संप्रेषित ब्रिटिश मिशनरी दृष्टिकोण के प्रमाण हैं।[32] जोंस का प्रमुख कार्य हिंदुओं को उपदेश देना था। उसने बाईस मिशनों को उनके मिशनरियों से इस विषय से संबंधित सवालों की एक श्रृंखला का जवाब मांगते हुए साठ पत्र भेजे। उनमें से अठारह मिशनों से अड़तीस जवाब आए। उन उत्तरों का विश्लेषण करने के बाद उसने कहा कि मेलमिलाप का तरीका और गॉस्पेल का सरल प्रस्तुतीकरण 'मिशनरियों में लगभग सार्वभौमिक रूप से' प्रचलित रहा है।[33] इस शैली को अपनानेवालों में रेव.एच. राइस (एल.

[27] Ibid.: 47–8.

[28] Ibid.: 63.

[29] Ibid.: 170.

[30] *Proceedings of the South India Missionary Conference held at Ootacamund*, 19 April–5 May 1858: 230–31.

[31] *Report of the General Missionary Conference held at Allahabad, 1872–73:* 48–50; *Report of the Second Decennial Missionary Conference held at Calcutta, 1882–83:* 18, 26–8

[32] *IER*, Vol. XVI, 1889; 129–47.

[33] Ibid.: 138.

एम.एस.), एच. हेग (वेस्लेयन मेथोडिस्ट सोसाइटी, डबल्यू.एम.एम.एस.) और जी. मैकेंजी कॉबन प्रमुख थे। हालांकि इनमें से हेग 'पहले विवादप्रिय शैली अपनाना चाहता था'। कॉबन का मानना था कि हिंदू धर्म की त्रुटियों को ढूंढने के स्थान पर यथार्थ को ढूंढना बेहतर था। और अगर 'हिंदुओं के दिमाग में मौजूद' यथार्थ को ढूंढ पाए तो 'ईसा और ईसाई धर्म का भी वहां जल्द ही स्वागत होना निश्चित है'।[34]

यद्यपि केवल संपर्क बनाए रखने के लिए और संपर्क स्थापित करने के प्रभावशाली तरीके के रूप में ही मेलमिलाप का तरीका अपनाने की आवश्यकता हुई पर इसका उल्लेख अन्य विभिन्न स्थानों पर की गई टिप्पणियों में मिलता है। उदाहरण के लिए, केनेडी का कहना था कि अगर मिशनरी लोगों की भलाई करेंगे तो वे निश्चित रूप से लोगों का दिल जीतेंगे। और जब तक हिंदू उन पर मित्र जैसा भरोसा नहीं रखेंगे और सम्मानजनक व्यवहार नहीं पाएंगे तबतक वे इनके संदेशों को सुनेंगे ही नहीं। लेकिन जैसा कि उसने कहा, हिंदुओं के प्रति आदरपूर्ण व्यवहार की जगह कभी-कभी उनपर 'कठोर प्रहार' किया जाता था।[35] ह्यूवेट भी यह महसूस करता था कि अगर धर्मोपदेशक सचमुच संपर्क स्थापित करना चाहते हैं तो उन्हें सहानुभूतिपूर्ण रवैये की आवश्यकता होगी। उसने अपनी शंका जाहिर करते हुए कहा कि 'क्या ईश्वर हमें निर्दोष मानेंगे अगर हम उनके सच्चे आध्यात्मिक अनुभवों के साथ सहानुभूति रखने में अपनी असमर्थता के कारण उनके दिलों में गॉस्पेल को पहुंचाने में असफल होंगे?'[36]

उस सदी के अंत आते-आते हिंदू पुनर्जागरण आंदोलनों, राष्ट्रवाद के उदय और यूरोपीय विरोधी तथा ईसाई विरोधी भावनाओं के विकास के परिणामस्वरूप मेल-मिलाप तथा व्यवहारकुशल रवैया अपनाने की आवश्यकता महसूस होने लगी। सन् 1995 में केनेथ क्रैकनेल ने अपनी पुस्तक के शीर्षक के एक भाग के रूप में 'जस्टिस, कर्टसी एंड लव' (न्याय, शिष्टाचार और प्रेम) ये तीन सिद्धांत दिए, जिनका अनुमोदन करते हुए स्लाटर ने कहा कि ईसाईयों को हिंदुओं और हिंदू धर्म से व्यवहार करते समय इन सिद्धांतों पर अमल करना चाहिए। हालांकि यहां पर ध्यान देना जरुरी है कि खासतौर पर इस उदाहरण में स्लाटर ने धर्मपरिवर्तन के लिए उचित रणनीति अपनाने के प्रयास के संदर्भ में इसका अनुमोदन किया था। जहाँ से यह उद्धरण लिया गया है वह वाक्य इस प्रकार है 'जब तक हम उनके धर्मों के

[34] Ibid.: 138, 141.

[35] दो भारतीय धर्मप्रचारकों की टिप्पणियों को कठोर और अस्वीकार्य बताते हुए उनके द्वारा अपने संदेश पर बल देने के प्रयास पर प्रत्युत्तर देते हुए कैलाश चंद्र बोस (धर्मप्रचारक) ने कहा कि 'हिंदू धर्म और मोहम्मद के धर्म पर प्रहार करना धर्मप्रचारकों का चिराभ्यस्त पाप' था, लेकिन उन्होंने यूरोपियों द्वारा लिखित पुस्तकों और पत्रिकाओं से ही इस आदत को अपनाया था *Report of the General Missionary Conference held at Allahabad, 1872–73:* 48, 84–5.

[36] *IER*, Vol. XIII, 1887: 299.

साथ न्याय, शिष्टाचार और प्रेम का व्यवहार नहीं रखेंगे तब तक *हम कभी गैर ईसाई दुनिया पर विजय प्राप्त नहीं कर पाएंगे*।'[37] वास्तव में इस पूरे वाक्य से मिशनरियों को अब तक के अनुभवों में सबसे प्रतिकूल किसी हिंदू समूह से सामना करने के प्रयास से जुड़े स्लाटर का अनुभव प्रतिबिंबित होता है। ये पश्चिमी शिक्षा प्राप्त युवा यूरोपीय बुद्धिवाद से अत्यंत प्रभावित थे। हिंदू पुनर्जागरण और ईसाई विरोधी आंदोलन हिंदू पत्रिकाओं और प्रीचिंग सोसाइटियों की गतिविधियों से प्रकट होते थे।[38] ऐसे माहौल में जनता को संबोधित करते समय निश्चित रूप से हिंदुओं और हिंदू धर्म से 'न्याय, शिष्टाचार और प्रेम' का व्यवहार रखना ही एकमात्र संभव तरीका था। शिक्षित वर्गों के बीच काम करने के लिए स्लाटर का समय निर्धारित था। उसने अपने गृहदेश में अपनी सोसाइटी को याद दिलाते हुए कहा कि 'सहिष्णु और साथ ही विश्वसनीय भी होना; और उनका पक्का भरोसा और स्नेह भी जीतना कोई आसान काम नहीं है'।[39]

बहरहाल, जिस व्यवहारकुशलता की वकालत की गई और इस तथ्य को स्वीकार कर लिया गया कि हिंदू धर्म पर प्रत्यक्ष प्रहार कई मामलों में प्रभावहीन और विपरीत प्रतिक्रिया उत्पन्न करता है, धीरे-धीरे भारतीय धर्म और स्वयं हिंदू धर्म के बारे में अधिक सहानुभूतिपूर्ण और सकारात्मक दृष्टिकोण के विकास के साथ घुल-मिल गया। हिंदू धार्मिक परंपरा में यथार्थ और प्रबोधन के स्तर और मूल्य के बारे में बढ़ते ज्ञान को प्रदर्शित करनेवाले इन परिवर्तनों के साक्ष्य विभिन्न प्रकार के स्रोतों से झलकते हैं। मिशनरी कांफ्रेंसों में विचार-विमर्श की रिपोर्ट, *Indian Evangelical Review* में स्वयं मिशनरियों के लाभ के लिए प्रकाशित निबंध, और अधिकतर सामान्य पाठकों के उद्देश्य से प्रकाशित टिप्पणियां—ये सभी एक ही दिशा की ओर एवं मिशनरी मूल्यांकन में धीरे-धीरे आनेवाले परिवर्तन की ओर निर्देशित थे। निस्संदेह ऐसे संकेत मिलते हैं कि कुछ पुराने मिशनरी डफ और विलियम वार्ड की तरह अब भी आलोचनात्मक रवैया रखते थे।[40] इसके अतिरिक्त कुछ ऐसी भी शिकायतें आ रही थीं कि नया और अधिक सहानुभूतिपूर्ण रवैया जरुरत से कुछ ज्यादा ही अपनाया

[37] Slater 1906: 2 (author's italics).

[38] हिंदू ट्रैक्ट और प्रीचिंग सोसाइटियों की गतिविधियों पर जानने के लिए देखें Oddie 1982: 217–43.

[39] Hartle 1978: 121. वास्तव में सशक्त पुनर्जागरण आंदोलनों की अनुपस्थिति में और इस तथ्य के मद्देनजर कि खासतौर पर डफ अक्सर ऐसे लोगों से बातें करता था जो कई दृष्टियों से हिंदू धर्म से पहले से ही दूरी रखने लगे थे और शायद उन्नीसवीं सदी के अंत की ओर पनप रही सशक्त राजनीतिक भावनाओं से कम प्रभावित रहे थे, डफ और उसके समकालीनों के लिए हिंदू धर्म की आलोचना करना आसान था।

[40] उदाहरण के लिए देखें हिंदू धर्म के बारे में डॉ. जॉन विल्सन के विचार जिसके अनुसार यह अब भी 'जेंटाइल (गैर-ईसाई) भूल का महानतम मूर्त रूप' है (*Report of the General Missionary Conference held at Allahabad, 1872–73:* 14); और 'हिंदू देवता और उनके अवतार' (Hindu gods and their incarnations) पर उसके मरणोपरांत प्रकाशित निबंध *IER*, Vol. VIII, 1882 (pp. 323–40).

जा रहा था। सन् 1874 में काल्डवेल ने कहा कि 'एक समय था जब लोग हिंदू धर्म के बारे में अत्यधिक सामान्य रूप से लिखते थे, अंधाधुंध आलोचना करने की भूल करते थे। वो समय अब निकल गया है और अब वर्तमान में लोग जो भूल कर रहे हैं, मुझे ऐसा लगता है कि वे अंधाधुंध प्रशंसा करके फिर से पतनशील हो रहे हैं'।[41] डबल्यू.जे. विल्किंस (एल.एम.एस.) की पुस्तक *Hindu Mythology* (1882) की समीक्षा करते हुए एक अन्य टीकाकार को ऐसा महसूस हुआ कि पलड़ा कुछ ज्यादा ही हिंदू धर्म की तरफ झुकने लगा है। उसकी शिकायत थी कि विल्किंस हिंदू देवता में जो कुछ अच्छा है उसे बताने के लिए अधिक उत्सुक है और जो कुछ बुरा है उसे बताने के लिए कम'।[42] इन विरोधों में महत्त्वपूर्ण बात यह थी कि जो सामान्य परिवर्तन हो रहे थे ये उन पर प्रकाश डाल रहे थे और ऐसे परिवर्तन का एहसास काल्डवेल को सन् 1874 में ही होने लगा था।

इस प्रकार अगर हिंदू धर्म के प्रति अधिक सकारात्मक दृष्टिकोण रखने के पक्ष में बदलते माहौल के स्पष्ट प्रमाण मिलते हैं तो फिर ईसाई धर्म और हिंदू धर्म के बीच संबंधों के बारे में मौलिक और नए उभरते विचार क्या थे?

तीन प्रकार के दृष्टिकोण

उस सदी के बीतने के साथ-साथ ईसाई धर्म और हिंदू धर्म के बीच संबंध पर तीन तरह के विचारों का विकास हुआ। इनमें से दो तरह के विचार मिशनरियों के काफी महत्त्वपूर्ण हिस्सों से आते थे। तीसरा विचार विलियम मिलर के दर्शन में प्रतिबिंबित होता है और यह विरोध की आवाज थी। आगे बीसवीं सदी में यह और अधिक मजबूत हुआ और इसको माननेवालों की संख्या और अधिक बढ़ती चली गई।

इन दृष्टिकोणों में से प्रथम की क्रैकनेल ने 'उग्र सुधारवादी स्थानांतरण' की नीति के रूप में व्याख्या की। उन्नीसवीं सदी के प्रथमार्ध में मिशनरियों के बीच हिंदू धर्म के बारे में यही विचार प्रमुख रूप से प्रचलित था। यह माना जाता था कि मिशन का उद्देश्य हिंदू धर्म के खिलाफ युद्धस्तर पर लड़कर उसको (शैतान की गढ़) बर्बाद कर देना था और इसकी जगह ईसाई धर्म के तथाकथित यूरोपीय स्वरूप को स्थापित करना था। इस विचार के सबसे प्रसिद्ध और सर्वाधिक प्रभावशाली प्रणेताओं में एलेग्जेंडर डफ और विलियम वार्ड थे। धार्मिक संघर्ष एक युद्ध था और उसका उद्देश्य था शत्रुओं का संपूर्ण विनाश। उनके अनुसार हिंदू धर्म में कुल मिलाकर कुछ भी अच्छा नहीं था। यह एक ऐसी 'प्रणाली' थी जो अपने 'भ्रमित अनुयायियों' को और पथभ्रष्ट करती थी। और जिस तरह से प्रकाश अंधकार को मिटा देता

[41] Caldwell 1874: 5.

[42] *IER*, Vol. IX, 1882: 239.

है, उसी प्रकार से ईसाई धर्म भारत के लोगों के लिए एकमात्र यथार्थ और अर्थपूर्ण आस्था के रूप में विजय प्राप्त करके चारों ओर प्रकाश फैलाएगा।

इस दृष्टिकोण का आकर्षण कुछ हद तक इसकी सरलता में निहित है (यूरोपियों की श्रेष्ठता के भाव का उल्लेख यहां नहीं करें)। इसका आकर्षण बीसवीं सदी तक देखा जा सकता है। कांफ्रेंसों तथा अन्य स्थानों में प्रतिबिंबित हिंदू धर्म के बारे में अधिक सहानुभूतिपूर्ण, उदार और विभेदकारी दृष्टिकोण के विकास के बावजूद पारंपरिक कट्टरतावादी दृष्टिकोण का प्रचलन भी जारी रहने के अनेकों प्रमाण मिलते हैं। कुछ पुराने मिशनरियों तथा स्थानीय स्तर पर हिंदुओं के बीच कार्यरत मिशनरियों में यह दृष्टिकोण स्पष्ट झलकता है। उदाहरण के लिए, पुराना रूढ़िवादी दृष्टिकोण काफी सम्मानित और वयोवृद्ध डॉ. जॉन विल्सन के विचारों में झलकता है। उस व्यक्ति के बारे में कहा जाता था कि उसने 'सीखना बंद कर दिया है'[43] और हिंदू देवताओं के बारे में उसके द्वारा की गई भार्त्सनाओं को सन् 1882 में *Indian Evangelical Review* में पुनर्मुद्रित किया गया। ऐसे ही विचार एक मेथोडिस्ट मिशनरी जे.आर. ब्रॉडहेड द्वारा किए गए विरोधों में भी झलकते हैं। उसी साल उसने अधिक सहानुभूतिपूर्ण रुख अपनाने के आग्रह के जवाब में लोकप्रिय हिंदू धर्म को 'मूर्तिपूजक प्रणाली, मिथ्या का घर, [और] पाप का घड़ा' बताया जो शैतान के उस काम का नतीजा है जिसे बर्बाद करने के लिए ईसा मसीह अवतरित हुए'।[44]

हिंदू प्रणाली की बुराइयों को नजरअंदाज करने की प्रवृत्ति से असंतुष्ट कुछ अन्य लोगों में केवल कांफ्रेंसों के टिप्पणीकार ही नहीं बल्कि मिशनरी जर्नलों में अपना योगदान देनेवाले भी थे। उनमें से एक रेव.जॉर्ज सॉडे (डबल्यू.एम.एम.एस., मैसूर) था जिसने सन् 1885 और सन् 1886 में *Harvest Field* के लिए हिंदू धर्म पर निबंधों की एक श्रृंखला लिखी थी। इसमें उसने हिंदू धर्म के कुछ अधिक सकारात्मक पहलुओं के लिए कुछ नरमियत बरती थी। सन् 1887 में उसी पत्रिका में एक निबंध-संग्रह भी प्रकाशित हुआ था, जिसका शीर्षक था 'हिंदुओं को हम कैसे उपदेश दें?' (How shall we preach to the Hindus?) रेव.जे.ए. वेंस (डबल्यू.एम.एम.एस.) और विलियम रॉबिंसन (एल.एम.एस., मद्रास) ने रूढ़िवादी दृष्टिकोण पर ही बल दिया। वेंस का कहना था कि हिंदू धर्म मुक्ति के एक मार्ग के रूप में उपयुक्त है ही नहीं। उसने इससे इनकार करते हुए कहा कि मिशनरियों को अपने उपदेश हिंदू धर्म के गुणों पर आधारित करके नहीं बल्कि 'उस धर्म की कमियों' पर आधारित करके देना चाहिए। रॉबिंसन ने उससे भी आगे जाकर यहां तक कहा कि हिंदू धर्म जैसा प्रत्येक गांव में पाया जाता है [दक्षिण भारत में] और जिसका सभी लोग पालन करते हैं उसमें सत्य का कोई

[43] *IA*, Vol. 6, 1877: 233.

[44] *Report of the Second Decennial Missionary Conference held at Calcutta, 1882–83*: 31.

अंश ही नहीं है'। अपने तर्क को पुष्ट करने के लिए उसने सन् 1843 में मेकॉले द्वारा दिए गए गेट्स ऑफ सोमनाथ भाषण से काफी उद्धरण प्रस्तुत किए और इस बात पर बल दिया कि उसके यानी रॉबिंसन के) विचार से हिंदू धर्म अपने लोकप्रिय स्वरुप में 'और कुछ नहीं बस अमानवोचित अंधविश्वासों का संग्रह' था।[45]

हिंदू धर्म की निष्पत्ति (Fulfilment) के रूप में ईसाई धर्म

दोनों धर्मों के बीच संबंध को देखने का दूसरा नजरिया समय के साथ-साथ अधिक महत्त्वपूर्ण होता जा रहा था। इसके अनुसार हिंदू धर्म में जो सर्वश्रेष्ठ था उसकी निष्पत्ति ईसाई धर्म में ही संभव थी। हिंदू धार्मिक आकांक्षाएं, अंतर्दृष्टियां और वास्तविक भक्तिपूर्ण प्रामाणिक प्रथाएं सभी ईसाई गॉस्पेल में अपने संपूर्ण स्वरूप में मिलती थीं। इसलिए ऐसी परिस्थितियों में कार्यरत मिशनरी लोग सेंट पॉल की तरह थे जिसने मार्स हिल पर एथेनीयनों को उपदेश देते हुए कहा कि उसे किसी अज्ञात देवता की वेदी मिली थी। 'जिसकी तुम अपनी अज्ञानता में पूजा करते हो उसे ही मैं तुम्हारे लिए (ईश्वर) घोषित करता हूँ।'[46] इस प्रकार संभवतः पहले से मौजूद आस्था के निर्माण में प्रोटेस्टेंटों ने डी नोबिली का अनुसरण किया था। वास्तव में एक सीमा तक संभवतः यही एक रास्ता था जिससे मिशनरी कार्य कर सकते थे और विभिन्न संस्कृतियों में गॉस्पेल का प्रचार कर सकते थे।

विश्व के अन्य भागों की तरह भारत में भी इंजीलियों को पसंद हो या नापसंद, पर वे स्थानीय जनता की भाषा का प्रयोग करने पर मजबूर थे। इनमें ईश्वर तथा उनसे संबंधित विचारों के लिए प्रयुक्त होनेवाले शब्द थे, जिनके पहले से ही अपने स्थानीय अर्थ होते थे और मिशनरी दृष्टिकोण से हिदेनवादी विचारों से संबंधित अवांछित तात्पर्य होते थे। जो भी हो, उन्हें समझाने के लिए अनुवाद की अवश्यकता थी। एक विचार को समझाने की प्रक्रिया में पहले से मौजूद अन्य विचारों के आधार पर ही नई अवधारणाओं को धीरे-धीरे आत्मसात करना पड़ता था लेकिन ऐसा शायद ही कभी होता है कि एक शब्द दो भाषाओं में समान अर्थ रखता हो। सन् 1875 में हिंदी का संदर्भ देते हुए एक मिशनरी ने स्वीकार किया कि 'हमारे लगभग सभी धर्मशास्त्रीय शब्द हिदेन मूल के हैं और इनका प्रयोग हिंदू लेखनों में होता है और हम उनका जो तात्पर्य समझते हैं उससे उनका निहितार्थ बिलकुल अलग होता है।'[47] सन् 1876 में मद्रास से प्रकाशित जॉन मर्डोक की एक पुस्तिका *Renderings of Important Scripture Terms in the Principal Languages of India* में मूल

[45] *HF*, Vol. VII, March 1887: 257–65; April 1887: 297–300; May 1887: 333–39; June 1887: 357–61.

[46] Bible, Acts 17: 23.

[47] *IER*, Vol. II, 1875: 497–98.

हिंदू धर्मशास्त्रीय अवधारणाओं पर मिशनरियों की निर्भरता स्पष्ट झलकती है।[48] पूरे भारत भर में मिशनरी गतिविधियों पर की गई विस्तृत जांच के आधार पर इसमें एक तरफ अंग्रेजी, हिब्रू और यूनानी भाषाओं से लेकर दूसरी तरफ स्थानीय रूप से प्रमुख भाषाओं समेत पंद्रह भाषाओं का तुलनात्मक अध्ययन प्रस्तुत किया गया है। इस प्रकार से हमने जाना कि कब मिशनरी हिंदी में 'सच्चे भगवान' कहते हैं और बंगाली में 'ईश्वर' शब्द का प्रयोग करते हैं और जब तमिल में ईश्वर की बात करते हैं तब वे 'देवन' शब्द का प्रयोग करते हैं। अब भाषाविदों के बीच यह विवाद का विषय हो सकता है कि इनमें से या फिर कोई अन्य शब्द कितना उपयुक्त हो सकता है, लेकिन इनमें से कोई भी अपनी उस पृष्ठभूमि से स्वतंत्र नहीं था, जिसमें वह विकसित हुआ था; स्थानीय लोगों के लिए अज्ञात किसी बिलकुल नए शब्द के विकास के अतिरिक्त एकमात्र विकल्प यही था कि प्रचलित शब्दों के आधार पर ही अपने संदेशों को विकसित किया जाए।

जो पहले से मौजूद था उसी आधार पर ईसाई धर्म के विकास की परंपरा प्रोटेस्टेंट समाज में काफी प्रचलित थी और इसका उदाहरण हमें एफ.डी. मॉरिस (1805–72) के लेखनों और धर्मविज्ञान के विषयों में मिलता है। पॉल हेजेज, जो हाल में किए गए निष्पत्ति-सिद्धांत संबंधी एक अध्ययन का लेखक है, उसके अनुसार मॉरिस ने 'विश्व के धर्म और उनका ईसाई धर्म से संबंध' (THE RELIGIONS OF THE WORLD AND THEIR RELATIONS TO CHRISTIANITY) नामक अपने प्रसिद्ध बॉयल व्याख्यान में निष्पत्ति के बारे में विस्तार से अपने विचार प्रस्तुत किए थे।[49] सन् 1845–46 में दिए गए व्याख्यानों को सन् 1847 में पुस्तक रूप में प्रकाशित किया गया और सन् 1900 से पहले इसका कम-से-कम छः बार पुनर्मुद्रण किया गया था। जैसा कि अध्याय 8 में उल्लिखित है, इसमें मॉरिस ने कहा कि जिस तरह से मार्स हिल पर सेंट पॉल ने पहले से मौजूद धर्म तत्वों के आधार पर ईसाई धर्म के शिक्षण की रूपरेखा तैयार की थी, उसी तरह आज भी ईसाई धर्म से अन्य आस्थाओं में जो कुछ श्रेष्ठ और सत्य है उनको ढूंढ निकलना चाहिए। इसी तरह से हिंदुओं की आकांक्षाएं, अंतर्दृष्टियां और अवधारणाएं ईसाई धर्म की प्रकाशना में अपने संपूर्ण स्वरुप और निष्पत्ति को प्राप्त करेंगी।

हेजेज का कहना है कि इन व्याख्यानों में प्रस्तुत विषय और विचारों ने निष्पत्ति के विचारों का आधार तैयार कर दिया जिनके बारे में उन्नीसवीं सदी के उत्तरार्ध में मैक्स मूलर और मोनियर-विलियम्स की कृतियों में चर्चा की गई थी। हालांकि इस पर गौर करना चाहिए कि ब्रिटेन आधारित अकादमिक विद्वानों की दुनिया ही इन विचारों का एकमात्र स्रोत नहीं थी और हिंदू धर्म के बारे में प्रोटेस्टेंट मिशनरी टिप्पणियां तथा निष्पत्ति की अवधारणा इन

[48] इस पुस्तक की एक प्रति बैंगलोर के यू.टी.सी. अभिलेखागार में उपलब्ध है।

[49] Hedges 2001: 51.

सभी अंग्रेज विद्वानों की कृतियों से पहले से ही स्थापित थीं। ब्रिटेन में व्याख्यानों, पुस्तकों और लेखनों में इस पर गंभीरता से विचार करने से पहले से ही निष्पत्ति की अवधारणा भारत के मिशन क्षेत्र में पहले मौजूद थी। इस दृष्टि से निष्पत्ति की अवधारणा के आरंभिक प्रणेताओं और प्रयोगकर्ताओं के रूप में दक्षिण भारत में कार्यरत दो मिशनरियों रॉबर्ट काल्डवेल (एस. पी.जी.) और रॉबर्ट नोबल (सी.एम.एस.) का नाम मुख्य रूप से लिया जा सकता है।

अनुकूलन की नीति (Policy of Adaptation) के प्रसिद्ध प्रवक्ता जेसुइट फादर बिस्ची के बहुत बड़े प्रशंसक रॉबर्ट काल्डवेल ने सन् 1840 में शानारों पर प्रकाशित अपनी पुस्तक में कुछ शानार (नाडर) आस्थाओं के आधार पर ईसाई शिक्षण को विकसित करने के विचार की चर्चा की है।[50] शानार आस्था और प्रथाओं पर काफी विस्तार से चर्चा करने के बाद उसने कहा कि:

> दिए गए विवरणों से यह काफी स्पष्ट हो जाता है कि अगर कुछ मामलों में शानार ईसाई धर्म से अन्य हिंदुओं की अपेक्षा अधिक दूर हैं, तो वे त्याग के माध्यम से मुक्ति के महान ईसाई सिद्धांत को बेहतर समझने की स्थिति में भी हैं... श्रेष्ठ शक्तियों के कोप से बचने के लिए रक्तरंजित अनुष्ठानों के अस्तित्व का यथार्थ शानारों की धार्मिक स्थिति में अत्यंत असाधारण विशिष्टताओं में से एक है और ईसाई मिशनरियों ने यथासंभव प्रभावपूर्ण तरीके से इसपर कार्य किया है।[51]

गौरतलब है कि काल्डवेल के विचार मॉरिस द्वारा दिए गए बॉयल व्याख्यान से सात साल पहले ही प्रकाशित किए जा चुके थे और उसके इस कथन से भी पहले कि नरबलि जैसी निकृष्टतम गैर-ईसाई प्रथाएं आत्मा की आवश्यकताओं की प्रतिक्रिया में विकसित हुई थीं।[52] निष्पत्ति की अवधारणा पर मोनियर-विलियम्स द्वारा अपनी पुस्तक *Indian Wisdom* में सबका ध्यान आकर्षित किए जाने तथा सन् 1878 में प्रकाशित अपनी पुस्तक *Modern India* में इस पर विस्तार से चिंतन प्रस्तुत किए जाने से पहले ही सन् 1874 में काल्डवेल ने अपने व्याख्यान में इस अवधारणा पर अपने विचार प्रस्तुत किए थे। हिंदू धर्म के बारे में काल्डवेल का कहना था कि 'इसके ऋषियों के दर्शन और इसके साधुओं की कामनाओं की संपूर्ण रूप से संतुष्टि के लिए ईसाई धर्म सर्वश्रेष्ठ उपलब्धि होगी'।[53] आगे

[50] बिस्ची के विषय में उसके दृष्टिकोण को जानने के लिए देखें, Caldwell 1982: 238–43.

[51] Caldwell 1840: 22. विशाखापत्तनम में एल.एम.एस. के रेव. जॉन हे ने *Indian Evangelical Review* में भारतीय भाषाओं में अनुष्ठानिक शब्दों के प्रयोग पर लिखते हुए ईसाई धर्म और अन्य आस्थाओं में समानता के अपने विश्वास की ओर सबका ध्यान आकर्षित किया और कहा कि 'त्याग का विचार संभवतः सभी धर्मों की बुनियाद में निहित है' (IER, Vol. 1, 1874: 280).

[52] Hedges 2001: 56.

[53] Caldwell 1874: 4.

उसने कहा कि मिशनरियों ने लंबे समय से भारत के प्रामाणिक ग्रंथों का प्रयोग न केवल उनके अंतर्विरोधों को प्रकट करने के लिए किया है बल्कि यह भी प्रकट करने के लिए किया है कि ईसाई धर्म 'कोई अनोखा या विदेशी नहीं है' बल्कि वास्तव में यह 'भारत के सर्वश्रेष्ठ मष्तिष्क की सर्वश्रेष्ठ भावनाओं के अनुरूप है'।[54]

निष्पत्ति की नीति का दूसरा अग्रणी समर्थक रॉबर्ट नोबल था। वह एक देशी पुरोहित (vicar) का कनिष्ठ पुत्र और कैंब्रिज के सिडनी ससेक्स कॉलेज से स्नातक था। उसने सन् 1839 में तेलुगु लोगों के लिए नए सी.एम.एस. मिशन में अपनी सेवा अर्पित की थी।[55] उस कार्य के तहत मसुलिपटम में एक उच्चतर बाल विद्यालय की स्थापना शामिल था। दो विद्यार्थियों के साथ आरंभ यह विद्यालय धीरे-धीरे दक्षिण भारत में सर्वाधिक लोकप्रिय और उच्च स्तरीय शैक्षणिक संस्थानों में से एक बन गया। दिसंबर सन् 1843 में मद्रास में सी.एम. एस. पत्राचार समिति के सचिव रेव. जॉन टकर को नोबल ने पत्र में इस विद्यालय में अपने आरंभिक कार्य का वर्णन करते हुए लिखा कि:

> हम रोज—प्रभु की इच्छा के अनुरूप—सात बजे दिन की शुरुआत करते हैं और नौ बजे तक अपने निर्देशों को जारी रखते हैं। हम एक गॉस्पेल से शुरुआत करते हैं; उसके बाद व्याकरण और धीरे से, जब कभी यथार्थ की बात करते हैं, या यूं कहें कि उनके सामने रखते हैं... सेंट ल्यूक के प्रथम अध्याय के एक हिस्से के बाद हम अंग्रेजी क्रिया पर अभ्यास पर आते हैं और उसके बाद भगवद्गीता के एक हिस्से पर आते हैं, जिसको मैं प्रथम वर्ग के साथ पढ़ने का प्रस्ताव करता हूँ। हमारे प्रभु के शब्द काफी उपयुक्त प्रतीत होते हैं: यह मत सोचो कि मैं विधि को नष्ट करने आया हूँ, या पैगंबरों को: मैं नष्ट करने नहीं बल्कि पूर्ण करने आया हूँ! इसलिए मैं यह चाहता हूँ कि वे यह सोचें कि हम प्रकृति के प्रकाश को दरकिनार करने नहीं आए हैं और न इसके द्वारा स्थापित यथार्थों को बलपूर्वक ठीक करने के लिए आए हैं बल्कि हम प्रकाशना की अतिरिक्त ज्योति से उन्हें पूर्ण करने के लिए ही आए हैं।[56]

ईसाई शिक्षण के लिए आधार के रूप में त्याग के बारे में शानार अवधारणा के प्रयोग से संबंधित काल्डवेल की सलाह की तरह ईसाई शिक्षण के आधार के रूप में भारतीय धार्मिक ग्रंथों के पाठ का आरंभ करने का नोबल का प्रयोग भी संभवतः इंगलैंड में मिशन समर्थकों को अप्रिय लगा।[57] लेकिन जैसा काल्डवेल ने बताया था, कि ईसाई धर्म 'कोई अनोखा या

[54] Ibid.: 9.

[55] Noble 1867: 70–78.

[56] *MR*, December, 1844: 526.

[57] सी.एम.एस. द्वारा संपादित *Missionary Register* में मुद्रित इस दृष्टिकोण के बारे में समाचार प्रकाशित होने से लंदन स्थित मुख्यालय में चिंता व्याप्त होने के बावजूद सी.एम.एस. की मद्रास या लंदन कमिटियां शायद ही कुछ कर पाती। मुसलिपत्तनम में अपनी नियुक्ति के लिए नोबल इसी शर्त पर तैयार हुआ कि उसे शिक्षा के क्षेत्र में अपने कार्यक्रम को पूरा करने की आजादी मिलेगी (देखें Noble 1867: 78–79).

विदेशी नहीं है', इसे स्पष्ट करने के लिए भारतीय ग्रंथों का प्रयोग भारत में लंबे समय से चला आ रहा था। इसके बावजूद नोबल की टिप्पणियां महत्त्वपूर्ण हैं क्योंकि वे स्पष्ट करती हैं कि (क) इंगलैंड में मॉरिस के व्याख्यानों से पहले निष्पत्ति की अवधारणा और धर्मविज्ञान के प्रति वह अत्यधिक सचेत था और (ख) वह निष्पत्ति की अवधारणा को अभ्यास में उतार रहा था। इसके अतिरिक्त निष्पत्ति की अवधारणा के बारे में इन संदर्भों से यह भी प्रकट होता है कि यह अवधारणा ब्रिटेन में आराम से बैठे शिक्षाविदों का महज कोई सपना नहीं थी, बल्कि भारत में वास्तविक जीवन की आवश्यकताओं और परिस्थितियों को देखते हुए इसका विकास हुआ।

उन्नीसवीं सदी के उत्तरार्ध में निष्पत्ति (Fulfilment) की अवधारणाएं

सन् 1870 से लेकर सन् 1900 के दौरान निष्पत्ति के दर्शन और नीतियों में बढ़ती रूचि आगे स्पष्ट होने लगती है। इस दृष्टिकोण का समर्थन करनेवाले मिशनरी टीकाकारों में अधिकांशतः प्रोटेस्टेंट सोसाइटियों के लोग थे। उनमें अधिक विशिष्ट लोगों में थे जॉन रॉबसन (यूनाइटेड प्रेसबीटेरियन चर्च ऑफ़ स्कॉटलैंड, यू.पी.सी.एस.), जे. मरी मिशेल (फ्री चर्च ऑफ़ स्कॉटलैंड, एफ.सी.एस.), जेम्स वॉन (सी.एम.एस.), जी.मैकेंजी कॉबन (डबल्यू.एम.एम. एस.), जॉन हेवलेट और टी.इ. स्लाटर (एल.एम.एस.) तथा काल्डवेल के अतिरिक्त चार्ल्स एग्बर्ट केनेट और जी.यू. पोप तथा ये सभी सोसाइटी फॉर द प्रोपगेशन ऑफ़ द गॉस्पेल, एस.पी.जी. से जुड़े हुए थे।

कुछ वर्ष बाद सन् 1873 में मद्रास लौटने पर केनेट ने शैव सिद्धांत पर अपनी टिप्पणियों को प्रकाशित किया।[58] इस आंदोलन की मूलभूत शिक्षाएं जो आगे चलकर कुछ सालों बाद 'पुनार्जागरणवादी' कहलाईं, उनके संदर्भ में उसने कहा कि शैव सिद्धांत के ईसाई शिक्षण का 'चिंतन और भाषा के साथ संयोग विलक्षण' था।[59] उसने लिखा कि ये समानताएं 'उच्च कोटि के यथार्थों के संपर्क स्थल के रूप में हिंदू धार्मिक दर्शन की अद्वितीय परंपरा की संभावना थी जो उनकी कमियों को केवल वही पूरा कर सकती थी और गहरी नैसर्गिक आकांक्षाओं को वही पूरा कर सकती थी जिसने उनको जन्म दिया।'

केनेट के स्मृति लेखक के मुताबिक वह 'आरंभिक ईसाई फादरों की काफी लेखनियां पढ़ चुका था'।[60] हिंदू धर्म और ईसाई धर्म के बीच संबंध पर इन विचारों को किस प्रकार से प्रयुक्त किया जा सकता था, इस बारे में भी वह काफी रूचि रखता था। लगभग सन् 1881 में प्रकाशित *The Catechetical School of Alexandria; Its Lessons to*

[58] *IA*, Vol. 2, 1873: 343–44.

[59] Arooran 1980: 20–26.

[60] *MF*, 1885: 50.

the Missionary Clergy of India शीर्षक पुस्तिका[61] में उसने भारतीय धार्मिक परंपरा में जो कुछ भी सर्वश्रेष्ठ और सच्चा है उसकी निष्पत्ति के रूप में ईसाई धर्म में अपनी आस्था को दोहराया। केनेट के मुताबिक सेंट क्लेमेंट (सन् 150–215) के कथनानुसार

> हिदेन साहित्य में भी अगर किसी को कुछ यथार्थ के संकेत मिलते हैं तो उसको पाने से हिचकना नहीं चाहिए और उसमें से जो भी उपयोगी हो उसे आत्मसात कर लेना चाहिए, क्योंकि सब कुछ ईश्वर की देन है और इसलिए सब कुछ पवित्र है। क्योंकि उसने इसमें ईश्वर का उपहार पाया है, चाहे त्रुटिपूर्ण ही सही और मानवीय साधनों द्वारा भ्रष्ट ही सही, पर गैर-ईसाई दुनिया को प्रशिक्षित करने के लिए है तो ईश्वर की ही रचना, और ईसाई के अवतरण के लिए गैर-ईसाइयों को शिक्षित करके तैयार करने के लिए, जैसे विधि ने यहूदियों को तैयार किया... ईसाई फादरों... ने निश्चित रूप से यह सोचा और विश्वास किया कि हिदेन दर्शन और साहित्य में जो कुछ भी अच्छा या सच्चा है वह ईश्वर की आत्मा के प्रकाश से उत्पन्न हुआ है।

सन् 1874 में प्रकाशित अपनी पुस्तक *Hinduism and its Relations to Christianity* के पहले ही संस्करण में रॉबसन ने यह तर्क दिया कि किसी भी अन्य देश के साहित्य से अधिक हिंदू साहित्य में श्रद्धा, विश्वास और सच्चाई की भावनाओं को प्रकट किया गया है, जिससे प्रकट होता है कि व्यक्ति में बसी ईश्वर की छवि 'हालांकि विकृत है परंतु नष्ट नहीं हुई है'। विशिष्ट हिंदू सिद्धांतों की निष्पत्ति के रूप में ईसाई धर्म की चर्चा न करके उसने हिंदुओं की धार्मिक आवश्यकताओं को संतुष्ट करने की इसकी क्षमता पर बल देना पसंद किया।[62] ऐसे 'बहुसंख्यक' श्लोकों और 'यहां तक कि पूरे भजन संग्रह' का संदर्भ देते हुए उसने कहा कि 'इनमें एक ईसाई भी अपनी भक्ति की बहुत सी भावनाओं को अभिव्यक्त कर सकता था।' उसके अनुसार ये 'इंसान के विवेक की याचनाएं, धार्मिक कामनाओं की अभिव्यक्ति थीं जो हरेक व्यक्ति महसूस करता है'। उसने कहा कि किसी भी धर्म का व्यावहारिक मूल्य 'इन याचनाओं पर उसकी प्रतिक्रिया में, उन कामनाओं को संतुष्ट करने में, इंसान को ईश्वरीय जीवन व्यतीत करने में उसकी मदद करने में' स्पष्ट होता है।[63] उसके बाद रॉबसन की *Science of Religion* में ऐसे ही विचार प्रकट किए गए थे। सन् 1876 में प्रकाशित वॉन की पुस्तक में भी इन्हीं विचारों की प्रतिध्वनि सुनाई देती है। हिंदू लोगों के धार्मिक जीवन और शिक्षण में जो कुछ अच्छा और सच्चा था उनका उल्लेख करते हुए उसने भी यही कहा कि 'केवल ईसाई धर्म ही उन आत्मिक याचनाओं को संतुष्ट

[61] कलकत्ता और लंदन। ब्रिटिश लाइब्रेरी में इंट्री की तिथि (1881).

[62] Hedges 2001: 189.

[63] Robson 1874: 184–85.

करता है, क्योंकि यह ईश्वर की इच्छा का एकमात्र सच्चे प्रकाशना की ओर संकेत करता है, यह पाप का एकमात्र सक्षम प्रायश्चित्त बताता है और आस्थावान दृष्टियों के समक्ष एकमात्र सच्चे अवतार को प्रस्तुत करता है'।[64]

उपदेशों और मिशनरी की विधियों पर विचार-विमर्श से अक्सर ऐसा ही गहरा विश्वास प्रकट होकर सामने आता था कि मिशनरियों को हिंदू परंपरा में उपलब्ध 'सत्यों एवं अर्ध-सत्यों' पर आधारित होकर कार्य करना चाहिए। उदाहरण के लिए, जॉन ह्यूलेट (एल. एम.एस., बनारस) का कहना था कि हिंदू आस्था और रिवाजों को अच्छी तरह से जानना जरुरी है ताकि मिशनरी उपासकों को बुद्धिमत्तापूर्वक और सहानुभूतिपूर्वक यह दिखा सकें कि किस प्रकार से उनकी उदात्त आकांक्षाएं ईसा के रूप में ईश्वर के साथ सचेतन संयोग से गरिमामय रूप में साकार हो सकती हैं।'[65] कुछ सालों बाद लंदन में उसने कहा कि 'हमें यह स्वीकार करना चाहिए कि उनकी प्रणाली में सच्चाई और अच्छाई के कुछ अंश मौजूद हैं और ईसाई धर्म के बारे में उनके साथ हमारी विवेचना का इन्हें आधार बनाना चाहिए'। अपनी कार्यशैली का संदर्भ देते हुए उसने और आगे कहा कि

> बनारस में विभिन्न विचारधाराओं के दर्शन में आस्था रखनेवाले पंडितों से, और मठों में भिक्षुओं से मेरी बातचीत होती रहती है, ऐसे लोग मिले जो अत्यंत गंभीर प्रतीत हुए, मैंने उनकी आस्थाओं को पकड़ने का प्रयास किया और उनको ईसाई धर्म के बारे में अपनी बातचीत का आधार बनाया।[66]

जो कुछ पहले से मौजूद था उसी के आधार पर ईसाई धर्म की संरचना की आवश्यकता का बढ़ता महत्त्व अन्य स्थानों पर होनेवाले विचार-विमर्शों में भी प्रकट होता है। उदाहरण के लिए, सन् 1882 में बॉम्बे में एक कांफ्रेंस में बोलते हुए मरी मिशेल ने न केवल यह तर्क दिया कि मिशनरियों को हिंदू धर्म में जो कुछ 'श्रेष्ठ और सत्य' था उनको स्वीकार करना चाहिए, बल्कि उसने सलाह दी कि उनको हिंदुओं के साथ वैसा ही व्यवहार करना चाहिए जैसा 'ईसा के महान पट्टशिष्य ने "उनके कुछ कवियों" से कुछ विलक्षण उद्धरणों को प्रस्तुत करते हुए एथेंस में किया था'।[67] इस प्रकार, मूर्ति और मूर्तिपूजा को नष्ट करने के बारे में ओल्ड टेस्टामेंट के परिच्छेदों से उद्धृत करने के स्थान पर नए टेस्टामेंट की टिप्पणियों और

[64] Vaughan 1876: 222.

[65] *IER*, Vol. 1887: 298. देखें इनकी भी टिप्पणियां—Phillips, IER, Vol. VI, 1879: 317; Cobban, *IER*, Vol. XVI, 1889: 141 and Timory, *Report of the Third Decennial Missionary Conference, Bombay, 1892–93* (p. 307).

[66] *Report of the Centenary Conference on the Protestant Missions of the World,* London, 1888: 93.

[67] *Report of the Second Decennial Missionary Conference held at Calcutta, 1882–83*: 29.

खासकर मार्स हिल पर सेंट पॉल की कार्यवाहियों का संदर्भ देना काफी प्रचलित हो गया था जिसमें सेंट पॉल ने ईसा के माध्यम से ईश्वर के बारे में जो कुछ जाना जा सकता था उसके संबंध में अपनी टिप्पणियों के लिए लोगों द्वारा 'अज्ञात ईश्वर' की उपासना के आधार के रूप में उपयोग किया।

हिंदूओं के प्रति सहानुभूतिपूर्ण दृष्टिकोण रखने के लिए जी. मैककेंजी कॉबन की इंग्लैंड में काफी भर्त्सना की गई थी। वह भी जहाँ तक संभव हो, हिंदू धर्म में प्रतिबिंबित यथार्थों एवं अंतर्दृष्टियों के आधार पर भारतीय ईसाई धर्म की संरचना का हिमायती था। केनेट की तरह अलेक्सांद्रियन फादर्स द्वारा अपनाए गए रवैये से वह परिचित था और इस नीति के बारे में वह समझता था कि आगे का एकमात्र यही रास्ता था। सन् 1888 में लंदन में हुए कांफ्रेंस में बोलते हुए उसने इस बात पर बल दिया कि 'भारत में ज्ञात यथार्थों को देखते हुए इनका प्रयोग बुद्धिमान मिशनरी मित्र के रूप में करेंगे। और चूंकि हिंदुओं के गर्भ में ईसा का सिद्धांत निहित था, इसका खासतौर पर प्रयोग किया जाना चाहिए।'[68] अगले साल *Madras Christian College Magazine* में उसका एक प्रमुख निबंध प्रकाशित हुआ जिसमें ईसाई धर्म और हिंदू आस्थाओं के बीच संबंध पर उसने विस्तार से अपने विचार प्रकट किए थे।[69] उसने वेदांत और सिद्धांत दोनों में सत्य की पहचान कर उसकी ओर ध्यान आकर्षित करते हुए कहा कि मिशनरी अपने कुछ मूलभूत शिक्षणों का प्रभावपूर्ण ढंग से उपयोग कर सकते थे। उदाहरण के रूप में उसने भारतीय धर्म के केंद्रीय विचारों में से एक सत-गुरु के हिंदू सिद्धांत के बारे में बताते हुए कहा कि:

> यह ईश्वर के प्रकटीकरण का सिद्धांत है, और यह उन दशावतारों से बिलकुल भिन्न है जिनसे अंग्रेज पाठक परिचित हैं। सिद्धांतवादियों की दृष्टि में यथासंभव जो सही है उसके मुताबिक: ईश्वर स्वयं गुरु या दिव्य शिक्षक के रूप में प्रकट होते हैं। गुरु सामान्य आत्माओं में से एक नहीं होते, यानी व्यक्ति नहीं होते हैं। वह इंसान के रुप में भगवान होते हैं। उनका आविर्भाव हिब्रुओं के ईश-दर्शन के सदृश है। वह सत्य और कृपा का दाता है। वह मनुष्य को प्रबुद्ध बनाता है; वह मनुष्य की रक्षा करता है; वह इंद्रियों के सम्मोहन को नष्ट कर देता है; वह मनुष्य का धर्मगुरु है, उसका प्रभु है। वह सभी जीव-जंतुओं का संरक्षण करता है और मनुष्य को स्वर्ग के मार्ग पर ले जाता है। ये हिंदू अभिव्यक्तियां हैं जिनमें यह सिद्धांत निहित है। ईसाई मिशनरियों के लिए यह सिद्धांत हिंदुओं तक पहुंचने का एक आसान और सीधा रास्ता है। ईसा मसीह सत-गुरु हैं, दिव्य शिक्षक; इन हिंदू झांकियों से कहीं अधिक महान और अधिक चमत्कारिक हैं।[70]

[68] *Report of the Centenary Conference on Protestant Missions of the World,* London, 1888: 89.

[69] *MCCM*, Vol. VII, 1889: 197–211.

[70] Ibid.: 205.

चित्र 10.1: 'एक प्रख्यात ब्राह्मण गुरु'

FREE CHURCH OF SCOTLAND

Quarterly Missionary Paper.

A CELEBRATED BRAHMAN GURU.

THE above engraving represents a great Guru of Southern India. The name *Guru* means spiritual teacher, and is applied to persons who are supposed greatly to excel others in sanctity and spiritual wisdom. Each caste and sect has its particular Guru, who may be either a Brahman or a Sudra, and who is invested with great power. He superintends the people belonging to his sect in his jurisdiction, and enforces the due observance of the rules and customs, by punishing the refractory. He has also the power of expelling from the caste, and of restoring those who had been

No. XLI. DECEMBER 1869.

मैसूर राज्य के श्रृंगेरी स्थित शंकराचार्य मठ के आध्यात्मिक प्रमुख का 'फ्री चर्च ऑफ़ स्कॉटलैंड मिशनरी पेपर' में आम्ल-लेखन (दिसंबर 1869)। इससे न केवल विभिन्न हिंदू परंपराओं के बारे में मिशनरियों के बढ़ते विशिष्ट ज्ञान का पता चलता है बल्कि हिंदू आस्था और रिवाजों को चित्रित करने में उनकी बढ़ती निष्पक्षता और वस्तुनिष्ठता का प्रयास भी स्पष्ट होता है।

इस प्रकार यहां वर्णित अन्य लोगों की तरह कॉबन के लिए भी भारत में मूल कर्तव्य पूरी हिंदू परंपरा का सफाया करना नहीं था बल्कि जहाँ तक हो सके यहां पर पहले से जो कुछ मौजूद था उसी आधार पर ईसाई धर्म की संरचना करना था। ईसाई धर्म हिंदुओं के हृदय में धार्मिक लालसाओं को संतुष्ट कर सकता था और करेगा एवं साधु-संतों के शिक्षण में प्रतिबिंबित यथार्थों को प्रकाशित करेगा। हालांकि इन टीकाकारों की लेखनियों में निष्पत्ति की अवधारणा मोनियर-विलियम्स तथा मैक्स मूलर द्वारा इस विषय पर की गई विवेचना का एक अंश भर ही थी। उनके लिए और बाद में टी.इ. स्लाटर के लिए निष्पत्ति (फुलफिल्मेंट) का तात्पर्य अधिक सामूहिक और विकासवादी विचार से भी था। इस दृष्टि से कि निचले धर्म धीरे-धीरे समय के साथ-साथ उच्चतर की ओर विकसित होकर बढ़ेंगे—जहाँ उच्चतम स्थान पर स्वयं ईसाई धर्म अवस्थित है।

टी. ई. स्लाटर

वॉन की कृति से उद्धृत उपरोक्त उद्धरण जैसे कुछ अन्य मिशनरी टिप्पणियों से यह स्पष्ट नहीं होता कि निष्पत्ति की अवधारणा को वे महज व्यक्तिगत जीवन में कुछ आकांक्षाओं या आस्थाओं को संतुष्ट करनेवाले विचार के रूप में लेते हैं या फिर इसे किसी दूसरे धर्म के आधार पर एक संपूर्ण प्रणाली या धर्म की तरह विकसित करने के लिए एक बृहत्तर प्रक्रिया के रूप में देखते हैं। यद्यपि इसमें संदेह नहीं कि *Modern India* में मोनियर-विलियम्स की तरह स्लाटर के भी दिमाग में ये सभी प्रारूप थे। वास्तव में उन्नीसवीं सदी के अंत से पहले निष्पत्ति की अवधारणा पर स्लाटर के विचार शायद सर्वाधिक विस्तृत मिशनरी विश्लेषण प्रस्तुत करते थे। जैसा कि हमने देखा है, उसके विचार शायद ही मौलिक होते थे और उस समय (निश्चित रूप से आरंभिक काल में यानी 1880 के दशक के दौरान) वह केवल समकालीन अंतर्दृष्टियों और विचारों को संश्लिष्ट करने का काम कर रहा था।

सन् 1882 में प्रकाशित उसकी *The Philosophy of Missions* शीर्षक पुस्तक में निष्पत्ति की अवधारणा पर उसके विचार काफी विकसित रूप में स्पष्ट हुए। इसमें अन्य धर्मों में धार्मिक आकांक्षाओं की संतुष्टि की चाह रखनेवाले व्यक्तियों को ईसाई धर्म में आकर उसे पाने के विचार पर बल न देकर लेखक ने सामान्य रूप से विभिन्न धार्मिक प्रणालियों की तुलना की है। स्लाटर का कहना था कि धर्म के इतिहास में केवल 'योग्यतम की उत्तरजीविता' (survival of the fittest) का प्रश्न था।[71] अन्य सभी धर्म (जिनमें उतनी सच्चाई नहीं होती है) 'ईसाई धर्म में अपनी निष्पत्ति के लिए' इंतजार कर रहे थे।[72] *Harvest*

[71] Slater 1882: 111.

[72] Ibid.: 112.

Field में सार-संक्षेप में अपने विचार प्रस्तुत करते हुए उसने लिखा कि उसकी दलील के मुख्य बिंदु निम्नलिखित हैं:

> भारत के पुराने धर्म इंसान की गूढ़तम आकांक्षाओं के गंभीर संकेत हैं, और उनकी आपूर्ति का भी गंभीर प्रयास है; हालांकि सभी यथार्थ जो हिंदू धर्म में प्रकट किए गए हैं अथवा जिनके महज संकेत प्रकट किए गए हैं वो सभी ईसा में मिलते हैं, जिन्होंने कुछ अनिवार्य संपूरक यथार्थों को प्रकट किया है, इस प्रकार ईसाई धर्म हमेशा के लिए हरेक प्रजाति का धर्म बनने में सक्षम है।[73]

उसकी कुछ बाद की टिप्पणियों, खासकर उसकी पुस्तक *The Higher Hinduism in Relation to Christianity* (जिसका लेखन संभवतः सन् 1901 में संपन्न हो गया था) में स्लाटर ने अधिक विस्तार से समझाते हुए लिखा कि किस प्रकार कुछ अधिक विशिष्ट हिंदू अवधारणाएं या प्रथाएं ईसाई धर्म में पूर्णता प्राप्त करेंगी और एक दृष्टि से सुधरा हुआ स्वरुप प्राप्त करेंगी। उदाहरण के लिए, अवतार के ईसाई सिद्धांत तथा अवतार या अवतरण के हिंदू सिद्धांतों के बीच समानताएं मिलती हैं। हिंदू सिद्धांत में 'ऐतिहासिक उद्धारक के अवतरित होने' की पूर्वकल्पना है। लेकिन फिर भी ईसाई और हिंदू शिक्षणों में कई प्रमुख भिन्नताएं भी हैं। विष्णु के 'बहुत सारे और विभिन्न प्रकार के' अवतार थे और इसलिए 'वस्तुओं की सृष्टि में प्रयुक्त दिव्य तत्व' का 'केवल अंशमात्र' ही था। इसके अतिरिक्त जब विष्णु अपने स्वर्ग में वापस लौट जाते हैं तो अपने मानव स्वभाव को अलग रख देते हैं। इसलिए दिव्य मानव 'केवल आभासी है, वास्तविक नहीं'। दूसरी तरफ 'ईसा न केवल अचेतन भविष्यवाणी को पूरा करता है' बल्कि भगवान और इंसान के बीच सच्चे संबंध के बारे में मूल धारणाओं को सुधारता है। ईसा के जीवन में 'शब्द जीवंत हो गए' और ईश्वर ने 'मानव में देवत्व और देवता में मानवता दोनों को प्रकट किया'।[74]

स्लाटर का काम बहुत महत्त्वपूर्ण था क्योंकि न केवल उसने निष्पत्ति-धर्ममीमांसा से संबंधित बहुत सारे अंतर्निहित विचारों को स्पष्ट किया और उनको विकसित किया, बल्कि मिशन कार्यक्षेत्र में कार्यरत सहकर्मियों समेत उसके अपने समकालीनों पर उसका महत्त्वपूर्ण प्रभाव पड़ा। वह मिशनरी की पत्रिकाओं में नियमित अपना योगदान देता था। वह बहुत प्रभावशाली लेखक था और नए विचारों की अविराम वकालत करता था। अपने रूढ़िवादी सहकर्मियों को बार-बार सोचने की चुनौती देने का वह शायद कोई अवसर नहीं छोड़ता था। कुछ अत्यंत महत्त्वपूर्ण मिशनरी कांफ्रेंसों में उसने अपने निबंध प्रस्तुत किए और काफी कुछ लिखा।

[73] *IER*, Vol. XI, 1884: 286.

[74] Slater 1906: 30–2. हिंदू और ईसाई शिक्षणों के बीच समानताओं और भिन्नताओं पर स्लाटर की टिप्पणियों पर और भी विचारों के बारे में जानने के लिए देखें Hedges 2001: 169–77.

विलियम मिलर: एक ईसा और अनेक धर्म

ईसाई धर्म और हिंदू धर्म के बीच के संबंध को देखने का एक तीसरा और अलग नजरिया विलियम मिलर (1838–1923) के विचारों में झलकता है। वह मद्रास क्रिस्चियन कॉलेज का लंबी अवधि तक प्रधानाध्यापक रह चुका था। वह मिशनरी उच्चतर शिक्षा के क्षेत्र में अग्रणी भूमिका निभानेवाले के रूप में और भारत में ईसाई धर्म की भूमिका पर विवादास्पद टिप्पणियों के कारण विख्यात था। शार्प ने सच ही कहा कि उसने 'क्रिस्चियन कॉलेजों के सामने एक नया और विवादास्पद उद्देश्य रखा—धर्मांतरित मत करो, पर पूरे गैर-ईसाई भारत में ईसाई विचार और ईसाई प्रभाव को फैलाओ।'[75]

ईसाई धर्म और अन्य धर्मों के बीच संबंध के बारे में बहुत सारे नए-नए तथा अधिक उदारवादी विचार जो उन्नीसवीं सदी के अंतिम दशकों में उभरकर आने लगे थे, मिलर के मिशन संबंधी दर्शन और ईश्वर के अभिभावी विधान के बारे में उसकी समझ के साथ एकीकृत हो गए थे। यद्यपि उसकी दलीलें और अंतर्दृष्टियां न केवल आरंभिक गतिविधियों के आधार पर बने ढांचे का परिणाम थीं, बल्कि वे एक चुनौतीपूर्ण मौलिक चिंतन को प्रतिबिंबित करती थीं और उन दिनों विभिन्न आस्थाओं के बीच संबंधों पर कुछ अत्यंत प्रमुख ईसाई टीकाकारों के विचारों के पूर्वानुमान प्रस्तुत करती थीं।

निष्पत्ति पर उसके विशिष्ट विचारों के बारे में बहुत कम जानकारी उपलब्ध है। सन् 1863 में भारत आने के तुरंत बाद ही उसने 'निष्पत्तिकर्ता के रूप में ईसा' (Christ the Fulfiller) विषय पर अपना व्याख्यान दिया। उसके जीवनवृत्त लेखक के अनुसार उसका कहना था कि 'ईसा का धर्म अन्य धर्मों में निहित आकांक्षाओं को संतुष्ट करने से अभिप्रेरित था और यह स्वयं अपनी आकांक्षाओं की संतुष्टि या पूर्णता, अन्य धर्मों के विशिष्ट योगदानों को ग्रहण करके प्राप्त करने का अभिप्राय रखता था।'[76] निष्पत्ति के इस संस्करण का एक महत्त्वपूर्ण पहलू यह है कि इसके मुताबिक ईसाई धर्म समेत सभी धर्म त्रुटिपूर्ण और अधूरे हैं और इनको एक-दूसरे से ग्रहण करने की आवश्यकता है।

हालांकि मिलर निष्पत्ति के इन विशिष्ट विचारों से अधिक संपूर्ण सृष्टि में ईश्वर के क्रियाकलापों की प्रकृति के बारे में सोचता था। अपने लेखनों में और वक्तव्यों में पूरे विश्व के सभी देशों और सभी लोगों के लिए चिंता तथा ईश्वर के अनुरक्षण की प्रकृति पर प्रकाश डालने वाले बाइबिल के प्रमुख अनुच्छेदों के संदर्भ प्रस्तुत करता था।[77] बाइबिल के एक अनुच्छेद के अनुसार (Psalm 24: 1). 'पृथ्वी प्रभु की है और इसकी संपूर्ण सृष्टि भी; पूरा विश्व और उसमें निवास करने वाले लोग भी। क्योंकि उसने इसे समुद्र पर बनाया है और ज्वार

[75] Sharpe 1965: 82.

[76] Ibid.: 87.

[77] Reuben 2002: 124–25.

पर स्थापित किया है।' इस काल की बढ़ती संख्या में अन्य मिशनरियों की तरह मिलर ने भी मार्स हिल पर एथेनीयनों को पॉल द्वारा दिए गए उपदेश की ओर सबका ध्यान आकर्षित किया। खासकर पॉल का यह कथन कि 'ईश्वर हरेक देश के लोगों से एकरूप होकर पृथ्वी के सभी रूपों में बसते हैं, उनके लिए नियुक्त ऋतुओं, और उनकी बस्तियों की सीमाएं निर्धारित करते हैं, सभी मनुष्यों को ईश्वर की तलाश करनी चाहिए, उन्हें याद करके और उनको पाकर धन्य महसूस करना चाहिए'।[78] इसलिए मिलर के अनुसार चर्च के बाहर के लोग भी ईश्वर द्वारा उतने ही संरक्षित हैं जितने चर्च के अंदर के लोग और किसी भी देश में या परिस्थिति में ईश्वर को पाना असंभव नहीं है।

हालांकि मिलर के विचार को समझने के लिए इस तथ्य पर गौर करना चाहिए कि उसने ईसाई धर्म और ईसा के बीच भेद स्पष्ट किया; एक तरफ ऐतिहासिक चर्च, संप्रदाय, धर्म मत एवं ईसाई संगठनों और दूसरी तरफ ईसा मसीह के रूप में ईश्वरीय आत्मा के प्रकट होने के बीच अंतर स्पष्ट किया।[79] यह अंतर भी कोई नया नहीं था। उन्नीसवीं सदी के बीतने के साथ-साथ मिशनरियों को धीरे-धीरे चर्च में धर्मंतारितों के नाम दर्ज कराने के अपने कर्तव्य से अलग, ईसा के बारे में उपदेश देने की अपनी भूमिका के महत्त्व का एहसास होने लगा था। शुरू-शुरू में सन् 1855 में रेव. जॉन वेंगर ने कलकत्ता में मिशनरी कांफ्रेंस में वक्तव्य देते हुए कहा कि सभी मिशनरियों को 'ईसाई धर्म पर उपदेश न देकर ईसा पर उपदेश देना चाहिए।' और उसके जवाब में रेव.डबल्यू. स्मिथ (सी.एम.एस.) ने अपना विश्वास बताया कि 'सभी मिशनरी' इस बात पर सहमत थे कि 'हमें सबसे पहले गॉस्पेल की शिक्षा देनी चाहिए'।[80] वास्तव में किसी खास ईसाई चर्च या ढांचे के महत्त्व के महिमागान में समय व्यतीत करने की अपेक्षा संभवतः ईसा पर उपदेश देने के विचार को मान लिया गया था। उदाहरण के लिए, सन् 1888 में हुए बंगलौर कांफ्रेंस में ईसा और ईसा से संबंधित दर्शनों में अंतर ही बहस का मुद्दा बन गया था। रेव.जे. हडसन के विचार से मिशनरी 'आमतौर' पर 'ईसा से संबंधित दर्शन की अपेक्षा ईसा पर उपदेश देने की आवश्यकता' के बारे में स्लाटर की टिप्पणियों से पूरी तरह से सहमत थे।[81] इन सब विचारों के कारण धर्मांतरित लोगों को यूरोपीय शैली के

[78] Bible, Acts 17: 26.

[79] Reuben 2002: 125–26.

[80] *Proceedings of a General Conference of Bengal Protestant Missionaries held in Calcutta, 4–7 Sept. 1855:* 48, 170. निश्चित रूप से एक मुद्दा यह था कि 'ईसा' या 'सरल गॉस्पेल' पर उपदेश का क्या तात्पर्य था? बहुत ही सम्मानित 'स्थानीय भाषा' में उपदेश देनेवाले रेव.ए.एफ.लाक्रोई (एल.एम.एस.) का मानना था कि सरल गॉस्पेल का उपदेश देना 'ईसा पर उपदेश देना था, उनके जीवन की कहानी, उनका देहावसान, उनका पुनर्जीवन और स्वर्गारोहण, अब हमारे बीच उनकी उपस्थिति और भविष्य में उनके न्याय की निश्चयता' के बारे में बताना था (पृष्ठ 63).

[81] *HF*, Vol. VII, May 1887: 334–35.

विभिन्न सांप्रदायिक चर्चों में नाम दर्ज कराने का विचार मिशनरी उपदेशों से संबंधित विचारों से संभवतः पूरी तरह से निकल चुका था हालांकि वास्तविक परिणाम शायद यही होता हो।

इसलिए ईसा को ईसाई धर्म से अलग करने का मिलर का विचार उतना अभिनव या मौलिक नहीं था जितना शायद प्रतीत होता था। वास्तव में यह काफी संभव है कि सामान्य तौर पर मिशनरी उस सदी के आरंभ में ईसाई धर्म के किसी खास संस्करण से जितना जुड़े रहते थे, उससे अब कम जुड़े हुए थे। पर चाहे जो भी हो, मिलर ने यही किया कि जहाँ तक संभव हो ईसा और ईसाई धर्म के बीच अंतर के विचार पर बल दिया। और दोनों के बीच स्पष्ट अंतर प्रकट करके उसने ऐतिहासिक चर्च की सभी कमियों और बुराइयों को स्वतंत्र होकर स्वीकार किया। गेब्रियल के अनुसार उसने 'कभी भी विश्व के समक्ष ईसा के प्रकट होने के लिए निर्धारित ईश्वर के अलौकिक माध्यम के रूप में चर्च के महत्त्व को कम करके नहीं देखा',[82] लेकिन उसके दंभ, आत्मसंतोष और पतनशील अवस्था पर कटु प्रहार करने से वह कभी नहीं चूका। इसके अतिरिक्त उसकी दृष्टि में चर्च की विजयी मानसिकता और यह विश्वास कि ईश्वर केवल इसी की चहारदीवारी के अंदर बसते हैं, वास्तव में खतरा पैदा कर रहा था।

मिलर के अनुसार यह विचार कि ईसा पूरे विश्व के संरक्षक हैं सभी धार्मिक प्रणालियों में सक्रिय रूप से प्रतिबिंबित होता है। ईसाई धर्म समेत सभी धर्म त्रुटिपूर्ण और अधूरे हैं। इन सभी को यथार्थ के लिए किए जा रहे संघर्ष में विकसित होने और ईसा के प्रकाश से प्रकाशित करने के लिए एक-दूसरे की जरुरत है। अगर कोई व्यक्ति ईसाई चर्च में अपना बपतिस्मा करना चाहे तो उसका बपतिस्मा होना चाहिए। परंतु सामान्य तौर पर सभी देशों और समुदायों से आए लोग 'बिना खेमा बदले' अपने ही समुदाय में रहते हुए क्रियाकलाप जारी रखते हुए ईसाई विचारों और आदर्शों को विकसित कर सकते थे। इसलिए यह चर्च और ईसाई कॉलेजों का कर्तव्य था कि पूरे देश में ईसा की शिक्षाओं और आदर्शों को फैलाएं ताकि हिंदू अपनी विशिष्ट परंपरा के अधीन रहते हुए ईसा का अनुसरण करें। यही अंतिम तथ्य अधिकांश मिशनरियों के लिए खासतौर पर चुनौतीपूर्ण था। सभी नहीं तो कम-से-कम अधिकांश मिशनरी इसी विचार को मानते आए थे कि ईसा के प्रति अपने समर्पण के लिए बपतिस्मा एक अनिवार्य कदम था। इस पर विवाद से उदाहरण के लिए, *Harvest Field* के पृष्ठ भर गए थे। यद्यपि यह प्रमुख मुद्दा बना रहा जिसके कारण मिलर अपने बहुत सारे सहकर्मियों से अलग-थलग बना रहा।

यह कहा जा सकता है कि मिलर की आवाज जंगल में रोने जैसा हो, पर मिशन कार्य क्षेत्र में बहुत से लोग (हालांकि बपतिस्मा के बारे में नहीं) इस दिशा में सोचने लगे थे। ब्रिटिश प्रोटेस्टेंट मिशन के आरंभिक दिनों में भी मिशनरी यह मानते थे कि ईश्वर नैसर्गिक धर्म के जरिए सक्रिय थे और हिंदू लोगों के बीच अपना काम शुरू करने के लिए इस देश में उनके

[82] Reuben 2002: 123.

पदार्पण से पहले से ही वह भारत में उपस्थित थे। इसलिए वे लोग किसी अनजान जगह पर नहीं जा रहे थे बल्कि वे अपने प्रभु की प्रार्थना में और उनकी सेवा में वहां जा रहे थे जहाँ वे उनसे भी पहले गए हुए थे हालांकि कई बार हिंदू प्रणाली की बुराइयों के कारण वे दृष्टि से ओझल हो जाते थे। मिलर के ईसा हिंदू धर्म में सक्रिय थे, और यह उन नए प्रकट हुए विचारों का आगे और अधिक विस्तृत रूप था। और एक दृष्टि से यह निष्पत्ति के विचार से भी बहुत दूर नहीं था। जहाँ विभिन्न धर्म एक-दूसरे को समृद्ध कर सकते थे, वहीं केवल ईसा ही इन सबको एक साथ जोड़कर संपूर्ण रूप दे सकते थे और ईसा ही सच्चाई और अच्छाई की आकांक्षा की पराकाष्ठा और चरमोत्कर्ष थे। इन्हीं विचारों ने बीसवीं सदी के पश्चिमी और भारतीय दोनों स्थानों के ईसाई धर्ममीमांसकों को प्रभावित किया।

सहानुभूतिपूर्ण विचारों की सीमा

जे.एन. फार्क्वर पर अध्ययन के बाद शार्प का निष्कर्ष था कि

> उस सदी के अंत से पहले जो मिशनरी स्वीकृत गैर-ईसाई धर्मों के प्रति सहानुभूतिपूर्ण दृष्टिकोण रखते हुए इंजीली दृष्टिकोण के प्रति नकारात्मक दृष्टि अपनाने को तैयार थे और मैक्स मूलर तथा मोनियर-विलियम्स द्वारा निर्देशित दिशा में बढ़ने को तैयार थे, उनकी संख्या बहुत कम थी और अक्सर अपने विचारों के साथ अकेले पड़ जाते थे।[83]

हालांकि उसके बाद हुए शोध से पता चकता है कि हिंदू धर्म के प्रति अधिक सहानुभूतिपूर्ण दृष्टिकोण रखनेवाले उतने भी कम नहीं थे और यह कि काफी संभव है कि शार्प ने अपनी टिप्पणियों में सन् 1875 से लेकर सन् 1900 के दौरान मिशनरी दृष्टिकोण में आए परिवर्तनों की सीमा को कम करके प्रस्तुत किया।

ऐसे मिशनरियों की संख्या धीरे-धीरे बढ़ने लगी जो अपने इस विश्वास को प्रकट करने को तैयार थे कि हिंदू धर्म में भी ईश्वर का वास है; और इनमें से कुछ, हमारी युक्ति के मुताबिक, नैसर्गिक धर्म के माध्यम से ईश्वर की क्रियाओं पर कम बल देने लगे और स्वयं हिंदू धार्मिक प्रणाली में ईश्वर के वास के प्रमाण पर अधिक बल देने लगे। केनेडी, स्मिथ, फिलिप्स, ह्यूज, राइस, हेग, टिमोरी, मरी मिशेल, नोबल, केनेट, रॉबसन, विल्किंस, कॉबन, काल्डवेल, स्लाटर, मिलर और पोप का नाम ऐसे मिशनरियों में लिया गया है जो सहानुभूतिपूर्ण दृष्टिकोण अपनाने के लिए उतने तैयार नहीं थे। ज्यादातर मिशनरियों ने हिंदू धर्म के एक या एक से अधिक तत्वों के आधार पर ईसाई धर्म का ढांचा खड़ा करने के बारे में सोचते थे। इस विचार का एक विलक्षण अपवाद मिलर था जो ईसाई चर्चों के निर्माण से अधिक हिंदू धर्म में ईसा के समरूप ऊर्जा को प्रसारित करने पर बल देता था। लेकिन केवल यही मिशनरी

[83] Sharpe 1965: 55.

नहीं थे जो जिनका संभवतः 'नए' दृष्टिकोण के समर्थक के रूप में उल्लेख किया गया है। बल्कि उनमें एक जे. हडसन (डबल्यू.एम.एम.एस.) का नाम आता है, जिसने पूरा समर्थन नहीं करते हुए भी इस बात पर बल दिया कि 'हिंदू धर्म की सच्चाई को और साथ-ही-साथ इसकी बुराइयों को भी प्रकट करने का बहुत अधिक महत्त्व...है।'[84] दूसरा डी. मैकीचैन (सी.एस.) था जिसने सहानुभूतिपूर्ण प्रतिक्रिया की आवश्यकता पर बल दिया।[85] और इस विषय पर एफ.डबल्यू.केलेट (डबल्यू.एम.एम.एस.) के विचार स्लाटर के काफी समान थे। सन् 1896 में जब केलेट मद्रास क्रिस्चियन कॉलेज में शिक्षक के रूप में कार्यरत था, उस समय उसने 'क्राइस्ट द फुल्फिल्मेंट ऑफ़ हिंदूइज़्म' शीर्षक एक पुस्तिका का प्रकाशन किया।[86] क्रिस्चियन लिटरेचर सोसाइटी (सी.एल.एस.) के लिए प्रकाशित *Papers for Thoughtful Hindus* नामक इस श्रृंखला में ईश्वर द्वारा निरंतर स्वयं की प्रकाशना के विचार पर आधारित था। इसमें कहा गया था कि हिंदू धर्म में विशिष्ट तरीकों से प्रमाणित यह निरंतर प्रकटन व्यक्ति और ईसा के कार्य में अपनी चरम संपूर्णता को प्राप्त करेगा।

लेकिन हिंदू धर्म के प्रति दृष्टिकोणों पर व्यक्तिगत टिप्पणियों और निबंधों पर गौर करने के अतिरिक्त यह जांच करना भी आवश्यक है कि समकालीन लोगों का भी इस विचार से संबंधित अलग-अलग चिंतनों के बारे क्या कहना था। फरवरी सन् 1887 में बंगलौर मिशनरी कांफ्रेंस की एक बैठक में अपना निबंध पढ़ते हुए स्लाटर ने कहा कि:

> मेरी समझ से इस बात में कोई संदेह नहीं कि पिछले कुछ सालों में लोगों को उपदेश देने की शैली में काफी परिवर्तन आया है। उनके धर्मों पर प्रहार करने, उनके देवताओं की निंदा करने और ईसाई धर्म को इस प्रकार प्रस्तुत करने का प्रचलन हो गया था जैसे यह सभी गैर-ईसाई देशों पर विनाश की घंटी हो। लेकिन इसके विपरीत, खासकर प्रकृति और ईश्वर के चरित्र के बारे में उनके विचार आसपास के लोगों के संदर्भ में बदलने लगे। मुझे लगता है कि अब ईश्वर का कोप नहीं बल्कि उनका प्रेम ईसाई उपदेशों और ईसाई मिशनों की प्रमुख प्रेरणा बन गई थी।[87]

[84] *HF*, Vol. VII: 338.

[85] *Report of the Third Decennial Missionary Conference held at Bombay, 1892–93.*: 298.

[86] Sharpe 1965: 105–6.

[87] *HF*, Vol. VII, March 1887: 257. हिंदू धर्म के प्रति अधिक सहानुभूतिपूर्ण दृष्टिकोण के प्रचलन को सन् 1874 में ब्राइटन में हुए एक एंग्लिकन कांफ्रेंस में बिशप काल्डवेल ने भी गौर किया। हालांकि उसके मामले में यह स्पष्ट नहीं था कि अपने सामान्यीकरण में वह मिशनरियों को भी शामिल करता है या नहीं। उसने कहा कि हिंदू धर्म के बारे में अलग-अलग समय में अलग-अलग लोगों द्वारा अलग-अलग आकलन प्रस्तुत किए गए हैं। एक समय था जब हिंदू धर्म पर लिखनेवाले सामान्यतया अंधाधुंध अवमूल्यन की भूल कर बैठते थे। वह समय अब समाप्त हो गया है, और अब मुझे लगता है कि वर्तमान में लोग जो भूल कर रहे हैं, उसके कारण वे अंधाधुंध प्रशंसा पर उतर आए हैं' (Caldwell 1874: 5).

सन् 1892 में बॉम्बे में हुए कांफ्रेंस में एक वक्ता ने हिंदू धर्म के प्रति अधिक उदार और सहानुभूतिपूर्ण दृष्टिकोण के प्रचलन पर गौर किया, हालांकि इस विचार से वह पूरी तरह से सहमत नहीं था। एक भारतीय ईसाई पुरोहित सामुएल सत्थिअंधन ने स्वीकार किया कि गैर-ईसाई धर्मों के साथ बर्ताव के समय में मिशनरियों को उन प्रणालियों में प्रकट होनेवाले 'यथार्थ की झांकियों को पूरी तरह से समझने और उनकी सराहना करने' की क्षमता होनी चाहिए। उसने आगे और जोड़ते हुए कहा कि 'साथ ही समझौता करने की कोई कोशिश नहीं की जानी चाहिए। परंतु मुझे इस बात का अफ़सोस है कि *आजकल ऐसा अक्सर किया जाता है*, जिसके भयंकर परिणाम होते हैं।'[88]

अंत में, मिशनरी अपनी बैठकों में प्रस्ताव पारित करने का अभ्यास नहीं रखते थे, जिनसे पता चले कि इस विषय पर उनकी क्या राय है। परंतु कांफ्रेंस की रिपोर्टों की जांच करने से कभी-कभी पाठकों को इसके बारे में कुछ सामान्य जानकारी मिलती है। इस दृष्टि से कलकत्ता और बंबई (सन् 1882–83 और 1892–93) में हुए द्वितीय और तृतीय दसवार्षिक मिशनरी कांफ्रेंसों की रिपोर्ट से लिए गए कुछ प्रासंगिक अनुच्छेदों का विश्लेषण खासतौर पर महत्त्वपूर्ण है। इन रिपोर्टों में सकारात्मक टिप्पणियों के काफी प्रमाण मौजूद हैं और इनसे प्रकट होता है कि गुप्त रूप से बहुत से लोग चुपचाप अधिक पारंपरिक विचारों का पालन करते हैं, परंतु अधिक सहानुभूतिपूर्ण दृष्टिकोण की वकालत करनेवालों को भी भारी संख्या में खुलकर समर्थन प्राप्त था।[89] हिंदू धर्म के प्रति सहानुभूतिपूर्ण दृष्टिकोण की वकालत करनेवाले अधिक उदारवादी वक्ताओं और लेखकों का ही वर्चस्व था जो मुद्दे निर्धारित करते थे और सलाह देते थे कि ईसाई–हिंदू संबंधों को किस प्रकार से प्रबंधित करना चाहिए।

सन् 1895 में बरोज व्याख्यान के विषय पर कलकत्ता मिशनरी कांफ्रेंस के एक प्रस्ताव में मिशनरियों ने असाधारण रूप से सामूहिक वक्तव्य दिए। इस वक्तव्य से कम-से-कम तुलनात्मक धर्म को अंगीकार करने के विचार के प्रति इंजीली मिशनरियों द्वारा एक तात्कालिक आंदोलन चलाने का अभिप्राय स्पष्ट होता है। सर्वसम्मति से पारित एक प्रस्ताव में सीमित अर्थों में इस विषय पर अपनी सहमति प्रकट करते हुए उन्होंने कहा:

> तुलनात्मक धर्म के अध्ययन के महत्त्व को समझते हुए कांफ्रेंस ने काफी रुचिपूर्वक सुना कि एक ईसाई महिला की उदारता से यूनिवर्सिटी ऑफ़ शिकागो के तत्वावधान में कलकत्ता में इस विषय पर व्याख्यानों द्वारा पाठ्यक्रम चलाए जाएंगे। वे अपने अवलोकन से संतुष्ट होकर

[88] Author's italics. *Report of the Third Decennial Missionary Conference held at Bombay, 1892–93*: 271.

[89] *Report of the Second Decennial Missionary Conference held at Calcutta, 1882–83*: 26–31; and *Report of the Third Decennial Missionary Conference held at Bombay, 1892–93*: 298–310.

> यह प्रस्ताव रखते हैं कि व्याख्याता सक्षम और प्रमुख ईसाई लोग होंगे, जिनको इंजीली ईसाई धर्म पर भरोसा है और अनुमानित है कि वे न केवल आदरणीय और पक्षपातहीन तरीके से तुलना करेंगे, बल्कि डिवाइन ऐट्रिब्यूट्स (दैवी गुण), इनकारनेशन (अवतार), रिजरेकशन (पुनरुत्थान) तथा सिन (पाप) और एटोनमेंट (प्रायश्चित्त) की प्रकृति जैसे निर्धारित विषयों पर भी इसके माध्यम से प्रकाश डालेंगे।[90]

जहाँ शब्दों के चुनाव में कुछ हद तक सावधानी बरती गई है, वहीं तीस साल पहले एक ऐसा प्रस्ताव रखना एक अकल्पनीय विचार था, जिसके अनुसार ईसाई धर्म अन्य धर्मों से पूर्णतः भिन्न नहीं था। इसके अतिरिक्त इस कांफ्रेंस का प्रस्ताव इंजीली विचारों की अभिव्यक्ति थी, इसलिए एस.पी.जी. से जुड़े मिशनरियों और ब्रॉड चर्च एंग्लिकंस के विचार इस वक्तव्य में शामिल नहीं थे।

हालांकि उन्नीसवीं सदी के उत्तरार्ध में भारत में बढ़ती संख्या में कार्यरत मिशनरी महिलाओं के दृष्टिकोणों के बारे में जब तक और अधिक जानकारी नहीं मिलती कम-से-कम तब तक हिंदू धर्म के बारे में ब्रिटिश प्रोटेस्टेंट मिशनरी मूल्यांकन में आए इन परिवर्तनों की कहानी कुछ हद तक अधूरी ही है। इसका एक कारण क्षेत्रीय और सामान्य कांफ्रेंसों में हिंदू धर्म पर प्रासंगिक विचार-विमर्शों में महिलाओं की प्रवर्तित अनुपस्थिति थी। इसलिए अब हमें हिंदू धर्म के बारे में महिलाओं के विचार जानने की आवश्यकता है।

[90] *IER*, Vol. XXI, 1895: 501.

11 हिंदू धर्म की अवधारणा निर्माण में लिंगभेद के मुद्दे और चर्च ऑफ इंग्लैंड की ज़नाना मिशनरी सोसाइटी के विशेष संदर्भ में, 1880–1900

उन्नीसवीं सदी के उत्तरार्ध में प्रोटेस्टेंट समुदायों के अंदर महिला मिशनरी आंदोलनों के उदय के विषय में हम पहले ही चर्चा कर चुके हैं। इस अध्याय का उद्देश्य भारत में होने वाले परिवर्तनों और हिंदू धर्म के निरूपण में विशेष रूप से उन महिलाओं के अनुभवों पर ध्यान केंद्रित करना है जो चर्च ऑफ इंग्लैंड की जनाना मिशनरी सोसाइटी (CEZMS) के धर्मप्रचारक के रूप में उन्नीसवीं सदी के आखिरी दशकों में भारत में कार्यरत थीं।

मुख्य प्रश्न यह है कि किस हद तक इन महिलाओं का हिंदू धर्म संबंधी विचार, प्रारूप, मूल्यांकन पुरुषों से भिन्न था? ये महिलाएं हिंदू धर्म के बारे में वस्तुतः क्या जानती थीं? हिंदू घरों में प्रवेश और भारतीय महिलाओं से संपर्क की वजह से उन्होंने क्या नई सूचनाएं प्राप्त कीं और क्या नया दृष्टिकोण विकसित किया? इसके अलावा क्या उनके सामान्य उत्तरों में भी एक विशिष्ट स्त्री स्वर और व्याख्या की पहचान करना संभव है? लेकिन इन मुद्दों पर खोजबीन करने से पहले भारतीय संदर्भों, खास कर हिंदू धर्म की जिन अवधारणाओं के साथ महिलाओं का कार्य जुड़ा हुआ था, उसके विषय में कुछ बातें और सामने रखी जानी चाहिए।

हिंदू महिलाओं के हित में हिंदू धर्म का मत प्रचार

मिशन क्षेत्र में कार्यरत लोगों की पत्नियों और बेटियों एवं कुछ पुरुषों को भी, यह बिलकुल स्पष्ट समझ आ रहा था कि हिंदू महिलाओं के लिए किसी न किसी प्रकार के हस्तक्षेप की जरूरत थी। हिंदू महिलाओं के संरक्षण और उनकी 'मुक्ति' के सबसे प्रभावशाली पुरुष प्रवक्ताओं में जेम्स पेग्स, विलियम वार्ड (दोनों बैप्टिस्ट), एलेग्जेंडर डफ, और एडवर्ड स्टोरो (लंदन मिशनरी सोसाइटी), आदि का नाम लिया जा सकता है। इस संदर्भ में एडवर्ड स्टोरो ने सन् 1868 में मेरी लिस्ले की पुस्तक *A Dawnof Light* की भूमिका भी लिखी थी। कुछ विशिष्ट महिला लेखिकाओं में, जो पुरुषों द्वारा इंगित दिशा में आगे बढ़ीं जो और

महिलाओं द्वारा महिलाओं के लिए किए जाने वाले कार्य पर हमेशा जोर डालती थीं, उनमें *The women of India and Christian Work in Zenana* (1875) की लेखिका मेरी विदब्रेख्त और *Outline of Missionary Series* (1881) में प्रकाशित आलेख *Indian Zenana Mission* की लेखिका एम्मा रेमंड पिटमैन भी थीं।

इन सभी वक्ताओं और लेखकों के मन में एक ही उद्देश्य नहीं था। जैसा कि हमने देखा है, पेग्स और वार्ड जैसे महिला मुद्दों पर लिखने वाले आरंभिक लेखक सती जैसी भयावह प्रथाओं के प्रचलन से बहुत विक्षुब्ध थे और भारत के ब्रिटिश अधिकारियों पर हिंदू महिलाओं को प्रभावित करने वाले इन रिवाजों को गैरकानूनी बनाने के लिए जनमत का दबाव बनाने की कोशिश कर रहे थे। इनके साथ अन्य परवर्ती लेखक भी महिलाओं की अज्ञानता और महिला शिक्षा विकसित किए जाने के लिए चिंतित रहते थे। महिलाओं की शिक्षा और उनके धर्मांतरण की दृष्टि से इन्हें यह ज्यादा से ज्यादा महसूस होने लगा कि एकमात्र और सबसे अच्छा रास्ता 'महिलाओं द्वारा महिलाओं के लिए कार्य' और उसके लिए महिला धर्मप्रचारकों की भर्ती हो सकता है जिसे महिला मिशनरी आंदोलन के नाम से जाना जाने लगा था। अतः भारतीय स्त्रियों के लिए महिला मिशनरियों द्वारा किए जाने वाले कार्यों के संदर्भ में ऐसे लेखकों और पत्रकारों का उल्लेख भी अवश्य किया जाना चाहिए। इससे अन्य लोगों के लेखन और दलीलों एवं इस विषय में लगातार बढ़ते हुए साहित्य का असर भी पड़ने लगा। यूरोप की एक प्रख्यात प्रचारक-लेखिका और भारत में महिला शिक्षा की सबसे सफल यूरोपीय अग्रदूत मिस कुक (मिसेज विल्सन) भारतीय महिलाओं के लिए वार्ड की अपील पर यहां आने को प्रोत्साहित हुई। इसी तरह डफ द्वारा भारतीय स्त्रियों के दुखों का नाटकीय और भावपूर्ण चित्रण ने भी काफी चिंता जगाई और स्कॉटलैंड में महिला समितियों के गठन को बढ़ावा दिया।[1]

विलियम वार्ड (1820) से लेकर एम्मा पिटमैन (1880) तक भारत में स्त्रियों की स्थिति पर लिखने वाले जितने भी प्रमुख लेखक थे, सब ऐसा चित्रण करते थे जैसे हिंदू स्त्रियों के जीवन में कोई आशा, खुशी या शिक्षा की किरण कभी आती ही नहीं थी। जैसा कि मोराविकी ने इंगित किया है उन्होंने जैसे यह मान लिया था कि एक हिंदू महिला के लिए अपने जीवन में उल्लास और खुशी महसूस करना लगभग असंभव था। उनकी मूल प्रस्थापना प्रायः यह थी कि जब तक वे और उनके घर ब्रिटेन के मध्यवर्गीय ईसाई परिवारों के स्तर पर नहीं आ जाता तब तक तो उनकी जिंदगी असल में दयनीय ही समझी जा सकती है।

भारत में महिला धर्मप्रचारकों को भेजने संबंधी प्रचार में दो बिंदु सबसे असरदार साबित हुआ: (क) हिंदू महिलाओं के दुखों और कष्टों का विशाल पैमाना और (ख) इन सभी समस्याओं की जड़ हिंदू धर्म में देखना। डफ द्वारा सन् 1839 में एडिनबर्ग में दिया गया

[1] Weitbrecht 1875: 60; Smith 1879, Vol. 1: 373–74; Duff 1839.

भाषण 'Female Education in India' और मेरी विदब्रेख्त की पुस्तक *The Women of India and Christian Work in the Zenana* (1875) इस दृष्टिकोण के दो सबसे अच्छे उदाहरण हैं।

लगता है कि डफ की सूचना और मूल तर्कों का सबसे बड़ा स्रोत बंगाली वृतांत खासतौर पर 'यंग बंगाल' नामक रैडिकल ग्रुप के वक्तव्य और विचार थे। डफ के व्याख्यान सुनने वाले छात्रों में ऐसे नौजवान भी थे जो यूरोपीय प्रबोधन के विचारों से भारी तरह प्रभावित थे। वे भी डफ की तरह ही हिंदू धार्मिक परंपराओं के कट्टर आलोचक थे। सन् 1831 में जब डफ कलकत्ता में था उसे नौजवानों के वाद-विवाद क्लबों में आने की अनुमति मिल गई थी, जिनमें से कुछ क्लब महिलाओं के अधिकार और स्वाधीनता के प्रश्नों पर बहस करते थे। डफ के जीवनीकार जॉर्ज स्मिथ के अनुसार इन्हीं क्रांतिकारी अधिवेशनों के दौरान डफ ने महिला शिक्षा की नीति का पहली बार प्रतिपादन किया।[2] डफ सन् 1835 में स्कॉटलैंड वापस चला गया, लेकिन वह महिला शिक्षा का मुद्दा भूला नहीं। यहीं उसने हिंदू धर्म और महिलाओं की दुर्दशा पर अपना विख्यात व्याख्यान दिया। यह एक आश्चर्यजनक संयोग ही है कि सन् 1839 में डफ और महेश चन्द्र देब नामक एक नौजवान (अलग अलग सुदूर देशों में) ने महिलाओं के शोषण और शिक्षा पर एक ही जैसे व्यख्यान दिए थे। देब जनवरी 1839 में कलकत्ता संस्कृत कॉलेज हॉल[3] में और डफ इसके कुछ ही समय बाद एडिनबर्ग में बोलते हुए महिलाओं की अधीनता पर बिलकुल एक जैसे बिंदु प्रस्तुत कर रहे थे।

दोनों ने अपनी शुरुआत बंगाली महिलाओं की दुर्दशा और पतन की गहराई के वर्णन के साथ किया और उनकी दुर्दशा के लिए धर्म और अंधविश्वास को जिम्मेदार ठहराया। ईसाई देशों की महिलाओं की स्वतंत्रता और 'समानता' की तुलना 'प्रकाशना की किरण के आशीर्वाद से हीन' इस देश की महिलाओं की शोषित अवस्था से करने के बाद डफ महिलाओं के विषय में हिंदू व्यवस्थाओं का उल्लेख करता है। उसने हॉलहेड द्वारा मनुस्मृति के अनुवाद का उल्लेख किया और देब ने भी अपने भाषण में इसीसे उद्धरण प्रस्तुत किया। उन्होंने इस सामान्य धारणा को मान लिया कि मनुस्मृति की व्यवस्था सभी पर लागू होती थी और संपूर्ण भारतीय उपमहाद्वीप में सभी हिंदुओं द्वारा समान रूप से स्वीकृत था। डफ ने 'पूरे मामले का सार' बताते हुए इस तरफ ध्यान आकर्षित किया और कहा:

> अपने जन्म से मृत्यु तक, महिलाओं की किसी मामले में अपनी कोई इच्छा नहीं होती – उन्हें कभी अपनी स्वाधीनता की कामना भी नहीं करनी चाहिए। पुरुष के बराबर की मददगार होने की बजाए, उसे सदा सर्वदा के लिए उसका तुच्छ दास– उसका दीनहीन और आज्ञाकारी नौकर बनकर संतुष्ट होना चाहिए।[4]

[2] Smith 1879: 149.

[3] भाषण के संपूर्ण पाठ के लिए देखें Chattopadhyay 1965, Vol. 1: 105–30.

[4] Duff 1839: 7.

उसने रेखांकित किया कि पुनर्जन्म के सिद्धांत का महिलाओं के शोषण के लिए इस्तेमाल किया जाता था, क्योंकि यह शिक्षा देता है कि इस जन्म का कष्ट पिछले जन्म में किए गए अपराधों और पापों का प्रत्यक्ष फल है। इसके अतिरिक्त देब की तरह उसने भी हिंदू धर्म और महिलाओं के साथ दुर्व्यवहार संबंधी अपने तर्क को पुष्ट करने के लिए महिलाओं की स्वाधीनता और स्वतंत्रता को दबाने हेतु हिंदू धर्म की अन्य विधि-व्यवस्थाओं की तरफ ध्यान आकर्षित किया। इनमें से कुछ व्यवस्थाएं ऐसी थीं जो ईसाई समाज के कुछ सदस्यों के जेहन में पहले से गहरे बैठी हुई थी। इनमें शिशु-विवाह, विधवाओं के पुनर्विवाह पर प्रतिबंध, और विधवाओं से निर्धन और संन्यासी जीवन शैली बिताने की अपेक्षा शामिल रही है। लेकिन देब से भिन्न डफ हिंदू महिलाओं द्वारा अपनी जैसी अन्य हिंदू महिलाओं के शोषण के विषय में भी मुखर था। राजपूताना जैसे इलाके में महिलाओं से अधिक पुरुषों की संख्या का उल्लेख करते हुए उसने बिना समय गंवाए चित्रण किया कि किस प्रकार निर्दोष लड़कियों की हत्या की जा रही थी। उसने तकरीर की कि यह सब उन 'नाखुश माताओं' द्वारा ही किया जाता था 'जिनके मन में झूठे सम्मान और झूठे धर्म के नाम पर' अपनी ही कोख के फल के लिए कोई करुणा नहीं बची थी'।[5] यदि उसके श्रोता इन अत्याचारों में अब भी हिंदू धर्म की भूमिका से पूर्ण परिचित नहीं होते तो वह जोर डाल कर फिर से दोहराता कि इस सबके पीछे असली ताकत न केवल हिंदुओं का 'शैतानी अहंकार' बल्कि उनका 'नारकीय अंधविश्वास' भी था।

हिंदू धर्म या कहें तो ब्राह्मणवाद को हिंदू महिलाओं के पतन और दुर्दशा का मूल कारण बताने वाले अन्य प्रभावशाली प्रचारकों में सुश्री विदब्रेख्त का उदाहरण भी दिया जा सकता है, जो चर्च मिशनरी सोसाइटी के एक प्रभावशाली प्रचारक की विधवा थी, जिसका देहांत बंगाल में ही 1852 में हो गया था।[6] हालांकि वह महिलाओं के मुद्दे पर डफ की पुस्तक पढ़ चुकी थी और उसकी कई भावनाओं को प्रतिबिंबित करती थी,[7] लेकिन भारतीय महिलाओं की परिस्थितियों और अवस्था का उसके द्वारा किया गया चित्रण कहीं अधिक परिष्कृत था। इसका आंशिक कारण यह था कि वह भारतीय महिलाओं से कहीं अधिक प्रत्यक्ष और व्यापक संपर्क रखती थी और बंगाल में 40 वर्षों के लंबे समय के दौरान महिलाओं के बीच काम करते हुए अपना अनुभव और अंतर्दृष्टि विकसित की थी।[8] डफ की तुलना में विदब्रेख्त अपने ज्ञान और अनुभव की सीमाओं के प्रति भी अधिक सचेत थी। वह स्पष्ट कहती थी कि वह जो भी बोल रही है वह मुख्य रूप से बंगाल और उत्तरी भारत पर लागू होता है, दक्षिणी और पश्चिमी भारत के लिए वह कम प्रासंगिक है।

[5] Ibid.: 17.

[6] Stock 1899, Vol. 2: 164.

[7] Weitbrecht 1875: 38.

[8] उसके विवाह और बर्दवान में महिलाओं के बीच आरंभिक कार्यों के लिए देखें, Christopher, 1854: 105–9.

अपनी पुस्तक के पहले हिस्से में उसने स्त्रियों की दशा एवं रामायण और महाभारत जैसे महाकाव्यों में प्रतिबिंबित भारतीय नारीत्व के आदर्शों का वर्णन किया है। हालांकि उसे ऐसे तत्व भी मिले जिसकी तारीफ की जा सके, जैसे हिंदू औरतों का सदाचारी चरित्र, और स्वयंवर का अधिकार आदि, लेकिन उसने यह तर्क दिया कि अंततः निष्ठा, कर्तव्य और आज्ञाकारिता की भावना का परिणाम भारतीय स्त्रियों की दशा के पतन में ही हुआ। उसने लिखा कि 'इन काव्यों में निहित निर्विवाद आज्ञाकारिता का सिद्धांत भारत के सभी वैवाहिक संबंधों पर सख्ती से लागू रहा है और इसका परिणाम महिलाओं की दासता के रूप में सामने आया है'।[9] जहाँ डफ ने सामान्य रूप से हिंदू धर्म की दमनात्मक भूमिका का उल्लेख किया है, वहीं विदब्रेख्त का प्रहार ब्राह्मणों की भूमिका पर विशिष्ट रूप से केंद्रित था। उसके अनुसार ब्राह्मणों ने पिछली सदियों के मुकाबले अब स्त्रियों के जीवन पर दमन का संपूर्ण चक्र अधिक सुसंगठित कर लिया था। उसका मानना था कि ब्राह्मणों का प्रभाव धीरे धीरे इस हद तक बढ़ गया कि संपूर्ण राष्ट्र को धार्मिक प्रथाओं के तंत्र में बांध लिया और आतंरिक आवेग बाह्य आंदोलोनों से कम महत्त्वपूर्ण नहीं रह गए।[10] उसका दावा था कि बौद्ध धर्म के निर्वासन के बाद ब्राह्मणवादी मनुस्मृति 'भारतीय जीवन की वास्तविक संस्थाओं' का प्रतिनिधित्व करता था। उसने महिलाओं की स्वाधीनता के संपूर्ण क्षय, महिलाओं पर बढ़ते अत्याचार को उचित ठहराने में पुनर्जन्म सिद्धांत की भूमिका, निम्न जातियों के बराबर उनकी गिनती एवं अन्य सभी प्रकार की अपात्रताओं का उल्लेख किया जैसा कि डफ के आलेखों में भी दिखाई देता है। उसने इस विचार का प्रतिपादन किया कि अन्तःपुर (जनाना) प्रथा के बीजारोपण को 'यानी वह सिद्धांत जिसके अनुसार महिलाओं को बाहरी दुनिया से काट कर अलग बंद रखना आवश्यक है' इन नियमावलियों के अंदर ही देखा जा सकता है।[11] उसके अनुसार इस प्रथा का परिणाम यह हुआ कि, 'नन्ही सी बेचारी लड़की' बहुत ही कम उम्र में अपने घर में अबोध बचपन काट कर 'अजनबियों के बीच... अपने कारागृह में रहने भेज दी जाती थी और वहीं वह अपने एकांतिक और क्षयशील जीवन की शुरुआत करती थी।[12]

कुछ हद तक एक भ्रामक छवि विभिन्न टीकाकारों ने बनाया था और उसे प्रायः सभी धर्मप्रचारक के तर्कों में देखा जा सकता था कि जनाना मूलतः एक हिंदू संस्था थी। मोनियर विलियम्स को सन् 1898 में आखिरकार मजबूर हो कर यह स्पष्ट करना पड़ा था कि 'यह बिलकुल स्पष्ट होना चाहिए कि महिलाओं की एकांतिकता और उसके परिणामस्वरुप

[9] Weitbrecht 1875: 28.

[10] Ibid.: 30.

[11] Ibid.

[12] Ibid.: 43.

उनका ह्रास वस्तुतः एक हिंदू संस्था नहीं है'।[13] लेकिन जब तक व्यक्ति या समाज, अन्तःपुर या जनाना को एक हिंदू रिवाज के रूप में देखता रहा तब तक हिंदू धर्म पर इसका दोष लगता ही रहा। जनाना के साथ वंचना और बंदीकरण का विचार काफी लंबे समय तक टिका रहा और हिंदू अत्याचारों और मानव मूल्यों की अनदेखी के प्रबल प्रतीक के रूप में उनकी कल्पना में बैठा रहा। निश्चय ही जनाना के प्रतीक और अर्थ के बारे में बहुत कुछ लिखा जा चुका है, यहां सिर्फ इतना बताना जरूरी है कि मिशनरी आंदोलन के कुछ समर्थकों के लिए जनाना दरअसल अंधेरा, मनहूस, एकाकी, नीरस काल-कोठरी, और एक बंदीगृह का प्रतीक था जहाँ स्त्रियां बाहरी दुनिया के सभी संपर्कों से दूर यहां तक कि प्रकृति के उल्लास से पृथक अज्ञानता, अंधविश्वास और दासता में अपनी जिंदगी बिताती थी। पिछली सदी के अंतिम दिनों में अज्ञानता के प्रतीक के रूप में जगन्नाथ को देखा जाता था, उसकी जगह अब जनाना को दुर्दशा और अंधकारपूर्ण स्थान के रूप में देखा जाने लगा था। कुछ मिशनरियों ने विरोध व्यक्त करते हुए कहा भी कि पूरे उपमहाद्वीप में स्त्रियों की जीवन-दशा अलग-अलग तरह की है,[14] लेकिन इन रुढ़िबद्ध और जड़ धारणाओं की शक्ति से पार पाना मुश्किल था।

भारत में हिंदू महिलाओं की अवस्था पर चलने वाली बहस एक ऐसा अवसर बन गया था, जहाँ हिंदू धर्म को स्त्रियों की वेदना और दुर्दशा के लिए जिम्मेदार ठहराया जा सके। और जैसे पहले के मिशनरी यह मानने लगे थे कि अंततः जाति भी एक धार्मिक संस्था है, उसी तरह अब उनमें एक व्यापक सहमति बन गई थी कि उपमहाद्वीप में महिलाओं के साथ दुर्व्यवहार का मूल और अंतर्निहित कारण फिर एक बार धार्मिक प्रणाली ही थी। निश्चय ही मेरी विदब्रेख्त ने यह इंगित किया था कि एक समय में हिंदू स्त्रियों को भी चुनाव की स्वतंत्रता थी, और उनमें निष्ठा, आज्ञाकारिता और समर्पण के सदगुण भरे हुए थे जैसा कि महाकाव्यों की नायिकाओं में चित्रित है। लेकिन इन्हें पतन के युग से बहुत पहले के जमाने की विशेषता समझी जाती थी और उन्नीसवीं सदी के ज्यादातर सामान्य प्रचार साहित्य में हिंदू धर्म में स्त्रियों की स्थिति का जो चित्रण किया गया था, उसमें उन्हें स्वाधीनता और अधिकारों से विहीन देखा गया था और इसे ब्राह्मणवादी नियंत्रण की स्थापना और वृद्धि का परिणाम माना जाता था।

हिंदू महिलाओं के लिए कार्यरत महिला संगठन

अध्याय आठ में मिशनरी गतिविधियों के लिए महिला मिशनरी आंदोलन के उदय के कारणों और समुद्रपार देशों के लिए महिला संगठनों की स्थापना की सामान्य तौर पर चर्चा की जा चुकी है। सोसाइटी फॉर प्रोमोटिंग फीमेल एजुकेशन इन द ईस्ट इनकी प्राथमिक संस्थाओं में

[13] *IW*, Vol. 18, April 1898.

[14] उदाहरण के लिए देखें Small 1890: 46–50.

एक था, जिसकी स्थापना सन् 1834 में लंदन में की गई थी।[15] विभिन्न संप्रदायों की महिला धर्मप्रचारकों की अंतर-चर्च समिति बनाई गई जिसका उद्देश्य भारतीय महिलाओं के बीच मिशनरी कार्यों को आगे बढ़ाना था। डफ द्वारा भारतीय महिलाओं की दुर्दशा और मदद की अपील से प्रभावित होकर सन् 1838 में स्कॉटलैंड की महिलाओं ने 'स्कॉटिश लेडीज एसोसिएशन फॉर द एडवांसमेंट ऑफ फीमेल एजुकेशन इन इंडिया' की स्थापना की। चर्च ऑफ स्कॉटलैंड के सन् 1843 में विघटन के बाद यह कई समूहों में बंट गया। फ्री चर्च ऑफ स्कॉटलैंड की महिलाओं का कार्य (जिसका भारत के करीब-करीब सभी मिशनों पर नियंत्रण था) 'फीमेल सोसाइटी ऑफ द फ्री चर्च ऑफ स्कॉटलैंड फॉर प्रोमोटिंग द क्रिस्चियन एजुकेशन ऑफ फीमेल्स ऑफ इंडिया' के माध्यम से संचालित होता था। सन् 1849 में स्कॉटलैंड के विभिन्न हिस्सों में इसकी अड़तालीस से अधिक सहायक संस्थाएं थीं।[16]

इस बीच कलकत्ता में बालिका विद्यालय एवं संबंधित संस्थाएं विकसित होने लगी थीं। यह एक महत्त्वपूर्ण परिवर्तन था, जिसका अर्थ था कि कम-से-कम आरंभिक दिनों में ब्रिटिश लोगों का ध्यान बंगाल और उत्तरी भारत पर ही ज्यादातर केंद्रित था और इसीलिए भारतीय महिलाओं की अवस्था के विषय में सबसे ज्यादा जानकारी भी इसी स्रोत से प्राप्त हुई थी। मिस कुक के सतत प्रयास के परिणामस्वरुप सन् 1823 तक कलकत्ता और उसके निकटवर्ती क्षेत्रों में बाईस बालिका विद्यालय संचालित होने लगे थे। और इसके अगले वर्ष ही इन विद्यालयों की देखभाल के लिए 'लेडीज सोसाइटी फॉर नेटिव फीमेल एजुकेशन' का कलकत्ता में गठन किया गया।[17] एक केंद्रीय बालिका विद्यालय सन् 1826 में प्रारंभ हुआ और महिला शिक्षिकाओं के प्रशिक्षण के लिए कलकत्ता नार्मल स्कूल (CEZMS का जन्मस्थल) की सन् स्थापना 1852 में की गई।

भारत एवं अन्य देशों में महिलाओं के बीच काम करने के लिए स्कॉटलैंड के चर्चों द्वारा अग्रगामी प्रयासों से उनकी अपनी महिला समिति की स्थापना की गई थी। इसके बाद ऐसी ही सहायक समितियां इंगलैंड में भी गठित की गईं। वेस्लेयन मेथोडिस्ट मिशनरी सोसाइटी (डबल्यू.एम.एम.एस.) द्वारा सन् 1858 में 'लेडीज कमिटी फॉर अमेलिओरेटिंग द कंडीशन ऑफ वीमेन इन हिदेन कंट्रीज' गठित हुआ।[18] सोसाइटी फॉर द प्रोपगेशन ऑफ द गोस्पेल (एस.पी.जी.,1866), द बैपटिस्ट मिशनरी सोसाइटी (बी.एम.एस., 1868), और लंदन मिशनरी सोसाइटी (एल.एम.एस., 1875) से संबंधित इसी तरह की और भी महिला समितियां गठित हुईं। इस सूची से जो सोसाइटी स्पष्ट रूप से नदारद है, वह है सी.एम. एस.। वैसे तो कलकत्ता एवं अन्य स्थानों में महिलाओं के बीच सक्रिय संस्थाओं को यह

[15] Richter 1901: 335–36; Weitbrecht 1875: 135–36; Stock 1899, Vol. 1: 377.

[16] Sixth Annual Report 1849: 26–27.

[17] Barnes 1897: 3.

[18] Findley and Holdsworth 1922, Vol. 4: 13–24.

आर्थिक मदद देती रही थी, लेकिन ऊपर बताई गई अन्य संस्थाओं के मुकाबले इसे एकाकी महिलाओं को दूसरे देशों में काम करने के लिए भेजने के विचार को स्वीकार करना काफी मुश्किल लग रहा था।

अध्याय आठ की विवेचना से यह स्पष्ट है कि भारत में स्थापित पुरुष मिशनरी संस्थाओं और अधिवेशन समितियों को महिला मिशनरियों की बढ़ती संख्या और बेहतर हो रही कार्यशैली को स्वीकार करने में उतनी ही दिक्कत हो रही थी जितनी उनके गृह देशों की संस्थाओं को हो रही थी। जैसा कि सेम्पल ने दिखाया है विभिन्न चर्चों की कुछ जिला समितियों में महिलाओं को प्रवेश देने के प्रश्न पर समस्या तो खड़ी हो ही रही थी, बल्कि यह भी स्पष्ट है कि कई क्षेत्रीय और अखिल भारतीय अंतर-चर्च अधिवेशनों में भी महिलाओं के साथ भेदभाव हो रहा था।[19]

CEZMS का उद्भव

सन् 1851 में लंदन में महिलाओं की एक बैठक ने कलकत्ता नार्मल स्कूल के लिए पैसा जमा करने और कर्मियों के चुनाव के लिए अपनी एक समिति का गठन किया। इस एसोसिएशन ने दस वर्षों के बाद, जिसे अब इंडियन फीमेल नार्मल स्कूल एंड इंस्ट्रक्शन सोसाइटी (आई. एफ.एन.एस.आइ.एस.) का नाम दिया गया था और जो वास्तविकता में CEZMS की मातृसंस्था थी, पूरे भारत को अपने कार्यक्षेत्र के अंदर लेने का फैसला किया और दक्षिण भारत के लिए अपना पहला मिशनरी सन् 1862 में भेजा।[20] सन् 1875 में छपी अपनी एक प्रचार-पुस्तिका के अनुसार उस समय तक भारत के विभिन्न हिस्सों में उसके 131 'एजेंट' मौजूद थे। इनमें अट्ठाईस अंग्रेज लेडीज, साठ यूरेशियन और नेटिव क्रिस्चियन शिक्षिकाएं, जनाना में कार्यरत आठ नेटिव क्रिस्चियन लेडीज, पैंतीस 'नेटिव बाइबिल वीमेन' शामिल थीं।[21] इस प्रचार-पुस्तिका में दावा किया गया है कि 622 जनानों तक इनकी पहुंच थी जहाँ 1,043 विद्यार्थी थे और इसके अतिरिक्त सोसाइटी के मैनेजमेंट में चलने वाले स्कूलों में 1,437 महिला स्कॉलर भी मौजूद थीं। एलेग्जेंडर डफ की पुत्री श्रीमती वाटसन के संपादकत्व में सन् 1872 में स्थापित 'द इंडियन फीमेल एवंजेलिस्ट' नामक अपनी एक त्रैमासिक भी प्रकाशित करती थी।[22]

वैसे तो आई.एफ.एन.एस.आई.एस. या संक्षेप में कहें तो आई.एफ.एन.एस. का उद्देश्य अंतर-चर्च संगठन की तरह काम करना था और सी.एम.एस. के जनरल सेक्रेटरी इसके संविधान आदि बनाने का प्रयास कर रहे थे लेकिन असलियत में यह चर्च ऑफ इंगलैंड से

[19] Semple 2003: 97–98.

[20] Weitbrecht 1875: 139.

[21] CEZMS archives (University of Birmingham) CEZ/G AP2 1875–1880.

[22] IER, Vol. VII, 1879: 167.

काफी घनिष्ठ रूप से जुड़ा हुआ था।[23] सी.एम.एस. के इतिहासकार यूजीन स्टॉक के अनुसार सन् 1880 में लेडी किनार्ड और समिति के कुछ अन्य सदस्य सोसाइटी को गैर-पंथीय आधार देना चाहते थे (ताकि स्कॉटलैंड में और समर्थन सुनिश्चित किया जा सके) और उसके लिए एक जाने-माने प्रेस्बेटेरियन मिशनरी को सह-सचिव नियुक्त करना चाहते थे।[24] लेकिन इस प्रस्ताव के परिणामस्वरूप संगठन के अंदर ही विभाजन हो गया, और श्रीमती सैंडीस और श्रीमती विदब्रेख्त (दोनों ही सी.एम.एस के बंगाल मिशनरी की विधवाएं) सहित कमिटी के कई सदस्यों ने इसे छोड़ कर अपना अलग संगठन बना लिया। इसके बाद यहां दो सोसाइटियां हो गईं। जो लोग पुराने संगठन में रह गए उन्होंने जनना बाइबिल और मेडिकल मिशन बनाया और जिन्होंने छोड़ दिया उन्होंने CEZMS का गठन किया।

सन् 1880 में जब CEZMS का गठन हुआ तो नार्मल स्कूल कलकत्ता में इसके संगठन-केंद्र के रूप में काम करने लगा। इसके पास सत्रह अन्य जगहों की जिम्मेदारी भी थी जिसमें एकत्तीस 'लेडीज' (आई.एफ.एन.एस. का तीन चौथाई यूरोपीय स्टाफ), और साथ ही साथ सहायक मिशनरी, एवं बाइबिल वीमेन कार्यरत थीं।[25] इसकी पहली वार्षिक रिपोर्ट के अनुसार इसके बंगाल में छह, उत्तर और उत्तर-पश्चिम भारत में सात, और दक्षिण में चार सेंटर थे, जहाँ सोसाइटी 'नेटिव' सहायकों के ऊपर काफी ज्यादा आश्रित थी। सोसाइटी का घोषित उद्देश्य 'चर्च ऑफ इंग्लैंड की प्रोटेस्टेंट और इंजिली शिक्षाओं के अनुरूप भारत में महिलाओं को ईसा मसीह के गॉस्पेल (वचन) से परिचित कराना था।[26] हालांकि यह घोषित उद्देश्य भी विभिन्न व्याख्याओं के अधीन था। ईसा का गॉस्पेल क्या था? किस हद तक इसका अर्थ ईसा के प्रेम को प्रदर्शित करना और अभी एवं यहीं महिलाओं की दशा को सुधारना हो सकता था? इतना ही नहीं सन् 1880 में 'इवैंजेलिकल' शब्द भी अधिकाधिक अस्पष्ट हो चुका था और विशेषतः मिशनरियों द्वारा विभिन्न प्रकार के दृष्टिकोणों को व्यक्त करने के लिए इसे हथिया लिया गया था। अतः CEZMS के घोषित लक्ष्य ने महिलाओं के लिए कुछ हद तक लचीलापन का विकल्प खोल रखा था, जो मिशन के क्षेत्र में विभिन्न प्रकार की भूमिकाओं की खोज और परीक्षण करना चाहती थी।

सी.ई.जेड.एम.एस. के मिशनरी प्रशिक्षण में हिंदू धर्म

जैसा कि पहले भी बताया जा चुका है, CEZMS सहित सभी ब्रिटिश मिशनरी सोसाइटियों के आवेदकों को मिशन कार्यक्षेत्र और भारतीय धार्मिक परंपराओं के विषय में जानकारी इकट्ठा करने का उससे कहीं ज्यादा अवसर उपलब्ध था जितना कि उन्नीसवीं सदी की

[23] Stock 1899, Vol. 3: 258.

[24] Ibid.; और CEZMS brochure 21/6/1880.

[25] Barnes 1897: 9.

[26] CEZMS brochure 21/6/1880.

शुरुआत में आनेवाली महिलाओं और पुरुषों को उपलब्ध था। उन्नीसवीं सदी के अंतिम दशकों में ब्रिटेन के अंदर भी भारत और उसके धार्मिक जीवन के विषय में कहीं ज्यादा जानकारी उपलब्ध थी—हालांकि इस जानकारी का अधिकांश हिस्सा अब भी पुरुषों द्वारा संग्रहित और व्यवस्थित किया जा रहा था। हिंदू धर्म के करीब-करीब सभी व्यवस्थित और वृहत अध्ययन और अधिकांश संक्षिप्त अध्ययन भी पुरुषों द्वारा किए गए थे और वे पुरुष-दृष्टिकोण को ही प्रतिबिंबित करते थे। हालांकि उन्नीसवीं सदी के अंतिम दशकों में भारत में कार्यरत अनेकों उम्मीदवारों को, जिसमें CEZMS द्वारा भर्ती किए गए उम्मीदवार भी शामिल हैं, भारत और हिंदू धर्म से अधिक परिचित होने का लाभ भारत में पहले बिताये गए जीवन और अनुभवों के कारण प्राप्त था। जहाँ तक महिला मिशनरियों का सवाल था उन्हें भारत में स्त्रियों के साथ व्यक्तिगत संबंध और मिशन कार्यक्षेत्र में महिला मित्रों और संबंधियों से सतत संपर्क में होने का फायदा भी प्राप्त था।

द्वितीय विश्वयुद्ध के दौरान हुई बमबारी में CEZMS की ज्यादातर अभिलेखीय सामग्री नष्ट हो गई, फिर भी जो थोड़ी बहुत बची है वह हमारे लिए महत्त्वपूर्ण है।[27] इन दस्तावेजों में प्रत्येक उम्मीदवार द्वारा उन सवालों का जवाब भी शामिल है जिसमें यह दर्ज है कि गैर-ईसाई धर्मों के विषय में वे क्या जानते थे। ये कागजात बहुत महत्त्वपूर्ण हैं क्योंकि पहले के कई मिशनरी अभिलेखीय संग्रहों के मुकाबले समुद्रपार देशों में काम करने के लिए कॉलेज प्रशिक्षण से पहले ब्रिटेन में रहते हुए हिंदू धर्म के विषय में वे उम्मीदवार क्या जानते हैं या उसकी क्या समझ रखते हैं इसकी बिलकुल व्यवस्थित और सटीक सूचना इसमें मौजूद है।

उम्मीदवारों से CEZMS में भर्ती के लिए आवेदन करते समय उनकी पृष्ठभूमि, शिक्षा और जानकारी के विषय में प्रश्नों की श्रृंखला पूछी जाती थी। साथ ही साथ यह भी पूछा जाता था कि 'मिशनरी बनने की इच्छा' का मुख्य उद्देश्य क्या था। लेकिन जैसा कि पहले बताया जा चुका है CEZMS की प्रश्नावली में भारत के गैर-ईसाई धर्मों की प्रकृति के विषय में भी सवाल पूछा जाता था।[28] उम्मीदवारों से पूछा जाता था कि भारत के विभिन्न मूर्तिपूजक धार्मिक प्रणाली के बारे में 'संक्षेप' में बताएं कि वे क्या जानते हैं। सन् 1890 के दशक में सवाल को थोड़ा बदल दिया गया: 'संक्षेप में बताएं कि हीदेन (विधर्मी) और मुस्लिम देशों की प्रमुख गैर ईसाई धार्मिक प्रणालियों के बारे में आप क्या जानते हैं'। और फिर इसे बदल कर 'संक्षेप में बताएं कि भारत और चीन की विभिन्न धार्मिक प्रणालियों के बारे में आप क्या जानते हैं' कर दिया गया। इस प्रकार एक प्रणाली के रूप में धर्म का संदर्भ पूरे दौर में प्रश्नों का सबसे महत्त्वपूर्ण हिस्सा बना रहा। हालांकि 'मूर्तिपूजक' का संबोधन बाद में हटा दिया गया ताकि इस्लाम को भी इस प्रश्न के अंदर शामिल कर लिया जा सके। लेकिन इसका एक

[27] CEZ/C AM5 के सामान्य रेफरेंस वाली फाइलों सहित, इन कागजातों को मिशनरियों की उपाधि नाम से बने अलग अलग फोल्डरों में रखा गया है।

[28] CEZMS archives, CEZ/C AM5 (Candidate Papers) and Annual Reports, 1883–1900.

कारण यह भी हो सकता है कि हिंदू और बौद्ध धर्म को मूर्तिपूजक कह कर संबोधित करना अब कम फैशनेबल और इस सदी के पूर्वार्ध के मुकाबले ज्यादा समस्यापूर्ण बन गया था।

कुछ उम्मीदवारों ने स्पष्ट रूप से लिखा है कि वे उत्तर देने में असमर्थ हैं। उदाहरण के लिए सन् 1893 में एडिथ पॉटर ने लिखा है कि भारत की मूर्तिपूजक प्रणाली के विषय में बिना कुछ पुस्तक पढ़े वह इसका उत्तर देने में असमर्थ है। कुछ वर्षों बाद एमिली बार्टन ने भी इस प्रश्न का उत्तर देने में असक्षम होने के कारण क्षमा याचना की है और कहा कि उसे विश्वास है कि अपने प्रशिक्षण के दौरान इस विषय में पर्याप्त अध्ययन कर लेगी। फिर भी कई उम्मीदवारों ने इस सवाल का जवाब देने की कोशिश की है और कुछ लोगों ने थोड़ा वृहत और लंबा उत्तर भी लिखा है। इन उत्तरों में उम्मीदवारों ने हिंदू धर्म के विषय में वे जो कुछ भी जानते थे उसे संक्षेप में रखने की कोशिश की है।

यह प्रश्न स्वयं इस मुख्य पूर्वधारणा को प्रोत्साहित करता था कि हिंदू धर्म एक एकीकृत प्रणाली है और इसी विचार को प्रतिबिंबित करते हुए उत्तर दिए गए थे जिनमें एक ईश्वर की प्रधानता और सभी देवताओं के बीच अंतर्संबंधों का वर्णन किया गया है। इसीलिए मेरी कूपर के लिए हिंदू धर्म का अर्थ 'एक सर्वोच्च सत्ता यानी ब्रह्म और (उससे निकलने वाले?) कई अन्य देवताओं की उपासना था'। एमी टाउनसेंड ब्राह्मणवाद पर पूछे गए प्रश्न के उत्तर में लिखती है कि सर्वेश्वरवाद (पैन्थेइज्म) ही इसकी शिक्षा का मूल है। 'ब्रह्मा की उपासना अच्छाई के मानवीकृत स्वरुप की तरह की जाती है और मनुष्य के जीवन का मुख्य लक्ष्य उसकी सत्ता में विलीन हो जाना है। 'प्रत्येक वस्तु का उदय ब्रह्मा से ही होता है' कैथलीन लोडर ने लिखा है 'हिंदू लोग ब्रह्मा की शिक्षाओं के अनुयायी हैं, उनके कई देवता हैं, लेकिन मुख्य त्रिमूर्ति- ब्रह्मा, विष्णु और काली ही हैं। इवेलिन केरनी (CEZMS के सेक्रेटरी एडवर्ड केरनी की पुत्री) और ब्लांक केरी (करांची के लिए चयनित) ने विभिन्न देवताओं की परस्पर पूरक भूमिका का वर्णन किया है और कहा है कि हिंदू सृष्टिकर्ता ब्रह्मा, पालनकर्ता विष्णु, और संहारकर्ता शिव की उपासना करते हैं। लेकिन किसी ने भी यह विवेचना नहीं की है कि हिंदू इन तीनों को एक साथ जुड़ा हुआ देखते हैं या तीनों को स्वतंत्र देवता मानते हैं। फोएबे ग्रोवर, जिसे बाद में सोसाइटी के मिशनरी के रूप में उटकमंड भेजा गया था, का विचार थोड़ा भिन्न था। उसने लिखा 'हिंदू धर्म एक ऐसा धर्म है जिसमें कई देवताओं की पूजा होती है, कुछ देवता बड़े हैं कुछ छोटे लेकिन सार्वभौम कोई नहीं है।' और अंततः शेर्लोट हार्डिंग (जिसे सन् 1885 में कलकत्ता भेजा गया था) का एक भिन्न और विकासवादी दृष्टिकोण था–जो भारत के धर्मों के पतन के संबंध में प्राच्यविद्यावादियों और राममोहन रॉय के विचारों से मिलता जुलता था।

> युगों तक अदृश्य को देखने, अज्ञात को जानने, अनंत को समझने का प्रयास करने के बाद हिंदुओं ने नश्वर का दैवीकरण करने और अपने आसपास के निर्जीव वस्तुओं की पूजा में अपने को लगा लिया। हिंदू धर्म अपने उपासकों को ईश्वर की उच्च छवि तक ले

जाने में असफल रहा और अंततः विकृत बहुदेववाद और मूर्तिपूजा की प्रणाली में जा कर फंस गया– ईश्वर के प्रतीक के रूप में वस्तुओं की पूजा करते-करते उन्ही वस्तुओं को वे वास्तविक ईश्वर मानने लगे।

देवताओं के विषय में इन टिप्पणियों और उनके बीच के आपसी संबंध होने या न होने के विषय में चर्चा से जुड़ा कभी-कभी ब्राह्मणों का हिंदू परंपरा के संरक्षक और निर्माता के रूप में उल्लेख आता है। क्लारा एल्विन ने लिखा 'ब्राह्मणवादी यह सिखाते हैं कि ब्रह्मा ही सर्वोच्च देवता है और पुरोहितों की उत्पत्ति उसके सिर से हुई है' आदि।[29] एक अन्य उम्मीदवार कैथलीन लोडर फकीर के अतिप्रशंसित छवि से अभिभूत थी। वह लिखती है 'एक श्रेणी है जिसे फकीर, या धार्मिक भिखारी, कहा जाता है जो अपने शरीर का अंग-भंगकर प्रदर्शन करते हैं और अपने भक्तों की भीख पर जीवित रहते हैं।' अंततः हिंदू धर्म के एक सामाजिक व्यवस्था से निकटता से जुड़े होने की चर्चा भी असामान्य नहीं रहा है। कई उम्मीदवारों ने पुनर्जन्म के विचार और उसके परिणामों का उल्लेख किया है।[30] मागरेट चर्च ने दलील दी है कि जाति के नियम 'धर्म के एक बड़े हिस्से को स्वरुप देते हैं' फ्लोरेंस कूपर ने जोर डाला कि 'उनकी विधवाओं को पुनर्विवाह की अनुमति नहीं मिलती।' जबकि लोडर के लिए हिंदू धर्म 'एक क्रूर और अंधविश्वासी धर्म है जिसमें महिलाओं को अलग-थलग रखने, बाल विवाह करने और कठोर जातिवादी नियमों को लागू करने पर जोर दिया जाता रहा है।'

अपनी जानकारी का वर्णन करने में कुछ उम्मीदवारों ने प्रशंसनीय वस्तुनिष्ठता दिखाई है। पर मागरेट लोडर जैसे कुछ अन्य नैतिक टिप्पणी करने से अपने को रोक नहीं पाए हैं। ब्रह्मा, विष्णु और शिव के अलावा जिनकी ज्यादा चर्चा मिलती है वे हैं कृष्ण और काली। जहाँ केरने की दृष्टि में कृष्ण हर प्रकार के व्यसनों में लिप्त मिलते हैं तो केरी ने 'विष्णु द्वारा मानव जाति के कल्याण के लिए अपनी बलि देने' की तरफ ध्यान आकर्षित किया है। इसके अतिरिक्त 'हिंदू प्रणाली' के अप्रिय सामाजिक परिणाम और हिंदू देवी-देवताओं के चरित्र पर परंपरागत जोर दिखता है, पर हार्डिंग का एक छोटा सा वक्तव्य थोड़ा सा भिन्न है जिसमें वह हिंदुओं द्वारा आरंभिक दौर में जीवन का व्यापक अर्थ ढूंढने के प्रयास की चर्चा करती है। अतः यह स्पष्ट है कि उन दिनों भी कुछ महिलाएं ज्यादा आधुनिक सहानुभूतिपूर्ण रवैया अपनाने के लिए तैयार थीं।

मिशन कार्यक्षेत्र में हिंदू धर्म संबंधी विचार और निरूपण

कॉलेज में दाखिले और हिंदू धर्म पर व्याख्यान सुनने से पहले उम्मीदवारों के विचार कुछ इसी प्रकार के थे। यह जानने के लिए तो हमारे पास समुचित जानकारी का अभाव है कि इन व्याख्याओं अथवा आगे अध्ययन की वजह से इन उम्मीदवारों के हिंदू धर्म संबंधी विचारों

[29] Hilare Brown और Florence Cooper की टिप्पणी भी देखें।

[30] Carey, Loader, Townsend, Margret Church द्वारा की गई टिप्पणियों को भी देखें।

चित्र 11.1: अमृतसर में जनाना में शिक्षण कार्य

C.M. Gleaner, Vol. VI, No. 61, January 1879.

में क्या बदलाव आया लेकिन कुछ हद तक यह जानकारी इकट्ठा करना संभव है कि मिशन कार्यक्षेत्र में रहते हुए इन महिलाओं का हिंदू धर्म के विषय में क्या विचार और छवि थी। यह गौर करना जरूरी है कि कॉलेज में दाखिले से पहले तक उन्होंने हिंदू धर्म के विषय में जो कुछ सुना अथवा पढ़ा था, वह पुरुषों के दृष्टिकोण से प्रभावित था। अधिकांशतः पुरुषों ने ही भारतीय धर्मों पर पुस्तक या टिप्पणियां लिखी थीं, महिलाओं द्वारा ज्यादा सामग्री की रचना इस समय तक उपलब्ध नहीं थी।

जैसा कि पहले ही बताया जा चुका है, एक बार भारत पहुंच जाने के बाद हिंदू धर्म और रिवाजों के विषय में जानकारी के सबसे बड़े स्रोत मुंशी और पंडित हो जाते थे। अन्य मिशनरियों की तरह यही लोग महिलाओं के लिए भी हिंदू धर्म के बारे में पहले जानकार व्यक्ति होते थे जिनसे अगले दो तीन वर्षों के दौरान काफी मिलना जुलना होता था। इसके अतिरिक्त इन महिलाओं का संपर्क ऐसे सहायक मिशनरियों और स्थानीय कार्यकर्ताओं से होता था, जो कई जगह भारतीय ईसाई होते थे। अपने गठन के ठीक बाद ही CEZMS (आई.एफ.एन.एस. के साथ काम करने वाले चर्च ऑफ इंगलैंड के मिशनरियों के सुगठित केंद्र के साथ) और अधिक संख्या में भारतीय और एंग्लो-इंडियन लोगों की भर्ती करने लगी, और उन्हें ब्रिटेन में भर्ती और प्रशिक्षित किए गए यूरोपीय मिशनरियों से अलग रख कर भारत में रहने वाली यूरोपीय महिलाओं के साथ 'स्थानीय संपर्क' के रूप में वर्गीकृत किया गया। CEZMS की वार्षिक रिपोर्ट के अनुसार सन् 1887 में स्थानीय रूप से भर्ती किए गए कार्यकर्ताओं की कुल संख्या जिसमें ज्यादातर प्रायः भारतीय ईसाई थे, यूरोपीय मिशनरियों के मुकाबले पांच गुनी थी। सदी के अंत तक अगले वर्षों में भी यही स्थिति बनी रही।[31] स्कूल शिक्षिकाओं के साथ-साथ 'बाइबिल वीमेन' भी थीं जो सहायक के रूप में जनाना के कार्यों, हिंदू त्योहारों में यूरोपियन महिलाओं के साथ हिंदुओं के घर जाने और गांवों तथा अन्य जगहों पर स्वतंत्र रूप से काम करने के लिए बहुत महत्त्वपूर्ण हो गई थीं। सामान्य तौर पर सभी धर्म परिवर्तितों की तरह ये लोग भी सूचना और मार्गनिर्देशन के महत्त्वपूर्ण स्रोत थे।[32]

लेकिन इनका सबसे बड़ा शिक्षक और देशी सूचनाओं का सबसे बड़ा स्रोत हिंदू महिलाओं के बीच इनके प्रत्यक्ष कार्य से प्राप्त अनुभव ही था। इनमें से कुछ कार्य बालिका विद्यालयों या प्रशिक्षण महाविद्यालयों से संबंधित था, जो नया कार्य तो नहीं था, लेकिन यह भी स्त्रियों से खासतौर पर जुड़ा एवं पुरुष मिशनरियों के अनुभव और प्रत्यक्ष सीमा से बाहर था। परियोजना के रूप में ज्यादा नवाचारी कार्यक्रम जिसने यूरोपीय महिलाओं को हिंदू महिलाओं की दुनिया में खींच कर लाया उसमें गांवों की यात्रा और प्रवचन, हिंदू महिला तीर्थयात्रियों के बीच कार्य, हिंदू त्योहारों में भागीदारी, हिंदू घरों में जाना-आना

[31] *AR*, 1880, 1887, 1897.

[32] Christina Hall, *IW*, 1899, Vol. XIX: 6.

और चिकित्सा संबंधी कार्यों को गिना जा सकता है। विशेष रूप से जनाना के अंदर किए जाने वाले कार्यों ने सबसे ज्यादा रूचि और उत्साह पैदा किया और उसका खुद मिशनरियों पर सबसे ज्यादा प्रभाव पड़ा। आंशिक रूप से इसका एक कारण यह भी हो सकता है कि महिला मिशनरी गांव की महिलाओं के मुकाबले जनाना में रहने वाली संपन्न परिवार की महिलाओं के साथ 'वर्गीय' रूप से निकट होने कारण ज्यादा सहज महसूस करती होंगी;[33] लेकिन जैसा कि इस अध्याय के अगले हिस्से में स्पष्ट किया गया है, इसका एक कारण यह भी था कि इनमें से कई मिशनरियों ने जनाना संबंधी गतिविधियों के माध्यम से एक अर्थपूर्ण दीर्घकालीन संबंध विकसित और सुदृढ़ कर लिया था।

जनाना संबंधी CEZMS मिशनरियों की रिपोर्ट में अक्सर एक खोज की झलक या अब तक यूरोपीय लोगों की नजर से दूर रही एक सुरक्षित और रहस्यमय दुनिया में प्रवेश मिलने की महिला मिशनरियों में उत्तेजना दिखाई देती है। ये स्रोत वस्तुतः उच्च जाति की भारतीय महिलाओं के जीवन और क्रियाकलापों के विषय में यूरोपीय ज्ञान के नवीन भंडार बन गए थे। इस अर्थ में ये पंडिता रमाबाई की *The High Caste Hindu Women* जैसी देशी आत्मकथात्मक साहित्य के पूरक बन गए थे। इन मिशनरियों को न केवल हिंदू महिलाओं की कर्मकांडों में भागीदारी को निकट से अवलोकन करने और धार्मिक विश्वास के मुद्दों पर उनके विचारों को जानने का अवसर प्राप्त हुआ बल्कि परिवार के अंदर लिंगभेदी संबंधों जैसे विवाह और विधवा प्रथा के विषय में भी और गहराई से जानने और अंतर्दृष्टि विकसित करने का मौका मिला। ये ऐसी सामाजिक प्रथाएं थीं जिन्हें अब भी कुछ यूरोपीय टीकाकार हिंदू धर्म का अभिन्न अंग मानते थे।

तो इन मुलाकातों में CEZMS की मिशनरियों ने क्या पाया या क्या सीखा? इस अनुभव का उन्होंने क्या उपयोग किया? उनकी बढ़ी हुई जानकारी और अनुभव ने किस हद तक स्पष्ट हिंदू धर्म की स्त्रीवादी दृष्टिकोण या विचार का निर्माण किया? इन महिलाओं द्वारा हिंदू धर्म का निरूपण पुरुषों से प्रायः तीन मामलों में भिन्न था।

पहला, महिला मिशनरियों ने एक ही परिघटना में बहुत सारे ऐसे नए आयामों को देखा और हिंदू महिलाओं के विचारों और कृत्यों को रिपोर्ट किया जो पुरुष मिशनरियों की दृष्टि से परे था। इसमें खासतौर पर सेरामपोर में जगन्नाथ रथयात्रा के रोचक विवरण का जिक्र किया जा सकता है जो *Indian Female Evangelist* में सन् 1874 में छपा था। इसकी लेखिका जे.सी.एस. (सट्टन?) लगता है अन्य यूरोपीय महिलाओं के साथ हिंदू महिला भक्तों का अवलोकन करने गई थी और वही उसने अपने विवरणों में लिखा। वह लिखती है 'सबसे पहले पुरुषों के शोर और महिलाओं के चीत्कारों के बीच मूर्ति को नहलाया गया'। यात्रा के

[33] इस काल में सी.इ.जेड.एम.एस. मिशनरियों की मध्यवर्गीय पृष्ठभूमि के विषय में और जानने के लिए देखें Morawiecki, 1998.

आरंभ में मूर्ति को अनावृत किया गया और चारों तरफ महिलाओं के रोने की तीखी आवाज सुनाई देने लगी। वहां आई 'कई बेचारी स्त्रियों जो किसी अनिष्ट की आशंका या कल्याण की आकांक्षा से आशान्वित हो कर मूर्ति का अभिषेक करने आई थीं' के प्रति अपनी श्रद्धा व्यक्त करते हुए वह बताती है कि वहां सभी उम्र और प्रकार की महिलाएं उपस्थित थीं।[34] अतः यहां एक ऐसा विवरण मिलता है जो ऐसे त्योहारों के अब तक सामान्य रूप से दिए गए पुरुषों के विवरण से भिन्न था और जहाँ महिलाओं की भागीदारी पर पहले कोई ध्यान ही नहीं दिया गया था।

यूरोपीय महिला मिशनरियों द्वारा हिंदू धर्म के चित्रण में भिन्नता का दूसरा स्वरुप पुरुषों के मुकाबले इनके अलग तरह के काम और अनुभव में दिखाई देता है। सन् 1894 में सी.एम.एस. के प्रसिद्ध मिशनरी जे.ई.पैडफील्ड ने हिंदू दैनिक जीवन के विभिन्न आयामों पर *Madras Christian College Magazine* में लेखों की एक श्रृंखला प्रकाशित की थी। ये लेख बहुत लोकप्रिय हुए इसलिए बाद में इनको एक पुस्तक के रूप में सन् 1896 में *The Hindu at Home* के नाम से प्रकाशित किया गया। इसका ज्यादातर भाग पुरुषों द्वारा संपन्न किए जाने वाले कर्मकांडों पर केंद्रित था। महिलाओं के कर्मकांड से संबंधित अध्याय में आ कर उसने स्रोतों के अभाव और कठिनाई पर ध्यान आकर्षित करते हुए कहा:

> हिंदू महिलाओं के धर्म के बारे में स्पष्ट जानकारी तक पहुंचने में भारी कठिनाइयां हैं। पुस्तकों से भी बहुत कम मदद मिलती है और स्वयं हिंदू भी इस मुद्दे पर भ्रमित एवं परस्पर विरोधी विचार रखते हैं। मैंने विद्वान हिंदुओं और ऐसे अन्य लोग जिन्हें इस विषय का विशेष जानकार माना जाता है, उनसे इस पर मशविरा किया है, पर मुझे हिंदू धर्म में इससे ज्यादा उलझा और परस्पर विरोधी कुछ नहीं लगा।[35]

पैडफील्ड की दिक्कत का एक कारण तो यह था कि पूरे भारत के लिए एक ही तरह का सामान्यीकरण करना कठिन हो रहा था। परंतु अन्य कारण ये थे कि: (क) एक पुरुष होने के नाते हिंदू महिलाओं के साथ उसकी मुलाकात प्रतिबंधित थी; (ख) हिंदू महिलाओं के विषय में मिशनरी महिलाओं ने जो कुछ लिखा था उससे ये या तो अनभिज्ञ था या अवहेलनापूर्ण रवैय्या रखता था। अन्य पुरुष धर्म प्रचारक महिला मिशनरियों द्वारा भेजी गई रिपोर्टों को यदि नहीं भी पढ़ते थे, तो भी यह आश्चर्य है कि पैडफील्ड ने महिला मिशनरियों के अवलोकनों से प्राप्त सामग्री को शामिल करने या उन्हें महत्ता देने में क्यों असफल रहा।

महिला मिशनरियों के जनाना प्रवेश से उन्हें हिंदू घरों की बंद और निजी दुनिया के अंदर पड़ताल और अवलोकन का विशिष्ट मौका हाथ लगा। CEZMS रिपोर्टों का सबसे बड़ा आकर्षण और प्रभाव इस तथ्य में निहित है कि मिशनरी महिलाएं यूरोपीय लोगों को कई

[34] *IFE*, Vol. 2: 9–13.

[35] Padfield 1908: 50.

ऐसी बातें बताने में सफल रहीं जो आमतौर पर पश्चिमी अवलोकनकर्ता पहले नहीं जानते थे। महिला मिशनरियों ने न केवल हिंदू महिलाओं के दैनिक जीवन बल्कि, उनके पति से संबंध, घर के अंदर स्थान, घरेलू धार्मिक कर्मकांड, एवं अन्य कई विषयों पर भारतीय महिलाओं के विश्वासों और प्रवृतियों का वर्णन किया। लेकिन पैडफील्ड के विवरण और इनमें यह समानता है कि दोनों का जोर उच्च जाति की संस्कृति पर ही था।

कुछ रिपोर्टों से पता चलता है कि अब भी कई जनानों में अंग्रेज महिलाओं का प्रवेश एक कठिन मुद्दा बना हुआ था क्योंकि रुढ़िवादी हिंदू परिवार छुआ-छूत से डरते थे। उदाहरण के लिए मिस टॉड सन् 1880 के दशक के मध्य में एल्लोरे से लिखते हुए बताती है कि उसे उम्मीद थी कि वह ब्राह्मण घरों में भी जा पाएगी लेकिन पड़ोसियों से पता चला कि उनके जाने से घरवालों को पूरे घर की सफाई और उसे पवित्र करना पड़ेगा।[36] मिस डी'अल्बेडिल, जो दक्षिण भारत में कार्यरत थी और कोचीन के राजा की पत्नी से मिलने गई और उसकी पंचवर्षीय बच्ची को एक गुड़िया खेलने के लिए दिया। बाद में जब उसने बाइबिल वीमेन से पूछताछ की तो पता चला कि गुड़िया को पहले धो कर सूखने के लिए टांग दिया गया। उस छोटी सी बच्ची ने बताया कि 'वह अंग्रेज महिला मेरी तरह उच्च जाति की नहीं है, उसके हाथ इस गुड़िया पर रखे थे, इसलिए मैं बिना धोये उसे नहीं छू सकती हूँ।'[37] हालांकि जब मिशनरी लोग उसी जगह बार-बार जाने-आने लगे तो छुआ-छूत का भय भी गायब होता हुआ दिखा। मिस ओक्स्ली ने मद्रास से भेजी गई अपनी एक रिपोर्ट में बताया है कि पहले बच्चे 'छुआ-छूत के डर से' उसके हाथ में दूर से किताब गिरा कर देते थे, लेकिन हाल के दिनों में 'विद्यार्थी *अब आमतौर पर* निकट सट कर बैठ जाते हैं।'[38]

कुछ मामलों में, खास तौर पर उत्तर भारत में छुआ-छूत की समस्या उतनी बड़ी नहीं थी, और जनाना में आनेवाली यूरोपीय महिलाओं को ज्यादा आजादी से घूमने और देखने का मौका दिया जाता था। उन्हें महिलाओं और बालिकाओं द्वारा किए जाने वाले घरेलू अनुष्ठानों को विस्तार से स्वयं देख कर वर्णन करने का मौका मिला। उदाहरण के लिए कलकत्ता की मिस हाईटन ने वर्णन किया है कि उसकी एक बारह वर्षीय छात्रा उसे अपने घर ले गई जहाँ एक कमरे के अंदर कांसे के बर्तनों में भर कर मिठाई, पकवान और फूल आदि रखे हुए थे। उनके बीच एक ब्राह्मण बैठा हुआ घंटी बजाते हुए कुछ प्रार्थना 'बुदबुदा' रहा था। उसके दादाजी सामने देखते हुए 'कुछ कर रहे थे जो उनको बोला गया था'। तभी दादीमां को शंख फूंकने के लिए बुलाया गया, उन्होंने अपनी मर्जी से शंख बजाई और तब ब्राह्मण के सामने पूरा चेहरे के बल गिर गई।[39] हिंदू महिलाओं में अनुष्ठानों के लेकर जो उत्साह और

[36] *IW*, Vol. 5, 1885: 261.

[37] *IW*, Vol. 19, 1899: 75.

[38] *IW*, Vol. 8, 1888: 238; Vol. 1, 1880: 31.

[39] *IW*, Vol. 1, 1881: 70.

समर्पण था उसे भी नोट किया गया। पालमकोट्टा की मिस लुईस ने टिप्पणी की है कि उसकी एक प्रिय शिष्या अन्य विधवाओं के साथ 'किसी तथाकथित पवित्र मंदिर में गई थी और वहां उससे आग्रह किया गया कि वह अपना बाल काट कर भगवान को समर्पित कर दे।'[40] सोफिया ओक्स्ले ने रिपोर्ट किया कि उसकी शिष्या नृत्य के लिए मंदिर जाने के रास्ते में उसके पास 'अलंकारिक साज-सज्जा' के साथ आई थी और यह भी बताया कि यह ब्राह्मण लड़कियों के बीच काफी प्रचलित रिवाज था।[41]

परिवार, विवाह और मृत्यु संबंधी कर्मकांडों में हिंदू महिलाओं की भूमिका को भी मिशनरी पत्राचारों में दर्ज किया गया है। हिंदू महिलाओं का विवाह का समय तय करने और सामान्य कार्यों में भी जन्म कुंडली का बहुत महत्त्वपूर्ण स्थान था। मछलीपट्टनम से मिस ब्रैंडन लिखती है 'जनवरी से बड़ी संख्या में विवाह हो रहे हैं, अभी शुभ लग्न है और शास्त्रों का आदेश है कि सभी समारोह इसी समय पूर्ण कर लिए जाएं; क्योंकि इसके बाद दो वर्षों तक विवाह करना अशुभ होगा। इसके अनुसार तीन वर्ष की छोटी बच्चियों के भी विवाह किए जा रहे रहे हैं, और हमारे स्कूल में लगभग सन्नाटा छा गया है।'[42] अंत्येष्टि समारोहों में उच्च जाति की महिलाओं की भूमिका को भी रेखांकित किया गया है। मिस हाईटन द्वारा किया गया एक रहस्योद्घाटन *India's Women* के कई पाठकों के लिए नयी बात थी कि एक लड़की जिसकी मां की मृत्यु हो गई थी उसे हिंदू रिवाज के अनुसार अंत्येष्टि क्रिया संपन्न करनी पड़ी।[43] एक दूसरे दृष्टांत में यह बताया गया था कि एक 'नव-विधवा' को विशेष अंत्येष्टि संस्कार करना पड़ा। चूंकि वह संतानहीन थी और उसका कोई पुत्र उसके पिता का सामान्य अंत्येष्टि करने के लिए मौजूद नहीं था, इसीलिए उसे ही मृत व्यक्ति के मुंह में अग्नि देने का कर्तव्य निभाना पड़ा।[44]

हिंदू महिलाओं द्वारा गरीबी, बीमारी और रोगों से मुकाबला करने के प्रयास में उपयोग लाई गई रणनीति का उल्लेख भी महत्त्वपूर्ण है। एलिस डाउसन करांची से लिखती है कि 'हीदेन' (विधर्मी) लड़कियों के बीच यह चलन है कि जून के महीने में 'मिट्टी के छोटे बर्तन में अनाज के बीज मिट्टी में बो देती हैं और जब वे छोटे पौधे उग जाते हैं, तो वे व्रत रखती हैं, उसके चारों तरफ गाना गाती हैं, उसकी पूजा करती हैं, और आखिर में उसे किसी तालाब में फेंक देती हैं।' वह बताती है कि ऐसा करने का उद्देश्य यह है कि 'जब वे अपने पति के घर जाएंगी तब अपने अभाव और विपन्नता से बचेंगी।'[45] मिस सैंडीस बीमारी का उल्लेख

[40] Ibid.: 14.

[41] IW, Vol. 8, 1888: 242.

[42] *IW,* Vol. 5, 1885: 256.

[43] *IW*, Vol. 4, 1884: 18.

[44] *IW*, Vol. 19, 1899: 3.

[45] Ibid.: 82.

करते हुए एक ऐसी महिला के बारे में बताती है जो यह विश्वास करती थी कि उसका सूजा हुआ पांव (कुत्ते के काटने के कारण) 'जगन्नाथ पुरी से लाए गए चावल के दानों' को खाने से ठीक हो जाएगा।[46] मिस बसोए मछलीपट्टनम के निकट हैजा फैलने के बाद गांववालों द्वारा देवताओं को खुश करने के लिए पशुबलि और अन्य अनुष्ठानों का उल्लेख करती है।[47]

ये सभी टिप्पणियां महज कुछ नमूने हैं जिससे यह पता चलता है कि महिला मिशनरियों ने किस प्रकार की सूचनाएं और जानकारियां हिंदू महिलाओं के साथ अपने नियमित संपर्कों और गतिविधियों के माध्यम से इकट्ठा की थीं। *India's Women* सहित महिला मिशनरियों द्वारा प्रकाशित विभिन्न पत्रिकाओं के माध्यम से धीरे-धीरे ब्रिटिश महिलाओं (और प्रायः ब्रिटिश पुरुषों) की हिंदू स्त्रियों, विशेषतः उच्च जाति के घरों की स्त्रियों के दैनिक जीवन और उनकी समस्याओं एवं कर्मकांडों की जानकारी बढ़ने लगी। यह वह समय था जब पुरुष मिशनरी प्रशासन के कार्यों में ज्यादा और हिंदू मामलों में कम ध्यान देने लगे थे। महिलाओं की रिपोर्ट न केवल महिला मामलों पर केंद्रित होती थी, बल्कि पैडफील्ड द्वारा भेजी गई हिंदू महिलाओं के धर्म से संबंधित रिपोर्टों से भिन्न, धर्मग्रंथों के प्रावधानों और आदर्श स्थिति में महिलाओं द्वारा किए जाने वाले अनुष्ठानों से कम संबंधित थीं। जैसा कि पहले दिखाया जा चुका है इन महिलाओं का चित्रण आमतौर पर प्रत्यक्ष रूप से देखे गए और वास्तविक धरातल के अवलोकन पर आधारित है।

तीसरे, हिंदू धार्मिक जीवन के विषय में पुरुष मिशनरियों के मुकाबले महिलाओं द्वारा किया गया चित्रण इस मायने में भी भिन्न है कि यह विस्तृत विवरण प्रस्तुत करता है। हिंदू धर्म के विषय में वृहत्तर परिदृश्य और पुरुष मिशनरियों के विवरणों द्वारा प्रशिक्षित होने के बावजूद, महिला मिशनरियों और कम-से-कम जो CEZMS से जुडी हुई थीं, उन्होंने सामान्य सिद्धांतों और अवधारणाओं की अनदेखी की। बल्कि CEZMS की रिपोर्टों में हिंदू धर्म की इतनी कम चर्चा[48] और व्यापक परिदृश्य में इतनी कम रूचि दिखाई गई है कि सोसाइटी की बीसवीं वार्षिक बैठक में रेव. डब्लू. बॉल ने भाग लेने वाली महिलाओं को यह याद दिलाने को बाध्य महसूस किया कि उन्हें व्यापक और वृहत्तर विचारों पर भी ध्यान देना चाहिए।[49] पुरुष मिशनरियों द्वारा हिंदू धर्म पर कई पुस्तकें लिखे जाने के बावजूद, किसी ब्रिटिश महिला द्वारा, कम-से-कम सन् 1900 तक, कोई भी महत्त्वपूर्ण सार्विक अध्ययन मौजूद नहीं था। इतना ही नहीं, महिलाएं जब धार्मिक जीवन और विश्वासों के विषय में रिपोर्ट

[46] *IW*, Vol. 7, 1887: 32.

[47] *IW*, Vol. 19, 1899: 55.

[48] उदाहरण के लिए सोसाइटी के जर्नल (*IW*, vol. 18, 1898) में भारत संबंधी कार्यों के विषय में भेजी गई सभी रिपोर्टों और पत्राचारों में हिंदू धर्म पर चर्चा करने वाले सिर्फ चार (वह भी संक्षिप्त) संदर्भ हैं।

[49] इस मामले में उन्होंने दो महान धार्मिक प्रणालियों के बीच युद्ध की डफ द्वारा दी गई प्रिय उपमा का सहारा लिया है (*IW*, Vol. 20, 1900, 129).

करती थीं तब वे व्यापक परिदृश्य की खोज करने के बजाय व्यक्तियों और उसकी परिस्थिति के विषय में लिखने लगती थी।

इस दृष्टिकोण का कारण प्रायः उनकी शिक्षा के स्तर और प्रशिक्षण के चरित्र से जुड़ा हो सकता है। चर्च ऑफ स्कॉटलैंड, एल.एम.एस., और चाइना इनलैंड मिशन के लिए विक्टोरिया युग में काम करने वाली ब्रिटिश मिशनरी महिलाओं पर अपने हाल के अध्ययन में सेम्पल यह रेखांकित करती हैं कि मिशन कार्य क्षेत्र के लिए महिलाओं और पुरुषों के चयन और प्रशिक्षण की प्रणाली में महत्त्वपूर्ण अंतर था। क्योंकि पुरुष ज्यादातर ऐसे विशिष्ट शिक्षण संस्थानों से आते थे जहाँ उनके शैक्षणिक स्तर को आसानी से आंका जा सकता था। लेकिन महिलाओं के साथ ऐसा संभव नहीं था और इसीलिए पुरुषों को उनकी शैक्षणिक उपलब्धियों के आधार पर चयन करना आसान था। 'अतः महिला उम्मीदवारों के मूल्यांकन के लिए शैक्षणिक श्रेष्ठता के बजाय अन्य मानदंडों का उपयोग करना पड़ता था।'[50] इतना ही नहीं, महिलाओं की शैक्षणिक योग्यता को यदि ध्यान में रखा भी जाए तो भी, 'मध्यवर्गीय सम्मान' एवं पृष्ठभूमि के अन्य पहलू शिक्षा से ज्यादा महत्त्वपूर्ण हो जाते थे।

इसी प्रकार के सामान्य दृष्टिकोण ने 'द विलोज' में महिलाओं के चयन और प्रशिक्षण को प्रभावित किया जहाँ सन् 1896 तक तक़रीबन सभी की सभी CEZMS महिलाएं प्रशिक्षित हुई थीं। दूसरे प्रशिक्षण संस्थानों की तरह ही महिला उम्मीदवारों को उतना अकादमिक होने के लिए प्रोत्साहित नहीं किया जाता था जितना पुरुषों को।[51] उनसे अमूर्त, दार्शनिक और बौद्धिक तरीके से क्रियाशील होने की अपेक्षा नहीं की जाती थी। जहाँ उदाहरण के लिए 'द विलोज' की प्रिंसिपल मिस श्रोडर यह तो स्वीकार करती थीं कि उनके कॉलेज से प्रशिक्षित विद्यार्थियों की 'ईसाई सिद्धांतों पर एक बौद्धिक पकड़ होनी चाहिए' लेकिन यह पुरुष मिशनरियों और खासकर अभिषिक्त पादरियों के स्तर जैसी हो यह जरूरी नहीं।[52] जैसा कि मोराविकी ने तर्क दिया है 'महिलाओं को सीमित धर्मशास्त्रीय प्रशिक्षण देने का प्रयास पूर्णतः सोचा समझा था, क्योंकि इस बात का डर था कि ज्यादा गहरी समझ महिलाओं को उस क्षेत्र में काम करने के लिए आकर्षित करेगा जो अभी तक अभिषिक्त पादरियों के लिए सुरक्षित रखा गया था।' अतः 'द विलोज' में होने वाला अकादमिक प्रशिक्षण महिलाओं के लिए चलने वाले अन्य प्रोटेस्टेंट मिशनरी कॉलेजों की तरह ही पुरुषों के मुकाबले निम्न स्तर का था। उनको दिया गया प्रशिक्षण मूलतः उपयोगी और महिला मिशनरियों के उपयुक्त विषयों पर केंद्रित रखा गया था जिसमें शिक्षा विधि, घरेलू ज्ञान, और न्यूनतम चिकित्सा विधि की जानकारी पर जोर डाला गया था। यह तो निश्चित था कि महिला मिशनरियों को भी बाइबिल के ज्ञान में पूरी दक्षता होगी

[50] Semple 2003: 17.

[51] Morawiecki 1998: 192–93.

[52] Ibid., 192.

और थोड़ी-बहुत गैर-ईसाई धर्मों की भी जानकारी होगी, लेकिन ज्यादा बल महिला कार्यों के सेवा पक्ष और व्यावहारिक पहलुओं के प्रशिक्षण पर दिया गया था, जिसमें चिकित्सक और सांत्वनादाता के रूप में उनके प्राकृतिक गुणों का विकास शामिल था।

यह भी तर्क दिया जा सकता है कि जब तक महिलाएं हिंदू धर्म का सामान्य विवरण लिखने की स्थिति में आई तब तक ऐसे विवरण लिखने की वैसी जरूरत नहीं रह गई जो पहली सदी की शुरुआत में थी। हिंदू धर्म के सामान्य अध्ययन द्वारा मिशेल, रॉबसन, और वॉग जैसे लोगों ने इस क्षेत्र पर वर्चस्व स्थापित कर लिया था।

लेकिन प्रायः, अंतिम विश्लेषण में, महिलाओं में हिंदू धर्म पर टिप्पणी करने की इच्छा या क्षमता की कमी का ज्यादा संबंध महिलाओं की दुनिया के अर्थ और उसका संतोषजनक एवं प्रभावशाली उपायों की छवि से जुड़ा हुआ था।

महिलाओं के पत्राचार यह दिखाते हैं कि जैसे-जैसे समय आगे बढ़ता गया, हिंदू धर्म के सामान्य सिद्धांतों और अमूर्त अवधारणाओं पर ध्यान देने की जरूरत उतनी नहीं रह गई थी जितनी हिंदू महिलाओं की तात्कालिक आवश्यकताएं। इसी के साथ जुड़ा हुआ दूसरा पहलू मिशन कार्यकर्ताओं और हिंदू महिलाओं एवं उनके परिवारों के बीच अर्थपूर्ण संबंध स्थापित होना भी था।[53] निश्चय ही भारतीय महिलाएं 'हीदेन' (विधर्मी) मानी जाती थीं, लेकिन अब उनका ध्यान उन व्यक्तियों, व्यक्तियों की कहानियों, और उनके तात्कालिक संदर्भों पर केंद्रित था, जिनमें हिंदू परिवारों और मिशनरियों के बीच संबंध विकसित हुआ। अतः जनाना के आगंतुकों और अन्य लोगों को सबसे ज्यादा खुशी 'विशिष्ट' में यानी हिंदू स्त्रियों और बच्चों से होने वाली मुलाकतों से होती थी, जिनको वे प्रायः मित्र की तरह महत्त्व देते थे।

अनुभूतियों की गहराई और इन संबंधों का भावनात्मक चरित्र जहाँ-तहां इनकी टिप्पणियों में स्पष्ट दिखाई देता है।[54] इतना ही नहीं, एकल यूरोपीय महिलाओं के लिए वे और भी ज्यादा

[53] यह बिंदु उनके पत्राचारों में सतत मिलता है। उदाहरण के लिए मछलीपट्टनम से मिस ब्रैंडन (*IW*, Vol. 5, 1885: 253), पालमकोट्टा से मिसेज लुईस (*IW*, Vol. 1, 1881: 13); कलकत्ता से मिस मुल्वैनी (*IW*, Vol. 8, 1888: 76); और बर्दवान से मिस गोर (*IW*, Vol. 8, 1888: 78) आदि से प्राप्त अंशों को देखें।

[54] पालमकोट्टा की मिसेज लुईस के अनुसार 'प्रिय कमला बाई, जब मैं आज उसके पास गई, उसने मेरे गले में बाहें डाल दीं और गर्मजोशी से लिपट गई' (*IW*, Vol. 1, 1881: 13). मिस मुल्वैनी जो दो अन्य यूरोपीय महिलाओं के साथ एक उच्च वर्गीय जनाना में जाती थी, उसने दर्ज किया है कि उनमें से एक जनाना महिला 'जो हमारे प्रभु के देवत्व का विरोध कर अपने ईशनिंदक तरीके से मेरे हृदय को दुखी कर आंखों में आंसू ला देती थी, उसने मिस क्लाईमर के प्रेम भरे विश्वसनीय शब्दों को सुनने के बाद सबके सामने मेरे गले में अपनी बांहें डाल दीं और कहने लगी कि वह मुझसे प्रेम करती है, मैं उसके अपनों जैसी हूँ, और मैं उस महिला को बता दूं कि उसके बोले हुए शब्द मैं कभी भूल नहीं पाउंगी (*IW*, Vol. 8, 1888: 76). मेरी गोर बर्दवान के जनानों में अपने आने-जाने का अनुभव और भावनाओं को बताते हुए लिखती है 'मैं सच कहती हूँ कि उनके बीच बैठना मेरे जीवन के कुछ सबसे आनंददायक क्षणों में शामिल है।' बर्दवान में वे मिस मुल्वैनी से कहती हैं, 'आप हमारी अपनी हैं' और 'रोयान में वे मुझसे यही कहती हैं' (*IW*, Vol. 8, 1888: 78).

महत्त्वपूर्ण थीं क्योंकि वे अपने दोस्तों और घर के आराम से वंचित अलग-थलग जिंदगी बिताती थीं। ऐसी यूरोपीय महिलाएं 'हिंदू प्रणाली' के ऊपर व्यापक प्रश्नों और बौद्धिक एवं सैद्धांतिक विश्लेषण पर ध्यान केंद्रित करने के बजाए व्यक्तिगत और व्यावहारिक मुद्दों को उठाने की ज्यादा कोशिश करती थीं। इस बात का एक उदाहरण बीसवीं सदी के आरंभिक दिनों में CEZMS मिशनरियों के बीच सबसे प्रसिद्ध और प्रभावशाली प्रचारक एमी कारमाइकल के कार्यों में देखा जा सकता है। सन् 1895 में CEZMS भर्ती के बाद[55] वह दक्षिण भारत में व्यक्तियों और परिवारों की पीड़ा और प्रबोधन की कथाओं के लिए विख्यात हो चुकी थी।[56] हिंदू धार्मिक और सामाजिक संदर्भ एवं अन्य प्रभावों तथा कार्यरत शक्तियों का उल्लेख उसकी पुस्तक में किया गया है। परंतु इसे केंद्रबिंदु या व्यवस्थित बौद्धिक विश्लेषण के लिए प्रस्तुत करने की बजाए, पृष्ठभूमि में परछाई की तरह या जैसा कि लेखिका ने कहा 'अपरिभाषित' की तरह रखा गया।[57]

[55] CEZ/C/AMI, Vol. 2; Houghton 1953.

[56] उदाहरण के लिए 1903 में प्रकाशित उसकी पहली पुस्तक के ज्यादातर अध्याय तिन्नेवेली जिला में उसके कार्यों पर आधारित हैं जिसमें 'हीदेन' (विधर्मी) स्त्री, पुरुषों और बच्चों द्वारा सामान्य दैनिक जीवन में सामना की जाने वाली समस्याओं का वर्णन है (Carmichael, 1903).

[57] Ibid.: 3.

उपसंहार

इस पुस्तक की विषयवस्तु पूर्वधारणाएं और परिकल्पनाएं रहीं हैं। यह इस बात से भी जुड़ी है कि किस प्रकार सतत अध्ययन और विशेषतः अनुभव ने हिंदू धर्म के विभिन्न प्रारूपों और बदलते विचारों को जन्म दिया एवं उस परिकल्पना को सूचनाओं से परिष्कृत कर कुछ भिन्न ही बना दिया। जहाँ कुछ मिशनरी ऐसे थे जो हिंदू धर्म की व्यापक रूपरेखा और उसके अंदर अच्छे तत्वों की खोज को कोई महत्त्व नहीं देते थे, वहीं कैप्टन कुक के प्रशंसकों और विलियम कैरी जैसे कुछ अन्य लोगों के अंदर खोज करने का जोश था। कैरी और बिशप हेबर जैसे कुछ लोग निराशा की गहराई में चले गए और पहले से भी ज्यादा इस विचार को मानने लगे कि हिंदू धर्म शैतान द्वारा बनाई गई सबसे बुरी चीज है। वर्षों की इस यात्रा के दौरान कई लोग दूसरी दिशा में चले गए और एक अलग तरह की भावना विकसित की। उन्हें हिंदू धर्म के धरातल के नीचे कई चीजें अदृश्य और गुप्त दिखीं, जिनके प्रति उनके मन में आदर और प्रशंसा का भाव पैदा हुआ।

प्रारंभिक धारणा में यह विश्वास भी गहरा बैठा हुआ था कि विश्व की मौलिक धार्मिक संरचनाओं का निरूपण ईसाई प्रारूप से ही हुआ था। यह पूर्वस्वीकृत निष्कर्ष था कि ईसाई प्रारूप और धर्म-अनुभूति एक व्यक्ति को वह वैचारिक संरचना और अंतर्दृष्टि देती थी जिससे दूसरी धार्मिक प्रणालियों का मूल्यांकन किया जा सके। अतः ईसाई धर्म उनके लिए न केवल सच्चा और सर्वश्रेष्ठ धर्म था, बल्कि वह इस बात का मानदंड भी था कि एक धर्म को कैसा होना चाहिए। यदि ईसाई धर्म में एक प्रकार की आतंरिक एकता, एक मौलिक सिद्धांत, दर्शन, पुरोहित वर्ग और श्रेणीक्रम, अनुयायी और बाह्य स्वरुप आदि मौजूद थे तो दुनिया के अन्य धर्मों में भी ऐसा ही होना चाहिए। इसीलिए उन्होंने ठीक वैसे ही सवाल पूछे जैसे कोई ईसाई धर्म से पूछ सकता था। हिंदू किस चीज में 'विश्वास' करते हैं? इस धर्म के पुरोहित और मीमांसक कौन हैं? इसके अंदर बाइबिल का समरूप क्या है? विशाल अज्ञानी जनसमूह के विश्वासों और रिवाजों से भिन्न 'असली हिंदू धर्म' क्या है? उनके धर्म की सीमाएं क्या हैं, यह एकजुट किस प्रकार रहता है और इसके अंतर्तत्व की व्याख्या कैसे की जा सकती है?

ब्रिटिश और यूरोपीय इतिहास के संदर्भों में उत्पन्न हुए इन प्रश्नों के परिप्रेक्ष्य ने ही हिंदू धर्म का ब्राह्मणवादी मिशनरी प्रारूप खड़ा किया। भारतीय धर्मों की यह अवधारणा हिंदू धर्म के विश्वासों और रिवाजों के सारतत्व के बारे में जितना बताती है उतना ही ब्रिटिश लोगों की चिंतन प्रक्रिया के बारे में भी। एक काल अवधि के दौरान धीरे धीरे तैयार की गई इस निर्मिति ने उस ब्रिटिश और यूरोपीय अवधारणा का प्रतिबिंबन किया जिसने हिंदू धर्म को ईसाई धर्म के विपक्षी की तरह गढ़ दिया।

इस विचार के प्रसार में मिशनरी सोसाइटियों की पत्रिकाएं और रेखाचित्रीय साहित्य महत्त्वपूर्ण थे। संपादक और पठन सामग्री तैयार करने वाले अन्य लोग संभावित पाठकों के साक्षरता और शिक्षा के निम्न स्तर से स्पष्टतः बाध्यता महसूस करते थे। एक अज्ञात और विदेशी धर्म के विषय में किस तरह बताया जाए जिससे कि साधारण झोंपड़ी में रहने वाले को भी वह मनोरंजक और ज्ञानवर्धक लगे? इसके संपादक एवं अन्य लोग कैसे एक ऐसे आंदोलन के लिए समर्थन पैदा कर सकें जो हिंदुओं को खुद हिंदुओं से बचाने के लिए चलाया जा रहा था। इसका सबसे असरदार तरीका यह था कि हिंदू धर्म के विषय में उतनी ही चर्चा की जाए जितना पाठक पहले से जानते थे। इसे लोकप्रिय स्तर पर ले जाने के लिए पूर्व परिचित क्रिस्चियन अवधारणाओं और भाषा का प्रयोग एवं संदेश का सरलीकरण आवश्यक था। उनके ऊपर स्पष्टतः इस बात के लिए दवाब था कि हिंदू धर्म के आचरणों और विश्वदृष्टिकोणों को ईसाई चिंतन शैली के सांचे में फिर से ढाल कर, उनकी भिन्नताओं, विशेषताओं, सूक्ष्मताओं की अनदेखी कर सिर्फ अपने पाठकों को चमत्कृत करने के लिए ऐसे रीति-रिवाजों और प्रथाओं का वर्णन किया जाए जो प्रोटेस्टेंट परंपराओं में व्यक्त जीवन मूल्यों का खंडन करता दिखाई दे। ईसाई धर्म की तरह हिंदू भी 'एक धर्म' हो गया। इन दोनों के बीच इतनी समानता तो थी। लेकिन प्रस्तुति के इस स्तर पर यह समानता बस यहीं खत्म हो जाती है। बाकी सभी चीजों में दोनों में इतना फर्क था जैसे दिन और रात में फर्क होता है।

जैसा कि अध्याय 2 में हमने गौर किया था, इंजीली और मिशनरी धर्मप्रचारक यदि सबसे पहले नहीं भी तो उन कुछ पहले लोगों में अवश्य थे जिन्होंने 'हिंदुइज्म' शब्द का प्रयोग और प्रचार किया। उन्नीसवीं सदी के पूर्वार्ध में मिशनरियों द्वारा हिंदू धर्म के चरित्र और विशेषताओं का चित्रण मौलिक नहीं था। भारतीय धर्म को ब्राह्मणवाद के रूप में देखना, यानी इसे अखिल भारतीय स्तर पर एक सर्वव्यापी निर्मिति और प्रणाली समझना, जिसका निर्माण और नियंत्रण पूरी तरह ब्राह्मणों द्वारा अपने फायदे के लिए किया गया था, यह भारतीय धर्मों के विषय में एक ऐसा विचार था जो पूर्ववर्ती साहित्य में बिलकुल स्पष्टतः मौजूद था। सूसन बेली का यह सुझाव बिलकुल सही है कि वार्ड द्वारा प्रस्तावित अनैतिक ब्राह्मणवादी निरंकुशतावाद का चित्रण 'स्पष्टतः लोकप्रचलित ब्रिटिश मिथकों में वर्णित पादरियों के वर्चस्व से आतंकित पोपकालीन यूरोप के धर्मसुधार आंदोलन की विजय से मुक्ति के लिए लालायित रहने की छवि पर आधारित था'।[1] लेकिन यह विडंबना ही है कि भारतीय धर्म को ब्राह्मणवादी निरंकुशतावाद के रूप में देखने के प्रोटेस्टेंट विचार को कुछ कैथोलिक भी मानते थे। ब्रिटेन में उपलब्ध आरंभिक यात्रा वृतांत, जेसुइट एवं अन्य मिशनरियों के विवरण, ब्राह्मणों को ऐसे सर्वशक्तिमान नेतृत्व के रूप में चित्रित करते थे, जिन्होंने हिंदू प्रणाली का आविष्कार और पोषण करते हुए उसे अपने नियंत्रण में बनाये रखा

[1] Bayly 1999: 110.

था। वार्ड, डफ और अन्य लोगों ने इन विचारों को बहुत विस्तार से प्रस्तुत किया और उसे गैर-मिशनरी लेखकों जैसे प्राच्यविद्याविदों (ओरिएंटलिस्ट), जेम्स मिल एवं अन्य लेखकों द्वारा पुष्ट किया गया। पाश्चात्य लोग हिंदू धर्म में ब्राह्मणों के मौलिक निहित स्वार्थ और पूरी व्यवस्था के स्वामी एवं नियंता होने की बात से सचमुच इतना अभिभूत थे कि जे.डब्लू. केय जैसे लेखकों ने यह सुझाव रखा कि ब्राह्मण (जिनके धर्म को ब्रिटिशों ने कमजोर करने की धमकी दी थी) ही भारतीय सिपाही और नागरिक विद्रोहों के मुख्य प्रेरक थे। इसके अतिरिक्त उन्नीसवीं सदी के उत्तरार्ध में जब ब्राह्मणवादी शिक्षा के रूप में सर्वेश्वरवाद (Pantheism) को हिंदू प्रणाली के सार-तत्व की तरह प्रस्तुत किया गया, उस समय भी कई मिशनरी और गैर-मिशनरी टीकाकारों द्वारा ब्राह्मणों की सर्वोच्च केंद्रीयता के विचार को स्वीकार कर लिया गया।

लेकिन यदि ज्यादातर मिशनरी और इंजीली धर्मप्रचारक हिंदू धार्मिक प्रणाली के एकीकृत स्वरुप और ब्राह्मणवादी नेतृत्व के विषय में दीर्घकालिक और लोकप्रिय सिद्धांतों को दोहराने और समर्थन देने की प्रवृति रखते थे, तो इनमें से कुछ ने उन्नीसवीं सदी के उत्तरार्ध में इस विचार से अपना मतभेद व्यक्त करना भी शुरू कर दिया। आखिरकार पश्चिम में धर्ममीमांसीय परिवर्तनों के मुकाबले मिशनरियों के अपने अनुभव ने इन प्रचलित प्रतिमानों को दरकिनार कर भारतीय धर्म के विषय में मिशनरियों के विचारों और व्याख्याओं को पुनर्रचित किया। जैसा कि अध्याय 5 में देखा जा चुका है हिंदू कर्मकांडों के विषय में कैरी की समझ और ज्ञान पर उसके अनुभव का प्रभाव उसके पत्रों और डायरियों में स्पष्ट दिखता है। वास्तव में चरक और सती के संबंध में उसका अपना अनुभव और उस स्थल पर प्रत्यक्ष उपस्थिति ही थी, जिसने उसे पहले के अपने अध्ययन एवं अन्य लोगों से बातचीत के मुकाबले उसे कहीं ज्यादा अंतर्दृष्टि प्रदान की।

जहाँ कैरी के अनुभव ने हिंदू धर्म के मूल्यांकन से संबंधित उसके विचारों को बदलने में एक शक्तिशाली भूमिका निभाई, वहीं डफ द्वारा थोड़ा-बहुत समय कलकत्ता में बिताने के कारण उसके समग्र विचारों पर बहुत कम असर पड़ा। देशी भाषा में काम करने के अवसरों को ठुकराने और अंग्रेजी माध्यम से पश्चिमी शिक्षा पर जोर डालने के कारण, मुट्ठी भर विमुख बंगाली युवाओं के समूह के अतिरिक्त आम भारतीय लोगों और भारतीय संस्कृति के साथ उसका संपर्क बहुत कम रह गया। भारत में अपने अनुभवों ने उसे और भी आश्वस्त कर दिया कि उसके प्रबोधन से प्रभावित विचार और स्कॉटलैंड में अर्जित ईसाई धर्म संबंधी ज्ञान भारतीय लोगों की मुक्ति और प्रगति के लिए बिलकुल पर्याप्त हैं। वह ज्यादातर जिन विद्यार्थियों को पढ़ाता या सलाह देता था, वे पहले से ही हिंदू पृष्ठभूमि को ठुकरा चुके होते थे और पश्चिमी शंका एवं साहित्यों से परिचित होने के कारण वे उन पाश्चात्य और ईसाई तर्कों को आसानी से समझ सकते थे, जो पश्चिमी 'नास्तिकता' के प्रभाव का मुकाबला करने के लिए गढ़े गए थे।

यदि हिंदू धर्म के चरित्र और ईसाई धर्म से इसके संबंधों के विषय में डफ के विचारों में कोई परिवर्तन नहीं आया तो उसका आंशिक कारण भारत में उसका सीमित और संकीर्ण अनुभव था। लेकिन कुछ ऐसे मिशनरी भी थे जिन्हें व्यापक अनुभव होने के बावजूद वे उसका कोई उपयोग नहीं कर पाए। जैसा कि हम अध्याय 5 में देख चुके हैं कि विलियम वार्ड जिसका कर्ताभजों के साथ व्यापक और निरंतर संपर्क था, उसे भी इस बात से समस्या थी कि अपनी कल्पित प्रणाली में उनको कितना महत्त्व दें। इसी प्रकार परंपरागत विचारों के एक अन्य प्रणेता पीटर पर्सिवल को *शैव सिद्धांत* के एक प्रमुख हिमायती के साथ निकट और दीर्घकालीन संबंधों के कारण प्राप्त सामग्री और साक्ष्यों के साथ सामंजस्य बिठाने में बहुत मुश्किल हुई। इन मामलों में ऐसा लगता है कि परंपरागत और प्रबल प्रतिमानों ने इनके ऊपर इतना गहरा प्रभाव छोड़ा था कि कुछ टीकाकार अपने अनुभवों के परिणामों को भी स्वीकार करने को तैयार नहीं थे। उन्होंने जो देखा था उसके साथ सामंजस्य बिठाने और नवीन व्याख्या प्रस्तुत करने के बदले वे ब्राह्मण नियंत्रित एकीकृत प्रणाली जैसे कहीं ज्यादा परंपरागत और सुविधापूर्ण विचारों से ही चिपके रहे।

हालांकि इस प्रचलित प्रबल प्रतिमान के विरूद्ध मुखर मिशनरियों की संख्या धीरे धीरे बढ़ रही थी। लौकिक प्राच्यविदों से भिन्न जिनका ज्यादा ध्यान प्राचीन भारत के इतिहास, कानून, और धार्मिक जीवन के विषय में जानने के लिए ब्राह्मणवादी ग्रंथों के अध्ययन पर केंद्रित था, वहीं एक समुदाय के रूप में मिशनरियों की रुचि ज्यादा व्यापक जमीनी स्तर पर हिंदुओं के विचारों और प्रवृतियों को समझने की तरफ थी। जैसे जैसे मिशन कार्यकर्ता बंगाल से बाहर बड़ी में संख्या फैलते गए (और लौकिक प्राच्यविद्या अध्ययन केंद्र के प्रभाव से दूर होते गए) एवं भारत के अधिक दूरवर्ती इलाकों में बसने और काम करने लगे, वैसे वैसे हिंदू धर्म के विचारों, परंपराओं, और व्यवहारों में मौजूद अद्वितीय विभिन्नताओं के विषय में उन्हें अनुभव और व्यापक ज्ञान प्राप्त होता चला गया। इस अल्पज्ञात पर्यावरण में सतत विस्तृत होते जा रहे क्षेत्र के अंदर वे पारंपरिक और प्रबल दृष्टिकोणों से ही अधिक से अधिक असंतुष्ट होते जा रहे थे।

पहली बात, नीची और अछूत जाति के हिंदुओं से अब उनका संपर्क बढ़ रहा था और यह बात अधिक स्पष्ट होती जा रही थी कि ये लोग ऊपर से नियंत्रित कठपुतली मात्र नहीं थे। इनके धार्मिक जीवन की भी अपनी स्वतंत्र कार्यसूची (एजेंडा) थी। उदाहरण के लिए, मरी मिशेल के बौद्धिक विकास में उसके द्वारा की गई महाराष्ट्र के तीर्थों की यात्रा का बहुत महत्त्वपूर्ण स्थान था। उसे भक्ति की अगाध भावनाओं की अभिव्यक्ति को देख कर भारी आश्चर्य हुआ और उसे पहले से ज्यादा यह बात महसूस होने लगी कि हिंदुओं का सबसे मार्मिक और सक्रिय विचार अद्वैत वेदांत अथवा सर्वेश्वरवाद न होकर भक्ति है। कॉडवेल, मटीर, कैंपवेल, व्हाइटहेड, आदि कुछ ऐसे लोग थे जिन्होंने इस बात पर जोर देना शुरू किया कि ब्राह्मणवाद और निम्न जातियों के धार्मिक व्यवहारों की अभिव्यक्ति के बीच नगण्य

समानताएं थीं। उनका यह विचार तब और मजबूत हो गया जब मिशनरियों का आमलोगों के बीच काम करने का अनुभव बढ़ा और हिंदू समाज की निम्न जातियों और वर्गों से धर्मांतरित लोग बड़ी संख्या में आने लगे।[2]

दूसरी बात, इस प्रवृति के समानांतर, जो कुछ हद तक इससे जुड़ा हुआ भी था, अब क्षेत्रीयतावाद के विचार का महत्त्व और प्रभाव पहले से अधिक महसूस किया जा रहा था। इसके साथ ही विलियम वार्ड के अखिल भारतीय प्रारूप की सीमाएं समझ में आने लगीं थीं। विशेषतः गौर करने लायक बात दक्षिण भारतीय परंपराओं के महत्त्व और तुलनात्मक स्वतंत्रता को मिलने वाली बढ़ती स्वीकृति थी। ऐसी परंपराओं में उन्नीसवीं सदी के आखिरी दिनों में शैव सिद्धांत की दक्षिण भारतीय शैली जो अब भी पुनरुत्थान के चरण से गुजर रही थी, को एक उदाहरण के रूप में देखा जा सकता है। सामाजिक-धार्मिक और क्षेत्रीय विविधताओं की निर्भीक स्वीकृति (सट्टन, बायर्स, मिशेल, लांग, कॉडवेल, और अन्य कई) के अतिरिक्त इस विचार से भी बहुत असंतोष था कि सर्वेश्वरवाद ही पूरे भारतीय उपमहाद्वीप में हिंदू धर्म के सारतत्व का प्रतिनिधि माना जाता था। दरअसल इस बात पर पहले से ज्यादा असहमति हो गई थी कि हिंदू धर्म का अनिवार्य अंतर्तत्व, यदि है तो क्या है। कुछ मिशनरियों के बीच तो इस विचार के प्रति भी झुकाव बढ़ा कि हिंदू धर्म का वर्णन एकीकृत प्रणाली के रूप में करने पर विवाद किया जाए। इन परिवर्तनों ने जिन भारतीय धार्मिक परिघटनाओं की जटिलताओं और तात्विक विभिन्नताओं को उजागर किया वह हिंदू घरों में आने-जाने एवं महिलाओं के धार्मिक दृष्टिकोणों को जानने तथा प्राप्त अंतर्दृष्टि से प्रोत्साहित हुआ था। इसी प्रकार स्थानीय और विशेषीकृत मिशनरी अध्ययनों के विस्तार में प्रतिबिंबित विभिन्नता की छवि हीथेन 1871 में पहली बार भारत में संपन्न किए गए जनगणना के परिणामों से भी मेल खाता हुआ दिखता है। इसमें हिंदू धर्म को परिभाषित करना असंभव पा कर जनगणना आयुक्तों ने अधिक से अधिक उस तकनीक का प्रयोग किया जिसमें सभी धर्मों को गिनने के बाद जो कुछ बच गया उन सभी को हिंदू धर्म में गिनती कर लिया गया।

अतः उस सदी के अंत तक मैकडोनाल्ड, कॉबन, और पोप सहित कई ऐसे मिशनरी थे जो यह दलील देने लगे कि एक हिंदू धर्म की अवधारणा के बजाए अनेक हिंदू धर्मों की अवधारणा को स्वीकार किया जाना चाहिए। एक अर्थ में इस बहस ने अपना एक चक्र पूरा कर लिया था—बुकानन के आरंभिक लेखनों में स्पष्टतः प्रदर्शित विविधता का विचार फिर से एक बार उन्नीसवीं सदी के अंत में संपुष्ट किया जा रहा था। यही बात हाल के प्रकाशनों और इक्कीसवीं सदी में लौकिक विद्वानों के विस्तृत वर्णपट के बीच चलने वाली व्यापक बहसों से भी दिखता है।

[2] Webster 1992.

यहां वर्णित कारकों में जिसे मिशनरियों का भारत में अनुभव भी कहा जा सकता है, एक कारक पंडितों के साथ उनका समागम और गांवों में धर्मप्रचार के लिए भ्रमण के दौरान आम लोगों से संवाद भी था। हाल के वर्षों में इस बिंदु पर व्यापक बहस हुई है कि भारत के विषय में पाश्चात्य ज्ञान किस हद तक पूर्णतः पाश्चात्य था। आमतौर पर अब यह स्वीकार कर लिया गया है कि पाश्चात्य ज्ञान में भारत का देशी ज्ञान भी मिश्रित था, लेकिन 'देसज' (नेटिव) सूचनाओं और अध्ययनों का सटीक चरित्र, एवं इसके प्रसार की विधियां अब भी विवादों में है। यह अक्सर देखा गया है कि ब्राह्मण लोग कंपनी अधिकारियों को सूचना, जैसे ब्राह्मणवादी ग्रंथ, युक्ति एवं विश्व दृष्टिकोण आदि प्रदान करने के लिए बहुत सक्रिय रहते थे। यह लगभग निश्चित है कि ब्राह्मणों का उच्च प्रभाव एक मूल कारक था, जिसने यूरोपियनों के मन में यह धारणा बिठा दी कि ब्राह्मणवाद ही हिंदूवाद है, और ब्राह्मण ही संपूर्ण सामाजिक और धार्मिक व्यवस्था के सूत्रधार थे। यद्यपि जैसा कि अध्याय 4 में दिखाया गया है, सभी मिशनरी पंडित एक ही ब्राह्मण पंथ या मत-समूह से नहीं लिए गए थे। न ही सभी पंडित ब्राह्मण थे। वस्तुतः यह बहुत संभव है कि प्रभुत्वशाली ब्राह्मणवादी प्रारूप से बढ़ते मोहभंग का एक कारण हमेशा ब्राह्मण निर्देशक नहीं मिलना भी था और इसी क्रम में उन्हें विभिन्न प्रकार के और दृष्टिकोणों एवं व्याख्याओं का ज्ञान हुआ।

विभिन्नताओं की बढ़ती स्वीकृति का निर्णायक कारक अनुभव मात्र ही नहीं था। स्वयं यूरोप के अंदर धर्ममीमांसा एवं अन्य विचारों में आने वाले परिवर्तनों की भी एक भूमिका थी, जो हिंदू धर्म के विषय में सहानुभूतिपूर्ण दृष्टिकोण विकसित करने में शक्तिशाली उत्प्रेरक साबित हुआ। यह पूरी तरह सच नहीं है कि मिशनरियों के बीच ज्यादा जानकारी और ज्यादा अनुभव ने हिंदू धर्म के प्रति व्यापक सहानुभूति को जन्म दिया। उदाहरण के लिए कैरी और हेबर हिंदू धर्म के विषय में जितना अधिक जानते जा रहे थे, उतनी ही उनकी नापसंदगी बढ़ती जा रही थी। यह तर्क दिया जा सकता है कि वे अब भी हिंदू धर्म के बारे में पर्याप्त नहीं जानते थे और यदि वे थोड़ा और जानते तो इस व्यवस्था की भर्त्सना करने की उनकी इच्छा बदल जाती एवं उनका दृष्टिकोण पुनः सहानुभूतिपूर्ण हो जाता। अधिक जानकारी उनके मूल्यांकन को बदलने में महत्त्वपूर्ण रही होगी, परंतु यह एक मात्र कारक नहीं था जिसने मिशनरियों के दृष्टिकोण को स्वरूप दिया। मिशनरियों की पसंद और नापसंद में उनके अपने जीवन मूल्यों और प्राथमिकताओं का भी महत्त्व था। कैरी और हेबर दोनों ही हिंदू धर्म को जितना जानते उससे ज्यादा नफरत करते क्योंकि वे सोचते थे कि उन्होंने इसकी अमानवीयता और निर्दयता की सीमा को पहले से भी ज्यादा जान लिया है। दूसरी तरफ पोप की तरह कॉबन शैव सिद्धांत की गहराईयों को जान कर चमत्कृत था कि उनमें कई ऐसे जीवन-मूल्यों की झलक मिलती थी जिनका वह स्वयं प्रशंसक था।

यूरोप के वैचारिक माहौल में आए बदलाव से मिशनरी मूल्यांकन में भी परिवर्तन आया और दूसरे धर्मों के प्रति एक सकारात्मक दृष्टिकोण भारत के अंदर और बाहर होने वाले मिशनरी सम्मेलनों में दिखने लगा। यह परिवर्तन आंशिक तौर पर मिशनरियों के अनुभव और कार्यक्षेत्र की निराशाओं से उत्पन्न हुआ एवं उसने मिशनरियों को इस बात के लिए प्रेरित किया कि दूसरी परंपराओं के अच्छे और बुरे दोनों पक्षों का अध्ययन और मूल्यांकन किया जाए। संपूर्ण मानव जाति के तर्क और विवेक में ईश्वर की सक्रियता और प्राकृतिक धर्म की अवधारणा, जिसे लंबे समय तक हिंदू धर्म से दूर रखा गया था और जिसका उपयोग भारतीय धार्मिक चिंतन में जो कुछ भी श्रेष्ठ और सत्य था उसकी व्याख्या के लिए उपयोग किया जाता था, उसकी जगह कम से कम कुछ मामलों में हिंदू धर्म के प्रति अधिक उदार विचारों ने ले लिया। जैसा कि रॉबसन, मरी मिशेल और अन्य लोगों के मामलों में देखा जा सकता है अब हिंदू लोगों के बीच प्रचलित विचारों और रिवाजों में जो कुछ श्रेष्ठ और सत्य दिखाई देता था, उसे ये लोग अब अधिक से अधिक हिंदू धर्म का अंग मानने लगे थे।

आखिरकार, मिशनरी सोसाइटियों द्वारा हिंदू धर्म के निरूपण और उन्नीसवीं सदी में मिशनरियों के समग्र रूप का क्या प्रभाव पड़ा? पहली बात, प्रोटेस्टेंट मिशनरियों के हिंदू धर्म संबंधी विचारों और प्रारूप का प्रभाव स्वयं हिंदुओं पर पड़ा। इस मुद्दे को इस लेखक ने विस्तार से अपने एक लेख में उठाया है, जो आर. ई. फ्राईकेनबर्ग द्वारा संपादित संकलन में प्रकाशित है।[3] संक्षेप में कहा जाए तो बात यह है कि आधुनिक काल से पहले भी ब्राह्मण नियंत्रित सर्वसमावेशी एकीकृत प्रणाली के रूप में हिंदू धर्म कभी अस्तित्व में नहीं रहा है। फिर भी कुछ हिंदुओं में सोलहवीं–सत्रहवीं सदी में भारत के कुछ हिस्सों में (खास कर मराठों के बीच) इस्लामी आक्रमणकारियों से अपनी तुलना करते हुए धार्मिक अर्थों में हिंदू होने की भावना जागृत हुई, जो विभिन्न पंथों, संप्रदायों, और धार्मिक परंपराओं के बीच आपसी विभाजन को मिटाने के प्रयास के रूप में सामने आया। धार्मिक अर्थों में हिंदू होने का बोध प्रोटेस्टेंट मिशनरियों, खास कर जो उन्नीसवीं सदी के पूर्वार्ध में भारत में धर्मप्रचार के कार्यों में सक्रिय थे, उनकी गतिविधियों से और बढ़ा। जैसा कि हमने देखा है वे यह मान कर चलते थे कि सभी हिंदू एक सर्वसमावेशी धार्मिक प्रणाली के अंतर्गत आते हैं। विभिन्न मान्यताओं वाले हिंदुओं को एक साथ बांध कर प्रस्तुत करने और सभी को एक ही प्रणाली का अंग मान लेने और अक्सर सभी हिंदुओं के मतों पर सामान्य रूप से प्रहार करने की प्रवृति भी स्पष्ट दिखाई देती है। ऐसे रवैय्ये के साथ गाली गलौज की भाषा के प्रयोग को मिशनरियों द्वारा किए गए अपमान की तरह देखे जाने की बात ने सभी प्रकार के हिंदुओं को एक साझा विरोधी पक्ष के रूप में संगठित कर दिया। परंतु विशेषतः शिक्षित और उच्च वर्ग में एकता की इस भावना के निर्माण में इससे भी ज्यादा महत्त्वपूर्ण कारक धर्मांतरण का खतरा था।

[3] Oddie 2003.

यह एक ऐसी प्रक्रिया थी जिसके बारे में यह समझ थी कि यह कार्य मिशनरी स्कूलों और सरकार के साथ मिशनरियों की साझेदारी से किया जा रहा है। सती प्रथा पर चोट और हिंदू उत्तराधिकार कानून की अवमानना को सरकार और मिशनरियों के बीच एक अर्ध-गुप्त संधि की तरह देखा जाता था। उच्च और निम्न दोनों ही स्तर पर कई हिंदू आशंकित थे लेकिन उनकी भावनाओं को कुछ हिंदू नेताओं की तरफ से उठाया जाने लगा जो अपने को ईसाई धर्म के खिलाफ एक व्यापक आधार युक्त 'प्रणाली' के रक्षक के रूप में प्रस्तुत करने लगे। भारत के 'असली धर्म' के लिए राममोहन रॉय द्वारा 'हिंदुइज्म' शब्द के प्रयोग को पाश्चात्य-शिक्षित सुधारक और अन्य लोगों द्वारा अपने उपदेशों में ज्यादा से ज्यादा शामिल किया जाने लगा और वे अपने को एक सर्वव्यापी एकीकृत प्रणाली के अंग के रूप में देखने लगे थे। यह विडंबना ही है कि भारतीय चिंतन में यह परिवर्तन उन्नीसवीं सदी के उत्तरार्ध में उस समय घटित हो रहा था, जैसे कि हम बता चुके हैं, जब प्रोटेस्टेंट मिशनरियों में एकीकृत प्रारूप की वैधता को लेकर और अधिक संदेह उत्पन्न हो रहा था।

दूसरा प्रश्न मिशनरियों द्वारा हिंदू धर्म के चित्रण और साथ ही साथ मिशनरी सोसाइटी की पत्रिकाओं की टिप्पणियों का यूरोपियनों पर, खास कर पश्चिम पर क्या प्रभाव पड़ा इससे संबंधित है। उदाहरण के लिए ब्रिटेन की जनता, जिनमें से कई चर्च जाने वाले भी थे, उन पर मिशनरी सोसाइटी के अधिप्रचार का बहुत असर था। अध्याय 7 में यह दिखाने के लिए काफी कुछ कहा जा चुका है कि *Missionary Register* के पहली बार प्रकाशित होने से लेकर उन्नीसवीं सदी के अंत तक किस प्रकार लोकप्रिय मिशनरी पत्रिकाओं की नियमित बिक्री एवं वितरण लगातार बढ़ता गया। इस पठन-सामग्री की सतत बढ़ती मात्रा के साथ सामग्रियों की अत्यधिक पुनरावृत्ति भी गौर करने लायक है, जिसमें प्रचलित प्रारूप का अनुसरण करते हुए हिंदू धर्म के दानवीकरण का प्रयास दिखाई देता है। यह सामान्य नकारात्मकता का अंग था, जो मिशन कार्यक्षेत्र में हो रही प्रक्रियाओं से बिलकुल भिन्न था और उन्नीसवीं सदी के अंतिम दिनों में जा कर ही थोड़ा कमजोर पड़ा। ये पत्रिकाएं ज्यादातर ऐसे संपादकों द्वारा तैयार की जाती थीं जिनका न तो मिशनरियों जैसा प्रभाव था और न ही उन्हें उस तरह की चुनौतियां झेलनी पड़ती थीं जो भारत में कार्य कर रहे मिशनरियों को झेलनी पड़ती थीं। इन संपादकों का काम भी ऐसा था कि इनका ज्यादा समय अपनी पत्रिका के लिए ब्रिटिश आम जनता का समर्थन जुटाने में जाता था। अतः यह कोई ताज्जुब की बात नहीं कि ईसाई धर्म के आशीर्वादों और हिंदू धर्म में हिंदुओं की दयनीय दुर्दशा के बीच भयानक अंतर दिखाने वाली छवि और लंबे समय तक खिंचती चली गई। यही वह साहित्य था जिसने ब्रिटिश लोक चेतना में हिंदू धर्म की प्रचलित और रुढ़िबद्ध छवि निर्माण में प्रायः निर्णायक भूमिका का निर्वाह किया। ब्रिटिश परिकल्पना में यह छवि दीर्घजीवी हो गई। इसके अतिरिक्त सती प्रथा और ईस्ट इंडिया कंपनी के हिंदू धार्मिक संस्थानों के साथ

कायम संबंधों के खिलाफ विख्यात इंजीली और मिशनरी सोसाइटियों के अभियान में इसे और बढ़ा-चढ़ा कर पेश और उपयोग किया गया। पत्रिकाओं में चलने वाले अभियानों में हिंदू धर्म की भयावहता के विवरणों के अतिरिक्त रैलियों, वार्षिक बैठकों और यहां तक कि संसदीय रिपोर्टों में इसे बढ़ा-चढ़ा कर पेश किया जाता था।

इन सार्वजानिक अभियानों और निरूपण के स्वरूपों को 'ओरिएण्टलिज्म' के उदाहरण के तौर पर लिया जा सकता है जिसका अब सरल अर्थ (डेविड स्मिथ के अनुसार) एक तरह से 'पाश्चात्य भ्रांति एवं पूर्व के देशों के साथ दुर्व्यवहार' हो गया है।[4] यद्यपि इस मामले में संपादकों के साथ-साथ मिशनरी लोग सार्वजनिक साहित्य को इस प्रकार पेश करने के लिए जिम्मेदार थे जिससे मध्यवर्ग और मजदूर समुदाय की भावनाओं को उभारा जा सके। इसके अतिरिक्त, ब्रिटेन में सामान्य लोगों के लिए सुलभ और उनके द्वारा पढ़े जाने वाले इन विवरणों के समानांतर मिशनरियों द्वारा लिखे गए हिंदू धर्म की यूरोपियन समझ को उजागर करने वाले गंभीर और विद्वतापूर्ण लेखनों को भी रख कर देखा जाना चाहिए। इन विवरणों में रॉबसन, मरी मिशेल, और विल्किंस जैसे मिशनरियों की रचनाएं भी शामिल हैं, जिनके सभी लेखनों को 1910 में प्रकाशित कैंब्रिज इनसाइक्लोपीडिया में हिंदू धर्म से संबंधित अंश में उद्धृत और अनुशंसित किया गया है। जैसा कि अध्याय 3 में कहा गया है उन्नीसवीं सदी के मिशनरी प्रकाशनों में *Journal of Bombay Asiatic Society, Indian Antiquary, Contemporary Review* जैसी गैर-मिशनरी पत्रिकाओं और *Indian Evangelical Review* आदि में हिंदू धर्म के विभिन्न आयामों पर लिखे जाने वाले अत्यधिक मौलिक एवं विद्वतापूर्ण आलेख भी शामिल होते थे। निश्चित ही जैसे मिशनरियों द्वारा व्यापक हिंदू मान्यताओं और अनुष्ठानों के विषय में विचारों को प्रचारित किया जा रहा था उसके समानांतर ब्रिटेन और यूरोप के लौकिक विद्वान भी ब्राह्मणवादी धर्म की अपनी समझ प्रस्तुत कर रहे थे। इस खास अर्थ में उनकी कृतियां प्राचीन ग्रंथों पर काम कर रहे सभी लौकिक प्राच्यविदों जैसे मैक्स मूलर, मोनियर विलियम्स, या जॉन मुइर के मुकाबले आधुनिक नृजातिशास्त्रियों के काम से ज्यादा मिलती हैं।

[4] Smith 2003: 89.

संदर्भग्रंथ सूची

Archives and Manuscript Collections

Birmingham University Library

CMS Committee Minutes; Correspondence and Annual Reports of individual missionaries (B. Bailey, J. Vaughan, J. Long, etc.).

CEZMS CEZ/C/AM5 (Candidates' Papers and Annual Reports, 1883–1900).

CEZ/C/AMI (Register of Missionaries with particulars of service, Vol. 1: Papers of individual missionaries and other papers).

British Library, London

India Office and Oriental Collection.

MSS. EUR. E. 93 (early text of Grant's *Observations*).

Cambridge University Library

SPCK archives. *Annual Reports* (*AR*) and incoming correspondence of missionaries connected with the India Mission, c.1740–1800.

Henry Martyn Institute, Cambridge

Correspondence preparatory to the World Missionary Conference, Edinburgh, 1910.

Indian Institute, Oxford

Max Müller papers (MS, Eng.C.2814).

NLS (National Library of Scotland), Edinburgh

FCS archives. Alexander Duff papers (MS7530) and J. Murray Mitchell papers and correspondence.

Regents Park College, Oxford

BMS archives. Carey's papers, diary and correspondence.

Rhodes House, Oxford

USPG archives. Proceedings, letters and reports of missionaries including R.Caldwell, P. Percival, J. F. Kearns, G. U. Pope, C. E. Kennet and H. Symonds.

Serampore College archives, West Bengal

William Ward's diary.

SOAS (School of Oriental and African Studies), London

Council for World Mission (CWM) archives. Home Personal, Candidates' Papers, Incoming correspondence and reports (J. Crisp, T. Hodson, P. Percival, W.H. Campbell, J. Kennedy, W. Drew, T. E. Slater, M. A. Sherring, W. J. Wilkins, M. Phillips, E. Greaves, J. Hewlett, etc.).

WMMS archives. Papers and correspondence of individual missionaries (E. Hoole, G. M. Cobban, P. Percival, T. Hodson, E. Crisp).

UTC (United Theological College) archives, Bangalore.

CEZMS Madras Committee books.

Official Records

UK Parliamentary Papers, 1812–13, Vol. X, Paper No. 282; 1821, Vol. XVIII (Commons) and 1851, Vol. XLI, Session Paper No. 176.

Census of India, Reports, 1871–1901.

Conference Reports

Proceedings of a General Conference of Bengal Protestant Missionaries held in Calcutta, Sept. 4–7 1855. 1855. Calcutta: Baptist Mission Press.

Proceedings of the South India Missionary Conference Held at Ootacamund, 19 April–5 May 1858. 1858. Vepery: SPCK.

Report of the Punjab Missionary Conference held at Lahore, December to January, 1862–1863. 1863. Lodiana: American Presbyterian Mission Press.

Report of the General Missionary Conference held at Allahabad, 1872–73. 1873. London: Seeley, Jackson and Halliday.

Report of the Second Decennial Missionary Conference held at Calcutta, 1882–83. 1883. Calcutta: Baptist Mission Press.

Report of the Centenary Conference on the Protestant Missions of the World. 1888. London: James Nisbet and Co.

Report of the Third Decennial Missionary Conference held at Bombay, 1892–93. 2 vols. 1893. Byculla: Education Society.

Report of the Fourth Decennial Indian Missionary Conference, held in Madras, 1–18 December 1902. n.d. London and Madras: Christian Literature Society.

Other Printed Sources

An Account of the Origins and Designs of the Society for Promoting Christian Knowledge. 1734. London: SPCK.

Bliss, E. M., ed. 1891. *The Encyclopaedia of Missions*. New York, London and Toronto: Funk and Wagnalls.

Church Missionary Society. n.d. *Register of Missionaries (Clerical, Lay and Female), and Native Clergy from 1804 to 1904*. Printed for private circulation.

Deacon's Newspaper Handbook and Advertisers Guide. 1881. London.

Foreign Missions of the Free Church of Scotland, No. 1, 'India: A Field for Missionary Effort'. n.d. Edinburgh: n.p.

Johnson, S. 1834. *A Dictionary of the English Language*. London: Westley and Davis.

Newcomb, Harvey. 1854. *Cyclopaedia of Missions; Containing a Comprehensive View of Missionary Operations throughout the World*. New York: Scribner.

Periodicals and Newspapers

Baptist Annual Register
Baptist Magazine
Calcutta Christian Advocate
Calcutta Christian Observer
Church Missionary Gleaner
Church Missionary Intelligencer
Church Missionary Record
Church Missionary Society Juvenile Instructor
Church Missionary Society Missionary Papers
Church Missionary Society Quarterly Papers
Contemporary Review
Edinburgh Review
Free Church of Scotland Quarterly Missionary Papers
Friend of India
Harvest Field
Home and Foreign Record of the Free Church of Scotland
Indian Antiquary
Indian Church History Review
Indian Evangelical Review
Indian Female Evangelist
India's Women and China's Daughters
Juvenile Missionary Magazine
Juvenile Offering
Madras Christian College Magazine
Madras Journal of Literature and Science
Mission Field
Missionary Magazine and Chronicle
Missionary Notices
Missionary Papers
Missionary Register
Missionary Sketches
Occasional Papers from St Augustine's College
Papers Relating to Wesleyan Missions
Periodical Accounts relative to the Baptist Missionary Society
Quarterly Chronicle of the LMS
United Presbyterian Missionary Record
Wesleyan Missionary Society Missionary Notices

Books, Articles and Theses

Abbs, John. 1870. *Twenty-two Years' Missionary Experience in Travancore*. London: J. Snow and Co.

Adam, Robert. 1818. *The Religious World Displayed; or a View of the Four Grand Systems of Religion, Judaism, Paganism, Christianity and Mohammedanism*. Philadelphia: Moses Thomas.

Ali, Muhammad Mohar. 1965. *The Bengali Reaction to Christian Missionary Activities, 1833–1857*. Chittagong: Mehrub Publications.

Allnutt, M. R. 1911. *A Record of Sixty-nine Years' Ministry: Memoirs of Richard Lea Allnutt*. London: SPCK.

Altick, Richard. 1957. *The English Common Reader: A Social History of the Mass Reading Public, 1800–1900*. Chicago: University of Chicago Press.

Arooran, K. Nambi. 1980. *Tamil Renaissance and Dravidian Nationalism, 1905–1944*. Madurai: Koodal Publishers.

Arthur, William. 1902. *A Mission to the Mysore with Scenes and Facts Illustrative of India, its People, and its Religion*. London: Charles H. Kelly.

Ashcroft, Frank. 1909. *Story of Our Rajputana Mission*. Edinburgh: Oliphant, Anderson and Ferrier.

Ballhatchet, K. A. 1961.'Some Aspects of Historical Writing on India by Protestant Christian Missionaries during the Nineteenth and Twentieth Centuries', in C. H. Philips, ed., *Historians of India, Pakistan and Ceylon*. London: Oxford University Press.

Bannerjea, K. M. 1851. *Lectures to Educated Young Men*.

Barnes, Irene H. 1897. *Behind the Pardah*. London: Marshall Brothers.

————. 1906. *In Salisbury Square*. London: CMS.

Barrow, Ian J. 2003. 'From Hindustan to India: Naming Change in Changing Names', *South Asia* n.s. XXVI (1).

Bayly, C. A. 1996. *Empire and Information. Intelligence Gathering and Social Communication in India, 1780–1870*. Cambridge: Cambridge University Press.

Bayly, Susan. 1999. *Caste, Society and Politics in India from the Eighteenth Century to the Modern Age*. The New Cambridge History of India, Vol. IV (3). Cambridge: Cambridge University Press.

Bearce, George D. 1961. *British Attitudes Towards India, 1784–1858*. London: Oxford University Press.

Bebbington, D. W. 1989. *Evangelicalism in Modern Britain. A History from the 1730s to the 1980s*. London and New York: Routledge.

Bernier, Francois. 1916. *Travels in the Mughal Empire, AD 1656–1688*. Translated on the basis of Irving Block's version and annotated by Archibald Constable. 2nd ed. London and Edinburgh: Oxford University Press.

Bickers, Robert A., and Rosemary Seton, eds. 1996. *Missionary Sources and Issues*. London: Curzon.

Biller, P. 1985. 'Words and the Medieval Notion of "Religion"', *Journal of Ecclesiastical History* 36.

Bose, N. S. 1960. *The Indian Awakening and Bengal*. Calcutta: Firma K. L. Mukhopadhyay.

Bowie, Fiona, Deborah Kirkwood and Shirley Ardener, eds. 1993. *Women and Missions: Past and Present. Anthropological and Historical Perceptions*. Providence and Oxford: Berg.

Boyce, W. B. 1872. *The Missionary World*. New York: A. D. F. Randolph.

Bradbury, James. 1884. *India, Its Condition, Religion and Missions*. London: John Snow.

Brekke, Torkel. 1999. 'The Conceptual Foundation of Missionary Hinduism', *Journal of Religious History* 23 (2).

Brewster, David, ed. 1830 [1810]. *The Edinburgh Encyclopaedia*. 3rd ed. Edinburgh: Balfour, Kirkwood and Co.

Brown, Raymond. 1986. *The English Baptists of the Eighteenth Century*. London: Baptist Historical Society.

Brunner, Daniel L. 1988. *Halle Pietists in England: Anthony William Boehm and the Society for Promoting Christian Knowledge*. Gottingen: Vandenhoeck and Ruprecht.

Buchanan, Claudius. 1805. *Memoir of the Expediency of an Ecclesiastical Establishment for British India*. Repr. in Allan K. Davidson (1990), *Evangelicals and Attitudes to India, 1786–1813*. Abingdon: Sutton Courtenay Press.

————. 1811. *Christian Researches in Asia with Notices of the Translation of the Scriptures into the Oriental Languages*. 2nd ed. London: Cadell and Davies.

————. 1814. *An Apology for Promoting Christianity in India*. London: Cadell and Davies.

Buckland, C. E. 1971 [1906]. *Dictionary of Indian Biography*. Varanasi and Delhi: Indological Book House.

Buyers, William. 1840. *Letters on India with Special Reference to the Spread of Christianity*. London: John Snow.

————. 1842. *Travels in India*. London: Blackwood.

Caldwell, Robert. 1840. *The Tinnevelly Shanars: A Sketch*. Madras: SPCK.

————. 1856. *A Comparative Grammar of the Dravidian or South Indian Family of Languages*. London: Harrison.

————. 1874. *The Relation of Christianity to Hinduism*. Repr. of a paper given at the Church Congress, Brighton, October 1874. London: R. Clay, Sons and Taylor.

————. 1879. *Christianity and Hinduism. A Lecture Addressed to Educated Hindus in Four Parts*. London: SPCK.

————. 1982 [1881]. *A History of Tinnevelly*. New Delhi: Asian Educational Services. First published in 1881 as *A Political and General History of the District of Tinnevelly, in the Presidency of Madras, from the Earliest Period to its Cession to the English Government in AD 1801*. Madras: Printed by E. Keys.

Campbell, William. 1839. *British India in Its Relation to the Decline of Hindooism*. London: John Snow.

Cannon, Garland, ed. 1970. *The Letters of Sir William Jones*. 2 vols. Oxford: Clarendon Press.

Carey, Eustace. 1836. *Memoir of William Carey, D.D.* London: Jackson and Walford.

Carey, S. P. 1926. *William Carey, D.D., Fellow of Linnaean Society*. London: Hodder and Stoughton.

Carey, W. 1934 [1792]. *An Enquiry into the Obligations of Christians to use Means for the Conversion of the Heathens*. Leicester: BMS.

Carmichael, Amy. 1903. *Things as They Are: Mission Work in Southern India*. London: Morgan and Scott.

Carson, P. 1988. 'Soldiers of Christ: Evangelicals and India, 1784–1833'. Ph.D. diss., University of London.

Chadwick, Owen. 1970. *The Victorian Church*. London: Adam and Charles Black.

Chakrabarty, Ramakanta. 1985. *Vaisnavism in Bengal, 1486–1900*. Calcutta: Shyamapada.

Chattopadhyay, Goutam, ed. 1965. *Awakening in Bengal in Early Nineteenth Century*, Vol. 1. Calcutta: Progressive Publishers.

Cheriyan, P. 1935. *The Malabar Syrians and the Church Missionary Society 1816–1840*. Kottayam: CMS.

Christopher, A. M. W., ed. 1854. *Memoir of the Rev. John James Weitbrecht by his Widow*. 2nd ed. London: James Nisbet.

Clarke, W. K. Lowther. 1959. *A History of the SPCK*. London: SPCK.

Clothey, Fred. W., ed. 1982. *Images of Man: Religion and Historical Process in South Asia*. Madras: New Era Publications.

Cohn, Bernard S. 1971. *India: The Social Anthropology of a Civilization*. New Jersey: Prentice-Hall.

————. 1990. *An Anthropologist among the Historians and Other Essays*. Delhi: Oxford University Press.

Conlon, Frank F. 1992. 'The Polemic Process in Nineteenth Century Maharashtra: Vishnubawa Brahmachari and Hindu Revival', in Kenneth W. Jones, ed., *Religious Controversies in British India: Dialogues in South Asian Languages*. New York: State University of New York Press.

Cope, Captain. 1754. *A New History of the East Indies with Brief Observations on the Religion, Customs, Manners and Trade of the Inhabitants*. London: M. Cooper, W. Reeve and C. Sympson.

Copley, Anthony. 1997. *Religions in Conflict: Ideology, Cultural Contact and Conversion in Late Colonial India*. Delhi: Oxford University Press.

Cowell, E. B., ed. 1873. *Miscellaneous Essays by H. T. Colebrooke*. 3 vols. London: Trubner and Co.

Cox, Jeffrey. 2000. *Imperial Fault Lines: Christianity and Colonial Power in India, 1818–1914*. Stanford: Stanford University Press.

Cracknell, Kenneth. 1995. *Justice, Courtesy and Love: Theologians and Missionaries Encountering World Religions, 1846–1914*. London: Epworth Press.

Craufurd, Quintin. 1792. *Sketches Chiefly Relating to the History, Religion, Learning, and Manners of the Hindoos*. 2 vols. London: Cadell.

Crooke, William. 1894. *An Introduction to the Popular Religion and Folk-lore of Northern India*. Allahabad: Government Press.

————. ed. 1968 [1903]. *Hobson-Jobson*. Delhi: Munshiram Manoharlal.

Daniel, J. T. K., and R. E. Hedlund, eds. 1993. *Carey's Obligation and India's Renaissance*. West Bengal: Serampore College.

Das, S. K. 1978. *Sahibs and Munshis: An Account of the College of Fort William*. Calcutta: Orion.

Davidson, Allan K. 1990. *Evangelicals and Attitudes to India, 1786–1813*. Abingdon: Sutton Courtenay Press.

Della Valle, Pietro. 1892. *The Travels of Pietro Della Valle in India*. London: Hakluyt Society.

Dennis, J. J. 1897–99. *Christian Missions and Social Progress: A Sociological Study of Foreign Missions*. 3 vols. Edinburgh and London: Oliphant, Anderson and Ferrier.

Devasenapathi, V. A. 1974. *Saiva Siddhantha*. Madras: University of Madras.

Dodwell, H. H., ed. 1958. *Cambridge History of India*, Vol. VI. Delhi: S. Chand and Co.

Dubois, J. A. 1897 [1806]. *Hindu Manners, Customs and Ceremonies*. 3rd ed. Edited and annotated by Henry K Beauchamp. Oxford: Clarendon Press.

————. 1977 [1823]. *Letters on the State of Christianity in India*. Edited by Sharda Paul. New Delhi: Associated Publishing House.

Duff, Alexander. 1839. *Female Education in India, being the Substance of an Address Delivered at the First Annual Meeting of the Scottish Ladies' Association, in Connection with the Church of Scotland, for the Promotion of Female Education in India*. Edinburgh: John Johnstone.

Duff, Alexander. 1840. *India, and India Missions*. Edinburgh: John Johnstone.

Eliade, Mircea, ed. 1987. *The Encyclopaedia of Religion*. New York: Macmillan; London: Collier Macmillan.

Embree, Ainslie Thomas. 1962. *Charles Grant and British Rule in India*. London: Allen and Unwin.

Farquhar, J. N. 1967. *Modern Religious Movements in India*. Delhi: Munshiram Manoharlal.

Findlay, G. G., and W. W. Holdsworth. 1922. *The History of the Wesleyan Methodist Missionary Society*. London: J. A. Sharp.

Forbes, Geraldine H. 1986. 'In Search of the "Pure Heathen": Missionary Women in Nineteenth Century India', *Economic and Political Weekly* XXI (17); *Review of Women's Studies* 26 April.

Foster, William, ed. 1968. *Early Travels in India, 1583–1619*. Delhi: S. Chand and Co.

Fryer, John. 1909. *A New Account of East India and Persia, being Nine Year's Travels, 1672–1681*. London: Hakluyt Society.

Frykenberg, R. E. 1981. 'On Roads and Riots in Tinnevelly: Radical Change and Ideology in Madras Presidency During the 19th Century', *South Asia* n.s. 4 (2).

————. 1993. 'Constructions of Hinduism in the Nexus of History and Religion', *Journal of Interdisciplinary History* 23 (3).

Gardella, Peter. 1985. *Innocent Ecstasy: How Christianity Gave America an Ethic of Sexual Pleasure*. New York: Oxford University Press.

Gladstone, J. W. 1984. *Protestant Christianity and People's Movements in Kerala, 1850–1936*. Trivandrum: Seminary Publications.

Gore, Nehemiah. 1862. *A Rational Refutation of the Hindu Philosophical Systems*. Calcutta: Bishops College Press.

Grafe, Hugald. 1972. 'Hindu Apologetics at the Beginning of the Protestant Mission Era in India', *Indian Church History Review* VI (1).

————. 1990. *Tamilnadu in the Nineteenth and Twentieth Centuries. History of Christianity in India*, Vol. IV (2). Bangalore: Church History Association of India.

Grant, Charles. 1792. *Observations on the State of Society among the Asiatic Subjects of Great Britain*. Released as Paper 282 in *Parliamentary Papers*, Commons, Vol. 10, 1812–13.

Grose, J. H. 1772 [1757]. *A Voyage to the East Indies*. 3rd ed. London: S. Hooper.

Halbfass, Wilhelm. 1988. *India and Europe: An Essay in Understanding*. Albany: State University of New York Press.

Hamilton, Alexander. 1727. 'A New Account of the East Indies', in J. A. Pinkerton, ed. (1808), *A General Collection of the Best and Most Interesting Voyages and Travels, etc.*, Vol. 8. Edinburgh: n.p.

Hardgrave, Robert L. 1998. 'The Representation of Sati: Four Eighteenth-century Etchings by Baltazard Solvyns', *Bengal Past and Present* 117 (1).

Harper, Susan Billington. 2000. *In the Shadow of the Mahatma: Bishop V. S. Azariah and the Travails of Christianity in British India*. Grand Rapids and Cambridge: W. B. Erdmans; Richmond: Curzon.

Harrison, P. 1999. *'Religion' and the Religions in the English Enlightenment*. Cambridge: Cambridge University Press.

Hartle, Susan E. 1978. 'Work among the Educated Classes of Nineteenth Century India—The Thought and Work of Thomas Ebenezer Slater'. M.Litt. thesis, Lancaster University.

Hatcher, Brian A. 1990. 'Eternal Punishment and Christian Missions: The Response of the Church Missionary Society to Broad Church Theology', *Anglican Theological Review* LXXII.

————. 1996. *Idioms of Improvement. Vidyasagar and Cultural Encounter in Bengal*. Calcutta: Exford University Press.

Hawley, John Stratton. 1991. 'Naming Hinduism', *The Wilson Quarterly* 15.

Heber, Amelia. 1830. *The Life of Reginald Heber, D.D.* 2 vols. London: John Murray.

Heber, Reginald. 1828. *Narrative of a Journey through the Upper Provinces of India*. 3 vols. London: John Murray.

————. 1829. *Sermons Preached in England*. London: John Murray.

Hedges, Paul. 2001. *Preparation and Fulfilment. A History and Study of Fulfilment Theology in Modern British Thought in the Indian Context*. Berlin: P. Lang.

Hodges, William. 1793. *Travels in India during the Years 1780, 1781, 1782 & 1783*. London: n.p.

Hole, Charles. 1896. *The Early History of the Church Missionary Society for Africa and the East*. London: CMS.

Hoole, Elijah. 1844. *Madras, Mysore and the South of India*. 2nd ed. London: Longman, Brown and Green.

Hough, J. 1839. *The History of Christianity in India*. London: Seeley and Burnside.

Houghton, Frank. 1953. *Amy Carmichael of Dohnavur*. London: SPCK.

Hudson, D. Dennis. 2000. *Protestant Origins in India: Tamil Evangelical Christians, 1706–1835*. Grand Rapids and Cambridge: William B. Erdmans; Richmond: Curzon.

Inden, Ronald. 1990. *Imagining India*. Cambridge, MA, and Oxford: Blackwell.

Ingham, K. 1956. *Reformers in India: 1793–1833*. Cambridge: Cambridge University Press.

Ives, Edward. 1773. *A Voyage from England to India in the Year 1754*. London: Printed by J. Edewards.

Jagadeesan, N. 1977. *History of Sri Vaishnavism in the Tamil Country (Post-Ramanuja)*. Madurai: Koodal Publishers.

James, Louis, ed. 1976. *Print and People, 1819–1851*. London: Allen Lane.

James, W. R. 1888. 'Idolatry: What is It and Why is It Condemned', *Indian Evangelical Review* XV (58).

Jones, Kenneth W. 1989. *Socio-religious Reform Movements in British India*. Cambridge: Cambridge University Press.

Kaye, J. W. 1859. *Christianity in India*. London: Smith, Elder.

Kearns, J. F. 1868. *Kalyan'A Shat'Anku, or the Marriage Ceremonies of the Hindus of South India together with a Description of Karumantharum or Funeral Ceremonies*. Madras: Higginbotham.

Kejariwal, O. P. 1988. *The Asiatic Society of Bengal and the Discovery of India's Past, 1784–1838*. Delhi: Oxford University Press.

Kennedy, James. 1874. *Christianity and the Religions of India*. Mirzapore: Orphan School Press.

————. 1884. *Life and Work in Benares and Kumaon, 1839–1877*. London: T. Fisher Unwin.

Killingley, Dermot. 1993. *Rammohan Roy in Hindu and Christian Tradition*. Newcastle-upon-Tyne: Brill.

King, R. 1999. *Orientalism and Religion: Postcolonial Theory, India and the Mystic East*. London and New York: Routledge.

Kopf, David. 1969. *British Orientalism and the Bengal Renaissance: The Dynamics of Indian Modernization, 1773–1835*. Berkeley and Los Angeles: University of California Press.

Lach, Donald F. 1968. *India in the Eyes of Europe: The Sixteenth Century*. Chicago and London: University of Chicago Press.

Laird, M. A., ed. 1971. *Bishop Heber in Northern India: Selections from His Journal*. Cambridge: Cambridge University Press.

————. 1972. *Missionaries and Education in Bengal, 1793–1837*. Oxford: Clarendon Press.

Latham, S. F. n.d. *Memoirs of Zenana Mission Life*. London: CEZMS.

Leslie, Mary E. 1868. *The Dawn of Light: A Story of the Zenana Mission*. London: John Snow and Co.

Lewis, James. 1923. *William Goudie*. London: WMMS.

van Linschoten, John Huyghen [Jan Huygen van Linschoten]. 1884–85 [1598]. *The Voyage of John Huyghen van Linschoten to the East Indies. From the Old English Translation of 1598. The First Book, Containing his Description of the East*. 2 vols. Edited by Arthur Coke Burnell (First Vol.) and P. A. Tiele (Second Vol.). London: Hakluyt Society.

Lockman, J. 1743. *Travels of the Jesuits, into Various Parts of the World*. 2 vols. London: J. Noon.

Long, J. 1848. *Handbook of Bengal Missions in Connection with the Church of England*. London: J. F. Shaw.

Lovett, Richard. 1899. *The History of the London Missionary Society, 1795–1895*. 2 vols. London: Henry Frowde.

Lunt, James, ed. 1970. *From Sepoy to Subedar*. London: Routledge and Kegan Paul.

Macdonald, Kenneth S. 1890. *Is Hinduism a Religion?* Calcutta: Santal Mission Press.

————. 1902. 'Religious Movements amongst Hindus in Bengal during the Decade 1891–1901', in *Report of the Fourth Decennial Missionary Conference*, Madras, 1–18 December 1902.

Macphail, James. 1905. *M. Kenneth S.Macdonald, M.A., D.D., Missionary of the Free Church of Scotland, Calcutta*. Edinburgh and London: Oliphant and Co.

Majeed, Javed. 1992. *Ungoverned Imaginings: James Mill's* The History of British India *and Orientalism*. Oxford and New York: Clarendon Press and Oxford University Press.

Major, Andrea. 2004. '"Pious flames": European Encounters with Sati before 1805', *South Asia* n.s. XXVII (2).

Mani, Lati. 1998. *Contentious Traditions: The Debate on Sati in Colonial India*. Berkeley, Los Angeles and London: University of California Press.

Marshall, P. J., ed. 1970. *The British Discovery of Hinduism in the Eighteenth Century*. Cambridge: Cambridge University Press.

Marshman, John Clark. 1859. *The Life and Times of Carey, Marshman and Ward*. London: Longman and Co.

Mateer, Samuel. 1871. *The Land of Charity: A Descriptive Account of Travancore and Its People*. London: John Snow.

————. 1883. *Native Life in Travancore*. London: W. H. Allen and Co.

————. 1886. *The Gospel in South India*. London: The Religious Tract Society.

Maurice, Thomas. 1820. *The History of Hindostan*. 2 vols. London: W. Bulmer and W. Nicol.

Maxwell, Ian Douglas. 1995. 'Alexander Duff and the Theological and Philosophical Background to the General Assembly's Mission to Calcutta to 1840'. Ph.D. diss., University of Edinburgh.

Mill, James. 1826. *The History of British India*. 3rd ed. 6 vols. London: Baldwin, Cradock and Joy.

Mitchell, J. Murray. 1861. *Letters to Indian Youth on the Evidences of the Christian Religion*. Madras: CVES.

———. 1882a. 'Tukaram', *Indian Antiquary*, March 1882: 57–66.

———. 1882b. 'Pandharpur', *Indian Antiquary*, June 1882: 149–56.

———. 1885. *Hinduism Past and Present*. London: The Religious Tract Society. Repr. 1989 (New Delhi: Asian Educational Services).

———. 1894. *Letters to Indian Youth*. 11th ed. Madras: SPCK.

———. 1897. *Hinduism Past and Present*. Rev. ed. London: The Religious Tract Society.

———. 1899. *In Western India: Recollections of My Early Missionary Life*. Edinburgh: David Douglas.

Mitter, Partha. 1977. *Much Maligned Monsters: A History of European Reactions to Indian Art*. Chicago and London: University of Chicago Press.

Monier-Williams, M. 1874. *Religious Thought and Life in India*. London: John Murray.

———. 1875. *Indian Wisdom, or Examples of the Religious, Philosophical, and Ethical Doctrines of the Hindus*. London: W. H. Allen and Unwin.

———. 1877. *Hinduism*. London: SPCK.

———. 1878. *Modern India and the Indians*. 2nd ed. London: Trubner and Co.

———. 1883. *Religious Thought and Life in India*. London: John Murray.

———. 1887. *Address at the Anniversary Meeting of the CMS, Exeter Hall, 3 May 1887*.

Moor, Edward. 1810. *The Hindoo Pantheon*. London: Johnson.

Morawiecki, Jennifer. 1998. 'The Peculiar Mission of Christian Womanhood': The Selection and Preparation of Women Missionaries of the Church of England Zenana Missionary Society, 1880–1920'. D.Phil. diss., University of Sussex.

Morris, Henry. 1904. *The Life of Charles Grant, Sometime Member of Parliament for Inverness-Shire and Director of the East India Company*. London: John Murray.

Morrison, John. 1906. *New Ideas in India during the Nineteenth Century*. Edinburgh: George A. Morton.

Mukherjee, S. N. 1987. *Sir William Jones: A Study in Eighteenth-century British Attitudes to India*. 2nd ed. Bombay: Orient Longman.

Mullens, J. 1852. *Vedantism, Brahmanism, and Christianity Examined and Compared*. Calcutta: Calcutta Christian Tract and Book Society.

———. 1862. *The Religious Aspects of Hindu Philosophy Stated and Discussed*. London: Smith Elder and Co.

———. 1869. *London and Calcutta, Compared in their Heathenism, their Privileges and their Prospects*. London: James Nisbet and Co.

Müller, F. Max. 1868. *Essays in the Science of Religion*. 2nd. ed. London: n.p.

———. 1873. *Introduction to the Science of Religion*. London: Longmans, Green and Co.

Mundy, George. 1834. *Christianity and Hindooism Contrasted; or, a Comparative View of the Evidence by which the Respective Claims to Divine Authority of the Bible and the Hindoo Shastrus are Supported*. 2nd. ed. 2 vols. Serampore: Mission Press.

Murdoch, John. 1895. *Sacred Books of the East Described and Examined.* Madras: Christian Literature Society.

Nemer, Lawrence. 1981. *Anglican and Roman Catholic Attitudes on Missions: An Historical Study of Two English Missionary Societies in the Late Nineteenth Century (1865–1885).* St Augustin: Steyler.

Noble, John. 1867. *A Memoir of the Rev. Robert Thurlington Noble, B.A.* London: Seeley, Jackson and Halliday.

Oberoi, Harjot. 1994. *The Construction of Religious Boundaries: Culture, Identity and Diversity in the Sikh Tradition.* Delhi: Oxford University Press.

O'Connell, Joseph T. 1993. 'The Word "Hindu" in Gaudiya Vaishnava Texts', *Journal of the American Oriental Society* 93 (3).

O'Connor, Daniel and Others. 2000. *Three Centuries of Mission: The United Society for the Propagation of the Gospel, 1701–2000.* London and New York: Continuum.

Oddie, Geoffrey A. 1974. 'India and Missionary Motives, *c.*1850–1900', *Journal of Ecclesiastical History* XXV (1).

————. 1979. *Social Protest in India: British Protestant Missionaries and Social Reforms, 1850–1900.* Delhi: Manohar.

————. 1982. 'Anti-missionary Feeling and Hindu Revivalism in Madras: The Hindu Preaching and Tract Societies, c.1886–1891', in Fred W. Clothey, ed., *Images of Man: Religion and Historical Process in South Asia.* Madras: New Era Publications.

————. 1991. *Hindu and Christian in South-East India: Aspects of Religious Continuity and Change, 1800–1900.* London: Curzon Press.

————. 1994. '"Orientalism" and British Protestant Missionary Constructions of India in the Nineteenth Century', *South Asia* n.s. XVII (2).

————. 1995. *Popular Religion, Elites and Reform: Hook-swinging and Its Prohibition in Colonial India, 1800–1894.* Delhi: Manohar.

————. 1997. 'Old Wine in New Bottles? Kartabhaja (Vaishnava) Converts to Evangelical Christianity in Bengal, 1800–1845', in idem., ed., *Religious Conversion Movements in South Asia: Continuities and Change, 1800–1990.* London: Curzon Press.

————. 1999. *Missionaries, Rebellion and Proto-Nationalism: James Long of Bengal, 1814–87.* Richmond: Curzon Press.

————. 2003. 'Constructing "Hinduism": the Impact of the Protestant Missionary Movement on Hindu Self-Understanding', in R.E. Frykenberg, ed., *Christians and Missionaries in India: Cross Cultural Communication since 1500.* Cambridge: Erdmans; London: RoutledgeCurzon.

Ovington, John. 1929. *A Voyage to Surat in the Year 1689.* Edited by H. G. Rawlinson. London: Oxford University Press.

Padfield, J.E. 1908 [1896]. *The Hindu at Home, being Sketches of Hindu Daily Life.* Madras: SPCK.

Pascoe, C.F. 1901. *Two Hundred Years of the SPG.* London: SPG.

Pearson, Hugh. 1819. *Memoirs of the Life and Writings of the Rev. Claudius Buchanan, D.D.* 2 vols. London: Cadell and Davies.

Percival, Peter. 1854. *The Land of the Veda: India Briefly Described*. London: George Bell.

Pettitt, George. 1851. *The Tinnevelly Mission of the Church Missionary Society*. London: Selleys.

Philipps, J. Thomas. 1717. *An Account of the Religion, Manners, and Learning of the People of Malabar in the East Indies*. London: W. Mears and J. Brown.

———, trans. 1719. *Thirty Four Conferences between the Danish Missionaries and the Malabarian Brahmans... together with some Letters Written by the Heathens to the said Missionaries*. London: H. Clements.

Philips, C. H. 1961. 'James Mill, Mountstuart Elphinstone, and the History of India', in C. H. Philips, ed., *Historians of India, Pakistan and Ceylon*. London: Oxford University Press.

Piggin, Stuart. 1984. *Making Evangelical Missionaries, 1789–1858*. Abingdon: Sutton Courtenay Press.

Piggin, Stuart and John Roxborogh. 1985. ***The St. Andrews Seven: The Finest Flowering of Missionary Zeal in Scottish History***. Edinburgh and Carlisle, PA: Banner of Truth Trust.

Pitman, Emma Raymond. 1881. *Indian Zenana Missions*. n.p.: Outline Missionary Series.

Pope, G. U. 1900. *The Tiruvacagam or 'Sacred Utterances' of the Tamil Poet, Saint and Sage Manikka-Vacagar*. Oxford: Clarendon Press.

Porter, Andrew. 2004. *Religion versus Empire? British Protestant Missionaries and Overseas Expansion, 1700–1914*. Manchester and New York: Manchester University Press.

Porter, R. 1982. 'Mixed Feelings: The Enlightenment and Sexuality in Eighteenth-century Britain', in Paul-Gabriel Bouce, ed., *Sexuality in Eighteenth-century Britain*. Manchester: Manchester University Press.

———. 1990. *The Enlightenment*. London: Macmillan.

Potts, E. Daniel. 1967. *British Baptist Missionaries in India, 1793–1837: The History of Serampore and Its Missions*. Cambridge: Cambridge University Press.

———. 1993. 'William Ward: The Making of a Missionary in the 18th Century', in *Bicentenary Volume: William Carey's Arrival in India, 1793–1993. Serampore College, 1818–1993.* West Bengal: Serampore College.

Prasad, Ram Chandra. 1965. *Early English Travellers in India*. Delhi: Motilal Banarsi Dass.

Prochaska, Frank. 1980. *Women and Philanthropy in Nineteenth-Century England*. Oxford: Clarendon Press.

Quinlan, M. J. 1941. *Victorian Prelude*. New York: Columbia University Press.

Reuben, L. Gabriel. 2002. 'Dr William Miller—A Historical Study of His Thought and Work', *Indian Church History Review* XXXVI (2).

Rice, Henry. 1889. *Native Life in South India, being Sketches of the Social and Religious Characteristics of the Hindus*. London: The Religious Tract Society.

Richardson, A. 1950. *A Theological Word Book of the Bible*. London: SCM Press.

Richter, J. 1901. *A History of Missions in India*. Trans. Sydney H. Moore. Edinburgh and London: Oliphant, Anderson and Ferrier.

Robson, John. 1867. *Hinduism: Its Philosophy and Popular Worship*. Glasgow: David Robertson.

————. 1885. *Outlines of Protestant Missions*. Bible Class Primers, ed. D.D. Salmond. Edinburgh: n.p.

————. 1893 [1874]. *Hinduism and Its Relations to Christianity*. Edinburgh and London: Oliphant, Anderson and Ferrier.

Rocher, Rosane. 1994. 'British Orientalism in the Eighteenth Century: The Dialectics of Knowledge and Government', in Carol A. Breckenridge and Peter van der Veer, eds, *Orientalism and the Postcolonial Predicament: Perspectives on South Asia*. Delhi: Oxford University Press.

Schwab, Raymond. 1984. *The Oriental Renaissance: Europe's Rediscovery of India and the East, 1680–1880*. Trans. Gene Patterson-Black and Victor Reinking. New York: Columbia University Press.

Scott, David. 1951. *The Correspondence of David Scott, Director and Chairman of the East India Company, Relating to Indian Affairs, 1787–1805*. Edited by C. H. Philips. London: Officers of the Royal Historical Society.

Semple, Rhonda Anne. 2003. *Missionary Women: Gender, Professionalism and the Victorian Idea of Christian Mission*. Woodbridge and New York: Boydell Press.

Sencourt, Robert. 1923. *India in English Literature*. London: Simpkin, Marshall, Hamilton, Kent and Co. Ltd.

Sharpe, E. J. 1965. *Not to Destroy but to Fulfil: The Contribution of J. N. Farquhar to Protestant Missionary Thought in India before 1914*. Uppsala: Gleerup.

Sherring, M. A. 1868. *The Sacred City of the Hindus: An Account of Benaras*. London: Trubner and Co.

————. 1878. *The Hindoo Pilgrims*. London: Trubner and Co.

————. 1879. *The Missionary Life and Labours of the Rev. William Smith*. Benares: Medical Hall Press.

Sibree, James. 1923. *Register of Missionaries, Deputations etc, from 1796 to 1923*. 4th ed. London: LMS.

Singh, Brijraj. 1999. *The First Protestant Missionary to India: Bartholomaeus Ziegenbalg, 1683–1719*. Delhi and Oxford: Oxford University Press.

Slater, T. E. 1882. *Philosophy of Missions: A Present-day Plea*. London: J. Clarke and Co.

————. 1906. *The Higher Hinduism in Relation to Christianity. Certain Aspects of Hindu Thought from the Christian Standpoint*. London: Elliott Stock.

Small, Annie. 1890. *Light and Shade in Zenana Missionary Life*. London: J. and R. Parlane.

Smith, D. E. 1963. *India as a Secular State*. Princeton: Princeton University Press.

Smith, David. 2003. *Hinduism and Modernity*. Malden and Oxford: Blackwell.

Smith, George. 1879. *The Life of Alexander Duff, D.D., LL.D.* 2 vols. London: Hodder and Stoughton.

————. 1885. *The Life of William Carey: Shoe-Maker & Missionary*. London: Everyman's Library.

Smith, Jonathan Z. 1998. 'Religion, Religions, Religious', in M. C. Taylor, ed., *Critical Terms for Religious Studies*. Chicago: University of Chicago Press.

Smith, Wilfred Cantwell. 1981. 'The Crystalization of Religious Communities in Mughal India', in idem, ed., *On Understanding Islam. Selected Studies*. The Hague and New York: Moulton.

Sonthamier, D. Gunther, and Hermann Kulke, eds. 1997. *Hinduism Reconsidered*. Delhi: Manohar.

Stanley, Brian. 1990. *The Bible and the Flag: Protestant Missions and British Imperialism in the Nineteenth and Twentieth Centuries*. Leicester: Inter-varsity Fellowship.

————. 1993. *The History of the Baptist Missionary Society, 1792–1992*. 2 vols. Edinburgh: Clark.

————. ed. 2001. *Christian Missions and the Enlightenment*. Grand Rapids and Cambridge: Erdmans; London: Curzon.

Stennett. S. 1825. *Memoirs of the Life of the Rev. William Ward*. London: J. Haddon.

von Stietencron, Heinrich. 1995. 'Religious Configurations in Pre-Muslim India', in Vasudha Dalmia and Heinrich von Stietencron, eds, *Representing Hinduism: The Construction of Religious Traditions and National Identity*. New Delhi: Sage Publications.

Stock, Eugere. 1899. *A History of the Church Missionary Society*. 3 vols. London: CMS.

————. 1902. *The Centenary Volume of the Church Missionary Society*. London: CMS.

Stokes, Eric. 1992. *The English Utilitarians and India*. Delhi: Oxford University Press.

Sugirtharajah, Sharada. 2003. *Imagining Hinduism: A Postcolonial Perspective*. London and New York: Routledge.

Suntharalingam, R. 1974. *Politics and Nationalist Awakening in South India, 1852–1891*. Tucson: University of Arizona Press.

Sutton, Amos. 1833. *A Narrative of the Mission to Orissa*. Boston: Samuel N. Dickinson.

————. 1850. *Orissa and Its Evangelization; Interspersed with Suggestions Respecting the More Efficient Conducting of Indian Missions*. Derby: Wilkins and Sons.

Sweetman, Will. 2003. *Mapping Hinduism: 'Hinduism' and the Study of Indian Religions, 1600–1776*. Halle: Verlag der Franckeschen Stiftungen zu Halle.

Taggart, Norman W. 1993. *William Arthur: First among Methodists*. London: Epworth Press.

Talbot, Cynthia. 1995. 'Inscribing the Self: Hindu–Muslim Identities in Pre-colonial India', *Comparative Studies in Society and History* 37 (4).

Tavernier, J. B. 1977. *Travels in India*. Edited by William Crooke. 2 vols. Delhi: Oriental Books Reprint.

Teltscher, Kate. 1995. *India Inscribed: European and British Writing on India. 1600–1800*. Delhi: Oxford University Press.

Thapar, Romilla. 1989. 'Imagined Religious Communities? Ancient History and the Search for a Hindu Identity', *Modern Asian Studies* 23 (2).

Thompson, H. P. 1951. *Into All Lands: The History of the Society for the Propagation of the Gospel in Foreign Parts. 1701–1950*. London: SPCK.

Thurston, Edgar. 1909. *Castes and Tribes of Southern India*, Vol. 1. Madras: Government Press.

Tiliander, B. F. 1974. *Christian and Hindu Terminology: A Study in their Mutual Relations with Special Reference to the Tamil Area*. Uppsala: Almqvist and Wiksell.

Trautmann, Thomas R. 1997. *Aryans and British India*. Berkeley, Los Angeles and London: University of California Press.

Trudgill, E. 1976. *Madonnas and Magdalenes: The Origins and Development of Victorian Sexual Attitudes*. London: Heinemann.

di Varthema, Ludovico. 1863. *The Travels of Ludovico di Varthema*. Trans. George Percy Badger. London: Hakluyt Society.

Vaudeville, C. 1974. *Kabir*. Oxford: Oxford University Press.

Vaughan, James. 1876. *The Trident, the Crescent and the Cross: A View of the Religious History of India during the Hindu, Buddhist, Mohammedan, and Christian Periods*. London: Longmans, Green and Co.

Walker, Frank Deaville. 1926. *William Carey, Missionary Pioneer and Statesman*. London: Student Christian Movement.

Walls, Andrew F. 1996. *The Missionary Movement in Christian History. Studies in the Transmission of Faith*. New York: Orbis; Edinburgh: T & T Clark.

Ward, William. 1811. *Account of the Writings, Religion, and Manners, of the Hindoos: Including Translations from their Principal Works, in Four Volumes*. Serampore: Mission Press.

————. 1817–20. *History, Literature and Mythology of the Hindoos*. 3rd ed. 4 vols. Delhi: Low Price Publications.

————. 1864. *History, Literature and Religion of the Hindoos*. 5th ed. Includes Introduction by W.O. Simpson. Madras: Higginbotham.

Wardlaw. J. S. 1856. *Memoir of the late Rev. W. H. Drew*. Vizagapatam: Mission Press.

Wardlaw, Ralph. 1845. *Memoir of the Late Rev. John Reid, M.A. of Bellary, East Indies*. Glasgow: James Maclehose.

Watts, Michael R. 1978. *The Dissenters, from the Reformation to the French Revolution*. 2 vols. Oxford: Clarendon Press.

Webb, R. K. 1955. *The British Working Class Reader, 1790–1848*. London: Allen and Unwin.

Webster, J. C. B. 1992. *The Dalit Christians: A History*. Delhi: ISPCK.

Weir, Robert W. 1900. *A History of the Foreign Missions of the Church of Scotland*. Edinburgh: R & R Clark.

Weitbrecht, Mary. 1875. *The Women of India and Christian Work in the Zenana*. London: James Nisbet.

Wilberforce, W. 1958 [1797]. *A Practical View of the Prevailing Religious System of Professed Christians in the Higher and Middle Classes in this Country Contrasted with Real Christianity*. A facsimile produced by the Student Christian Movement.

Wilkins, W. J. 1882. *A Hand book of Hindu Mythology, Vedic and Puranic*. London: Thacker, Spink and Co.

————. 1888. *Daily Life and Work in India*. London: T. Unwin Fisher.

————. 1900 [1887]. *Modern Hinduism*. 2nd ed. Calcutta and London: Thacker.

Wilkinson, M. 1844. *Sketches of Christianity in North India*. London: n.p.

Wink, Andre. 1990. *Al-Hind. The Making of the Indo-Islamic World: Early Medieval India and the Expansion of Islam, 7th–11th Centuries*. Delhi: Oxford University Press.

Wolffe, John, ed. 1997. *Religion in Victorian Britain*, Vol. 5, 'Culture and Empire'. Manchester and New York: Manchester University Press.

Woodberry, Robert D. 2004. 'The Shadow of Empire: Christian Missions, Colonial Policy, and Democracy in Postcolonial Societies'. Ph.D. diss., University of North Carolina.

Wyatt, J. L., ed. 1894. *Reminiscences of Bishop Caldwell*. Madras: Addison and Co.

Young, Richard Fox. 1981. *Resistant Hinduism: Sanskrit Sources on Anti-Christian Apologetics in Early Nineteenth-century India*. Vienna: De Nobili Research Library.

————. 1987. 'Was Rammohun Roy the "True Successor" of Ramram Basu? A Critique of Certain Statements by David Kopf', in R. Lariviere and R. Solomon, eds, *Festschrift for Professor Ludo Rocher*. Madras: Adyar Library.

Young, Richard Fox, and S. Jebanesan. 1995. *The Bible Trembled: The Hindu–Christian Controversies of Nineteenth Century Ceylon*. Vienna: De Nobili Research Library.

Zupanov, Ines G. 1999. *Disputed Mission: Jesuit Experiments and Brahmanical Knowledge in Seventeenth-century India*. Delhi: Oxford University Press.

लेखक परिचय

जेफ्फ्री ए. ऑडी सिडनी विश्वविद्यालय, ऑस्ट्रेलिया के इतिहास विभाग में मानद अनुसंधान सहायक हैं। आप 1964 से इसी विभाग में इतिहास विषय में व्याख्यान देते आए हैं और यूनाइटेड थिओलॉजिकल कॉलेज, बैंगलोर (2003) में विज़िटिंग प्रोफेसर भी रहे हैं।

डॉ. ऑडी की कृति का प्रकाशन सर्वप्रथम 1957 में हुआ था। तब से आपने औपनिवेशिक एवं पूर्व औपनिवेशिक काल में हिंदू धर्म और मिशनरी ईसाई धर्म को केंद्र में रखकर दक्षिण एशिया में धर्म के विभिन्न पहलुओं पर अनेक पुस्तकें लिखीं हैं, सम्पादित की हैं या उनमें योगदान दिया है। आपकी पुस्तकों में सम्मिलित हैं – *मिशनरीज़, रिबेलियन एंड प्रोटो-नेशनलिज़्म. जेम्स लॉग ऑफ़ बेंगॉल: 1814–87* (1998); *रिलीजियस कन्वर्ज़न मूवमेंट्स इन साउथ एशिया: कंटिन्यूटीस एंड चेंज* (सम्पादित, 1997); *पॉपुलर रिलीजन, एलीट्स एंड रिफॉर्म: हुक-स्विंगिंग एंड इट्स प्रोहिबिशन इन कोलोनियल इंडिया*, 1800–1894 (1995); और *सोशल प्रोटेस्ट इन इंडिया: ब्रिटिश प्रोटेस्टैंट मिशनरीज़ एंड सोशल रिफॉर्म्स*, 1850–1900 (1979)।